明朝的拐点

永乐皇帝和他的子孙（上）

赵中男 著

中华书局

图书在版编目(CIP)数据

明朝的拐点:永乐皇帝和他的子孙/赵中男著.—北京:中华书局,2015.3
ISBN 978-7-101-10659-6

Ⅰ.明… Ⅱ.赵… Ⅲ.中国历史-明代-通俗读物 Ⅳ.K248.09

中国版本图书馆 CIP 数据核字(2015)第 010142 号

书　名	明朝的拐点:永乐皇帝和他的子孙(全二册)
著　者	赵中男
责任编辑	余　瑾
出版发行	中华书局 (北京市丰台区太平桥西里 38 号　100073) http://www.zhbc.com.cn E-mail:zhbc@zhbc.com.cn
印　刷	北京天来印务有限公司
版　次	2015 年 3 月北京第 1 版 2015 年 3 月北京第 1 次印刷
规　格	开本/710×1000 毫米　1/16 印张 37½　插页 4　字数 500 千字
印　数	1-8000 册
国际书号	ISBN 978-7-101-10659-6
定　价	69.00 元

目 录

上 册

一 立储之争 / 001

（一）朱棣暂时不立太子，但想立老二 / 003

文武百官请求立老大朱高炽当太子，朱棣不同意 / 老二朱高煦曾为朱棣夺位立过大功 / 老二才是朱棣最想立为太子的人选

（二）朱高炽的优势与朱棣的顾虑 / 007

朱高炽的优势之一：朱元璋册立的燕王世子 / 朱高炽的优势之二：坚守北平的战功 / 朱棣立老二的想法受到亲信阻挠 / 朱棣有顾虑，必须争取文臣势力的支持

（三）朱高炽的支持势力大，选立太子出现僵局 / 012

老大的支持者实力相对雄厚 / 文臣主张册立老大的原因与"游戏规则" / 金忠的反对使立储陷入僵局

（四）解缙打破了僵局 / 014

解缙抬出朱瞻基，立储有转机 / 解缙题诗《虎彪图》，促使朱棣立长子

（五）老大朱高炽胜出的原因 / 016

兄弟各有优势，高炽略占上风 / 代价沉重加上情况变化，朱棣只能立老大

二 监国风波 / 019

（一）朱高煦的不满及其夺位的准备 / 021

朱高煦对封王强烈不满，得以破例留京 / 朱高煦为争夺储位做了三件事

（二）朱棣的防范、限制与"空头"太子 / 023

朱棣规定大臣不许单独见太子 / 朱棣搞平衡，朱高炽只是个"空头"太子

（三）监国的机会与帝国的常务负责人 / 026

朱棣离京北征，太子奉命监国 / 太子监国的好处与忧虑

（四）朱棣遥控，太子权力有限 / 028

太子训斥贪婪的官员，受到朱棣的遥控 / 陈瑛是朱棣豢养的一条恶狗，到处咬人 / 太子管不了诬陷他人的御史，权力有限 / 陈瑛对太子不太买账，太子几乎无可奈何

（五）朱棣的防范以及回京后的处理 / 033

朱棣既扶持太子，又对其政务详细记录 / 朱棣回京，推翻了太子的处理结果

三 再入漩涡 / 035

（一）朱棣的报复与耿通之死 / 037

太子吓病了，朱棣只好收回告示 / 为了打击太子，朱棣找借口用酷刑杀了耿通 / 太子受到父皇的再次打击

（二）部下的保护与太子的成熟 / 040

监国辅臣有意保护太子 / 太子配合朱棣的开创性活动 / 太子接受教训，极力避免招惹是非

（三）大规模逮捕太子的部下 / 043

朱棣回京传令逮捕太子的部下 / 朱高煦的诬陷使黄淮等人被捕 / 杨士奇被捕又获释，朝中势力可能暗中支持太子

（四）逮捕的借口比较牵强 / 046

（五）朱棣打击太子的方式已有变化 / 049

四 解缙之死 / 051

（一）为李善长鸣冤与离朝回家 / 053

解缙是朱元璋喜欢的才子，做事有些无所顾忌 / 解缙为李善长鸣冤，居然平安无事 / 朱元璋让解缙跟父亲回家了

（二）回京奔丧，被贬河州 / 057

（三）口无遮拦的性格与被人诬陷 / 058

解缙总为太子说话，引起了朱棣的严重不满 / 解缙受到朱高煦的诬陷，被赶

出了朝廷 / 解缙一再吃亏、倒霉，但并没有接受教训

（四）**私见太子，被捕送命** / 061

解缙违反规定单独见太子，被抓住把柄入狱受刑 / 解缙被灌醉冻死 / 倒霉和送命的几个原因

五　太孙崛起　/ 069

（一）**朱瞻基势力崛起，加强了太子的地位** / 071

朱瞻基作为皇长孙留守北京，重臣夏原吉辅佐 / 太子派人在南京表彰夏原吉母亲及其意义

（二）**册立皇太孙及朱棣父子的心态** / 075

朱棣：发自内心的高兴 / 太子朱高炽：十分欣慰和踏实 / 汉王朱高煦：愤怒、失望、不甘心加上幻想

（三）**叔侄冲突，螳螂捕蝉，黄雀在后** / 078

叔侄二人在太祖孝陵的台阶上顶嘴 / 高煦碰到瞻基也只能让三分

（四）**朱瞻基参加了一场恶战，树立了威望** / 082

行军途中，朱瞻基"文事武备"都没有偏废 / 朱瞻基率铁骑冒险追敌被围，最终获救脱险 / 朱瞻基首次参加了实战，收获不少

六　汉王被贬　/ 087

（一）**朱高炽兄弟早有矛盾，高煦想在南京夺位** / 089

高煦想借朱棣之手整垮大哥 / 高煦夺位之举进展不大，想在南京动手

（二）**朱高煦找借口离开北京，引起了朱棣的怀疑** / 090

高煦突然提出回南京，朱棣趁机试探 / 高煦不想留下长子当人质，暴露了他另有企图

（三）**朱高煦的夺位准备** / 093

高煦找借口不去新的封地，赖在南京 / 侵占田地、护卫超额，高煦私自扩充军备 / 高煦违法没人敢管，提前做起了皇帝梦

（四）朱高煦走到了起兵的边缘，朱棣被迫防范 / 096

釜底抽薪，朱棣调走了高煦的护卫部队 / 杨士奇揭露了高煦的夺位野心，朱棣心情复杂 / 高煦一系列起兵夺位的准备，激怒了朱棣

（五）朱棣的处理留有余地，《明实录》中难免夸大虚构 / 099

太子为高煦讲情，朱棣的处理留有余地 /《明实录》的记载似有贬斥高煦，美化高炽之嫌 / 朱棣祖孙的对话为日后平高煦提供了依据

七 太子沉浮 / 103

（一）朱棣再次北巡，太子监国的权力大为缩小 / 105

（二）朱棣干预太子的政务，太子部下无辜被杀 / 106

朱棣受挑唆，干预太子的政务 / 朱棣不问青红皂白，杀了太子器重的部下 / 太子部下提心吊胆，有人被惊吓致死

（三）胡濙奉命暗中调查太子 / 109

胡濙奉命借出差南方调查太子 / 胡濙并非去寻找建文帝 / 察访各地藩王的动向，才是胡濙的核心任务

（四）太子处境艰难，但深藏心机 / 114

（五）太子奉命前往北京 / 115

接到去北京的命令，太子吃惊的原因 / 人逢喜事精神爽，太子赴京一路游玩

（六）太子加速进京，途中先斩后奏 / 118

太子不顾朱棣的令旨，加速赶往北京 / 先斩后奏，太子现场指挥邹县救灾

八 此消彼长 / 121

（一）厨子事件反映出太子仍受朱棣的限制 / 123

太子违令早到，夏原吉只好为他打圆场 / 随从厨子被撤，太子只能忍受

（二）朱棣的宠臣开始向太子靠拢 / 125

皇帝和太子两个集团较量，前者获胜 / 朱棣身边的势力开始向太子靠拢 / 朱棣心腹脚踩两只船，太子势力有所上升

（三）后妃势力支持太子，朱高煦势力下降 / 129

得到后妃支持，太子地位逐渐巩固 / 朱高煦失去一批支持者

（四）朱棣与朱高炽矛盾的复杂原因 / 131

别人的诬陷迎合了朱棣防范太子的需要 / 权力之争加上性格特点是朱棣父子矛盾的主因 / 朱棣虽然打击和限制太子，但不等于要废掉他

（五）太子以退为进，赢得了有利的局面 / 135

太子以退为进，巩固了自己的地位 / 太子总为二弟求情，但二弟倒霉对他有利

九　浩大工程 / 137

（一）营建北京和天寿山长陵 / 139

北京皇宫和都城的营建，直接参加者超过百万 / 准备材料等活动比营建时间更早、更长 / 天寿山长陵也是空前规模的工程

（二）营建工程的另一半：建筑材料的筹集和运输 / 142

木材的采集和运输 / 石料的开采与运输 / 烧造砖、瓦、琉璃等建筑构件

（三）修建武当山等其他几项工程 / 145

南征北讨和浚通运河 / 武当山和南京大报恩寺的兴建

（四）八大工程的代价和影响 / 149

完成工程的办法：延长时间多干活、少给钱等 / 难以持续：八项工程的特点和影响 / 八项工程导致军民的生活非常困苦

十　君臣分歧 / 157

（一）大火烧毁三大殿，朱棣号召提意见 / 159

（二）朱棣翻脸杀了提意见的人，夏原吉承担了责任 / 160

朱棣突然翻脸，杀了提反对意见的人 / 朱棣让大臣和言官跪在午门广场对骂 / 夏原吉为顾全大局，主动承担了责任

（三）邹缉上书，指出营建北京的七大灾害 / 164

（四）朝中反迁都风波的实质和意义 / 170

反迁都风波暴露的问题 / 这场风波具有非凡的意义 / 高调反迁都的邹缉反而升官，因为他是皇太孙的人

十一　政变疑团 / 175

（一）朱棣虽然向太子放权，但仍然不太信任他 / 177

太子集团韬光养晦，没有卷入反迁都的风波 / 太子得到回报，与父皇关系暂时缓和 / 小题大做，朱棣照旧关押太子的辅臣

（二）朱高燧的部下计划发动政变，但因泄密而流产 / 179

迁都前朱高燧是北京的行政长官 / 迁都后朱高燧的部下蠢蠢欲动 / 换太子的传言与朱高燧人马的政变准备 / 与朱高煦夺位之举不同，朱高燧部下冒险发动政变 / 政变方案不错，但因泄密而流产

（三）即使不泄密，这次政变也很难成功 / 184

实力有限，朱高燧人马只能投机取巧发动政变 / 即使没人告密，政变成功的可能性也很小 / 缺乏军队的支持，政变几乎不可能成功

（四）政变疑点重重，似乎有人嫁祸朱高燧 / 189

这次宫廷政变疑点重重 / 朱高燧未必真想政变，但结果是太子一派获利最多

十二　一意孤行 / 193

（一）北征消耗严重，朱棣却关押了反对北征的重臣 / 195

战役消耗很大，重臣反对连年北征 / 老臣说实话，却遭到朱棣的"镇压" / 在朱棣的高压之下，朝廷高官发生了分化

（二）朱棣要杀老臣夏原吉，但终究没下手 / 197

朱棣对夏原吉的怀疑没有根据 / 朱棣没杀夏原吉的复杂原因 / 夏原吉被关押，朱棣只好找人代替他

（三）由于缺粮等原因，最后三次北征被迫结束 / 201

不顾军队缺粮和疲惫，朱棣坚持北征 / 大范围搜索无效加上粮饷有限，朱棣

准备班师 / 回师无借口，朱棣跟拿破仑处境类似

（四）朱棣病死于回师途中，死因竟有三种说法 / 205

朱棣病死的三种说法 / 北征的操劳和忧虑是朱棣病死的真正原因

（五）朱棣连续北征令人不解 / 207

条件不足非要北征 / 连续北征的思路：越是碰不上就越要去碰

十三　协力应变 / 211

（一）杨荣等人应对危局，目的是防备朱高煦 / 213

朱棣突然病死在途中，身边大臣面临凶险局势 / 杨荣等人提出五项措施，快马回京报信 / 保密措施得到密切配合，目的是防范高煦夺位

（二）杨荣等人做得过于从容、娴熟，难免令人怀疑 / 216

（三）太子采取措施，控制了朱棣死后的局势 / 218

太子把印章交给儿子，防止高煦制造混乱 / 太子颁赏、调军回防，迅速掌控了局势 / 杨荣和太子密切合作，完成了最高权力的交接

（四）北征集团配合太子的原因 / 222

北征常常饥寒交迫，军队自然愿意回师 / 两位亲王的衰落和国家的困境使内外重臣支持太子

十四　遗诏之谜 / 227

（一）传位遗诏的用处：太子即位需要遗诏 / 229

朱棣去世后偏偏没有遗诏 / 太子不公布遗诏的可能性几乎不存在

（二）关于朱棣"遗命"的三个来源，都不可靠 / 231

（三）杨荣编造朱棣遗命，可能另有原因 / 235

朱棣遗命可能有问题，所以杨荣才编造 / 高级将领张辅可能密切配合杨荣 / 传达"夏原吉爱我"，杨荣可能另有目的

（四）朱棣虽然有机会，但未必一定要立遗诏 / 238

朱棣虽有机会，但他始终没有立传位遗诏 / 另一个看法：朱棣未必一定要立遗诏

十五　登极前后 / 243

（一）太子势力在登极前的可疑活动 / 245

几个可疑活动似乎都在为太子即位铺路 / 朱棣的铁杆部下吕震被提前派回北京 / 朱棣晚年同身边势力的积怨

（二）破例五次劝进，太子才同意即位 / 249

五次劝进才同意，太子打破事不过三的惯例 / 第五次劝进书比前四次多了三个内容 / 太子和群臣在劝进问题上合作较为默契

（三）新旧势力首轮较量，仁宗支持老部下 / 252

夏原吉等人被释放，仁宗加强了辅政集团 / 首轮较量：丧服问题上的冲突 / 仁宗穿了高等级丧服，用行动支持杨士奇 / 丧服争议的背后：监国辅臣对先帝旧臣不买账

（四）仁宗即位后的报恩报仇 / 258

新账老账一齐算，仁宗报了当年的私仇 / 仁宗报复过分，可能和长期受压抑有关

十六　停下西洋 / 261

（一）仁宗诏书的中心内容：减轻百姓负担 / 263

（二）仁宗为什么要停止下西洋 / 266

（三）停止下西洋的特殊原因：香料当做工资发 / 270

下西洋运回的香料，被当成工资发给京城百官 / 五十年里，在京官员工资一半是没用的香料 / 成化时期刘大夏反对下西洋，受到上级的称赞

（四）相同之举：释放建文忠臣亲属，准备回迁南京 / 273

释放建文忠臣亲属，平反先朝罪臣 / 仁宗准备放弃北京，把首都迁回南京

（五）停止下西洋后，仁宗以增加待遇来稳住两个亲王 / 275

善待二弟朱高煦，但也有防备 / 重赏之下，两个兄弟暂时被稳住了

下 册

十七 开启新政 /279

（一）恢复公孤之制，仁宗提高辅政集团的级别 /281

仁宗恢复公孤之制，荣誉头衔赏给辅政老臣 / 仁宗调整品级和座次，吕震被排在夏原吉之后

（二）稳定为主的多项措施 /283

即位初期，仁宗全面提高文武官员的待遇 / 对外休战，对内调整政策

（三）仁宗新政反映的问题 /285

（四）仁宗号召大臣直言，但实际上接受有限 /288

虞谦响应号召直言后，先被降职又复职 / 弋谦直言较为偏激，受到仁宗的变相惩罚 / 专制时代的直言是有限度的

（五）李时勉直言上奏，让仁宗猝死 /292

仁宗突然病死，与即位前后的遭遇有关 / 李时勉上奏揭短，导致仁宗动怒猝死 / 导致仁宗猝死的罪臣，后来居然被宣宗放了

十八 叔侄较量 /297

（一）太子躲过了汉王的截杀，顺利回京 /299

朱高煦准备截杀太子，但是没成功 / 太子轻骑快速回京，躲开了二叔的截杀 / 况钟赴南京迎接太子，两人有点患难交情

（二）太后主持政务，度过了一个月的空位期 /302

空位期奉太后之命，夏原吉秘密辅佐亲王监国 / 太子受到保护安全回京，解除戒严

（三）叔侄二人的和平较量 /305

后发制人，叔侄玩起了太极拳 / 宣宗先做舆论准备，汉王趁机试探朝廷

（四）汉王准备起兵，宣宗欲擒故纵 /307

汉王组建军队和筹备军资，准备起兵 / 汉王联络朝中武将，名将张辅根本不买账 / 宣宗修书二叔，措辞软中带硬

（五）汉王起兵声势不小 / 310

汉王模仿朱棣当年"靖难"起兵的做法 / 宦官和锦衣卫人员出使乐安，但态度不同 / 平叛会议讨论的结果：宣宗决定亲征

十九　宣宗亲征 / 315

（一）宣宗出兵亲征，汉王举棋不定 / 317

宣宗做了亲征的部署和准备 / 行军途中，宣宗对局势发表高见 / 汉王举棋不定，陷入被动 / 宣宗下令加速前进，信心十足

（二）宣宗兵围乐安城，朱高煦被迫出降 / 321

宣宗兵围乐安，仍然先礼后兵 / 收到"最后通牒"，汉王出城投降 / 年轻的于谦"宣判"朱高煦

（三）朱高煦最后的下场：被囚禁致死 / 324

宣宗得胜班师，修筑"逍遥城"囚禁汉王 / 平叛虽然兵不血刃，但宣宗情绪有些低落 / 汉王被扣在铜缸里烧死，家人全被杀光

（四）朱高煦问题出现的深层次原因 / 327

高煦夺位失败，实在是遇到了强劲的对手 / 当年朱棣敢于夺位，手中有武力资本 / 汉王实力太差，夺位失败有必然性

二十　釜底抽薪 / 331

（一）回师途中，关于处理赵王的一场争论 / 333

朱高煦举兵夺位，说明藩王对皇权仍有威胁 / 赵王曾参与夺位，有人建议乘胜袭击 / 杨士奇反对袭击赵王，并拒绝起草诏书 / 杨士奇力排众议，袭击赵王之事暂缓

（二）宣宗对付三叔：削弱实力，保全地位 / 337

给予出路，宣宗保全了三叔 / 赵王交出护卫部队，换取平安无事

（三）军事上削弱藩王，解除了对皇权的威胁 / 340

（四）藩王受到更多的限制，沦为出路狭窄的寄生集团 / 342

宣宗从多方面限制王府的特权／有的藩王联络汉王，为害地方，受到惩治／宣宗禁止藩王朝见天子，剥夺了他们的特权／藩王成为寄生集团，既空虚又贪婪

二十一　折中求稳 / 347

（一）安南战事的困境，宣宗打算先战后和 / 349

祖父和父亲的政策严重对立，宣宗避免走极端／宣宗对安南战事有些犹豫不决／援军出征前朝臣分成两派，宣宗打算先战后和

（二）明军在安南接连战败，宣宗被迫撤军 / 351

宣宗增援战败之军，想要取胜的体面和资本／援军全军覆没，宣宗只好同意安南独立的请求

（三）宣宗放弃安南的原因与失误 / 353

（四）第七次下西洋及其恢复的原因 / 356

宣宗派人第七次下西洋，航行范围最广／宣德六年以后恢复下西洋的原因

（五）稳定局势的重要措施：稳定首都、缩小陵墓 / 359

（六）守成政治并不等于保守 / 361

朱棣的外向型活动未必都有正面效果／守成政治不折腾，也是一种进取

二十二　司法转折 / 365

（一）洪武到洪熙朝的司法转折 / 367

洪武、永乐时期的司法状况／洪熙朝开启的司法转折

（二）几项重要的司法转折措施 / 369

开启并促进了"律例"司法体系的形成／进一步确立了大理寺的地位，案件极少送交锦衣卫诏狱／榜文劝谕，"辟以止辟"

（三）注重调节法律与道德、赦令的矛盾 / 373

宣宗维护孝道，长辈诬告晚辈几乎不受惩罚／法律往往与赦令有矛盾，宣宗只好折中处理／专制制度下宣宗无法避免出现冤案

（四）宣宗的宽纵使武官犯罪严重 / 377

宁夏天高皇帝远，镇守武将大肆贪污 / 陈懋贪污的三大笔财产：军粮、赃罚和盐引收入 / 中都留守司都督罪行严重，只被免死戍边 / 宣宗宽纵武官的几个原因

二十三　脱颖而出 / 383

（一）杨荣：综合才干，尤其是军事才干突出 / 385

既有军事韬略又有文学才干 / 受到群臣的嫉妒，也受到朱棣的保护 / 为太子即位做出过巨大贡献

（二）夏原吉：财政才干突出，与皇太孙关系极好 / 390

明代前期著名的财政专家 / 同皇太孙朱瞻基私人关系极好 / 奉行宽仁的原则，力图减免百姓的负担

（三）蹇义：行政才干突出，同时受到朱棣父子的器重 / 393

选拔和任用官员，是称职的吏部尚书 / 高级联络员，同时受到朱棣父子的器重 / 考虑多、决断少，蹇义的做法自有合理之处

（四）杨士奇：行政才干尤其是文才突出，深受太子器重 / 396

文学才能突出，完成了一项政治任务 / 险象环生，太子需要杨士奇的才干和忠心

（五）杨溥：操守极好，深受仁宗的信任和感念 / 398

二十四　谁主沉浮 / 401

（一）进入辅政集团的条件之一：守成派的政治理念 / 403

杨士奇等人与仁宗的政治理念一致 / 夏原吉是最早和最坚定的守成派

（二）进入辅政集团的条件之二：品德修养超群 / 405

廉洁、宽容、有底线 / 三位帝王德才并重的价值取向，君臣并非势利之交

（三）永乐以后杨荣地位的下降及其原因 / 410

洪宣时期较重文治，这点并非杨荣所长 / 杨荣和边将往来较多，引起宣宗的

敏感和不满／控制武将和军队的需要，使宣宗对杨荣有了成见

（四）未能进入辅政集团的官僚群体及原因 / 414

朱棣部分旧臣只被留用，但未获重用／黄淮不善处理人事关系，受到排挤退休了／陈山、张瑛贪婪受贿，被调离了上层政治集团

二十五 变"相"辅政 / 419

（一）杨士奇辞掉优惠待遇及其原因 / 421

同时拿三份工资，杨士奇辞掉最多的一份／杨士奇辞掉两顷好地，准备退休养老／杨士奇婉拒多收好地和工资的原因

（二）辅政核心集团虽然权力较大，但不是丞相 / 424

仁宣时期辅政核心集团权力较大／辅政集团和过去的丞相有很大差别／辅政集团虽有特殊权力，但不是制度规定的丞相

（三）夏原吉权力和地位较特殊，但同样不是丞相 / 427

（四）洪熙、宣德时期并非完全"政在三杨" / 430

仁、宣二帝让夏原吉拥有特殊的权力和地位／宣德前期夏原吉受宠，并非完全"政在三杨"

二十六 决策转型 / 435

（一）皇帝兼丞相：洪武中后期的决策方式 / 437

朱元璋当场裁决政务，有关机构多人记录结果／皇帝兼丞相，朱元璋是国家元首兼政府首脑／朱元璋的工作量相当大，常人很难持续下去／辅政集团的出现，填补了废相后的政治需要

（二）朱棣决策方式的变化：放权与借助辅政集团 / 441

南北两京各有政务，朱棣只能向臣下分权／朱棣有了自己的辅政集团，内部还有分工／朱棣的决策方式已与朱元璋不同，放权较多

（三）仁宗的决策方式开始转变 / 444

太子在南京监国时，决策受到监视和遥控／总体工作量的增加，是仁宗转变

决策方式的原因

（四）宣宗逐步完成决策方式的转变 / 448

宣宗让两批助手分别替自己起草和抄录诏书 / 教小太监学文化，并不违反祖训

二十七　宦官分权 / 451

（一）决策方式的转变结果：皇帝不必总上朝 / 453

决策方式转变后，上朝和理政不是一回事了 / 新的决策方式虽然合理，但需要内外官员帮忙

（二）转变后的决策体制无法避免宦官分权 / 455

宦官拥有的部分决策权并不都是偷来、抢来的 / 转变后的决策体制无法避免宦官分权 / 宦官替皇帝行使权力，并不全是因为朱元璋废了丞相

（三）批红未必导致宦官专权 / 459

批红是用红字抄录臣下替皇帝起草的圣旨 / 宦官有了批红权，不一定就能专权乱政 / 宦官专权的渠道较多，不全在于批红

（四）宦官和皇帝乱政，其实是因为皇权很少受限制 / 463

武宗贪玩，授权让刘瑾替他处理政务 / 刘瑾是"立地皇帝"，内阁起草的诏书只是走过场 / 宦官专权乱政，是因为皇权很少受到限制 / 后来的皇帝纵容宦官专权，并不都是因为学宣宗

二十八　书画群峰 / 467

（一）宣宗的绘画活动及其艺术成就 / 469

（二）宣宗画风略为简逸豪放，因受追捧而赝品迭出 / 475

宣宗作品具有民间色彩，画风略偏于简逸豪放 / 宣宗的绘画受到追捧，因此后来赝品迭出

（三）宣德时期宫廷绘画达到了鼎盛，花鸟画尤其突出 / 478

宣宗周围出现了一个宫廷画家群体 / 宫廷花鸟画的兴盛，符合皇家的生活意趣

（四）宫廷画家挂名锦衣卫及其原因 / 481

宫廷画家挂名锦衣卫，但并非加入特务机构 / 宫廷画家挂名锦衣卫的几个原因 / 宣宗欣赏画师作品的标准：政治第一，艺术第二

（五）宣宗的书法造诣 / 484

二十九　改立皇后 / 487

（一）改立皇后的原因及准备 / 489

孙贵妃总比皇后胡氏矮一级，她在寻找机会 / 孙氏赢了第一局，有了象征地位的金印 / 孙氏又赢了第二局，抢先"生"出了皇长子

（二）重大进展与中途搁浅 / 493

老太后勉强同意宣宗换皇后 / 杨士奇反对换皇后，并且态度强硬 / 杨荣献计无效，换皇后一事搁浅

（三）改立成功，但胡氏仍受太后优待 / 496

杨士奇献计有效，胡皇后被迫主动"辞职" / 胡氏虽然不当皇后了，但仍受老太后的优待 / 胡皇后葬礼降格，但受到后人的纪念 / 反对宣宗游乐的胡皇后等人，没一个有好下场

（四）太祖到宣宗对皇后的差别及其原因 / 499

宣宗以前的皇帝没换皇后的原因 / 宣宗即位前后情况变了，后妃家族已无势力 / 宣宗开了换皇后的先例，后代就有皇帝接着干

三十　"促织天子" / 503

（一）丰富多彩的观赏活动 / 505

（二）宣宗的几种宫廷游戏 / 506

（三）打猎与豢养猛禽 / 509

宣宗喜欢捕猎，向朝鲜索要了大批猎鹰 / 传世作品说明，宣宗对猎鹰有特殊的喜好 / 宣宗对异国的猛兽和美食也很感兴趣

（四）"促织天子"——蟋蟀皇帝 / 512

宣宗密令况钟为他采贡一千只蛐蛐／一千只蛐蛐没等捕完，宣宗就去世了／景德镇出土的蛐蛐罐，是宣宗斗蛐蛐的用具

（五）宣德朝蛐蛐罐的纹饰新颖、自然 / 515

三十一　不废正业 / 519

（一）游园聚会及其政治意义 / 521

宣宗有意模仿前贤，邀请十八大臣游园／游园的节目：宣宗不忘和夏原吉开玩笑／宣宗颇有旅游规划才能，偶尔喜欢恶作剧

（二）出巡狩猎加实战演习 / 525

传世作品显示，宣宗出巡多为射猎活动／宣宗巡边，偶遇侵扰敌军打了一仗／宣宗的奔袭不过是击溃了边塞的武装牧民

（三）最后一次巡边，并未贸然出击 / 529

宣宗第三次率军巡边，不许诸将越境奔袭／宣宗并未沉溺于斗蛐蛐而不顾敌情贸然出击

（四）宦官借采购贪暴害民，宣宗杀一儆百 / 531

大宦官贪了不该贪的东西，宣宗只好下令严惩／宣宗并未因采办花鸟鱼虫而纵容作恶的宦官／重用宦官的同时，宣宗还严格加以防范

（五）同其他帝王相比，宣宗还算是务正业的皇帝 / 534

三十二　繁荣代价 / 537

（一）永乐、宣德工艺不分高下：瓷器、佛造像 / 539

瓷器：宫廷御用性更为突出／佛造像：复杂工艺的应用范围有所扩大

（二）创新的工艺：漆器、珐琅器 / 541

漆器出现了三种新的工艺品／永乐漆器改刻宣德款识，并非工匠私自所为／珐琅工艺的创新：錾胎珐琅器的制作

（三）多种艺术和工艺的结合：玉器、金银器、珐琅器 / 545

白玉、宝石加上黄金，这类工艺品具有独到之处／掐丝珐琅器图案纹饰精

美，多为皇权象征

（四）后起之秀：文具、铜器等 / 548

"龙香御墨"及其特色 / 宣德炉及其名声越来越大的原因

（五）宫廷文化、工艺繁荣的原因 / 550

（六）宣德朝宫廷文化繁荣的代价较大，已无法持续 / 551

宣德以后宫廷文化的迅速沉寂 / 宫廷工艺品规模较大，百姓负担重 / 宫廷文化繁荣与奢侈活动相连，难以持续

三十三　短暂辉煌 / 557

（一）辉煌而短暂的"仁宣之治" / 559

社会经济得到恢复，巨额减免百姓受惠 / 社会稳定，内外和平，矛盾处于潜伏状态 / 较为关注民生，减少劳民伤财之举 / 顺应民意，批准许多清官重新留任

（二）人亡政息导致了"仁宣之治"的结束 / 561

人亡政息，英宗、王振不可能持续"仁宣之治" / 宣德中后期各种社会弊端已逐渐加重

（三）宫廷财政的膨胀破坏了"仁宣之治"的持续 / 564

宣德中后期的突出弊端：宫廷财政膨胀 / 宫廷财政膨胀的"小折腾"，破坏了"仁宣之治"的持续

（四）专制体制决定了"仁宣之治"的短暂 / 567

"仁宣之治"后的危局，是因为宦官行使皇权很少受到制衡 / 宣宗后期的享乐和腐败，是因为皇权几乎不受限制 / 宣宗生前死后之事有些共同点，于是"仁宣之治"无法持续

主要参考书目 / 572

后记 / 574

北京的昌平有个十三陵，是我国保存最为完好、规模最大的帝王陵寝，在这里长眠着明朝的十三位皇帝和他们的皇后、妃嫔。这些陵寝如果按建造时间先后来排列，排在最前边的三个陵分别是长陵、献陵和景陵，它们的主人分别是明朝前期的三位皇帝：第三位皇帝明太宗朱棣、第四位皇帝明仁宗朱高炽，还有第五位皇帝明宣宗朱瞻基。

朱棣、朱高炽和朱瞻基三位皇帝是祖孙三人，他们长眠的长陵、献陵和景陵，都是当年朝廷里主管堪舆等相关的官员，加上皇家临时雇来的一群风水先生，在现在十三陵的山沟山头，勘察、折腾了不知多少个来回才选中的。如果从空中往下看，这三个陵位于整个十三陵群体的顶端，连起来好像是一个不规则的三角形，似乎在向后人显示着大约六百年前，三人之间错综复杂的关系，以及那一场跌宕起伏的宫廷往事。

大明王朝的第四位皇帝是明仁宗朱高炽，第五位皇帝是明宣宗朱瞻基，知名度不高。比起明太祖朱元璋在位三十一年，明神宗万历帝在位四十八年，仁、宣两位皇帝不仅知名度较差，在位的时间也很短，其中宣宗九年多，仁宗才九个月，加起来才不过十年多一点，但这十年却是明朝前期具有转折意义的十年。

本来建文帝上台后，已经开始调整前朝的政策，逐渐改变了朱元璋时期以猛治国、开创为主的局面，可是朱棣夺位以后，几乎全面否定了建文帝的政策，打安南、征蒙古、迁国都、下西洋，又搞了一系列的开创性活动，最后弄得大明帝国体力透支，处于严重的超负荷状态。

结果朱棣的儿子仁宗和孙子宣宗上台后，不得不全力扭转这种局面，卸装减负，从开创转为守成，结束了前朝永乐皇帝一系列的消耗性活动，逐渐扭转了明朝国力的超负荷局面，实行了务实稳定的政策。后人高度评价仁、宣二帝的作为，称之为"仁宣之治"，并且把它同周代的"成康之治"、汉代的"文景之治"相提并论，虽然有些美化、夸张，但仍可见仁、宣二帝的重要贡献和地位。只是他们的转折性活动虽然是在仁宣时期完成的，但起因却是在前朝永乐时期，并且这些事还同皇位继承权之争交织在一起。

公元1368年明太祖朱元璋打了天下建立明朝以后，为了保住朱家的江山，在立了长子朱标做太子后，又把自己的儿子们分封到全国各地做藩王，给了他们一定数量的军队和权力，目的是中央一旦出乱子，各地的藩王就可以起兵帮着中央平乱。这些人之中，就有朱元璋的第四个儿子、封在北平的燕王朱棣。朱元璋想得挺好，但结果怎么样呢？他死后中央没出乱子，倒是地方先出乱子了，手握兵权的燕王朱棣很快在北平起兵，经过三年多的激战，终于打败了政府军，夺了侄儿建文帝的皇位，自己当了皇帝，就是永乐皇帝。

立储之争

公元1402年,永乐皇帝朱棣夺位上台,大明帝国争夺皇位的战争似乎结束了,但事实上,争夺下一任皇位继承权的序幕却刚刚拉开……

明成祖朱棣像

（一）朱棣暂时不立太子，但想立老二

朱棣夺位上台后，当时争夺皇位的战争虽然结束了，但争夺下一个皇位继承权的序幕却刚刚拉开，怎么回事呢？原来朱棣当上皇帝后，从1402年的六月到永乐二年（1404）的四月，在前后长达近两年的时间里没立太子。各位知道，太子是皇帝的接班人，册立太子是一个王朝维持统治的首要条件，没有太子，谁来接班当皇帝呢？朱元璋当上皇帝以后，首先册立大儿子朱标做太子，所以朱棣上台后不先立太子，本身就有些反常。况且朱棣的长子朱高炽，这时已经二十多岁了，又是当年太祖朱元璋册立的世子，就是燕王继承人，按照明朝"立嫡以长"的传统，朱高炽是太子的不二人选，完全应该顺理成章地当上太子。

1. 文武百官请求立老大朱高炽当太子，朱棣不同意

但朱棣登极后不但没有立即册立朱高炽为太子，反而多次拒绝了臣下的有关建议。永乐元年（1403）的上半年，文武百官加上朱棣的一帮兄弟亲王等人，曾经连续三次上表请立太子，朱棣虽然表扬这些人是为国家着想，但是对于立太子的请求就是不答应，还找了一些堂而皇之的理由加以搪塞，什么长子"智识未广、德业未进"，能力水平都很有限，短期内不可能一下子担当起太子的重任，还需要由一些高人来培养和教育才行等等（《明太宗实录》卷一六）。一句话，就是不同意先立老大为太子。这时候有个人看不下去了，镇远侯顾成，这个人是个高级将领，最早参加政府军讨伐朱棣，又最早被朱棣俘虏，他被俘后就投降了朱棣，然后一直留在北平，辅佐朱高炽坚守北平城，是朱棣非常器重的一个将领，后来被封为镇远侯，奉命驻守贵州。

大概是顾成觉得自己很早就归附了朱棣，后来又辅佐朱高炽坚守北平城有功，说话还算有点分量，再加上顾成跟朱高炽交情比较深，立朱高炽当太子当然对他有利，于是就在永乐元年的九月份，顾成给朱棣写了封信，没敢先讲立太子的事，而是说了驻守贵州的几件事，最后拐弯抹角地顺便提了一句，请

陛下"早立东宫以定国本",该立太子了。不料朱棣给他的回信中,只是对顾成隆重表扬一番,还赏给了他一大笔钱财,但却一个字都没提立太子的事(《明太宗实录》卷二三),好像根本没看见,弄得顾成很没面子。同时,朱棣一直把朱高炽留在北平,而没有召他来首都南京,等于把他晾在一边了。

这还不算,更有甚者,朱棣还向大臣征求意见:你们看立谁做太子最合适啊?很显然朱棣不想立长子朱高炽为太子,不然他就不必征求意见了。各位可以想象,朱棣的这种态度,很可能使朱高炽受到痛苦的煎熬,不仅是很郁闷,甚至可能是绝望,因为他本来是最有资格当太子的,可是现在呢,几乎被父皇踢出局外了。那么当时在朱棣眼里,还有谁可以作为太子的人选呢?朱高炽作为长子,为什么不能顺利当上太子呢?

2. 老二朱高煦曾为朱棣夺位立过大功

原来朱棣有四个儿子:朱高炽、朱高煦、朱高燧和朱高爔。除第四子不知何人所生并且早死之外,其余三个都是徐达的长女,就是后来的徐皇后生的,各有特点。其中老大朱高炽为人内向,做事比较慢,身体可能患有肥胖症,长得体态臃肿,行动笨拙,不善骑射;老二朱高煦为人矫捷凶悍,据说腋下有几块癣,当时称为"若龙鳞数片",应该是一种皮肤病,但长期受到朱棣军事活动的影响,身材高大,善于骑射;老三朱高燧为人较为精明,善于讨好朱棣(《明史·诸王传》)。三个儿子中朱棣最喜欢的是老三朱高燧,最为器重的是老二朱高煦,最不喜欢的恰恰是老大朱高炽。那么同样是自己的孩子,朱棣为什么会器重老二朱高煦呢?

因为在朱棣争夺皇位的"靖难之役"中,朱高煦作为朱棣的得力助手,勇猛善战,功勋卓著,为朱棣"靖难"成功帮了大忙。高煦曾多次在朱棣战败之际,甚至差点被敌人追杀时,率骑兵部队勇猛冲杀赶来救援,不仅救了朱棣一命,有时还使燕军反败为胜。其中较为典型的一次,是朱棣起兵后不久的白沟河之战。白沟河大致位于现在河北中部的雄县和定兴之间,大约在1399年冬季,也就是六百多年前,白沟河两岸都是战场。

朱棣率燕军与李景隆的政府军大战于白沟河。李景隆人多势众,几十万军队列阵数十里,命令士兵向冲过来的朱棣一队人马射箭。箭像雨点一般射过来,朱棣所骑的战马连续三次被射倒,他也连换了三匹战马,冲锋陷阵打了半天,自己带的三袋箭也都射光了,于是就抽出宝剑冲杀,后来手里的剑也卷了刃,被敌军追着打(《明通鉴》卷一二)。

估计朱棣的马也中箭跑不动了,来到一处堤坝下面就上不去了,眼看就要被追兵赶上来,前锋的枪尖几乎就要刺到朱棣了。朱棣连忙跳下马跑上堤坝,然后举起马鞭子摇晃,假装招呼后面的部队。堤坝下的追兵怀疑有埋伏,没敢继续追,但大队人马都堵在那,准备冲上去。恰在这时,朱高煦率领一队骑兵冲了过来,救下了朱棣。

朱棣当时可能有些奇怪,就问朱高煦说,其他将领都在鏖战,你怎么来了?朱高煦说:我听说父王你才领了几个骑兵,居然同敌人大队人马周旋,我是怕你有什么闪失,所以就来了。朱棣一听很高兴,老二来的可真是时候啊。于是他就对高煦说,我打了半天可是打累了,你就继续进攻吧!于是高煦就率领这一千多名精锐骑兵杀了过去,最终打退了敌人(《明史纪事本末·燕王起兵》)。

还有东昌之战、浦子口之战等战役中,朱高煦都有类似的表现。当时战役的规模比较大,双方每次都有十几万、几十万兵力投入战斗,交战的范围可能达到方圆十几里甚至几十里,像朱高煦这样的将领肯定会独当一面,混战之中可能与朱棣拉开较远的距离,甚至会暂时失去联系,因此不可能随时关注和了解朱棣的作战情况,但高煦几乎每次都是主动地率领一些机动骑兵部队,在战败以后及时地出兵援救朱棣,事先并没有准备。

3. 老二才是朱棣最想立为太子的人选

从这些情况看,朱高煦这个人至少有几个特点:第一,意志坚强,善于打硬仗,并且很有毅力,常常是在打败了以后还要顽强作战,绝不轻易放弃,可以说朱高煦的这个特点几乎就是他父亲的翻版。各位知道,朱棣就是这样一个打仗异常勇猛、从不放弃的人。看来朱高煦是多多少少继承了朱棣的特点,打仗勇猛,意志坚强。

第二,朱高煦在燕军里具有较高的、很特殊的地位,可以指挥和调动机动骑兵部队。各位知道,骑兵部队在冷兵器时代,是极其重要的兵种,而机动骑兵部队相当于后备军,打胜了不用,但是打败了可就非常有用了,没有主帅的命令,一般的将领是不可能轻易调动这支部队的。而燕军可以说是朱棣的私人部队,是家兵,朱高煦作为主帅的儿子,可以在没有主帅命令的情况下,指挥和调动机动骑兵部队,由此可见高煦在燕军中,具有特殊的地位和号召力。

第三,这个人比较有全局观念。你看,每当朱棣打了败仗、最需要援助的时候,并且是在事先无法预料的情况下,高煦几乎每次都能及时地出兵救援。可见这个人很清楚,父亲在什么时候最需要他。当然,这里面还有一层原因,所谓"打虎亲兄弟,上阵父子兵",父子关系以及朱高煦对父亲的关心,也是他能及时救援朱棣的重要原因。总之一句话,没有朱高煦的英勇善战,朱棣的夺位之战是否成功,恐怕还是个未知数。因此可以这样说,朱高煦为父亲夺取皇位做出了巨大贡献。

有这样一个儿子,朱棣当然非常高兴,因为每一次胜利都意味着他向皇位又迈进了一步,因此他格外器重朱高煦,甚至在几次战役取胜之后,一高兴就给朱高煦一个非常大的承诺:将来得了天下,我要传位给你!原话是:"勉之,世子多疾,如得天下,以若为嗣。"(《国榷》卷二)意思是,好好干!你大哥身体不好,将来我夺了天下,就立你当太子!这些话朱棣曾多次明确说过,《明史》等书里都有类似的记载。

虽然这种许诺不乏政治利诱和一时冲动的成分,但也不可能完全是空头支票,尤其是几次关键性战役的胜利,朱高煦充分展示了自己英勇善战的本事,受到了朱棣极大的赏识和器重。他感到朱高煦很像自己,并且对自己的事业很有利,因此将来立朱高煦做太子的许诺,应该是朱棣的真心实意。正是因为有了父亲的许诺,朱棣登极后朱高煦才较为狂傲,朱棣对他也较为纵容。因此从这些情况看,朱高煦才是朱棣最想立为太子的人选。

（二）朱高炽的优势与朱棣的顾虑

那么朱棣的长子朱高炽除了身体臃肿、性格内向之外，是否还有一些优势呢？有！同二弟相比，朱高炽虽然不是勇猛善战，但却拥有两个别人无法忽视的优势：一是他是太祖朱元璋当年亲自册立的燕王世子，就是燕王的王位继承人；二是他当年曾率北平老弱军民，打败了李景隆五十万大军的进攻，保住了燕军的老巢——北平城。

1. 朱高炽的优势之一：朱元璋册立的燕王世子

先说第一点，就是朱高炽被皇爷朱元璋册立为燕王世子。这里面还有一段故事：当年朱元璋为了考察和培养孙子们，经常把他们召入京师，让他们到自己身边读些书、做点事，给以磨炼，借以查看他们的人品和才干。有一天，朱元璋召来了朱高炽等几个孙子，要他们分别去检阅守卫京城的京营军。别人都忙着去检阅，要以办事迅速来讨好皇爷。可是只有朱高炽仍和平时一样不紧不慢，比别人回来都晚。

皇爷朱元璋可能有点不高兴，于是派人把朱高炽叫过来问他："你怎么迟到了？"朱高炽不紧不慢地回答说："因为早上天气太冷了，我让那些士兵吃过早饭再检阅，所以迟到了。"听朱高炽这么一说，朱元璋高兴了，对他表扬了一通，认为这个孙子不错，能体恤下属，品行宽仁（《明史纪事本末·仁宣致治》）。实际上朱高炽之所以检阅迟到，也许是因为他性格内向，做事一向迟缓，上面的话不过是临时的借口，但这话却使朱元璋很满意，也留下了好印象。

还有一次，朱元璋把一些奏本交给朱高炽，要他代为分检一下。高炽也聪明，选了一些与军民切身利益密切相关的奏本送上来，这就先

朱元璋像

投合了皇爷朱元璋的心思。奏本中有些错字,朱元璋为他指出来并问他:"你大概没有看见吧?"朱高炽或许做事马虎真没看见,或许有意这样顾大局而不拘小节,但他的回答却很妙:"我不敢马虎,不过我觉得这样的小错处,实在不值得给皇爷您添麻烦。"(《明仁宗实录》卷一)

这句回答更赢得了朱元璋的欢心,加深了对他朱高炽的好印象,觉得这个孙子善于辨别轻重缓急,做事有板有眼,又是燕王朱棣的长子,因此洪武二十八年(1395),朱元璋亲自册封朱高炽为燕世子。由此可见,属下给领导做事,一定要先弄清领导的意图,分别轻重缓急,只要抓住要害就行,不能什么都顾。这样才能让领导满意,领导才能信任你、器重你。

2. 朱高炽的优势之二:坚守北平的战功

除了身份上的优势之外,朱高炽还有一个优势,那就是死守北平的战功。当年朱棣起兵后,朱高炽曾率北平的老弱守军万余人,打退了李景隆五十万政府军的进攻。各位可以想象,一万多人守北平,居然打退了近五十倍敌人的进攻,在当时许多人看来,也是一件了不起的战功。

当时北平的一万多名军人都是老弱,朱高炽本人也没打过仗,没有守城的经验,但他能虚心向城中有经验的老兵和其他人请教,充分发挥这些人的作用。尤其是他的母亲,也就是徐达的长女、后来的徐皇后,率领北平的妇女家属积极支持朱高炽,加上朱棣选派的姚广孝等人尽心辅佐,朱高炽率北平军民在危急之时,多次击退了敌方的进攻。那么在北京保卫战中,朱高炽都干了哪些事呢?

一是偷袭敌营。朱高炽连续多次晚上派人偷袭敌营,搅得敌方几十万人夜间不辨敌我,自相残杀,到了天亮一看,才知道上当了。这样一连多日敌方士兵夜里都休息不好,白天打仗没劲,敌方统帅李景隆没办法,只好退兵十几里(《明史纪事本末·燕王起兵》)。

二是严加守备。朱高炽在北平守将的协助下,把守城的各项事务,都安排得非常到位,充分利用这一万多名老弱军人严加守备。有几次敌方几乎要将北平几个城门攻破了,但都被朱高炽指挥守军打退了。

三是浇灌冰城。当时北平的气候比现在还要冷,几乎是滴水成冰。朱高炽就利用这个条件,下令全城军民连夜打水浇灌城墙,一夜之间,北平的城墙都冻成了冰墙,又厚又滑,敌人根本无法攻城,梯子搭不上城头,人也爬不上去;加上政府军多为南方人,经不起北平的严寒天气,估计也没有及时配备棉衣,因此冻死不少,手脚冻坏的更多了,战斗力大为下降。后来朱棣的军队赶来,朱高炽就派城里的部队与父亲里外夹击,终于打退了敌军,保住了北平城(《明通鉴》卷一二)。

其实那些善于干事的人,自己不一定什么都懂、什么都会干,只要能利用和发挥团队的优势,就能干成别人办不到的事。朱高炽守北平就是这样,一个腿脚不好、不会打仗、不会守城的人,居然打了胜仗守住了城,可见朱高炽还是有些过人之处。

如果北平被攻陷,朱棣就失去了老巢,军需、粮饷和所有的家眷都被一窝端了,那这个仗还怎么打,"靖难"之战必败无疑,朱棣又怎么可能会最终当上皇帝呢?因此,战后一些人甚至连朱棣本人也承认,高炽坚守北平的战功几乎无人可比,更是别人无法超越的一大优势(《明史纪事本末·高煦之叛》)。

3. 朱棣立老二的想法受到亲信阻挠

尽管朱高炽拥有这些优势,不过其实大家都清楚,朱棣喜欢和器重的是老二朱高煦,一直都想立他当太子,这是明摆着的事。只是朱棣的想法运作起来并不顺利,首先在他的亲信那里就遇到了阻力。隆平侯张信是朱棣的重要亲信,他原来是朝廷派到北平监视朱棣的将领,"靖难之役"前建文帝曾有密诏给张信,命令他和其他将领控制朱棣,但张信却暗中向朱棣通风报信,使朱棣逃过一劫。后来朱棣夺位成功,非常感激张信,称他是自己的恩人,并且认为张信通风报信的功劳不在"靖难"诸将之下,因此慷慨地把张信封为隆平侯。就连诸王兄弟有什么隐私,朱棣都派张信去暗中调查,可见对他非常信任(《明史·张信传》)。

据说一开始朱棣曾经私下征求张信的意见,要立高煦当太子,但张信不同意,还不高兴地随口顶撞朱棣:"这事关系相当重大,哪能随便这么干呢?!"

结果惹得朱棣一怒之下拔出佩剑,当场砍掉了张信的几颗牙,弄得张信满嘴冒血,溅了一身(陈沂《畜德录》)。这个故事不一定完全真实,但也说明朱棣想立高煦的决心有多大。

既然你朱棣最想立老二朱高煦为太子,那就立吧,你是皇帝,理论上拥有至高无上的权力,就连夺取皇位这么难的事都办到了,想立老二当太子难道还能比夺位更难吗?何必非要征求大臣的意见呢?况且朱棣本人是靠武力夺取皇位的,以老四的身份夺了侄儿建文帝的天下,这个实际行动已经打破了立老大的传统规则,就是说朱棣现在已是皇帝,完全有权不立老大了,那么他为什么不直接立老二朱高煦呢?他有哪些顾虑呢?

4. 朱棣有顾虑,必须争取文臣势力的支持

每一个人都有难事,虽然贵为天子也不例外。其实朱棣顾虑的原因很简单,他在夺位之后,必须争取得到文臣以及各方政治势力的支持。各位知道,朱元璋是打天下的开国皇帝,所以明初洪武时期武将的作用大、地位高;但是打天下的任务完成以后,治理天下的文臣的地位和作用有所提高,所以武将的作用和地位自然下降。建文帝上台后,国务活动以和平建设为主,调整了明初的许多东西,后人称为"建文新政"。新政的执行者,也就是文臣的地位和作用,都比洪武时期有了大幅度的提高。

朱棣夺位称帝后,虽然名义上指责建文新政,也推翻了建文帝的许多做法,但整个社会的局势毕竟已是和平时期,文臣集团尤其是前朝遗留下来的上层精英群体,就成为朱棣必须依靠的政治力量。如果朱棣非要顶着压力强行册立老二,势必会得罪这帮文臣,非常不利于将来的统治。况且朱棣是靠暴力夺取皇位的,属于非正常渠道,名不正言不顺。你从侄儿手中夺了皇位,虽然打了靖难的旗号,可傻子也明白这是怎么回事啊,许多人当时就认为,朱棣的皇位来路不正。因此在朱棣称帝后,有一大批建文旧臣自杀的自杀,弃官的弃官,种种迹象表明,朱棣的夺位行动不完全得人心,并且已经失去了一批支持者。

这还不算,朱棣上台后又杀掉了一大批朝中的不合作者,对建文忠臣及其

家属进行了极为野蛮、残暴的迫害。最有名的是灭了方孝孺的十族,比古代最残暴的灭九族还多一族,破了一个灭族的纪录,简直令人发指(《明史纪事本末·壬午殉难》)。这样一来,他又失去了一批支持者。就是说,朱棣在上台初期,统治基础并不稳固,这对他是很不利的。朱棣用残酷的手段镇压对手,只是靠强力暂时控制住了局面,这样下去不可能维持政权的长久。

此外,朱棣即位后的政权班底有许多是燕府旧人,就是他夺位前当燕王时期的老部下,如果他在立太子的问题上,不顾这些人的意见硬来,非要强行册立老二为太子的话,那么势必会失去这些老部下的支持。前后加起来,朱棣就要连续失去三批支持者,得罪人太多,那样对他的统治更是不利。

大家知道,一个国家、一个政权要想维护持续的统治,必须得到最大多数政治势力的支持,拥有雄厚的、足以支撑这个政权进行运转的社会基础才行。朱棣是个政治家,不可能不懂这一点,因此在上述情况下,他必须考虑如何争取各种政治势力的支持,巩固自己的统治地位。

当务之急就是收买人心,稳定政局,不能在立太子的问题上一意孤行,再同这些人闹僵,因此朱棣必须征求这些人尤其是建文旧臣的意见。在究竟立谁当太子的问题上,众位大臣又是什么意见呢?其中大部分人都主张册立老大朱高炽,只有少部分武将主张立老二朱高煦。虽然老大、老二都有支持者,但是哪一派的势力更大呢?

明骑马武士俑

（三）朱高炽的支持势力大，选立太子出现僵局

1. 老大的支持者实力相对雄厚

老二朱高煦的支持者主要是一批武将，其中代表人物是邱福。这个人是朱棣起兵夺位的主要将领，朱棣上台后封他为第一武臣，封号是淇国公。他和一批武将多次劝说朱棣立老二当太子，对朱高煦更是一口一个"二殿下"（《明史纪事本末·高煦之叛》）。

这些人同朱高煦在夺位之战中可谓患难与共，是一同拼杀出来的生死兄弟，因此当然希望老二朱高煦当太子，这对他们日后的发展极有好处。但武将集团并非全部拥立朱高煦，其中成国公朱能就没有明显的倾向，"靖难之战"的另一大将张玉之子张辅，也没有拥立朱高煦，并且有些瞧不起他。因此，高煦支持者不多，并且重量级的人物极少，群众基础不是很雄厚。

相比之下，老大朱高炽的支持者，却占大多数，主要来自文臣集团，并且有许多重量级人物，如金忠、解缙、黄淮等人。在立太子的问题上，文臣们的意见非常统一，占有优势，并且态度很坚决。

2. 文臣主张册立老大的原因与"游戏规则"

那么，文臣为什么会坚决主张册立老大呢？概括起来主要有几点：

其一，对朱高炽长子身份的普遍认同。尽管当时多数文臣与高炽并没有更深的私人交情，但他们认为，"长嫡承统，万世正法"（《明史纪事本末·太子监国》）。朱高炽是皇帝的嫡长子，他才最具有当时明帝国公认的合法性与正统性，也最符合"立嫡以长"的传统礼法，老大才是正牌。

其二，对朱高炽文人形象的认同与推崇。他们认为高炽是个较为理想的文人型君主，在很大程度上具备了与文臣合作的基础与优势，并且仁孝之名在社会上早有传扬，更适合在和平时代做一名守成的君主。

其三，对武将势力的排斥与防范。朱棣即位后尽管朝中文臣的势力较大，但有一大批武将，是跟随朱棣和朱高煦起兵夺位的，如果朱高煦即位，这些人的势力至少会得到保护。文臣集团当然不希望看到，夺位起家的北方武将势

力坐大,从而对自己的地位构成威胁。

其四,对朱棣严厉的、开创性政策的变相对抗。各位知道,朱棣上台后,实行了一系列严厉的、开创性政策,比如大杀建文忠臣、大搞特务政治、南北出击等等。老二朱高煦同朱棣本人极为相像,他如果上台,永乐时期的这种政策就可能得到延续,这是文臣集团不愿意接受的;相反他们对建文时代较为怀念,希望实行文治,因此,他们在很大程度上,是把自己的理想寄托在老大朱高炽身上,来变相对抗朱棣的政策。

此外,也有学者认为,文臣集团之所以主张立老大,除了遵循"立嫡以长"的传统礼法之外,实际上也是在明确提出一种与新皇帝合作的规则。因为朱棣夺位后刚上台,与原来的文臣集团并没有更多的磨合,双方今后要合作,就必须遵循一定的规则,用现在的话说,就是要有双方共同的"游戏规则"。

朱棣想立老二,遵循的是他自己的"游戏规则";文臣集团主张立老大,反对朱棣立老二,实际上是不接受朱棣这种违反传统礼法的"游戏规则"。如果屈服于朱棣的权势,暂时接受了立老二的主张,那就意味着文臣集团今后与新皇帝朱棣的合作规则不同,至少可能充满不顺利。

3. 金忠的反对使立储陷入僵局

上述几点加在一块,所以文臣集团坚决主张立老大当太子。其中有个非常特殊的重量级人物,就是当时的兵部尚书金忠。这个人是帮助朱棣起兵夺位的重要谋士之一,在许多关键的问题上都曾参与决策,并且取得了非常有效的成果,可以说是朱棣起兵夺位的大功臣之一,因此深得朱棣的信任和器重。夺位之后朱棣很快就提升金忠为兵部尚书,大致相当于今天的国防部长,这个职位对刚刚夺位的朱棣来讲是相当重要的,可见金忠在朱棣心中的分量以及金忠的卓越才干。就在几个武将不断给朱棣吹风,要立老二的时候,金忠却态度鲜明地坚决主张立老大为太子。

金忠跟朱棣讲,从古到今,因为不立老大而造成政权不稳、后果严重的例子太多了。面对这些血淋淋的事实,"上不能夺",朱棣觉得有道理,无法反驳,但还是不甘心。金忠可能觉得自己一个人力量有限,于是"又密以告解缙、黄淮、尹昌隆等"(《明通鉴》卷一四)。他为什么要暗地里告诉解缙等人呢?因为这几个人都是较早归附朱棣,受到朱棣信任的重臣,由此可见金忠这个人很有心计。

这里虽然不能完全排除金忠和其他大臣有过秘密串联的可能性,但至少金忠的表态在朝臣中是极有影响的。因为这个人是跟随朱棣起兵的心腹重臣,而其他文臣大都是刚刚归附朱棣的前朝旧臣,说话的分量肯定不如金忠。因此金忠的表态不仅使文臣有了主心骨,也使朱棣更加为难了。

朱棣本来是想通过这些人来为老二朱高煦拉选票,但这个办法几乎无效,征求意见问了半天,没几个人同意,还不能硬来,朱棣当然更加为难了,事情就这么僵住了。不过,由于文臣集团的压力,尤其是金忠等重臣的反对,朱棣的想法可能发生了转变,怎么转的呢?

当初朱棣想立老二,主要是出于对高煦军事才干的器重和感情的因素,当然也有一时冲动的成分,那么现在他不得不考虑太子人选的综合条件,尤其是这个人是否能为文臣集团普遍接受,将来能否与文臣集团顺利合作,这一点还涉及朱明王朝是否能保持稳定的问题。朱棣是个政治家,他不可能不想到这一点,因此,目前的僵局至少说明,朱棣在犹豫,在权衡,在比较,立谁更合适、更有利,而不再坚持非立老二不可。

(四)解缙打破了僵局

1. 解缙抬出朱瞻基,立储有转机

就在这时,有个人打破了这一僵局,促使朱棣下决心立老大,这个人是谁呢?解缙。这个人可是太有名了,《永乐大典》的总编辑之一,洪武时期有名的才子,也是永乐初期文臣集团的代表人物。当朱棣征求他的意见时,解缙早有主见,直言不讳地说:"皇长子仁孝,天下归心。"这话可能不对朱棣的心思,因此朱棣不置可否。解缙急了,一边向朱棣大鞠躬,一边说了句非常关键的话:"好圣孙。"这下朱棣受了触动,才向身边大鞠躬的解缙点了点头(《明史·解缙传》)。

为什么呢?因为解缙抬出了朱棣最喜欢的皇长孙朱瞻基,来为朱高炽争取太子之位,等于挑明了一个最起码的事实:要传位给皇长孙朱瞻基,就必须先传位给他的父亲、皇长子朱高炽,而不能传位给次子朱高煦。这个道理地球人都知道,因此解缙的话很可能使朱棣深受触动,所以才表示同意。解缙抬出朱瞻基这一招,显然比其他大臣只说立朱高炽更有效。朱棣又分别找了黄淮、尹昌隆等几位大臣征求意见。不料这几个人同解缙一样,全都主张立老大(《明史·金忠传》)。就这样,在金忠、解缙等一帮大臣的极力劝说下,册立太子一事才算真正有了转机。

2. 解缙题诗《虎彪图》,促使朱棣立长子

就在这个节骨眼上又发生了一件事,最终促使朱棣册立朱高炽为太子,什么事呢?有一天,许多大臣陪同朱棣欣赏一幅画——"虎彪图"。图中画的是一只猛虎带着几只小虎,"作父子相亲状"。这是一幅猛虎父子图,"彪"是虎仔,描绘了猛虎父子之间的亲情,比较含蓄地影射朱棣父子。朱棣看了心情不错,就让围观的大臣们根据画上的内容题诗。

解缙才思敏捷,当仁不让,于是就提笔在纸上写成绝句一首:"虎为百兽尊,谁敢触其怒?惟有父子情,一步一回顾。"画和诗都是在给朱棣戴高帽,夸说他既有猛虎的尊贵,又有父子的亲情。朱棣看了解缙的诗,很能理解其中的含意,不禁大为感慨,于是立即下令,召还远在北平的长子朱高炽,让他马上回南京,准备立他为皇太子(《明通鉴》卷一四)。

我怀疑解缙和这些文人画师,事先串通起来连画带诗准备好了,目的就是为了说服朱棣放弃老二,为朱高炽当太子造舆论。这件事可能更坚定了朱棣立长的决心,因此当还有人为老二朱高煦说情的时候,朱棣一句话给堵了回去:"高炽坚守北平的功绩高于高煦的战功,人品也不错,而且嫡长继承是传统礼法,高炽的继承地位又是太祖确立的,应该当太子,你们不要多嘴了。"(《明史纪事本末·高煦之叛》)

这番话是朱棣在册立太子问题上的关键性表态,因此,永乐二年,也就是1404年四月,朱棣正式册立朱高炽为太子。在完成了一系列典礼仪式之后,朱

高炽身穿非常讲究的太子冠服,接受了百官的朝贺。太子将来是要接班当皇帝的,朱高炽当上了太子,就是未来的皇帝,或者说是"候补皇帝"。

在苦苦等待了近两年之后,朱高炽终于登上了皇太子的宝座,这一天对他来说实在是来得太不容易了。在这之前的每一天他几乎都是备受煎熬,度日如年,现在终于如愿以偿了。在朱高炽当上太子的过程中,解缙起到了较为关键的作用。由此可见,打破僵局的办法往往需要找到关键的因素,并且还要设法有效地推动才行,不能老是在外围绕圈子,解缙的成功就是这样。

(五)老大朱高炽胜出的原因

1. 兄弟各有优势,高炽略占上风

在这场历时两年的激烈斗争中,老大朱高炽胜出了。我们来分析一下,兄弟二人的太子之争,老大为什么能最后胜出呢?要想弄明白这个问题,就需要通盘分析一下两人的综合实力。在当太子这个问题上,谁的优势更大。先说老二朱高煦,他的优势主要有三条:其一是"靖难"夺位的显赫战功,其二是部分武将势力的支持,其三是朱棣本人的许诺。

而老大朱高炽的优势呢?其一是长子的身份。这里包括两个含义,一个是立嫡以长的传统礼法,另一个是当年太祖朱元璋册立的燕王世子的身份,二者加在一起,朱高炽的长子身份就成为册立太子时必须考虑的第一个因素;其二是朱高炽坚守北平的战功。前面讲了,这个战功也是其他人无法替代的,并且对于朱棣夺位成功的作用至关重要;其三是文臣集团的拥戴。当时文臣集团的地位和影响都超过武将势力,这是朱棣夺位之后要想稳定统治就必须考虑的重要因素;其四是皇长孙朱瞻基的因素,也就是要传位给朱棣喜爱的长孙,就必须先传位给长子,还包括一些徐皇后的因素等等。

两个人的优势的一对比,问题就清楚了,朱高煦是三条,朱高炽是四条。并且朱高煦的三条中,真正起作用的只有两条,即显赫的战功和部分武将的支持;而朱棣许诺这一条呢,本来就有一时冲动、忽悠的成分,可以忽略不计,因为领导人的许诺往往随着时过境迁而改变,甚至完全作废了。相比之下老大朱高炽的情况就不同了，四大优势的每一条都很起作用，都是朱棣绕不过去的，或者说是朱棣惹不起的。

2. 代价沉重加上情况变化，朱棣只能立老大

这里不妨做个假设，朱棣立老大朱高炽当太子，其结果是只得罪两批人：一是老二朱高煦及其家人，这点好办，你们不高兴，我给你们提高待遇补偿一下，让你们的生活更滋润、地位更舒服不就行了；二是部分武将，而武将的作用有限，并且这些人也不可能因为立了老大朱高炽，就同朱棣决裂或是造反。因此，立老大当太子的结果并不严重，或者说代价不大，是朱棣完全可以接受的。

相反，假如册立老二朱高煦当太子呢？直接后果和代价可就不那么简单了，为什么这样讲呢？首先是这么干等于否定了传统礼法，不是立嫡以长，而是随便册立，想立谁就立谁，这样做的后果，势必会引起后代皇子对皇位的激烈争夺，因为只要是皇帝的儿子，就都有资格继承皇位，那样争起来可就乱套了。就像清朝康熙时期那样，几个皇子老二、老四、老八、老十四等人都有自己的势力，相互争夺皇位继承权，差点打得不可开交，康熙帝也被折腾得焦头烂额，这样一来，不仅朝中政局不稳，甚至可能会长期动荡；其次是否定了明太祖朱元璋的权威，太祖已经册立朱高炽为世子，到你朱棣这里居然作废了，并且没什么道理，那么你朱棣本人的权威必然大受损害；其三是得罪了朝中势力最大的文臣集团，不仅会使朱棣失去这一集团的有力支持，甚至会威胁到朱明王朝的统治，因为朱高煦与文臣集团的矛盾，将来可能逐步升级并且激化；其四是不能传位给自己非常喜欢的长孙朱瞻基，朱棣自己也不满，还会引起徐皇后等后妃的反对。

这几点还只是眼前的直接结果，长远间接的后果很可能不堪设想，代价太大，这恐怕不仅是朱棣本人，甚至整个统治集团都无法接受的，因此我估计朱棣经过反复权衡，只能选一个代价最小、最有利于政权稳定和持续的方案，那就是册立朱高炽为太子。

从这件事也可以看出，一个高明的决策者，必须综合考虑多种复杂的因素，从中选出一个最为有利、代价最小的方案。而在这个方案中各种人物的不

同命运,同样也是由于这些复杂因素决定的,关键是这个人背后的综合实力。朱高煦战功显赫,又有武将的支持和朱棣的许诺,但最终没当上太子;朱高炽却凭着守城之功和长子的身份当上了太子,并不是因为他一定比老二强,而是因为在当时的情况下,他背后的综合实力超过了朱高煦。

有的学者认为,朱棣当初要立朱高煦的许诺是在战争时期,是一个统帅要夺取政权时做出的决定。可是后来情况变了,政权已经到手了,朱棣也从一个统帅变成了皇帝,用今天的话说,是工作重心变了,因此他决策的角度就会改变,对朱高煦的许诺也就是太子选择方案自然也要跟着变。现在的主要任务已经不是打仗了,而是要君临天下、要巩固政权,所以你朱棣最需要的已不再是谁能帮你打胜仗,而是谁更能帮你巩固到手的政权。

一旦意识到了这一点,朱棣就不再犹豫了,很快就做出了不立老二立老大的选择,这是朱棣具备的帝王意识。而朱棣对于选择太子的犹豫,也是他个人从统帅到皇帝的转变过程。俗话说,此一时彼一时,到什么时候说什么话,工作重心变了,决策就必须跟着变,这才是正确的选择。那么朱高炽当了太子以后,是否可以高枕无忧呢?一心要争夺皇位的朱高煦会甘心吗?

二　监国风波

朱棣虽然在永乐二年立老大为太子，立老二为汉王，但却对两个儿子一压一抬。这究竟是怎么回事？

南京明故宫遗址旧影

南京的总统府就是当年朱高煦的汉王府。当然,这么多年过去以后,整个王府的规模和结构有所改变,范围有所扩大,里面增加了一些近代和民国时期的建筑,有些还带有西洋风格。而从五百年前的永乐时期到今天,汉王府早已换了不知多少个主人,整个王府的遗迹也早已荡然无存。但是当人们走入这个建筑时,仍可以看出当年这座王府的显赫地位和非凡气势,不然南京国民政府也不会选中这个地方作为总统府。

(一) 朱高煦的不满及其夺位的准备

1. 朱高煦对封王强烈不满,得以破例留京

回过头来说,当年朱高煦刚被封为汉王的时候,还没有这处王府,汉王府是后来逐步建成的,因为当初他的父皇并没打算在南京给他建王府,最早朱棣给他的封地不在南京,而是在云南。朱高煦一听立即火冒三丈,各位可以想象,他在靖难夺位战中立下了赫赫战功,并且朱棣曾多次明确许诺,将来要传位给他,好容易他爹当了皇帝,他离太子之位也就差一步之遥了,如今这个梦想却落空了,他肯定会想,当年父皇给我的许诺,是我在战场上拿命换来的啊!现在我大哥就凭守城那点功劳和老大的身份,居然当上了太子,我呢,不仅才当了个亲王,并且还被封到了云南那个鬼地方。

现在的云南是个旅游胜地,风景优美,四季如春,可明朝时的云南是个比较偏远、贫困的地方,差不多只有倒霉的人才会去,去了能不能活着回来都不一定,所以朱高煦当然会强烈不满了。他为此大发牢骚:"我有什么罪,把我发配到万里之外!?"(《明史纪事本末·高煦之叛》)朱棣听了当然很不高兴,并不是因为你有罪才让你到云南当王爷,怎么能这么说呢?不过朱棣也明白,把朱高煦封到云南,确实有让他远离京城,从而避免他与太子争夺皇位惹起冲突的意思。

按照明朝制度的规定,亲王受封以后到了一定的年龄,朝廷要给他选个封

地或封国，亲王必须前往封地做藩王，称为"就藩"或"之国"，而不能留在京城。但朱高煦的情况特殊，我为你当皇帝立了那么大的战功，当初你朱棣曾经许诺让我当太子，结果现在说了不算，才封了我一个普通的亲王，并且还是在大西南偏远地区，这个待遇也太差了吧！用现在的话说，绩效工资也太少点了吧，难怪朱高煦要大发牢骚，很不平衡了。

朱高煦这一闹，朱棣也觉得很过意不去，所以破例允许朱高煦暂时留在京城，并且给了他相当优厚的待遇，甚至比较纵容，这才算是勉强安抚住了老二。从这些情况看，朱棣为没当上太子的老二办了三件事：一是破例留京，二是提高待遇，三是不断纵容，到什么程度呢？提高待遇几乎跟太子差不多，不断纵容可以说是有求必应。

2. 朱高煦为争夺储位做了三件事

朱高煦虽然未当上太子，但并未就此放弃争夺太子之位的努力，因为在他看来，父皇册立大哥很是勉强，甚至有些被迫，而对他的喜欢和纵容却几乎未变，支持他的武将也有一定的势力，因此将来的皇位继承权到底花落谁手，恐怕还没到板上钉钉的时候。所以只要做好准备、积极争取，说不定还有希望。

估计是在这种想法的作用下，朱高煦干了这么几件事：

第一件事是制造舆论。在历代的帝王中，朱高煦非常崇拜唐太宗李世民，大家知道唐朝李世民"玄武门之变"的例子，他夺位前同高煦的处境有些类似，因此高煦非常崇拜李世民，当然希望自己将来能成为第二个唐太宗。所以高煦自比李世民，经常挂在嘴边的话就是："我很英武，不是很像秦王李世民吗？！"以此来抒发自己夺位的豪情；唐太宗有个封号是"天策上将"，高煦请求得到天策卫为护卫，然后说："唐太宗当年就是天策上将，如今我得到了天策卫，这难道是偶然的巧合吗？！"这话已经说得十分露骨，甚至有些近于狂妄了。

第二件事是积攒实力。朱高煦请求增加护卫，也就是增加自己统辖的军事力量。明军的建制一卫约为五千六百人，高煦得到的天策卫很可能是战斗力很强的部队，这样做很明显是为夺位积攒实力。同时，封他汉王封地在云南，他却始终赖在南京不走，几乎总是不离朱棣的左右。这样做最大的好处，就是接近皇帝为首的政治核心集团,甚至参与决策一些具体政务,就是说他身处大明帝国的政治决策中心,自然就拥有他人无法取代的政治优势,而这种优势就连监国前的皇太子都没有,因此朱高煦这样做,也是积攒实力的一种表现。

第三件事是树立形象,怎样树立呢?朱棣即位后经常举行一些打猎活动,朱高煦射中的猎物最多,并且常常一箭射落同枝二鸟(《罪惟录·汉王高煦》)。各位知道,一箭射中一只鸟可能不难,但要同时射中两鸟是很不容易的,因为这至少需要非常好的视力,对发射时机尤其是对强弓的控制力,还有善于蜷身隐蔽、接近飞鸟的能力等等,应该说是一种高难度的武功展示。朱高煦经常这么干,可见他的武功很高。但问题是打猎不是打仗,高煦有必要总是炫耀这种本事吗?他目的何在?各位可以想到我前面介绍的太子朱高炽,这个人患有肥胖病,腿脚不利索,几乎不能骑马,据说偶尔射过箭,但肯定不能像高煦这样总是一箭二鸟,骑马、射箭是朱高炽的弱项。

因此,高煦拿自己的强项来比高炽的弱项,似乎是用事实告诉周围的人,国家有事,皇帝是要带兵打仗的,我爷、我爹都是这么过来的,我也一样不含糊,可我大哥又胖又笨,他那两下子能行吗?所以说高煦一箭二鸟的武功表演目的是树立形象。果然,他的这些举动不断获得朱棣的赞赏,据说有一次朱棣就当众夸奖他:老二这两下子可不简单!

这样一来,高煦就用自己一箭二鸟的强项,保住并巩固了父皇朱棣对他的赏识与支持,同时朱棣的这种态度,无疑会对周围的文武大臣产生影响,他们会觉得,别看老二不是太子,可皇帝对他的夸奖可比太子老大多多了。因此一箭二鸟这种高难度武功展示的结果,是太子在无形中被扣分,而朱高煦则是被加分的,可见朱高煦树立形象之举还是见效的。

(二)朱棣的防范、限制与"空头"太子

1. 朱棣规定大臣不许单独见太子

那么,朱高炽当了太子以后日子是否就好过了呢?朱棣虽然立他为太子,但在很大程度上是被迫的,对太子不可能完全满意、完全信任,所以肯定要对

他进行防范和限制。为此朱棣在永乐二年（1404）册立太子不久便做出了一个严格的规定：百官一起朝见太子，然后一起退出来，不许一个人单独见太子。实在有事需要单独汇报，必须要有监察御史和值班官员一同在场，否则就要被纠察治罪（《明太宗实录》卷三〇）。禁止百官私见太子，也有防止节外生枝、避免政出多门的意图，应该说在政治上是必要的。

但是另一方面，朱棣很明显是在防备太子与群臣单独往来，做出对他不利的事，当时又没有录音机和录像机，谁知道哪个大臣单独见太子会有什么事呢？说不清楚，所以干脆规定大家一起见一起走，有事都在场，事情摆在明面，皇帝、太子、群臣都省心。就在不许单独见太子的规定公布以后没几天，有个高级军官是正二品的中军都督佥事，大致相当于今天四总部的一个副总长，早朝后无意中一个人单独去见太子，立即被人告了一状，结果受到朱棣的书面警告（《明太宗实录》卷三〇），可见这条规定不是摆设，而是被严格执行的。

有人可能会问，你朱棣都当了皇帝了，还怕太子跟谁单独见面吗？至于搞得那么紧张吗？各位要知道，凡是独裁者疑心都很重，总是在怀疑，甚至没事都在猜想，别人是不是对我有威胁。尤其是像朱棣这样的人，皇位本来就来路不正，是靠非正常的战争手段夺来的，所以更要想尽办法保住自己的地位；哪怕有一丁点儿受到威胁的可能，他都会全力加以防范。旁人看来也许不正常，但是在朱棣这种独裁者身上，那是完全正常的。

2. 朱棣搞平衡，朱高炽只是个"空头"太子

与此同时，虽说朱棣为太子设立了辅佐机构，任命了一些专职和兼职的辅政官员，太子也处理过一些政务，但那都是无关紧要的小事，朱棣并没有把一个太子应有的权力真正交给朱高炽。为什么这样说呢？因为明朝有定制，有固定处理方式的政务，都要报请太子施行，重要的政务才奏请皇帝亲自处理。这个办法是为了培养太子的执政能力，同时也是培养太子与皇帝的合作意识。

这个制度是明太祖朱元璋定的，在洪武朝就实行过，当时的太子朱标也就是朱棣的大哥，就曾协助朱元璋处理过大量的政务。虽说朱元璋和朱标经常为一些事吵架，有时朱元璋还气得抢起椅子要打朱标，可见两人有分歧、有矛

盾，但这至少说明，朱元璋是让太子朱标参与处理政务，并且可以发表意见。洪武一朝敢和朱元璋吵架的人，恐怕没几个，可见朱元璋是相当器重太子朱标的，也是把他真正当做自己的接班人来培养。

但朱棣不是这样，他在永乐二年立朱高炽当太子之后，虽然也按上述规定，交给太子一些简单政务，可是都是些什么内容呢？根据史书记载，无

马皇后与太子朱标

非是一些救济旱涝灾害的活动。这类事既不用多费脑筋，也不用什么行政才干，只是按惯例发布救灾的命令就行了。

除此之外，朱棣还安排太子做一些接待活动。当时从各地来朝的亲王较多，与朱棣同辈的亲王都是他的兄弟，基本上由朱棣设宴接待；比这些人矮一辈的郡王等人与太子同辈，自然是完全由皇太子设宴接待。用现在的话说，这叫"对口接待"。因为当时没有计划生育，允许亲王多生，所以郡王及其家属肯定比亲王多多了，这样一来太子接待他们的饭局肯定也不少，他本来就有肥胖病，现在很可能是越吃越胖了。

这种"对口接待"使朱高炽几乎成了专职陪吃人员，同样也不用什么行政才干。可见朱棣和朱元璋对待太子不一样。在永乐二年（1404）到永乐六年（1408）近五年的时间里，朱棣并没有和太子商议重要的政务，也没有真正培训太子的执行能力。朱高炽虽然当上了太子，但仅仅有个名分，并没有像前朝太子朱标那样，具有一定的参政、决策权力。因此，这一时期朱高炽基本上只是个有名无实的"空头"太子。

换句话说，朱高炽当了太子之后，朱棣对他也做了三件事：一是加限制，二是不培训，三是不放权。如果对比一下朱棣对两个儿子的不同做法，就可以看

出朱棣的真实用意。大家想想看,老大当太子,老二封亲王,太子肯定比亲王地位高,但朱棣对他俩可是不一样,对太子是不放权,不培训,加限制,这是往下压;对亲王呢,一是破例留京,二是提高待遇,三是不断纵容,这是往上抬。

朱棣对兄弟两个人一压一抬,明显在搞政治平衡。朱棣等于用这个办法来告诉外人:别看老大当了太子,我可以想办法压他;别看老二才是个亲王,我可是有办法抬他!可能这才是朱棣的真实用意。结果弄得朱高炽兄弟俩一个当了太子并不得意,一个当了亲王也不觉得委屈,算是暂时平衡了。

(三)监国的机会与帝国的常务负责人

1. 朱棣离京北征,太子奉命监国

但这种局势几年之后即有了变化,因为朱棣在永乐七年(1409)之后,要离开首都南京前往北京,朝中必须有人代替他,来处理帝国的日常政务,当时称为监国。这个人选只能是太子,不能是别人,因此朱棣在永乐六年年底前,就做好了太子监国的安排。

永乐六年(1408)八月,为了营建北京和出征蒙古,成祖朱棣即将动身前往北京。本来朱棣派了其他将领出征蒙古,这人也很有名,就是帮着朱棣起兵夺位的淇国公丘福,但是这个人有勇无谋,率领十万大军出征蒙古,结果稀里糊涂中了埋伏,几乎全军覆没。因此朱棣觉得其他将领都不行,差不多都是废物,这才决定要自己亲征蒙古。

朱棣临走前,命令太子朱高炽监国,即暂时代替皇帝行使权力。朱棣离开南京时,带走了一批各个部门的文武高级官员(《明太宗实录》卷八二),还命令礼部特别铸造了十四颗大印,分别授予新设立的"行在"五府、六部等十四个部门(《明太宗实录》卷八六)。这些机构和官员是跟随朱棣北上的行政班子,差不多使整个决策中心都跟随他一起北移。但南京作为明朝的首都,仍然会有一大堆日常政务需要处理,朱棣离京出远门,总不能事事都去请示他吧,那就什么事都耽误了,并且事实上也做不到,因此朱棣按照明朝制度,指定最有资格的太子朱高炽,来代替自己处理日常政务。

那么朱棣规定太子监国的权限是什么呢？史书上是这样说的："凡有重事及四夷来朝与进表者，俱达行在所，小事达京师，启皇太子奏闻。"(《明通鉴》卷一五)这句话的意思是，凡是重要的事情以及外国来朝、进表等事，都要直接送交皇帝处理，不经过太子。"行在所"是指朱棣所在地，代指皇帝；小事也就是日常政务要送到首都，报皇太子处理后，再把处理结果向朱棣报告，"奏闻"就是上奏让皇帝知道。其中的重事包括四品以上文武大臣的选任、边境军队的调发等，就是说军事、外交、人事等重大政务必须请示朱棣，由他来决策；而日常政务则完全归太子处理，不必请示朱棣，只告诉朱棣处理结果就行了。

这是朱棣和朱高炽的大致分工，也是二人的合作方式。朱棣还选任了兵部尚书金忠、吏部尚书蹇义等一大批实权人物，来辅佐太子监国。这样一来，太子朱高炽就成为地位仅次于朱棣的实权人物，或者说是大明帝国的常务负责人。

南京明故宫玉带桥

2. 太子监国的好处与忧虑

对于朱高炽来说,监国可能带来三个好处:第一是提高地位。当太子仅仅是拥有了皇位继承权,而监国则是在此基础上又增加了一部分权力,就是代替皇帝处理常务的权力,因此太子的地位可以说是进一步提高了。

第二是增长才干。朱高炽在当太子之前,只是处理过一些地方军政事务,当了太子后也只是处理过一些简单政务,政治才干并没有得到进一步的培训和锻炼,但监国是代替皇帝处理帝国常务,政治才干肯定会得到增长。

第三是发展势力。朱高炽虽然当上了太子,但在朝中势力不大,甚至不如二弟朱高煦,但只要有了监国的权力,就可以掌握朝中的政治资源,就会逐渐形成自己的辅政集团,扩大和发展自己的势力。

因此,监国对于太子朱高炽来讲,应该说是一个非常幸运的机会。过去大事小情几乎都是朱棣一把抓,根本轮不到太子插手,朱高炽不过是有个太子的虚名;但现在不同了,朱棣离京,太子有了处理常务的实权,并且可以借机提高地位,增长才干,扩充势力,可以说是一举三得,这个太子当得才有劲。但是各位不要忘了,朱棣立太子本来就有些迫不得已,而且朱高炽这个人体态臃肿,行动笨拙,性格比较内向,又不太会来事,所以很不讨朱棣的喜欢,现在又把监国的大权交给了他,朱棣能放心吗?

汉王朱高煦没当上太子,总是在寻找机会夺位,现在由他哥哥也就是太子来监国,他能甘心吗?朱高炽实际上即将陷入父亲和兄弟的无形夹击之中。各位可以想象,放权的不放心,夺权的不甘心,太子朱高炽在这种情况下监国,能顺心吗?很显然,他们的矛盾和积怨,肯定会在监国的过程中进一步发展。

(四)朱棣遥控,太子权力有限

1. 太子训斥贪婪的官员,受到朱棣的遥控

太子朱高炽在朱棣离开南京不久处理了几件事。第一件事,永乐七年(1409)四月,刑部尚书刘观因为苟且贪婪,受到太子的训斥。这个刘观以前在地方当知府时,就有贪污行为,到中央当了大官还是不知收敛。刑部尚书大致

相当于今天的司法部长,这样的高官贪婪成性,势必会导致贪赃枉法,因此太子当然要训他一顿。按理说太子训一个部长,这也不是什么大事,可是朱棣听说后有什么反应呢?他立即写信给朱高炽说:朕命你监国,凡事必须宽大,不可急躁。文武群臣都是朕任命的,虽然小有过失,不要当场使他们丢面子,也不要偏听偏信,以自己的好恶为标准来对待别人(《明太宗实录》卷九〇)。

这些话表面上看似乎是劝诫太子朱高炽,宽以待人不可急躁,并且还有点温和的关爱之情,但实际上呢?大家仔细体会就可以发现,这话真正的含义非常明显:文武群臣都是我朱棣任命的,你作为太子根本无权管束,这不是你该管的事。这件事说明朱棣虽然授权太子监国,但对他并不完全信任。

这里顺便交代一下,被太子训斥的刘观一贯贪婪成性,不仅在永乐朝是这样,就是在十几年后的宣德朝,也还是不知悔改,并且发展成为一个大贪污犯,因此在宣德初年受到宣宗朱瞻基的惩治,被判流放戍边,等于今天的死缓或无期徒刑,可见当时太子训斥刘观是有原因的;而朱棣作为皇帝本来应该了解一下,你的司法部长是否曾有贪赃枉法的行为,然后再说监国太子处理的对错,但朱棣根本不顾这些,只是一味制止太子朱高炽,不让他管束刘观,还指责太子偏听偏信,可见朱棣对刘观是偏向加袒护,对太子则是遥控加限制。

2. 陈瑛是朱棣豢养的一条恶狗,到处咬人

第二件事是处理一桩人命案,这件事更能说明问题。当时陈瑛是左都御史,大致相当于今天的监察部长和纪委书记,是权力很大的一个职务。这个人有个特点,他整天揣摩朱棣的好恶,利用手中的监察大权,极力打击和诬陷朱棣不满的大臣,到处咬人,是朱棣豢养的一条恶狗。陈瑛在担任左都御史期间,依仗朱棣的支持和纵容,一手制造了许多冤案,株连甚众乃至滥杀无辜,灭了建文忠臣几十个家族。有一个案子,陈瑛居然逮捕了关系不大的几百家人,滥施酷刑,这些人在公堂上喊冤叫屈,哭声相当惨,简直是惊天动地,就连两旁办案的御史都看不下去了,忍不住纷纷流泪。可是陈瑛有什么反应呢?

他看到这个场面虽然也是脸色惨白,但仍然咬着牙、壮着胆子说:"不用叛逆的罪名来处理这些人,那我们这些人不就白干了吗?!"这种毫无良心的人

得到重用,建文忠臣几乎被他搞得断子绝孙了。可见陈瑛在朝中横行霸道的程度,以及朱棣对他的纵容之深。太子监国以后,陈瑛照样是今天诬陷这个,明天诬陷那个,毫无顾忌。有一帮专靠整人吃饭的御史,自然成了陈瑛的帮凶和爪牙,聚集在陈瑛的周围助纣为虐,整天琢磨如何讨好朱棣、如何整人(《明史·奸臣传》)。

3. 太子管不了诬陷他人的御史,权力有限

有一天,陈瑛手下的几个帮凶御史摆臭架子,到兵部去讨要皂隶,皂隶就是当时衙门里跑腿的办事员。兵部主事李贞可能没搭理他们,结果把这几个人惹恼了,这些人就合谋诬陷那几个办事员行贿,李贞受贿,于是陈瑛就上奏书把李贞下了大狱。几天以后,李贞的妻子敲了登闻鼓诉冤,太子就命令六部大臣当廷会审。到了审案这一天,六部大臣一大早就到场了,结果从早上等到中午,被告行贿和受贿的人一个没来,眼看着到了吃午饭的时间,好不容易来了一个被告,一问才知道,李贞和那几个所谓行贿的办事员受到严刑拷打,早在几天前就被打死了,并且李贞根本没受贿。

这下事情闹大了,一个兵部的主事竟然无辜被打死,这还了得?先不说受贿是不是真的,一个朝廷命官哪能说打死就打死呢?于是刑科给事中等人就说:陈瑛和几个御史串通一气,蒙蔽上级,陷害他人,擅杀无辜,应该把陈瑛治罪。这个建议是完全对的,因为首先,陈瑛身为监察大员,不做任何调查就关押一个兵部的官员,本身就违法;其次,不等调查审讯,就纵容、放任打手把被告严刑拷打致死,更是罪加一等。

各位知道,明代中央的监狱管理是比较严格的,没有特殊原因,牢里的打手是不敢轻易把人打死的,所以这次李贞等人没等审讯就被打死,如果没有人指使的话,狱卒怎么敢下狠手呢?显然这些人很可能是受到纵容和指使,才敢这么干的。那么,既然出了事就要有人负责,谁来负责?陈瑛作为司法监察部门的高级官员,对这件事负有主要责任,当然应该受到处理。

可监国的太子是怎样处理的呢?他听了别人的建议后居然说:陈瑛是大臣,可能是被手下人蒙骗了,不过是没有察觉罢了,不必追究,等于放过了陈

瑛。那么出了这么大的人命案,主要责任者放过了,那几个御史是直接责任者,至少也是帮凶,总不该再放过吧。可太子又是怎么处理的呢?太子未做任何处理,只是把这几个御史带上镣铐押起来,将他们的罪行上奏给在外地的朱棣(《明通鉴》卷一五)。

太子为什么会这样处理呢?一个处理日常政务的监国太子,居然连一桩小小的人命案都处理不了,不仅为主要责任者说情,就连直接责任人,都要交给老皇帝处理,是朱高炽胆小,还是他糊涂呢?接下来发生的事就回答了这个问题。

4. 陈瑛对太子不太买账,太子几乎无可奈何

当时京城学校国子监里有个学官,因为犯了小错误而被贬官,受罚当了太学膳夫,即最高学府里做饭的炊事员。各位可以想象,一个从前管理教务的官员被罚做食堂的伙夫,不仅对他本人是一件屈辱之事,对最高学府的声誉也是一种损害,因此这个人请求朝廷给他换个差事。大概是太子觉得看不下去,就下令司法部门,给他换个体面一点的差事。太子的命令发下去了,可是过了好长时间也没个回信,那个学官还照样当他的炊事员,每天在食堂烧火做饭。

太子很奇怪,这么点小事拖了很久,我的话都不好使吗?于是吩咐手下人,去看看怎么回事。结果一查才知道,原来是陈瑛长期拒不执行太子的命令,当成耳旁风了。可见陈瑛是没把太子放在眼里,觉得自己有老皇帝撑腰,太子监国只是暂时的,过些时候老皇帝一回来,一切还不都是老皇帝说了算吗?因此太子的命令在陈瑛这里不好使,行不通。

有人指责陈瑛恣意妄为,太子可能也有些恼了。他觉得前面的事我已经给了你面子,你陈瑛这么干显然是得寸进尺啊,于是太子对陈瑛说了句狠话,你这个人"用心刻薄,不明政体,殊非大臣之道"。这话说得比较重,"用心刻薄,不明政体"还好理解,"殊非大臣之道",是说实在不是一个大臣应有的做法(《明史·奸臣传》)。

陈瑛听了这话也不得不掂量掂量,你一个左都御史,相当于监察部长,就为一丁点儿小事,居然和大明帝国的常务负责人较劲,不是找麻烦吗?再说你

也不占理啊,一个学官被罚作炊事员,太子让你换个差事,你有什么权力,又有什么理由不换呢?估计陈瑛自己也觉得有些过分,所以太子这话说了不久,他就照办了,那个学官这才不再做饭了。

这么点儿小事在陈瑛那里居然阻力那么大,估计太子对他肯定是非常反感,但因为父皇朱棣宠信陈瑛,因此太子又对他无可奈何。讲到这里各位应该明白了吧,太子之所以那样处理前面的人命案,根本不是胆小或是糊涂,而是毫无办法。不仅对陈瑛是这样,就连陈瑛手下的不法御史们,太子也只能押送到父皇那里等待处理,自己不能处置。

由此可见,陈瑛这样的人及其帮凶,由于有朱棣做后盾,监国的太子朱高炽根本管不了。前面讲过,对于刘观这样的高级贪污犯,太子要管,但朱棣不让管。各位请看,一个管不了,一个不让管,可见太子监国的权力很有限,并且受到朱棣的遥控。事实上,只要朱棣健在,那些大臣就不可能听命于暂时监国的太子朱高炽,别说你太子监国是暂时的,就算你是帝国的常务负责人,大事小情不是还得请示皇帝吗?不能说朱棣的大臣全是势利眼,但他们的确清楚谁拥有最高权力,尤其是像陈瑛这样的人。

但是陈瑛的情况很特殊,并不具有普遍性。这里先讲一下陈瑛的下场,因为陈瑛及其同伙、帮凶都不是一般的朝臣,而是朱棣用来迫害建文忠臣的工具,朱棣用他们是有特殊目的的,事情做完了,这些人就没用了,失掉利用价值了;同时这些人作恶多端,在朝野上下积怨甚深、树敌过多,到适当的时候必须除掉。因此朱棣回京不久就找个借口杀了陈瑛(《明史·奸臣传》),借以平息众怒,稳定人心,当然也是为太子除掉一个麻烦。

类似的事在中国古代并不少见,据说武则天纵容来俊臣这帮酷吏,就是用他们来除掉自己想要除掉的人,事情干完了,他们还不罢手,超出了武则天的底限,那就不能再留着了,只有把他们也除掉。像陈瑛这种人就是这样,总想依仗皇帝的纵容去整人、去害人,甚至见谁都咬,那么他的下场只有一个:早晚得被皇帝收拾了。这是后话。

(五)朱棣的防范以及回京后的处理

1. 朱棣既扶持太子,又对其政务详细记录

回过头来说,虽然陈瑛等人朱高炽管不了,或是朱棣不让他管,但这并不等于说太子权力极少,大臣都不听他的。太子监国就是替皇帝处理日常政务,同时,朱棣北征蒙古期间除首都南京以外,北京的各种政务也需要有人处理,他派擅长行政工作的老臣夏原吉等人,协助皇长孙朱瞻基在北京处理当地的政务,并规定有些事可以请示监国的太子加以处理。因此,太子处理的日常政务中,不仅包括首都南京的部分,还包括当时北京的一些政务。应该说太子监国,处理政务的范围比较宽泛,手中拥有的权力也是比较大的。

但问题是太子原来没有处理过这么多的常务,也没有这么大的权力,缺乏经验和历练,虽然有一大批朝臣的辅佐,但太子未必能在短期内,一下子胜任监国的重任;加上朱棣立太子本来有些被迫和不情愿,现在又把处理日常政务的权力交给朱高炽,所以朱棣离京后对朱高炽能放心吗?肯定不放心,或者说太子的权力越大,朱棣就越不放心,这也是完全可以理解的。不放心怎么办?朱棣是这么办的,他在实际事务中一方面不断地指导并扶持太子,某些事应该如何办理,按照太祖定下的规矩,哪些人该当什么官、不该当什么官等等,太子也勤加请示,许多重务让朱棣来裁决。

另一方面,朱棣则命令皇帝的一个秘书机构——六科,将太子处理的每一件事,都要因果俱全、毫不隐瞒地逐月详加记录,包括"赏一人由何而赏,罚一人由何而罚",都要不厌其烦地记录在案,然后上报给外出的朱棣(《明太宗实录》卷九一)。这样一来,朱棣既加强了对太子的控制,又在无形中给他增加了巨大的压力。前者是拉,后者是打,两手并用。各位可以想象,太子处理的事一条条都给他记着呢,老皇帝回来,很可能借此跟他算账,他能不害怕吗?

2. 朱棣回京,推翻了太子的处理结果

就在朱高炽谨慎而又小心地处理帝国常务的时候,还有个人一直没有闲着,忙着收买朱棣的左右人员,组织编造一堆材料,准备伺机告太子的黑状,这

个人就是太子的弟弟汉王朱高煦。当初朱高煦因为没有当上太子,一直不甘心;再加上他早就看出朱棣对太子不满,也知道有几个大臣不服太子的管,又听说太子的处理都被老皇帝下令记录在案,于是准备了一大堆诬陷材料,只等朱棣回京,就把小报告打上去。

朱棣在永乐八年年底回到南京之后,朱高煦等人就瞅准机会,不断地向朱棣告太子的状,今天说太子那件事办错了,明天说有几件事没按皇帝的意思办,一句话,诬陷加挑唆。朱棣本来就对太子监国不满,又听信了朱高煦等人的谗言,于是就干了这么几件事:第一,更改太子的处理。把太子处理过的政务改来改去,今天改了几件事,过几天又改了几件事,有些是重新处理一遍,有些甚至是鸡蛋里挑骨头。

第二,大规模地逮捕太子的下属。朱棣认为太子处理政务出错,都是下属的责任,因此才这么干,以显示朱棣本人的英明、正确,这一点后面还要讲到。

第三,推翻太子的意见。可能是朱棣还嫌做得不够到位,最后居然下令推翻了太子以前的处理结果,并且还在午门上张榜贴出了告示(《明史·方伎传》)。等于说老皇帝公开发表声明,太子过去处理过的结果全部作废,我要重新来。这种做法实际上无端造成了政治上的不便和麻烦,本来事情已经处理完了,你非要重新处理,人走了还得找回来,钱花了还得退回来,这不纯粹是找麻烦吗?因此当时就遭到一些朝臣的反对。

有个大理寺的官员叫耿通,他实在看不下去了,几次向朱棣建议:"太子的处理没什么大问题,没必要再改过来。"(《明通鉴》卷一六)朱棣听了很不高兴,但不好反驳,只好强忍着不发作,因为耿通说得在理。但是尽管耿通说了几次,朱棣好像没听见,还是照样这么干,把太子的处理改来改去,没完没了,直到有一天出了个直接的后果,什么后果呢?太子被吓出病来了。那么太子病了以后朱棣又会怎样呢?他是否会报复那些为太子说话的人呢?太子还会继续监国吗?

三　再入漩涡

　　本来授权太子监国，但朱棣回京后却翻了脸，秋后算账，打击太子，逮捕、杀戮太子的监国辅臣。

明代官员的大红缎麒麟服

（一）朱棣的报复与耿通之死

1. 太子吓病了，朱棣只好收回告示

朱棣离开南京北征时，派人一条条详细记录太子的政务处理情况，然后上报给自己。太子对此本来就是担惊受怕，朱棣回京后，居然下令推翻了太子以前的处理结果，并且还在午门上张榜公布。朝臣耿通几次反对，但朱棣不理。这样一来太子肯定吓坏了，再加上本来身体就不好，结果"忧俱成疾"，连吓带愁，一下子就病倒了，而病得不轻，几乎是面无人色。

朱棣一看也慌了，太子朱高炽毕竟是他大儿子，你外出打仗，太子替你处理政务，没有功劳也有苦劳吧。你一回来，不但没有一句话肯定太子，反而宣布太子的处理全作废，并且张榜贴出了告示，这事放在谁身上也受不了，相当过分；再加上太子身体本来就不好，不病才怪呢。因此朱棣赶紧派人前去探望，其中包括辅佐监国的重臣蹇义和金忠，还有一个算命的兼宫廷医生袁忠彻。

为什么要跟个算命的呢？因为此人出身于算命世家，父子都是算命的，从前曾为朱棣等人算命，还算比较准，并且懂点医术，所以派他跟着。几个人都是当事人，也是太子的兼职部下，他们回来跟朱棣讲："太子脸色发青，纯粹是担惊受怕吓病的，只要把午门上张榜公布的告示收回来，太子的病就能好。"（《明史·方伎传》）朱棣一听只好说，那就收回来吧，于是派人把贴出的告示撕下来，过几天太子的病果然好了。一场闹剧才算暂时闭幕。

朱棣比较痛快地答应收回午门的告示，估计可能是因为太子对政务的处理，大部分是按朱棣的意思办的，并且事前是向朱棣请示过的，那么现在朱棣一回来，居然宣布这些处理全部作废，并且还张榜贴出告示，这么干在一定程度上不等于自己打自己嘴巴子吗？所以别人说收榜才能为太子治病，朱棣也就顺势找个台阶，为自己收场。但是贴出去的告示收归收，朱棣并没有善罢甘休，这种人的报复心、虚荣心极强，在这件事上是不可能认错的，对于太子以及前面提到的那个反对更改的朝臣耿通，他是一定要寻机报复的。

2. 为了打击太子，朱棣找借口用酷刑杀了耿通

过了一段时间，有人揭发耿通作为司法部门的负责人，接受别人的说情，故意减轻罪责释放犯人——估计也是有人看出朱棣对耿通不满，因此才找了个借口告了他一状，这种事、这种人都是极为常见的——朱棣听到后勃然大怒，命令都察院同文武大臣，在午门上隆重审讯耿通，并且不问结果就下令：必须杀掉耿通，不能赦免！根本没商量。各位可以想象，一个司法部门的负责人，就算真的接受请托，帮助犯人减轻罪责，也不至于受到"必杀无赦"的处罚，更不至于在午门接受文武大臣的隆重会审。

午门是什么地方，那是举行国家重要典礼的场所。北京的午门就在今天天安门的北边、太和殿的南边，当年南京的午门也大致相当于这个位置。就因为有人揭发大理寺的官员减了犯人的罪责，真假都还没弄清楚，就在午门搞了个级别相当高的审讯，未免有些小题大做了。但既然皇帝发了命令，文武群臣没办法，只好按朱棣的旨意判了耿通有罪当斩。

可能是怕别人不理解，朱棣还专门对自己的命令作了解释。他说："给犯人减个罪放出去，那不过是小事；关键是后边几句话，耿通为太子胡乱说一通，破坏祖宗之法，离间我们父子关系，决不能饶恕，必须受到最严酷的刑罚。"（《明通鉴》卷一六）

南京明故宫午门遗址旧影

群臣听了当然谁也不敢有争议,只好给耿通定了奸党罪,判了寸磔的酷刑。其实磔刑已经是一种分裂肢体的酷刑,寸磔则是在这个基础上再把人砍成许多块,相当残酷,算是酷刑中的酷刑。明代的法律规定,一般的罪名根本用不着这种超级酷刑,只有奸党一类的罪行,才可以使用寸磔来处死犯人。朱棣非要用这类超级酷刑来杀掉耿通,可见他对耿通肯定是恨到骨头里了。

这件事也反映出专制时代宫廷司法的一个突出特点,即朝臣是否有罪或罪责轻重,并非完全由法律本身来衡量、判定,而在很大程度上是由最高权力拥有者来判定的,而司法部门甚至法律本身的作用不大。就是说,皇帝说谁有罪谁就有罪,司法部门不过是替皇帝找到合适的罪名罢了。请各位看看朱棣给耿通定罪的理由,耿通只是一再建议和提醒朱棣,太子对政务的处理没什么大问题,不必重新更改,这同破坏祖宗之法、离间父子关系根本挨不上,同奸党罪更是一点都不沾边,耿通不过是提了个合理化建议,怎么能构成奸党罪呢?

但朱棣硬是拿这条给耿通定罪,并严刑处死,相反别人揭发耿通的减轻犯人罪责之事,朱棣却根本不予追究,并明确表示那不过是小事。这可不是一般的无中生有、指鹿为马,而是极为典型的欲加之罪、何患无辞!朱棣为什么要这么干呢?为什么他要费这么大的周折,又是在午门张榜贴告示,又是折腾文武大臣隆重会审耿通,为什么?一个直接的目的就是要控制和打击太子。

3. 太子受到父皇的再次打击

现在请各位回顾一下,朱棣外出和回朝期间为了打击太子,都干了些什么呢?可以分为前后两个阶段,第一阶段是永乐七年年初朱棣离开南京,到永乐八年年底回到南京,也就是太子朱高炽第一次监国的近两年间,朱棣虽然授予朱高炽处理常务的权力,但同时又是限制他的权力范围,又是命人记录他的处理情况,明显是要控制太子。

第二阶段是永乐八年年底朱棣回京,到永乐十一年年初再次离京的两年多时间内,朱棣又是贴出告示否定太子的做法,又是借朱高煦的谗言大量捕杀太子的官属部下,最后又以大逆不道的奸党罪无端杀掉了耿通,表明朱棣对太子的控制和打击升级了。耿通为太子说话,朱棣杀他,明显是冲着太子去的,谁为太子说话我就杀谁,更确切地说,谁敢不让我收拾太子我就杀谁。

同时,朱棣这么做似乎也是在表达一个意思,就是以此来告诫太子和周围的朝臣,只有我朱棣才是最有权势的人,除了我以外没有第二个人。太子和所有人做事对错、是否有罪,都是我说了算,说你太子错了你就错了,对也是错;说你耿通有罪你就有罪,没罪也有罪,谁也别想和我朱棣作对。这是一个超级独裁者的典型心态。从朱棣离京和回京后的一系列活动看,他控制和打击太子的目的基本上达到了,因为此后除了极个别的高层人士外,再也没人敢为太子说话了。

耿通等人的不幸遭遇,反映出这一期间太子的势力受到了一定的打击和削弱。各位请看,首先是朱棣收拾太子,并且谁为太子说话就拿谁开刀,严刑处死;其次是朱高煦想方设法一再陷害太子的部下,机会也找得好,基本上一告一个准,成功率相当高。在这种情况下,太子是一对二,明显处于劣势,几乎没有还手之力。

(二)部下的保护与太子的成熟

1. 监国辅臣有意保护太子

在这种情况下,太子的处境比较艰难,他和辅佐监国的大臣们,不得不谨慎从事,避免遭殃。但与此同时,辅佐监国的大臣们也开始设法保护太子,从而逐渐减轻了太子集团的损失。这些大臣中起作用最大的人是杨士奇。这个人是当时的翰林学士,兼任太子机构詹事府的官员,由于秘书和行政才干较为突出,因此被朱棣任命为太子监国的四个辅臣之一。那么他是怎样保护太子的呢?

永乐九年三月,朱棣结束第一次北征回到南京后,多次问杨士奇:"你辅佐太子监国的时间也不短了,你说说太子干的事都怎么样。"杨士奇当然明白朱棣的用意,估计是皇帝想从我的嘴里听到太子的过失,我是肯定不能那么说的。于是他向朱棣汇报了太子监国期间的几件事:

第一件事是虔诚祭祀。太子对于宗庙祭祀之事非常虔诚,许多祭祀品都亲自检查一遍,有时还带病坚持亲自主持祭祀,不许他人代祭。别人劝他休息养病,让他人带祭,他说:"父皇命我祭祀,我怎能让别人代祭呢?"古代中国君主的两大职责是"祀与戎","戎"是打仗,已经由北征的朱棣来完成;那么在首都祭祀的职责就暂时留给皇太子了。因此朱高炽带病祭祀,不仅是重视此事,也是为了代替父皇朱棣完成君主的另一个职责,从而博得了朱棣的满意。

第二件事是恪尽孝道。在朱棣离开南京北巡期间,每次尚膳监向北京皇帝那里运送各种御用物品,太子都要亲自一一检查,亲自过问,在确定没有任何问题后,再加上封条派人送走,决不轻易相信下面的办事人员。自从朱棣离京北巡后,太子总是心怀忧虑,寝食不安,往往是过了晌午甚至太阳偏西了才吃饭,整天放心不下,一直等到北边来的使臣到了,带来了朱棣平安的消息后才如释重负,放下心来。朱棣听到这些后,表扬太子尽了孝道。

第三件事是包容臣下。有一天朱棣问杨士奇,听说在辅臣里边只有你和黄淮遇事能够坦率直言,但太子有时听,有时不听,你们就不怕得罪太子吗?士奇回答:我这个人性格愚鲁直率,遇事有什么就说什么,太子殿下总是能包容我等,对我们总是推诚相待。我们说的话太子都有自己的看法,说得对的就采用,不对的也不会曲从,可见太子的天资甚高,非一般人所能比。

第四件事是知错就改。杨士奇还对朱棣说,太子有什么失误自己未尝不知道,知道了也未尝不悔改,并且太子殿下最为用心处是"以爱人为本",待人处事总有慈爱、宽容之心,将来一旦当了皇帝,肯定不会辜负陛下您的重托。朱棣听了当然高兴,对太子才略为放心(杨士奇《东里别集》卷二)。

2. 太子配合朱棣的开创性活动

永乐十一年也就是1413年三月,朱棣再一次离开南京前往北京,去完成他心中的迁都和北征等几项大业。因此,大约从1413年三月朱棣第二次离京开始,他和皇太子朱高炽就有了个大致的分工,朱棣主要负责主持那些开创性的活动,有时还亲自完成,如五次北征蒙古等;皇太子朱高炽留在南京,一面处理日常政务,一面协助配合朱棣完成上述活动。

应该说永乐前期和中期,开创与守成的矛盾还不太明显。太子在南京监国,负责的一部分常务中即有开创性活动,所谓"征剿叛虏、匠作兴征于南京者,咸启白皇太子处分"(《皇明咏化类编》人物卷之五〇),就是说当时太子一派势力,是参与了朱棣发起的开创性活动的,并在监国期间对于整个国家的这种活动,给予了配合和支持。在整个明代的历史上,皇帝在位时能够监国的皇太子极少,能够同皇帝分工合作,完成一些重大活动的皇太子,更是只有朱高炽一个人。

3. 太子接受教训,极力避免招惹是非

第二次朱棣北征期间,有了第一次监国为朱棣打击的教训,太子朱高炽这次监国更为小心谨慎。虽说朱棣临走之前规定,这次监国的方案"悉准永乐七年之制"(《明太宗实录》卷一三七),即权限仍同几年前第一次监国时一样,但太子明白,他和父皇朱棣之间的权力划分并不明确,决策大权完全掌握在父皇朱棣手里,作为替父皇暂时监国的太子,他办事必须收敛加谦恭。父皇朱棣走后几个月,赶上皇太子千秋节,礼部照例在前几天请求举行庆贺礼。太子对礼部官员说:"皇帝在北京,我这个晚辈不能在父皇面前亲自行礼,怎么可以接受群臣的贺礼呢?还是免了吧。"(《明太宗实录》卷一四一)从此以后就形成了一个惯例,凡是皇太子千秋节遇到老皇帝外出巡狩,一律停止举行贺礼。朱高炽这样做的目的,无非是避免惹起朱棣的不满,减少自己的麻烦。

监察御史向太子报告:两个军官左军都督梁福和中军都督蔡福,奉命讨伐思州台罗等寨的叛乱苗民,可这两个人竟然修建寺观和尼姑庵,与尼姑通奸,强娶妇女,克扣军士的粮饷,向当地少数民族首领索要钱财马匹,因此请太子将他们依法处置。太子虽然同意御史的上奏,但冷静地表示要等到父皇回京后上奏,未做任何处理。朱棣从前说过凡是功臣犯罪,必须向他奏明才行,这两个人虽然不是功臣,但却是高级将领,太子不做处理,显然同样是为了避免和朱棣发生冲突。

巡按直隶的一名监察御史上书太子,控告左通政赵居任等人,奉命前往苏州、湖州一带治理水患,那里大片农田荒芜没人管,可是这些人不但掩盖真相不上报,反而在一块地里捡了几颗大头稻穗,数了几个三百粒以上的报上来,作为当地丰收太平的证据。这种小人对皇上不忠,公然造假欺骗朝廷,应该被问罪。太子说,这种人不仅是弄虚作假、欺骗朝廷,而且是残害百姓,但他是父皇派去的,我不能随便撤换,只能把检举信给他看,让他自己反省(《明太宗实录》卷一○一)。这件事和前边一样,太子的处理还是不想给自己招惹是非。

同时,险象环生的政治环境,也使太子朱高炽进一步成熟起来。当他的部下被大批关押时,他没有流露出一句怨言,更没有向朱棣做任何申诉。有人向他奏事时问他:"有人进谗言陷害您,殿下您知道是谁吗?"太子当即回答:"我不知道,我只知道尽一个当儿子的职责。"(《明史·仁宗本纪》)话说得滴水不漏,传出去也不要紧,这种逆来顺受的功夫,一般人是很难做到的。但尽管如此,朱棣仍然没有放过太子及其部下。

(三)大规模逮捕太子的部下

1. 朱棣回京传令逮捕太子的部下

永乐十二年(1414)七月,朱棣率北征大军回师,途中驻扎在沙河。太子派一行使者带着贺表前来迎接,使者中地位最高的人是金忠,兵部尚书兼詹事府詹事,前一个职务相当于今天的国防部长,后一个职务相当于太子辅导委员会的主任或首席辅导官。朱棣接受了太子的贺表和金忠等人的朝拜,当时并没有什么其他表示。可是不到一个月回到北京之后,朱棣似乎想起哪个环节有问题,竟突然认为太子派遣使者迎接他回师晚了一步,并且贺词写得也欠妥。据说当时朱高煦在一旁说:这是辅政官员的失职!于是朱棣派人传令,逮捕辅导太子监国的官员。这样一来,太子的许多部下又一次大规模被捕入狱。

当时朱棣在北京,辅佐太子监国的官员在首都南京,因此,这些官员要从南京一个个地赶赴北京,接受逮捕。他们之中有:蹇义、黄淮、杨士奇、杨溥、金问、芮善等。这些人刚走了一半,朱棣就下令释放蹇义回南京;其他人陆续到达北京,相继下狱。朱棣曾召见杨士奇,问及太子的监国表现,杨士奇向朱棣叩头汇报说,太子一贯孝敬忠诚,凡是违反皇帝旨意的错事都是我等臣下之罪,朱棣的怒气才有所缓解。可能是杨士奇主动承担责任之举,给朱棣留下了好印象,所以此后不久朱棣就释放了他;其他几个人可没那么幸运了,在狱中一关就是十年,直到朱棣死后仁宗即位时才获释。

2. 朱高煦的诬陷使黄淮等人被捕

这次事件中有三个人的情况值得注意,哪三个人呢?黄淮、金问和杨士奇。先说黄淮,永乐八年(1410)朱棣第一次离开北京时,黄淮是奉命辅佐太子监国的四人之一;后来朱棣回京时,黄淮则是太子派出奉表迎接朱棣的使臣之一。当时黄淮在滁州迎接朱棣,朱棣非常高兴,同黄淮聊了半天,回京后还特意下旨,封了黄淮的老父亲同黄淮一样的官衔,这说明朱棣对黄淮还是较为器重的,尤其是对他辅佐太子监国的功绩也是肯定的。

但问题是三四年以后的永乐十二年(1414),朱棣第二次北巡回京时,同样是黄淮起草的奉迎奏书,为什么朱棣就一口咬定这份奏书用词不当呢?为什

黄淮像

么会突然翻脸,逮捕了他曾经非常器重的黄淮呢?看来这件事同朱高煦的诬陷有关。在四个监国辅臣中,前三人金忠、蹇义、杨士奇几乎是朱高煦无法搬倒的,而黄淮的资历略差一些,又在第一次监国期间同朱高煦有冲突,因此,黄淮就成为朱高煦下一个要打击的目标人选了。

怎么回事呢?原来长沙有个李法良,发动民众叛乱,事情上报到南京,太子命令丰城候李彬发兵平乱。汉王朱高煦担心太子立功,于是故意找碴说:"李彬能行吗?"太子就问他的监国辅臣黄淮:"你说李彬行不行?"黄淮说:"李彬是位老

将,老将出马一个顶俩,肯定能行,兵贵神速,请太子赶紧派他去平乱。"太子就按黄淮说的办了,李彬出兵后果然很快就活捉了李法良。这下轮到朱高煦丢面子了,他为此恨上了黄淮,两人结仇(《明史·黄淮传》)。现在黄淮被关起来了,朱高煦自然高兴了,一箭双雕:既打击了太子,又报了私仇,当年你黄淮胆敢帮着太子反对我,这回让你尝尝我的厉害。

再说金问。金问是太子辅佐机构詹事府的下级官员,他到了南京后朱棣就说:"这个金问是什么人啊?我怎么不认识他呢?他凭什么也当上了太子的辅佐官员?"下令司法部门,给我审问一下,怎么回事。结果没等审完,金问就和黄淮、杨溥一道被关了十年(《明史纪事本末·太子监国》)。从这件事可以看出,朱棣对太子的部下似乎有一种怨恨,甚至有些神经过敏。

金问不过是太子辅佐机构中的一名下级小官,你朱棣作为皇帝,认识不认识又能有什么关系呢?本来你朱棣长期北征在外,太子在南京监国,他的辅佐官员你朱棣不可能都认识,尤其是中下级小官,这有什么奇怪的呢?你不认识他,就断定他没资格辅佐太子,这个小官来路不正,还让法官审问他,并且没等审完就一关十年,这么干未免有些太过分了吧,毫无道理。可是如果联系到朱棣顽固认定太子迎接他晚了,奏表词句写得不妥,那么就可以看出来,朱棣在整件事里,明显有些鸡蛋里挑骨头的意思。

3. 杨士奇被捕又获释,朝中势力可能暗中支持太子

第三个人是杨士奇,他到了北京之后,由于为太子承担了一些责任,说陛下讲的问题都是我们工作不到位,太子没有什么责任,做了自我批评,朱棣就下令把他放了。可是朱棣身边的大臣都认为,这件事杨士奇也有责任,其他人都关起来了,不能单单放了杨士奇。于是朱棣重新下令把他也关起来,但很快又放了他(《明史·杨士奇传》)。这件事颇为耐人寻味,朱棣身边的大臣为什么要这么说呢?是他们与杨士奇有私人恩怨吗?史书没有记载,况且关押杨士奇,对朱棣身边的杨荣、金幼孜、夏原吉等人也并没有任何好处,因此,这个解释显然不成立。

那么还有一种解释,就是这些人这样做很可能是为了保护杨士奇。为什

么呢？各位请看，朱棣对太子不满，借机收拾他的辅佐人员。朱高煦也想打击太子，收拾他的部下。但这些人中金忠和蹇义的地位特殊，前面讲过，金忠是帮助朱棣夺位的大功臣，是兵部尚书，相当于今天的国防部长；蹇义是最早归附朱棣的高级文臣，是吏部尚书，相当于今天的组织部长，二人都是部长兼詹事府的詹事，相当于首席辅佐官，或太子辅导委员会的主任，位高权重，又是朱棣非常信任和器重的大臣，这次事件中走到一半就被放了，因此，这两个人几乎是朱高煦无法利用朱棣来收拾的。

但杨士奇情况特殊，他的资历、地位不如金忠和蹇义，虽说也受到朱棣的器重，但只是朱棣的秘书和顾问，翰林院官员兼职詹事府，相当于太子辅导委员会下面的一批委员之一，才是五品官，如果这次朱棣放了他，那么他早晚还会受到朱高煦的陷害，况且前面已有了解缙、黄淮的先例。因此朱棣身边的杨荣等人，很可能是故意建议朱棣关押杨士奇，算他已经受了惩罚，这样朱高煦可能就不会找到其他理由，再次陷害了杨士奇。

如果这个推断成立，那就说明朱高煦要借朱棣之手来收拾太子部下的用心，可能已经被杨荣等人看清了。他们开始利用自己的条件，在有限的范围内帮助太子，从而部分地阻止了朱高煦利用朱棣打击太子的目的。由此可见，这个时候太子似乎逐渐得到了朝中势力明里暗里的支持。

（四）逮捕的借口比较牵强

这里有几个问题值得注意：一是这次大规模逮捕太子部下的原因——迎接回师晚了一步和上表贺词不妥，都是在朱棣回到北京之后才宣布的。按理说，如果他觉得这两件事有问题，应该当场就指出来，但他没有。从史书记载上看，太子派使者迎接和上表给回师的朱棣，时间是在永乐十二年的六七月间，而朱棣下令捕人，则是在一个多月后的八月，就是说朱棣是在回到北京一个多月后，又突然翻出一个多月前的事，来向太子部下发难的。是朱棣后来听信了朱高煦的谗言才这么干，还是他回到北京以后才想起来？没人知道，但不管怎么说，这事总是让人感到，朱棣有点事后找借口的嫌疑。

二是这件事的理由也比较牵强。太子派人迎接皇帝北征回师，只要赶上大军没回北京之前，应该说都不算晚，况且当时的沙河离北京也不算近，朱棣走了一个多月才回北京，太子派去的使者，在你回京一个多月前就去迎接你，还算晚吗？按当时的情况看，很可能是太子事先派人，在北京等候朱棣回师的消息，一旦得到确切消息，北京的使团就赶紧按礼仪程序准备一下，然后出发迎接回师的皇帝。否则北征战事一结束，南京即使是在第一时间得到消息，然后以最快的速度准备好使团人马和奏书贺表，再以最快的速度北上，也很难赶在北征大军回到北京之前去迎接。

这不仅因为当时根本没有先进的通讯设备，没有电话、伊妹儿，不可能及早知道北征大军的路程，同时还因为从南京到北京的距离，恐怕要大大多于从战场到北京的距离，因此，南京要等得到北征回师的消息后再派人前去迎接，除非北征大军行动极慢，否则根本办不到。所以我估计太子是事先派人守候在北京的，只有这样才能提前迎接回师的朱棣。

这一点朱棣本人不会不知道，因为四年前他第一次北征回军时，就是太子派人迎接的，并且当时朱棣还特意告诉北京的有关人士，不必老早前来出迎，可是为什么偏偏这一次朱棣事后嫌晚呢？可见迎接迟缓这个理由是牵强的。至于上表奏书不当，也有些站不住脚。因为这类东西朝中是有专人来撰写的，作者都是经过长期训练、很有文才的高级秘书，写个贺表还是非常胜任的；即使个别词句写得欠妥，但也不至于太离谱，更不至于成为逮捕太子部下的理由，因此这一点同样是牵强的。

三是这件事中有一个人的经历很奇怪，就是金忠。这个人是兵部尚书兼詹事府的詹事，地位相当高。这一次是他率领太子的使团前去迎接朱棣、奉上贺表的，前一次就是永乐八年那次也是他。按理说迎接晚了，贺词出错，金忠是直接责任人，最应该被捕，但朱棣却放过了他，理由是"以勋旧，不问"，其他那些间接的责任人几乎都被一网打尽了。

金忠在这些人中，确实和朱棣有着非同一般的关系，他是"靖难之役"的重要决策人，地位仅次于姚广孝，对朱棣非常忠诚，人也很有才干，是朱棣非常器重的少数心腹之一。这样的"勋旧"被破例放过，似乎也可以理解。但是过了不久，朱棣就密令金忠审查太子，金忠说太子没什么事啊，朱棣居然大怒。金忠连忙摘了帽子哭着下跪，"免冠叩首"，一边磕头一边说，愿以自己的身家性命担保太子无事，朱棣这才没说什么（《明史·金忠传》）。可见朱棣当初放过金忠是有条件的，目的是以此来换取金忠为他暗中审查太子。很明显朱棣是在告诉金忠，尽管你是直接责任人，但我不抓你，你欠我的，你要为我秘密调查太子。

可见朱棣为了对付太子，还是用了不少心计的。实际上朱棣是给了金忠两个任务，表面上是当太子的首席辅佐官，就是詹事府的詹事，暗地里却是当他的首席监视员，可惜朱棣的想法并未落实，即使他天威震怒，也没能迫使金忠调查太子。从这件事看来，朱棣此举的目的就较为清楚了，无论是找个牵强的借口，还是放过直接责任人，目的只有一个，那就是再次打击太子的势力。

《省愆集》书影

（五）朱棣打击太子的方式已有变化

虽说这一次似乎比上一次更加迫不及待，但这一次朱棣并未将所有的被捕者关押折磨致死，而是随驾而行，他走到哪里，就把这几个重囚押到哪里，形成了一个流动关押所。被关押的黄淮、杨溥和金问三人在这个"流动关押所"里，由于同病相怜而相得甚欢。为了度过艰难的时光，三人相互讲经论道，切磋学问，黄淮还利用这段时间写出了自己的诗集——《省愆集》。可见朱棣虽然关押了他们，但并未将他们置于死地，而仅仅是将他们作为特殊囚犯带在身边，说明朱棣对太子打击防范的力度和方式已有了变化。

为什么会有这种变化呢？我估计一方面朱棣可能是觉得，总对太子的部下采取关押、杀掉的方式，并非长久之计，况且这些人都是当年朱棣亲自挑选和任命的，杀掉他们等于削弱了自己的统治基础，打了自己的嘴巴；另一方面，朱棣对朱高煦的用心也逐渐看清了，朱棣是什么人哪，这点儿事他能看不懂吗？朱高煦多次诬陷太子的部下，目的不就是要激怒朱棣杀掉他们，进而为自己夺位铺平道路吗？这样下去不仅太子的势力受打击，而且很可能出现政局动荡甚至流血的激烈冲突，因此朱棣不得不改变打击太子集团的方式和力度，只是将一部分监国辅臣关起来，而没有如高煦所愿，将太子部下赶尽杀绝。

有的学者认为，既然朱高煦等人对太子不满，朱棣也就顺水推舟，适当找个借口打击一下太子的势力，这样做既满足了朱高煦的要求，同时也是适当照顾了朱高煦背后的武将集团，因为这个集团朱棣还要利用，对于他完成南北出击的事业还是相当有用的。因此，这时朱棣对太子势力的打击，很可能是有政治平衡的用意，并非只是简单地为了打击而打击。

同时，朱棣这次对太子的打击，规模和力度较为有限，主要目的可能是用这种方式来适当告诫太子等人，行使权力不要越位，不要有非分之想，但并不是准备废掉太子，否则朱棣就不会长期离开南京，把首都和一大堆政务全都扔给太子。我认为这个看法是有道理的。

第二次监国的情况同第一次相比，可以看出有几点不同：

第一，太子更加谨慎，更为成熟了。在第二次监国期间，太子再也没有训诚和指责过一个大臣,处理政务也更加稳妥了,并且所有的事情都及时派人向朱棣汇报,很少自己做主。

第二,太子的辅政集团开始形成了,并逐渐发挥了巨大的作用。第一次监国期间,辅佐太子的那些人还未完全适应新的环境,缺乏帮助太子的经验,专职和兼职辅佐人员同太子之间的磨合还不到位,合作不太成功。但第二次不同了,双方进一步磨合到位,合作也逐渐成功。太子周围形成了一个有效的辅政集团,帮助太子处理政务,发挥了应有的作用。

第三,朱棣也改变了遥控太子监国的方式。第一次太子监国时,朱棣不断地指示和教导太子,某些事该怎样做,同时又记录太子的处理过程和结果。但这次不同了,朱棣一方面要忙于开创性活动,没有更多的精力去过问太子监国的情况,另一方面太子及其辅政集团的监国情况,可能也使他较为放心。那么当时帮助太子说话的人后来会有什么样的下场呢?朱高煦会放过这些人吗?

四　解缙之死

大才子解缙不识时务，总为太子说话，还给朱棣提反对意见，结果竟落得惨死狱中的下场。

解缙像

太子两次监国期间,由于朱棣的不满和朱高煦的诬陷,曾有一批大臣和太子的部下,被关押、被杀掉,这批人中解缙占了三个第一:第一是最早受到重用的才子;第二是内阁成员中下场最惨的大学士;第三是唯一一个经历洪武、建文和永乐三朝的高级官员。各位知道,就在现在天安门广场纪念堂那个位置,明朝修建了一个大明门,后来清朝改称大清门,民国时期又改称中华门,1954年扩建天安门广场时被拆除。永乐时期大明门的两边,有解缙奉朱棣之命题写的门联:"日月光天德,山河壮帝居。"可见解缙的文才和书法都非常出众,否则永乐帝朱棣也不会让他题写门联。

　　解缙是谁呀?他是洪武时期有名的才子,永乐初期编纂《永乐大典》的主持人之一,相当于总编辑。《永乐大典》是我国最著名的一部大型典籍,全书约有两万三千多卷,一万一千多册,三亿七千多万字,光是目录就有六十卷。清代的《古今图书集成》约有一亿六千万字,字数还不如《永乐大典》一半多;《四库全书》收录的图书不过三千多种,而《永乐大典》收录的图书据说达到七八千种,保存了14世纪以前中国历史地理、文学艺术、哲学宗教和其他大量的文献。

　　不要说在当时,即使是在今天,《永乐大典》也绝对算得上是一部超级百科全书。因此,解缙不论是在当年还是在后来,都是非常有名的一个人。按理说,解缙长期待在皇帝身边,处于近臣的地位,又经历了许多政治风波,他为什么还没有历练得比较成熟、比较稳健呢?为什么还会不断吃亏,并且最终丢了性命呢?这话还要从头讲起。

(一)为李善长鸣冤与离朝回家

　　1. 解缙是朱元璋喜欢的才子,做事有些无所顾忌

　　解缙在洪武二十一年考中进士,被授予中书庶吉士,就是为皇帝书写公文的一个秘书,二十几岁的小伙子,非常受朱元璋的喜欢,经常待在皇帝身边。

有一天朱元璋对他说,我和你是"义则君臣,恩犹父子",所以你要有什么就说什么。解缙有才,当天就写了万言书上奏给朱元璋,对朝廷的司法、用人、监察、教化、税收、吏治等政务提了一大堆意见,文字很漂亮,话也说得很有分量,也很直接,尤其是指出朱元璋对大臣的刑罚太重、杀人太多,但他把这一切的原因都归结为"臣下之乏忠良",即大臣里没几个好人,而杀人也并非是朱元璋的本意,这些话让朱元璋读了很舒服,连称解缙是才子。

过了不久,解缙又写了一篇文字较长的《太平十策》,可能是内容较为空疏,朱元璋看了,觉得解缙有些迂腐,就没说什么。结果解缙并未领会朱元璋的意图,还以为自己是皇帝称赞的才子,因此做事无所顾忌。有一次他到兵部去索要皂隶,就是跑腿的办事员,讲话很不客气,别人一看是皇帝赞扬的才子来了,可能是不敢惹,最后只好由兵部尚书也就是这个部门的部长,把事情捅到了朱元璋那里,弄得朱元璋没办法,他觉得解缙有些放肆,就给他换了个部门工作,让他改当御史,就是负责监察的官员。

估计朱元璋本来是想让解缙严格要求自己,收敛一下,别再到处惹事。可没想到解缙仗着自己有文才,又受到皇帝的夸奖,还是喜欢多管闲事,管了什么闲事呢?他给人家代笔写告状信,去告本部门那些一般人得罪不起的大官,包括都御史,相当于现在监察部的副部长,因而惹起对方的忌恨(《明史·解缙传》)。

2. 解缙为李善长鸣冤,居然平安无事

不过这些事并没有让解缙有所收敛,这期间最有影响的一件事,是他替王国用为李善长鸣冤。这件事在明代政治史上是非常有名的。

各位知道,李善长是帮助朱元璋打天下的重要人物,被封为开国第一功臣、韩国公,朱元璋把他比作汉代的萧何。李善长当了几年丞相,权势很大,几乎是一人之下万人之上,与朱元璋逐渐有了矛盾。后来李善长的同乡胡惟庸当了丞相,也同朱元璋矛盾很深,朱元璋就寻机兴起大狱,在洪武十三年杀了胡惟庸。十年后,一些人逐渐揭发了李善长与胡惟庸的复杂关系,于是朱元璋也给李善长安了罪名,说他帮助胡惟庸谋反称帝,逼迫七十七岁的李善长自杀了。

这件事明摆着是个冤案,有个人看不下去了,虞部郎中王国用。虞部就是后来的工部,王国用当时是这个部的郎中,他想为李善长鸣冤。本来这是王国用自己的事,但一来解缙名气大,受到皇帝的宠信;二来解缙干这种为人代笔的事也不是一回两回了,早有人牵线,解缙本人也乐此不疲,因此王国用就约了解缙,在洪武二十四年也就是李善长被迫自杀的第二年,两人起草了为李善长鸣冤的辩护词,直接上奏给了朱元璋。辩护词的主要内容是这样的:

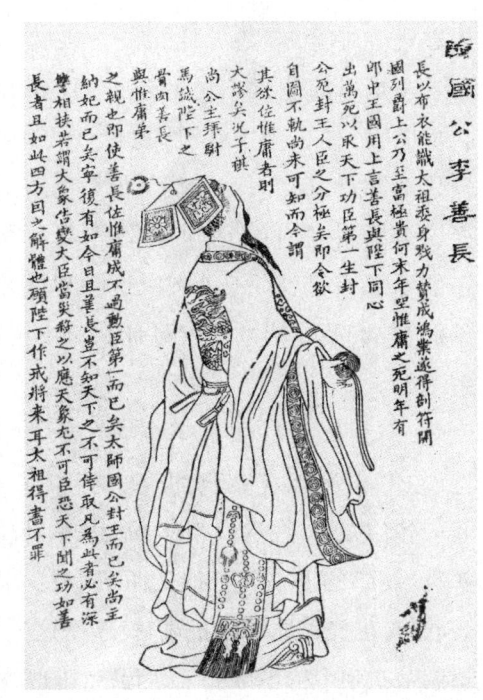

李善长像

第一,李善长与陛下你同心同德,历尽九死一生帮助你夺取天下,已经是第一功臣了,本人封官加爵,生前受封最高的公爵,死后也会被追封为王,儿子娶了陛下的公主,亲戚也都当官了,作为一个臣子应该说到头了,李善长怎么会帮助胡惟庸谋反呢?

第二,就算李善长帮胡惟庸谋反成功当了皇帝,他不过还是和今天一样,也是功臣第一,本人封国公、封太师,儿子娶公主,亲戚都当官,还能比今天更强吗?绝对不可能,因此他有必要再干一次吗?

第三,李善长也不是傻子,他不会不知道,就算把你推翻了,帮助胡惟庸当皇帝,有那么容易吗?元朝末年想要推翻元朝的人多得数不清,几乎没有一个不是粉身碎骨、家破人亡,有几个人能保住脑袋啊!他李善长亲身经历、亲眼看见了这一切,一个七十多岁的糟老头子,就为了得到跟今天一样的待遇,为什么要冒着灭九族的危险去帮助胡惟庸呢?这事怎么也说不过去啊!

第四,陛下你认为天象有变,应该杀个大臣上应天象,那么天下人会怎么看呢?我担心他们会说,像李善长这样有大功的人都被冤杀了,陛下你会失掉人心啊(《明史·李善长传》)。

这是一篇非常出色的辩护词,等于打了朱元璋的脸。朱元璋看了有什么反应呢?他一个字都没说。为什么呢?没法说。他怎么说?如果你说杀李善长杀得对,解缙上书错了,但解缙讲的话可是句句在理啊,无法反驳;但你要说解缙讲得对呢,那不就等于说你朱元璋杀李善长杀错了吗?况且皇帝还能承认自己错了吗?所以这件事既不能说解缙上书有理,也不能说自己杀的有错,最好的办法就是什么都不说,就当没这回事。当然也就不能加罪解缙了。

3. 朱元璋让解缙跟父亲回家了

各位知道,在洪武朝那么险恶的环境下,有多少人因为一点小事就被砍了头啊!解缙的上书等于把天捅了个大窟窿,这下还了得!再加上他到处替人写告状信,已经得罪了一批高官,于是这些人都想找个借口收拾他。朱元璋也知道解缙在朝中待不下去了,因此就随便找个理由,让解缙回家了。

当时近臣的父亲都可以到京城来见皇帝,解缙的父亲解开也来了。朱元璋见了解开就对他说:你这个儿子"大器晚成",先把他领回家去吧,进一步深造一下,过了十年再来让朝廷重用他,到那时候也不算晚(《明史·解缙传》)。解开一听,可能是没弄明白,我的儿子在朝廷里官当得好好的,为什么皇帝让我领他回家呢?别人的儿子怎么不回家呢?但既然皇上说了,不能违抗,只好照办,于是解缙就跟着父亲解开回家了。

那么,朱元璋为什么要让解缙离职回家呢?我分析可能是想保护他。为什么这样说呢?各位想想,解缙在朝中得罪了那么多人,还都是大官,并且还敢上书指责皇帝杀人杀错了,这不是找死吗?况且洪武年间血案一直不断,动不动就杀掉成千上万的人,这些大臣随便找个理由告你,杀你解缙,不是比踩死个臭虫还容易吗?因此朱元璋让他回家,也就是躲开了朝中的险恶环境,表面上看是撵走了,实际上是保护起来了,毕竟朱元璋还是有些爱才的。这是解缙人生的第一次起落。这一年是1390年,也就是洪武二十三年。

（二）回京奔丧，被贬河州

八年之后，也就是1398年，朱元璋死了，解缙听到消息后就来京奔丧。结果一到南京就被人告了一状，罪名是违抗圣旨。原来朱元璋同解缙讲的是十年后再来，现在还没到期呢，只有八年你就来了，这不是违抗圣旨吗？况且母亲死了还未安葬，父亲都快九十岁了，哪能不管不顾就来京呢？前一件事是不忠，后一件事是不孝，在当时的情况下，都是不小的罪名，因此朝廷把解缙贬到河州卫，当一名小吏。河州卫在今天兰州西南、临洮以东，是个比较偏远的地方。

实际上解缙这一次被人告状，原因还是以前在朝廷结下的恩怨。各位想想看，朱元璋当年跟他讲的是十年以后再来，解缙还没等到期就来奔丧，人家可以告他违抗圣旨；可他要是等十年到期再来呢，人家很可能又告他对皇帝不孝，当年皇帝对你那么好，如今皇帝死了你不来奔丧，这个罪名也是相当重的。由此可见，解缙这个人已经被朝中权贵忌恨了，怎么干都有罪，早晚都会倒霉。这是解缙人生的第二次起落。上一次起落是洪武后期，就在他要倒大霉的时候，朱元璋帮了他一把，那么这一次又有谁来帮他呢？

解缙被贬到河州卫当一名小吏，那种地方的底层小官，可能一辈子都没什么人搭理，因此几乎是永无出头之日，他肯定不甘心呐，怎么办？解缙毕竟在朝中当过几年官，认识一些人，他知道有个人正受建文帝的信任，就是礼部侍郎董伦，于是解缙就给他写了一封信，请董伦推荐自己。董伦这个人还不错，真就向建文帝推荐了解缙。建文帝一看是他爷爷任用过的才子，也是当年为李善长鸣冤的人，很高兴，于是就提拔解缙做了翰林侍读。可以说第二次倒霉又有人帮他，当然他先是自救，然后才被人救了。这次提拔是解缙人生中第三次起落的开始，确切地说只是起，后来被贬出朝廷直到被杀才是落。

那么，前两次起落对解缙本人有什么影响呢？从上述情况看，影响不大，他本人性格中冒失、不成熟的东西，并没有得到克服和改进，过于热情、好管闲事的毛病仍然存在。就拿李善长被杀这件事来讲，明摆着是朱元璋要杀他，至于什么罪名、什么借口并不重要，欲加之罪，何患无辞？别人都不说话，不等于别人没看明白；偏偏你出头说什么话呢？并且你还替别人代写辩护词，为一个皇帝非杀不可的人辩护,这不是找死吗?但他当时却没受到任何处罚,建文时期和永乐初期还一再升官,因此解缙并未从上述事件中接受教训,改正缺点。

(三)口无遮拦的性格与被人诬陷

朱棣夺位上台后,解缙和杨荣等人从翰林院进入内阁,成为皇帝的高级秘书兼顾问,解缙在这些人里常常排在首位。这时的内阁顶多是个秘书机构,决策权在皇帝,行政权在六部尚书,因此,尽管朱棣又是赏给解缙等人五品官服和高级衣料,又是鼓励他们发挥作用不在尚书之下,但实际上他们仅仅是皇帝的一批秘书,并没有后来内阁的地位。内阁设立不久,朱棣曾对解缙等人说:"若使进言者无所惧,听言者无所怵,天下何患不治?朕与尔等共勉之。"鼓励他们减少顾虑,多提意见。解缙等人就时常提出一些建议,朱棣也能虚心听取。

这个局面和解缙给朱元璋做事时差不多,当初朱元璋几乎也是这么说的,并且比朱棣说得还要亲切。但问题是皇帝让你说的,往往都是他们需要听的,如果你一旦说出了他们不需要听或根本就不想听的话,各位想想看,你还会有好下场吗?尤其是那个专制时代,因为说了不该说的话被惩罚、被杀头的还少吗?但是哪些话该说,哪些话不该说,那是要靠你自己去体会去揣摩,皇帝绝不会告诉你,也不可能告诉你,而你一旦说了错话哪怕是实话,皇帝也一定要收拾你,这一点没商量,也没理可讲,专制时代就是这样。

而解缙恰恰不明白这个道理,又在不该说话的事上说了不该说的话,再加上他平时总好随便评论别人,无所顾忌,因此同样受到群臣的忌恨,树敌不少,结果又倒了大霉。

1. 解缙总为太子说话,引起了朱棣的严重不满

朱棣决定出兵安南,就是今天越南的一部分,解缙反对,理由是那个地方不太富裕,逢年过节顶多能来个使者贡点当地土特产,就算是把它占领了,也很难设立郡县加以控制,没什么好处,所以没必要兴师动众去打它。朱棣听了很不高兴,他觉得解缙居然敢反对自己的追求目标,同他在政治上不能保持一

致,因此对解缙就不那么信任了。

当初朱高炽虽被立为太子,但受到压制,总是不讨朱棣的喜欢。当年朱棣曾对朱高煦许下诺言:"靖难"成功即立他为太子,如今却未能兑现,自己也感到过意不去。作为一种补偿和安慰,朱棣对高煦是颇为宠爱和纵容的,除了批准他的各种请求外,还使他享受的待遇大大高于普通亲王,甚至超过了大哥皇太子。旁人都看清了朱棣的用心,偏偏才高性傲的解缙不太知趣,他认为这样做下去很危险,肯定会引起冲突和争端,因此劝朱棣不要过分礼遇高煦(《明通鉴》卷一五)。

朱棣宠爱和纵容老二朱高煦,本来就是迫不得已的,解缙的劝阻等于揭了他的短处,因而引起了他的恼怒,他大骂解缙离间我们亲骨肉,从此疏远了他,给他的待遇也逐渐不如以前了。永乐四年,朱棣赏给翰林学士二品纱罗衣,结果没有给解缙(《明史·解缙传》)。这是疏远解缙的一个信号,因为当时解缙这些翰林学士的级别最高才是正五品,赏给他们二品纱罗衣这种高级纺织品,是朱棣对他们特殊恩宠和信任的标志。不给解缙,至少说明解缙已逐步丧失了朱棣的恩宠和信任,或者说被朱棣疏远了。

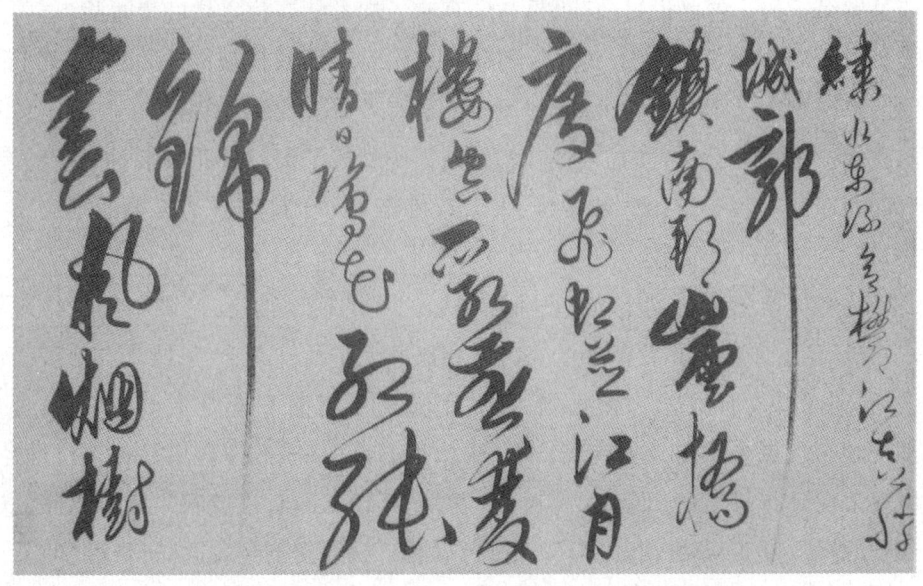

解缙《自书诗》(局部)

四 解缙之死

解缙这个人是个才子,同时也是个书呆子,政治上没有经过复杂的历练,不是老油条。他仗着朱棣对他的信任,总是有话就说,口无遮拦,并且不管朱棣是否高兴,尤其是在朱棣和两个儿子的复杂关系上,想到哪就说到哪,所以很容易犯忌。就在朱棣赞赏高煦武功高强时,解缙就不以为然地说:所谓贤王是那种孝友仁慈、能为一国之长的人物,拉个强弓射两个鸟,那不过是个力士的技能,请陛下不必在这方面夸奖汉王。这话显然是有些贬汉王,为太子朱高炽说话,朱棣和朱高煦听了,谁能高兴呢?尤其是朱高煦,他对力保朱高炽做太子的解缙等人恨之入骨,寻衅报复。

2. 解缙受到朱高煦的诬陷,被赶出了朝廷

当时宫中商议立太子的事逐渐外传,朱高煦乘机诬告解缙泄露宫中机密。选立太子的争议及结果,虽然属于非常秘密的内容,但参与此事的武将丘福等人却告诉了朱高煦,朱高煦当然恨透了解缙,不过这件事却很可能让他产生了一个念头,就是利用泄密之事嫁祸于解缙。

于是他让丘福故意对朱棣说,选立太子的秘密内容已经泄漏出去了,可能是解缙干的。前面说过,丘福是与朱高煦一起参加夺位之战的患难战友,曾经多次力劝朱棣立朱高煦当太子,因此自然乐意帮助朱高煦打击太子,诬陷解缙。朱高煦自己则对朱棣说,藩邸旧臣不会有人泄露,我听说这件事是解缙传出去的。朱棣听了二人的汇报信以为真,很快就找了借口处罚解缙,把他贬为广西布政司参议(《明史·解缙传》),大致相当于今天广西自治区委的副秘书长,等于把他赶出了朝廷。

为什么会这样呢?因为禁止泄漏宫廷之中的机密消息,是朝中的严格规矩,破坏了这条规矩是要治罪的。况且在册立太子的问题上,朱棣是有些没面子的,因此有人泄漏这一消息,当然使朱棣感到更丢面子,肯定是要处置的;再加上解缙反对朱棣出兵安南,已经让朱棣很不满,高煦的诬告更是火上浇油,所以朱棣才将解缙贬出朝廷,实际上是对他惩罚。同时也反映朱棣对高煦的偏爱,谁敢对高煦不好,我就给他点颜色看看。解缙你不是敢这样吗?好!我就把你贬出去。墙倒众人推,解缙被贬出朝廷时,又有人落井下石,上告他对皇

上有怨气,因此朱棣又把他的发配地从广西改到了更偏远的安南,就是今天的越南境内,具体职责是督运出兵安南粮饷的办事员。

3. 解缙一再吃亏、倒霉,但并没有接受教训

看到父亲朱棣对太子的控制和对解缙的打击,估计朱高煦又会高兴了,因为照这样发展下去,也许有一天,说不定自己会咸鱼翻身当上太子。因此朱高煦千方百计捕捉或编造解缙的过失,设法激怒朱棣,借刀杀人,动不了太子就先打击太子的势力。结果解缙就从中央被贬到了相当偏远的地方,从内阁的高级秘书被贬为一个下级办事员,地位真是一落千丈。

一个人偶尔吃点亏,倒个霉不算什么,但如果在一件事上总是吃亏总是倒霉,那就应该想一想问题出在哪里。就像有人说的,你被一块石头绊倒无所谓,可是你要总被这块石头绊倒,那就需要分析一下你自己身上的因素,然后调整自己,至少别再继续倒霉。本来解缙为太子说话,就已经得罪了皇帝和最有权势的亲王,这次倒霉,明摆着是那些人都要陷害你,照这样下去,你还会有好下场吗?

如果这个时候,解缙能对自己的倒霉经历冷静分析一下,想想问题出在哪儿,为什么别人不这样,只有你总是这么倒霉;然后能接受教训,别以为你是皇帝器重的才子,总是那么自信,遇事稳重一点、收敛一点,别让他们再抓住把柄,那么解缙还有可能再次升官,恢复从前的地位,至少能够安度一生,因为他毕竟曾经当过朱棣的首席秘书。可惜他没有,结果导致他不仅再次倒霉,并且还送了命。

(四)私见太子,被捕送命

这里顺便讲一下明朝的太子辅佐制度。元朝的时候,辅佐太子和辅佐皇帝的是两伙人,太子要接班,太子的辅佐官员们也要接班,因此皇帝和太子的两伙人势必矛盾很大,这也是造成元朝政局混乱的原因之一。可见这种制度弊端很大。明太祖朱元璋当然清楚这一点,他对这种制度做了改革,怎么改的

呢？他把当朝大臣同时任命为太子的辅导官员，等于把辅佐皇帝和太子的两伙人，合并为一伙人。这样一来，老皇帝一死新皇帝上台时，当朝大臣基本上都是新皇帝过去的老师和下级，大体上避免了元朝两伙辅佐官员争权的矛盾和弊端。

朱棣倒是继承了其父朱元璋的做法，也任命了大部分当朝大臣，作为太子朱高炽的辅佐官员，但问题是洪武朝朱元璋和太子几乎总在一起，不存在大臣私见太子的问题。而永乐朝朱棣和太子不常在一起，后来又多次离京在外，巡视北京营建或亲征蒙古，太子一个人留在首都监国，处理常务，皇帝、太子分处两地，皇帝对太子不放心，不知道太子背着他会和朝臣搞什么名堂，所以朱棣才搞了一个特殊规定，百官和太子不许单独见面，很明显意在防范太子。

1. 解缙违反规定单独见太子，被抓住把柄入狱受刑

由于朱棣和太子的复杂关系，不许大臣私见太子的规定是被严格执行的。当初一个军官已经受过警告，偏偏解缙这个书呆子有些不知深浅，他在几年前就已被贬出朝廷，远在安南督运粮饷，几年之后回到南京奏事，正赶上朱棣不在，可能因为在外地时间长忘了前面的规定，或是想念太子吧，反正解缙没有顾及这条规定，就去单独朝见了太子，然后没等朱棣回京就直接回去了。

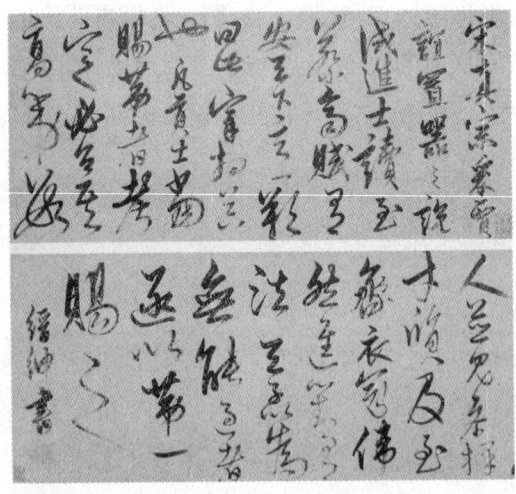

解缙《宋真宗殿试佚事》

这下被高煦抓住了把柄，他立刻派人向朱棣打小报告说，解缙专门找个皇帝外出的机会，才去私见太子，有意破坏皇帝定的规矩，没把皇帝放在眼里（《明通鉴》卷一六）。结果朱棣大怒，立即传令逮捕解缙。解缙的活动经高煦这么一说，性质就完全变了。各位请看，偶尔赶上皇帝不在去见太子，变成了专等皇帝外出才来见太子，好像是事先准

备好的;无意中单独见太子,变成了有意破坏从前的规矩,主动勾结太子;见完太子可能因为有事就直接回去了,变成了臣子藐视皇上的无礼之举,因此解缙的活动简直就有了这样的嫌疑:伙同太子背着皇上策划阴谋。难怪朱棣听了以后要雷霆震怒,入狱的解缙也因此受到了严刑拷打。

实际上朱高煦的这句话也有陷害太子的用意(《国榷》卷一五),为什么呢?因为解缙一个巴掌拍不响,太子单独接见解缙,不也是有意破坏了朱棣立下的规矩吗?不也是负有责任,同样该受惩治吗?因此,高煦的目的看来是要一箭双雕,把太子和解缙绑在一起,借父皇朱棣之手加以打击。

不仅如此,朱高煦还指使狱卒残酷折磨解缙,迫使他交代这个案件中,还有马京、陈寿、许思温、王汝玉、汤宗等人,使这些人也受到株连一同入狱,其中绝大部分都被关押、折磨致死。受到解缙一案牵连的是一批下级朝臣,而这些人几乎都是辅佐太子监国的老部下,就连朱高炽没当太子之前,帮他守城和管理北平的官员,有些还是奉朱棣的命令前往北平的,也多次受到高煦的诬陷和中伤,在永乐九年朱棣北征回京之后,这些人不断地被逮捕入狱、关押致死,成为这场宫廷权力之争的牺牲品。

由此可见,解缙一案在当时不是个孤立的案件,是朱高煦充分利用了朱棣的不满和震怒,同丘福等人联手打击太子势力的一次成功之举。太子当然也受到了朱棣的怀疑和防范,朱高煦的地位却更加巩固了,夺位的活动也有了较大的进展,可谓一举多得。各位知道,解缙在朱棣眼里是有"前科"的人,以前对他的处分,比如不赏高级纺织品、贬出朝廷、发配到偏远地区等等,相当于严重警告和记大过、降级使用等,都是一级一级加重的,那么解缙入狱几乎是最严重的一种处分了。可见朱棣对解缙处分之重,对太子防范之严了。

2. 解缙被灌醉冻死

永乐十三年(1415)有一天,朱棣偶然看到报上来的犯人名单上有解缙的名字,就说了句:"(解)缙犹在耶?"(《明通鉴》卷一六)这话可能有两种意思,一种是随便说说,好几年没见这个人了,过去一直在身边,今天看到名字顺嘴一说,"解缙还在啊";另一种意思可能是反问,"解缙这么个罪犯还没死吗,他还活着呐"?但是不管是哪一种意思,都说明朱棣对解缙已经不感兴趣了,他的生死、存在与否,朱棣都不会在意了,因此特务头子纪纲——当时是锦衣卫的指挥使,就是后来人们所说的特务机构的首脑——这个人很聪明,他听了朱棣的话,领会了其中的意图,回到狱中就请解缙喝酒。解缙喝醉了,纪纲把他埋在雪里很快就冻死了,死的时候才四十七岁(《明史·解缙传》)。

一个特务头子用这种方式来处死高级犯人,这在明朝历史上也是很少见的。你看没用什么酷刑,既给他摆酒饯行,又给他来个安乐死,纪纲对解缙还算够意思啊,这说明什么?至少说明就连纪纲这样的特务头子,可能都对解缙的冤死感到同情,所以才这样做。同时,解缙作为朱棣父子三角矛盾的牺牲品,在当时很可能受到更多的关注和同情;从另一方面讲,朱棣和朱高煦为了打击太子,不惜迫害朝中大臣的做法,可能并不为当时的有些人士所认同和接受。

另一个说法是,解缙被捕入狱后,是汉王朱高煦指使监狱的狱卒,把解缙灌醉之后埋在雪里冻死的。有人猜测这件事并非朱高煦所为,而是来自朱棣本人的意图(《国榷》卷一六)。这种情况也有可能,因为解缙曾经为朱高炽当太子出力不少,朱高煦因此而对他恨之入骨;况且解缙违规私见太子之事,虽说没有死罪但却犯了朱棣的大忌,对于一个专制时代的帝王来讲,流露出除掉解缙的意图,实在是没什么奇怪的。

3. 倒霉和送命的几个原因

那么导致解缙倒霉并且送命的原因是什么呢?我总结一下,大概有四条:

第一,性格上的不成熟。前面讲过,解缙在朱元璋洪武朝的毛病就一直没改,而前几次起落的人生经历,也没能使他从中吸取教训,最后还是在不该说话的事上说了话,因此送了命。但值得说明的是,并非这种性格的人就一定会倒霉,最早得势的才子就一定没有好下场,说了不该说的话就一定会送命,那可不一定,因为二者之间没有必然的因果关系,关键是看你在什么情况下说了什么话,而这个标准是由皇帝来掌握的。

解缙恰恰在这个问题上没搞清楚,犯了大忌。虽然反对朱棣过分纵容朱高煦,是出于维护朱明王朝和社会的稳定,也说明解缙是个很有责任感的人,但是纵容朱高煦这件事，朱棣并没有征求你解缙的意见，没让你表态，你非要主动表态，这是朱棣很难容忍的。并且你的意见还跟皇帝的意见相反，这不是找麻烦吗？因此，解缙性格上和政治上的不成熟，导致了他最终倒霉。

第二，树敌较多的作风。史书上说，解缙这个人倒是敢于负责，很有担当，但别人好坏他都喜欢评议，别人有才干、有一点优点，他都满口称赞；同时别人有问题、有缺点，他也毫无顾忌地加以指责，这一点已经得罪不少人了。再加上解缙为人较为张扬，锋芒毕露，不知道掩饰和正确处理他同皇帝的关系，用现在的话说，为人高调，有些炫耀自己和高层的特殊关系，因此更受别人的嫉妒。各位请看，解缙连续犯了一系列的错误，但中间没人点拨提醒，没人为他说话，反而有人进一步收拾他，甚至落井下石。

如果解缙只对皇帝说些过分话，对同事们谦虚一点，为人低调一点，不那么张扬，不太显摆他同皇帝的关系，平时多说同事的优点，那么他可能得到大家的帮助，即使皇帝贬他，但还不至于墙倒众人推，下场也可能不那么惨。其实在一个团体里，尤其是一个政治团体，上述要求可以说是最起码的生存之道。可惜解缙没长这个本事，重蹈了当年洪武朝的覆辙，结果相当于皇帝和被他得罪的那些人联合起来收拾他。

第三，反对朱棣出兵安南，这是解缙倒霉的一个重要原因。前面讲过，出兵安南，扩大当时明帝国的版图，是朱棣一生中追求的开创性大业之一。他即位以后始终以皇帝的身份和权力，来实现这些大业，因此不可能容忍有人反对这些大业，同他在政治追求上有重大分歧，尤其是像解缙这样的高级秘书，在朝中有较大影响的人物。但问题是，虽然解缙不同意朱棣的做法，朱棣不听他的，或是批评他几句不就完了吗，为什么非要把他贬出朝廷，并且发配到边远地区呢？我认为这里还有更深层的原因，那就是朱棣骨子里企图超越其父朱元璋的志向在起作用，为什么这样说呢？

各位请看，朱棣是个夺位的皇帝，他最忌讳的就是别人看不起他，认为他的皇位来路不正，做事不如其他皇帝，不够格。因此他称帝后一直企图完成几件大事，如远航西洋、迁都北京、北征蒙古、出兵安南、开通运河，还包括编《永乐大典》、修武当山和南京大报恩寺等等。

明代《安南国典纳方物图》

　　实际上朱棣是要用这些事来努力向世人展示,别看我的皇位是夺来的,但我的工作业绩、文治武功可是相当了不起,一点都不比前边的皇帝差,当个皇帝完全够格,谁也别想小看我!这种虚荣加自卑的心态,是朱棣骨子里的东西,导致他的追求带有炫耀、显摆的色彩,至死都没变,并且越来越强烈。因此,当解缙第一个站出来反对朱棣南征时,他当然要惩治解缙了,这叫杀一儆百。

　　同时,解缙反对出兵安南的理由,是那个地方不好控制,没必要扩张归入明朝的版图,这个理由实际上是来自朱元璋的《皇明祖训》。《皇明祖训》是个什么东西呢?这是一本由朱元璋编纂的、留给继位者的国家政策大法,是明代前期政治经验的全面总结,内容相当丰富,可操作性较强,许多事都可以从《皇明祖训》中找到依据。其中对外政策一部分中,朱元璋明确指出,像安南这样限山隔海的周边小国,即使占了他的地盘和百姓,也没什么好处,不仅因为当地比较穷,并且他跟明朝隔着群山大海,交通非常不便,你去打他对你不利,他来打你对他也不利,因此明朝和他们最好是相安无事,和睦相处。朱元璋还具体列出了周边的十五个不征国,其中就包括安南。

这是个很有战略远见的政策,后来的事实证明,朱元璋的这些政策是完全正确的,因此,解缙反对朱棣出兵安南的理由,实际上是来自朱元璋的既定方针,但是解缙摆出《皇明祖训》的内容,似乎有点拿朱元璋来压朱棣的嫌疑。而这一点恰恰是朱棣最不能容忍和接受的。我在前面分析了,朱棣骨子里企图超越老父朱元璋,而你解缙却拿朱元璋《皇明祖训》的条条框框来压他,各位想想看,朱棣能不发怒吗?所以从这些情况来分析,朱棣把解缙撵出朝廷、贬到偏远地区,对他的处罚还算是轻的。这就涉及永乐到宣德时期开创与守成的矛盾了,这个问题以后还会讲到。

第四,私见太子引起朱棣的震怒,这一点是导致解缙送命的根本原因。为什么这样讲呢?解缙反对过分礼遇朱高煦,后来又在朱棣离京时私见太子,有这两件事,即使没有别人落井下石和朱高煦的诬陷,朱棣迟早也是要收拾解缙的,因为解缙干了一件最让朱棣恼火的事,私见太子。各位知道,朱棣是个夺位的皇帝,这种人疑心极重,就怕别人再夺了他的皇位,尤其是朱棣离京期间,他非常担心太子和大臣有勾结,干出对他不利的事,所以才定了不许私见的制度来防范太子及其部下。

前面讲过,当年有个高级军官无意中违反了这一条,一个人私见太子,那还是朱棣在京期间,但仍然受到了警告处分;现在朱棣离京,你解缙私见太子,这是朱棣最忌讳、最不能容忍的,朱棣能饶了他吗?肯定不能!所以即使没有朱高煦的诬陷,朱棣也肯定会收拾解缙,而朱高煦的诬陷不过是加强了朱棣的决心。

这是专制时代的一个普遍的现象,关键不在于你是否真有什么阴谋,而在于只要你有谋反的能力和嫌疑,皇帝就会防着你,就会收拾你。朱棣就是这样,不在于解缙真的干了什么,关键是只要他和太子有不利于朱棣的可能性和嫌疑,朱棣就必然会下狠手收拾解缙,这一点才是解缙倒霉并最终送命的根本原因。而且从选立太子和太子监国的情况来看,那些为太子说过话、出过力的人,朱高煦肯定是要设法收拾的,所以像解缙这样的人,早晚都会撞在人家枪口上,想躲都躲不掉。

朱棣和朱高煦打击太子的最终目的不一样,朱棣是防范太子辅政势力对他有威胁,朱高煦则要取代太子夺得皇位继承权。二人打击太子势力的力度、分寸不一样,朱棣把解缙等人贬出朝廷、关进狱也就算了,不一定非杀不可;但朱高煦却不甘如此,欲借朱棣之手杀掉这些人,才算清除了夺位的一大障碍。但不管怎么说,二人在打击太子势力这点上具有一致性,或者说是有暂时的共同利益,因此,解缙的被贬、被关和被杀不过是时间问题了。从建文时期回朝中做官,到永乐十三年在狱中被杀,这是解缙人生中的第三次起落,事不过三,这次没人再帮他了。那么帮助太子的势力还有哪些人呢?朱高煦同这一势力是否会有冲突呢?

五　太孙崛起

　　朱瞻基深得祖父朱棣的青睐，被立为皇太孙，于是太子的力量得到了加强。

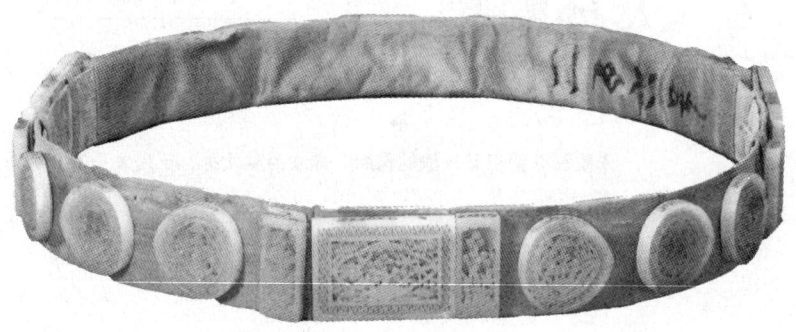

花树纹玉带

(一)朱瞻基势力崛起,加强了太子的地位

太子朱高炽虽然受到了朱棣和朱高煦的双重打击,但却有另一股势力支持了他,并且这股势力来头不小,谁的势力呢?这就是朱瞻基的势力,朱瞻基是朱高炽的长子,朱棣的长孙,朱棣从前册立朱高炽为太子,很大程度上是因为喜欢长孙并要传位给他,因此,朱瞻基的成长一直受到皇爷朱棣的格外关注。朱瞻基生在建文元年(1399),到永乐五年(1407)还不满十岁就出阁就学,就是接受皇家教育。

顺便说一下,这种教育可不是普通的教育,而是专门为皇家子弟开设的宫廷教育项目,朱棣所选教师都是非常高级的,领衔的人物是永乐朝的首席大臣——太子少师姚广孝。授课的内容不仅仅是经史礼义,还有"帝王大训可以经纶天下者",即治理天下的帝王语录;同时,朱棣还派人选了一些相当有水平的艺术家,来多方面培养瞻基,瞻基日后的艺术成就不凡,关注并大力推动宫廷文化,与此关系极大。看来朱棣很早就将长孙瞻基作为皇位继承人来培养,而后来的事实证明,朱瞻基也确实没有辜负祖父的培养。

永乐六年(1408)十一月,朱棣任命一大批朝中文武重臣,来兼任瞻基的辅导官,他明确告诉这些人,你们的职责不仅是辅导东宫皇太子,也要辅导太子的儿子,平时多给他讲点先王太祖创业守成的故事,培养他的治国行政才能。朱棣这样做的目的很明确,他不仅要教会瞻基一些政治经验,更重要的是培养瞻基的政治势力,还有这位未来皇帝同当朝大臣的感情。朱棣这样做等于公开确立了长孙朱瞻基的皇位继承地位,同时也在无形中加强了太子的地位。

1. 朱瞻基作为皇长孙留守北京,重臣夏原吉辅佐

永乐八年(1410)朱棣离开北京远征蒙古,也就是太子监国南京,不断受到朱棣的防范和限制的同时,朱棣让朱瞻基留守北京,并且派了重臣夏原吉辅佐他,这是瞻基首次接触到实际政务。各位知道,北京原来称北平,是朱棣做

燕王的封地,也是他经营多年的老巢。朱棣夺位成功后,这里成为"龙兴之地",改名北京,行政地位自然升高了,虽然比不上朱元璋的老家安徽凤阳,但肯定也是一个"特别行政区"。开始由朱高炽,也就是皇长子来主持政务,后来高炽当了太子去了南京,朱棣又命令高炽的兄弟、赵王朱高燧居守北京。

到了朱棣北征时,北京的政务增加了不少,他任命长孙朱瞻基作为北京的临时行政长官,可以说是第三任了。照理说朱高燧是朱瞻基的三叔,叔侄二人同在北京,又共同负责一些政务和军务,应该关系不错,但三叔曾多次伙同二叔朱高煦,诬陷瞻基的父亲朱高炽,瞻基对此能不知道吗?因此,虽然叔侄二人同在北京,并有合作关系,但一直没什么往来。

那么朱瞻基是怎样处理北京政务的呢?在朱棣批准的北京临时行政方案中,由夏原吉这样颇有才干的官员来辅佐朱瞻基。夏原吉擅长行政、财政工作,虽然正式的职务是户部尚书,但却受命兼理北京吏、户、兵三个部门的政务,是北京的大总管,同时也是瞻基的首席顾问。当时瞻基只是个十一二岁的孩子,不可能有多高的才干,因此他主要依靠原吉来处理政务。每天早上朱瞻基到奉天门办公,两旁站立着一些侍卫人员。夏原吉则站在瞻基的身边,帮助他处理报上来的事务,遇有疑问时,瞻基不时回头询问一下原吉,原吉就提示瞻基应该怎样裁决。由于早朝的时间有限,每天各衙门上报的问题不少,不可能完全得到解决。即使是瞻基处理过的一些政务,可能也还需要进一步处理和落实。

因此早朝退朝以后,各个机构的官员都围着夏原吉,请示工作任务和需要进一步解决的问题,公文案卷抱了几大摞,堆在夏原吉面前。原吉"口答手书,不动声色",很快就将文件、政事处理完毕,并将有关部分呈报给北征的朱棣和监国南京的皇太子(《明史·夏原吉传》)。朱棣北征期间,北京的局势并未受到大的干扰,反而较为平静,主要是夏原吉出色工作的结果,当然也有瞻基的功劳。有人可能会问,既然夏原吉的才干非常高,朱棣为什么不任命他做北京的行政长官呢?为什么非要让十几岁的长孙朱瞻基来担任呢?

原因很简单,北京当时虽然不是首都,但却是将来的首都,又是皇帝经营的重点地区,平时有包括营建北京、运输粮饷等许多重要的政务,朱棣北征之后,必须有人代替皇帝来处理这些政务,这个人只能是皇帝的直系亲属,别人是没有这种资格的。因此,朱棣任命长孙朱瞻基作为北京的临时行政长官,其实是让朱瞻基作为皇帝的代理人,来负责北京政务的。而实际上这次朱棣安排夏原吉辅佐长孙朱瞻基,收获最大的还是朱瞻基:一来从实际政务中锻炼和增长了行政才干;二来树立了居守北京的政绩和威信;三来同夏原吉这样的重臣建立了良好的关系。这三点对于一个未来的皇帝来说,都是十分重要的。

2. 太子派人在南京表彰夏原吉母亲及其意义

永乐八年(1410)七月,朱棣第一次北征回到北京后,听说夏原吉在此期间辅导皇长孙留守北京,有效地处理了大量繁杂的政务,非常满意,高度肯定了原吉的功绩,并重赏了他钱财、鞍马等高级消费品。当时皇太子朱高炽正在南京监国,听到这个消息后也非常高兴。各位可以想象,太子受到父亲和兄弟的双重压力,监国生活并不顺心,但长子留守北平的差事干得漂亮,辅导他的重臣非常得力,又受到父皇的隆重表扬,太子能不高兴吗?

于是太子派兵部尚书金忠来到夏原吉在南京的家中,代表他本人向原吉的母亲表达谢意。金忠是这么说的:听说你儿子在北平辅导皇长孙非常得力,

南京明故宫遗址

功劳不小,他所处理的政务完全符合圣上的旨意,这一切都是你这位贤良之母平时教诲的结果(夏原吉《忠靖集》附录)。实际上等于在南京为夏原吉开了一次家庭表彰会。

那么皇太子这样做有什么用意呢?我认为至少有三个用意,第一个用意是配合、响应朱棣,为什么呢?朱瞻基是太子朱高炽的大儿子,朱棣在北平表彰夏原吉辅导朱瞻基立了大功,那么朱高炽怎么说也应该有个响应的表示吧,怎么响应怎么配合呢?可能是有高人指点,太子选择了表彰夏原吉的母亲,来响应和配合朱棣之举,虽然不乏作秀的成分,但效果可比感谢信好多了。各位请看,朱棣在北京表彰儿子表彰晚辈,太子在南京表彰母亲表彰长辈,两人一南一北一唱一和,也向外界表明,太子是紧跟父皇,并同父皇保持高度一致的。

第二个用意是笼络朝中势力。各位知道,太子虽然暂时监国,但不断受到父皇朱棣和二弟朱高煦等人的排挤和打击,周围的大臣也不可能百分之百地效忠于皇太子,因此太子的地位并不稳固。虽然夏原吉在北平,成功地辅导皇长孙完成留守,对太子地位有利,但这种作用也只是间接的、有限的,并没有根本改变太子的不利处境。而太子表彰夏原吉母亲之举,却在客观上不仅会使夏原吉深受感动,也会使周围的群臣受到感染,这一点在提倡孝道的中国古代是非常起作用的。可以说是在无形之中,加强了群臣对太子的向心力和凝聚力,对于笼络和吸引朝中政治势力,更是意义重大。

第三个用意是显示自身权力,为什么这样说呢?因为虽然太子监国的权力有限,只是处理一些日常政务,最后的决定权都在朱棣手里,但这并不等于说太子没有任何权力,一切活动全部要受朱棣的控制,理论上就不可能,实际上朱棣也做不到。因此,太子朱高炽的手里还是有一点自主权,那么他就利用了这点有限的权力,派人去表彰了夏原吉的母亲,以此来向世人显示:我毕竟是监国的太子,这么做是我应有的责任和权力。

太子派人表彰夏母一事,事前未向朱棣请示,事后也未汇报,这表明太子及其辅政集团仍有一定的独立空间和自由度,是当时的政坛上一股不可忽视的政治势力,也说明太子及其辅政集团逐步走向成熟了。

（二）册立皇太孙及朱棣父子的心态

虽然当时太子受到一定的限制，但朱棣委托朱瞻基主持北京政务的活动，却使朝中所有的人都很清楚，太子的长子、皇长孙朱瞻基已是无可争议的皇位继承人，并且会逐渐支持和巩固太子的势力；虽然目前朱瞻基暂时没有皇太孙的名分，但这个名分对他并不重要，因为他作为皇位继承人的地位已无人可以代替。当时迁都北京已成定局，太子在首都南京监国，就是代理皇帝主持政务，而朱瞻基则是在未来的首都代替皇帝主持政务，不是皇位继承人那是什么呢？至于皇位继承人的名分也就是皇太孙，祖父朱棣随时都可以将赏给他。那么朱瞻基是什么时候名正言顺地当上皇太孙的呢？

永乐九年（1411）十一月，也就是在朱棣首次北征回京，太子首次监国结束的一年以后，解缙等大批东宫部下不断入狱之时，朱棣正式册立长孙朱瞻基为皇太孙。册立仪式在华盖殿隆重举行，朱瞻基身着皇太子的服饰，佩带的玉圭与亲王相同（《明太宗实录》卷一二一），这些都是身份、权力和地位的象征。礼部事先已布置好了一切，朱瞻基在庄严而古老的宫廷音乐中，由礼部官员引导，在华盖殿内依次完成了各项册封仪式，包括离开皇宫前去拜谒太祖朱元璋的孝陵，然后回宫来到朱棣和朱高炽面前致谢。

明皇城校尉铜牌

1. 朱棣：发自内心的高兴

面对这场隆重而庄严的册封典礼，朱棣和高炽、高煦父子三人可能会有不同的心态。为什么呢？因为三个人的处境完全不一样。先看朱棣，年过半百的朱棣是这场庆典的真正主人，他有理由为长孙感到自豪，为自己的事业后继有人感到欣慰。到目前为止，这是他登极以来的第三次庆典活动，前两次分别是他的登极仪式和册立太子的仪式,这两次他都不太顺心,因为第一次是建文四年(1402),也就是十年前朱棣夺取皇位之后,当时皇位争夺战刚结束,局势未稳,朝野上下对他不买账的人还大有人在,他的地位并不牢固,谁也没有心思去准备一场像样的隆重的登极大典,因此登极仪式搞得很仓促、很草率。

当时朱棣按照明朝的规矩,先去拜谒了父皇朱元璋的孝陵,后来手下的人马赶紧东拼西凑,准备了一些登极用的大驾、仪仗等等,选了一个日子抬着朱棣按照登极仪式游行了一大圈,就算是完成登极大典了。朱棣本人可能也觉得皇位到手就不错了,再搞其他的形式已经无所谓,用《水浒》里的一句话说:事情到了这般光景,却也顾不了许多了。因此,朱棣的登极大典留下的记载较为简略,是所有明帝登极大典中最仓促、最草率的一次。

第二次是册立长子朱高炽为皇太子的典礼。当初朱棣册立朱高炽,是有些不情愿的,所以尽管整个典礼十分隆重、气派,肯定比朱棣自己登极那次像样多了,但朱棣内心未必十分高兴。不过这次册立皇太孙可不一样,朱棣是发自内心的高兴,同时这一举动几乎受到了所有朝臣的支持和拥护,加上相貌英俊的朱瞻基在整个典礼中潇洒得体,可以说是初具少年天子的威仪。

这一切都使老皇帝朱棣不仅感慨自己事业的成功、后继有人,并且可能心花怒放,难怪他竟然不顾典礼的规定,起身将皇太孙之冠亲自戴到爱孙瞻基的头上,这一举动使整个典礼活动达到了高潮,两旁的官员为之高呼万岁,声震殿宇。朱瞻基是明朝唯一一位接受过皇祖加冕的皇太孙,可以说是朱棣的这种心态,才使整个册立典礼非常成功。

2. 太子朱高炽:十分欣慰和踏实

太子朱高炽此时的心态可能比朱棣更为复杂。自从他当上太子并在永乐七年监国以来,父皇朱棣对他是既有指导、扶持,又有限制和打击,两个兄弟汉王朱高煦和赵王朱高燧,也在时刻觊觎他的太子地位,并且不断陷害他的部下和支持者,让他们吃了不少苦头,但尽管如此,如今他的长子被立为皇太孙,这一点在无形中大大加强和巩固了他的太子地位。父皇可以不宠爱他而宠爱高煦,但无论如何都不可能连长孙朱瞻基都废掉,再换上朱高煦。因此,眼前的典礼无疑会使朱高炽感到十分欣慰和踏实,这种心态同朱棣倒是很接近,可能会使朱高炽安详、谦恭地在一旁,不像朱棣那样表现得外露、奔放,而是不露声色地看着长子完成一个接一个的仪式。

3. 汉王朱高煦：愤怒、失望、不甘心加上幻想

朱高煦在这次典礼上的心态肯定是最复杂的,并且和父兄完全不同。前面讲过,按他的想法,本来早在靖难夺位的战争中,父皇就已经把太子之位多次许给他了,可后来却给了他大哥;如今他大哥的长子、他的大侄居然当了皇太孙,看来父皇在世之日,他与皇位恐怕是无缘了。因此,失望与愤怒交织在一起,可能是朱高煦当时的心态。这种心态与朱棣的感慨、兴奋,与太子朱高炽的欣慰、踏实,都形成了鲜明的对比。但也不好说,因为朱高煦发现,只要父皇离京、太子监国,父皇对太子的处事总会有不满;他每次设法找借口诬陷太子及其部下,几乎都能成功,因此只要再加把劲,煽起父皇的心火,说不定废掉臃肿无能的大哥,自己当太子还有希望。

同时,册立皇太孙之事很可能使朱高煦意识到,光靠嘴上诬陷太子及其部下,恐怕不太可能扳倒太子,因为太子的部下虽然被关了、杀了一批,但可以再补、再换一批,并且这些人越来越谨慎,诬陷的借口不太好找。而太子本人同样非常谨慎,并且身边还有一批经验丰富、深受父皇信任的兼职老臣来辅佐。因此,指望太子一方出大错被废掉,也不太靠谱,并且可能性极小。如此看来,恐怕只有武力夺位这条道了。朱高煦自永乐中期以后,逐步加强了武力夺位的准备,可能与这次册立皇太孙有关,但典礼当时他也没什么特殊的表露。因此,朱高煦除了愤怒和失望之外,心中可能还有很不甘心甚至是盼望加幻想的成分。

由此可见,由于处境不同等复杂原因,朱棣父子三人在皇太孙的册立典礼上各怀心腹事,但不论三人怎么想,朱瞻基被册立为太孙之后,已成为一股新兴的势力,登上了明朝的政治舞台,并且将在宫廷斗争中起到不可忽视的作用,尤其是对太子一方的支持和巩固。

（三）叔侄冲突，螳螂捕蝉，黄雀在后

光是册立还不够，朱棣还要把长孙培养成一个文武双全的接班人。就在朱瞻基被立为太孙的次年即永乐十年（1412），就是朱棣用莫须有的罪名和酷刑杀掉耿通的那一年，兵部奉命从全国各地选拔了近两万名17—20岁的青年，标准是勇武健壮、有才艺的民间子弟，将他们召集至京师，组成"幼军"，作为皇太孙的随从，实际上是他的私人卫队。朱棣为瞻基配备"幼军"，很明显是要训练和培养他带兵打仗的能力，瞻基则对此心领神会。他同"幼军"一起接受了军事训练，操练阵法，并同一些将领们时常指挥这些人举行小规模的军事演习，可能还包括一些检阅活动，当时称为"演武"（《国榷》卷一五）。

"演武"的场面应该是上万名青年军人手执兵器、身着铠甲，在一个大空地上分成几队，排兵布阵，在各色旗帜的指挥下往来穿梭，变换阵形，整个场面估计是非常壮观、非常热闹的，并且这类事对于像瞻基这样十几岁的少年来讲，肯定是非常有吸引力的。

明代锁子甲与铁头盔

这些活动使瞻基的军事才干和技能，都得到了培养和提高，并且在实际生活中得到了检验。瞻基被立为太孙后，为了让他了解农事、增长见识，朱棣经常让夏原吉等人，带他到南北两京之间的农村走走看看。有一次在乡间，正好一只野鸡飞过空中，瞻基熟练地张弓搭箭，一箭射中，夏原吉为此还专门写了一首诗来称颂他（夏原吉《忠靖集》附录）。当初他的二叔朱高煦曾经一箭射落同枝二鸟，瞻基虽然赶不上他二叔，但对于一个十几岁的孩子来讲，也算是身手不凡了。

现在我们简单回顾一下,永乐七年至永乐十年这四年间,一方面是太子监国期间不断到朱棣和朱高煦的联手打击和限制,今天不让他插手这件事,明天推翻他的决定,今年关了解缙一批人,明年定了耿通一个奸党罪……太子处境相当被动,几乎毫无还手之力;朱高煦则诬陷不断,并且频频得手。另一方面则是皇长孙朱瞻基的势力迅速地崛起,从出阁就学到主政北京,从被册立太孙到统帅"幼军",地位和实力都在不断地上升,从而在无形中逐步加强和巩固了太子朱高炽的地位。

1. 叔侄二人在太祖孝陵的台阶上顶嘴

朱瞻基作为皇太孙,随着地位的提高、势力的上升,难免会与二叔朱高煦发生冲突。原因很简单,朱高煦要争夺皇位继承权,但当时太子已经得到了这个权力,太子的儿子当然要为父亲,也是为自己捍卫这个权力。因此,朱高煦与朱瞻基虽然是叔侄关系,但是在争夺皇位继承权这一点上,二人却是不折不扣的竞争和敌对关系。虽然瞻基是个孩子,但这时已十几岁,多年来二叔怎样对待他父亲,他能不知道吗?因此,他与二叔之间的敌意越来越深。并且由于这种敌意,二人难免发生碰撞。

南京的孝陵是明太祖朱元璋的陵墓,去过那里的人都知道,明孝陵从起点下马坊至地宫所在地的宝顶,纵深达两千六百多米,沿途分布着三十多处不同风格、用途各异的建筑物和石雕艺术品,从山脚下登上孝陵虽然不远,但要经过一段长长的台阶,并且还有一定的坡度。当年太子朱高炽和汉王朱高煦、太孙朱瞻基等人,经常要拜谒孝陵,就是为朱元璋扫墓,自然也要上下孝陵前面的台阶。按照地位、辈分的排列顺序,前边是太子朱高炽,中间是汉王朱高煦,后边则是太孙朱瞻基。太子身体过于肥胖,腿脚又有毛病,走起路来又喘又晃,左右两个太监搀着他,上下台阶时仍不免要跌倒。

朱高煦跟在大哥身后,看到这位皇太子竟如此狼狈,可能是很有些看不起,不觉把心里默念的话说了出来,"前人跌跤,后人知警"。谁知话音刚落,紧跟在他身后的朱瞻基马上接口高声说道:"更有后人知警也!"高煦回头看到瞻基,不禁大惊失色(《明史纪事本末·高煦之叛》)。他或许觉得,走在前面的长兄太子倒还不难对付，不过是个有点半身不遂的胖子，但身后的这个大侄儿倒让他有些发憷。这个人不仅为人聪明机警，军事才干和技能也算了得，并且整天和"幼军"一起操练，至少是精于骑射，恐怕将来会比他父亲更难对付。

事实上朱瞻基虽然同二叔直接接触的机会不多，但对二叔的为人和野心，却看得清清楚楚，因此只要二叔出现，瞻基的注意力就会集中在他身上，并且随时准备从气势上压倒二叔，保护父亲。这次高煦话音刚落，瞻基马上就高声接口，接话之快捷，语言之锋锐，气势之豪壮，说明早就做好了充分的准备。

二叔你不是总想看我父亲的笑话吗？不是总想找茬儿让皇爷挤兑我父亲吗？可你别忘了，并不是所有人都得怕你、都得顺着你啊，我父亲也不像你想的那么好欺负。你不就是仗着皇爷的纵容和宠爱才敢这么干的吗？用今天的话说，你以为你是谁呀？你想在背后算计我父亲，我还在背后等着你呢！螳螂捕蝉，还有黄雀在后，朱瞻基可能是这种心态。这次祭陵扫墓途中出现的插曲，

明孝陵下马坊

倒真像是一幅螳螂捕蝉、黄雀在后的生动画面。

2. 高煦碰到瞻基也只能让三分

这里有一点值得说明，那就是朱棣和朱高炽对这件事的态度，事后两人都没有说话。为什么？各位请看，拜谒孝陵的顺序是太子朱高炽打头，然后是汉王朱高煦，接下来是太孙朱瞻基，叔侄二人吵嘴，并且瞻基的声音很大，肯定是有意让前面的人听到。太子离得近，照理说他听到儿子大声顶撞二叔，可以说一句：怎么能那样跟你二叔说话呢？但他没有。

至于事后朱棣是否知道这件事，是否有人汇报或敢于汇报，史书未记，但至少有一点可以肯定，那就是朱棣对此也是一句话没说。这说明什么？至少说明虽然朱高煦受到朱棣的宠爱和纵容，但朱瞻基作为皇太孙，肯定比高煦受到了更大的宠爱和纵容，实际地位和势力完全超过高煦，因此高煦碰到瞻基，也只能让他三分，算是碰上对手了。

《罪惟录》中有一段记载："帝为太孙时，太宗营天寿山，或去步辇徒步。仁庙体肥，有足疾，随行屡蹶。内侍扶之，汉王高煦曰：'前人失脚，后人把滑。'太孙曰：'只怕还有后人把滑。'语近机锋。"（《罪惟录·宣德逸记》）这段记载显然来自前人的几种史书，但时间、地点和人物都有错误，因为太子朱高炽和汉王朱高煦二人在朱棣生前，从来就没有同时出现在北京的天寿山。

汉王朱高煦在永乐十五年，由于夺位活动被朱棣遣送到了山东的乐安，直到朱棣去世后、仁宗即位的洪熙时期，朱高煦才奉命回到北京一次，在此之前根本没有回北京。太子朱高炽永乐十八年年底之前一直在南京，此后他到北京时，朱高煦已在山东乐安，因此二人不可能同时在北京的天寿山碰面。皇太孙朱瞻基虽然几次到过北京，同样也没有和父亲、二叔一起去过天寿山，因此《罪惟录》中的这段记载并不准确，至少是把事发地点搞错了。

太子朱高炽在监国期间，很少与高煦等人发生冲突，朱瞻基可能是个重要因素。朱高炽可能会有这样的心态：兄弟你可以不把我这个太子大哥放在眼里，但不能小视我的儿子皇太孙吧，他可不好惹；你可以诬陷我，但父皇特别钟爱皇太孙，你还敢诬陷他吗？事实证明朱高煦虽然多次诬陷太子高炽，但从未惹过大侄儿朱瞻基,这一点既和瞻基极受皇爷朱棣的宠爱、地位很高有关,同时瞻基不像太子那样负责具体政务,高煦也很难抓到什么把柄。

从朱瞻基顶撞二叔这件事也可以看出,太子这时已有长子皇太孙的势力在支持他,并且作用极为明显。这里已经不仅是朱棣、朱高炽和朱高煦的三角矛盾,加上皇太孙朱瞻基,已是四角、多角矛盾了。

(四)朱瞻基参加了一场恶战,树立了威望

不仅如此,朱瞻基的军事才干和地位也在提高。永乐十一年(1413)二月,朱棣再次离开首都南京,四月到达北京。这次他是带着太孙去的,临走前仍然下令太子朱高炽监国。五月初五是端午节,明廷在东苑举行"击毬射柳"的传统游戏,东苑就是今天北京故宫以东、沙滩以南的地方。朱棣邀请了文武群臣、周边少数民族和各国的驻明使节,以及在京的耆老前来观赏。这一天风和日丽,天气晴朗,参加击毬射柳的亲王大臣被分为两组,皇太孙朱瞻基被安排在第一位。游戏开始,瞻基"弹无虚发",连连击中,朱棣非常高兴,待人们将游戏做完之后,连忙将瞻基唤到眼前,着实夸奖了一番(《明太宗实录》卷一四〇)。

其实"击毬射柳"是两种不同的游戏,"击毬"类似今天的马球,是两队人骑马挥动球杆,把地上的球打进一个半圆形的球门;"射柳"是北方狩猎民族的一种习俗,是在骑马奔驰之时张弓搭箭,去射插在地上的柳树枝,据说箭头是扁平形的,可以射断柳枝。这两种游戏都需要一定的骑射技艺,瞻基同他的"幼军"伙伴可能早已演习过不知多少次了,今天做起来,的确驾轻就熟。不过朱棣明白,瞻基虽然骑射的技艺超群,但毕竟没有真刀真枪打过仗,因此朱棣在寻找机会,要从实战中培训瞻基的军事才能。

1. 行军途中,朱瞻基"文事武备"都没有偏废

不久,机会来了。永乐十二年(1414)年初,朱棣再次亲征漠北。这次他决定带上皇太孙朱瞻基一同出征。出发前他对侍臣说:朕的长孙聪明英锐,智勇过人,现今朕要去扫清漠北的敌人,带他同行,就是想让他懂得用兵之法,亲

身经历一下打仗布阵的情况,见识一下将士们出兵征战的艰辛。每天军营之中一有闲空,你们就要给皇太孙讲经说史,"文事武备"哪一样都"不可偏废"。胡广、杨荣等人遵照朱棣的指示,经常给瞻基讲经说史,瞻基倒也十分用心,对那些治乱兴亡、有声有色的历史事件颇感兴趣,有疑问就向胡广等人求教、探讨(《明太宗实录》卷一四九)。他后来对历史的许多见解,大部分都是在这一时期形成的。

白天行军,晚间听讲,朱瞻基在祖父的身边,看到朱棣作为全军的最高统帅,每天指挥大批将士如何翻山越岭,安营扎寨,埋锅造饭,处理多种军中杂务,他从中学到了不少东西。其实瞻基对于军旅并不陌生,他同他的"幼军"部队已操练多次了,但是像今天这样,和庞大的军队行进于广阔的荒漠之中,瞻基还是第一次。寒冷荒凉的沙漠、险峻的山岭、故元城址的遗迹、时常出没的野兽,对于瞻基这个十几岁的皇家少年来讲,这一切都给他增加了新鲜感。军队之中,有许多是他平时熟悉的将领,大家对他都很恭敬,有时一些将官还带他去驰马射猎,因此开战前的行军生活,对瞻基来说简直是一次军事旅游。

当大军行过宁远镇十里左右的地方时,山坡的草丛中忽然窜出一只野兔,在朱棣等人的马前狂奔而过,朱棣急令瞻基放箭,瞻基熟练地摘弓搭箭,跟着狂奔的野兔迅速移动箭头,然后开弓放箭,野兔"应弦而毙"。周围的将士们踊跃欢呼,无不为瞻基高超的射艺而喝彩。朱棣看到长孙为他如此增光作脸,自然十分高兴,不无夸耀地对将士们说:"射箭虽然是不起眼的技艺,但是一箭就能射中,也是常人不易做到的。"他回身让侍从宦官拣回野兔,给厨师们烹用,选了一匹好马赐给瞻基,作为对他高超射艺的奖赏(《明太宗实录》卷一四九)。

2. 朱瞻基率铁骑冒险追敌被围,最终获救脱险

经过三个月的长途跋涉,明军的前哨部队终于与瓦剌的军队遭遇了。朱棣率领部队兼程而进,做好一切战斗准备。这次远征蒙古,他虽然想让爱孙瞻基身历实战,但真的打起仗来,他还是有些担心。各位可以想象,打仗可不是闹着玩的,必须保证瞻基在交战中的安全,怎么办?还是朱棣有经验,他让瞻基

与重兵守护的军中皇旗同行,并专门拨出人和马都披着盔甲的五百铁骑来护卫(《明太宗实录》卷一五二),这样就安全多了。

永乐十二年(1414)六月的一天,朱棣率领的明军在忽兰忽失温,与瓦剌军展开了一场恶战。忽兰忽失温在今天蒙古国的乌兰巴托一带,瓦剌是当时蒙古部落三部之一,拥有较强的实力,这次瓦剌各部人马扫境而来,主力是数万名骑兵。明军按照统帅朱棣的命令,排成整齐的方阵,除骑兵、步兵之外,明军还有火器部队,当时称为神机铳炮。整个战斗异常激烈,明军是仗着人马众多和火器上的优势,才逐渐占了上风。

两军开战时,朱瞻基同军中皇旗在一起,没有直接参战;但当明军击退敌军后,他可能有些按捺不住想去追击,而朱棣身边的那些侍卫宦官们同他又很熟,两边一拍即合,于是侍卫宦官李谦依仗自己的勇武和五百铁骑的护卫,未向朱棣请示就擅自带着瞻基纵马驰向九龙口,追击一股敌人。侍卫宦官相当于朱棣的宦官保镖,所以他们才有资格、有胆量带着瞻基去追击敌人。

朱棣正指挥部队追击敌人,一回身不见了太孙朱瞻基,当他得知太孙去追击敌人时,不禁大惊,急忙命人率领部分警卫部队追去。身经百战的朱棣知道,这些瓦剌骑兵可不是好惹的,弄不好爱孙会遭遇不测。事情果然不出朱棣所

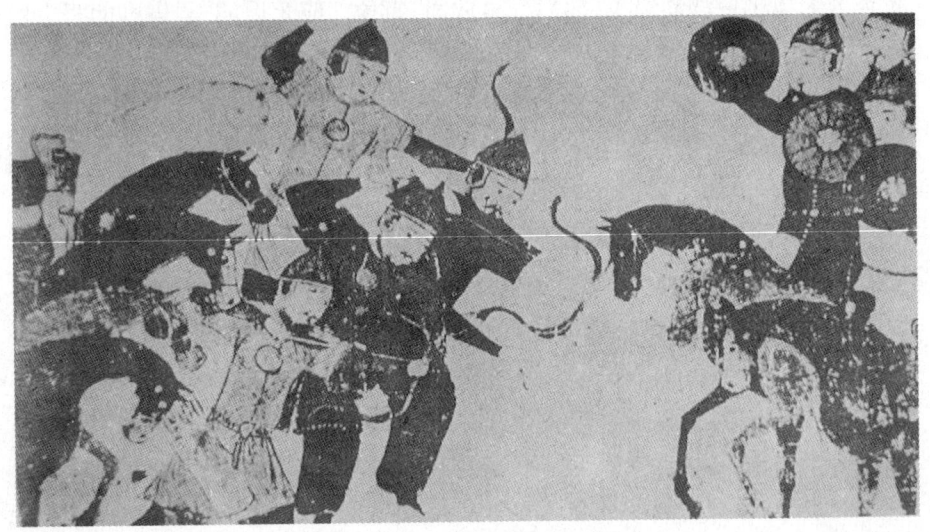

蒙古武装骑士图

料,狡猾的瓦剌骑兵在撤退的途中很快就发现,这批人数不多的追兵远离大部队,并且看清了其中的指挥官,竟是一个未经战阵、装束不凡的皇家少年,于是便回马相聚,围攻这一小股部队。

虽然五百铁骑个个英勇作战,人马都有铠甲护卫,那些武装宦官也在拼死保卫朱瞻基,但毕竟人数有限,加上缺乏得力的指挥,因而不久就被围攻的瓦剌骑兵占了上风。但这五百铁骑毕竟久经战阵,训练有素,自然围成一道铁甲的屏障,顽强地护卫着瞻基。就在这些骑士将被打散、支持不住时,朱棣派来的警卫部队赶到了,两股部队合兵一处,簇拥着瞻基飞驰逃离战场。当他们回到明军营前时,朱棣一颗悬着的心才放了下来。侍卫宦官李谦发起的这次追击,居然使皇太孙的生命安全受到了威胁,他意识到自己闯了大祸,估计活下去也不会有好下场,便畏罪自杀了(《明通鉴》卷一六)。

3. 朱瞻基首次参加了实战,收获不少

这一天的忽兰忽失温之战,明军与瓦剌军互有胜负。虽然明军取得了最后的胜利,但也付出了相当大的代价。黄昏之后,战事基本结束了,但朱棣还要继追击,瞻基不禁劝道:"皇爷您督战勤劳,敌人已经被您的天威吓破胆了,现在已经败逃,连个喘息的地方都找不到,他们还敢回马再来吗?请皇爷您不必穷追了,应该及时班师。"朱棣一听,觉得瞻基的话有道理,便下令班师(《明太宗实录》卷一五二)。实际上,在这次势均力敌的恶战中,双方都有很大的损失和消耗,明军的步兵占多数,瓦剌的主力是骑兵;明军虽有火器,但也只能在距离有限的阵地战中才占优势,如果要继续追击,就不如瓦剌的骑兵占有优势了,因此也就无力再次发动大规模的进攻了。

这次战斗对瞻基来讲,比他第一次留守北京时收获还大,至少有三点:第一是他亲身参加了实战,从前都是和"幼军"演习,这次是动真格的,受到了实战的训练;第二是他曾率军追击敌人,虽然冒险遭到围攻,后来获救逃离战场,但毕竟是主动出击,并且全师而回,这件事对于一个十五六岁的皇太孙来讲,也是一件值得夸耀的战功;第三是瞻基在祖父面前说话较有分量,劝他班师就班师,等于参加了军事决策,同时也在军中树立了威信和地位。

从朱瞻基留守北京、演武幼军、参与北征等情况来看，朱棣是有意让自己的长孙接触各方面的人员，密切他和当朝文武大臣的关系，训练和培养朱瞻基军事、政治、艺术多方面的才干，为他日后当皇帝做好准备。而朱瞻基也在祖父的有意栽培下，几种本事不断长进，地位和势力也在不断提高。那么面对皇太孙势力的崛起，朱高煦的夺位活动会有什么进展呢？朱棣又会怎样处理呢？

六　汉王被贬

野心勃勃的汉王朱高煦准备起兵夺位，终于激怒了父皇朱棣，被贬到山东乐安。

明代亲王的镶金缀玉珠冕

（一）朱高炽兄弟早有矛盾，高煦想在南京夺位

这时的宫廷斗争已经成了朱棣和朱高炽兄弟、朱瞻基祖孙四人之间的多重矛盾。用现在的话说，太子应该是候补皇帝，皇太孙是候补皇太子，实际上也是候补皇帝，那么朱高煦面对的就是两个候补皇帝；况且皇帝朱棣也不可能完全站在他一边，因此朱高煦在政治上并没有取得什么决定性的优势。

1. 高煦想借朱棣之手整垮大哥

其实朱高炽兄弟之间早就有矛盾。朱棣起兵后，建文帝的名臣方孝孺就曾向朝廷建议，应该利用这种关系来实施反间计，于是朝廷派人送给朱高炽一封信，向他许诺，如果归顺朝廷，就封他做燕王。两军交战之时不给敌方主将送信，而是给守卫北平的朱高炽送信，显然是想离间他们的关系。

但朱高炽非常清醒，收到朝廷的信之后连信封都没有拆，就直接派人连同朝廷的信使一并送给朱棣处理（《明通鉴》卷一二），说明他很有头脑，没上当。在此之前，朱高燧的一个亲信宦官叫黄俨，可能是看到朱棣比较喜欢小儿子朱高燧，于是就向朱棣打了小报告：世子私下里和朝廷有勾结，你看，朝廷给他送信来了吧？可能是让他为朝廷守住北平，反过来抗拒你。这事还是朱高煦探听到的。据说朱棣听了不信，就问朱高煦，是否有这回事。朱高煦没有正面回答，而是说，朱高炽当年曾与皇太孙关系不错（《明仁宗实录》卷一），皇太孙就是现在的建文帝。

看来朱高煦和前边那个小报告似乎配合默契，朱棣对此很可能是半信半疑，但他看了朱高炽送来的信后说了一句话："几杀吾子！"说明朱棣听到这个消息后肯定极为气愤，我在前方率军浴血奋战，完全是你死我活的处境，你却背着我和敌人勾结，这事放在谁头上都会动怒。不过很可能就在朱棣怒不可遏的时候，朱高炽派来送信的人到了，朱棣看到信封未拆，就知道高炽根本没

看信,也就说明他与朝廷一方根本没有勾结,这件事完全是敌方的离间计,因此才说,好险啊,差一点害了我儿子。可见朱棣即位前,朱高炽兄弟矛盾就很深(《明史·仁宗本纪》)。高煦早在夺位战争中,就想借朱棣之手来整垮大哥高炽。

2. 高煦夺位之举进展不大,想在南京动手

可是现在呢,尽管朱高煦不断地利用父皇朱棣来打击太子的势力,并取得了一定的成果,关押、杀掉了一批太子的部下,但这都是局部的、一时的成效,很有限,没有根本改变宫廷政治势力的格局,皇帝、太子、太孙、亲王的地位更没有实质性的变化,太子还是太子,你朱高煦还是亲王,搞来搞去,太子被削弱的势力由于太孙的崛起而得到了补充和加强;相反由于支持他的武将邱福之死,朱高煦的势力而受到削弱,夺位之举也进展不大。在这种情况下朱高煦怎么办呢?他不得不调整了自己的战略对策,一方面继续诬陷太子的部下,另一方面则加速、加强了武力夺位的准备,两手并用,双管齐下。

朱棣多次巡幸北京,除了北征蒙古之外就是营建北京,为将来迁都做准备,这一点朱高煦和所有的人都看明白了。问题是朱棣常在北京,既有常年征战的主力部队,又有战斗力很强的边军,还有老对头朱瞻基的护卫部队,再加上营建北京的几十万军士,北京的军事实力是相当强的,朱高煦想在北京夺取帝位,需要对付的军队较多,胜算的把握极小。

而首都南京的军事力量相对弱一些,周围没那么多守卫部队,太子朱高炽又常常惹起朱棣的不满,许多重要部下大都进了"流动监狱",南京周围又是经济发达的富庶地区,有了这几个条件,显然在南京夺位的可能性和优势都要高于北京。因此朱高煦打定主意,把他的战略重点放在首都南京。

(二)朱高煦找借口离开北京,引起了朱棣的怀疑

1. 高煦突然提出回南京,朱棣趁机试探

永乐十一年(1413)的冬天,身在北京的朱高煦突然提出要回南京。朱棣

有些奇怪，因为如果没有皇帝的命令和十分充足的理由，高煦作为随从北巡的亲王是不能随便提出离开北京的。但高煦既然说了，朱棣只好同意，只不过话说得比较委婉："现在正是天寒地冻，你和随从要回南京很不方便，还是等明年开春天气暖和一点再说吧。"

到了第二年的春天，朱高煦又找到父亲，要求批准他回南京。朱棣可能有些不高兴了，去年年底他让高煦等到春暖花开再走，其实是不想让朱高煦回南京，可偏偏这个老二没听懂，今年一开春就又要走，他为什么这么着急呢？朱棣可能起了疑心，但又不好直接拒绝，只好半是委婉半是试探地对高煦说："我本来是想等到秋天再让你回南京。"朱棣说这话，其实还是想挽留朱高煦，或是希望高煦顺着他的话表个态：那我就等到秋天再说吧，或者说那我就暂时不回去了。不料朱棣说完，朱高煦却一声不吭。

很明显，他是用沉默来坚持自己的决定。朱棣没办法，只好让步，毕竟是自己器重的二儿子，不过是想早点回南京，有什么不行呢？于是朱棣命令钦天监的官员选个好日子，安排朱高煦的行程。但朱棣还有些不死心，还想挽留朱高煦，他提出了一个条件："如果你一定要回去，你的大儿子应该留下来陪我。"

这个条件实际上有双重含义，一方面是高贵身份和地位的政治待遇，因为在朱棣的三个儿子和十几个孙子里，能够被允许陪伴皇帝的皇子皇孙极少，当时经常陪伴朱棣的皇孙除了皇太孙朱瞻基之外，几乎没有别人，并且谁能经常陪伴在皇帝身边，那可是天大的荣耀。因此，朱棣提出留下朱高煦的长子陪伴他，等于给了朱高煦一种相当优越的政治待遇。但另一方面，既然朱高煦对朱棣的多次挽留不买账，总是急于回南京，朱棣自然会起疑心，他提出留下朱高煦的长子在北京，实际上是一种试探，甚至是暗含要挟。

朱棣是什么人啊，知子莫若父，老二心里想干什么，他能一点不知道？肯定是知道的。我想让你跟我一起经营、建设北平，将来好迁都，你却一个劲儿地硬要回南京，什么意思？你是不是想趁着南京没有重兵把守，你好占据半壁江山，将来争夺天下？要真是这样，我先把你儿子扣下来当人质，我看你怎么办？如果你同意，那说明你没有或暂时没有这个打算；如果你不同意，那就说明你至少是有这个打算了。

2. 高煦不想留下长子当人质，暴露了他另有企图

果然，一听说朱棣要留下自己的大儿子，朱高煦立即回答："我想让他也跟我回去，好好念书。"这句话暴露了朱高煦的真实用意，同时也证实了朱棣的猜测，朱高煦果然不想留下人质！这个提议竟触动了高煦的心病，为什么呢？诸位可以想象，如果朱高煦在南京起事夺位，长子却被扣在了北京，他当然会有后顾之忧。当年朱棣还在北平做燕王时，朱高煦、朱高燧兄弟来南京办事，朝中即有人提议扣留二人作为人质，来限制朱棣的夺位之举。

所幸建文帝没有采纳这个提议，朱高煦兄弟二人飞马逃回，朱棣大叫天助我也！从而毫无顾忌地迅速起兵夺位。十几年前的这件事肯定给朱高煦留下了深刻的印象，他现在不能不考虑长子留在北京的后果，因此才极力请求朱棣，让他和长子一同回南京。朱棣一言不发，恐怕他的心情很复杂，或许是在考虑如何应付老二带来的麻烦。

这件事肯定会使朱棣对高煦产生了怀疑，朱棣是什么人啊！不要说他的智商不低，就单凭他当年起兵夺位的经历，就可以看出老二朱高煦的用意。我这边营建北京、出击蒙古，正需要你的帮助，你却偏要回南京；南京有你大哥太子监国，没什么非要你办的差事吧，你回去干什么？还不是给太子找麻烦！况且更不需要你儿子回去吧，我要留他在北京，你又偏要他一块儿回去，什么意思？你肯定是另有企图，这种事一般人都能看得出来。只是朱棣不好明说，因为毕竟没有真凭实据。因此朱棣尽管同意了高煦的请求，但心中很可能留下了疑团。

过了几天，朱高煦前来向父皇辞行。礼部尚书吕震一看，堂堂的亲王要回南京，马上就按规定请示朱棣，是不是要安排各部门的官员分批送行。可朱棣却好像没听见，一言不发（《明太宗实录》卷一四七），弄得吕震挺尴尬，送行的仪式也就没有举行。看来朱棣的心情并不轻松，他与朱高煦的父子关系也因夺位之争而蒙上了阴影。

(三）朱高煦的夺位准备

朱高煦在南京的种种不法行为早已不是什么秘密,但碍于他的亲王地位尤其是朱棣的纵容,几乎无人敢说。有一个年轻的官员鲁穆,倒是个愣头傻大胆,他向朝中上了奏疏,列举了朱高煦的种种不法行为,但除了在朝野上下博得个敢于直言的名声外,没有任何结果,更没人搭理他（《明史·鲁穆传》）。其实谁都知道,当年解缙就是因为力劝朱棣,不要过分纵容朱高煦,以免引起不必要的纷争,结果受到陷害,最后惨死在狱中。因此从那以后,几乎没人再去惹这个麻烦,大家都很清楚,朱高煦的夺位活动早晚会受到朱棣的干预和处理,在此之前外人说什么都是白搭。

这样的局面暂时对朱高煦有利。于是趁着朱棣正在全力营建北京,暂时还没有腾出手来对付自己,朱高煦在南京为夺位做了大量的准备。夺位要有军队,自己的护卫部队只有三支,明显不够用,那就只好增加部队。要增加部队必须有相应的理由和名额,朱高煦就找个机会向朝中申请增加两支护卫。一支护卫约为五千六百人,两支至少超过一万人,很明显高煦是想增加自己的武装力量,并且行为很随意、更放纵,这一点肯定会引起各方的注意。

1. 高煦找借口不去新的封地,赖在南京

果然,在这种情况下,朱棣做出了一个决定,在朱高煦父子回南京后的第二年三月,朱棣决定将他的封地从原来的云南改为青州,同时将赵王朱高燧的封地定为彰德。青州在今天山东的东北部,彰德在河南的北部,两个地方都离北京很近。朱棣的这个决定,显然是为日后迁都北京做准备,让两个儿子在北京附近拱卫京师,同时可能也想把朱高煦早日调离南京,赶到封地,目的是少给监国的太子找麻烦。不料高煦得知后,很快给父皇朱棣写了奏疏,表示只想经常陪侍在父皇身边,不想去青州。

朱棣一听,知道他又在找借口,就写信说:"既然你受封有个藩国,哪能经常待在我身边呢?以前封你去云南,你嫌太远不去;现在封你去青州,比云南近多了,你又找借口不去。如果你是真心想留在我身边,去年在这里你为什么

还要找借口回南京呢?当时我提出留下你的长子,你也极力反对。看来你讲的留下陪我这话恐怕不是真心。青州你是非去不可!"(《明史纪事本末·太子监国》)这等于下了命令,但朱高煦仍然赖在南京,为他的武力夺位做准备。朱棣的怀疑终于被证实了。

2. 侵占田地、护卫超额,高煦私自扩充军备

永乐十四年(1416)九月,朱棣听说高煦在南京"于各卫选精壮军士及有艺能者,以随侍为名教习武事,造作器械,心益疑,遂有还京意"。朱高煦的活动明显地是在作武装夺位的准备,各位请看,选拔各卫所的精壮军士以及部分有一技之长的人,进行军事训练和制造军用器械,不是准备夺位还是干什么?并且这些人是高煦护卫以外的军人,就是说他在自己的护卫之外,又选了许多军人拉到自己的名下,扩充实力,这可完全是一种非法的扩军备战之举。

朱高煦在南京这么干,朱棣在北京待不住了。他很清楚这件事的后果,因

南京城墙旧影

为一旦朱高煦在南京起兵,至少会对中央政权造成威胁,弄不好南北方还会分裂并陷入混战之中,而目前能在权势和军事上制服朱高煦的人只有朱棣自己,太子几乎无能为力,因此朱棣才决定赶回南京处理此事。

他是怎样处理的呢?朱棣首先给右军都督佥事欧阳青下令:"亲王护卫官军自有常数,凡各卫选拔随侍汉王者,令各还原伍,不许羁留。"原来,朱高煦在护卫之外又超额选来了不少军士,现在朱棣下令把他们调回原来的部队,目的是要裁减朱高煦的军事力量,制止他的扩军备战行为。当时亲王的护卫部队虽然是为护卫亲王而设,但管理这些部队的机构,却是五军都督府中的右军都督府,因此朱棣才给这个机构的首脑下达命令(《明史·诸王传》)。

朱棣随后从北京出发,当年(1416)十月到达南京。一到南京,朱棣就听到了朱高煦的诸多不法行为,比如私自招募了三千多名军人,藏在汉王府中,不在兵部登记,就是不属于兵部管辖,黑户口,完全归朱高煦的汉王府掌管,等于在国家登记的军人之外,拥有一帮没有军籍的军人。

同时,朱高煦还纵容护卫军人侵占了许多卫所、公主府的牧地和大量民田(《明史纪事本末·高煦之叛》),作为汉王府的草场,显然是为了养马之用。更有甚者,高煦放纵他的护卫军人于京城内外劫掠商民财物,并且"肢解无罪人投之江",相当残暴。朱高煦的作为给南京当地造成了不小的威胁,但他是大明帝国的亲王,皇帝的次子,连监国的太子都管不了他,更不用说一般人了。

3. 高煦违法没人敢管,提前做起了皇帝梦

有两个人想劝、想管,结果都没有好下场,一个是汉王府的纪善周岐凤,一个是兵马指挥徐野驴。周岐凤是朱高煦汉王府的一名高级官员,为人正直,颇有才干,他是朱棣特地命人从国子监中选来的官员,目的就是要对朱高煦有所匡正,别让他胡来。这个人到了汉府以后,多次劝诫高煦收敛自己的非法行为,并且提醒他如果不早罢手,恐怕汉王的帽子就保不住了。朱高煦开始时对他还算尊重,后来越来越反感,终于找了个借口诬陷他,让监国的太子把他关进了监狱。顺便说一下,干这种事高煦是很在行很有经验的。

这个周岐凤在狱中设法上诉,并且把他以前劝诫高煦的事情写给太子高

炽。太子一看就明白了，这是高煦想借我的手收拾他的仇人啊，可是锦衣卫的监狱不是你汉王府开的，你让我收拾谁就收拾谁啊？但话又说回来了，周岐凤是高煦上告的，不处理他高煦不依不饶，所以还必须处理。于是太子将周岐凤贬为长洲县的教谕，就是县里管教育的一名官员，放出了监狱（《明太宗实录》卷一八六），名义上是贬官抵罪，实际上还是救了他。

另一个人是徐野驴，他是京师五城兵马司的兵马指挥，相当于今天北京市公安局的副局长，曾经逮捕了在京城内劫掠商民的汉府卫士。朱高煦大怒，派人将他抓来，然后抡起铁瓜残暴地砸死了徐野驴，此后更是没人敢管汉府的事了。

朱高煦在招募军人的同时，又私下制造了许多兵器。各位知道，明代的军器管理是比较严格的，一个亲王有多少护卫部队，有多少种类的兵器，都是有登记的，没有那么多军队，就不可能发给你多余的兵器。因此朱高煦为了武力夺位，只好自己造了。不仅如此，高煦还想提前过一把皇帝瘾，让人仿造了皇帝的专车，自己先坐上（《明史纪事本末·高煦之叛》）。看来朱高煦是真的着急了，提前排练了自己的"梦境"。

（四）朱高煦走到了起兵的边缘，朱棣被迫防范

1. 釜底抽薪，朱棣调走了高煦的护卫部队

朱棣从北京回到南京之后，听到了老二朱高煦的许多情况，心里可能很不是滋味。因为在此之前，他几乎一直是纵容朱高煦、打击皇太子的，可现在呢，太子倒是老实了，顺从了，太子的部下也没人再敢说话了，可高煦却被纵容或者说被惯坏了，不仅势力坐大，并且想当皇帝，他的作为已不是只想抢夺太子之位，而是发展到了想夺朱棣之位。高煦势力的冒尖，打破了他和太子之间的平衡，俗话说"摁倒葫芦起来瓢"，高煦这个瓢是不太好摁下去，但朱棣必须摁下去，否则他自己就完了。

朱棣毕竟是位军事统帅，一位雄武强悍的政治家，面对朱高煦的夺位活动，他忍住心中的怒气先给高煦来了个釜底抽薪。永乐十四年十一月回到北

京后,朱棣先下令调汉府中护卫为青州护卫,即将原来隶属于汉王朱高煦统辖的一支护卫,改为隶属于青州当地的军事机构。虽然高煦的封地在青州,但明制规定,藩王无权调动和统辖所在封地的地方军队,因此等于削掉了高煦武装力量的三分之一;然后又下令将高煦的左右两支护卫取消,并将两支部队调到了居庸关以北,专门设立了保安左、右两个护卫来安置他们(《明太宗实录》卷一八二)。

各位请看,朱棣把跟随朱高煦多年的护卫部队,从南京附近调到了长城脚下的居庸关以北,调动的距离约有千里,目的显然是要防止高煦凭借这支部队来武装夺位。前面讲过,朱高煦是一位有经验、有武功的高级将领,为了夺位肯定会多年训练他

北京居庸关长城旧影

的护卫,因此这些部队一定是很有战斗力的,所以必须把他们调开,这样一来,你朱高煦还拿什么起兵夺位呢?

2. 杨士奇揭露了高煦的夺位野心,朱棣心情复杂

但事情还没完,对于下一步怎样处理高煦,朱棣征求了蹇义和杨士奇的意见。他先问蹇义,可是蹇义知道汉王不好惹,加上朱棣的纵容,以前多少个人都死于他的诬陷之下,因此蹇义不敢说实话,只是一个劲地推说不知道。

但杨士奇好像察觉形势有了转机,估计朱棣已开始调查并限制朱高煦的行为,因此抓住机会壮着胆子向朱棣讲了实话:我和蹇义都在辅佐太子,但却没有一个外人敢向我俩讲述汉王的活动。汉王开始封地是云南,他不想去;后来改为青州,他还是坚决不去。现在知道陛下您要迁都北京,汉王只是请求留守南京,他的用意是什么,就连路人都能看透。我看还是请陛下您早一点妥善

处理这件事,以便能够保全你们父子的关系,给后代留下一个有利的局面。朱棣听了以后,一声不吭(《明史纪事本末·高煦之叛》)。

　　杨士奇的话说得非常清楚,既揭露了朱高煦的夺位野心,又表明了自己的态度;同时这话说得十分有水平。各位请看,他请求朱棣早做处理,但并未具体说怎样处理,只是希望处理的结果是"用全父子之恩,以贻永世之利",就是希望对朱棣父子和后世都有好处,话说得很艺术,难怪朱棣听了无话可说。实际上朱棣已经被杨士奇的这番话说动了,只是他还在犹豫,心情很复杂,不知究竟如何是好。

3. 高煦一系列起兵夺位的准备,激怒了朱棣

　　过了几天,朱棣又听说朱高煦"阴养死士、招纳亡命及漆皮为船、教习水战等事",勃然大怒,立即找来了高煦,不仅当面质问他,同时还出示了高煦平时几十件违法之事,然后命人扒掉了他的亲王冠服,囚禁在西华门内,准备废为庶人,就是剥夺他的亲王爵位,降为普通百姓(《明太宗实录》卷一八六)。朱棣为什么发这么大的火呢?各位请看高煦干的几件事:

　　(1)"阴养死士",死士是为主人冒死卖命的人,一般都是有着过硬或超常军事技能,朱高煦暗中私自收养这些人,是想利用他们干一些谋杀之类的事。

　　(2)"招纳亡命",亡命指亡命之徒,这类人成分较为复杂,有的可能是有案在身的逃犯,有的是刑满释放的罪犯,还有的则是靠打劫为生的土匪、强盗,这些人生活没有出路,甚至连生存都成问题。高煦招纳这些人,只有打仗、造反才用得上。

　　(3)漆皮为船,可能指牛皮涂上生漆,一种天然的防水涂料,制作成小型船只或是一种皮筏子,可以在江河之中运送军队或军事物资。

　　(4)教习水战,是指进行水面作战的军事演习。各位知道,南京在长江以南,北面临江,要想控制南京,必须有一定数量的水面作战部队,现在称制海权,当时可以称为制江权吧。因此,"漆皮为船,教习水战",都是为了控制南京一带的江面做准备,利用长江天险作为军事屏障,同江北的朝廷来个南北朝分立,这才是朱高煦的真实目的。

当初朱高煦曾私下招募了三千名军人,不在兵部登记,又是收养死士、亡命之徒,又是造船组建水面部队,至少是水陆两个军种、多个兵种一同筹备,一个亲王的正常收入就远远不够了。单讲汉府中黑户三千人就不是个小数,国家不给军饷,高煦只好纵容手下人抢劫商民,占人草场,为他的私人武装提供粮饷,提供装备和训练必需的军费。朱高煦的一系列活动,实际上已经走到了造反的边缘,实力还在不断加强,就差起兵夺位了,难怪朱棣要勃然大怒。

(五)朱棣的处理留有余地,《明实录》中难免夸大虚构

1. 太子为高煦讲情,朱棣的处理留有余地

从前朱高煦多次诬陷太子及其部下,使朱棣关押并杀掉了一大批太子的忠臣,两人对皇位继承权的争夺早已白热化,如今高煦受到朱棣的惩治,应该说是为太子除去一个竞争对手,对太子是有利的,但朱高炽是怎样做的呢?他不但反对朱棣的做法,并且还力劝父皇饶过二弟。朱棣当然不会轻易同意,因为现在高煦已不仅仅是想夺太子之位,而且已经准备夺取自己的皇帝之位了,因此朱棣必须严惩高煦。太子无奈,只好流泪再劝。

朱棣有些为难,可能也考虑到,毕竟高煦从前为他"靖难"夺位立过战功,因此收回了将高煦废为庶人的决定,但削去了高煦的两支护卫,将他遣送到了山东北部的乐安(今山东惠民),并告诫太子朱高炽:"吾为尔计大事,不得不割。汝欲养虎自贻患耶!今削两护卫,处之山东乐安州,去北京甚迩,即闻变,朝发夕就擒矣。"(《明史纪事本末·高煦之叛》)

朱棣对朱高煦的处理,实际上有两手准备,一方面是像他讲过的,乐安离北京很近,一旦高煦发动夺位之举,朝廷很快即可平息;另一方面则是给了高煦一条出路,高煦如果放弃夺位之举,那么也可以在乐安做一个亲王,平安过上一辈子。所以朱棣的这个处理,实际上对双方都是留有余地的。但后人所修《明实录》的有关记载,却与上述情况略有出入。

2. 《明实录》的记载似有贬斥高煦，美化高炽之嫌

朱棣在处理朱高煦时，分别对太子朱高炽和太孙朱瞻基说了几段话，这些话见于《明太宗实录》卷一八六。当时太子要营救高煦，朱棣对太子厉声说道："吾为尔去蟊贼，尔反欲养患自及耶！"皇太子跪曰："彼诚无状，宜未必有害臣之心。"上曰："吾为父乃不能知子耶？虽尔千万分友爱，彼方以世民自任，而目尔为建成，此可容耶！"不怿而起。

这段话有三点值得注意，一是朱棣明确称高煦为"蟊贼"，什么是"蟊贼"？"蟊贼"是中国古代专指危害国家社会的人，因此朱棣的话等于为朱高煦定了性，宣布他是敌人。这样一来，朱棣、朱高炽同朱高煦之间的矛盾就变成了"敌我矛盾"，不是"人民内部矛盾"，性质变了，这是第一点。

第二点，太子朱高炽说："彼诚无状，宜未必有害臣之心。"意思是说，朱高煦的确不像话，但应该没有害我的意思，说明太子对兄弟非常宽容、非常谅解。朱高煦在南京大力扩军备战，几乎要起兵夺位，可是朱高炽却轻描淡写地说，他只是有些不像话，等于不顾事实真相来为兄弟开脱讲情。

第三点，是朱棣讲的话："吾为父乃不能知子耶？"我当父亲的还能不了解儿子什么样吗？"虽尔千万分友爱，彼方以世民自任，而目尔为建成，此可容耶"！虽然你对兄弟千万分友爱——这话说得很重——他还是把自己当成李世民，把你看成是李建成，就是想来个"玄武门"之变，夺了你的太子之位，"此可容耶"？这么严重的挑战，你怎么能容忍呢？然后朱棣"不怿而起"，不高兴地一甩袖子走了。这番话不仅进一步给朱高煦定了性，还特别评价了太子朱高炽对兄弟"千万分友爱"，并且强调对朱高煦的夺位之举坚决不能容忍。

问题是这番话是否属实，是否完全像对话中的那样呢？未必。原因很简单，因为《实录》是后人写的，都是老皇帝死后，新皇帝上台召集一帮大臣为老皇帝修《实录》，按惯例只将对老皇帝有利的内容写上，不利的删掉或篡改，再编造一些东西，作为新皇帝活动的依据。《明太宗实录》也是这样，是朱棣死后仁宗高炽命人修的；仁宗在位不到一年死去，宣宗命人接着修，肯定要选对自己有利的东西写进去，平高煦那些合理合法的依据，就是这样写进去的。因此，《明太宗实录》这番话给人的印象，确有借朱棣之口贬斥高煦，抬高美化高炽

之嫌。

3. 朱棣祖孙的对话为日后平高煦提供了依据

朱棣父子的这番对话是有深刻含义的。各位知道，就在这番谈话约十年之后，即宣德元年（1426）的下半年，汉王朱高煦公开举兵谋反，但被宣宗迅速平定。而朱棣讲的这番话，恰恰是为宣宗平高煦提供了合理合法的依据。请看，皇祖朱棣宣布高煦是危害国家社会的"蟊贼"，不可容忍，皇帝的话就是法律，皇祖对高煦的定性更是具有最高权威，因此朱瞻基率兵平高煦，是按皇祖的既定方针办事，完全合法；父皇对高煦"千万分友爱"，高煦竟然还想夺位，杀掉父皇，自己当李世民，因此宣宗平高煦又是非常合情合理的，等于替父皇除害。

这样一来，平定高煦之举就完全是师出有名，是有合理合法依据的。专制时代帝王做事，都会想方设法找到依据，从而使自己的一切活动都具有非常充分的合理性、合法性，这样的例子太多了。

举个大家比较熟悉的例子，朱棣夺位后几次篡改了建文朝修的《太祖实录》，现在能看到的本子就是篡改过的。其中有一句话是说太子朱标死后，太祖朱元璋曾同大臣商议，要选立四子朱棣为太子，这话明显是造假，根本不可能，因为朱元璋选太子都是从长子、长孙这个系列选出的，根本没有朱棣的事，他是老四。况且由明廷发布的、民间保留的朱元璋遗诏里，更是明确写着皇位传给皇太孙朱允炆，所以朱棣改过的《太祖实录》上说，先帝朱元璋曾有意立他为太子，明显是为他的夺位寻找和制造依据。

当时朱棣同太子商议处理高煦之际，皇太孙朱瞻基也在场，朱棣对他说："吾为君父在上，彼尚敢然，将来何有于尔父子，尔但毋忘吾言，有危宗社者当为宗社除之，周公诛管蔡，圣人所为也。"这段话的性质是同前面讲过的一样，也是借朱棣之口进一步为日后宣宗平高煦制造依据。

但是其中有两句话比前面那些话分量都要重，一句是"有危宗社者当为宗社除之"，一句是"周公诛管蔡，圣人所为也"。为什么这样说呢？请看，前面朱棣已经宣布了高煦是"蟊贼"，那么这里说的"有危宗社者"同样指的是高煦，宗社是宗庙社稷，代指国家社会，"为宗社除之"就是说为国家社会除害，是皇帝应有的责任，没有问题的。第二句"周公诛管蔡，圣人所为也"，指西周初年周公辅佐成王，诛灭了管、蔡两股反叛势力，维护了国家和社会的稳定，被后世称为圣人之举，是正义和神圣的楷模。两句话连起来，是说平定高煦这样危害国家社会的势力，不仅是皇帝应有的责任，而且是非常正义、非常神圣之举，这比前面讲的合理合法依据又进了一大步。

这段话的真实性同样令人怀疑，因为日后宣宗朱瞻基曾经回忆过当时的情节，只说朱棣提醒他二叔朱高煦有野心，并未提到什么"圣人所为"，可见上面的话虽然有一定的真实性，但虚构夸张的成分恐怕也不少。那么朱高煦被贬之后，太子的处境是否会有改变呢？太子又是如何应付的呢？

七　太子沉浮

在朱棣的监控下，太子小心翼翼地再次监国，虽然备受煎熬，但终于等来了转机……

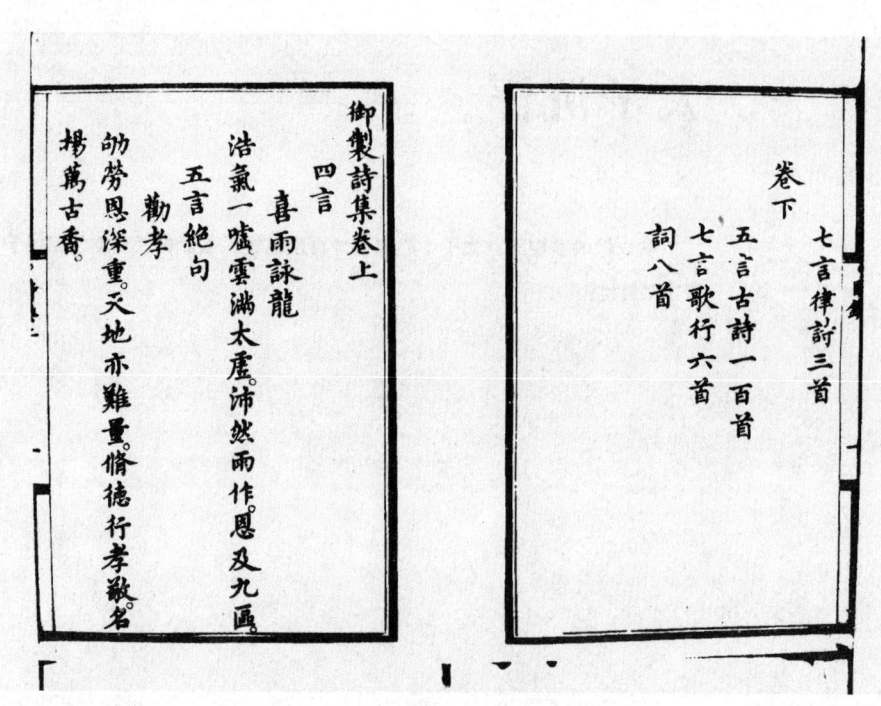

明仁宗《御制诗集》

（一）朱棣再次北巡，太子监国的权力大为缩小

永乐十五年（1417）三月朱棣再次北巡，仍下令皇太子监国。临走之前，礼部按朱棣的意思拟定了一个太子监国的方案，虽然同永乐七年朱高炽首次监国的方案大体差不多，但在选官和处理官员犯罪等问题上，却和前者具有较大的差别。

比如永乐七年的监国方案规定，除了四品以上的文武高级官员有缺，需要吏部奏请朱棣提拔任用之外，那些按正常惯例考满升降官职、复职、改用、承袭职位、优待赏官等情况，都可以由监国的太子处理（《明太宗实录》卷八八）。而永乐十五年的方案却规定：所有官员的选任，都要由北京的行在吏部、兵部来向朱棣奏请（《明太宗实录》卷一八六），等于将文武官员的任免权力全部收归朱棣。

这时跟随朱棣北移的行在吏部和兵部，已全权行使中央正式机构的职能；而太子监国所在的南京吏部和兵部，权力大为缩小，因此永乐十五年的监国方案，等于剥夺了南京机构的大部分实际权力，当然也就剥夺了太子的部分权力。在司法方面，永乐七年的方案规定："内外文武大小官员有犯，所司具启准问者问之。"(《明太宗实录》卷八八)"具启"是向太子报告，即由太子审问。而永乐十五年的方案却规定："在京文职官有犯，堂上官奏闻待报，五品以下具启收问；在外文职官员有犯，方面及四品以上官，所司奏闻收问，五品以下者具启问之。"(《明太宗实录》卷一八六)"奏闻"指向朱棣报告，从中可以看出，太子对四品以上官员犯罪的审问权，在永乐十五年的方案中被剥夺了。

永乐十五年方案中人事任免权和司法权力的缩小，表明朱棣对太子监国限制和防范的政策没有改变。尽管朱高煦的夺位企图遭到朱棣的压制，暂时无法构成对太子和朱棣的严重威胁，但朱棣对太子的限制、防范不仅没有放松，反而在制度上有所加强。等于说一只手把朱高煦摁下去了，另一只手又把太子往下摁，谁也别想冒尖，实际上是继续搞平衡。

当初第一次和第二次太子监国时,朱棣为了限制太子的势力,听信朱高煦的谗言,关押、杀掉了太子的一批部下,但再关再杀,只要太子监国的权限不变,他就照样会有人辅佐,你总不能一个不剩都关都杀了吧?所以用关杀的办法来打击和限制太子,不是个好办法,不仅名声不好,理由也不好找,怎么办?因此朱棣才想出了上述办法,修改了监国的方案,从制度上缩小太子的权限。当然另一方面,这样做也是朱棣迁都的一大步骤,他需要把原来南京的权力逐渐转移到北京,也就是转移到自己手中,为将来正式迁都做准备,因此监国太子的权限,就只剩下南京的日常事务了。

(二)朱棣干预太子的政务,太子部下无辜被杀

1. 朱棣受挑唆,干预太子的政务

那么这样一来,太子和朱棣是否就可以各不相扰、相安无事了呢?完全不是。一方面,朱高煦虽然人在山东乐安,远离南、北两京,但他长期培植和收买的党羽还在,有些人甚至就在朱棣身边,仍然不时向朱棣进谗言,陷害太子;另一方面,朱棣雄猜多疑、神经过敏,对于在南京监国的太子总是不放心,更容不得太子和他有分歧,总想找茬儿教训太子及其部下。

并且这时的朱棣已是多病缠身,脾气暴躁,据有人考证,朱棣可能得了一种神经性的癫痫病,间歇发作(朱鸿《明成祖与永乐政治》),至少是做起事来一阵明白一阵糊涂。这种病态和他对太子的一贯做法相结合,更加重了他对太子的不满和打击。在这种情况下,南北两京间隔几千里远,当时的通讯设备极不发达,在南京侍从太子监国的官员们每天都会提心吊胆,甚至有一种人人自危的感觉。

永乐十六年(1418)五月,有个姓陈的千户擅取民财,太子把他贬到交趾,让他戴罪立功;过几天又念他有军功,派人放了他。有人立即向远在北京的朱棣打了小报告说,皇上您贬官的罪犯,太子居然设法给放了。朱棣听了这话,肯定是自尊心受到刺激,立即下令重新逮捕陈千户杀掉。其实陈千户只是个下级军官,按朱棣批准的监国方案规定,中下级军官有罪是归太子处理的,朱

棣这么干等于越俎代庖,包揽和干涉太子的政务。

但这并不重要,重要的是太子是否真的把你朱棣处理过的罪犯放走了,这个人是不是你朱棣处理过,总得有个调查了解吧? 朱棣连这些事都不问一声,就杀了曾经立功的陈千户,一方面表明朱棣的专制偏执,极端的虚荣、自负,以自己的权威来压制、打击太子;另一方面则说明,那个打小报告的人摸透了朱棣的心理,是个挑拨离间、造谣生事的高手,有这类人在朱棣身边,太子和监国的部下能有好日子过吗?

2. 朱棣不问青红皂白,杀了太子器重的部下

果然,朱棣按惯例追究太子周围官属的责任。他认为赞善梁潜和司谏周冕没有劝止此事,因此下令将二人逮捕到了北京,亲自审问他们。两人都说了实话,朱棣得出的结论是:这事本来就跟梁潜没关系。那跟谁有关系呢? 当然是跟太子有关系了。可是过几天又觉得不对劲,于是朱棣进一步说:这事哪能由得梁潜说了算! 言外之意,贬官和释放那个陈千户,不都是太子一人说了算吗! 可见朱棣这时已经认定,对陈千户的错误处理,责任不在梁、周二人,而在太子。

虽然那个陈千户根本不是先被朱棣贬了官,而后才被太子释放的(杨士奇《东里文集》卷一七),那个打小报告的人完全是造谣,但朱棣根本不管这些,并且明明知道周、梁二人没有责任,但却一直扣起来,就是不放。这时有人火上浇油,说周冕轻佻放肆。各位可以想想,当时周冕已经被皇帝亲自审问后关起来了,他还敢轻佻放肆吗? 所以,估计这又是那些造谣的人,有意在为朱棣制造借口。

果然,朱棣照样不问青红皂白,立即下令将二人处死。朱棣为什么要这样做呢? 他的用意非常清楚,就是冲着太子去的,只要有人说你们有问题,那我就要收拾你们,不管是真是假;虽然太子的部下没有责任,但我也要找个借口杀了他们。这就是朱棣当时的心态。梁潜被冤杀,他的妻子杨氏痛惜丈夫死于非命,悲愤过度,也绝食而死(《明通鉴》卷一七)。

这里有一个问题值得说明,那就是前几次朱棣关押或杀掉的人,几乎都是

辅导太子监国的高级官员,如杨士奇、黄淮等人,而这次只挑了两个中下级官员,并且这二人并无直接的责任,朱棣为什么要拿他们开刀呢?原来梁潜和周冕都是太子非常器重的官员,同太子关系密切,尤其是梁潜,曾经做过太子的侍读,相当于既是太子的半个老师又兼陪读,同时也是朱棣指定的这次辅佐太子监国的助手之一。

太子曾有一首诗《与梁侍读》,其中有这么几句:"侍从有佳士,朝端斯得人。夙昔自卿至,接见情益亲。……仲冬风日暄,和日如阳春。湛湛樽中酒,欢然对良辰。"(朱高炽《御制诗集》)可见太子对梁潜是相当器重的,不仅称他为"佳士",并且常常相见宴饮,冬天里北风怒号,太子竟感到与梁潜的交往如沐春风。这样的人恐怕早就被朱高煦收买的奸细盯上了,并且肯定是快嘴抢先向朱棣告了状,包括后来有人上告周冕轻佻放肆,估计是这些人要蓄意收拾太子器重的官员,因此朱棣才会不问青红皂白,下令杀掉二人。

3. 太子部下提心吊胆,有人被惊吓致死

这件事几乎是六年前朱棣杀耿通一案的翻版,应该说是太子集团监国以来遭到的第三次打击。第一次打击是解缙为代表的太子辅佐人员,大批被关押、被杀掉,第二次永乐十二年朱棣北征回京后,逮捕并长期关押了辅佐太子监国的几名重要大臣,这次是第三次。并且这种打击几乎始终与监国相伴,或者说监国一次就受一次打击。

仅仅是太子处理权限内的一件小事,居然牵连到太子的部下无辜被杀,并且二人的据实申辩竟毫无效果,加上朱棣对太子的偏见和病态已相当严重,打小报告诬陷者的水平又越来越高,因此辅佐太子监国的官员们,几乎是整天提心吊胆,甚至有一种朝不保夕的感觉,有人竟为此而被惊吓致死。谁呢?太子的部下邹济。

邹济在梁潜等人死后长期担惊受怕,吓出了病。太子写信安慰他:"你自己多加保重,即使有什么不幸,你我是帮不了了,但我估计还可以帮你孩子一把,不让他也跟着倒霉。"这话说得也够可怜的,可见太子对部下的境遇还是很了解、很关注的,但是当时太子连自己都保不住,哪有能力保护部下呢?梁、周

二人的下场就很明显,太子眼看着他们无辜被杀,却根本无能为力。因此,在这种情况下,太子的许多部下,都对自己的前途和出路几乎绝望。邹济得病后,太子来信劝慰无效,最后还是被吓死了(《明史·邹济传》)。

(三)胡濙奉命暗中调查太子

1. 胡濙奉命借出差南方调查太子

这件事还没完,就在周、梁二人到北京接受审讯和被杀时,朱棣耳朵里听了许多太子的传言,再次对太子产生了怀疑。永乐十六年六月,他派遣礼部侍郎胡濙巡视江、浙诸郡,借机调查和了解太子在南京的表现。胡濙临走时,朱棣对他说:我听说太子干了许多事都有问题,你到南京去可以多待一些日子,看他到底怎样,给我秘密奏来!

朱棣老眼昏花,迫切想从密探那里了解到太子的情况,因此他特意叮嘱胡濙:"奏书的字写大点,这样即使奏书晚间送到,我也能看清了。"(《明通鉴》卷一七)同时下令给身边的太监:只要胡濙一到,谁都不许拦着!不管早晚我睡没

南京明故宫石照壁

睡,一定让他进来!

胡濙到了南京,每天早晚都随大家一起上朝,待了许多天,"凡见东宫所行之善,退即记之",其实是只记录了太子的好事。太子一看,父皇身边的大臣来了,对他不得不相当客气,办事也更加谨慎。但胡濙的行动引起了杨士奇等人的怀疑和不满,他们可能觉得有你胡濙在这儿天天掺和,我们这些人办事也不太方便呐。于是他就催促胡濙:你有公务在身,是要奉命去巡视江南一带,应该赶快走啊,你怎么老在南京磨磨蹭蹭啊?胡濙当然不敢说他的秘密使命,但反应也挺快,顺嘴编了个借口遮掩说:天气比较冷,我的棉衣还没准备好,又待了一段时间才离开南京。

胡濙走到了安庆以后,才写了一封秘密奏疏,里边没说别的,只把他看见的朱高炽孝敬、谨慎的七件善事密报给朱棣。朱棣看后很高兴,对太子的疑虑才有所打消(《明史纪事本末·太子监国》)。那么胡濙为什么这么说呢?因为胡濙也是个十分圆滑的高级特务,他非常清楚,如果完全按朱棣的旨意办,稍微找几条太子的失误汇报上去,日后太子当了皇帝决不会放过他;而朱棣的身体已经很糟糕了,又时常发病,不可能"万寿无疆",所以必须给自己留条后路。

2. 胡濙并非去寻找建文帝

有人认为上述《明史》等书的有关记载,是朱棣在派人寻找早已出逃的建文帝,并非为了调查太子朱高炽。根据其他史料的记载,恐怕不能这样讲,为什么呢?因为在此之前,胡濙确实奉朱棣之命,长年在外调查民情,以寻访特殊人物为借口,实际上是在调查各地人心是否归顺永乐帝,或许有可能是调查建文帝的下落。但此后外出的暗访活动则不一定全是为此目的,《明史纪事本末》《明通鉴》这类影响较大的史料都记载说,永乐十六年胡濙的出行,的确是奉命调查太子的。

如果说这两部著作都是明末清初人写的,距离此事较远,不够权威,那么距离此事较近的明人记录,应当是更为权威、更有说服力的。李贤是天顺时期的内阁大学士,生活在正统至成化时期,他对此前永乐时期史事的记载,多为后来的史书所引用。他的《古穰集》里为胡濙写的墓志铭是这样说的:"先是,仁宗皇帝为太子监国,时有飞语上闻,文庙(成祖)属公往察之,公至,以所见七事皆诚敬孝谨,密疏以闻。上览之大悦,自是不复疑。"这段话讲的是胡濙到南京的原因以及到南京以后的活动,也就是调查太子,秘密汇报太子的言行。朱棣接到密报后非常高兴,从此不再怀疑太子。

永乐二十一年胡濙从南方还朝,回到北京。当时朱棣御驾亲征驻跸宣府,胡濙骑马赶到时朱棣已经睡下了,听说胡濙来了,立即兴奋地从床上起来,同他密谈了大半夜。胡濙汇报了一路上的丰富见闻,朱棣听了很高兴,从前的疑团和担心都解开了、消除了(李贤《古穰集》卷一二)。虽然胡濙并未讲述什么疑团,但内容似乎并没有涉及太子。

从上述情况来看,永乐十六年胡濙到南京,主要目的应该是奉命调查太子,因为朱棣听信传言,对监国的太子不放心。而永乐十六年离开南京以后,胡濙到更远的江浙、湖广一带,恐怕主要目的就不是调查太子了,因为如果朱棣对太子仍然继续怀疑,就不会一直忍受到五年之后,也就是永乐二十一年胡濙向他汇报时,才消除怀疑。

那么胡濙离开南京以后,是否要去寻找建文帝呢?这里首先需要说一下建文帝的情况。根据目前的研究进展来看,至少有两个问题是有争议的,或者说是没有定论,哪两个问题呢?

一个是朱棣率军打进南京后,建文帝是被宫里那把火烧死了,还是从暗道里跑出去了?这件事有争议。因为后来朱棣安葬的那个被烧死的人,究竟是不是建文帝,没人能证明;而建文帝是不是从暗道跑出去了,也没人看见,但是南京的宫城下面确实有一条暗道通往城外。前几年电视里还播放了一个纪录片,内容是南京的一批考古学者考察这条暗道的走向和出口。由此可见,建文帝当时是死了还是跑了,没有定论。

第二个是如果建文帝跑出去了,那么他在外面活了多长时间,活动范围有多大,究竟去过哪些地方?这件事也有争议。有人说他活到宣德时期,去过湖广、江浙一带,还有人说他到过云南、贵州,甚至海外,但这些都是推测,都没有直接的确实的证据。

至于说胡濙走访的目的是为了寻找建文帝,根据目前看到的材料,这一说法最早出现是在正德时期,并且这一说法的出现,和正德时期社会上悄然兴起的"建文热"有关。当时的许多文人关注建文朝的历史,关注对于这一时期的评价问题,尤其是建文帝的去向及下落,因此才有了胡濙奉命寻找建文帝的说法,但缺乏可靠的依据。正德以前尽管已有建文帝出走的传闻,有些人还努力收集了相关的史料和信息,甚至提出应该恢复建文帝的年号和地位,但却只有胡濙寻访张三丰等记载,根本没有朱棣派人寻找建文帝的说法。因此,永乐十六年离开南京以后,胡濙并没有去寻找建文帝,那么他去干什么了呢?

3. 察访各地藩王的动向,才是胡濙的核心任务

整个永乐时期朱棣确实是派出了一批人,长期走访全国各地,胡濙就是其中最为著名的一个。并且朱棣对胡濙这样的高级特务也不放心,据说胡濙在外面寻访的时候,朱棣还另外派人去监视他。那么胡濙的使命和目的是什么呢?从当时的情况看大概有五个:第一是了解民间风俗。与胡濙同时代的金幼孜曾经说过,胡濙奉命出巡的目的之一,就是为了关注民间的风俗与疾苦,并且在永乐二十一年,他还当面看见胡濙向朱棣汇报过这些事(金幼孜《书卫生易简方后》)。

第二是搜集奇方妙药。胡濙出身于行医世家,具有医疗方面的常识和修养,每次遍游天下名山时,顺便寻访名医,搜集奇方妙药,也是理所当然。与胡濙同时代的杨荣就曾明确说过,胡濙是奉了朱棣之命,才向名山之中的名医高人咨询奇方妙药,除了收获丰富之外,自己还研发配制了一些新的药方(杨荣《卫生易简方后序》)。杨荣与金幼孜一样,永乐二十一年胡濙向朱棣汇报时,他也在场,因此,杨荣的话也是比较可信的。

第三是劝励士人庶民。这个说法也是杨荣提出来的。他说当年是朱棣让胡濙带着他御制的《性理大全》等书,前往天下名山去劝励那些士人庶民,就是有点身份和地位的社会人员和普通百姓。不过这个说法似乎令人怀疑,一来并没有得到胡濙本人的认可,二来与事理有些不通,因为天下名山之中究竟有多少士人庶民,是需要胡濙带着皇帝的语录前去劝励的呢?

第四是寻访张三丰。张三丰当时修炼得道的一位仙人,在江湖之上颇有影响,朱棣曾不止一次派人前去寻访,并且还有相关的敕书和信件。与胡濙接触过的杨荣等人都说,胡濙游历的地方几乎都是名山胜境,而这些地方也正是"仙人"修道之所,因此,前往名山胜境去寻访张三丰,应该是胡濙出巡的目的之一。

第五是访察人心向背。这个说法在胡濙去世后被多次提到,后来还被写进了《明英宗实录》,"以访仙为名,实欲审察人心向背也"(《明英宗实录》卷三五六)。前面提到的寻访"仙人"倒成了借口,这个说法后来成为永乐以来官方的正式说法。

根据一些学者的研究,前四个目的都不是重点,或者说都不是核心任务,而第五个访察人心向背,才是胡濙走访的重点。为什么呢?因为胡濙要审察的"人心向背",并不完全是针对普通百姓,而主要是针对各地藩王的政治动向,像朱棣这样凭借藩王力量夺位的人,往往对那些拥有一定军事实力的藩王猜疑很重,所以他才派胡濙前往江南一带,全面了解当地藩王的政治动态。

而胡濙将明察暗访的结果向朱棣全面汇报,除了各地的地理风俗之外,可能是还讲了江南一带人心包括藩王都是拥护新朝的,这才使朱棣以往的怀疑和担心大为减轻,所以才说"向所疑者皆释"(张兆裕《明永乐时期胡濙出行考述》)。因此,胡濙在永乐十六年之后的南方之行,主要目的应该是明察暗访江南一带的人心向背,尤其是当地藩王的政治动向,当然可能也和建文帝有关,当时地方上也在长期追查建文奸党,搞得人心惶惶;但在此之前,即永乐十六年当年的南京之行,胡濙的主要目的应该是调查太子,而非建文帝。

心虚的人往往猜疑很重,夺位上台的朱棣就是这么一个人,而南京一带是过去反朱棣势力较强的地区,这种心态几乎遗传至今。同时南京又是太子长期经营的地区,朱棣肯定对这一地区的人心向背,尤其是太子的情况有所猜疑,因此这次他才派胡濙前往南京一带,暗中调查皇太子朱高炽的情况,是不是太子有什么见不得人的活动。

这里朱棣除了听信传言、不放心太子监国之外,恐怕还同太子无形中给朱棣造成的威胁有关。因为如果讲到威胁,建文帝已经下岗丢了皇位,当时没有任何迹象表明,建文帝仍有实力威胁朱棣;倒是太子最接近皇位,朱棣觉得会威胁到自己,因此才会派人调查他,或许也有监视和防范的用意。

(四)太子处境艰难,但深藏心机

胡濙出巡南方的使命也是极其秘密的,外人不了解;而胡濙从南方给朱棣秘密上书奏闻太子的七件善事,当时外人包括太子更是不知道。因此,当太子后来即位时,听说当年胡濙曾有密疏,很自然怀疑他另有企图;也知道他是父皇朱棣的高级特务,曾经奉命调查自己,于是将他调出北京,调任南京国子监祭酒,相当于国家第二大学的校长,实际上是一种疏远。

但据说不久有人从宫中找到了当年胡濙的秘密上书,仁宗见上面写了他的七件善事,不觉大为惊喜,这才感叹胡濙的忠心和谨慎,立即将胡濙从南京调回首都北京,任命他为礼部尚书,又是赏给他高级住宅,又是拨给他一帮仆人,给了他相当优厚的待遇(邓球《皇明咏化类编》)。胡濙突然得宠,但仍然毫不张扬,低调做人,看来毕竟是受过"特务训练",因此一直平安无事。虽然这件事究竟是发生在仁宗朝还是宣宗朝,史料说法不一,不过这都是后话了。

那么这次调查结束后,太子的处境是否会有所好转呢?不一定,因为虽然现在朱高煦离开了南京,太子身边暂时少了一个竞争对手,但朝中帮助朱高煦夺位的势力还在,他们并没有随着朱高煦的离京而消失。朱棣对太子的猜疑、限制和防范更没有消失,甚至明里暗里还有所加强。在这种情况下,太子的处境依旧比较艰难。在此期间,太子写下了大量的诗作,有的写宫廷活动场面,有的写巡游所见景物,有的是家庭及宗教活动,有的是人际交往感受等等,内容比较丰富,甚至有些琐碎。

但是有三方面的内容,诗中却一个字都没有写,哪三方面呢?第一是当时的国计民生,第二是关于自己艰难的处境,第三是对父皇朱棣的评价。这三个方面的内容,都是太子深有感触的问题,但个人作品里却一个字都没有写,恰恰说明了太子的处境和顾虑。

比如太子曾多次报请朱棣批准,大量减免了各地因灾害拖欠的赋税,对当时开创活动造成的国困民穷的局面也深有了解。如果太子把这些写进诗里,反映出当时民生多艰,那岂不等于说,他老爹治国无方了吗?至于自己的处境和对父皇的评价,更是只能深深埋在心里,一个字都不能漏。因此,虽然太子朱高炽写了大量的诗作,也借此排遣和发泄了心中的一部分情绪,但真正的心机却被深深地埋藏起来,至少没有在自己的作品中暴露一个字。

说明什么呢?说明一方面太子成熟了,做事非常谨慎、谦恭,心机很深;另一方面则说明太子的辅佐人员也非常成熟,包括那些教他写诗作文的翰林先生,他们同太子之间的磨合、默契程度提高了,使朱棣轻易挑不出什么毛病。这样一来,太子就有了一定的优势,以守为攻,以静制动,因为北京建成后早晚要迁都,朱棣又老又病,太子的机会就要到了。

(五)太子奉命前往北京

1. 接到去北京的命令,太子吃惊的原因

两年之后即永乐十八年(1420),北京的宫殿大体建成,朱棣想要将皇太子和皇太孙召至北京。据说诏书已经起草完了,还没等派人,夏原吉就去找朱棣主动请求:请陛下派我前往南京吧。朱棣就问,为什么让你去呢?原吉回答,太子很久没有接到皇帝招他前往的命令,一旦突然接到了这种命令,他可能很不习惯,或许会过分怀疑,说不定还会有什么闪失。朱棣听了非常感慨,觉得原吉的话有理,于是就派他前往南京,召太子和太孙来京。

太子朱高炽刚一听到朱棣要召他去北京的消息时,果然十分吃惊,又很害怕,不知道父皇又要干什么,因为在此之前,朱棣已经连续多次关押和杀掉他的部下,给他的命令也都是指示他如何理政的内容,但从未让前往北京。太子觉得父皇随后可能还有其他命令,或许有什么坏事在等着他,据说因此非常不安,甚至动了自杀的念头。他随口问了一下是谁来传达命令,有人告诉他是夏原吉。这下太子放心了,他知道原吉是朱棣非常信任的大臣,对他本人尤其是对皇太孙非常忠诚,因此太子认为原吉肯定能对自己呵护有加,于是传令要见

原吉。

从这件事可以看出几个问题:第一,当年选立太子造成的朱棣与朱高炽之间的矛盾阴影并未完全消失,至少皇太子对此是记忆犹新的;第二,朱棣与朱高炽长期分处南北两京,这种分离状态,使二人之间缺乏有效的交往和沟通,于是自然有了一种隔膜,加上二人矛盾冲突的经历,因此太子才对朱棣的命令有一种不安全感,这是双方缺乏信任的反映;第三,传达召来太子这种特殊命令的人选,必须是朱棣和太子、太孙都能接受和非常信任的人物,否则可能会有意想不到的麻烦。总之,朱棣迁都后召来太子这件事,反映出父子之间错综复杂的矛盾和恩怨。记载这件事的史书是《皇明辅世编》,作者是明代后期的两个人,这本书比清前期编成的《明史》要早,尽管史料价值不是特别高,但至少记述了一些《明史》上没记的事,因此还是有一定的可信度。

2. 人逢喜事精神爽,太子赴京一路游玩

朱高炽接信后随即动身,从南京到北京的途中几乎每到一地都赋诗一首,可见兴致颇高,心境不错。其中《过大江》一诗写道:"趋召赴金阙,清晨发大江。鼓角掀波涌,旌旗顺风扬。……眷此龙虎势,南北两相望。予心如此水,朝宗上天潢。"(朱高炽《御制诗集》)诗虽有些直白,但富有激情。从诗中可见太子是从水路出发的,并且是有相应的仪仗队跟随。诗中虽然略有对南京的留恋之意,但更多的还是兴奋之情,因为太子马上就要奔赴北京这个新的政治中心了。

十八年前,当时朱高炽在北平,朱棣打进南京夺了帝位,过了好长时间才召他到南京,那时是准备册立他当太子的,但他毕竟还没当上太子,因此朱高炽从北平南下时的郁闷心情可想而知。十八年后呢?朱高炽是以太子的身份奉命北上的,虽说暂时的任务是要协助父皇处理政务,但同时还大有即位的可能,况且好不容易有机会出来一趟,能不好好散散心吗?

因此,年近半百的朱高炽心情同样可想而知,所谓"人逢喜事精神爽"。可能是由于这样的原因,朱高炽在一路上游山玩水,心境似乎较为坦然,过滁州登琅琊山,参观了宋朝欧阳修当年所记醉翁亭的旧址,并且感叹当代之人只知其文，很少知道欧阳修对君王的忠心，这时太子已经流露出将来即位后，需要臣下学习欧阳修的忠君之意。

这里顺便说一下，其实朱高炽非常喜好欧阳修的文章，但更欣赏欧阳修的忠君之举，他曾对臣下说："（欧阳）修之贤非止于文，卿等当考其所以事君者而勉之。"（《明仁宗宝训》卷二）这里朱高炽提倡大臣不仅需要学习欧阳修的文学成就，更应该考察他忠君事君的行为，并且以此为榜样来向他学习。这种想法显然已不是一个文学爱好者的意识，而是一个帝王政治家的观念。

到了凤阳，除了祭祀和游览皇陵外，太子还同当地的老人从容聊起当年太祖的故事，并给予他们优厚的赏赐。到了凤阳以北的宿州路过夹沟西山时，太子一行人还与山林中的猛虎遭遇，随行的卫士只好用长矛杀死猛虎。太子在记述这件事的诗中写道："夹沟西山内，猛兽伏林丘。咆哮突马首，壮士奋霜

凤阳明皇陵神道

矛。直前洞其胸,勇若阳羡流。剖腹有四子,利爪皆如钩……"(朱高炽《御制诗集》卷上)看来太子一行人可能是走到了密林深处猛虎的巢穴附近,惹怒了怀孕的母老虎,因此遇到攻击。随行的卫士杀死母虎后剖腹见到四只小虎,正在发育中的小虎利爪如钩。

太子的这次北上之行,是他一生中少有的两次旅行之一,途中的杀虎之举使这次活动兼有围猎的性质。后来的明武宗曾亲自与猛虎搏斗,看来其祖上已有先例,不同的是武宗是与捕来的笼中之虎搏斗,而仁宗则是指挥卫士围猎猛虎,他本人不是肥胖笨拙吗?但并不妨碍他导演并观赏卫士们的围虎节目。后来他的儿子朱瞻基也曾围猎射虎,看来明朝皇帝确实有打虎的传统。

(六)太子加速进京,途中先斩后奏

1. 太子不顾朱棣的令旨,加速赶往北京

再说夏原吉向太子传达了朱棣的指示后,就先行回到北京,向朱棣报告太子的行程。不料朱棣又派原吉前去迎接太子,并明确指示"东宫缓行",让太子慢点走、晚点来。朱棣这个指令是不想尽快见到太子呢,还是途中有什么事需要太子处理呢,他没说,令人费解。其实朱棣既然下令让太子来北京,那么太子快走慢走、早到晚到,又有什么关系呢?但朱棣偏偏下了这么一道命令,并且还让夏原吉专门回去传达。

夏原吉只好又从北京南下,传达了朱棣的旨意,可太子却表示不敢晚到,并且还下了手谕给夏原吉和杨士奇,让他们沿途询问军民利病和政事得失,以备顾问,同时照旧全速进京(《明史纪事本末·太子监国》)。这种表示同朱棣的旨意明显相违,可能也使夏原吉感到不理解,那么太子为什么要这样做呢?

我估计太子是担心夜长梦多。各位可以推测,皇帝在北京,太子在南京,中间总有人挑拨离间、造谣生事,太子早就受够了这种窝囊气,好不容易老皇帝发话让他到北京,就像当年召他从北京到南京当太子一样,他还能慢慢腾腾晚一步到吗?晚了一步再有变故怎么办?以前你不在皇帝身边,别人说你啥就

是啥,可以把黑的说成白的,你根本无法申辩,你只有到了皇帝身边,别人才不能轻易诬陷你,所以朱棣让太子慢点来晚点到,也许是无意中提醒了他,因此他不可能再像从前那样老老实实地听话了。

况且北京已成为实际上的政治中心,马上就要迁都,南京的政治地位下降,太子的权力已经被大量削减,越来越少。在这种情况下你一个皇太子不在政治中心,地位同样会下降,会失去许多有利的机会和政治资源,因此太子才会不顾朱棣的令旨,加快赶往北京。他命人沿途访问政务民情,那是给父皇看的,表明我这一路不止游山玩水,还干了不少正事。可见此时太子已相当清醒、相当成熟,并且对权势和地位的追求也同样加紧了。

2. 先斩后奏,太子现场指挥邹县救灾

不仅如此,太子在途中还做了一件先斩后奏之事。原来太子北上经过山东的邹县,看见路旁男女老幼拎着破筐在捡草叶,就问他们干什么,回答是遇上灾荒捡吃的。太子动了恻隐之心,下马进农家,见百姓穿的衣服补丁加补丁,炉灶和饭锅都已严重损坏,歪倒在一边好久不用了,太子可能是看不下去了,就把自己的吃的赏给百姓。

这时山东布政使(相当于山东省长)石执中前来迎接,太子就责备他:"百姓遭灾穷困到这个地步,你这个官是怎么当的!心里不觉得惭愧吗?"石执中赶紧解释说:"凡被灾之处,皆已奏乞停止今年秋税。"太子一听就火了:"老百姓都快饿死了,你还想征税吗?!你应该赶紧下发官粮赈济百姓,这件事一点都不能耽误!"石执中一听太子火了,当然不敢怠慢,就请求每人发给三斗粮,太子说:"暂时先给六斗!你不用害怕擅自打开官仓的罪名,我见皇上会亲自上奏。"(《明史纪事本末·太子监国》)原来明朝规定,灾区在未经中央核实的情况下,地方官擅自开仓放粮是要治罪的;但地方官救灾的措施不力,导致百姓大量饿死等严重后果,同样是要治罪的。因此地方官在这些事上往往为难,这次有太子做主,当然好办。

各位请看,太子应付途中的政务很从容,很自信,同时什么都没耽误:前一段是游山玩水,拜祭皇陵,中间还指挥过杀虎的围猎活动;后一段则加快赶路,从容处理了地方的灾情,现场办公和游山玩水两不耽误。

永乐十八年就要过去了,虽然在此之前太子受了不少委屈,但是不管怎么说,他现在终于来到了即将迁都的北京,这就意味着他和父皇朱棣的矛盾有所缓和;同时也意味着,太子的接班人地位基本上不会动摇了,他在这个争夺皇位继承权的漩涡中,不仅没有被淹没,没有沉下去,相反还颤颤巍巍地逐渐浮上来了,并且从一个不断受窝囊气的倒霉太子,一步步地变成了距离皇位最近的接班人。那么到了北京以后,太子同父皇朱棣的关系又将如何呢?那些大臣和朱高煦又会怎样对待他呢?

八　此消彼长

太子奉诏抵达北京后，各种势力逐渐向他靠拢，地位得到巩固。

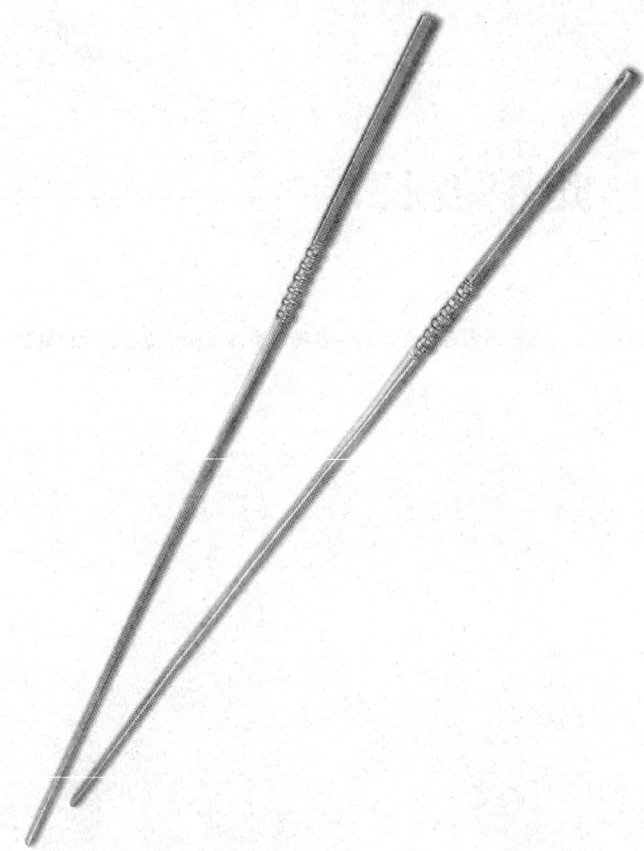

明永乐金筷子

（一）厨子事件反映出太子仍受朱棣的限制

1. 太子违令早到，夏原吉只好为他打圆场

虽然太子一行人在进京途中很顺利，但是永乐十八年（1420）年底到达北京时，还是遇到了一点小麻烦，什么麻烦呢？各位别忘了，在此之前朱棣不是明确下令让太子慢点走、晚点到吗？现在夏原吉来进宫通报，说是太子一行人到了，朱棣于是责问他，为什么太子来得这么快？言外之意，我不是让他晚点来吗，他怎么和你一起到了呢？这不是违抗我的命令吗？

夏原吉当然不敢说是太子下令不能慢走，全速进京的，本来朱棣父子两人矛盾就很深，那样说肯定又会引起朱棣的猜忌和恼怒。那么夏原吉是怎么回答的呢？他从容说道，太子殿下好久都没有孝敬皇上了，非常思念皇上，一旦听到皇上的召唤，只想着早日见到皇上，当然也就没顾得上考虑什么赶路的快慢了（夏原吉《忠靖集》附录）。"陛下慈注之深，东宫孝思之切"，皇上您对太子怀有深厚的慈爱之心，因此太子对皇上也有深切的孝思之情，父子情深，因此太子才会加速赶来。一席话说得朱棣非常高兴，重赏了夏原吉（《明史纪事本末·太子监国》）。

各位请看，夏原吉多会说话，本来他是夹在朱棣和太子之间，两个人的命令正好相反，一个要慢走、晚到，另一个却要快走、早到，对于夏原吉来讲，谁的命令他都不敢违抗，如果放在一般人身上，简直是左右为难。但是夏原吉应付得非常好，找了个"父慈子孝"的理由，来说明太子快速进京的原因，父子相互思念，所以尽快见面。这个回答很得体，既为太子打了掩护，又把朱棣捧了一回，圆满应付了这个难题。从中可见这个夏原吉还是很有才干的，反应很快，善于处理这类难题。这个人能够长期周旋于朱棣、朱高炽和朱瞻基祖孙三人之间，并且还能深受他们的信任和器重，恐怕跟他的这种才干有关。

其实太子一行人是从永乐十八年的十月中旬出发的，夏原吉先到北京通报太子到达时，已是当年十二月的下旬，就是说他们途中已经走了两个多月，

但朱棣还嫌太子走得快。他自己从前几次北征时，往来南北两京的时间基本上都是一个多月，比这次太子的时间短多了。并且朱棣是在永乐十八年的十一月上中旬，才下令让皇太孙随同太子来北京的，就是说太孙是比太子晚一个月才出发，后来加速赶上来才和太子一同到北京的，途中只走了一个多月，但朱棣却没有嫌太孙走得快，反而嫌太子走得快，由此可见，朱棣对他的长子和长孙还是大不一样。

  从这件事可以看到，朱棣和太子两个人还有些暗中较劲，太子也不是省油的灯，你让我慢走、晚到，我偏要快走、早到，两个人都不太好伺候，夹在中间一不小心，就可能得罪一个。所以，夏原吉这个差事不太好干。不久太子到了北京，自然汇报了他在山东下令开仓赈灾之事，朱棣也完全同意（《明史纪事本末·太子监国》）。可能是夏原吉讲的太子孝思那番话起了作用，朱棣还表扬了太子干得好。

2. 随从厨子被撤，太子只能忍受

  太子朱高炽到了北京以后，同朱棣的矛盾似乎有所缓解。但这种缓解仍很有限，毕竟朱棣对太子的限制与防范并未改变，多年形成的太子活动受制于朱棣的局面更是非常明显，因此各部门的官员也大都是顺应这种形势，对太子尽可能地保持距离，敬而远之，从而避免得罪老皇帝朱棣。

  永乐十八年底太子到北京时，从南京带来了典膳局的二十名厨子，这些人是随从太子的炊事员，专门给太子做饭的。可是过了一个多月，有一天朱棣忽然从宫中批出一个条子，上面说："典膳局从南京来了二十名厨子，为什么不上奏？谁让他们来的？都给我退回去！司法部门查查是怎么回事，该抓的就抓起来治罪！"

  司法部门赶紧调查并且上奏了有关情况，但后来这二十名厨子并没有被抓起来，也没有退回南京，而是被放了。当时主管这类事的是光禄寺，等于国家兼皇家的伙食委员会，负责人是光禄寺卿井泉，其实是这个人向朱棣汇报了二十个厨子来京之事。事后，井泉把这二十个人收入光禄寺中，从此典膳局就取消了供给太子私人厨子的项目，并且光禄寺除了每天供给太子三顿饭外，其他东西几乎一块馒头一片菜叶都不给,就连太子要喝碗茶都不给,还说这是奉了朱棣的命令。

太子当然没办法,这是在北京,不是在南京。在南京太子好歹还有点权势,老皇帝不在,天高皇帝远,太子说话还算管用,待遇也还说得过去。可是到了北京就不行了,这里一切都是老皇帝说了算,太子能在这里保住名分和地位就不错了,哪还敢要什么监国太子的待遇啊!因此太子朱高炽只好忍着,当然也不敢去问朱棣,父皇你是否下过命令,一碗茶都不给我吗?太子不可能这么干。况且当时朱棣时常犯病,有的时候甚至一个月都不在朝廷露面,因此谁也不知道,那个不给太子一碗茶的命令究竟是不是朱棣下的(《明仁宗实录》卷二)。

不过光禄寺的官员并不都像井泉一样,有两个中下级官员郝郁和李灏,仍然对太子很恭敬,并且设法满足太子的一些伙食要求。井泉曾经屡次拿话威胁二人,你们这么干要小心点!可是二人不为所动,照样时常关照太子(《明仁宗实录》卷五)。

这也难怪,井泉是光禄寺的负责人,相当于国家兼皇家伙食委员会的主任,除了尽职之外还要保住自己的乌纱帽,因此要显示自己是同老皇帝保持高度一致,而同太子的势力划清界限;可是郝郁、李灏这些中下级官员不同,他们地位、权势都不高,没那么多负担和心思,倒是与太子有些同病相怜,因此才会适当关照太子。但不管怎么说,太子朱高炽从南京到达北京后,朱棣对他限制与防范的政策并未改变,朝中官员待他的心态自然不同。

(二)朱棣的宠臣开始向太子靠拢

1. 皇帝和太子两个集团较量,前者获胜

实际上只要朱棣健在,他和太子之间的矛盾就肯定会在许多方面有所反映,并且由于两个人分别主政南北两京,长期分工合作,手下都有各自的辅政集团,这些人之间也有矛盾、也有冲突,这也很正常,毕竟两个集团地位和利益不同。在此之前,尹昌隆和吕震的冲突,就充分反映出上述两个集团的矛盾。尹昌隆是建文旧臣,朱棣起兵和政府军激战的时候,他曾经给建文帝上书,建

议他罢兵休战，允许朱棣入朝，实在不行就让位，否则一切出路都没了。

朱棣即位后，尹昌隆作为建文奸党差点被杀，好在朱棣看到了他以前给建文帝的上书，觉得这个人还不错，所以不但没杀他，反而任命他为太子的辅政官员，并且受到太子的器重。后来尹昌隆作为太子的老部下，虽然也受到了朱高煦的陷害，被解缙一案牵连，但可能是由于前边的经历，不但没进监狱，反而升任礼部主事。

当时的礼部尚书是吕震，他最早是朱棣燕王府的官员，藩邸旧臣，朱棣的铁杆老部下，现在正受宠，红得发紫。此人为人刻薄，报复心极强。他有个习惯，"当其独处精思，以手指刮眉尾，则必有密谋深计，官属相戒，无敢白事者"，礼部官员都知道他们部长的习惯，没人敢在这个时候向他汇报工作。尹昌隆是从太子部下转到礼部来的，不了解吕震的这个习惯，前来汇报时，吕震发怒不搭理他；过了一会儿，尹昌隆又去汇报，吕震更加恼怒，干脆一甩袖子走了。尹昌隆汇报几次，都赶上了部长没个好脸色，心里当然不舒服。

这时可能有人给他出了个主意：你不是太子的老部下吗？这件事你可以直接请示太子，让太子发个令不就办了吗，何必总去看吕部长的脸色呢？尹昌隆一听，对呀，我直接找太子不就完了吗？于是就照那人的建议办了。吕震一听怒气冲天，这种人最恨的就是别人无视他的存在，并且一定要报复，于是就找个理由告了尹昌隆一状，但罪名太不严重，不久就被释放了（《明史·尹昌隆传》）。

吕震不甘心，一定要把尹昌隆置于死地，于是他表面上对尹昌隆非常好，表扬加安慰，暗地里却不断地伺机搜集材料。朱棣有个兄弟谷王朱橞，在长沙当地有些不法行为，有人说他有谋反的嫌疑，朱棣当然要惩治他了。据说这个谷王很早以前曾经建议，让尹昌隆来做他的王府长史，相当于王府秘书长，虽然后来没做成，但这件事却被吕震抓住了，他一口咬定尹昌隆很早就伙同谷王谋反，结果无论尹昌隆怎样辩解都不管用，最后吕震终于以谋反的罪名，使尹昌隆成为朱棣的"随驾重囚"，就是关在监狱里都不放心，皇帝朱棣走到哪儿，他的囚车就跟到哪儿，最后全家被灭了族（《万历野获编·尹昌隆》）。那么尹昌隆为什么会有如此下场呢？

各位请看，尹昌隆的后台是太子，而吕震的后台却是皇帝，两个人属于不同的辅政集团。尹昌隆虽然可以利用太子的关系暂时获胜，但吕震一旦利用皇帝的力量来收拾他，尹昌隆就无法抵挡了，因此，两人背后其实是皇帝和皇太子两个政治集团的较量。况且吕震最后加给尹昌隆的罪名，是曾经协助谷王准备谋反，这类罪名各位还记得吧，当年朱高煦诬陷解缙，就说他是趁朱棣外出有意私见太子的，这是朱棣这个夺位的皇帝最不能容忍的，因此，协助谷王准备谋反的罪名，使尹昌隆遭遇了灭族之灾。

2. 朱棣身边的势力开始向太子靠拢

但是尽管如此，太子的地位还是逐渐得到巩固。前面已经讲过，尽管太子朱高炽一再受到朱棣的打击和限制，但另一方面却不断受到朝中各种势力的保护和支持，尤其是迁都北京前后，朱棣身边的辅政势力明显地开始向太子靠拢，这样太子的势力就进一步上升了。那么这些人是怎样向太子靠拢的呢？

有一天礼部尚书吕震对太子说："殿下你以前在南京监国，多次派宦官往北京送文件，那个人经常汇报殿下的过失，皇上说他是胡说，现在您应该疏远此人。"太子回答很妙："我哪能不犯错误呢？既然父皇都不信他的话，我又何必与他计较呢？"（《明史纪事本末·太子监国》）

这话说得是滴水不漏，显示出太子的成熟与干练。很显然，负责为太子往北京送文件的宦官，可能是朱棣有意安插在太子身边的，任务就是监视太子、打小报告，并且很可能已被高煦等人收买。当初太子在南京处理陈千户之事，很可能就是这个人汇报的，否则朱棣在北京哪会知道呢？

因此这个人的活动太子能不知道吗？肯定也知道，但太子的回答很有水平，即使传到朱棣的耳朵里也没问题。其实这里还有一层意思，太子是在防备吕震。因为吕震一直是朱棣身边的宠臣，不是太子监国的辅臣，太子与他没打过交道，更没什么渊源关系，因此说话不得不谨慎。同时，这件事也表明吕震作为朱棣的宠臣，这时也开始向太子靠拢。为什么呢？

第一，从前是太子和朱棣分别在南京和北京，两人不在一起，因此别人利用朱棣的偏见来诬陷太子，基本上很容易见效，甚至屡屡得手。但是现在太子到了北京,和父皇朱棣在一处,别人的诬陷就不那么容易得手了,太子的境遇有了较大的转变。

第二,太子的地位迅速提高。朱棣此时对太子的防范和限制有所放松,并逐渐对太子放权,将来太子是注定要接班做皇帝的。

第三,朱棣的身体一天不如一天,疾病间歇性发作,动不动就因为犯病而有失误之举。所有这些因素,都决定了吕震这类朱棣的宠臣,需要逐渐同太子建立良好的关系,为自己日后的政治前途做好准备,加上吕震为人狡猾,善于见风使舵,这些可能就是他向太子靠拢的原因。但吕震做得同样较为谨慎,因为朱棣对太子的态度并未根本改变。

3. 朱棣心腹脚踩两只船,太子势力有所上升

吕震是朱棣的心腹大臣,是从朱棣起兵夺位时就跟随朱棣的元老,前一时期还仗着朱棣的撑腰,同太子的人马大打出手,显示自己的坚强后盾;但太子到北京之后,他竟然主动向太子靠拢,说明什么?至少说明形势的变化已经使朱棣集团有所分化,铁杆老部下不那么铁了。实际上这个变化不是从太子到北京后开始的,而是在此之前就开始了。

各位还记得吧?夏原吉也是朱棣非常器重的心腹大臣,是朱棣的财政部长,户部尚书,地位很高。他奉命去接太子来京,朱棣让太子慢点走,晚点到;太子却命令夏原吉等人照样全速进京,等于公然违抗父亲的命令。但是当朱棣追问此事时,夏原吉却非常巧妙地替太子打圆场,说什么太子快走早到的原因是"陛下慈怡之深"和"太子孝思之切",明显地站在太子一边。

这些还是太子来北京前后的事,更早的呢?永乐十六年,有人告发监国的太子有失德之举,朱棣就派他的高级特务胡濙以出公差的身份,前往南京秘密调查太子。结果怎样呢?胡濙不但没有讲一件太子的失德之举,反而写了太子的七件善事,秘密寄给朱棣,后来还当面向朱棣汇报了一些亲身见闻,说明太子如何如何称职、孝顺,同样是明显地站在太子一边。

胡濙是朱棣的高级特务,长期奉命调查建文帝的下落,以及各地人心的向背;夏原吉和吕震都是朱棣的心腹大臣,三人可以说都是朱棣集团中的核心人

物,他们在太子到达北京前后,都不约而同地向太子靠拢,说明什么呢?至少说明只要太子不被废掉,他就有机会继承皇位,势力就会不断壮大,并且这种可能性越来越大,越来越明显。而朱棣这时的年龄和身体状况,都决定了他的势力已渐渐衰落,对于吕震等人来讲,朱棣的势力同他的年龄和身体一样,已是冰山难靠了,因此,他们很自然地向太子靠拢,至少目前是脚踏两只船,好为自己留条后路。

(三)后妃势力支持太子,朱高煦势力下降

1. 得到后妃支持,太子地位逐渐巩固

除了部分大臣的原因之外,后妃势力的支持也是相当重要的原因。太子朱高炽的母亲即朱棣的皇后徐氏,是明代开国元勋徐达的长女。从目前的记载来看,她不太喜欢次子和三子,即朱高煦和朱高燧,曾几次劝说朱棣,皇上啊你可要用心管教老二和老三,这两个人性格不好,似乎有点心术不正;但她较为喜欢老大,也就是太子朱高炽,可能是看他比较老实、听话,并且总受父亲和兄弟的夹板气,所以总是为他出主意,安慰他。

据说每次太子挨了朱棣的骂,很不痛快,就向母亲诉苦,可能是埋怨父皇不给我好脸色,我总挨骂,怎么办呢?徐皇后就安慰他,估计是劝他别生气,别着急,父皇训你,你就尽量顺着他,皇位早晚是你的,能忍就忍一忍吧。据说徐皇后去世时,曾专门

徐皇后像

嘱咐朱棣要善待太子,如果不是鉴于太子当时的艰难处境,以徐皇后的稳重性格,她是不会轻易说出这番话的。后来朱棣一直没有再立皇后,但主持后宫的贵妃王氏,却始终都对太子朱高炽非常好(《明史·后妃传》)。

同时,朱高炽的妃子张氏很聪明、很贤惠,对待公婆朱棣和徐皇后很得体、很孝顺,深得二人的喜欢。据说张氏的厨艺不错,还会做一种汤饼。当时宫里的厨师肯定是高手如林,但张氏这样会做汤饼的人估计并不多见,因此更加得到朱棣夫妇的器重。有一次全家在内苑一起吃饭,小规模的宫廷家宴,朱棣见了太子可能总是觉得不顺眼,没头没脑一顿骂。张氏没说话,起身走了,大家以为她可能是不愿意陪着丈夫挨骂。可是过了一会儿大家才知道,张氏亲自下厨房,做好了自己拿手的汤饼,出来端给公公婆婆。

朱棣这才转怒为喜,对太子说:要不是你这个媳妇好,我早就废掉你了!将来我们老朱家的事,恐怕要靠你这个媳妇来支撑了(《明史纪事本末·高煦之叛》)。这话说得有些夸张,但太子的地位也确实因此而得到了一定程度的巩固。后来的事实也证明,太子妃张氏是个非常了不起的人物,长期跟着太子同甘苦、共患难,对太子地位的巩固、皇位的交接和朱家天下的稳定,都起到了非常重要的作用(《明史·后妃传》)。

2. 朱高煦失去一批支持者

相比之下,永乐中期以后朱高煦的势力却在逐步下降。当初汉王朱高煦还真有一批支持者,主要是跟随朱棣起兵夺位的部分武将,这些人在整个"靖难之役"中同朱高煦并肩作战,彼此甚至有过生死交情。并且这支部队相当于朱棣的私人家兵,朱高煦则是其中地位较高的统帅之一,因此许多将领都是他的部下、家将。其中最有名的人物是丘福,他在朱棣夺位后是武将中的首席功臣,在军中也很有威望。

据说每次打了胜仗以后,别人都去抢夺战利品,只有丘福不跟着抢,而是在旁边找一棵大树底下歇着,因此得了一个"大树将军"的称号。朱棣对他评价很高,经常说,"丘将军之功我自知之",即位后封他为淇国公。但这个人打仗有勇无谋,永乐七年,他奉命率领十万大军出击蒙古,因轻敌冒进而导致全军覆没(《明史·丘福传》),不仅本人遇害,还使朱高煦失去了军中的一批重要追随者,势力因此而受到了较大的损失。

除此之外,还有两个人曾积极支持朱高煦:一个是蒙古族将领火真,此人是朱棣的骑兵统帅,勇冠三军,也是朱棣夺位的重要功臣,因战功被封为同安侯,但火真在永乐初期一次出塞战斗中战死(《明史·火真传》);另一个是驸马都尉王宁,太祖朱元璋的女婿,朱棣的妹夫。这个人在建文时期即与朱棣有勾结,被建文帝逮捕下狱;后来朱棣即位,放他出来,封他为永春侯。王宁和高煦关系好,当初多次力劝朱棣,要立朱高煦当太子。

可是这个王宁非常信佛,总想劝朱棣跟他一样诵经信佛,朱棣有些讨厌,对他也就慢慢疏远了。加上王宁才干很一般,在朝中没什么地位,因此火真和王宁一武一文,虽然都是朱高煦的重要支持者,但一个早死,一个地位较低,不受重用(《明史·王宁传》),因此对朱高煦的支持非常有限,加上朱高煦逐渐丧失了朱棣的支持,因此他的势力自然会一天不如一天。

(四)朱棣与朱高炽矛盾的复杂原因

1. 别人的诬陷迎合了朱棣防范太子的需要

从上述情况可以看出,朱棣迁都北京前后,太子的势力在不断上升,而朱高煦的势力却在逐渐下降。但这种变化是相对的,太子仍处于父皇朱棣的阴影之下,朱棣对太子限制、防范的政策也没有根本改变。事实证明,朱棣晚年虽然不全相信周边宦官对太子的诬告,但并未制止这种风气,也未将这些人治罪。原因很简单,这些人虽然受到汉、赵二王的收买和利用,但同样迎合了朱棣防范和限制太子的需要。否则在他们诬陷太子时,朱棣只要说一句,你们怎么总说太子的坏话呢?那些人还敢继续诬告吗?恐怕不一定。因此太子到达北京后,虽说父子二人关系有缓和,但矛盾的阴影仍未消失。

有两件事值得说明,第一件事是永乐十九年朱棣因迁都北京而大赦天下,这是当时朝廷的一个惯例,每当遇到大事如新皇登基、立太子等,都要赦免一批罪行较轻的囚犯。当时大赦令规定,除了谋反大逆等罪不赦外,文武官员因事获罪都可以赦免,甚至可以官复原职(《明太宗实录》卷二三三)。永乐十一年被关押的太子高级辅臣黄淮、杨溥等人,本来应按此例获释,因为他们都没犯什么大逆谋反一类的重罪,但结果却一个都没被赦免,这说明朱棣虽然不想致这些人于死地,却也不想轻易放过他们,别人可以放出来,你们不是帮太子吗?那就先在牢里蹲着吧。由此可见,赦令面前并非人人平等,皇帝执行起来更是双重标准,也可见朱棣对太子的防范和限制仍在继续,并未因大赦令而改变。

第二件事是朱棣对次子朱高煦的态度。高煦被遣送到山东乐安之后,夺位活动一直没有间断过,但朱棣却从未过问,原因可能有几点:第一,朱高煦的护卫被削掉了,必须重新招兵买马,短期内不可能再聚集起一支成规模的武装力量;第二,乐安城小,又远离南京和北京,即使有什么风吹草动,对两京的威胁暂时不大;第三,朱棣此时病情加重,已间歇性发作,有时政务都要交给太子处理,更无力也无心再顾高煦之事;第四,朱棣对高煦始终没有置于死地,而是留有余地,并且从感情上毕竟难以割舍。永乐十九年八月,朱高煦的长子死了,朱棣为此竟停止视朝三日,可见治丧规格之高,并且感叹:"此儿虽循良,使不死亦终不能匡救其父也!"(《明太宗实录》卷二四〇)对高煦有惋惜之意。

2. 权力之争加上性格特点是朱棣父子矛盾的主因

现在请各位回头看看自从太子监国以来,朱棣和太子朱高炽的矛盾过程,为什么二人会有如此复杂的矛盾呢?是因为朱棣不喜欢朱高炽,而喜欢老二朱高煦呢,还是另有其他原因?

我认为朱棣与朱高炽二人之间复杂而微妙的矛盾,在当时有着深刻的社会政治原因。首先,二人的矛盾和冲突是由专制制度造成的,类似二人的情况在明代和其他朝代都不乏其例,不论是皇帝偏向老大以外的皇子,还是偏爱其他贵妃等因素,皇帝和太子之间的矛盾总是存在的。这也说明在当时的社会中,这种矛盾冲突具有普遍性。

在专制制度下,皇帝拥有至高无上的权力,几乎很少受限制,监国的权力既是皇权的一部分,也是由皇帝给予太子的,而且这种权力与皇帝的权力划分根本没有明确的法定界限，其行使范围和伸缩性完全由皇帝来决定。因此，朱棣既可以确定监国的权限为处理日常政务，也可以干涉、包揽太子的监国政务，当然也可以限制和收回这种权力。这样势必造成皇帝和监国太子之间的权力冲突，尤其是当朱棣有意这样做的时候。

其次，二人的矛盾冲突也与当时的政局以及朱棣本人的性格特点、心理因素有关。朱棣离京，太子朱高炽监国，手中握有处理日常政务的实权，周围又有一大批实权人物的辅佐，因而很快便形成了一股不断上升的政治势力。这样一来，权力的重心便发生了转移，有时会出现南京和北京同时存在两个权力中心的现象，无形之中就对朱棣造成一种威胁。

各位知道，朱棣是个雄猜多疑、权欲极强的人，再加上自己是夺位出身，总是怕别人再夺了他的皇位，因此，南京、北京两个权力中心并存，很可能令朱棣产生一种失落感和危机感。估计他可能会有这样的心态：我朱棣不是唯一的皇帝，南边还有一个皇帝呐，虽说大权在我手里，但那个人也有不少实权，而且眼看着势力不小。怎么办？那我得想办法对付。

因此，朱棣一方面对太子采取限制和防范的措施，并用关押、杀掉太子东宫部下的方式，来不断地打击和削弱太子的势力。你不是有权有势吗？我想法压制你，不让你权势坐大；另一方面，朱棣则有意纵容和厚待高煦，以此来平衡太子与高煦的势力。你不是太子吗？我让你兄弟跟你的权势差不多，不让你单独冒尖。这样一来，朱棣可能就不断地减少了自己的失落感和危机感，从而有效地保持了心理上的平衡。

如果这个分析成立，那么打击和惩治太子及其部下，与其说是高煦等人的谗害，还不如说是朱棣的本意。同时，朱棣这样做或许还有另一层用意，即为防备太子在其部下的帮助下，发动政变提前夺权，因此才不断地用找茬关押的办法来"敲打敲打"这些人，明里暗里警告他们不可有非分之想，不能在朱棣生前拥立太子为帝。有人认为是永乐十二年(1414)以后，朱棣才对太子因猜疑而加以打击和防范的，但事实上在此之前，朱棣已经屡次听信谗言捕杀太子的部下，可见朱棣的猜疑是贯穿太子监国的始终，从来没断过。

3. 朱棣虽然打击和限制太子，但不等于要废掉他

尽管太子朱高炽的势力不断地受到打击和削弱，但只要他监国的权力不被剥夺，他的政治势力便会不断地有所发展和壮大，从而给朱棣造成一种无形的威胁。因此尽管永乐十五年(1417)以后，汉王朱高煦由于夺位活动过分露骨而被遣送到乐安，但朱棣对太子打击和限制的政策并未因此而改变，反而有所加强，永乐十六年（1418）和二十年(1422)，朱棣又连续两次对太子的部下大兴问罪之师，原因就在于此。太子朱高炽长期生活在老皇帝朱棣的阴影之下，与朱棣合作的同时，也受到朱棣的打击和压抑，二人的父子关系也由于这种权力斗争而变得很不正常，几乎完全服从于专制王朝的君臣关系。这种被扭曲、被异化了的父子关系，实在是专制政治的历史悲剧。

许多人认为朱棣的打击和限制是有意废掉太子，史书上也说太子朱高炽多次面临被废掉的危险，但从实际情况看，这个结论不全属实。为什么这样说呢？朱棣虽然纵容和厚待过朱高煦，但并不是培养他作为皇太子的候选人，来代替老大朱高炽。他对太子及其部下所采取的行动，目的不过是想削弱和限制其势力，使其不能不断地巩固和壮大，从而对自己造成威胁。这是朱棣对太子的长期斗争方略，因此太子虽连遭打击和限制，但其地位仍然较为稳定，两个看似矛盾的现象，在此则统一起来。

同时，朱棣对太子的斗争并未扩大化，而是控制在一定的范围之内，关押和杀戮的人只限于太子周围的一些人，这样既维护了自己的地位，对永乐政局也未产生大的影响。实际上只要朱棣的地位不受实质性的威胁，朱高炽的太子地位就是稳定的。因此，朱棣虽然运用权势迫使太子受其监控，但始终没有废掉太子，并及时制止了朱高煦武力夺位的过分行动，暂时避免了冲突的升级，从而保持了政局的稳定。尽管朱棣专断雄猜、冷酷无情，但就他对太子的斗争方式及其结果来讲，朱棣仍不失为一个高明的专制帝王。

（五）太子以退为进，赢得了有利的局面

1. 太子以退为进，巩固了自己的地位

朱棣与太子的矛盾冲突中，朱棣是主动的一方，太子则是被动的一方，但太子并非完全被动应付，而是采取了以退为进的策略，其成熟的才干照比两位兄弟实在是略高一筹。他是怎么做的呢？第一，逆来顺受。两个兄弟收买、指使别人编造谗言诬陷他，他从未辩解和反击，反而为二人求情；部下遭到关押杀戮，他明知冤枉，却未出一言相救；一位部下被吓病了，太子写信安慰他，但此人还是被吓死了（《明史·邹济传》）。事后每当他回忆起这些事以及被关押的杨溥等人，总是感伤落泪（《明史·杨溥传》），可见他当时内心充满了痛苦，但却不得不将痛苦和不满深埋心底。

第二，言行谨慎。平时太子的言行极为谨慎，就像刚才的例子，有人告诉他，送文件的宦官总是打你的小报告，你要防着他。可太子却说，"我哪能没有错误呢？现在既然父皇都不信那个小报告，我又何必跟他计较呢"？回答滴水不漏，巧妙得体，很难被人抓住把柄，从而少惹麻烦。

第三，勤加请示。处理日常政务时，凡是朱棣所定之事，太子几乎一律呈请朱棣亲自处理，自己很少插手，从而极力避免与父皇朱棣发生权力冲突。自从他批评刘观受到朱棣的训斥之后，他就再未触动朱棣的宠臣；少数地方文武官员为非作歹，受到监察官员的举报，太子都下令要等父皇回京再说。总之，不该管的一概不管，该管的一律请示。

第四，热心诗文。日常生活中，太子更是极少表露出对权力和政治的追求与兴趣，"太子视朝之暇，手不释卷"，几乎整日与文人学者杨士奇、王汝玉、徐善述等人谈论诗文。太子体态臃肿，又身着特制的宽松肥大的衣服，给人的印象是一个清心寡欲、热心学问的胖书呆子（《明史纪事本末·太子监国》）。这一切都有助于改变朱棣对他的恶感和偏见，加上各种政治势力的保护，朱高炽的太子地位进一步巩固了。

但朱棣长期的防范和打击，肯定会使太子朱高炽感到极为压抑，身心都受到了相当的磨难和摧残，太子身体一直较为肥胖，可能与此有关。据说朱棣总

是嫌太子肥胖、笨拙,有一次甚至将私自送给太子食物的供膳官剁成肉酱,以此来限制他的饮食,让他减肥(《明朝小史·益肴被醢》)。这类事肯定使朱高炽产生一种强烈的逆反心理,极力渴望挣脱和改变这种处境。

2. 太子总为二弟求情,但二弟倒霉对他有利

值得一提的是太子对二弟朱高煦的态度。他当然十分了解二弟的行为,但从未向父皇朱棣汇报过,相反却不顾朱高煦的打击陷害而一再为他求情。甚至在朱高煦夺位最为猖獗,朱棣要严惩他时,太子还不惜触怒父亲来为二弟担保,说他没什么问题。结果呢,整个事态似乎并没有按照太子的愿望发展,朱棣不但不听太子的劝告,相反太子越是为二弟求情、担保,朱棣就越觉得太子太善良、太仁弱了,从而也就越要彻底惩办一下朱高煦,以解除他对未来皇帝的严重威胁。朱高煦被朱棣削掉护卫遣送到了乐安,几乎丧失了威胁太子、夺取皇位的资本,就像老鹰被砍掉了翅膀,根本飞不起来了。

朱高煦到了乐安之后,太子还写信劝慰二弟。他是否真的不希望看到二弟倒霉呢?史书未记。但是各位可别忘了,这个结果对太子是最有利的,而太子似乎是从反面促成了二弟的失败。太子后来被称为"仁宗",很大程度上是指他对两个兄弟非常仁厚,但从上述情况看,太子是仁弱厚道,还是大智若愚,可就不一定了,至少仁宗的称号是小瞧了他。

回过头来讲,永乐十八年(1420)年底,皇太子和皇太孙都到了北京,从而使北京正式成为大明帝国的政治中心。永乐十九年一月,明廷正式迁都北京,对于朱棣来讲,这是他后半生几大追求之一,其他几项活动分别是打安南、征蒙古和下西洋,而迁都北京无疑这些活动中的重中之重。上百万人几乎二十年的辛勤劳作,终于建成了一座伟大的都城,就是今天各位看到的北京皇城的主要框架,朱棣当然为之高兴,为之自豪。前人没有做到的事,朱棣却做到了。

那么朱棣是怎样做到的呢?与营建北京相关的活动还有长陵的营建和大运河的开通,同时还包括武当山和南京大报恩寺的修建,加上前面提到的几次打安南、征蒙古和下西洋,每一项活动都是消耗惊人、规模空前的浩大工程。这些工程在永乐时期几乎是同时进行的,百姓和国家为此付出了怎样的代价呢?

九 浩大工程

永乐帝朱棣的八大工程耗费了惊人的人、财、物力,导致人民生活困苦。

天坛

与营建北京相关的工程还有长陵的营建和大运河的开通,同时还包括武当山和南京大报恩寺的兴建,加上前面提到的几次打安南、征蒙古和下西洋,虽说后三个活动不能算作严格的工程,但是运输和供应几十万远征军的粮饷、采集各种物资修造和维护庞大的远航船队,却也是一种特殊的工程,即运输和造船工程。而除了浚通大运河这种水利工程之外,其他七项工程几乎都包括各种物资的运输工程,因此,上述八项活动都是消耗惊人、规模空前的浩大工程,百姓和国家为此付出了相当大的代价。

(一)营建北京和天寿山长陵

1. 北京皇宫和都城的营建,直接参加者超过百万

永乐时期的建都和营造宫殿,是明代开国继南京、凤阳之后最为浩大的一次全国性工程,所耗用的财力、人力、物力可想而知。朱棣靠武力夺取皇位后,在永乐四年就下令修建北京皇宫,征集全国工匠。就范围来讲这种征集是全国性的,就工种来讲也是无所不包,凡"百工技艺"只要营建需要,随时都可向各地征调。为了营建北京,集中了全国著名的工匠大约有十多万人,同时征调各地民工和卫所军人,就连监狱里的一些犯人也押解出来供苦役。

这个时期结合营建都城,将元故大都的南城墙南拓,并完城北京城墙的修建,确定整个皇宫的规模,皇城的范围就在这一时期规划完成布局。前一阶段自下诏时起,备料以及永乐五年便开始相接进行。其间还营建西宫(原燕王府),改建更换皇宫额名,以符合帝王宫殿体制。后一阶段是营建工作的全面铺开,工程量最大也最集中。

永乐时期营建皇宫耗用了多少人力和财力,很难统计出来一个可靠的数字。但从一些零星记载以及部分工程中,可以看到人力之多,耗费之庞大。永乐十九年三殿建成后第一次遭到火灾,翰林侍讲邹缉上书说:"肇建北京焦劳圣虑二十年,工大费繁,调度甚广……工作之夫动以百万。"这里说的"动以

百万"，是包括整个北京工程所用人力的大致数量。

2. 准备材料等活动比营建时间更早、更长

早在永乐四年（1406）七月朱棣就颁发诏令："以明年五月建北京宫殿，分遣大臣采木于四川、湖广、江西、浙江、山西"（《明史·成祖本纪》），还分别派人烧造砖瓦、征发工匠、调遣民丁等等，已经着手准备营建工作。但是大规模的营建活动并未真正展开，其原因除了数量庞大的建筑材料短期内无法备齐之外，可能还与这一时期大规模的消耗活动接连不断有关。比如永乐四年几十万大军出征安南；永乐五年（1407）徐皇后病逝，开始营建天寿山长陵；永乐七年（1409）和八年（1410）明廷又两次北征蒙古，因此营建北京的活动实际上暂时停了下来。但是筹集建筑材料的工作却一直没停，并且筹集到的各种建筑材料数量惊人，据说木、石、砖瓦等直到万历时期还在使用。

在筹集材料的同时，朱棣先下令改建了自己在北京的燕王府（位于今北京北海一带），作为代替皇宫的临时办公场所，尽管规模不太大，也有一千六百多间房屋（《明太宗实录》卷一八七）。从时间来计算，从永乐四年到十五年西宫建成共用十年左右，而永乐十五年到十八年营建紫禁城和北京城却只用三年。从工程量来计算，显然后者要大得多，但后一段的备料工作和规划工作却是前一段打下的基础。

当时朝廷出动了各部门的主要官员，动用的人力、物力、财力囊括了南北各省的主要州县。只采木一项，便耗费了惊人的人力。"照得楠杉大木，产在湖广川贵等处，差官采办，非四五年不得到京"（《两宫鼎建记》）。至于采石、转运、开窑烧砖、烧琉璃瓦、烧石灰等等，也都是浩大的工程。如果连全面的规划设计、拆除旧建、创槽打基都计算在内，整个准备时间至少也需要四五年。有的文献记载，明代营建皇宫和都城是在永乐十五年，而在《明史·成祖本纪》中从永乐四年诏建北京宫殿时，就已经着手准备建筑材料了。永乐十五年正式营建到十八年，上万间的宫殿城池，三年时间决不能建成。因此，文献记载的永乐四年和永乐十五年两说，应以永乐四年为可信。

除了三大殿为核心的皇宫建筑之外，还有太庙和社稷坛，就是今天的劳动

人民文化宫和中山公园；天安门前面还有大明门和前门，神武门（当时称为玄武门）北面还有寿皇殿，就是今天的景山公园。不仅如此，皇宫的南面还建有天坛和山川坛（即今先农坛）；皇宫的东面还建有王府十五邸，据说仅房屋就有八千多间，就是今天王府井大街的前身。

除了地面建筑之外，许多建筑还有地下的地基部分。这类建筑地上和地下两部分几乎各占一半，有些地基甚至超过了地面建筑部分，尤其是像故宫三大殿、天坛、太庙、天安门这样的高大建筑，更是必须有相当深度和相当牢固的地基。尽管有些地基是元大都的遗迹，但北京都城的整体规模是超过元大都的，因此，仅仅是北京都城新建的地基部分，就是一项空前规模的土木工程。各位可以想象，这么大规模的宫殿建筑群，需要投入多少人力、物力和财力呢？百万之众也只是粗略和保守的估计。

3. 天寿山长陵也是空前规模的工程

几乎在营建北京都城的同时，朱棣下令为自己和徐皇后营建长陵。长陵的工程主要分为地宫和陵园两部分，地宫虽然由于目前尚未发掘而无法了解情况，但是可以看到已经发掘并开放的定陵地宫，参观者无不为其工程浩大而感到惊奇。定陵安葬的万历皇帝已是朱棣的第八代子孙，他的陵寝决不会比祖宗朱棣的规模更大，因此各位可以推测，就算长陵的地宫和定陵的一样大，整个长陵的工程肯定也是相当浩大的。

长陵的地宫修建了四年的时间，而长陵陵园的主要建筑直到永乐十四年（1416）才算基本完工。长陵的陵园由陵门、陵恩门、祾恩殿、明楼和宝城组成。今天人们看到的陵园虽然经过后来多次重修，但也大体上保持了最初的格局，这组建筑群是我国现存最大的木结构建筑群之一，单凭这一点也可以看出当时长陵工程的超级规模。正是由于建筑规模空前，施工期间又赶上北京皇宫也在紧张进行，加上朱棣晚年连续北征，综合国力消耗较大，因此，不仅朱棣在世时未能拿出足够的人、财、物力，完成陵园的营建，即使后来的仁、宣二帝也不得不根据有限的综合国力，采用分期施工的办法来建筑。而长陵神道石像等则是正统时期完成的，距长陵初建已超过三十年（胡汉生《明十三陵》）。

（二）营建工程的另一半：建筑材料的筹集和运输

前面讲过，营建北京新首都和长陵的工程中，准备材料等活动比营建的时间更早、更长，主要的建筑材料包括木材、石料、砖瓦、琉璃等等。这些东西的筹集和运输是整个营建工程的一部分，由于建筑材料的需要量非常之大，种类繁多，加上技术条件的原始和落后，因此这些东西筹集和运输的时间之长、规模之大，劳役之艰苦、繁重，很大程度上都超过了营建本身。

1. 木材的采集和运输

永乐四年朱棣下令建筑北京宫殿后，立即派遣政府各部官员，以监督采运木材身份，分赴盛产木材各省抓采运事务。从现有的资料看，木料都是由特产楠木的四川、贵州、广西、湖南、福建等省高山深谷中采伐来的。在明代文献里曾有"入山一千，出山五百"的记载，可见在原始森林中伐运木材，不知夺去多少供役者的性命。

故宫太和殿内一人抱盘龙金柱

运输非常艰苦，好的木材都生在"险绝之地"，不消说要披荆斩棘，先开出路来，而后运到水源河道流放，顺长江转运到淮河，再顺运河或者出海运到塘沽，转运到北京。木材从采伐到运输需四五年。宣德元年（1426）修理南京大祀等殿，欲采湖广"杉松大材七万株"，修理旧都之祀殿计划采办之木植即以七万计。以此来判断，永乐时期的采木规模当不在小数。直到万历朝,神木厂所藏大木都是永乐时期营建宫殿剩余的,可见当初准备木材之多。

被强征的穷苦百姓人数没有具体记载,但从其他材料却可以推测。《明史·师逵传》中说:"永乐四年建北京宫殿,分遣大臣出采木。(师)逵往湖、湘,以十万众入山辟道路……"仅一个地区开辟采木道路的人役就达十万之多,那么全国伐木的民夫当不下几十万人。这些民夫冒着虫、兽、瘴、疫的侵袭,自带干粮辗转于穷山恶水、丛林荆棘之间,劳动艰苦自不待说。

关于采木工程之艰苦,有人写过一篇名叫《皇木》的文章,描绘在采木地区山川险恶,从山涧中运木艰辛情况,采木工人遭遇毒蛇猛兽、饥饿流离、感染山岚嶂气致病,以及使用天车越涧和利用巨浸漂流运输的危险情况。这样的艰辛劳动在当日都是无偿的,而在验收木材时如认为不合格的,逼得采木者卖子女偿还,更有甚者父债子还。那些合格的木料要运到北京,采木运输人员在转运水陆途中饿死、落水丧生者又不计其数。从山区放排顺长江编筏而下,经淮河转到运河。有的出海经海运到塘沽,难免遇到风险而漂没。有的通过运河而至通州,也难免遭到淤沙而搁浅。仅仅是通州到北京这一段通惠河道,到嘉靖朝,两岸沙苇中,还有被湮没的一百五十多根大型楠木。

2. 石料的开采与运输

参观故宫时可以看到,宫殿建筑除木结构以及门窗、装饰外,用石料的比重相当大,除基础的条石、须弥座、柱础外,台阶、石栏甬路等,其中最大的是保和殿后的一块云龙阶石,长16.5米,宽3米,厚1.7米,是用一块汉白玉雕成,重达二百多吨。明代营建北京宫殿所需石料有汉白玉石、青石、花岗石、花斑石,其中主要品种为汉白玉石,色调浑白,质地均匀,很少裂纹。而且体积较大,是石雕的好材料,产地为北京房山县的大石窝和涿州的马鞍山。由于采集量大,明朝政府在这里驻有工部及御史衙门官员,专门监督采运。

开采石料是艰巨的劳动,选择好开采地点以后,先要剥离表土,再挖出砾石、砂层,要清除几层至十几层的乱石。特大石料——类似云龙阶石那样,翻塘上车需要一万个军工,工程之大可见一斑。不仅要把石料就地加工成粗料,

故宫保和殿后的云龙石雕

而且要把石料剥离地点到装车地点开凿成一个大斜坡,垫以滚木,用撬杠、人拽,一寸一寸地移动。这种特大石料的运载工具叫做"旱船"。

由巨大的方木联结成木排,架在两排方木上面,其使用多在严寒季节在路面泼水结冰,用人力和畜力拉拽,由房山到北京一路直到现在仍多有水井,就是明清两代遗留下来的。《两宫鼎建记》载:"三殿中道阶级大石长三丈,阔一丈,厚五尺。派顺天府等八府民夫二万,造旱船拽运。派同知、州判、县佐贰督率之。每里掘一井以浇旱船、资渴饮。计二十八日到京,官民费计银十一万两有余。"如果再加上军工,则运这块巨石所动用的人力达两万六七千人。房山到北京的距离以一百五十里计,运了近一个月,每天行程约5—6里,可见运输之难。由于运输频繁而且艰巨,官府还动员大批劳力修路,当地还要担负因事故而损坏车石的赔偿责任,这一带百姓为运石而支付的人力和财力可想而知。

3. 烧造砖、瓦、琉璃等建筑构件

自永乐朝营建北京开始,有明一代在北京的宫殿、城垣、陵墓、坛庙营造上,砖、瓦、琉璃等建筑构件的烧造规模数量之大、烧造地域范围之广,持续时间之长、烧办方式变化之纷杂,不仅是以前的历代王朝所罕见,甚至超过了明初洪武朝营建南京和凤阳中都的烧造情况,是北京营建烧造的第一个高峰。由于烧造的砖瓦运输数量庞大,除了军民之外还有许多罪囚参与,作为赎罪之举。

目前发现于河北省衡水市武强县之《重修三圣庙记》碑刻,记载了明初永乐六年(1408)于武强县沿滹沱河两岸设立窑厂,"北界献陵(今献县)、南通观津、左跨衡漳",窑座众多,终日"烟雾蒙蒙",烧造砖料数量巨大,"金城汤池多赖焉",后因烧窑而成聚落,并且"因窑而建庙"。由此可见,永乐时期仅仅武强县附近地方的烧造规模就相当庞大。

北京城内有两处以窑作街道名称的地方,琉璃厂和黑窑厂,都是由于烧制琉璃瓦和黑青砖琉璃制品而得名。原北京师范大学旧址的水塔上面镶嵌着"琉璃窑"三个字,就是当初的窑址。黑窑厂在今天的陶然亭,窑址就在现在的窑台附近。木石、砖瓦、琉璃是北京都城和长陵的主要建筑材料,此外还有黄土、石灰、颜料等等,由于当时不可能按照需要做出数量和品种上的预算,更不可能根据各地的不同情况,来安排不同建材的采集和运输,因此在采集、运输、储藏和使用过程中,各种浪费和损耗极大,更加重了百姓的负担。

明代琉璃龙吻建筑饰件

(三)修建武当山等其他几项工程

除了北京新首都和长陵的营建工程之外,还有南征北讨、浚通运河、兴建武当山宫观和南京大报恩寺以及下西洋等六项活动和工程,其中浚通运河作为特殊的水利工程,没有运输活动;武当山宫观和南京大报恩寺作为建筑工程,当然包括砖瓦木石的采集和调运;其余三项活动则是包括运输大量物资的工程,比如南征北讨各自需要几十万人、车和牲畜来运输粮食,下西洋则需要采集、运输各种物资,来修造和维护一支庞大的远航船队,也是一种特殊的造船和运输工程,因此,这些活动同样是损耗民力、规模空前的浩大工程。

1. 南征北讨和浚通运河

明朝南征北讨都包括粮饷的运输和供应,其中北征将士几十万人,加上运输粮饷的民夫,总数不下六七十万。每次北征朝廷都要征发二三十万拉车的民夫,加上十几万辆运车和几十万匹驴,从北方各省运送粮食,到北征大军经过的北京到宣府沿途军仓,并且其中的一部分民夫和车驴还要越过边境线随军出塞,一直将大批粮饷运送到北征大军的前线附近(《明史纪事本末·亲征漠北》),否则明军人马就无法及时获得必需的补给。即使这样,明军最后几次北征时,仍然因为多次远途搜索敌军、补给线过长,粮饷不足并且无法及时补给而被迫撤军。

可能有人会问,运输粮饷为什么要用那么多的民夫和驴呢?按理说马的力气可是比民夫和驴大多了,并且还比较容易驾驭,朝廷为什么不用马来运输粮饷呢?各位要知道,马在明代是战略物资,原则上不用于生产,民间养马户养的马是公家的官马,不属于自己,几乎只用于战争,加上永乐时期连续北征需要大批的战马,营建北京可能也需要大量的马匹,因为当时没有汽车一类的运输工具,像木材、石料这类相对沉重并且数量庞大的建筑材料,必须用马匹来运输;而百姓生产和生活中主要使用的是驴和骡子,因为驴骡是民间普遍的运输工具,北方地区一直有养驴的习惯,驴又比马吃得少、易于饲养,也便于征集,因此,为了保证北征和营建工程对马匹的需要,运输粮饷就只能用民夫和驴了。由此可见,当时由于战争和工程规模大,就连百姓私养的牲口也要无偿为朝廷服役了。

除了北征以外,还有更大规模的南征。自从永乐四年明廷出兵安南之后,那里的军事行动就一直没有停止。由于安南和明朝之间有崇山峻岭相阻隔,因此运输粮饷极为困难（《明史·李彬传》）。永乐时期明军三次出兵安南,战役的规模和次数都超过了北征,因此粮饷的消耗和运输规模也都超过北征。三次大规模的战役,明廷需要供应几十万远征军的粮饷；战役结束后远征军撤回国内,留驻安南的几万明军同样需要粮饷供应。

明廷派往安南的行政长官是黄福,他在安南并入明朝版图的二十年中,几乎始终为调运粮饷而发愁,实在没办法了,他甚至向朱棣建议,减少老弱军人的粮饷用于补充少壮军人,或是从海上冒险开辟一条运输线,避免陆路崇山峻岭运输的艰难（《明史·黄福传》）。到了永乐后期,粮饷军费达到几百万,征调运输的费用尚未计算在内。南征所有消耗的数量庞大到什么程度,史书没有明确记载,但在永乐末年已仅次于当时的南北二京（《明太宗实录》卷二五〇）,可见安南已成为明朝一个极为沉重的包袱。

除了南征北讨的军事行动和运输工程外,浚通运河也是一项大工程。当时东南地区是明朝的主要产粮基地,粮食要通过贯通南北的大运河来运抵北京,其中元代运河济宁至临清的会通河由于"岸狭水浅",无法承载大型运粮船通过,运往北京的粮食有限。为了保证北京首都的粮食供应,朱棣根据有关建议,下令工部尚书宋礼浚通前代的大运河。宋礼率领山东、徐州、应天、镇江等地的三十多万民工,将会通河两岸普遍拓宽,对原有的河床加深挖掘3尺,从而解决了会通河段淤塞的问题。

会通河南旺一段地势较高,常有浅阻,宋礼还对这一情况进行了有效的治理,一方面将引流入南旺的河水分别注入南北河道,加大这一段运河的水量,另一方面又在南旺的南北两边,根据地势和水势修筑闸门,以便及时蓄水和泄水,从而保证这一段运河拥有足够的水量来承载行船。同时,宋礼还将运河沿岸季节性存水的低洼地,改建成有堤坝和闸门储水的大型"水柜",相当于今天的水库。夏秋水量大时放运河水入"水柜"储水,春冬水量小时则开闸泄"水柜"中水再入运河,从而保证行船运输的畅通。

此外,宋礼还奉朱棣之命率领河南丁夫十万人,对黄河支流与运河会通河段交汇之处进行了治理,提高了运河的漕运能力。负责漕运的平江伯陈瑄率领漕运部队和百姓几万人,对淮安附近的运河进行了治理,有效地解决了漕运问题。这项工程虽然不像战争和营建那样,消耗大量的粮食和建材,但是几十万参与者仍然付出了沉重的体力劳动,因此同样是规模空前、消耗巨大的工程。

2. 武当山和南京大报恩寺的兴建

新首都和长陵以外的营建工程,就数武当山和南京大报恩寺了。当年朱棣认为他之所以能登上皇位,是得到了真武大帝的保佑,也就是自己的皇位来自于天命,"君权神授",因此他才隆重兴建武当山工程,以表明自己皇位的正统性。从永乐九年(1411)

平江伯陈瑄像

开始,整个武当山工程在永乐时期前后进行了大约十四年。由于武当山是神山,不能就地砍伐建筑木材,只有从四川等地采办运来,几十万民夫首先进行的是砖瓦木石的采集和调运。

武当山的主体工程包括五大宫和二十几处宫观,于永乐十六年(1418)年底完成。军民工匠在方圆数百里的崇山峻岭和沟壑溪流中,或凿石开道,或搬砖运木,或树栋架梁,或炼铁冶铜,在极为艰苦的条件下以极其原始的施工方式,垒砌营建出了武当山巍峨雄伟的宫殿建筑群。永乐十七年(1419)以后,朝廷又对武当山进行了补充修建,增加了十几处宫观以及亭庵等小型点缀性建筑,垒筑了石蹬神道、桥梁围墙等,还铸塑了大批神像,直到永乐二十二年(1424)才算全部完成。朱棣自己也承认,整个武当山工程"实皆天下军民之力","凡所费钱粮难以数计",相当惊人(《武当道教史略》)。

南京大报恩寺号称金陵第一大刹,前身是宋代的天禧寺。据现代学者的考证,朱棣大规模重建天禧寺,名义上是为纪念太祖和马皇后,实际上是为他的生母碩妃祈福。整个重建工程分为寺和塔两部分,从永乐十年(1412)开始,直到宣德六年(1431)才全部完成,前后将近二十年,永乐时期即有十三年。参与工程的军匠、囚犯、劳工有十几万人,永乐时期即花掉了郑和下西洋剩余的一百多万两白银。大雄宝殿后面的九级琉璃宝塔,高达三十二丈有余,共有八个棱面,全部用白石和有精美纹饰的五色琉璃砖砌成。据说烧制琉璃砖时一式三份,依序编号,一份建塔,另外两份埋入地下备用。仅此一项,即可反映出工程的浩大。

从上述情况可以看出,营建北京都城和长陵以外的六项工程,也都是规模空前、消耗巨大的工程。

(四)八大工程的代价和影响

1. 完成工程的办法:延长时间多干活、少给钱等

永乐时期为了完成八项工程,减少经费支出,采取了延长民夫工匠的服役时间、降低工资等办法。此前的洪武八年规定,每钞一贯折银一两;洪武三十年(1397)更定,钞三贯五百文折米一石,银一两准米四石,则钞十四贯值银一两,已贬值十四倍。永乐五年(1407)朝廷令各处税粮课程赃罚俱准折收钞,其中规定银一两值八十贯。以钞银比价论,永乐五年的宝钞价值,仅为洪武元年的1.25%,为洪武三十年的17.5%,就是说永乐五年的宝钞已比洪武元年贬值数十倍,比洪武三十年至少贬值六倍有余。

永乐四年采木军民夫匠的工资是"人月给米五斗,钞三锭",永乐五年的宝钞官方定价为"米每石三十贯……银每两八十贯"(《大明会典》(万历)卷三一),以钞五贯为一锭计(吴晗《记大明通行宝钞》),三锭为十五贯,可值五斗米,那么永乐四年采木夫匠"月值合米一石",每月工资收入加起来只有一石米,折合银约三钱七分五厘。但这仅仅是依据官方定价,各位知道,专制时代的官方定价往往比市场价格高出许多,因此当时采木军民夫匠的实际所入很可能更低。

由此可见,明朝政府是按照官方定价来为民夫工匠发工资,并没有考虑政

府发行宝钞贬值的因素,因为这样做至少可以减少采办材料的花费。另外,强制或半强制劳役尤其是延长服役时间,也是造成前期采办花费较少之原因。洪武时期夫役每年一律只用三十日即遣归,人匠则每三年更番输作三月就便放回;而朱棣营建北京时,夫役则延长至半年更代,比原来延长了五个月,即一年中要干满半年才能再有别人来换班。刑科给事中耿通曾劾奏负责工程的宋礼等人,将工匠役满一年后仍留不遣,比原来延长了九个月。就是说永乐朝较之洪武时期,民夫、工匠的服役时间至少延长了4—6倍。

那么当时的明政府为什么要延长民夫工匠的劳役时间呢？为什么不去征集更多的人前来换班呢？原因很简单,由于工程项目太多、规模太大,能够征集的人力几乎都征集来了,就连没有打仗任务的军人和罪犯都大量参与了这些工程,因此已经没有多余的人力前来换班了。宣德初年的一份诏书规定,全家在京劳作的民夫工匠,大体上按照二分之一的比例放回,单丁劳作两年以上即可回家休息（洪熙元年六月十二日宣宗《登极诏》）。由此可见,由于众多工程的需要,明政府征发的劳动力数量非常大,许多家庭都是全家男丁参加营建工程,于是导致了过期服役的民夫工匠无人换班。

可能有人会问,永乐一朝的营建采办工程浩大,所消耗的经费必当惊人,可是表面上看来国家并无严重的财政危机,也没有像中后期那样千方百计的搜括添设各项杂色收入,而是维持了表面定额收入,那么朱棣统治的明朝政府是怎样做到的呢？通过对永乐朝太宗实录的简单统计可看到,这一时期历年赋税粮之入在三千余万石左右,而课钞之入自采办开始之年（永乐四年,1406）起,由此前的每年二三千万贯剧增到五千余万贯,至永乐十年（1412）以后已膨胀到近一亿贯。试想以当时的生产力发展水平,短短数年之间为什么课钞之入竟能增长数倍？除了不计通货膨胀的滥发宝钞外,基本别无可能,这部分滥发之宝钞其中就有部分应用于采办之中以充经费。

从上述情况可以看出,永乐时期明政府采取扩大劳役范围、延长服役期限、压低劳役酬值的方式,来保证工程的完成、减少经费开支,同时以无节制发行之纸币（宝钞）来充付经费,最终的结果是民夫工匠得到的宝钞急剧贬值,货币体系（钞法）几近崩溃,百姓为政府的工程付出了相当大的代价。

2. 难以持续：八项工程的特点和影响

其一，持续时间长，前后超过二十年。八大工程最早的一项是郑和下西洋。第一次下西洋是在永乐三年（1405）的六月，但是龙江船厂建造庞大的远航船队，筹集丰富的远航物资，至少要在一年以前即永乐二年（1404）。就是说，永乐时期的超级工程早在永乐初年就开始了。并且打安南、征蒙古、营建北京和长陵、兴建武当山等五项工程，直到永乐末年还在进行，因此，永乐时期全部工程进行的时间，前后已超过二十年。

其二，劳作范围广，涉及全国各个省份。仅仅北京的营建活动就几乎是全国规模的动员了，加上北征蒙古、出兵安南、武当山和报恩寺工程，明朝版图内的各个省份全部卷入了八项工程之中，并且许多省份承担的工程内容还不止一个。各位请看，营建新首都北京和长陵以及北征蒙古、浚通运河，涉及的北方省份是山东、北直隶（今天河北省大部分）、山西、陕西、河南，出兵安南涉及的省份有广东、广西、云南、四川、湖广、贵州，维修远航船队以及兴建武当山和南京大报恩寺，尤其是采运建材等各种物资，除了上述省份外还涉及南直隶（今天江苏、安徽省大部分）、浙江、福建、四川。因此，永乐时期全部工程进行的范围是全国，甚至还包括一些尚未正式纳入明朝版图的地区。

其三，参加劳力多，大约是当时全国男性人口的五分之一。据不完全统计，参与八项工程的人数大约有以下数字：

（1）北征大军几十万，加上运送粮饷的二十多万人，至少将近六十万；

（2）营建首都的直接参与者就超过一百万，加上采运木石、烧造砖瓦等其他人员，至少会有约一百六十万；

（3）南征大军的规模超过北征，加上运送粮饷的人，应该会有约一百万；

（4）浚通运河的人力加上后来陈瑄治理漕运的几万人，大约五十万；

（5）兴建武当山的人力约有三十多万，兴建南京大报恩寺约有十几万，总数接近50万，如果加上采运建材人员，可能会达到八十万以上；

（6）庞大远航船队的维修人员，加上相关物资的制作、采购、运输人员，虽然没有明确的统计数字，恐怕至少会有约四十万；

（7）直接营建天寿山长陵的人力超过四十万，加上采运木石、烧造砖瓦等其他人员,至少会超过六十万。

上述七项加起来已经超过了五百万,如果加上因疾病、事故、战争、冻饿等因素而死亡的人,明廷不断强征和补充各项工程的人力,那么整个永乐时期参与八项工程的总人数,可能至少会达到六百万以上。永乐时期全国的人口大约为五千多万,男性的人口比例可能略高于女性,大约为三千万,因此,参与八项工程的六百万人,大约占永乐时期男性总人口的五分之一,并且这个数字还仅仅是非常保守的估计。

需要说明的是,首先,这六百万人数中可能有重复计算的部分,比如由于长陵和北京接近,一些军民劳工可能先后参与了这两处工程;为北京、长陵和武当山工程采集和运输木料,在西南部分山林地区可能是同一批劳工。

其次,六百万人数的组成部分可能因情况不同而有所变化,比如北征蒙古和出兵安南,官方公布的最高人数分别是五十多万和八十多万,运送粮饷的人也会因此而增加。

第三,六百万人数并非始终不变,因为像武当山和南京大报恩寺等工程主要集中在永乐后期,并且北京和长陵的营建也没有停止,因此永乐前期的军民劳工人数可能少于六百万,而后期可能多一些。但是不管怎么说,整个永乐时期大约每五个男性中就有一人,先后参加了八项工程,这个数字比例已经够惊人的了。

其四,劳作强度大,几乎都是重体力劳动,因此导致劳力资源接近枯竭。八大工程之中,除了下西洋、开运河两项工程外,其余绝大部分都和运输、营建有关,可以说基本上都是重体力劳动;而开运河涉及的劳动有挖渠、筑堤、开凿河道、修筑闸门,同样是重体力劳动。即使是维修庞大的远航船队,也有许多较为沉重的体力劳动。并且许多工匠从全国各地徒步奔赴劳作现场,各地许多百姓远走他乡采办一些建筑材料比如颜料等等,途中的各种消耗包括体力消耗都是无偿的,因此,永乐时期的八大工程,使全国的民夫长期从事重体力劳动,结果导致了当时的劳力资源接近枯竭。永乐末年朱棣一意孤行,顽固坚持北征时,负责财政的户部尚书夏原吉委婉地说"民力竭矣",就是指朱棣强行发动的一系列超级工程,导致劳力资源的使用已达到极限。

其五,各项工程相互抢占资源、相互耽误,几乎无法同时进行。这一点在永乐后期已经非常明显,其中长陵的工程就是因为保证北京都城的优先营建,材料和工匠都无法获得较为充足的供应,不得不往后一拖再拖。出兵安南的军事行动也因为北征,而无法连续进行大规模的进剿,因为两个行动都面临着粮饷的筹集和运输的压力,无法同时兼顾。实际上相当于两线作战,虽然南北两个战场的兵力不能相互借调,但是主要将领却几乎是两头跑,比如张辅,总是打完了安南再参加北征。下西洋之举同样因为其他几项工程的国力消耗相当大,后来不得不暂时停止。

3. 八项工程导致军民的生活非常困苦

永乐初年还没有入朝做官的萧仪,在江西家乡听到了采木夫匠们流传的《伐木谣》,"词甚怆,意甚真深,足以见一时之事俗",内容真实地反映了这些人伐木劳役艰辛而悲惨的经历,有人听了以后不禁同情落泪,和着韵脚续写了一首《续伐木谣》。萧仪读后也深为感动,以一个青年文人特有的同情心和文学才能,在这个基础上稍作修改和加工,写出了又一首真切感人的作品:

> 永乐四年秋起夫,只今三载将何如。无贫无富总趋役,三丁两丁皆走途。山田虽荒尚供赋,仓无余粟机无布。前月山中去未回,县檄仓忙更催去。去年拖木入闽关,后平山里天正寒。夫丁已随瘴毒殁,存者始惜形神单。 子多孤母多老,几度临门望归早。火伴还家始报音,遗骸已润荒山草。官家役簿未除名,孤儿嫠妇仍登程。去年丁壮已殒殁,今年孤弱知无生。君门如天多隔阻,圣主哪知万民苦。但闻木数已将完,王事虽劳莫怀土。(《袜线集》卷一九)

诗中写了所有的男丁都去服役,其中一个从江西伐木拖运到福建的农夫,家里的山地已无人耕种无法缴纳官府的田赋,没有余粮也没有穿衣用的布匹,生活已经没有着落了。他自己被山里的瘴气毒死,孤儿老母还在依门盼望他

九 浩大工程

早日归来。虽然同去幸存的伙伴回来报信,但是官府的服役名单上还有他的名字,因此他家剩下的孤儿寡妇还要照样去伐木拖运。壮实的男子尚且中了毒气身亡,年幼体弱的孤儿寡妇就更别指望活着了。

作者萧仪不觉感叹:"君门如天多隔阻,圣主哪知万民苦",似乎在批评皇帝不知百姓疾苦;不过诗的最后两句却说:"但闻木数已将完,王事虽劳莫怀土",虽然表达了希望伐木拖运早日结束的愿望,但同时也在委婉奉劝农夫一类的读者,国家大事虽然辛苦可是也不必怀恋故土,还是要和朝廷保持一致。实际上这时永乐一朝的浩大工程才刚刚开头,更为艰辛的劳作还在后面。

其实不仅萧仪的作品和各地的动乱记载,即使是朝廷发布的诏书里,也从一些侧面反映出当时参与营建军民的艰辛和困境。比如永乐十九年明廷颁布的《奉天殿灾宽恤诏》中规定,"营造军夫人匠但有伤故者,有司好生抚恤其家,免其杂泛差役",说明在此之前各项工程进行的十几年中,那些不幸受伤或死亡的军人、民夫及工匠,他们家里的很大一部分差役官府根本不予免除,仍需按规定像未受伤或生前一样承担。

洪熙元年六月颁布的宣宗即位诏书中规定,"北京所属卫所见(现)养永乐二十年征进所获牛羊,自洪熙元年六月十二日以前倒死者,悉免追赔",说明在朱棣晚年三次北征蒙古俘获的牛羊,是由北京所属卫所的军人来饲养的,这批牛羊如有病倒或死者,饲养的军人是要被追责赔偿的。宣宗即位以后也没有废除这项规定,只是宣布在他即位前倒死的牛羊可以免于追责赔偿。

结合前面的情况可以看出,北方军人不仅要参加北征,多次面临饥寒甚至是死亡的威胁,回去以后还要参加一些繁重的营建工程,此外还要无偿饲养一批俘获的牛羊。这件事也反映出连年北征和大规模的营建活动,造成京畿地区军民生活的穷困,陆续从各地调来的卫所军人,更是缺乏必要的生活和生产条件,至少是严重缺乏运输和生产等方面的工具。因此在这种情况下,将北征俘获的牛羊赶回来喂养,作为政府财产设法加以保值,虽然加重了卫所军人的负担,但至少可以解决一点耕地、运输、产毛等问题,否则朱棣决不至于在严重缺粮、士兵不断冻饿而死的情况下,连每次北征零星俘获的牛羊都舍不得及时分给士兵食用,而是都要老远赶回来养着,病了死了还要赔偿。

在生活日益困苦、劳役相当沉重的情况下，永乐时期各地发生了许多规模不等的暴动，例如永乐七年负责湖广采木的官员师逵督责严急，激变采木民夫李法良等之乱；永乐十年在嘉兴发生了小规模农民起义；永乐十六年北京附近的昌平和山西潞州发生农民暴动；永乐十七年江西有逃匠聚众拒捕为变；永乐二十二年湖州也出现了起义。为了逃避沉重的劳役，有些地区甚至出现了弃养男婴之风。永乐后期规模较大的山东唐赛儿起义，也在很大程度上与此有关。

从这些情况可以看出，永乐时期八项浩大工程的进行，使国家和百姓付出了相当沉重的代价。而朱棣迁都北京前后，基本上是永乐时期的折腾导致综合国力下降，许多严重的社会弊端逐渐充分暴露之时。

永乐十九年的正月初一，明廷在北京举行了非常隆重的新首都落成仪式，朱棣作为皇帝来到太庙（即今劳动人民文化宫）非常恭敬地奉安五庙神主；朱

太庙

九　浩大工程

高炽作为皇太子,在郊庙(即今天坛公园)奉安天地神主;朱瞻基作为皇太孙,在社稷坛(即今中山公园)奉安社稷主;黔国公沐晟作为大臣和贵族代表,在山川坛(即今先农坛),奉安山川神主。在完成了一系列的典礼仪式后,朱棣来到新建成的奉天殿,接受了群臣和一些外国使者的朝贺,然后大摆宴席,款待众人(《明太宗实录》卷二三三)。

可是迁都三个多月之后,皇宫里突然着了一场大火,烧毁了新建成的奉天、华盖、谨身三大殿,也就是现在北京故宫的太和、中和、保和三大殿,木质结构的建筑几乎全都烧光了。那么这场大火过后,朱棣和他的大臣们会有什么反应呢?他们之间的矛盾又是怎样爆发的呢?

✣ 君臣分歧

大火连烧三大殿,在朝中引起了反迁都的风波,暴露了不少深层的政治问题。

三大殿鸟瞰

（一）大火烧毁三大殿，朱棣号召提意见

永乐十八年（1420）底，明朝新的首都北京大体建成，永乐十九年（1421）元旦，明廷举行了隆重的新首都启用典礼，可是迁都三个多月之后，突然一场大火烧毁了新建成的奉天、华盖、谨身三大宫殿，也就是现在北京故宫的太和、中和、保和三大殿，木质结构的建筑几乎烧光了。

那次的火势非常凶，按理说三大殿的距离不算太近，如果控制得当、救护及时，可能还不至于都烧光。据说其中一个大殿刚被烧着时，杨荣还算反应快，指挥一帮宫廷卫士冲进去，及时抢救出了一批重要的文件，但是在当时的条件下，防火、灭火的技术都相当落后，木质结构又恰好是易燃的材料，因此大火很快就连烧三大殿，只剩一片灰烬了。

这场大火早不烧晚不烧，当初营建北京的时候，可以说遍地堆放的都是各种易燃的木材，到处都有木制的脚手架，那么多的工程建筑人员，在远处的许多地方起火做饭，居然没有引起火灾。可是偏偏在新首都刚建成三个多月后，一场大火就突然烧起来，并且是一年刚开春，三大殿就烧个精光，这种情况在那个迷信的年代里，是个非常不吉利的征兆，并且也是相当罕见的。

面对这种罕见的情况，朱棣是怎么想的呢？他被吓得够呛，相当恐惧，觉得自己建都、迁都这些活动可能惹怒了苍天，因此上天才降下一把火，烧光了他的新宫殿，以示谴责和惩罚。于是朱棣赶紧按照以往的惯例，下诏书令群臣直言朝廷政务的缺失，比如敬天事神是否礼数有缺，是否有小人得志、贤士遭殃之事，拍马屁、唱赞歌的升官，说实话、提意见的靠边站，刑狱是否总有冤假错案，百姓的赋税是否太重、赋役不均，财政支出是否过度、浪费过多，工程建设是否劳民伤财，军事活动是否频繁、粮饷供应不上等等许多问题，希望大臣们直言不讳（《明太宗实录》卷二三六）。

（二）朱棣翻脸杀了提意见的人，夏原吉承担了责任

其实许多大臣早就对迁都不满，多年来南征北讨、远航迁都等活动，逐渐造成了国力的严重消耗甚至是透支，那些具体负责的官员对此不仅非常清楚，并且越来越忧心忡忡。他们知道，永乐十四年朱棣召集的那个迁都征求意见"座谈会"，不过是走个形式，皇帝早就定了的事，又有谁敢提反对意见呢？有个叫陈祚的青年官员，本来是响应号召提意见，上书指出在北京建首都不合适，结果被朱棣贬了官职（《明通鉴》卷二一）。可见朱棣名义上是征求意见，实际上根本容不得反对意见。

可是这次不同了，大火连烧三大殿，看来皇上确实是害怕了，这可是个好机会，应该抓住这个机会，反对皇上的过分开创和几十年的折腾，该让大明帝国及其百姓喘口气、歇一歇了。于是许多官员纷纷上书，指出迁都北京的不利因素。这些人又和以前的解缙一样犯傻，皇帝叫说什么就说什么，不管皇帝想不想听、爱不爱听。

1. 朱棣突然翻脸，杀了提反对意见的人

在上书的官员中，有个叫萧仪的吏部主事，相当于今天组织人事部的一名处长，他给朱棣上了一封《应求直言诏疏》。前面讲过，永乐七年（1409）这个萧仪还在江西家乡时，曾听人讲过当地民夫砍伐木材拖运福建武夷山，自己中毒身亡、孤儿寡妇继续服役的悲惨经历，根据这些情况以及流传的《伐木谣》，续写了一首令人感慨落泪的《续伐木谣》。

可能是当年家乡的悲惨见闻给他留下了较为深刻的印象，因此当十几年后朱棣号召大家给朝廷提意见时，萧仪便响应号召积极上书，但是言辞并不激烈，并且为了避免触怒朱棣，只字没提当年在家乡的悲惨见闻，仅仅是按照朱棣诏书里列出的政务缺失内容，顺便说了几件朝廷处理不当之事。但是对于朱棣号召提意见之举，萧仪却是满篇的吹捧加歌颂，因此乍看起来，这份上书似乎没什么特别的东西。

可是在这份上书的后一部分，萧仪却指出由于营建北京时间长、消耗大，

民力凋敝,因此上天才降了灾害来警示陛下,加上南京又是太祖高皇帝选定的首都,因此尽管陛下建成两京也算是继承太祖的遗志,"以备往来巡幸",但还是应该顺从天意,言外之意也该顺从太祖的意志,回到他老人家选定的首都。

于是萧仪给朱棣提了三个建议:首先,委婉地劝朱棣先回南京,暂时放弃北京,营建之事等天下百姓喘口气再说,这是上策;其次,如果陛下还想留在北京,那就应该虚心听一听群臣的意见,暂缓北京的营建,这是中策;接下去萧仪又说,朝中一帮小人"不畏天变",居然还想让陛下加速营建首都,但问题是几十年的营建也仅仅是初步建成,而一旦再有一把大火该怎么办呢?因此萧仪劝朱棣说,如果轻易听信朝中小人之言,还要跟上天对着干,继续在北京建都,这就是下策。实际上,萧仪的意思是:请朱棣不要采取这个下策。

各位请看,萧仪的三个建议等于给朱棣出了一道选择题,本来迁都北京是朱棣一生的几大追求之一,付出了那么大的代价好容易才建成了,哪能轻易放弃呢?况且一把大火只是烧了三大殿,其余的建筑还算完整,因此朱棣肯定是想重建,不想一走了事,否则直接下令还都南京就行了,不必再搞什么征求意见了。可见朱棣既然没说要回去,那就还是打算留在北京。

可是萧仪的上书却把迁都北京说成是"信小人,拂天意"的下策,这就够让朱棣为难的了。不仅如此,萧仪还在这份上书的末尾断言:朱棣"聪明睿智,盖必断自宸衷而以上计自处矣"(萧仪《袜线集》卷一),陛下肯定会从内心里选择上策。这话虽然给朱棣戴上了高帽,但实际上有点逼迫朱棣采纳上策,并且等于在舆论上,把朱棣选择留在北京的机会给堵死了。况且萧仪上书里提出让朱棣"御奉天门以朝群臣",让皇帝在烧毁的奉天殿废墟前,就是今天故宫太和门的广场上,在大庭广众之下接受群臣的批评。各位想想看,面对这样的建议,一向专制、虚荣的朱棣能够忍受吗?

朱棣看了萧仪的上书,很可能一脸的不高兴,但还是忍着怒气没有发作,因为上述内容不便直接反驳。有些大臣看出了朱棣情绪的变化,于是开始揣摩朱棣的心思,转而斥责上书的人都是胡说八道。结果朱棣果然顺势翻脸,大怒喝道:当初迁都时,我和大臣们反复商议了好几个月,你们都说还是迁都好,然后我才开始迁都;现在你们怎么出尔反尔,又说迁都不好了呢?难道我迁都像你们说的那样是轻举妄动吗？这下反对迁都的萧仪倒了霉，朱棣对他的忠诚与苦心根本不买账，命人治他诽谤罪，下狱杀掉了（《明史·夏原吉传》）。

各位看到了吧，这就是朱棣，这就是专制制度下的明朝皇帝，明明是你下诏书，号召大臣对朝中弊端提意见，结果大臣说了真话反而被定罪、被杀头。讲理吗？不讲理。为什么？因为专制皇帝没必要跟你讲理。不仅如此，朱棣一看群臣纷纷上书指出迁都的严重问题，可能后悔了，于是就在发布直言诏书的十几天后，赶紧又发布了一道诏书：《禁谤讪敕》。大意是说，有人借着提意见的机会，诽谤政府，攻击朝廷，以后谁敢这么干，"治罪不饶"！

朱棣的前一个诏书是让你提意见；后一个诏书又说，如果有谁要诽谤朝廷、攻击政府，那可是要治罪。但问题是什么是提意见，什么是诽谤、攻击，两者之间是有很大差别的，可是这个界限由谁来认定呢？不是由法律部门根据实际情况来认定，而是完全由朱棣也就是由皇帝来随意认定！因此萧仪虽然自认为是奉命提意见，但朱棣却认定他是诽谤，所以杀了他。

2. 朱棣让大臣和言官跪在午门广场对骂

朱棣没杀萧仪之前，大家的上书都说迁都带来的不良后果，实际上是把矛头指向了迁都的决策者——朱棣本人；萧仪被杀后，舆论导向自然就变了，谁也不敢再说皇帝了，言官们只好转而指责当权的大臣们，说他们的工作严重失误。朱棣可能是讨厌这些人喋喋不休，于是下令大臣和言官们一律跪到午门外，争论迁都的利弊。言外之意，你们要争论都给我跪到午门外边去，离我远点，别在我跟前乱哄哄地对骂。

从天安门进入故宫，人们可以看到午门前面有个宽大的广场，俗称午门广场，站在那里看午门，会有一种被无形的威严所震慑的感觉，因为午门广场是被三面高大的城墙所包围。以前有人说，那里是处决犯人的地方，理由是经常听到过去流传的一句话："推出午门斩首"，其实这话不一定准确，明清的法律都没有规定，必须在午门处决犯人。但是在将近六百年前，朱棣倒确实是下了一个命令，让大臣和言官们跪在午门广场坚硬的石板地上对骂。

这下可热闹了，言官和大臣们并排跪到今天故宫午门外的那片空地上，相互指责。言官们说,你们这帮大臣就是不中用,居然误导皇上迁都北京,实在是大错特错!大臣们也喷着吐沫星子回敬言官:"这是国家大计,你们这些白面书生懂得什么,真是站着说话不腰疼。"(《国榷》卷一七)双方互不相让,乱哄哄地吵成一

午门旧影

片。虽然如此,但大家对迁都北京带来的一些负面影响,都有较为清醒的认识,在这一点上言官和大臣们其实并没什么本质上的分歧,只不过言官说得更直接、更露骨一些,为什么呢?因为那是他们的职责,明朝设立的言官就是专门给政府提意见的,并且连皇帝都不敢轻易破坏这个制度。

3. 夏原吉为顾全大局,主动承担了责任

就在大家跪在午门外对骂不休的时候,朱棣派人来询问结果。很显然,朱棣其实也不是真的询问,不过是想看看有谁还敢跳出来反对迁都。老臣夏原吉看透了朱棣的用意,于是就在大家还在对骂时,只有他向朱棣上奏:"那些人是按皇上的诏书提意见,没什么罪过;只是我们这些人身为大臣,工作做得不到位,不能帮助皇上完成大计,责任都在我们。"朱棣听了夏原吉的话,怒气才消了一大半,于是下令跪在午门的人可以起身回家了,并且允许大家继续提意见。

这时有人埋怨夏原吉,你怎么糊涂了,为什么要违背我们的想法,在皇上面前帮着言官说话呢?原吉回答:"我们这些人跟着皇上做事的时间长,皇上了解我们,说话深了浅了都没关系,皇上也能原谅;可是那些言官就不一样了,皇上毕竟不了解这些人,天威震怒,如果他们受到惩罚,那样损失可就大了。"大家听了这些话,才叹服夏原吉的胸襟和见识(《明史·夏原吉传》),他是为了大局主动承担了责任。

（三）邹缉上书，指出营建北京的七大灾害

既然皇上允许大家继续提意见，于是官员就继续上书。其中邹缉的上书比较典型，他在里边叙述并指出北京营建过程中几个非常严重的问题，由于内容较多，篇幅较长，这里只能说个大概：

第一，耗费太大。自从北京营建以来，前后将近二十年，人力和物力的消耗相当大，几乎无法估算。从全国范围内征调劳力和材料，数量大，品种多，范围广；而办事的官员不能体会皇上的心意，往往安排失当，加上许多人从中贪污、克扣，工程的需求和消费量简直成了无底洞。

这里邹缉把安排失当和消耗大增的责任推给了办事的官员，显然是一种委婉的说法，总不能直接指责皇上吧，其实谁都知道，造成这一切的主要责任完全在于朱棣。接下来邹缉说，为了营建北京，新增设的管理人非常多，朝廷和当地的新官动不动就有成百上千人，这些人坐吃山空，整个工程的费用有相当多的一部分是这些人的花销，因此财政方面的消耗非常大。

第二，赋役沉重。北京的营建过程中，"民以百万之众，终岁在官供役"。上百万之众的数字只是估计，未必十分准确，但至少说明参加营建北京的人数非常庞大，这些人有工匠，有军人，有一般劳动人员，有囚犯。长期营建工程，耕地没人种了，桑蚕业也随之荒废了。在这种情况下，官府还要征收各种赋税，简直没有穷尽，百姓该交的全都交了，最后烧火做饭没有木柴，只好把桑树和枣树都砍了当柴烧；本来楮树皮能做纸，现在楮树早就砍光了，只好剥桑树皮来做纸，老百姓吃饭穿衣都没办法了。官府横征暴敛逼得百姓几乎没活路了，只好待在屋里发愁叹气。

第三，买办科派之苦。科派是指把某项负担下派给某个地方；买办是指官府以行政命令的手段，指定某些地方买到或加工出来某些东西。营建北京所需的各种原料、材料非常多，数量也非常大，朝廷事前根本没有储备，只好临时下令让各地设法弄到。邹缉的上书中举了个例子，前几年买办一种大青颜料，本来当地不出产，但官府却强令当地弄到这种颜料，动不动就高达几百斤甚至上千斤。老百姓没办法，只好大家凑钱，一伙接一伙地走遍各地，到那些出产

大青的地方去购买。这样一来,每一斤大青的价格就高达一万六千贯。

我们不知道明初的货币同今天的比值是多少,一斤颜料就高达一千六百块钱,或是一万六千块钱了,绝对算得上是天价了。弘治时银1两＝宝钞80贯,1石米＝25贯,1石小麦＝20贯。即使依弘治时比价,一斤大青一万六千贯,亦值米六百四十石,小麦八百石。这还不算,等百姓费了千辛万苦买到了大青颜料,向官府交纳时,官府往往以不合格为借口不肯收,百姓只好再去买,

营建北京皇宫时使用的墨斗

估计还要贿赂官府一些钱。这样一折腾,交纳一斤合格的大青,差不多需要花费两万贯钞,而这些颜料还不足涂抹一根柱子一根椽子。

不仅如此,开始官府指派不产大青的地方买办大青,后来又专门派官员到出产的地方去采办大青,采办就是采集或加工某些东西——其实跟征收、白拿差不多——但是官府仍然强令百姓买办。这就等于从两个渠道获取这种颜料,为什么会这样呢?因为负责营建的工匠当初做预算时,只考虑多派一些,以便自己可以随意取用,根本不考虑百姓采购和加工的艰难,这是营建北京时为害相当大的一件事。

从上述采办颜料的情况可以看出,百姓是自己出钱,自己出人,走遍了出产和出售颜料的地方,去采购特殊的材料。一斤大青两万贯,不要说几百斤上千斤,就是一百斤大青,就需要大约二百万贯。这二百万贯别说是一个地区的老百姓出不起,就算是比较有钱的富户,恐怕也是负担不起,并且这笔费用还不包括外出的百姓自己吃饭、住宿等的费用,更不包括他们应付各种艰险之事的费用。并且邹缉还指出,购买大青不过是当时多少种买办活动的一种,其他还有数不清的品种和说不完的艰难。

第四,动迁之灾。动迁指的是要在你住的地方重新盖房子,你要把家搬走,然后拆掉你的住房。当年营建北京时,大范围的百姓都需要动迁,除了今天各位看到的故宫、景山、太庙、社稷坛、天坛、地坛、先农坛附近外,还有许多准备作为朝廷机构的地方,百姓也都要迁走。搬迁的号令一下,不管什么情况,当地的居民就必须迁走。

当时没有动迁办一类的机构,但官府还是找来了一些人,依仗权势逼迫百姓迅速搬家。有时这家人还没等搬走,房屋就已经被破坏了,有的是墙壁被推倒了,有的是房上的瓦被打碎了。那时的房顶非常薄,掀了瓦房子就漏了个大窟窿,反正是不能住人了。

孤儿寡妇只能坐在那里任凭驱赶,"哭泣号叫",毫无办法。天气最冷和最热的时候,都有搬迁的人们四处流浪,女人和孩子甚至连完整的衣服都穿不上,完全暴露在严寒酷暑之中;并且是被迫仓惶搬家,甚至根本不知道往哪搬,往哪走。

这还不算,搬家的人迁移到另外的地方,房子刚盖好,官府又下令他们迁走,甚至有人搬了三四个地方,还不能安定下来,说不定哪天上边又要下令搬走。每次搬迁都很急,官府派人恨不得立刻把住户赶走。可是赶走了住户以后,腾出来的空地一个多月也没开工。负责工程的胥吏小人就是这样坑害百姓的,那些被迫动迁的百姓哪能没有怨恨呢?各位知道,当时根本没有什么动迁费,更不可能为动迁的百姓另外安排住房,因此,百姓完全是自己想办法,自己动手,处境艰难,可想而知。

第五,贪官加天灾。营建北京需要大批的官员被派往各地,办理一些具体事务。朝廷每派出一个人到外地办差事,就是给了这个人自己养活自己的办法。当时大概是没有差旅费和出差补助,因此这些人往往仗着权势索要财物,甚至数额非常巨大。下面的官员竭力满足他们,生怕照顾不周到。偶尔有几个廉洁奉公、心存爱民的地方官,对上面派来的官员奉承不够,贿赂不足,于是这些人回去以后就会诬陷地方官,说他们不肯为朝廷办事。朝廷根本不加调查,很快就会惩罚这几个地方官。因此,外地的省府州县地方官一听说有上面的钦差大员到来,都是"望风应接,惟恐或后","上下之间,贿赂公行……有同交易，贪污成风……"

邹缉谈到了中央官员同地方官员的特殊关系，涉及当时官员监督和考察机制的弊端，这是由专制时代的体制决定的。但问题是在这种体制下营建北京，中央派出的官员，很自然地把这种差事当成了贪污发财的机会。这样一来，一个结果是吏治败坏，另一个结果就是各地的百姓还要多出钱多出物，来养活这些贪官，因而生活水平非常低，甚至会降到不得温饱的境地。

邹缉接下来指出，北方几个省到处都有水旱天灾，逃荒的百姓老的老小的小，一路上跌跌撞撞到处流浪；吃的是树皮、草根，还有稗子。各位知道，稗子是稻田里的一种杂草，喂牲口都一定不合格，现在倒成了逃荒百姓的宝贵食物。即使是在这种情况下，官府还要不断地征收赋税，强行指派百姓出工出力，成年男人只有卖了老婆孩子，才能勉强有饭吃。

邹缉讲的情况，同太子朱高炽一年前来北京途中见到山东邹县的情况完全一样。当时邹县的百姓拎着破筐捡树叶当饭吃，家里的炉灶和锅盆早已严重损坏。可见，邹缉上书所讲的灾情并非夸张，而是完全属实。同时，北京营建时期山东等地百姓的生活极为困苦，恐怕也不仅仅是天灾造成的，贪官污吏的横征暴敛和营建劳力的大量征派，可能正是造成百姓困苦的重要原因。一句话，天灾加人祸。

第六，买马养马之祸。这一点虽然与营建北京关系不大，但是各位可别忘了，营建北京的目的在于迁都，而迁都就必须有一支强大的卫戍部队和边防部队，来保卫北京、防御北蒙的势力。这样的部队需要大量的战马，因此买马、养马实际上也是整个迁都北京战略的一个组成部分。同时，养马、买马这件事也是在营建过程中发生的，因此，对于加重百姓的社会负担，同样有着非常大的影响。

邹缉还谈到：朝廷每年都要下令，让全国各地有关机构纺织锦缎，铸造铜钱，派遣宦官带着这些东西和大笔的钱钞，前往外国和西北地区去购买马匹，收购珠宝等奢侈品，花出去的钱和给出去的东西相当多，但换回来的东西也才只有十分之一二，百姓上交给朝廷的血汗钱，就这样被大肆挥霍掉了。同时，宦官虽然买来了不少马匹，但是大部分都是劣马，不知是外国和西北地区害怕明朝强大,不肯卖给明朝好马,还是好马的价格太贵,宦官们带钱不多买不起。

这么多马朝廷自然养不起,只好分散给百姓蓄养,马多人少,养马的负担相当沉重。有句俗话叫马无夜草不肥,指的是要想让马膘肥体壮,必须半夜起来给马填草加料,这还指的是正常养马。如果马匹死伤或是母马不能每年产驹,明朝规定养马户的赔补是相当高的,许多养马户即使是卖妻卖子都赔不起。况且刚才讲到,一些宦官买回来的就不是什么好马,当然不好养活,因此,买马是一项弊政,养马更是一种很苦的差事,同样是当时百姓的沉重负担之一。

这里顺便说一下,朝廷派遣宦官带着高级纺织品和铜钱,去周边地区和国外收买珠宝等奢侈品,很大程度上是为郑和下西洋做准备,尽管具有国际贸易的性质,但从当时的情况来看,并非今天意义上的国际贸易,明朝未必都赚钱,并且即使赚钱,也未必会以某种方式回馈社会,让百姓受益。因此,宦官前往各地收买珠宝同营建北京一样,都是当时压在百姓身上的沉重负担。

第七,僧道宫观之耗。就在营建北京的同时,首都却养了上万名僧道人员,每天消费的口粮就有几百石;而各地的百姓却只能吃糠咽菜,这还算是不错的,有的百姓连未长熟的空谷子粒都吃不上,甚至要去剥树皮、挖树根。这实在是浪费百姓的粮食,养了一群无用之人。与此同时,当时大量兴建宫观庙宇,也非常消耗财力,同样是国家财政支出的一大项目。

邹缉虽未指明具体兴建的宫观庙宇都有哪些,但我估计应该包括北京新建的一些佛教、道教庙观以及南京的大量宫观,还有武当山工程。因为邹缉上书的时间是永乐十九年四月,当时迁都北京不到半年,北京的宫观庙宇兴建的规模不会太大,但此前南京和武当山这类工程却规模庞大。实际上,这类工程同营建北京一样,都是消耗巨大的皇家形象工程。

从上述七个方面来看,明朝营建北京的过程中,百姓付出了相当巨大的代价。邹缉上书讲到的也只是他听到的一部分,至于从南方云贵一带采运木材,就是建筑用的几个人才能合抱那么粗的大木头——今天的太庙里还有十几根这样的木头——这个过程中人们遇到的艰险、付出的牺牲,邹缉还没有讲到,类似的事例太多了。今天各位看到的北京皇城是后来清朝多次扩建的,明初

《明文海》收录邹缉《奉天殿灾上疏》

的规模要比现在小一些,但当年营建时遇到的困难是今天难以想象的。

除此之外,还有开通大运河、营建天寿山长陵、南北出击的粮饷运输和军费消耗等等。要把这些加在一起,才是永乐时期整个开创性活动的全景扫描。因此各位可以想象,这么多活动同时进行,整个永乐时期社会的压力和百姓的负担会有多么沉重。

就在永乐十九年四月邹缉上书时,上述不少活动仍在继续,至少北京的营建尚未停止。因此邹缉才向朱棣建议,停止营建工程,遣散工匠,取消买马买珠宝的活动,减免赋役,惩治贪官,赈济灾民,清查并反省导致天灾人祸的原因,把首都从北京迁回南京(邹缉《奉天殿灾上疏》)。

其实邹缉上书讲到的这些情况,早在十几年前就陆续发生了,并且越来越严重,是地方官没有上报,还是朱棣根本不顾,坚持进行一系列的营建活动?无论如何,这些情况已经引起了朝中大多数人的强烈关注和忧虑,各位请看,邹缉的上书是在朱棣翻脸、萧仪被杀之后,对于迁都造成的社会问题仍然讲得相当具体,话说得非常大胆,也非常到位,这说明什么?至少说明朝中有些官员并没有屈服于朱棣的高压,敢于实事求是讲真话,也说明当时君臣之间的分歧是相当大的,并且迁都带来的社会问题已经非常严重了。

(四)朝中反迁都风波的实质和意义

1. 反迁都风波暴露的问题

永乐十九年四月发生的这场火灾以及反迁都的风波,暴露出来的问题是较为复杂的,大致有几点:

首先,它是永乐时期开创与守成这一社会矛盾的大爆发。为什么这样说呢?朱元璋在位的洪武时期,明朝已经从打天下开始向治天下转变,也就是从开创向守成阶段转变。建文帝上台后有意促进了这种转变,明朝进入了全面守成时期,表现为调整朱元璋时期的政策,改正前朝的弊端等等。这是一个王朝发展的正常轨迹,汉代文景之治、唐代的贞观之治都属于这种性质。

可是朱棣夺位上台后,打乱了守成的进程,打安南、征漠北、迁国都、下西洋,相当于明朝第二次的开创活动,这样一来使明朝的综合国力一再受到消耗,最后几乎透支。就拿迁都一事来讲,原来的首都在南京,南方几个经济发达的省份负责供应南京的宫廷消费,北方几个较富的省份供应北方的军镇,这样明朝一年的收入大体上可以负担得起整个支出。

但迁都北京后这种局面改变了,南方省份不仅要供应南京的消费,还要付出更多才能供应北京庞大的宫廷消费,并且这种供应必须通过大运河来完成,运输的代价又是一大笔支出。北方省份不仅要供应边镇,还要供应北京宫廷和京军的消费。这样一来,整个大明帝国的负担就大大加重了。这种状况在永乐后期越来越明显,因此迁都一事遭到了越来越多官员的怀疑和反对。

永乐十九年四月的这场风波中,上书评论朝政的不只是言官,也有许多了解情况的各部门官员,主事萧仪就是其中之一。因此,这场风波可以说是大家借天灾和朱棣允许讲话的机会,发泄了对朱棣一意孤行坚持开创政策的不满,所以我才说,这场风波是永乐时期开创与守成这对矛盾的大爆发。

第二，这也是永乐朝长期高压环境下，官员们的一种情绪和意见的释放。各位知道，洪武时期朱元璋曾多次号召大臣直言，因此直言进谏的人不少，如叶伯巨反对朱元璋过分抬高藩王的地位，解缙反对朱元璋过多杀戮大臣等，但永乐时期则很少号召大臣直言，尤其是中下层官员。解缙倒是几次直言进谏，但受到汉王的诬陷和朱棣的严惩，最后冤死狱中。因此，虽然朝中官员对国家非常关心，对现实也很有看法，但不敢，也没有机会表达出来。

此次朱棣因灾求言，在诏书里讲得很有诚意，并且列出的弊端也很具体，无疑让大家减少了顾虑。不过朱棣的虚荣心、报复心极强，是绝不会认错的，即使在心里感到这场火灾可能是老天的惩罚，但仍然要把这种惩罚转嫁和发泄到反对者身上，并且不惜采取血腥的手段。因此，在当时这种相当专制的政治环境下，一些讲了真话、直言进谏的官员，处境就相当可悲了。

第三，朱棣对于提意见的官员进行了侮辱性的惩罚。他居然下令让这些大臣跪在午门外坚硬的石板地上，对骂兼争论。这种惩罚虽说不如廷杖那样残酷，但与廷杖具有相同的性质，同时也显示出朱棣本人一心要将开创事业进行到底的干劲和决心。不管怎么说，下令官员跪在午门前对骂，是朱棣发明的专利，一种发泄怒气之举，既是他镇压反对派的一个环节，也是一种病态，可能还兼有虐待狂的成分。明朝还没有哪个皇帝像朱棣那样，下令官员罚跪对骂、争论，可见朱棣惩罚提意见官员的方式，至少在明朝的历史上是空前绝后的，当然也暴露出了朱棣在这件事上不可动摇的决心以及严重的扭曲的心态。

第四，夏原吉上书主动承担了责任，不仅缓解了朱棣和上书官员之间的矛盾，平息了这场风波，同时也给了朱棣一个台阶，让他也有个体面的收场。那么夏原吉为什么要这样呢？前面邹缉讲到，百姓和国家为迁都付出了巨大的代价，朱棣难道一点都不知道吗？不太可能。但朱棣完全不顾，一心想要建成一个新首都，至少是要一俊遮百丑，要用新首都的巍峨壮丽来堵住那些反对迁都人的嘴。但是老天似乎没给他这个机会，迁都的新鲜劲才刚过三个月，就一把火烧光了三大殿，好像是在用火灾来暗示朱棣，面对自己的折腾及其代价，应该清醒一下了。

在这种情况下,老臣夏原吉顾全大局主动承担了责任,等于给了朱棣一个体面收场的台阶。但是,夏原吉这样做,并不是全心全意地支持朱棣的开创性活动,同时也反映出夏原吉等老臣对当时政治生态有着清醒的认识,对朱棣本人更有长期、深刻的了解。因此,他们内心虽然也不赞成迁都,但还是既要照顾皇帝的面子,又要设法保护进言者。

2. 这场风波具有非凡的意义

发生在永乐十九年四月的这场风波关系重大,虽说反对开创政策的群臣受到了不同程度的打击和惩罚,但至少还有三个正面的效果:一是朱棣后来总算开恩,允许官员不断上书,指出朝廷的弊端,人们乘机将朝廷多年存在的问题一一说出来。尽管这些问题没有,也不可能彻底解决,但是只要把问题说出来、暴露出来,就是解决的第一步。

二是人们通过这场争论,进一步认识到过分开创、过分折腾所带来的严重后果,尤其是认识到了朱棣开创性活动的问题所在,为后来"仁宣之治"的实施创造了条件。几年后仁宗即位实施的新政,有一部分改正弊端的内容就是永乐十九年这场争论提出来的。

三是朱棣毕竟听从了夏原吉等人的建议,下令减免了全国百姓的部分欠税和徭役,并且暂时停止了远航西洋的活动。永乐十九年四月发布的《奉天殿灾宽恤诏》中明确规定,包括修造船只、买办货物等相关远航活动,一律暂停,"毋得重劳军民"。这件事的意义是非常大的,为什么呢?

因为以往许多人都认为,是太子朱高炽即位后停止了下西洋,但实际上真正开始停止下西洋是在永乐末期,是在三大殿被烧毁之后。以朱棣的性格和当时的情况推测,如果不是明朝的综合国力大为下降,远航西洋之举遇到了相当大的困难,整个社会的负担过于沉重,朱棣是绝不会下令暂停远航的。因此,暂停下西洋的背后,很可能隐藏着鲜为人知的困境和苦衷。

总之,从当时的情况看,永乐十九年四月的这场风波关系重大,意义非凡,已经为明朝从开创到守成的转变拉开了序幕。事实上,在永乐后期,朱棣身边的大臣已逐渐形成了一个主张守成的政治派别,同朱棣的开创相反,已开始阻止并扭转国力透支的局面。但是,朱棣本人并未从这场风波中吸取教训,仍然一意孤行,坚持要把他心中的开创事业进行到底。

3. 高调反迁都的邹缉反而升官,因为他是皇太孙的人

虽说永乐十九年的这场风波中,反对开创的官员大都受到了不同程度的惩罚,但是也有人例外,谁呢?邹缉,就是上书提了七个严重问题的那个人。邹缉是翰林侍读,他是在萧仪被杀之后,尤其是在大臣与言官受罚跪地对骂之后上书的,对于迁都造成的社会问题讲得相当具体,用词也很尖锐,最后还劝朱棣要敬畏天命人心,为了缓解国力透支、百姓困苦的局面,应该再把首都迁回南京去。这话说得非常大胆,力度可比萧仪的上书大多了。在他前后上书的官员,大都受到了降职、外调甚至发配的处罚,可是只有这个邹缉,不但没受处罚反而升了官,这又是为什么呢?

原来邹缉在此之前,曾担任过皇太孙朱瞻基的辅导官员,朱瞻基对他非常器重,而朱棣对长孙朱瞻基是非常钟爱、着力培养的,因此才会放了邹缉一马,不仅没有治他的罪,反而升了他的官。至于邹缉讲的"反动"言论,别人也讲了,全都是瞒不住的事实,况且夏原吉还为这些人说情,人家是应诏言事,就是响应你朱棣的号召才上书的,你总不能出尔反尔,一再不讲理吧。所以朱棣才升了邹缉的官,以显示自己的公正、大度。不过从这件事也可以看出,朱棣对待太孙器重的部下和其他官员是不同的,明显有差别。或者说,朱棣对太孙更偏向,毕竟是祖孙二人隔辈亲,可能还有为太孙培植势力的用意。

值得注意的是,在永乐十九年四月这场反迁都的风波中,参加者大多为朱棣身边和其他部门的官员,而太子朱高炽的部下却很少参与。当时北征、迁都等大规模的开创性活动,造成国力严重消耗乃至透支的现象已经非常明显了,是太子及其部下看不出来吗?不太可能。因为太子在南京就得到过许多这类报告,他也多次奏请父皇减免百姓的负担,他本人从南京到北京的途中,还亲眼见到了山东邹县的贫困景象,并且还特意让杨士奇等人留意这种状况,因此可以肯定地说,太子及其辅政集团对当时国力透支的状态是非常清楚的。

但令人奇怪的是,在这次反对朱棣迁都的风波中,太子集团的成员竟一个

也没有出来讲话。尤其是杨士奇,从前对太子总是提意见,甚至不管对错都会直言相告,但这次却始终保持沉默,既没有在萧仪被杀前响应号召提意见,也没有在群臣罚跪后跟着别人凑热闹,为什么呢?经历了这场风波之后,朱棣与太子的关系又会怎样呢?是否还会有人来和太子争夺皇位呢?

十一　政变疑团

　　老三朱高燧的一班人马实力有限，居然打算发动一场疑点重重、儿戏般的政变，当然没有成功。

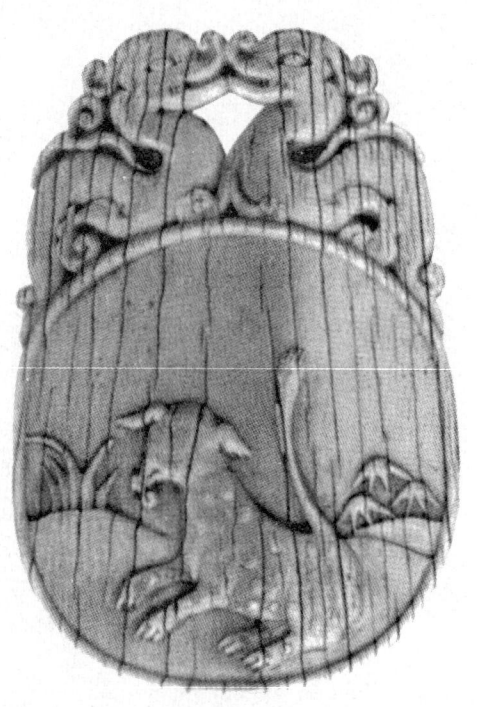

明代牙牌

（一）朱棣虽然向太子放权，但仍然不太信任他

1. 太子集团韬光养晦，没有卷入反迁都的风波

这次反迁都的风波，太子及其部下却没有一个人参与，为什么会这样呢？我估计这些人可能是在等待机会。各位请看，在此之前太子集团连遭打击，现在虽然朱高煦败了，太子的地位较为稳固，但朱棣对太子的不满和猜疑并没有根本转变，这是由当时的政治格局决定的。现在太子到了北京，到了朱棣身边，只能更加谨慎，如果他和部下有什么反对朱棣之举，神经过敏的朱棣很可能再次发怒，那样的话局势对太子就很不利了。因此多年的历练和经验，很可能使太子及其辅政集团采取了以下的方式：冷静观察，韬光养晦，等待时机。不管父皇是要一意孤行，坚持完成那些开创性活动，还是认识到了局面的严重性，从而结束上述活动，我都像在南京一样，按父皇的吩咐给予配合、支持。

总之，反对的气势够大了，人马也够多了，不缺我一个，因此我不动，不先表态；我倒要看看父皇这种开创性活动，到底能维持多久。照这样下去可能总有一天，这类活动会跟父皇的身体一样，维持不下去了，到那时就该轮到我出马了。朱高炽很可能是这种心态，这是他和整个辅政集团的成熟、高明之处，因此，这些人没有再卷入这场风波中，而是按兵不动，保存实力，从而为日后的守成新政打下了基础。

2. 太子得到回报，与父皇关系暂时缓和

那么太子集团保持沉默，是否得到了朱棣的回报呢？应该说是得到了一定的回报，因为永乐十九年后，朱棣身体和精力都越来越差，迁都北京后政务繁忙，朱棣又要连年北征，因此需要更多地依靠太子来做帮手，当然也就不得不向太子放权。加上太子在这场风波中表现不错，于是永乐二十年五月，也就是迁都北京后的第二年，朱棣在第三次北征途中写信给皇太子："……中外庶务悉付尔处决，军机重务则令五府六部商议至当，启汝而行，不必奏来"，同时敕

令文武群臣协力辅导太子。

前面讲过,军机重务从来都是必须禀报朱棣处理,但这次朱棣却明确表示可由太子处理,只要让五府六部把这些事商议妥当,就可以禀报太子付诸实施,"不必奏来"。这是将一部分重要的决策大权交给了太子,虽然交出的权力有限,最高决策权仍然在朱棣手里,但同以前相比,这还算是个较大的变化。

太子当然非常清楚这一点,得到父皇朱棣的重要授权后为了有所表示,太子派人飞马向朱棣进献了一些高级果品。朱棣受了感动,给太子回信说:"你是看我出兵在外很辛苦,出于孝心才派人大老远给我送水果。况且我把管理国家的重任交给你,只要你能担负起这个重任,就算对得起我了,你也是尽了孝道了,水果之类的营养品今后不用再送了。"(《明太宗实录》卷二四九)朱棣话说得很明白,两人的关系到此总算有所缓和。

3. 小题大做,朱棣照旧关押太子的辅臣

但是这种缓和只是暂时的,朱棣当年九月回到北京后,情况又变了。这时候还是不断有人向朱棣打小报告,说太子工作有失误。朱棣就觉得还是太子的辅导官杨士奇等人不称职,据说又下令关押了几个太子的詹事府官员。自从永乐二年立太子,这些人当上太子的部下以后,就不断地被关押、被折腾,甚至被杀掉,到现在都是永乐二十年年底了,前后将近二十年了,他们还要继续倒霉。

这几天正好赶上太子主持上朝的仪式,礼部尚书吕震的女婿叫张鹤,可能是因为年轻不熟悉仪式,偶尔动作不合格,被人发现了,太子一看是堂堂吕部长的女婿,不好处理,所以也就没有追究。不料有人很快报告了朱棣,朱棣一听火冒三丈,在他看来,连上朝仪式这么重要的事你们都弄不好,太子的辅导官蹇义、杨士奇负有不可推卸的责任;上朝仪式出错的是张鹤,但是他的老丈人是主管礼仪的最高官员礼部尚书吕震,你连女婿都管不好,上朝仪式这么大的事还出错,当然更要负责。因此朱棣一怒之下,把杨士奇、蹇义和吕震三个人都关进了监狱,过了一段时间才放出来,官复原职(《明通鉴》卷一七)。

这件事至少说明了四个问题:第一,朝中许多重要仪式这时已由太子主持

了,朱棣可能因病很少出席;第二,朝中的大事小情仍由朱棣处理,甚至连太子处理过的"朝参失仪"这样的事,朱棣都要过问;第三,朱棣和太子虽然同在北京,但仍不在一处办公,总有快嘴之人向朱棣报告太子之事;第四,朱棣晚年容易为一些事大动肝火,甚至小题大做。各位请看,上朝仪式固然是大事,但偶尔有人动作错了,太子也处理完了,朱棣却非要关押三个大臣,这还不是小题大做吗?

蹇义和杨士奇都是多次被朱棣指定为辅导太子监国的大臣,因此不论是在朝中还是在太子的辅导官员中,都具有相当特殊的地位。以往太子监国时,朱棣打击的对象,主要是不兼任詹事府以外职务的中下级太子辅导官员,而像蹇义、杨士奇这样的兼职官员,朱棣采取的策略历来是又打又拉。这次也不例外,朱棣的目的仍然是打击太子,显示自己的权势。越到晚年越是这样,就像当年朱棣无故杀掉梁潜和周冕,现在和那时的病态心理是一样的。

总之,这件事向外界传递出一个信息,朱棣给了太子一部分权力,但是对他仍然不太信任、不太放手。

(二)朱高燧的部下计划发动政变,但因泄密而流产

1. 迁都前朱高燧是北京的行政长官

朱高煦出局了,朱棣病重,太子是否可以高枕无忧地等着继位呢?还没到时候。各位别忘了,虽然朱高煦暂时出局了,可他还有个弟弟朱高燧呢,这个人可一直没闲着。朱高燧是朱棣的小儿子,为人比较机灵,一向比他大哥朱高炽更受宠爱。朱棣即位后,朱高燧和大哥一起被留在北平,永乐二年(1404),大哥去南京当了太子,朱高燧被封为赵王,独立居守北平。后来朱棣把北平改名为北京,实际上是升格为一个特别行政区。过去洛阳改称东都,沈阳改称盛京,都有升格的含义。朱棣同时下令给相关部门,所有的政务都要向赵王请示,然后才可以实行,相当于任命朱高燧为北京特别行政区的长官。

这样一来,朱高燧的地位就提高了一大块,成为"下天子一等"的亲王,只

比皇帝矮一级,同时兼任北京特别行政区区长。朱高燧每年按时来南京入朝,拜见皇帝和太子,每次临走的时候都是太子亲自送行,可见朱高燧的权力和待遇是相当高的。如果太子不监国,那么朱高燧的权力是超过太子的,因为他几乎一直掌管北京特别行政区。

也许正是因为这一点,再加上朱棣的宠爱,朱高燧不免胡作非为。北京暂时成了独立王国,天高皇帝远,没人敢管他。因此,他的不法行为就越来越甚,以至于永乐七年朱棣"闻其不法事大怒",一怒之下杀了他的王府长史,并且扒了他的亲王冠服,准备严惩。还是大哥为他求情,朱棣才饶了他,从此朱高燧的行为收敛了不少(《明史·诸王传》)。

2. 迁都后朱高燧的部下蠢蠢欲动

不过朱棣迁都北京,等于把政治中心搬到了朱高燧的势力范围内,虽然他的护卫不像朱高煦的那样颇有战斗力,但毕竟临近首都,他自己又在当地经营多年,加上永乐二十年以后,朱棣的病情逐渐加重,长期不能上朝理政,因此,朱高燧的部下和追随他的宦官,难免蠢蠢欲动。并且朱棣周围的一些太监,原

北京城墙与护城河旧影

来就是诬陷太子的能手,早与太子结了仇。

当初太子受到诬陷和打击,很大程度上是因为朱棣和朱高煦利用了宦官的势力,因此这些人受到纵容,比较活跃。现在呢,朱高煦被遣送到乐安,朱棣又常常因病不能上朝,宦官们至少失去了一部分支持。因此太子到北京后,便利用手中的权力,较为严厉地管束这些宦官,从而与他们,尤其是黄俨和江保积怨不浅。黄俨等人是朱高燧的死党,经常暗中为高燧做事。他们知道,一旦朱棣死了,太子肯定会收拾他们的。

于是这些人仍然用老办法,仗着同朱棣的亲近关系,多次诬告太子。无奈一方面朱棣重病在身,已无精力再去折腾太子;另一方面他又必须依靠太子主持政务,也不可能再同太子闹僵。加上以前两人分处两地,容易听信诬告,现在两人同在北京,因此诬告收效不大。但是黄俨这些宦官不甘心将来束手待毙,于是终于想出了一个办法来搞垮太子,改变命运。

3. 换太子的传言与朱高燧人马的政变准备

朱棣晚年虽然不像以前那样打击和折腾太子,但由于重病等原因,除了朝中大型活动偶尔露一面之外,几乎与外界隔绝,也很少与太子见面,周围只有一些服侍的太监。于是黄俨等人瞄准了这个机会,不断地向外界散布说,皇上有意换太子,想改立老三。

黄俨是朱棣非常宠信的重要宦官,朱棣起兵夺位前他就是燕王府的宦官,当年老二朱高煦受审时,朱棣就指定由黄俨负责看押,可见这个黄俨在朱棣身边的宦官中具有特殊地位。因此,别人说这话未必有人信,而黄俨说出来并且是有鼻子有眼地散布,朱棣如何如何看中老三,准备换掉老大,就使一些外人不得不相信了。

那么听了黄俨散布的消息,朱高燧的人马会有什么反应呢?首先有所行动的是朱高燧护卫部队的少数军官孟贤等人,他们经过多次密谋,决定买通朱棣的服侍人员,趁他重病之机在药里下毒。朱棣一咽气,就发兵劫取内库的兵器和宝玺印件,分兵逮捕外朝的五府六部大臣;再由一个老军人把事先写好的伪造遗诏,交给宫中太监杨庆的养子来保存,到时候从大内凭御宝领出这份遗诏,废掉太子朱高炽,改立赵王朱高燧为皇帝。钦天监官员王射成与孟贤关系不错,他在事前曾对孟贤说:我看过天象,不久就会"有易主之变"(《明史纪事本末·太子监国》)。在那个年代,钦天监的观测相当具有权威性,因此孟贤等人对自己的行动更有信心。

看起来这是一次有组织、有预谋、有计划的宫廷政变,参加者有朱棣身边的高级宦官、王府护卫部队、掌管天象的钦天监官员,目的是废掉太子,立朱高燧,而选择的时机则是朱棣病重,几乎与外界隔绝之际,特别是老二被遣送到乐安的六年之后。这里最关键的是政变的方式和步骤:伪造遗诏,毒死皇帝,占领军器库,夺取宝玺印信,劫持府部大臣,废旧立新。

要做到上述几条,没有长期的谋划、精心的组织是无法做到的。比如下毒药这件事,各位可以想象,下什么药,下药的剂量是多少,什么时候下药,什么情况下由谁来下药,药不死怎么继续下药,药死以后怎么办,这一系列的事都必须有一个长期的酝酿过程和周密的安排,并且必须由熟悉宫中情况尤其是熟悉医疗情况的人,来负责计划和实施。更不用说夺取军器和印信,劫持大臣,诏书怎么写,怎么联络军官等其他重要步骤了,所以我才说,这是一次有组织、有预谋、有计划的宫廷政变。

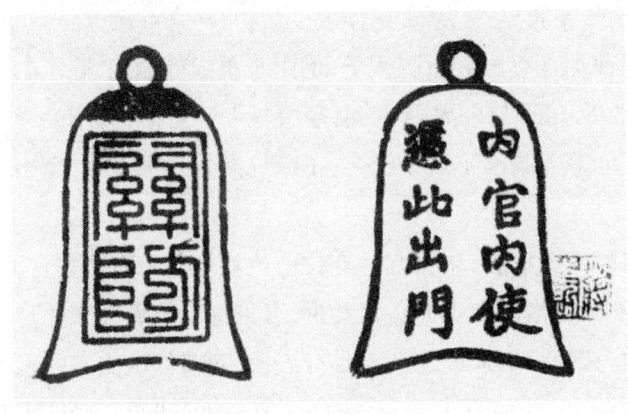

内官内使出门铜牌(拓片)

4. 与朱高煦夺位之举不同,朱高燧部下冒险发动政变

这次政变同前面讲过的朱高煦夺位之举明显不同。第一,目标不同。朱高煦同太子争夺的只是皇位继承权;而朱高燧要争夺的是皇位,毒死朱棣、废掉太子,等于目标是直奔朱棣而来。难怪朱棣会异常震怒,要非常迅速、彻底地镇压这场政变。

第二，发动者不同。朱高煦同太子之争，基本上都是高煦本人联合朝中、军中势力，为自己做夺位准备；而朱高燧这次政变，主要是由亲信太监和护卫亲军联合发动的，几乎没有朝中、军中势力参与。

第三，直接原因不同。朱高煦夺位原因是看到朱棣对太子不满和准备迁都北京；而朱高燧党羽发动政变的直接原因，是太子逐步掌权后严厉打击了黄俨、江保等宦官势力，同时朱棣病重，几乎不在公开场合露面，与太子的联系更是少得可怜。

第四，方式不同。朱高煦夺位基本上是武力的方式，即不断扩充自己的护卫实力，积累和抢夺钱粮，一直在京城占据有利的位置，等待时机，不去藩国；而朱高燧却没有这样做，多年的经历使他明白，凭二哥的赫赫战功和朝中部分武将、宦官的支持，搞了这么多年都没成功，我的综合实力可是照二哥差多了，二哥那两下子我根本学不来，因此朱高燧接受了二哥的教训，没有重走二哥武力夺位的老路，而是另辟蹊径。

他的党羽尤其是身在宫中的黄俨、江保等人，一直在寻找和等待机会，什么机会呢？即较少使用武力的宫廷政变的机会。朱棣病重，与外界联系几乎隔绝，与太子的联系也一度中断，朱高燧的护卫势力集中在北京，宫中又有相关的人员配合接应，因此黄俨等人就抓住这个机会，冒险发动了一次宫廷政变。

5. 政变方案不错，但因泄密而流产

以前朱高煦夺位时，朱高燧这伙人很少上场，虽然偶尔也参与诬陷太子，但并不积极，因为成功了只能使朱高煦称帝，轮不到自己；一旦失败了，他们肯定会同样受到惩治，丧失了夺位的实力，因此，这些人只好等待时机。现在终于等到了朱棣病重并且朱高煦已被遣送出京的机会。这些人的手段同朱高煦相比，更具有一定的突然性、隐藏性和有效性。当初朱高煦夺位的手段过于露骨，可行性差，今天组织收买一批亡命徒，明天训练部队水面作战，后天抢一批商人，虽说积攒了一定的实力，但效果不好，搞了十几年，弄来弄去倒把自己弄得出局了，最后只好在乐安干瞪眼。

可老三这伙人不一样,时间、地点、方式的选择都紧扣夺位的关键,可以说是环环相扣、招招致命,是个精心策划的宫廷政变方案。只是这个方案出了一个小小的漏洞,未能严格保守秘密,严密控制知情者的范围,因而导致整个计划泄露并失败。那么政变计划是怎样失败的呢?

原来计划部署已定,一位参与者把这事告诉了自己的外甥——常山中护卫总旗王瑜。王瑜劝阻无效,怕遭连累,于是上告朱棣。朱棣看到这些人伪造的遗诏后不禁震怒,立即下令逮捕太监杨庆的养子杀掉,然后召来朱高燧喝问:"这是你干的吗?"高燧早已吓得浑身打战说不出话来,还是太子为他求情:"高燧肯定没参加这个阴谋,这件事不过是属下人干的。"朱棣这才对朱高燧未加深究,只是下令文武大臣和三法司共同审理此案,然后令锦衣卫严办,不久逮捕了此案的同党,全部杀掉(《明太宗实录》卷二五九)。

这次政变不仅是永乐一朝皇位争夺活动的继续,也是太子同拥护朱高燧的宦官等势力的一场决斗。只是决斗的结果对太子极为有利,以前是朱高煦多次借父皇朱棣之手打击了太子,而这一次则是太子无形中借父皇朱棣之手,打垮了老三朱高燧,这是太子朱高炽的幸运之处。

(三)即使不泄密,这次政变也很难成功

1. 实力有限,朱高燧人马只能投机取巧发动政变

这次政变的时间是永乐二十一年五月,距离永乐二十二年七月朱棣去世仅有十四个月,就是说这次政变是在朱棣临死前一年发动的,那么朱高燧一伙人为什么非要选择这个时间发动政变呢?在朱棣生前和死后,他们就没有其他机会了吗?为什么一定要采取同老二朱高煦不同的方式夺位呢?

洪武五年碗口铳

前面讲过，朱高煦始终是以武力夺位为主，即在首都南京保持一定数量的、较有战斗力的护卫部队，自己凭借"下天子一等"的亲王身份优势，不断为夺位做准备。这个方式有什么好处呢？它的好处是可选择的出路较多，至少在朱棣生前和死后都有可能夺取皇位。

朱棣生前，朱高煦可以设法让朱棣架空甚至废掉太子，这样一来朱高煦即使当不上太子，也可以最大限度地接近这一地位；朱棣死后呢，朱高煦可以凭借他的综合实力（如武力、身份、军中、宫中的支持者等）发动政变，仍有夺得皇位的可能。只是朱高煦太过急切，过于露骨，结果被朱棣来了个釜底抽薪，丧失了大部分实力。

相比之下，老三朱高燧呢？他的综合实力同老二朱高煦几乎无法相比。论武力，朱高煦的护卫部队较多、战斗力较强，朱高燧的护卫部队较少、战斗力较弱；论地位，虽然两人都是"下天子一等"的亲王，但朱高煦战功高，军中、朝中都有一定的影响，朱高燧战功很少，军中、朝中的影响也小得多；论个人能力、胆识等等，老三也都排在老二之后。因此，从综合实力上看，朱高燧的夺位几率很小，不可能像二哥那样，在朱棣生前和死后都有机会。朱棣生前不必讲，老二那样的实力都没成功，更轮不上老三来当太子。朱棣死后呢？朱高燧就凭那点可怜的实力能同太子较量吗？

各位要知道，朱棣晚年迁都北京后，长期"以疾多不视朝，中外事悉启太子处分"（《明史纪事本末·太子监国》），太子的权力已经比他早年监国时大得多，甚至随时都有可能接管北征大军的指挥和调动权。在这种情况下，朱高燧的挑战恐怕也只能是以卵击石。因此，从高煦、高燧兄弟二人的综合实力来看，如果二人联手对付太子和朱棣，或许还有成功的可能；但如果去掉老二，而让老三单枪匹马出来夺位，那么无论是朱棣生前还是死后，成功的可能性都很小。所以说，朱高燧一伙人必须选择一个极为有利的时机来夺位，只有这一条路可走，也就是以投机取巧的方式来发动政变，否则一切都没指望。

2. 即使没人告密，政变成功的可能性也很小

朱高燧一伙人发动的宫廷政变，最后因为有人泄密而导致失败，可是如果

没人告密,这场政变是否就一定会成功呢?朱高燧是否就一定能当上皇帝呢?这里先要搞清楚,这场政变要做几件事,或者说要经过哪几关。前面讲了,朱高燧的宫廷政变至少要做到毒死朱棣、劫夺内府兵器、盗取符宝等等,而这些事的背后还有关键的因素,就是控制宫廷内外的警卫部队。

先说第一件,毒死皇帝朱棣。一般情况下,皇帝的疾病是由太医院里的专业太医,和精通医道的宦官共同负责治疗的,从治疗方案到用什么药,也都是由这些人反复斟酌、严格控制的,再加上御药房掌握于太监之手,就是说如果给皇帝下毒药,至少要首先控制这些人才行。除非有些皇帝贪图享乐或是胡闹,自己要求吸食一些鸦片或壮阳一类的药物,否则,略有毒性的药物是不可能轻易送到皇帝嘴边的。

即使是给皇帝服用经过煎熬的、调剂好的药,也要一式三份,开药的御医和经手的宦官要先喝了,他们喝完没什么事才能给皇帝喝。并且一旦给皇帝用错了药,太医等人是要被杀头甚至是灭族的,更不要说是有意下毒了。因此,朱高燧的党羽要想控制这些人来毒死朱棣,可能性极小。

再说第二件,劫夺内府兵器。内府兵器收贮于兵仗局,这是内府的一个武器库,负责收贮一些武器原料,制造一批重要武器尤其热兵器,供各地军队使用。还有工部的军器局,也是类似的部门。它们都是由内府和国家双重严格控制的重要兵器机构,要想从中领取兵器,只有皇帝的命令才能做到。且不说朱高燧那点有限的兵力,是否可以控制这样一些庞大的兵器机构,都不一定。即使是控制了它,也无法使用其中的许多重要武器,尤其是火器。再加上兵仗局本身也是有警卫部队重兵把守的,就凭朱高燧几个护卫那点人马,是否能首先控制住这些重兵,恐怕还是个未知数。

第三件,盗取符宝。符宝应该是重要的宝玺印信的总称。符是符牌,即进出皇宫的各类通行证;宝是宝玺,即皇帝专用的各种玉玺。在今天的故宫博物院,收藏有大大小小几十枚明清帝王的宝玺,其中有铜质的,也有高级玉质的;宝玺的印文不同,有的是"皇帝之宝",有的是"广运之宝"。明清朝廷的各种文件,只有加盖皇帝的宝玺才算合法有效,没盖宝玺的文件自然是非法无效的,这个道理谁都明白。朱高燧的人马要伪造朱棣遗诏,废掉太子、传位给自己,相关的遗诏可以找人起草,但诏书必须加盖皇帝专用的大印——宝玺,才算合法有效,否则当然是非法无效的。

就像今天的许多公文,必须加盖红色公章甚至是钢印才有效一样,否则黑白章可以复印、打印,无法防伪。朱高燧要伪造传位诏书,必须加盖皇帝宝玺,但问题是宝玺归尚宝司、尚宝监和司宝女官联合控制。其中尚宝司是政府机构,负责收藏、管理各种符牌,以及加盖宝玺的手续;尚宝监是内府宦官的一个监局,负责核实文件后参与并监督尚宝司的官员办手续,为各种诏书加盖宝玺,并存留底簿备案。而所有的宝玺在哪儿呢?不在尚宝司,也不在尚宝监,而是都归宫里的司宝女官收存保管(《明史·职官志》)。

明制规定,需要使用宝玺时,尚宝司的官员负责同尚宝监的宦官共同办理手续,然后尚宝监派人去宫中司宝女官那里领取宝玺,盖完后再送回去。为什么要这样呢?因为尚宝司的政府官员不是宦官,不能与宫中女官直接联系,所以只能由尚宝监的宦官在中间办理此事。就是说,整个过程必须有上述三个机构,来共同办理相关手续,最终才能在文件上加盖宝玺,尚宝司、尚宝监和司宝女官,三方缺了谁都不行。

寿山石"皇帝之宝"

这种三重控制的管理体制,无疑是防止任何一方盗用宝玺的合理方式;而使用宝玺的大权最终掌握在皇帝手里,还有许多重要文件,是必须当着皇帝的面盖印的(《大明会典》卷二二二)。因此,朱高燧一伙人要想盖上皇帝的大印,首先必须控制皇帝,进而控制其他三个相关部门,才能把宝玺加盖在伪造的传位诏书上,而做到这一点的可能性同样极小。

此外,要想盗取符牌,也就是进出皇宫的各类通行证,恐怕也不太容易。明朝对各类符牌的管理是比较严格的,政府有尚宝司、内府有尚宝监和印绶监,内外三个机构共同控制这些皇宫通行证,长期佩戴、轮流佩戴以及领取和缴纳,都有一套严格的规定;如有丢失、被盗、转借、损坏,同样有一套处罚和补造的制度(《明代宫廷典制史》),并且这些符牌绝大部分都在佩戴者手里,有些处于传递和流动状态,每天缴回管理机构的数量很少,不用说很难轻易偷到手,即使偷到手了恐怕也没有多少人能进入皇宫。

为什么呢?因为各类皇宫通行证都是有范围和身份限制的,什么身份、在哪当差、活动范围,符牌上都写的一清二楚,还有警卫人员查验,皇宫里可不是你弄个证就能随便乱走的。并且其中的一些重要机构,如兵仗局、军器局等武器库距离比较远,分布范围很大,甚至不在今天故宫的范围内,所以即使朱高燧一伙人进了皇宫,就凭他们手里那些皇宫通行证,就想直接进入宝玺库、武器库这类要害机构,进而控制整个皇宫,几乎不可能。

3. 缺乏军队的支持,政变几乎不可能成功

那么既然毒死朱棣、盗取符宝、劫夺武器库这三件事都很难做到,岂不是说朱高燧的政变几乎很难成功吗?答案是肯定的,这三件事中的任何一件做不到,比如毒不死朱棣、抢不到武器、拿不到宝玺,那么整个政变都是白费劲。可是有什么办法能同时做到这三件事呢?有,那就是控制皇城里的警卫部队。这些部队是几十个亲军卫,其中就包括锦衣卫。控制了这些部队,什么毒死朱棣、盗取宝玺、劫夺兵器库,包括劫持或绑架文武百官,就都可以做到了,谁敢不从,就地正法!太医不下毒,尚宝监的人不盖印,我杀了你,我看你干不干!并且还可以直接夺位当上皇帝。因此,政变成功最有效的办法还是控制军队。

但问题是朱高燧是否能够控制京城的军队呢?明代京城的几十个亲兵卫是由皇帝直接控制的,尤其是像锦衣卫这样的亲军,只向皇帝个人负责,其他人无法控制,几十个亲兵卫的将领们也大都是跟随朱棣多年,对他非常忠诚,因此朱高燧及其党羽要想控制警卫部队,可能性几乎是不存在的。虽然政变由于计划泄露而招致失败,但从上述分析可见,这次政变中有几大关,朱高燧

等人是不可能越过的,尤其关键的是控制亲军卫这一关,这些人根本办不到,因此,由于缺乏军队的武力支持这一关键条件,这次宫廷政变即使没人告密,恐怕十有八九也不会成功。

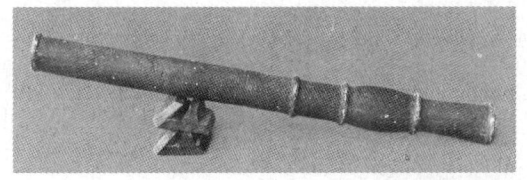

洪武十年手铳

虽然这次政变之前,钦天监官员王射成曾说:我看过天象,不久就会"有易主之变",朱高燧的部下也特别相信这句话。这里暂且不论这个说法是不是可信,有没有根据,但是这句话至少有两种解释,"易主"是换皇帝,这点不错,因为朱棣一死肯定要"易主";但是换谁当皇帝可就不一定了。王射成没说,也许是你朱高燧,也许不是你,而是太子。而且从当时的情况来看,轮到你朱高燧当皇帝的概率并不是百分之百,并且可能性极小;相反轮到太子朱高炽的可能性却大多了,为什么呢?因为你朱高燧的综合实力太差,有效的优势太少,而太子的实力和优势可是比你强多了。

(四)政变疑点重重,似乎有人嫁祸朱高燧

1. 这次宫廷政变疑点重重

不过事后回过头来看,我和一些学者认为,历来萧墙之变诡秘无常,这次宫廷政变的疑点较多。首先,起草遗诏,有如儿戏。遗诏居然会让一个卫所的老军人来起草,且不说诏书对书法和文字的水平要求极高,关键是要有相当丰富,并且是非常独特的政治经验,既要对当时的政局有充分的了解,又必须以皇帝特有的口吻写出来,既要通俗、流畅,还要有一定的文采,而这一点只有皇帝身边那些高级秘书才能做到,就是内阁、翰林院的那些笔杆子。因此,即使这个老军人书法、文字水平不错,但他绝不可能具有皇帝身边高级秘书的经验,况且参与政变的宦官应该了解这一点。所以,像遗诏这么重要的文件,怎么会轮到一个老军人来起草呢?听起来就像儿戏。

第二,实力太差,以卵击石。虽说这次宫廷政变的计划,看起来好像环环

相扣,非常严密,但实际上绝大部分都是很难做到甚至是无法做到的,尤其是毒死朱棣、盗取宝玺、劫夺武器库这几件事。况且这些事竟然没有一个朝中重臣尤其是武将的支持,就凭朱高燧的那点可怜的实力,几乎是以卵击石,甚至可以说是找死。

第三,计划泄露,相当轻易。这次宫廷政变的计划,不仅被轻易地"泄露"给了一个参与者的亲戚;并且这个亲戚劝告一番之后,又能轻易地把政变计划上告朝廷;更有甚者,就在政变计划"泄露"的过程中,参与政变的所有人员,居然没有采取任何有效的防范措施,最后几乎是束手就擒。

第四,参与部队,平安无事。这次政变的参与者是朱高燧的护卫部队,但政变平息后,这支部队竟然被完整地保留下来,既没有被调走,远离京城,也没有被遣散,编入其他部队,只有极少数军官被杀掉,给人的印象是,朝廷只想收拾朱高燧的宫中党羽,却有意放过了参与政变的护卫部队。相反就在几年前,朱高煦只是准备起兵夺位,还没到政变的地步,朱棣就下令调走了他的大部分护卫部队,来了个釜底抽薪。相比之下,朝廷对朱高燧参与政变的护卫部队,可以说是相当留情,好像这次政变与他们无关。

总之,整个宫廷政变的过程充满了离奇的疑点,简直有点像天方夜谭。因此,虽然不能据此断言这次政变子虚乌有,但是否为太子一派人马嫁祸于朱高燧,从而为将来太子即位扫清障碍,则很难查实。说到底这次政变结果对谁最有利呢?显然是对太子最有利。各位知道,以前是朱高煦和朱高燧结成同盟,多次借父皇朱棣之手打击了太子;而这一次可能是太子无形中借父皇朱棣之手,打垮了老三朱高燧。因此上述疑点更是令人怀疑。

2. 朱高燧未必真想政变,但结果是太子一派获利最多

退一步讲,即使不是这样,也可能是朝中太子一派有意借此事,来打击朱高燧的势力,因为政变的告密者王瑜告发的人有被冤枉的(《明史·王瑜传》),这就至少说明此案的处理可能扩大化了。那么扩大的范围会涉及什么人呢?恐怕不可能是太子的人,而只能是与朱高燧有关的势力,因此,此案扩大化处理的目的,很可能是要将朱高燧的势力一网打尽。

另外,这次政变还有一个疑点,那就是赵王朱高燧是否真有夺位的想法和行动,是否会主动发动一场政变呢?要回答这个问题,首先要看赵王需要面对的是哪几种势力。第一是父皇朱棣,当今皇上,手里至少握有大明帝国的北方部队;第二是太子,因为迁都后太子的人马全到北京了,这里也包括皇太孙朱瞻基的势力,他至少还统帅几万幼军;第三是汉王朱高煦,就是他二哥的势力。这个人到了乐安以后一直没闲着,也积攒了一定的军事实力。如此说来,朱高燧要夺位,就必须把这三批人摆平了。前两批人其实不用说,就说汉王朱高煦,这个人一直对皇位虎视眈眈,他连父皇朱棣按制度册立的太子、大哥朱高炽都不放在眼里,还能容忍三弟篡位称帝吗?

因此,就算是朱高燧真想夺位,别说皇帝和太子,就连二哥朱高煦这一关他都过不了。以朱高燧的精明,他不会不想到这一点。从前二哥拉他一起夺位,他都不敢太积极,顶多是在北京自己的势力范围内,摆摆亲王的架子,横行霸道几回,现在真让他单枪匹马对付三批人,他有那个胆吗?恐怕没有。因此我觉得,赵王未必真有夺位的想法和行动,太子说他肯定没参加这个阴谋,这都是属下人干的,也许是真的,并不全是面子话。

但赵王手下的夺位之举,却被其他人尤其是太子一派抓住了把柄,此案处理的扩大化,正说明他们可能借机小题大做,甚至嫁祸栽赃,打击对手。而太子虽然为三弟赵王开脱罪责,但是也乐得一个敲山震虎的结果,因为有了这个把柄在手,他要摆布三弟可比以前容易多了。

不管怎么说到此为止,永乐一朝的皇位之争总算是告一段落了。老三朱高燧的势力随着这次政变的失败几乎被一网打尽,他本人从此以后大为收敛(《明史·诸王传》),再也不像从前那样图谋夺位了。老二朱高煦则远在乐安,无论实力还是距离,都暂时不会构成威胁,加上朱棣重病之余逐步放权给太子,因此太子的接班人地位更加巩固了。

这里顺便讲一下告密人王瑜的情况。此人原来是朱高燧赵王府的一名总旗,下级军官,粉碎政变后因告密有功,被提升为辽海卫千户,连升三级;一年后仁宗即位,又提升王瑜为锦衣卫指挥同知,大致相当于今天武警侦缉部队的副司令,并且赏赐颇丰。同时,仁宗告诫锦衣卫所有官员,办事必须征得王瑜的同意(《明史·王瑜传》),实际上等于把锦衣卫的大权交给了他。

用现在的话说,王瑜是皇帝任命的锦衣卫副手,但奉命主持工作,原来的一把手暂时靠边站了。由此可见,锦衣卫这一特殊机构首脑的选任,完全掌握在皇帝一个人手里,包括由谁担任,什么资格,什么来历,任职后有什么权力,都由皇帝说了算,这是后话。那么这次政变后,患病的朱棣是否还要坚持北征呢?北征过程中又会有什么样的变故呢?

十二　一意孤行

　　北征消耗极大，导致国力匮乏，朱棣却不顾重臣的反对，一意孤行，最终病死于回师途中。

永乐帝北征时的"捷胜冈刻石"遗迹（今蒙古国境内）

（一）北征消耗严重，朱棣却关押了反对北征的重臣

1. 战役消耗很大，重臣反对连年北征

晚年的朱棣总想再次北征，寻找蒙古部队的主力决战，但前几次战役下来，粮草和军器的消耗很大，已很难保证北征大军的供给了。但朱棣不顾严重缺粮、军队疲惫甚至饥寒交迫的困境，一意孤行，顽固坚持连年北征，结果付出了相当巨大的代价，最后自己也病死在回师途中。关于他的死因说法不一，有的传说朱棣是在打猎时被老虎咬死的，甚至连尸体都被老虎叼走了，现在的长陵里只是个衣冠冢，根本没有朱棣的遗体，那么为什么会有这样的传说呢？

永乐十九年十月份，有军情来报，蒙古北虏阿鲁台进犯边境。这件事本来不大，也就是小股敌军偶尔进犯，边境的守军就可以挡住或是击退这些人，但朱棣却又要率几十万大军亲征。当时国内是什么情况呢？明朝已经被征蒙古、打安南的长期战争搞得疲惫不堪，可是朱棣却根本不顾这些，一心想杀尽北虏，结果招致了内部的激烈反对。

朝廷的几位尚书夏原吉等人事先商量好，要把再次北征的严重后果向朱棣说清楚，劝阻他的冒险之举。其中主管军务的兵部尚书方宾就明确告诉朱棣："现在粮食储备根本不够吃，不能再出兵打仗了。"朱棣听了当然很不高兴。他又召见主管财政的户部尚书夏原吉，询问边镇的储备情况。夏原吉说得更具体："边境粮食的储备量只够边防部队防守，不够大部队出塞作战。"他还说："前一时期连年出兵打仗，没什么收获，却把原来储备的军械、马匹、粮草基本上折腾光了，灾祸不断，上上下下都已经折腾得够呛了，中央和地方财政上都在吃紧。再说了，皇上您身体也不太好，还需要调养，请您选派其他将领出征，不必亲自去。"（《明史纪事本末·亲征漠北》）这话说得还算客气，实际上说白了，就是派谁去都是瞎折腾，无法保障供给，"军马储蓄十丧八九"估计还是个保守的说法。

十二 一意孤行

2. 老臣说实话，却遭到朱棣的"镇压"

朱棣一听大怒，立即命令夏原吉前往北部边镇开平，去那里督理军队的粮饷。实际上是给了他一个惩罚式的任务，你不是说粮饷等都折腾光了吗？那我就让你去督办粮饷。朱棣还指望负责军器供给的工部尚书吴中支持他，不料吴中的回答同方宾、夏原吉几乎一样，朱棣简直气坏了，下令召还夏原吉，把他和吴中一起关押在内官监。其实吴中讲的是实话，当时南北长期战事的折腾，至少已使北方的军器储备消耗严重，可能无法充足供应几十万大军再次北征，因此吴中胆子再大也不敢在这件事上开玩笑，只好实话实说。但他没想到的是这时朱棣根本不听实话，谁说实话就关谁。

兵部尚书方宾害怕了，只好自杀。朱棣本来不想杀方宾，但方宾一自杀，等于以死来向朱棣抗议，又激起了朱棣心中的邪火，他觉得这些人好像是串通一气来反对他，于是下令方宾戮尸，就是把死人拉出来再杀一遍，然后又把曾经代户部尚书职务的大理寺官员邹师颜，也一同关进了监狱。可能在朱棣看来，粮饷、军器消耗严重，似乎不是因为南北战事的长期折腾，而是因为主管这些事务的官员都不中用，甚至有罪该杀。

方宾自杀这件事使朱棣更加暴怒，他竟然对夏原吉这样德高望重的老臣动了杀心。礼部尚书吕震见朱棣动了怒，吓得赶快放弃了当初的立场，转而支持朱棣的北征冒进之举，并且还落井下石，诬告夏原吉等人"柔奸险邪"。这一招还真有效，四个尚书只有吕震没事，其他三人都倒了霉。同时，吕震诬告夏原吉的话，也使朱棣进一步下决心杀掉夏原吉。于是朱棣征求杨荣的意见，问他平日里原吉的表现，实际上是想从杨荣的嘴里，探听到夏原吉是否有什么"前科"。

3. 在朱棣的高压之下，朝廷高官发生了分化

好在杨荣这个人还算有良心，不像吕震那样落井下石，他劝朱棣，"这几个人只是担心陛下多次北征，军粮运输供应不上，论个人才干可能有限，但说他们有什么邪恶阴险之处，我倒是没发现"（《皇明辅世编·夏原吉传》）。这话说得很有分寸，各位听明白了吧，杨荣的意思很明显，其实这几个人还是为陛下

着想的,政治上没问题,并不像吕震说的那么坏。

朱棣听了杨荣的劝解,这才消了消气,对原吉等人也才没下杀手。这期间朱棣曾多次派人前往牢里,探问原吉对北征的意见,实际上是想让原吉改口支持他,更确切地说是要给他一个面子,支持他的开创大业。不料原吉很坚定,仍然坚持原来的看法,就是不改口。这么干是要冒一定风险的,明知跟皇帝对着干没有好下场,但夏原吉还是决定冒险阻止朱棣的过分开创之举,显示出他本人的胆量,以及作为一个当权者的责任心,这是夏原吉的可贵之处,也是他同吕震这类墙头草政客的本质区别。前边讲过,吕震一看皇帝怒了,立刻改口了,为了洗清自己还反过来诬陷别人,可见吕震的人品比夏原吉可差多了。

从这件事也可以看出,在朱棣的权力高压之下,朝廷高层官僚集团发生了严重的分化,出现了三种人:第一种是夏原吉等人,为了国家和社会的利益,敢讲真话、勇于负责,尽管提出的意见比较委婉、比较有分寸,但却是不顾个人的地位、得失,甚至不惜冒险得罪皇帝;第二种是吕震这类人,为了不得罪皇帝,为了个人的地位、得失,完全不顾社会和国家的利益,自己立场的改变完全以皇帝的喜怒为标准,甚至为了获得和巩固皇帝的恩宠,不惜落井下石,诬陷那些忧国忧民的忠臣;第三种是杨荣这类人,没有也不可能像夏原吉那样,明确地反对皇帝朱棣的冒险北征,但也没有像吕震那样,完全是随风倒的墙头草,更没有落井下石,反而是委婉地为夏原吉等人说话。由此可见,杨荣的政治立场虽然不太明确,但还是倾向于夏原吉这些人的,而吕震虽然不惜落井下石来讨好朱棣,但这类缺乏原则和底线的墙头草,在当时的朝中只占少数;同时也说明,在冒险北征的问题上,朱棣的支持者也不占多数。

(二)朱棣要杀老臣夏原吉,但终究没下手

1. 朱棣对夏原吉的怀疑没有根据

有的史书记载说,朱棣怀疑夏原吉说的"军马储蓄十丧八九"不是实话,于是就派御史前去调查粮储情况,御史回报说粮储可供十年之用(《名山藏·永乐臣》),结果朱棣大怒,以为夏原吉有意欺骗他,于是下令锦衣卫人员逮捕夏

原吉。我看御史这个说法未必属实，因为夏原吉等人不可能甘冒欺君的罪名，隐瞒边地粮食的真实数量，况且御史说的十年粮食储量是个模糊的概念，至少有几个疑点：

第一，御史没说这些粮食储藏于何处，如果是远离边地，则必须动用大量的人力物力运往边地；如果是在附近，夏原吉不会不知道。

第二，御史没说这些粮食究竟有多少，究竟能供应多少军队食用十年，是能供应十几万乃至几十万大军食用十年，还是可以供应几千军队食用十年，其中的数量差距是非常大的，御史根本没有说清楚，所以这批粮食估计数量不会太多，否则夏原吉作为一个管理财政的高官，不会不知道。

第三，御史没说这些粮食是新收的还是陈年旧粮。各位知道，在古代保管储藏技术较为落后的情况下，一般的粮食储藏三年以上就要腐烂变质，因此许多地方仓库都要及时卖掉多年的陈粮，一方面增加收入，一方面腾出地方储藏新粮。那么御史讲的那批粮食估计不可能是新粮，因为新粮几乎不可能这么快就运到边地附近；如果是陈粮的话则很难供应军队，因为即使运到军队很可能就烂掉了。因此那个御史查出的那批粮食，很可能是陈年旧粮，根本无法供应军队。

第四，就在朱棣逮捕夏原吉等人不久，他还派户部侍郎等人分别前往北方几省，督造大批运粮的车辆，调发数十万牲口和民夫，前往边镇运送粮食，并限期明年二月运抵北方军镇宣府。如果真如御史所说，某个地方储备粮食可供军队十年之用，那么朱棣还有必要这么干吗？

由此可见，朱棣另派御史查出一批粮食，可供军队十年之用，这个说法是完全站不住的。夏原吉等人所说的边粮只够边军防御敌人，根本不够大军出塞远征，则是千真万确的事实。

2. 朱棣没杀夏原吉的复杂原因

朱棣痛恨夏原吉反对他的北征大业，动了杀心，但他为什么最终没有杀掉夏原吉呢？除了杨荣的劝解之外还有几个原因：

第一，朱瞻基的劝解。朱瞻基是皇太孙，是朱棣最喜欢的长孙，将来是要接班即位的，因此他的话朱棣是必须考虑的。前面讲过，夏原吉同朱瞻基私人关系极好，早年朱瞻基来往于南北两京之间，几乎都是夏原吉陪他走的；朱棣北征时，朱瞻基还是十几岁的孩子，留守北京的行政事务都是夏原吉帮他处理好的，因此朱瞻基非常器重夏原吉。况且朱棣让夏原吉长期陪同朱瞻基，似乎也有将来辅佐这位皇太孙君临天下的用意，可是现在朱棣反过来要杀掉夏原吉，太孙一劝，朱棣不得不考虑后果。

也有人认为，朱棣听了皇太孙朱瞻基的劝解，最终没杀夏原吉，可能是故意卖给朱瞻基一个人情，好让夏原吉感谢皇太孙朱瞻基的救命之恩，日后皇太孙即位称帝，夏原吉就能更加死心塌地地辅佐朱瞻基了，因此朱棣自己先唱黑脸，再有意让皇太孙唱红脸，以便进一步争取夏原吉这样的股肱重臣。类似这种帝王耍弄权术来驾驭臣下之事，在专制时代也并不奇怪。不过这个看法虽然有道理，但也只是个推测，暂时没有史料的依据。

第二，夏原吉的功劳和威望。夏原吉是对朱棣有大功的人，前面讲过，朱棣上台后进行了一系列开创性的活动，六次下西洋，四次打安南，迁都北京，开通运河，营建陵墓，北征蒙古，"供亿转输以巨万万计，皆取给户曹。（夏）原吉悉心计应之，国用不绌"（《明史·夏原吉传》）。这些规模空前、消耗巨大的活动，几乎都是夏原吉一手操办的，可以说，没有夏原吉财政方面的出色运作，就没有朱棣那么多开创性活动的完成。如今因为夏原吉反对朱棣的过分行动，朱棣要杀他，恐怕不得不考虑到夏原吉过去的功绩，同时，夏原吉在朝野上下也有较大的威望和影响，这一点也是朱棣对他不敢轻易下手的原因之一。

第三，夏原吉的自救。当锦衣卫官员前去逮捕他时，告诉他皇帝下令要他限期赶到北京，换了别人可能会立即照办，可夏原吉却说："对不起，你得高抬贵手，允许我再磨蹭一会，还有点公务没办完，粮食调运和仓库的账目一摊事，我没弄完就走了，来个人接替我还是麻烦事。你不如宽限我一两天，等我弄完了再跟你走，就是死了也安心了，这样谁都方便。"

锦衣卫军官一听就答应他了，结果就过了回京的期限，这叫违抗圣旨！但朱棣一问是这么回事，反而不好意思杀他了，为什么呢？各位请看，就在夏原吉被捕前几小时，他还不顾自己的罪犯处境为国家操劳，还在处理北征粮饷的具体事务,这样的大臣难道该杀吗?要杀也不好下手啊。

接下来,朱棣又几次派人审问他,尤其问他对北征的看法,但夏原吉始终未改口,仍是被捕前的那一套。不过,夏原吉的反对意见很委婉,并未同朱棣激烈抗争。而是说古代的明君都不怎么考虑,也不会强求边疆以外平安与否,陛下您就适可而止吧,北边的蒙古打它几回差不多就行了(夏原吉《忠靖集》附录)。这话不仅没有激怒朱棣,反而给了朱棣一个小台阶,也使朱棣有些不好下手。

3. 夏原吉被关押,朱棣只好找人代替他

夏原吉不改口,朱棣没办法,又派人明确问他,当初皇上待你有厚恩,现在却把你关进牢里,也算够狠的,你就没什么怨言吗?原吉回答:"皇帝的喜怒都是对我的教育,我哪敢有怨言呐?"(《名山藏·永乐臣》)朱棣听了,可能心里不是滋味,但仍把原吉等人关在牢里不放。虽然怨气有所消减,不过朱棣还是派人抄了夏原吉的家,可能是想搜集罪证。结果,除了发现皇帝赏赐给他的钱钞之外,只有一些普通的衣物和几件平常的瓦器而已,根本没什么"腐败"的证据(《明史·夏原吉传》)。这件事可能让朱棣有些丢面子,甚至有些下不来台。

各位知道,专制时代皇帝要收拾谁、给谁定罪,往往不是根据这个人是否干了坏事犯了法,而在很大程度上是看他不顺眼、不满意,同时要抓住一些把柄才能定他的罪。虽说"欲加之罪,何患无辞",但也要找出一些"辞"来,就是要找把柄找借口,所以朱棣才抄了夏原吉的家。不过,主管财政的夏原吉可能早有准备,据说他为了避免树大招风,总是把多余的工资和赏赐及时分给远亲近邻,因此这次抄家居然没让朱棣抓住把柄。

朱棣虽然关押了夏原吉,但北征的具体政务一大堆,兵、户二部也就是军事和财政后勤之事必须有人来办理,原来这部分政务是由夏原吉兼管,可是如今朝廷分管政务的六个尚书,除了吏部和刑部两个尚书未到场之外,其余四个尚书逼死一个,关了两个,只剩礼部尚书吕震一人了,于是朱棣只好让吕震兼管兵、户二部的政务。吕震也害怕啊,朱棣说不定何时发怒,并且有些好赖话都听不进去了,谁能保证哪一天不翻脸杀我呀,因此吕震可能有些不敢上任。

朱棣毕竟是皇帝,他知道几个尚书都关了都杀了,谁给他办事啊,北征的

一大堆事务必须有人处理,如果吕震自杀了,可真就没人为他办事了,因此他派十名校官跟随吕震,并且下令:"如果吕震自杀了,你们十人都得死!"可怜吕震整天被十个皇家军官围着,同软禁差不多,也够遭罪的。不过,吕震这人很会见风使舵,这时靠诬陷他人赢得了朱棣的信任(《明通鉴》卷一七)。

从上述情况看,朱棣晚年的几次北征活动前,他同朝中重臣的关系已很紧张,即使是未受监禁的大臣,也已处于朱棣的威胁之中,谁也不敢保证哪一天,朱棣不会翻脸收拾他们,真是伴君如伴虎。况且朱棣的病情越来越严重,逐渐影响了他对事务的正常判断。应该说,朱棣晚年遭遇的这次反对北征之举,是开创与守成矛盾的又一次大爆发,可以说是关系到明朝国家前途和命运。但朱棣根本不顾整个国家面临的困境,一意孤行,并且还用权力去镇压那些提出正确意见的大臣,结果为此付出了很大的代价。

(三)由于缺粮等原因,最后三次北征被迫结束

1. 不顾军队缺粮和疲惫,朱棣坚持北征

永乐二十至二十二年,朱棣最后三次北征蒙古,都没有取得什么战果,即使是第三次北征时,顺手牵羊地袭击了兀良哈三卫,但这次袭击名不正言不顺,总有些背信弃义的成分,因为此时的兀良哈三卫并未同明朝为敌,朱棣发兵偷袭人家,似乎有些出师未果、找人撒气的意思。除此之外,三次北征可以说是毫无战果可言,并且粮食供应情况越来越糟。此前1410年和1414年的两次北征,朱棣派夏原吉等人调发了充足的粮食,从北京到宣府沿途各卫仓不断供应军队,过了宣府以北,则用三万多辆武刚车运送了二十万石军粮,以备大军回师之用。

而此后的三次北征,前几年储蓄的粮食早已吃光了,无力供给大军北征,朱棣不得不派各地出动了三十四万匹驴、十七万余辆车、二十三万多民夫,总计运送了三十七万石粮饷,其中一部分是随军而行运抵前线附近的(《明史纪事本末·亲征漠北》)。从今天的宣化往西北走到张家口,再过长城往北到张北,这条道是从北京西北进入内蒙古的重要通道。

张家口长城大境门

各位知道，虽然这条通道有公路，但毕竟是在山区，宣化以北的路况更是崎岖蜿蜒，不利于大规模地集中运输各种物资。而将近六百年前朱棣北征时，这里的路况更差，根本没有柏油马路，都是一些坑坑洼洼的土路，北征大军的粮草就是在这样的路段里，靠马拉、靠人推，一步一步地往北运输。从北方各省长途运粮到宣府，中间可能有接力，宣府以北的路更难走，三十七万石粮饷无论是用车拉还是用驴驮，运输负担都是相当重的，实际上已无法保证充足的供应。

由于补给线太长，军中粮草往往供应不上。北征大军出征一个多月，至少需要几百万甚至上千万斤的粮草，才能供应几十万人马一去一回的消耗。按理说粮食消耗到一半，出征大军就必须往回走，不然的话回去的粮食就不够吃了。但是由于运输条件的限制，随军携带的粮食本来就不多，朱棣率军深入漠北上百里，没有也不可能根据粮食消耗的数量，来安排回师计划，再加上漠北天寒，北征的士兵需要多吃，才能保持体力和御寒的热量，这样一来，更是大大加速了粮食的消耗，因此，每次北征时往往还没等到回师，军中就出现了缺粮的情况。

并且朱棣晚年的三次北征是一年一次,间隔很短,军队根本没有得到很好的休整,比较疲惫。永乐二十二年最后一次北征时,走到一半军队就累得走不动了。朱棣问大臣该怎么办,结果谁也不敢回答,为什么?各位还记得北征前和迁都后那两件事吧,谁反对迁都、反对北征,谁就没有好下场!因此这时谁也不敢回答。

最后还是金幼孜仗着自己是朱棣的高级秘书,一直没有冒犯过朱棣,壮着胆子委婉地劝朱棣,士兵们够累的了,别再往前走了,但朱棣根本不听(《明史·金幼孜传》)。这个时候谁也不知道,朱棣哪天会突然翻脸,金幼孜就会跟前边那些人一样倒霉。从上述情况可以看出,朱棣晚年北征时,军队经常处于疲惫、饥饿和严寒的多种威胁之下,但晚年的朱棣已经谁的劝都不听了,一意孤行,顽固坚持北征。

2. 大范围搜索无效加上粮饷有限,朱棣准备班师

这还不算,明军最后几次北征几乎完全没有目标,尤其是第五次北征时,明军完全成了搜索队,在茫茫草原上到处乱窜,结果是一无所获。此时的朱棣非常渴望有一场战斗,来满足他心里的欲望,哪怕是一场小规模的遭遇战,也证明我朱棣总算没白跑一趟。可是敌方似乎看透了朱棣的心理,早就躲得远远的,就是不给他这个机会。

这样一来,弄得朱棣好没面子,又不甘心这样无获而返,因此一再下令军中分批撒出去,向不同的方面搜索敌人,并且告诉他们,如有敌人来袭,先用神机铳炮一阵猛轰,再用长弓劲弩一阵狂射,换句话说,不管敌方多少人马、什么情况,先给我撂倒一片再说。言外之意,这样也算咱们几十万兵马没有白来一趟,不然的话连续三年北征,每次连个人影都没见到,那不显得我这个堂堂的统帅太没面子了吗?

军中将领自然明白朱棣的心思,于是按照他的命令,非常卖力地到处搜索。结果呢,前锋宁阳侯陈懋等人回报说,臣等已到答兰纳木儿河,一眼望去都是荒漠野草,车轱辘和马蹄印早就没了,可见敌人是跑了很久很远了,最后

一直搜到没有粮食了,只好回来。

张辅等人也到远处一些大山峡谷里不断搜索,结果回报朱棣说,我们分别派人搜遍了方圆三百里范围,根本没看见一个人、一匹马的影子。他向朱棣请求:"请陛下再给我一个月的粮食,我率骑兵再次深入敌境搜索,保证捕获敌人。"

朱棣这时好像有些明白了,这样搜下去哪天是个头啊,明军带的粮饷有限,如果没等搜到敌人,粮草先吃光了,连回都回不去,不冻死也得饿死。作为全军的统帅,朱棣不得不考虑明军的吃饭问题。于是他对张辅等人说:"现在我们出塞好长时间了,人马都非常疲惫,北方冷得早,说不定哪一天会有暴风雪,我们回去的路程还远着呢,不可不虑。你们先休息一下,我再考虑考虑。"说是考虑,实际上还是想找个体面的办法,既让大家觉得这趟没白来,又要保证大军在粮草用光之前回到北京。但这就难办了,为什么呢?

要想在粮草用光之前回到北京,就必须立即班师回朝,但那样干结果只能是白跑一趟;但要想继续搜寻敌人,挽回面子,就势必要冒全军挨饿的危险。两相比较,当然是生命更重要,或者说肚子比面子更重要。因此朱棣带着无功而返的遗憾和粮草将尽的无奈,即将下令班师。当时军中的粮食供应已经很紧张了,许多军人带的粮食快吃光了,加上北方较冷,士兵需要多吃来保持热量,因此粮食消耗较大,有些军人已是饥寒交迫,估计离饿死也不远了。

杨荣实在看不下去了,向朱棣建议,将朱棣御用剩余的粮食全部分给军队,同时下令军中有余粮者借贷给少粮或无粮者,回到边塞后加倍偿还,这样才使一批缺粮的军人没被饿死(《明史·杨荣传》)。

3. 回师无借口,朱棣跟拿破仑处境类似

此次北征一个多月后,杨荣即看出朱棣不会轻易善罢甘休,这样下去不仅敌人打不到,自己反而可能先饿死不少。于是他想了个办法结束这一切,向朱棣建议,军人出征很是辛苦,应该派人向敌方说明白,我朝皇帝赦免他们的罪行,然后班师回朝(杨荣《文敏集》附录)。这个建议实际上等于给自己找了一个班师的借口,同时也是明确告诉敌方,只要你们认个错,给我方一个面子,我方就不再打下去了,彼此可以相安无事。这样双方都说得过去,谁也不丢面子。于是朱棣就按照杨荣的建议，写了一封类似内容的敕书，派身边的宦官等人送给阿鲁台部落（《明通鉴》卷一八）。可是敌方好像并不买账，始终不露面。

最后实在没什么指望了，眼看着粮食快吃光了，朱棣只好下令班师回朝。就在回师途中，朱棣还命人在一处数十丈宽的石崖上刻石记功，并一再宣称要"使万世后知朕亲征过此也"（《明史纪事本末·亲征漠北》），生怕别人不知道他亲征过此，很像今天一些远方客人来到京中旅行，到处刻上"某某到此一游"的字样。说明什么呢？说明朱棣总想在最后一次北征中有所收获，实现他心中超越前人的理想，可敌方似乎看透了他的心思，偏偏不给他这个机会。

这件事可能使人想起1812年法国进攻俄国之战，当时拿破仑亲率五十万大军打到了莫斯科，可是俄军统帅库图佐夫早已下令，放一把大火烧毁了莫斯科，结果拿破仑得到的仅仅是一座空城。俄罗斯的严冬天寒地冻，拿破仑的军队不但没有粮食，就连取暖都困难，只好被迫撤军。但这样走了毫无收获、太没面子，怎么办呢？于是拿破仑派人找到库图佐夫，希望俄方先提出求和，法军顺势答应，然后再体面地撤军，从而结束这场艰难的远征。

不料，库图佐夫看透了拿破仑的用意与困境，不但拒不求和，反而让使者转告拿破仑，你想结束战争吗？可我却觉得战争才刚开始啊！拿破仑很无奈，只好先行撤军，结果法军在撤退的途中，冻死的军人就占了全军的一大半。朱棣最后一次北征的处境，同当年的拿破仑有些相似，都是在进军途中丧失了主动权，也都为自己的冒进付出了代价。

（四）朱棣病死于回师途中，死因竟有三种说法

1. 朱棣病死的三种说法

永乐二十二年七月，朱棣在最后一次北征途中突然病情加重，据说他不得不召来军中主帅之一、英国公张辅传达了遗命：传位给皇太子朱高炽，一切后事完全按照太祖朱元璋的规矩办。一天之后，朱棣病死于榆木川，享年六十五岁。

关于朱棣之死有三种说法，第一种是目前明史书中普遍记载的说法，因病而死，也就是第五次北征时病死于回师途中。

第二种说法是当时朝鲜李朝实录中的记载，忧心致死。据前方的传言，朱棣率明军同北方蒙古部队打了一仗，损失不小。皇帝的驻地下了冰雹，粒大如瓦，过去的瓦片相当于今天的砖头那么大，明朝的军队有的人被砸断了胳膊，有的人被砸破了脑袋，死伤不少；许多战马也被大冰雹砸断脖子而死，再加上打了败仗，朱棣心情极度糟糕，忧郁过度而死（《朝鲜李朝实录中的中国史料》上编卷四）。

第三种说法更离奇，被虎咬死。这个说法来自朱棣死后的一个传说，大意是：有个皇帝带领几十万大军，行进在辽阔的草原上，他手下有百员大将，充足的物资和锋利的弓箭，但他们出征却没有遇到敌人，没杀死一个敌兵。皇帝觉得很没面子，于是就边行军边打猎。一次在榆木川打猎，皇帝不但没打到猎物，自己反被猛虎咬死，尸体也被叼跑了，这个皇帝就是朱棣。因此十三陵的长陵中安葬的只是朱棣的衣物和弓箭，根本没有尸体（赵云田《明清宫廷秘史》）。

2. 北征的操劳和忧虑是朱棣病死的真正原因

三种说法哪种更可信呢？先看第三种说法，也就是猛虎咬死一说，这个说法基本上是不可能的，为什么这样讲呢，大家可以分析一下：

第一，朱棣是皇帝，不管走到哪里总要有卫士跟着，出征打仗更要有皇家卫队负责警卫，不可能是一个人单独与猛虎搏斗，再说猛虎也不可能先把朱棣的卫队一下子都咬死，况且随军的文臣根本没有这种记述。

第二，北征军队的数量庞大，至少有十几万、几十万人马，除了步兵、骑兵还有运送物资粮草的车队，他们只能从较为宽阔的大路行进，不可能从猛虎出没栖息的深山密林中穿行，因此遭遇猛虎突袭丧命的可能性几乎为零。即使是朱棣率人前去深山打猎，远离大队部队，在当时的情况下为防备的敌人埋伏和偷袭，同样需要大批卫队严密护卫同往，更不可能被虎咬伤。

第三，猛虎出没栖息之地，必须有大面积的深山老林作为小型动物的生存空间，从而供应老虎的食物。朱棣北征大军所过之处几乎都是一片荒漠，只有少量的小型动物出没，根本无法供养猛虎那样的大型食肉动物，即使有也早被北征大军赶走了，因此朱棣更不可能被猛虎吃掉。

因此，朱棣死于虎口的说法完全不成立，近于荒诞，反映出北方草原百姓对朱棣本人以及明军连年北征的一种嘲讽和诅咒。

再来看第二种说法，忧心致死。朱棣北征途中可能遭遇风雪不假，甚至可能夹杂一些冰雹，但说冰雹比瓦片还大，甚至把人的胳膊和马的脖子砸断，则未免过于夸张了。这种说法的出现同前一种说法一样，大概是出于朝鲜王朝对北征的不满，因为朱棣为了北征曾大量地向朝鲜索要战马，弄得朝鲜全国都有压力。同时朱棣也不可能为几场暴风雪就忧心致死，因此可以说恶劣的气候加重了朱棣的忧虑，仅仅是其致死的原因之一，但未必是致死的唯一原因。

现在就剩下因病而死一种说法，应该说这种说法是较为可信的，因为根据史书的记载，朱棣在永乐后期就时常犯病，间歇越来越短，晚年几乎不能临朝办公，中外政务几乎都是交给太子处理。永乐二十年后的三次北征中，每一次都病得较重，出征前大臣的劝告中也指出，朱棣的身体未能调养好，已经是老患者了。就是说连年北征的操劳和折腾，加重了朱棣的病情，恶劣的天气和补给的不足，使军队冻死饿死者大约有十分之二三，更进一步加重了朱棣的忧虑，这些因素加在一起，才是导致朱棣病死的真正原因。

（五）朱棣连续北征令人不解

1. 条件不足非要北征

在这里我无法对朱棣的北征做出全面的评价，但是不管怎么说，朱棣晚年多次抱病率军北征，对于巩固明朝的国防、打击蒙古残余势力，对于稳定北方边境的局势，还是具有非常积极的意义。不过从军事角度看，朱棣晚年的北征似乎又有明显的失误，失误在哪呢？各位请看，永乐十二年的忽兰忽失温之战，可以说是明、蒙双方的一场决战，明方投入了约五十万兵力，蒙方恐怕也有几十万人马，但这场战役的结果却是"杀伤相当"（《国榷》卷一六）。

这样下去蒙方肯定受不了，因为它的综合国力照明朝可是差多了，消耗不起，于是此后蒙方采取了避战远走的策略，我让你找不到我，变被动为主动。可是朱棣却总想寻找蒙方主力决战，看起来好像是他主动寻找战机，但实际上

北元政权的"太尉之印"

一次也没有找到,这样明军就逐渐丧失了主动权,并且还在疲惫、严寒和饥饿的夹击之下损失不小。

同时,朱棣晚年的三次北征还有几个令人难解之处:其一,北边敌军只是小股部队袭扰边塞,并没有冲破防线进入内地的意图和实力,明方完全可以派遣一些流动部队,在适当的地方巡视边塞,策应当地驻军,即可以抵御小股敌军的袭扰,但朱棣却非要大军北征。

其二,如果敌方盘踞某处,或有大致固定的活动范围,明方可以大兵团进剿,但实际上蒙古军队是游牧民族,主力是骑兵,移动速度快,几乎没有固定的活动范围;而明军主力是步兵,移动速度慢,出征只能是一边走一边找,就像瞎猫碰死耗子一样,根本无法找到敌方的主力与之决战,军事上明显陷于被动,但朱棣却还要率步兵为主的大兵团进剿。

其实早在洪武中后期,明军在统一战争中出击蒙古时,朱元璋就逐渐发现了明军不宜深入沙漠作战的弱点,于是及时调整了边防政策,变为严守边镇、近塞击敌,这样明军虽然不能彻底消灭敌人,但对方也不能给明朝造成大的边患。而朱棣作为一个军事统帅,洪武和永乐时期曾经多次率军北征,不可能不知道这一点,但是朱棣晚年并没有吸取洪武时期的教训,反而连年北征,结果不断陷入被动和不利的境地。

其三,朱棣每一次几乎都是带病坚持出征,虽然其中不乏保家卫国、壮心不已的精神和气概。但各位知道,带病作战无论对于决策还是战争本身,都会有不良影响,至少会影响正常的判断力。朱棣晚年连一些政务都无法正常处理,还要交给太子,按时临朝办公都办不到,居然能够年连年北征。

其四,军需粮食严重不足,除了第一、第二次北征外,后三次军需粮食已消耗殆尽,以至于朱棣不得不下令,临时从北方省份组织人力,运送大量的粮食来供应北征大军,并且每一次北征时,总是因为粮食不足而不得不停止前进,但是在这种情况下,朱棣却仍然顽固地坚持北征。

其五,朱棣晚年三次北征前,他身边那些经验丰富的大臣们,多次劝他放弃北征,或派遣别的将领,或采取其他措施,并且非常明确地讲清了北征无法继续下去的原因,但朱棣不仅不听劝告,反而将这些忠心耿耿的人关押起来,甚至逼迫方宾自杀,还要杀夏原吉。所有这一切都使常人难以理解。

2. 连续北征的思路:越是碰不上就越要去碰

有的传言说,朱棣可能是元朝妃子或朝鲜人的后代,是明军当年北征元军时俘获的元朝妃子,同朱元璋生的朱棣;或是明朝继承了元朝的习俗,从邻国朝鲜索要了一批女子,生了朱棣,因此朱棣对蒙古地区怀有一种特殊的感情;有人认为朱棣在即位前长期当燕王,多次出兵塞北,熟悉那里的情况,所以才会连年北征;还有人认为朱棣晚年身体和精神都出了毛病,已经处于一种偏执的病态之中,只有不断地出兵征战才能使他得到充实,缓解病态。但是这些看法也都仅仅是猜测,缺乏必要的根据。那么究竟是什么原因,使朱棣晚年不顾许多不利条件,一意孤行地坚持北征呢?

我认为除了朱棣本人好大喜功、超越前人的思想和性格因素之外,急于找到并消灭蒙古军队主力,解除明朝北方的军事威胁,才是朱棣晚年连续北征的主要原因。虽然事后看来,明军最后三次北征几乎都是白跑一趟,但这并不等于说,朱棣率明军每次都不可能碰上蒙古军队,因为永乐十二年第二次北征时明军就碰上了,并且给予他们相当沉重的打击。因此朱棣是按照这个思路去北征的,他肯定不相信自己每次都会白跑一趟。

再说夏原吉等人反对北征的理由,也只是说军需粮草消耗太大,无法供给大军再次北征,并没有说每次北征肯定是白跑一趟。所以朱棣坚持连续北征,就是因为他非常自信地觉得,自己完全可以找到敌方主力,还可以像第二次北征那样，给敌方以毁灭性的打击；并且朱棣是个虚荣、倔强的专制帝王，越是碰不上、找不着，他就越是要去碰、去找，结果敌方跟他玩起了捉迷藏，使朱棣到死也没找到，甚至连碰都没碰上。这个看法是否成立，还请各位来评判。

那么朱棣病死后，他周围的人会怎样应付这一突发事件呢？在京的皇太子和在山东乐安的朱高煦又有什么反应呢？

十三　协力应变

面对朱棣暴亡、大军在外的危局，杨荣等人从容应对，协助太子顺利即位，其中不乏令人狐疑之处。

青田石"东宫图书"皇太子印

（一）杨荣等人应对危局，目的是防备朱高煦

1. 朱棣突然病死在途中，身边大臣面临凶险局势

晚年的朱棣不听大臣的劝告，不顾军饷不足和军队疲惫，一意孤行，顽固坚持北征，最后病死在回师途中的榆木川，就是今天内蒙古自治区多伦县的西北部。这个地方很有名，是从北京到内蒙古的交通要道，"九一八事变"后，侵华日军占领了多伦，还想从这里继续北进。1933年，抗日将领吉鸿昌等人在此指挥抗日武装，经过多次激战，曾一度赶走了日军，收复了多伦。由此可见，多伦这个地方不仅是交通要道，同时也是个战略要地。朱棣率领北征大军回师，多伦县西北部的榆木川是必经之地。

由于北征大军驻扎时，朱棣都在自己的御帐之中，这里既是皇帝的行宫，又是临时病房，外人不得进入，因此朱棣病死时，只有他的贴身宦官马荣、孟聘、海寿等人知道。当时是北征大军在外，突然失去统帅，这些宦官当然无法应付这一突发事件，怎么办？于是就在朱棣病死的当天，马荣等人秘密找来了朱棣的心腹重臣杨荣、金幼孜二人，商议对策。

各位知道，皇帝如果死在首都，一切都还好办。但朱棣是死在回师的半道，离首都还远着呐，太子那边还不知道，北京的防卫比较空虚，因为那里的绝大部分部队都随朱棣北征了；汉王朱高煦呢，据说早就在乐安准备夺位，如果北征的将领同他有勾结，并且知道朱棣已死，双方联起手来夹击太子，那么太子的处境和整个局势就相当凶险了；再说太子的三弟朱高燧也在北京，此前的政变虽然流产了，但他作为亲王的部分护卫还在，因此他比老二朱高煦更有实力起兵夺位。况且几十万北征大军失去了最高统帅，时间一长将很难控制。

而现在杨荣等人必须面对和处理的，正是这个凶险的局势。怎么办？当时有人建议，可以利用其他事起草一封敕令，加盖皇帝的玺印，派人借机把朱棣去世的消息传给太子，让他有个准备。可是杨荣等人坚决反对，他们说："谁敢这么干！先帝生前可以称'敕'，死后如果还称'敕'，那就是欺君之罪，弄不好

是要杀头的!"众人觉得有理,只好另想办法了(《明史纪事本末·仁宣致治》)。

2. 杨荣等人提出五项措施,快马回京报信

杨荣机敏过人,首先提出了不宜发丧、照常进膳等建议,于是众人决定采取以下几个措施:

第一,秘不发丧,即对外严密封锁朱棣病死的消息,北征大军仍照原计划回师北京。杨荣等人认为北征大军远在外地,一旦朱棣病死的消息传出去,很可能引起一场变乱,因此严密封锁消息,没有公布朱棣的死讯。

第二,"液锡为椑",就是搜集军中的一些锡器加以熔化,铸造成一个椭圆形的棺材,装入朱棣的遗体,放在皇帝的专车上(《明史·杨荣传》)。这是保密的一个重要措施,因为皇帝死了,不能总是停放在高级病房里,必须找个地方藏起来。什么地方最合适?只有皇帝的专车——龙辇,因为龙辇除了进门之外,其余三面都是封闭的,外人根本看不见,门也只有皇帝能进,并且接近龙辇的人,只有皇帝的贴身宦官和心腹大臣,其他人不要说看见,距离龙辇老远就得绕着走,所以龙辇装载锡制的棺材,和平时完全一样,谁也看不出来怎么回事。同时,熔化锡器制成圆槽,可能还有防腐的考虑,否则只用木头就可以了。

第三,杀工灭口,杀掉所有参与制作锡槽的工匠,以免走漏消息(《国榷》卷一七)。各位知道,这些锡工们熔化锡器,制成一个能装下成人的槽子,估计是在皇帝的御帐附近干的,他们很可能知道这东西是干什么用的,能不知道吗?那么大一个槽子,不可能是马槽。因为喂马的槽子根本不用锡器制作,况且军中肯定早就备有马槽,就像人吃饭的饭碗,还用另做吗?所以,这些工匠一看就明白是怎么回事了,不是皇帝死了,还用熔化锡器做棺材吗?因此,这些工匠是知情者,必须除掉,没有办法。当时是军队出征途中,找个地方杀一批人不是什么难事,于是这些工匠就成了保密需要的牺牲品。

第四,照常进膳,行军每到一个地方,仍然搭好皇帝的行宫御帐,宦官照常侍候皇帝早晚作息,饭菜照样送,所有的仪式都和平时一样。同时又以皇帝的名义下令,严格执行军令(《明史·杨荣传》)。这样一来,外人只见给皇帝做饭、送饭和侍候皇帝的那些人照常忙活,谁也不知道是怎么回事。

第五，派人送信，就在朱棣病死的第二天，甚至可能就在几个人商议之后的当天深夜或次日凌晨，杨荣和随军的御马监少监海寿就秘密出发，快马加鞭飞驰回京，向太子报告朱棣病死的消息（《明太宗实录》卷二七三）。为什么要派这两个人而不是别人呢？据我所知，杨荣是朱棣的首席心腹重臣，长期跟随朱棣，本人很有韬略、很有决断力，又熟悉各方情况，因此派他回京不仅是报信，更重要的是要他协助太子处理当时突变的局势；海寿则是朱棣信任的贴身宦官之一，同样是既熟悉情况又有地位、有能力的重要人物，他和杨荣分别是文官和宦官两个系统的代表人物，因此大家才会选派他们二人回京报信。

3. 保密措施得到密切配合，目的是防范高煦夺位

上述几项措施后来全部完成了，几乎未出任何纰漏，应该说，这几项措施总体上是非常成功的。那么这一成功之举都需要什么条件呢？我想至少需要三个条件：第一是朱棣身边内臣和外臣的合作；第二是皇家卫队的合作；第三是内侍人员的合作。没有这三个条件，整个保密措施根本办不到。

各位请看，朱棣病死一事，只有他身边极少数宦官和心腹重臣知道，秘不发丧、"液锡为椑"、杀人灭口、照常上饭等等是他们一同商定的，如果有一方或一人不同意并走漏消息，整个事情可能就是另一样了。因此，朱棣身边的内臣、外臣实际上已组成了一个临时决策机构，双方通力合作，这是整个措施得以成功的首要条件。

其次，监督锡工制作棺材，尤其是杀掉锡工灭口这件事，我估计应该是朱棣的皇家卫队干的，其他的部队不太可能被临时抽调出来，去执行这种特殊的任务，因为无法保密；而只能由皇家卫队来执行，因为他们的职责就是警戒皇帝的周围，朱棣之死肯定瞒不过他们。当时的情况很可能是整个皇家卫队高度戒备，将朱棣的随行机构完全包围起来，严禁外人进入，同时也守护并监督随军的宦官照常做饭、送饭，从而保证了整个措施的成功执行。

第三，除了内臣之外，朱棣的服务人员也是保证整个措施成功的不可缺少的条件，因为服侍皇帝起居和做饭、送饭这类事，必须由这批中下级宦官来完成，估计朱棣之死同样瞒不过他们，当然包括随军的太医等人。近臣和卫队在

平时生活中是无法始终、完全接近朱棣的,而只有服侍宦官才能做到,因此照常进膳、掩人耳目这类事就只能由他们来完成。

总之,朱棣身边的近臣、高级宦官此时已组成了一个临时的决策机构,控制了皇家卫队和服务人员,成功制造了朱棣还活着的假象,率领北征大军回师北京。所有这些措施的目的只有一个,那就是严防军中武将与朱高煦串通,乘机发难夺位,从而为太子即位做好充分准备。杨荣、海寿提前回京传信,使太子争取了主动、赢得了时间,为他有效地控制局势、防止朱高煦的夺位活动创造了条件。因为退一步讲,即使朱棣病死的消息走漏出去,北征军中将领派人与朱高煦联系,速度再快也不会超过杨荣、海寿,因为二人几乎是在朱棣病死的当天夜里就出发了,其他将领得到消息再派人追赶,几乎不可能追上。

再退一步讲,即使是与朱高煦有勾结的将领派人传信,和杨荣、海寿同时到达京师,但朱高煦得到消息后必须从乐安起兵夺位,因为他的老巢和势力都在乐安,况且他的护卫被削掉,不可能立即起兵,所以即使他和太子同时得到消息,他的行动也要比太子晚一大步,那么太子就可以利用这段时间来从容布防,控制局势。从这一点来看,朱棣当年将朱高煦遣送乐安,杨荣等人先行回京报信,防止高煦夺位的措施是较为得当的。当然,杨荣等人这样做,可能还有防止武将拥立朱高煦、与当朝文臣争权的用意。

(二)杨荣等人做得过于从容、娴熟,难免令人怀疑

杨荣等人在很短的时间内,能够从容做到一系列的高难度"动作",虽然显示出了超常的应变能力,但同时也招致了一些人的怀疑。明后期有个大史学家叫王世贞,他就怀疑,太子朱高炽即位后曾经重赏了杨士奇、金幼孜等人,尤其是重赏了杨荣,除了一些高级消费品之外,仁宗还让他"三俸兼支",使他成为洪熙朝第一个拿了三份工资的重臣。

那么仁宗对杨荣等人重赏的原因是什么呢?"赏其榆木川顾托之功,或兼以阴拥翼故,不可知"(王世贞《弇山堂别集》卷二二)。王世贞这里的"阴拥翼"说得很模糊,是否包括杨荣等人在朱棣临终前后所作的一系列安排,包括

暗中帮助太子即位,的确是"不可知"。明末人黄景昉也对当时的安排表示疑惑,他说:"榆木川之役,从杨荣议,液锡为椑具含敛,秘不发丧,上食如常仪。此振古未有之变,(杨)荣从何处想出?"(黄景昉《国史唯疑》卷二)朱棣病死是一个突发事变,杨荣的几项措施几乎是一环套一环,他怎么会想出这么多办法来呢?实在令人怀疑。

不过这些人的怀疑恐怕也有一定的道理。各位请看,朱棣死后的几项措施中,秘不发丧和照常进食都是前人用过的。秦代赵高就曾在秦始皇死后用过这两招,为了防止别人闻出秦始皇尸体腐烂的臭味,他还专门派人弄来一车臭鱼,来掩盖真相;而朱棣死后可能由于北方天气冷,尸体不会很快腐烂,因此没有臭味,否则杨荣等人很可能也要弄一车臭鱼来。因此,秘不发丧和照常进食这两招,难度不太大。那么"液锡为椑"一事就很有难度了,难在哪儿呢?

"椑"(音皮)是古代一种盛酒的椭圆形器具。盛放身着特殊服饰的皇帝遗体的椭圆形容器必须足够大,这样一来就必须找到足够的锡器。问题是首先,北征大军中哪有那么多的锡器呢?即使是皇帝亲征,从北京带来一部分宫廷锡器,但数量不会太多,那么杨荣等人又是怎样在短时间内,搜集到足够多的锡器呢?

其次,融化锡器并制作成一个椭圆形的槽子,不仅需要一定的空间、时间和一批技术工人,同时也需要相应的工具、模具等等,制作过程虽然不算复杂,但仍有一定的技术含量、一定的规模。那么杨荣等人又是怎样在短时间内解决这些问题的呢?

再次,制作锡槽的过程不会是一两天,很可能是在回师途中逐步完成的,但制作活动只能在一个固定的场所内进行,不可能边走边干,因为这样一来,包括搜集军中锡器等活动在内,整个制作过程就很难保密,那么杨荣这些人是怎么做到不泄密的呢?

从目前有限的史料来看,上述三点似乎不成问题,杨荣等人都从容地做到了,但越是这样,就越令人怀疑,因为这些高难度的行动,被杨荣等人做得似乎过于从容、过于娴熟了。锡器的搜集、圆槽的制作以及保密等等,如果事先没有任何准备,以明朝当时的技术条件,是很难在短期内做到的。那么杨荣等人是否事先有所准备呢?史书未记,因此才引起了后来黄景昉等人的怀疑。

(三)太子采取措施,控制了朱棣死后的局势

回过头来说,当时身在乐安的朱高煦都干了些什么事呢?朱棣最后一次北征出发之后,高煦就派其子朱瞻圻在北京刺探消息,一整天要跑六七趟。高煦可能是不放心,又派几十人到北京来加强秘密侦察,希望出点什么事(《明史纪事本末·高煦之叛》)。可结果呢?什么事也没出,实际上不是没出事,而是朱高煦父子的侦察活动毫无收获,没有探听到任何消息。相反这些活动倒是引起了朱高炽父子的注意。各位请看,几十人大规模的侦察活动,已经够张扬的了,加上朱瞻圻先前在北京的据点,算是"驻京办事处"吧,很可能使朱高炽父子早就做好了准备,时刻提防朱高煦。

1. 太子把印章交给儿子,防止高煦制造混乱

话分两头,军中的大学士金幼孜和宦官等人,负责具体实施保密措施,控制大军回师北京;这边杨荣、海寿二人飞驰回京,永乐二十二年的阴历八月二日,也就是朱棣病死大约半个月后,二人到京向太子传达了朱棣的死讯,太子朱高炽听到这个意外的消息后痛哭倒地,因为来得太突然了。但太子此时重任在身,实际上已成为一国之主,因此不得不强忍悲痛,同朝中大臣及杨荣等人安排丧事,并决定当天就派皇太孙朱瞻基前往居庸关,赶赴开平出迎先帝朱棣的龙辇,同时向外界公布了朱棣病死的消息。

朱瞻基临行前,问了太子一件事:"我外出有事向您禀报,须加盖封章,没有一枚印章就无法防止假冒。"太子觉得儿子头脑清醒、聪明,他说:"你说的的确有道理,但你走得太急,现在赶制印章恐怕来不及了。"于是问杨士奇该怎么办,士奇回答:殿下您还未登极,有事发令自当加盖平时常用的印章,当年先帝授给您的"东宫图书"印章,可以用来先给太孙使用。这也是一时的权宜之计,太孙回来后再交还给殿下。

太子一听，觉得这个办法可行，于是就取出印章交给朱瞻基说：这枚印章是先帝当初给我的，现在我把它交给你，只要有事就加盖这个印章封好报来，以后它就归你了，你可要用心保存它。皇太孙朱瞻基郑重地领受了"东宫图书"的印章，准备出发。那么为什么太子要为太孙准备这样一枚印章呢？没有这样的印章不行吗？

各位知道，当时没有电话、电报等先进技术，往来书信几乎是传递信息的唯一方式，只是平常百姓人家有事可以写信，但天子帝王就不同了，为什么呢？因为帝王的信件或指令，往往都是由别人代写的，书法和文字内容都很正规，只有加盖了帝王特有的印章，才能证明这是帝王的信件或指令，也才有效，否则内容的真假就说不清楚。因此朱瞻基请求朱高炽给他一枚印章，就是为了防止别人假冒他的名义从中捣鬼，防谁呢？很明显是在提防朱高煦。

前面讲过，朱高煦父子曾派出大批人马探听消息，现在朱棣的死讯已在京公布，高煦必定会知道，并且可能会采取进一步的行动，虽然立即起兵夺位的可能性极小，但派人在太子和外地的太孙之间制造混乱，这种可能性还是有的，估计朱高炽父子正是为了防备这一点，所以才拿出了防伪印章。

这里顺便说一下，"东宫图书"的印章是先帝朱棣传给太子的，只在极小的范围内使用，并且是宫廷内部的保密机构制作的，外人根本看不见是什么图案，所以这枚印章根本无法仿制，因此，皇太孙有了这枚图章，就把朱高煦利用信件制造混乱的可能性彻底堵死了。

太孙走后，太子对杨士奇说："过去先帝在位时，接班人一事好长时间也定不下来，弄得流言四起；现在我把太子图章交给瞻基，等于立他为太子，我看谁还敢散布流言！"(《明史纪事本末·太子监国》)由此可见，朱高炽对自己早年差点没当上太子的倒霉经历，仍旧耿耿于怀。

2. 太子颁赏、调军回防，迅速掌控了局势

"东宫图书"印章上面的"东宫"就是太子，朱瞻基领受了东宫印信，实际上表明他已经从皇太孙升为皇太子了；而朱高炽虽然是皇太子，但此时已自然升为皇帝了。就是说，原来两人只是候补太子和候补皇帝，现在实际上已是真

正的太子和皇帝了。

随后太子发布命令:"行营大小官军,悉听皇太孙节制"(《明太宗实录》卷二七四),等于任命朱瞻基为北征大军的代理统帅。瞻基于当日出发,实际上他已代表父亲,接替了朱棣对军队的控制权。安排完这些事的第二天,太子朱高炽写信给已出发的朱瞻基及北征将士,指示一旦先帝的龙䰖过了长安岭之后,部分官军即回到原都司驻地,奉命护送龙䰖的官军和随驾内官用心尽职,待龙䰖到京后一并论功行赏(《明太宗实录》卷二七四)。

第三天,皇太子又写信给北征大军总部的几位将领,命令他们先派宁阳侯陈懋和阳武侯薛禄,率领随驾三千精锐骑兵急驰回京;如果这三千骑兵暂时无法调动,就从各营中抽选精锐骑兵一万人回京。当时守卫京城的军士,绝大部分都随朱棣北征了,留在京城的守卫部队只有几千人(《明仁宗实录》卷一)。这一措施同样是为了防备朱高煦的,因为当时朱高煦虽然没有足够的兵力夺位,但已经开始收买和纠集一些亡命之徒,为夺位做准备。

同时,京城之内流言四起,有人传说赵王朱高燧可能起兵发动政变(《明史纪事本末·仁宣致治》)。尽管是传说,但这种可能性是存在的,因为老三朱高燧此前的政变虽然流产了,但各位别忘了,他作为亲王的三支护卫还在,他比老二朱高煦更有实力起兵夺位,威胁太子。所以太子调铁骑回京之举,实际上是提防两个兄弟的。

第四天,皇太子给户部下令:"凡随征官军旗校人等久劳在外",每人先赏钞一百贯;参加推扶龙䰖的士兵,每人赏钞一百五十贯;先行回到山西都司等地的官军可以运钞前去赏给,其余官军则等回京后一同颁赏。同时选派御史、给事中各四员,负责监督此事的迅速执行,以防拖延误事(《明太宗实录》卷二七四)。太子设法迅速给北征大军颁赏、发钱,这是拉拢和控制军队的有效方式。各位请看,太子一面调动军队回防京城,一面准备钱钞设法颁赏,两项措施非常得当,显示出太子及其辅佐人员成熟、老练的政治才干,以及迅速控制局面的非凡能力。

3. 杨荣和太子密切合作，完成了最高权力的交接

几天之后，皇太孙一行人与回师的大军，在开平以南的雕鹗堡相遇。他们穿过层层守卫部队，直奔中军大营。出征的将士们看到皇太孙泪流满面地走进朱棣的营帐，都感到一定出了什么大事，但此时他们还不知道，最高统帅已经去世了。瞻基见到朱棣身边的重要随员金幼孜、太监马云等人，哭着向他们讲了杨荣的消息已经送到，皇太子已经主持朝政的情况。

金幼孜等人这才大大松了一口气：看来朱棣死后的局势，已经为太子父子控制住了，他们不必为此事再冒风险了。几个人安排好了军中之事，这才将封锁已久的朱棣去世的消息向全军公布。据说当时是"六军号痛，声彻天地"（《明太宗实录》卷二七四），可能众多将士的哭声非常大。

朱瞻基重任在身，不能久留军中。他向全军传达了太子的命令：行营官军一律听从皇太孙的指挥和调动。然后同部分官军一道，将祖父朱棣的灵柩先行运送回京。永乐二十二年的阴历八月十日，也就是朱棣病死的二十几天后，朱瞻基一行人到达北京近郊，父亲朱高炽已率领文武大臣，身着丧服在那里迎候。

到目前为止，先帝朱棣和太子朱高炽的两股势力才算基本合流了，或者说太子完全接收和控制了北征大军，掌握了这支非常重要的帝国武装力量，同时也就基本上控制了朱棣死后的局势，初步完成了大明帝国的权力交接。

从朱棣病死到太子朱高炽接到朱棣的灵柩，前后二十多天的时间内，如果以杨荣、海寿二人飞驰到京作为标志，前后可分为两个阶段：前一个阶段十几天，是杨荣、金幼孜、海寿等人组成临时机构，采取有效保密措施，稳定北征大军；后一阶段的十几天，则是太子朱高炽为首的北京政权，采取相应的配合措施，较为顺利地控制了整个局势。应该说，这一过程是当时两大势力即北征和留守集团的成功合作，是明代前期宫廷政治史上一件了不起的杰作。两大势力合作的关键人物有两个：一个是杨荣，一个是太子朱高炽。

其中杨荣在前一阶段的作用非常突出，除了杀工匠灭口之外，其余的主意几乎都是他出的，并且亲身报信，采取了非常主动、严密的措施，非常有效地稳定了军中局势，可见此人临机处事的能力非常之强，不愧为朱棣时代的首席能臣；而太子朱高炽在后一阶段，同样显示了成熟和非凡的才能，派朱瞻基出迎

先帝灵柩,接管北征大军,命铁骑迅速回京防卫,派人传话并落实为大军颁赏,有效控制住了军队,使得北京和在外的北征大军,在得知朱棣的死讯后能够非常稳定,同时安排回师和悼念活动以及后来的即位活动,这一切都充分反映出太子多年政治生涯历练的结果,以及杨士奇等人的辅佐之功。

(四)北征集团配合太子的原因

整个过程中还一个问题值得注意,那就是朱棣病死之后,北征集团如此积极主动地、周密有效地配合太子集团,他们为什么会做出这样的选择?我认为这和北征集团的处境以及当时的局势关系极大。

各位请看,朱棣病死前后,太子朱高炽的势力相当稳固了,四十几岁的年纪,本人也相当成熟干练,朱棣一死,太子一方立即成为大明帝国唯一合法的权力中心,而朱高煦的势力根本无法与之相比。如果北征大军中个别将领,要想通过兵变来协助朱高煦夺位,不仅要冒极大的风险,并且缺乏充分的准备,成功的可能性极小,因此他们不可能帮助朱高煦来对抗太子。具体说来,北征集团有三种势力:一是军队,二是朱棣的心腹重臣杨荣、金幼孜等人,三是朱棣的贴身高级宦官马云、海寿等人。三种势力在北征集团中尽管角色不同,作用不同,但最后都做出了相同的选择,说明他们的目标和追求是有相对一致的地方。

1. 北征常常饥寒交迫,军队自然愿意回师

先看军队。朱棣连年北征,军队的消耗较大,边镇的储备早就吃光了,朱棣不得不派人从北方各省运输粮草至边镇,以补充北征的给养。但即使是这样,军队的粮食仍然供应不足,原因很简单,军队数量较多,走得较远,根本无法携带足够的粮草。而当时明朝的运输能力很有限,无法把粮食运到北征前线,因此最后几次北征时,常常因为粮草不够而不得不撤退(《明史·夏原吉传》)。

这还不算,还有漠北的天气非常寒冷,朱棣五次北征,几乎每次都可能遇到严寒,冷到什么程度呢?随军大学士金幼孜,也是朱棣的高级秘书,在他的

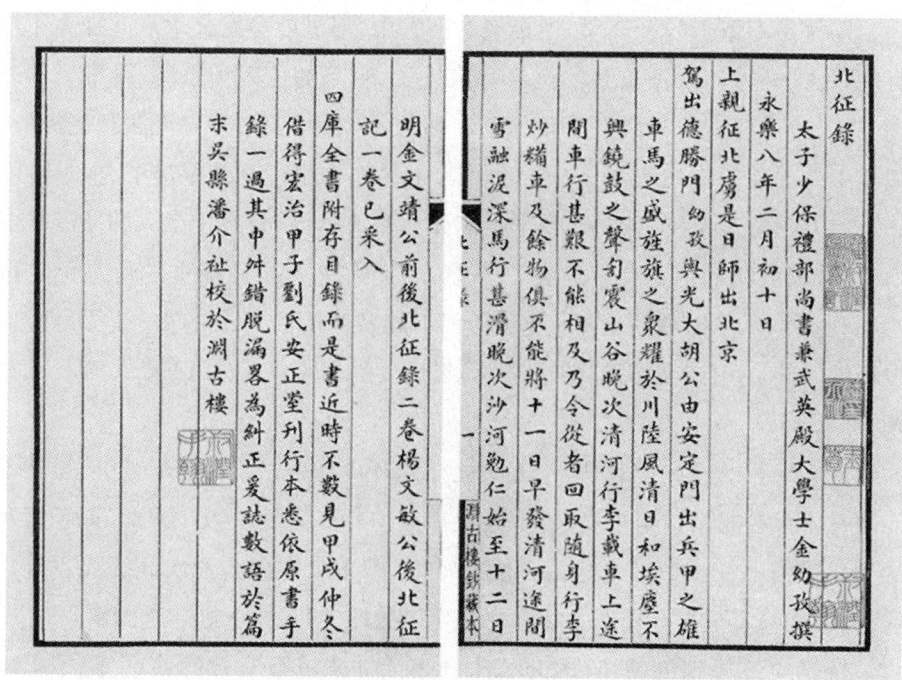

金幼孜《北征录》（清抄本）

《北征录》里记载了当时的一些情况：有时下大雪，在帐篷里睡觉经常被冻醒，有时虽然非常疲惫，但是天气太冷干脆睡不着。早晨起来帐外的大雪有数尺深，衣服上都是白霜，金幼孜等人就开玩笑说，这回可真是"卧雪眠霜"了（《金文靖公北征录》前录）。

他们在军中为皇帝起草诏书，常常是砚台里一倒上水就结冰，下笔都困难。由于天气极冷，靴子踩在地上非常滑，上马时踩进马镫里都非常难，加上马鞍非常凉，可能没有棉手套，人冻得手都伸不直，根本握不住马鞍前边的横木扶手，因此要想骑上马都相当不容易。

不仅挨冻，还有挨饿，大军有时走到一个地方，天寒地冻，根本没有水，人和马都无法吃东西，挨饿是经常的事。朱棣五次北征时由于粮食供应不足，本来就吃不饱的士兵还要常常面临饥寒交迫的境地，"士卒饥冻，馈运不继，死亡十二三"（《明史·杨荣传》）。按照这个比例，每十万大军就会有两三万士兵因为冻饿而死，由此可见，北征过程中这种非战斗损失是相当严重的。

即使是不下雪的天气里,也会经常下大雨,河流就会发大水。北征大军没有船只,人马过河后没骑马的全身都泡透了,骑马的也因为水深,靴子里都灌满了水,过了河就下马脱靴子倒水。有时大军安营扎寨,事先无法预测天气,睡梦中外面就下雨发大水,淹没了营帐,士兵们衣服行李都湿透了,根本睡不好。加上阴雨连天找不到干柴,士兵们无法生火做饭,只好挨饿。即使没有下雨,积水和低洼的道路也经常泥泞不堪,北征大军人马和辎重的行进也是很不顺利。并且在这种情况下,人和马都不能及时喝到干净的水,往往需要走很长的时间,才能走出泥泞的道路,喝到远处的河水或泉水(《金文靖公北征录》前录)。

从金幼孜的这些记载来看,五次北征的环境和条件是相当艰苦的,虽然不能说每天都在风雪雷雨中度过,但是饥寒交迫却是家常便饭。因此,死于饥寒的士兵恐怕不在少数。朱棣后几次北征时,曾下令收敛前几次北征死亡士兵的遗骸,这些人至少有相当一部分并非死于战场,而是死于饥寒等因素。

特别应该提到的是,五次北征朱棣事前并未进行有效的侦察,除了永乐十二年的忽兰忽失温之战外,其余四次几乎都是白跑一趟,北征大军在没有目标的荒漠之中,多次长途跋涉,来回折腾,较为疲劳,一直未能得到充分、必要的休整。在这种情况下,北征大军里除了朱棣以外,还有谁希望继续打下去呢?因此,早日结束北征,这时可能已是整个北征大军的军心所向。

况且此时朱棣的高层决策圈子里,文臣的地位已完全超过武将,因此,朱棣突然病死后,身边的宦官没有联系北征大军的公侯将领,而是找到杨荣等一批高级文臣商议,做出一系列对策;而整个北征大军从上到下,几乎是非常自觉地听从随军重臣杨荣等人的安排,主动配合太子朱高炽的行动,顺利地完成了撤军、回师等一系列任务。即使个别武将同朱高煦有联系,也只能顺应军心,而不可能冒险去拥戴高煦、推翻太子。因此,当太子发布太孙朱瞻基作为北征大军的代理统帅,并传话要给他们颁赏时,北征将领几乎全都自然地服从太子的安排,完全站到了候补皇帝朱高炽这一边。

2. 两位亲王的衰落和国家的困境使内外重臣支持太子

再看朱棣身边的心腹重臣杨荣、金幼孜等人,他们长期跟随朱棣出巡北征,当然同朱棣的关系最近;同太子朱高炽虽然没有更深的交往,但也有一定的关系,其中杨荣和金幼孜都做过太子的东宫讲官,因此这些人与太子集团同属一个大圈子。与此相比,他们同老二朱高煦几乎没有任何联系,况且当时高煦已被遣送乐安,他们也不可能为高煦夺位出力。因此,他们采取措施防范高煦、控制军队,主动与在京的太子集团合作,同样是一种合理的选择。

但除此之外,我认为杨荣等人这样做还另有原因,那就是怀有一种使命感和责任感,寄希望于太子,力求尽快结束朱棣那种消耗极大的做法和病态的恐怖局面。为什么这样讲呢?

各位还记得前面讲过的军队在几次北征中的处境,以及反对北征大臣的下场吧。五次北征,军队和粮饷的巨大消耗,已超出了国家当时的财政负担能力,如果这样继续下去,国家财政就有崩溃的危险。每一个有良知、有责任感的大臣,都不希望这种局面继续下去,杨荣还曾设法阻止朱棣进一步增兵参加北征(《明史·杨荣传》),但朱棣不管这些,晚年以一种近乎疯狂的干劲连续北征。同时那些反对和阻止北征的大臣如夏原吉等人,都没有好下场。这件事还导致了一个直接的、严重的后果,那就是北征过程中几乎无人敢于提出正确的建议。

即使为数极少、言行谨慎、同朱棣关系很近的几个大臣,竟然也因为劝阻朱棣不必孤军深入,而招致了朱棣的不满(《明史·金幼孜传》)。这样下去,杨荣、金幼孜等极少数大臣,会不会面临夏原吉等人的下场,朱棣是否会突然翻脸收拾他们,谁也说不准。况且晚年的朱棣病态加重,不断间歇发作,肯定会影响到正常的判断力,甚至有时会到了好赖话听不懂的地步,这样一来,随军大臣的自由、安全在无形中就受到了威胁,他们可能会有兔死狐悲之感。

因此,这些人当然希望尽快结束目前的不利局面,但他们不可能指望朱棣,而只能寄希望于太子朱高炽,因为当时只有太子有权力、有能力做到这一点。所以我才说,杨荣等人采取积极主动的态度与太子集团合作,其实还有一种尽快结束不利局面的责任感和使命感在起作用,甚至还有自保的因素。因此,北征集团中朱棣心腹重臣与太子集团的主动合作,同样是一种合理的、明智的选择。

第三是朱棣身边的宦官群体。这些人中原来有汉王朱高煦和赵王朱高燧的势力,但前者随着朱高煦八年前被遣送到乐安,已逐渐失去作用,一部分人已受到太子的惩治,在朱棣的贴身宦官中已不占重要地位了;后者随着永乐二十年那次政变的流产,几乎都被朱棣一网打尽了,即使再有一个半个漏网之鱼,也绝不可能再帮朱高燧以卵击石了。

其余的宦官绝大部分都是长期为朱棣效力、深受朱棣器重的人物。太子与朱棣之间长期的矛盾恩怨,他们当然清楚,现在面临的是皇位和权力的交接,对他们来讲,要继续得到新主人的信任和器重,就必须站在新主人一边,帮助新主人渡过难关,因此,积极支持和参与杨荣等人的决策,完成几项保密措施,可以说是他们当时唯一正确的选择。

总之,北征集团根据当时的形势,做出了合理的选择,为太子即位做好了准备,接下来太子即位就是顺理成章的了。但是太子即位前,却少了一道非常重要的手续:没有先帝的传位遗诏。为什么会这样呢?太子和大臣们又会怎样处理这件事呢?

十四　遗诏之谜

　　朱棣居然没有传位遗诏，杨荣只好编造遗命，为太子即位提供合法性、权威性的依据。

白石"大明天子之宝"

（一）传位遗诏的用处：太子即位需要遗诏

1. 朱棣去世后偏偏没有遗诏

明朝皇帝即位是有一整套程序的，首先要公布先帝的传位遗诏，指定皇位继承人，这是一道不可缺少的程序。不管新皇帝在即位前是否已被立为太子，也都一定要有先帝传位遗诏的认可，才算合法。除了朱元璋是开国皇帝、朱棣是夺位皇帝，他们的即位不可能有先帝的传位遗诏之外，其余的皇帝都有，就连"土木之变"后即位的景泰帝，也有英宗的口头传话，只有仁宗朱高炽即位时没有朱棣的传位遗诏。另一方面，除了崇祯帝是亡国之君、建文帝和景泰帝是失位之君，留不留遗诏都没用，此外所有的皇帝去世前后都有传位遗诏，而朱棣既不是亡国之君，也不是失位之君，但却偏偏没有留下传位遗诏。

那么遗诏究竟有什么作用呢？为什么所有的皇帝即位都要有先帝的遗诏呢？明代的遗诏一般有八项内容：(1)回顾自己在位的政绩；(2)检讨一下缺点和失误；(3)宣告自己病情严重即将辞世；(4)认定即位之君，即指定皇位继承人；(5)嘱托继任者善为政事；(6)叮嘱朝廷内外重臣齐心辅佐新君；(7)规定丧礼原则；(8)抚定地方藩王、军政大员。

从上述内容看，遗诏至少有三个作用：其一是确定对先帝的权威评价，即舆论上评价先帝要同明廷中央保持一致；其二是为新皇帝的新政提供合法的、权威的依据，包括改正先帝的错误，调整不当的政策等等；其三是指定皇位继承人，使新皇帝即位更具合法性和正统性。

对于皇位继承人来说，第三条是最重要的，更确切地说，即位的皇帝应该具有长子的身份、太子的地位和遗诏的认定三个条件。而遗诏的认定往往比前两个条件更具权威性，如世宗之子穆宗即位前就不是太子，只是个亲王，但遗诏指定他即位，于是此人就拥有了即位的合法性、权威性依据。

如果没有先帝的传位遗诏，那么即位者的合法性和权威性就会大大降低，别人就有权怀疑你是凭什么资格即位的，是谁让你即位的。因此，将要即位的那个人,不管以前是不是已被立为太子,在即位时最需要的就是先帝遗诏的确认和支持。毫无疑问,太子朱高炽即位时同样需要这类遗诏,但令人奇怪的是,老皇帝朱棣恰恰没有留下传位遗诏。

2. 太子不公布遗诏的可能性几乎不存在

同时,遗诏一般是由老皇帝临终前口授,顾命大臣起草的,或是在老皇帝死后由内阁主要大臣按惯例和需要来起草,经过皇太子或即位者同意,然后以先帝的名义向天下颁布。既然遗诏对即位者如此重要,那么为什么朱高炽即位前,没有让内阁大臣起草遗诏呢?原因今天已不得而知,可能有几种情况:

第一种,时间仓促,来不及起草。这一点几乎是完全不成立的,因为从朱高炽八月二日接到先帝朱棣的死讯,到他本人八月十五日即位,虽然只有半个月的时间,但起草遗诏是完全够用了,况且遗诏不过几百字甚至一百字,半个月还起草不完吗?因此时间仓促,来不及起草遗诏的说法是不成立的。

第二种,为防止老二朱高煦夺位,太子朱高炽先即位,把皇位抢到手再说,别人再来就只能是臣子了,因此顾不得起草遗诏。这一点也不成立,因为如果为了防止朱高煦夺位,恰恰需要尽早尽快地公布先帝遗诏,认定和确立只有太子朱高炽,才有皇位继承人的合法身份和政治地位,其他人都没有这个资格,只有这样才更有利于防止朱高煦夺位,当然更有利于朱高炽即位。

不起草、不公布遗诏,等于说先帝并未认定哪个人必须当皇帝,或者说并没有指定太子朱高炽必须即位,这对太子朱高炽是很不利的;对老二朱高煦反而有利。因此,为了防止朱高煦夺位而不起草、不公布遗诏,这一点也不能成立。

第三种,为防止老三朱高燧夺位,这一点同上一点一样不能成立。

第四种,朱高炽即位之后,大规模地扭转和改变了永乐时期的开创性国策,停止北征、下西洋,准备从安南撤军,甚至准备迁回南京——几乎是全面否定朱棣的那些消耗极大的开创性活动,开创了"仁宣之治"。如果他把这一点写在朱棣的遗诏里,显然同朱棣的政治方针相违背,因为朱棣就是死在北征途中的,就是死于开创性事业的,怎样能在遗诏里宣布改开创为守成、同意拨乱反正呢?这样公布岂不等于明显的造假吗?

因此，为了仁宗守成事业的方便，只好不公布遗诏，免得人们说三道四。但这种可能性也不存在，为什么呢？因为即使先帝没有这种打算，负责起草遗诏的大臣按惯例把它写进遗诏里，为将来皇帝的新政制造舆论、提供依据，也未尝不可，并且这样的事例太多了。

武宗死后，世宗上台就是这样。武宗这个人是荒唐惯了，深秋钓鱼的时候掉到湖里了，身体本来就不太好，又被凉水一激，从此一病不起，很快就死了。武宗不可能想到后人要拨乱反正，改变他这套荒唐的东西；但是杨廷和等大臣却把拨乱反正、清除弊端这些事，以武宗本人的口气写进遗诏里了，并且还具体写进了世宗的即位诏书里。后来世宗就是嘉靖皇帝即位，就公开宣称自己一套拨乱反正的新政，是按先帝武宗的遗诏进行的，名正言顺，而且理直气壮。杨廷和等人起草的武宗遗诏和世宗即位诏书，以及世宗即位后实行的"嘉靖新政"，在整个明史上是非常有名的。

因此，不论先帝生前如何，新皇帝借先帝遗诏的名义改正先帝的某些错误，为后来利国利民的新政提供依据，不仅是非常必要的，而且是完全可以做到的。同样道理，朱高炽也完全可以做到。因此，由于太子日后的守成新政同先帝朱棣的开创性北征活动有矛盾，而导致朱高炽没有公布先帝的有关遗诏，这种可能性也是不成立的。

（二）关于朱棣"遗命"的三个来源，都不可靠

既然上述不起草、不公布遗诏的几个可能性都不成立，那么太子即位前没有先帝的遗诏这件事，就更加令人不理解。有人可能会问，太子朱高炽即位前，就没有什么舆论准备吗？就没有做任何必要的铺垫吗？有，两件事：一是太子颁布了《丧礼令谕》；二是杨荣等人传达了朱棣的"遗命"。

先说第一件事，朱棣病死的消息传到北京后，皇太子颁布了一份《丧礼令谕》。大致内容是，老皇帝为天下百姓讨灭北虏，不幸病死于回师途中，遗命中外臣民的丧服礼仪，完全按当年太祖朱元璋颁布的遗制办理。

皇太子颁布《丧礼令谕》，虽然也表示太子是以皇位继承人的身份颁布命

令的,但这份令谕的内容极为笼统,只有丧礼遵循的原则,根本没有涉及先帝自我评价、要传位给谁、天下政令未来的走向等等。一句话,没有遗诏应有的内容。至于丧礼办得隆重豪华一点,还是简单朴素一点,其实无关紧要。并且以往的制度里,丧礼的原则都是以先帝遗诏的名义颁布的,没有说先帝死了谁来即位都还没宣布,太子就先颁布了一个丧礼原则,以前从来没有。因此,太子的这份《丧礼令谕》显得不伦不类,同样令人感到奇怪。

再说第二件事,是杨荣等人传达了朱棣的"遗命",即朱棣临终前传位给太子的口头命令。这里顺便说一下,"遗命"跟遗诏不同,"遗命"只是皇帝的口头命令;而遗诏则是内阁大臣按照特定的方式起草的、以先帝名义正式颁布的诏书,因此,"遗命"当然不如遗诏那样更有分量,更有说服力。

张辅像

可是既然杨荣传达了朱棣的传位"遗命",太子为什么不让人把它写成遗诏,名正言顺地正式颁布呢?现有的材料中没有任何说明,但如果分析一下这个"遗命"的来源,就会看出一些可疑之处,为什么这样说呢?各位请看,"遗命"的来源大致有三个,一个是张辅受命说,一个是杨荣受命说,第三个是杨荣授意太监传命说。

先看第一个张辅受命说。朱棣临终前跟张辅说要传位给太子,这件事出自杨荣的《北征记》。不过当时在场者还有金幼孜,却未见金幼孜有同样的记载。并且张辅回到北京后也未向太子传达,按理说他是领受遗命的当事人,应该在回京后传达先帝的临终遗言,以佐证杨荣的传话确有其事。但张辅事后并未向太子或是前来接管北征大军的皇太孙朱瞻基传达,再加上杨荣并未说明,张辅接受朱棣临终遗命时他是否在场,这样他的记载就更缺乏可信度了,因为如果他不在场,他又怎么会听到朱棣对张辅说了些什么呢?

从杨荣的记载来看,朱棣死后,他身边的宦官才将杨荣等人找来商议后事的。就是说朱棣病死时,杨荣等人并不在场,这一点可以肯定。那么病死的前一天呢?目前没有任何记载表明杨荣在场,如果他在场,那么他肯定会在自己的文集中写出来,因为当面聆听老皇帝的临终遗命,是件非常荣耀的事,当时称为顾命大臣,不仅说明老皇帝对此人的器重和信任,而且这还是一个非常少有的、非常显赫的政治资本,使得顾命大臣在新皇帝上台后的核心集团中,占有特殊地位。更重要的是,可以直接证明太子即位的合法性。但是,杨荣本人的回忆录《北征记》以及到目前为止所有的史料中,都没记杨荣在场,那么由此基本上可以排除杨荣在场的可能性。再往下推,既然他不在场,那就可以断定,杨荣不可能听到朱棣和张辅的谈话内容。因此,杨荣自己在《北征记》里回忆,朱棣病死前召来武将张辅,说出了传位给太子的遗命,这段记载基本上靠不住。

再看第二个杨荣受命说。这一说法大体内容如下,朱棣最后一次北征回师途中,有一天坐在御帐里,"顾内侍海寿曰:'计程何日可至北京?'对曰:'八月中可至矣。'乃谕公(杨荣)曰:'东宫历岁滋久,政务已熟。吾还京之后,悉以军国之事委之,朕惟优游暮年,以享安和之福,如何?'公对曰:'殿下孝友仁厚,天下属心,允称皇上付托。'太宗皇帝喜,命太监马云以羊酒赐之。辛卯,次榆木川,太宗皇帝不豫,召公等受遗命,传位皇太子,遂崩"。

这段记载至少讲了朱棣生前的两个想法:一是非常明确地表示回京之后,要把军国政务全部交给太子;二是临终前向杨荣等人传达遗命,正式传位给皇太子。这段记载出自杨荣的私人回忆,那么最早出自哪里呢?出自杨荣的文集《文敏集》附录,其中有一篇记述杨荣活动的《行实》,相当于传主的履历书,作者是正统时期杨荣的一个同乡,浙江提刑按察司副使江铁。据作者自己说,他同杨荣关系密切,当官后曾住在杨荣那里,多次听过杨荣的口述,对杨荣的履历知之甚详。就是说,当年朱棣临终前,向杨荣等人讲的传位遗命,是杨荣讲给江铁的。

这一说法至少有三个疑点:其一,这个说法是事后杨荣回忆的,是孤证,没有任何旁证,也未得到其他史料的印证;其二,朱棣死后,杨荣特意让太监们给太子写了朱棣的传位说明,而杨荣自己却没有写同样的东西。按理说如果杨荣曾当面听到过朱棣的传位遗命,他为什么不亲自写给太子呢?那样的话,杨荣传达的朱棣传位遗命不是更直接、更有说服力吗?况且这样做对于日后提高和巩固杨荣本人的政治地位,尤其是证明太子即位的合法性,也是大有好处的,他何必非要拐个弯,让太监们起草一个事后的说明书呢?其三,这一说法同他的另一说法相矛盾,那就是杨荣在回忆录《北征记》里讲的,朱棣临终前只向张辅讲过传位给皇太子的话。这一说法实际上等于否定了前面的说法,至少是相矛盾的。其四,杨荣等人参与修纂的《明太宗实录》里,只提到朱棣临终前留下了传位给太子的遗命,并没有提到是杨荣等人当面听到过朱棣的遗命。按理说如果确有此事,那么像《明实录》这样的权威著作,是肯定要明确记录的。因此,从上述四点来看,朱棣临终前曾当面向杨荣讲过传位给太子的话,恐怕也是靠不住的。

  第三个是杨荣授意太监传命说。既然张辅没有听到遗命,杨荣更没有亲耳听到遗命,并且不在场,那么传位给太子的遗命又是怎么出台的呢?根据《明仁宗实录》的记载,朱棣去世后,他身边的太监们请来了杨荣、金幼孜等人商议对策,杨荣等人让太监们起草了一个给太子的文件,内容是朱棣去世的日期和传位给太子的遗命,这类文件称为"启",是专门呈递给太子的文件名称。然后杨荣和海寿拿着这个文件,快马加鞭赶回京师,向太子报信(《明仁宗实录》卷五)。我认为这个记载是较为可信的。但问题是皇太子收到的这份文件,并不是朱棣亲口说的遗命,而仅仅是一份由杨荣授意,太监们起草的传位说明书。

  各位请看,朱棣临终前有遗命的三个来源中,张辅在朱棣临终前单独接受遗命的说法,出自杨荣的《北征记》,是杨荣事后在回忆录中编造出来的;朱棣临终前曾当面给杨荣留有遗命,也是后来杨荣编造的;至于朱棣死后,身边太监们写给太子的朱棣去世日期和传位说明书,虽然不全是杨荣编造的,但却是在杨荣的授意下写成的,仍然出自杨荣的主使和间接编造。就是说,朱棣传位的临终遗言,尽管有三个来源或三个不同的说法,但都是杨荣一手编造出来的,有他本人听到的,有张辅听到的,还有朱棣身边的太监听到的。

  这三种人中,有北征大军的高级统帅,有皇帝的高级秘书,还有皇帝身边的贴身仆人,有了这三种人传达先帝的传位遗命,无非是要加强证明这个遗命的可靠性和权威性,因为朱棣在临终前接触过的只有这三种人。碰巧的是,这三种人恰恰都被杨荣安排进了领受遗言的群体中,目的是给后人留下这样的印象,朱棣身边的三种人一致证明:朱棣临终前确实留下了遗言,传位给皇太子,可见杨荣的心机之深、用意之细。

(三)杨荣编造朱棣遗命,可能另有原因

1. 朱棣遗命可能有问题,所以杨荣才编造

那么这里就有一个问题,杨荣为什么要这么干?为什么要编造三种说法呢?更进一步说,朱棣死前究竟有没有传位给太子的遗命?如果有,这些人肯定会有记录、有传达,因为这个话太重要了,并且杨荣也就用不着再编造了。反过来说,很可能因为朱棣根本就没讲过这些话,所以杨荣才处心积虑地编造了几种说法,来极力证明朱棣确实留有传位遗命。

此外还有一种可能,那就是朱棣临终前也许有遗言,因为当时朱棣多次病重,甚至病危,肯定会想到身后的安排等等,怎么会没有一句遗言呢?据说朱棣曾经讲过,还是夏原吉爱我,可见他的确是有遗言的。但传位的遗命可能并不是传位给太子,而是其他人,那么这是对太子以及朱棣死后的掌权者们很不利的,因此朱棣身边的三种人包括杨荣在内,对朱棣的遗命既没有记录,也没有外传,即使有记录也被扣押了。

朱棣一死,杨荣等人立即让太监们先写了个传位说明给太子,后来又编造出张辅和杨荣当时都曾经受遗命,目的是让太子顺利即位。至于朱棣不利于传位太子的临终遗命记录,或是从未公开,或是早已销毁,反正后人是看不见了。后人看见的只是杨荣一手编造的三个说法,统帅、秘书、仆人三种人统一口径,一致证明朱棣的遗命只是传位给太子,没别的内容。

2. 高级将领张辅可能密切配合杨荣

那么,张辅作为当事人之一,对此事是什么态度呢?他为什么对此一直保

持沉默,从未站出来反对杨荣的编造呢?除了前面讲过的军队和将领不愿意白白折腾外,我估计还有一个特殊的原因,那就是张辅是当时与朱高煦联系极少,不可能拥戴他的高级将领之一。他是"靖难"名将张玉的长子,张玉战死后他才接替父亲的职位率兵出战,整个战役中与朱高煦的交往极少。

并且张辅的军事才能较高,一直看不起朱高煦,在军界威望和地位相当高。由于多次率军出征安南和跟随朱棣北征,战功卓著,他被封为英国公,是永乐时期的首席武将,朱高煦对他则一向敬畏。因此,张辅实际上是同杨荣等人一样力保太子即位,防备高煦夺位的,所以他才默许杨荣的做法,不予揭穿。后来仁宗夫妇曾多次评价说,张辅这个人虽然是武将,但是却能"达大体",可能就包含张辅在遗命问题上的配合表现。

我甚至怀疑,张辅同杨荣等人长期跟随朱棣出征,彼此在这类问题上早有默契,因此朱棣临死前只召见了张辅而未见别人,也可能是杨荣等人的有意安排,张辅则是主动配合,所以杨荣才会在自己不在场的情况下,非常肯定地编造出张辅领受遗命的故事。

从上述情况看,在朱棣临终遗命这个问题上,杨荣等人很可能是做了手脚的,虽然目前没有确切的史料可以证明,朱棣是否留有临终遗命,或遗命是什么内容,但从杨荣等人编造的三个遗命的来源来看,这些人的目的是极力保证太子顺利即位,尽早结束朱棣的统治。这一点同前面讲到的朱棣死后杨荣等人的一系列措施和安排,可以说是高度一致的。

3. 传达"夏原吉爱我",杨荣可能另有目的

至于说朱棣病死前说的"夏原吉爱我"这句话,很可能是杨荣等人先回北京时,顺便告诉太子的。其实朱棣的这句话最早传出来时,并不完全是这样的。据夏原吉后人的回忆,永乐二十二年七月,当时朱棣回师榆木川,身体已感到非常难受,"顾左右曰:夏某诚有忠爱朕心,语未毕而驾晏"(夏原吉《忠靖集》附录),话还没说完就去世了。

明末人何乔远的《名山藏》中有这样一段记载:"上在榆木川,口原吉语未了,若谓爱朕者。"(《名山藏·永乐臣》)朱棣嘴里叫着夏原吉的名字,张着嘴话

还没说完，结结巴巴好像是在说"爱我"之类的话。上述两段记载大致相同，都不是完整的"夏原吉爱我"。这个情况很可能是朱棣身边的太监看见的，然后告诉了杨荣等人。杨荣后来向太子传达时，则把这句话改编成了完整的"夏原吉爱我"。这一说法也是大致可信的，因为传递过程中信息并没有走样。但问题是杨荣为什么要把这句话也传给太子呢？他这样做的目的是什么呢？我估计大概有几点：

第一，他要救夏原吉。各位别忘了，朱棣第三次北征前就把夏原吉关进了内官监的特殊监狱，朱棣去世时原吉还是个高级在押犯。虽说即使没有朱棣的这句话，即位的仁宗可能也不会继续关押夏原吉；但有了"夏原吉爱我"这句话，仁宗肯定会放了他。实际上杨荣到北京传达朱棣死讯的第三天，太子就一个人亲自跑到监狱先把夏原吉放了。据说原吉听了朱棣的临终遗言后，禁不住悲痛加感动，趴在地上大哭一场，还边哭边说，"我是先帝的罪臣，先帝没发话，我哪敢随便出狱"（夏原吉《忠靖集》附录）？但太子不管这些，赏了他一桌高级酒席，命他出狱照后常办公做事。

当然，只要老皇帝朱棣一死，太子就自然有了皇帝的权力，想关谁想放谁全凭自己一句话，根本用不着再借老皇帝的话来办事。如果说是因为朱棣临终前讲过"夏原吉爱我"，太子就放了夏原吉，但是朱棣可没讲过黄淮等人爱我，太子不也照样放了他们吗？所以，杨荣向太子传达朱棣的临终遗言，不过是提醒太子放了夏原吉，其实这也是杨荣一贯的做事风格，他总是能设法搭救那些因为得罪了皇帝而倒霉的人。

第二，他要提高夏原吉在新朝辅政集团中的地位，为将来的守成新政创造条件。因为朱棣这句遗言一旦传开，夏原吉就成为先帝临终前唯一表彰过的模范大臣，政治资本和资历的光环几乎无人可比，这样一来，夏原吉在新皇帝的辅政集团中，必定会继续得到重用。

同时，夏原吉又是坚持反对先帝过分开创、消耗透支的大臣，是关注民生守成政策的坚定支持者，先帝的遗言等于肯定了夏原吉的功绩，对自己以前的过分消耗之举颇有悔意。这样一来，就为日后仁宗在夏原吉等人的辅佐下，全面扭转并结束先帝的开创政策，实行务实稳定的守成政策创造了条件。由此可见,杨荣与夏原吉的政治立场比较一致。

第三,他要报答夏原吉,为什么呢?原来大约在二十多年前,也就是建文初年,夏原吉作为朝廷的采访使也就是特派员巡抚福建,来到了杨荣的家乡建安。虽然夏原吉的任务只是处理一些临时事务,但他却不忘选拔人才。当时杨荣还只是个邑庠生,也就是当地学校的普通中学生,可是夏原吉一见到杨荣,就觉得他是个人才,于是先给杨荣写了一首诗,希望他能考过秋试,相当于今天高考的预考;然后又给主管考官写了一首诗,其中有句话是"莫使祥麟后马牛",就是请关照他一下,别让这颗新星和普通孩子一个待遇。

既然中央的特派员有话,下面的考官自然不敢不给面子,估计是给了考生杨荣一定的关照。而杨荣呢,得到了中央特派员的公开鼓励,自然是信心十足地参加了预考,果然考上了(夏原吉《忠靖集》附录);后来又在建文二年考中了进士,并且一路做官,一直做到了永乐初年的内阁成员,成为皇帝的高级顾问和秘书。可以说,当年正是夏原吉特殊关照,才给了杨荣步入仕途的绝好机会,改变他的命运。因此,虽然杨荣和夏原吉同朝为官,平时私交很少,但杨荣一直没有忘记夏原吉对自己的这段恩情,日后总是在关键时刻设法报答。所以说,杨荣传达朱棣"夏原吉爱我"的临终遗言,可能多少是出于对夏原吉当年关照的一种报答,也符合杨荣为人豪爽、颇讲义气的性格。

上述情况一方面说明朱棣生前与大臣们的矛盾很深,即开创与守成的矛盾,这种矛盾至少影响到朱棣死后;另一方面也说明,朱棣临终前如果真有遗言,几乎可以肯定是要被记录、被传达的,就像"夏原吉爱我"这句话,不用编造。而杨荣等人想方设法编造出了朱棣的传位遗命,恰恰说明朱棣生前很可能没有传位遗言,或是遗言内容对太子等人不利,因此才要重编一个。

(四)朱棣虽然有机会,但未必一定要立遗诏

1. 朱棣虽有机会,但他始终没有立传位遗诏

那么对于朱棣来讲,他在晚年是否会有机会立遗诏呢?肯定是有的,而且是有好几次机会,哪几次呢?第一次是朱棣晚年病重的时候。根据史书记载,

永乐十八年底迁都北京后，朱棣已长期不能临朝办公，重病时常间歇发作，"中外事悉启太子处分"（《明史纪事本末·太子监国》）。病成了这个样子，太子实际上已成为皇帝了，这时完全有理由、有条件立个遗诏，将来传位太子，但朱棣没有。

第二次是朱棣晚年的北征途中，皇太子按惯例向他请示一些国家大事，朱棣知道自己无法在长期离京的情况下处理这些事，因而曾明确表示将这些权力下放给太子，让太子同五府六部人员商议妥当即可执行，不必请示自己。这时明朝的重要政务已离不开皇太子，他同父皇朱棣的关系也进一步缓和，按理说朱棣这时也可以立下遗诏传位太子，但朱棣仍未这样做。

第三次是赵王朱高燧的部下发动政变企图夺位的时候。虽然这次政变被粉碎了，但朱高燧和朱高煦仍然是"下天子一等"的亲王，并且朱高燧还拥有三支护卫，即有一定的能力和条件再次夺位，因此朱棣颁布传位遗诏，对于稳定政局、防止二王夺位，无疑会起到重要的作用，但朱棣也没有这样做。

第四次是永乐二十二年（1424）七月，朱棣最后一次北征的回师途中。他在御帐里询问了回师北京的大致日期，又向在场的杨荣以及宦官海寿等人

永乐帝《圣学心法》（明内府写本）

说:"东宫涉历已久,政务已熟,还京后军国事悉付之。朕惟优游暮年,享安和之福。"(《明太宗实录》卷二七三)这段话同上面讲过的放权给太子的话几乎一样,同样明确表示朱棣要进一步向太子全面放权,这离传位遗诏就差一步了,但朱棣仍未立遗诏。

第五次是朱棣临死前,已经感到相当难受,从现有的记载来看,他只说了两句话,一句是下令部队严守军纪,派出哨兵谨慎布防,另一句就是流传甚广的"夏原吉爱我"。这两句话至少说明朱棣的神志还算清醒,按理说这个时候最应该想到还有传位之事,但无论是在场的宦官,还是不在场的杨荣等人,都未听到或见到朱棣有传位太子之令。

从上述情况可知,朱棣生前至少有五次机会颁布遗诏,传位给皇太子朱高炽,但他却没有这样做。最后皇太子得到的并非真正意义上的遗诏,而只是杨荣等人授意,由朱棣身边的太监起草的一份说明书,上面只有朱棣去世的日期和传位的意向。至于朱棣为什么始终没有立下传位遗诏,为什么会在病重、政变乃至生命受到严重威胁的情况下,都没有想到这件事,其中是否有什么未解之谜,还是留给各位继续探讨吧。

2. 另一个看法:朱棣未必一定要立遗诏

此外,还有另外一种看法,认为朱棣死得非常突然,估计自己也未料到。因为如果他真能料到这么快就会死,肯定会有遗嘱需要交代,并且按明朝的惯例,他会召见高级文臣兼秘书,让他们记下遗嘱的内容。然而,朱棣临死前一天只召见了武将张辅,并未召见任何文臣。他同张辅谈了什么又无人在场,可见朱棣很可能并未料到自己第二天会死,因此也就没留什么遗嘱。

朱棣次日突然病死,未留任何口信,当时最紧要的事,就是必须设法让太子迅速而顺利地即位,而太子即位又必须有先帝的口头或书面确认,怎么办?朱棣临死前召见的最后一个人就是张辅,所以杨荣等人一方面编造说,朱棣已向张辅面授遗命,传位给太子;另一方面,又让太监起草了一份口头传位遗嘱带给太子,这就等于先帝对太子即位有了明确表态,也就解决了太子即位前没有遗诏的问题。而对杨荣宣讲的朱棣临终前曾向张辅面授传位遗命的说法,张辅始终采取默认的态度。这个人作为朱棣的心腹将领,很可能与杨荣演了一场双簧。

同时,当时人们对遗诏的理解可能与后来不同,即遗诏应该出自先帝的遗命,与后世遗诏的借题发挥不太一样。当初商议朱棣的丧事时,有人建议假借他事写个敕令加盖宝玺,杨荣等人坚决反对,理由是皇帝在世可以称敕令,如果皇帝去世了还称为敕令,就属于欺诈行为,是犯了欺君大罪(《明史·杨荣传》)。

由此可见,当时的人们还不敢冒用先帝的名义,先帝既然没说,大臣们最好也不说,当然更不敢轻易冒用遗诏之名,因此也就没有留下遗诏。这件事也反映出明代早期的遗诏制度并没有像后来那样程式化,先帝没有遗诏,大臣们可以根据需要起草一份。

至于说到朱棣病重甚至快要死了,为什么还没有留下传位遗诏?这一点也可以解释,朱棣的确快要病死了,但毕竟还没死,所以未必会想到,先把遗诏留下来。因为朱棣以前也曾多次有过这种情况,但是最后又都活过来了,所以这次朱棣可能还以为,我这个病也许过一阵就好了,死不了,以后的事等病好了再说。况且当时是北征回师途中,朱棣可能一心想着先回北京再做打算,没想到自己会突然死去,所以就没留下遗诏。

而在京的太子一方呢,八月二日接到杨荣带来的口头传位遗命后,即向外界公布了。虽然还有十几天才即位,有时间起草并公布遗诏,但可能是大家觉得,太子有了口头传位遗命,就算是有了即位的依据,如果再公布一份书面遗诏,就显得多余,因此也就没再起草。至于说没有朱棣正式传位遗诏的确认,太子的即位是否就少了合法性和权威性,这倒不一定,为什么这么说呢?

因为朱高炽作为皇太子,他资历和政绩非常突出。各位还记得吧,朱高炽长期在南、北两京监国,甚至在朱棣晚年病重时,曾代替朱棣处理日常政务,虽说不是代理皇帝,但至少相当于常务副皇帝。因此,朱高炽有了这样的资历和政绩,即位时是否必要要有先帝的正式传位遗诏,那可就不一定了。况且已经有了先帝的传位遗命,也算是聊胜于无,即位够用了,因此有没有那份正式传位遗诏,也就无所谓了。

以上是关于朱棣病死前后没有遗诏的两种看法,究竟哪个更合理,更接近真实,也请大家继续探讨。接下来该是太子朱高炽即位了。按照明朝的惯例,文武百官要三次劝进,也就是连续三次上书劝太子当皇帝,太子前两次要婉言拒绝,第三次才答应。可是连续四次劝进,朱高炽都没答应,为什么会有这种事呢?太子朱高炽是否会顺利当上皇帝呢?

十五　登极前后

连续五次劝进太子才同意即位，并重用自己的监国辅臣。

太和殿宝座

现在故宫的太和殿里,有一个皇帝的龙椅,装饰非常考究、非常豪华,据说整个龙椅上一共雕刻了十三条金龙,这就是明清皇帝的宝座。这个宝座明朝时在奉天殿,皇帝的即位典礼就在奉天殿举行,太子要在那里坐上皇帝的宝座,表示从此告别太子的身份,当上皇帝了。但是太子朱高炽的即位典礼并没有在奉天殿举行,为什么呢?各位别忘了,朱高炽即位时是永乐二十二年的八月,就是朱棣去世后大约一个月,而奉天殿等三大殿,早在三年多以前就被一场大火烧光了,所以朱高炽的一部分即位典礼只能在奉天门内举行,也就是在今天故宫太和门内的空地上露天举行。

(一) 太子势力在登极前的可疑活动

1. 几个可疑活动似乎都在为太子即位铺路

到此为止,朱高炽完成了从太子到皇帝的转换,他本人二十多年的艰难跋涉总算是有了结果。不过如果从朱棣病死到朱高炽登极的经历来看,其中的一些事很令人疑惑不解。

第一件事,就是永乐二十一年那场疑点重重的未遂政变。从当时几种势力的对比来看,老三赵王未必真有夺位的想法和行动,加上此案的处理似乎扩大化了,说明太子一派可能借机小题大做,甚至嫁祸栽赃,打击对手。总之给人的印象是,这场政变可能是有意安排的,目的是将朱高燧在宫中的党羽一网打尽,为太子即位扫清道路。

第二件事,就是朱棣去世后杨荣等人的安排。秘不发丧、照常送饭、熔锡作椑、杀工灭口、飞报太子等措施相当周密,几乎是无懈可击,并且完成得如此从容、顺利,以致明朝就有人怀疑,对付这种无法预料的突发事件,杨荣是怎样想出这些办法的呢?如果不是事先有所准备,恐怕是很难做到。史料有限,无法推测,但至少有一点可以肯定:朱棣晚年的严重病情和北征大军的艰难处境,很可能令杨荣等人对突发事件有所准备,目的就是克服眼前的复杂危机,让太子顺利即位。

第三件事,就是朱棣的遗诏。当初虽然朱棣多次有机会留下遗诏,但都没有;而且关于朱棣传位遗命的三个来源都不可靠,都是出自杨荣的主使或间接编造。杨荣等人这么干的目的,同样是为了让太子顺利即位。

2. 朱棣的铁杆部下吕震被提前派回北京

还有一件蹊跷的事就是班师时派吕震回京通报。朱棣晚年的三次北征,前两次班师虽然也派人先行回京向太子通报,但所派的人不是重臣,而只是一般的级别不高的官员。但是永乐二十二年最后一次北征班师时,被派回去向太子通报的人是礼部尚书吕震,他当时还兼任户部和兵部的尚书(《明通鉴》卷一八)。当时几个尚书都因明确反对北征,而被朱棣关押,甚至被迫自杀。吕震是唯一一个见风使舵,支持朱棣的尚书,还落井下石,反过来诬陷其他大臣,结果受到了朱棣的特殊器重,一人兼管三个部。

其实,派谁回去通报并不重要,反正是要班师了,但问题是吕震是朱棣起兵前北平的官员,一直是朱棣的铁杆老部下,在朱棣与太子、与反对北征大臣的矛盾中,几乎始终站在朱棣一边的。按理说,在多数大臣明确反对,北征又是无功而返的情况下,像吕震这样与朱棣高度保持一致,又兼管三个部门的人,朱棣应该留在身边,帮他应付和处理北征途中的政务。但不知为什么,吕震居然在朱棣病死前就被派了回去,根本没有参与朱棣死后的一系列应变安排。并且吕震走后,留在北征部队的大臣都是与太子势力没什么冲突,并不坚定支持北征的人。那么,这里就有一个问题,吕震是被正常地派回去通报情况呢,还是被有意地排除在朱棣死后的应变活动之外,从而避免这个人有可能对太子即位不利,可就不一定了。

总之,这一连串的活动好像是有意安排的,似乎有一种无形的力量在操纵着事态的发展。或者说,拥戴太子的势力在他即位前,尤其是永乐后期,似乎并没有一味地被动等待,逆来顺受,反而是积极行动,直到帮助太子最终即位。整个过程虽非惊心动魄,却也扑朔迷离,没有非常高超的政治艺术,恐怕是根本做不到的。这几件事至少说明了两点:一方面,几乎所有的人都为太子即位开山铺路,全力扶持太子一路奔向皇位,说明当时的人都非常希望太子能够顺利即位;另一方面,这些人不太希望朱棣的统治继续下去,尤其是那种开创的、消耗性的政策继续下去。

3. 朱棣晚年同身边势力的积怨

那么,这些人为什么会这样做呢?我觉得可能和朱棣晚年的积怨有关。现在回过头来看,朱棣晚年同他身边的五种势力矛盾极深,对后者的威胁很大,有些甚至达到了你死我活的地步。哪些势力呢?

第一,朱棣同太子集团矛盾较深。朱棣离京、太子监国期间,太子及其部下多次受到朱棣、朱高煦的诬陷和打击;第二,朱棣同朝中官员,尤其是言官的矛盾较深。永乐十九年那场反迁都的风波中,许多官员和言官都受到朱棣的惩治;第三,朱棣同身边的重臣关系非常紧张。朱棣晚年的北征遭到了身边重臣的反对,但朱棣囚禁并严厉镇压了这些人;第四,朱棣同北征大军也有矛盾。每次北征都有十分之二三的士兵因缺粮和严寒冻饿而死,但朱棣仍然坚持连年北征;第五,朱棣同宫中部分宦官的关系紧张。在永乐中后期,朱棣曾因个别宫女与宦官私自结合,一次就杀掉了两千八百多名宫女和宦官。这是自洪武朝大杀功臣和永乐初年大杀建文忠臣之后的又一场宫廷大血案,充分暴露了朱棣的野蛮和残暴以及晚年的病态心理和扭曲性格。

这里顺便说一下,宦官和后妃以外的宫女私自结合,明朝称为"对食"。这种现象其实非常正常,男女双方都有生

彩塑太监像

理和生活上的相互需求,因此才有这种自然结合。它也说明宫中的生活同社会上的差别在逐渐缩小,是宫廷生活社会化、人性化和世俗化的自然趋势。如果几千个青年宫女和宦官同处宫中,除了同皇帝、后妃接触和日常活动之外,强令他们之间不许有任何亲密的接触,都像木头,可能吗?

实际上稍微有点人性的皇帝就比较理解这类事,适当调节这种需求。明宣宗朱瞻基就曾把几名宫女赏给身边的高级宦官(吕毖《明朝小史》卷六九)。虽然他没有,也不可能开放宫中的男女之禁,但他的确看到了宫中的这种需求,并给予适当的满足。其实"对食"这种现象在明初就已出现,并逐渐在宫中流行,到了嘉靖和万历时期已相当普遍,并且得到了宫里宫外的承认,甚至连皇帝都习以为常,动不动就会问某个宫女,你的那位老公是谁呀?可见宦官和宫女"对食"是符合自然规律的现象,最终得到了宫中普遍的理解和认可。

但在永乐时期不行,朱棣的专制和残暴是早就出了名的,刚即位时就曾把服侍过建文帝的宦官和宫女几乎都杀光了。后来得知一些宫女和宦官私自结合,一次杀掉的两千八百多人中,恐怕绝大部分都是枉受株连的无辜者。当然,这件事来自朝鲜《李朝实录》的传闻,可能有些夸大的成分,但朱棣为此杀掉了一大批宦官和宫女,并且动用了酷刑,应该是真实可信的。那些幸存的宫女和宦官对朱棣是什么态度,虽然限于史料无法断定,但朱棣这种"只许州官放火,不许百姓点灯"的做法,很可能使这些人感到了巨大的威胁。

从上述情况看,朱棣晚年已同身边的五种势力矛盾较深,并且多年的病痛又使他性格中专断、残暴的一面越来越严重,这种情况发展下去,上述矛盾越来越深,也就意味着,他对这些人的威胁会越来越大。

因此,从这个意义上讲,朱棣没有回到北京,而是病死于北征途中,等于解除了对上述群体的一大威胁,这个结果对于受到威胁的各种势力来说,可能是最有利的。如果结合刚才讲到的那几件令人疑惑的事,就可以看出,拥戴太子的势力在设法帮助太子的同时,似乎也在设法早日结束朱棣的统治和影响,包括防范汉王朱高煦夺位。并且永乐后期拥戴太子的势力,显然还包括一部分原来不隶属于太子,但却受到朱棣威胁的朝中大臣。因此,拥戴太子势力的作为和朱棣晚年的积怨，二者之间可能是有一定关联的。

（二）破例五次劝进，太子才同意即位

1. 五次劝进才同意，太子打破事不过三的惯例

北征集团的文武重臣密切配合，一方面根据国家和个人的需要，在朱棣死后做出了有利于太子即位的选择，另一方面则根据太子即位前的形势需要，编造出了朱棣传位给太子的口头遗命，为太子即位提供了依据。虽然没有遗诏认定这道手续，但太子总是要即位的，因此就必须用其他方式加以弥补。他们是怎样弥补的呢？

永乐二十二年阴历八月十一日，也就是皇太孙朱瞻基奉命迎回朱棣灵柩的第二天，在京的文武百官和军民代表联合上书劝进，就是请太子朱高炽即位当皇帝，太子婉言回绝了。接下来的三天里，这些人又连续三次劝进，太子都未同意。直到第五天，文武官员、军民代表加上四夷朝使、僧道人等第五次劝进，并且表示，我们低头跪伏等在宫门口，一动不动地听太子的回话，你不同意即位我们就不走（《明仁宗实录》卷一），有点要挟加威胁的意思，太子这才表示同意即位。

明代别的太子即位时，一般惯例都是三次劝进，前两次太子婉拒，到第三次就答应即位，所谓事不过三。而朱高炽即位前，却是五次劝进才答应，反映出他在这件事上多少有些缺乏自信。其中的原因难以推测，但是朱高炽为什么会在第五次劝进时同意即位，而前四次都不同意呢？更确切地说，第五次劝进的内容与前四次有什么不同吗？

2. 第五次劝进书比前四次多了三个内容

先来看前四次劝进书的内容，大致有四项：一是讲立嫡以长是古来的传统，你是长子；二是讲先帝已立你为太子；三是你做太子期间政绩突出；四是天下不可无主，皇位不可久虚，因此你完全有资格并且应该尽早即位。这些内容在前四次劝进书中被翻来覆去地重复，但似乎都不是太子需要的。那么他究

竟需要什么呢?第五次劝进书比前四次多了哪些内容呢?

我仔细对比过五份劝进书,发现第五次劝进书比前四次多了三个内容,哪三个呢?第一点是明确指出皇位传递必须"立嫡以长",即必须传给皇帝直系子孙中的老大。这是太祖朱元璋定下的规矩,并且是写进《皇明祖训》里"垂法万年"的法律。各位知道,《皇明祖训》是朱元璋为后代制订的祖宗之法,具有神圣的法律意义,几乎是不可更改的。第五次劝进书抬出了《皇明祖训》中规定的嫡长子传位之法,等于明确宣布,太子朱高炽继承皇位,完全符合神圣的祖宗法律,同时也就确立了太子即位的合法性与正统性。等于说,朱高炽即位是本朝开国皇帝制订的法律规定的,任何人都无法更改,朱高炽的即位资格是无可争议的。这一点显然比只讲"立嫡以长"的传统,和朱棣立太子的动机更有说服力。

更进一步讲,即使没有"立嫡以长"的传统和朱棣册立太子之举,单凭太祖朱元璋《皇明祖训》的这条规定,你朱高炽就有资格即位当皇帝。实际上大臣们第五次劝进书里讲的,是有点拿朱元璋来压朱棣的意思。朱棣没有书面遗诏让你即位,但朱元璋却有神圣法律规定,这一点太子朱高炽更容易接受。因为各位知道,朱棣和朱高炽父子曾经在皇位继承权问题上矛盾较深,因此大臣们抬出《皇明祖训》的有关规定,实际上就是想告诉太子和世人,不管朱棣是否有遗诏,反正我们这些人是按太祖定的神圣法律拥戴你即位的。

第二点是指出太子"监国两京二十余年"的政绩,已经使天下百姓早就把你当成未来的"太平之主"了,"人心如此,天意可知",况且又有先帝的遗命,因此太子即位完全是上应天意,下合人心之举。这一点不同于前四次劝进书,只是空谈人心、天命以及监国的政绩,而是进一步明确指出,在天下百姓心中你已经是皇帝了,人心和天意是相通的,古代讲"天人合一",人心就是天意。

换句话说,人心和天意早在太子监国时,就把你看成是未来的皇帝了,现在就是当时的未来啊,那么不管是从天意还是人心来看,你都已经是皇帝了,因此你一再推辞不即位,既没必要也没道理,我们这些臣民实在是不理解。言外之意,太子你不即位,那不就是违抗人心和天意吗?古代常讲"天意不可违",人心更是不可违,这一条非常厉害,比只讲监国的政绩强多了,因为光有政绩可未必就有资格当皇帝。今天也是一样,光有政绩未必就能升官。太子你早就是个政绩突出的代理皇帝了,现在先帝没了,你还推辞什么?还想违抗天意和人心吗?

第三点是强调指出,"夫为天下国家者,其孝在于安宗社、固基业以为重",忽略这一点并且不遵先帝遗命即位,恐怕不能算作"圣贤之孝"。这一点是针对太子一再推辞即位而讲的,因为此前太子拒绝即位的理由之一,就是先帝的丧事还未办完,对长辈的孝心尚未尽到,哀痛之余实在不忍心这么快就即位。

针对这一点,第五次劝进书里指出,太子你这么干不是"孝"啊,你不以国家事业为重,不按先帝的遗命即位,这不是"孝",更不是"圣贤之孝"。你的"孝"应该是什么呢?应该是"安宗社、固基业",稳定国家、巩固大明的基业。换句话说太子你即位才是"孝",不即位就是不"孝"(《明仁宗实录》卷一)。这话说得软中带硬,看似委婉,实际上是很有棱角的,等于否定了太子不即位的理由,为太子即位提供了更进一步的理论依据。

可见,第五次劝进书里提供了从前没有的三个依据:一是开国皇帝制定的最权威、最神圣的法律规定;二是社会上人心和天意的拥戴;三是对国家大业尽职尽责的圣贤孝道。这三点中的每一点都很有分量,在没有遗诏的情况下,三点加在一起,完全可以构成太子即位的充分依据。

由此可见,第五次劝进书中的三点依据,才真正是太子需要的东西,所以他才同意办理即位手续。换句话说,虽然太子即位前缺了一道最直接、最合法的手续——没有遗诏,但上述三点内容相当于补上了这道手续,尽管不算圆满,但也聊胜于无,太子即位的正统性与合法性问题就算解决了。

3. 太子和群臣在劝进问题上合作较为默契

起草劝进书的这些大臣可不简单,一方面饱读诗书、通晓古今政治事件,另一方面亲身经历过许多政治风波,这点事还能不明白吗?肯定明白,第三次劝进太子没接受,第四次居然还没接受,肯定是前四次劝进书的内容有问题,少了点关键的东西。一些大臣估计会在一起琢磨,咱们这么写不行啊,第五次劝进书里,必须要写出点能让太子同意的内容,不能老是这么推来推去的。

于是，很可能经过秘密商议，这些人在第五次劝进书里补充了三点内容，才使劝进最终获得成功。然而这些背后的活动却早已无法考察了，因为《明实录》根本未记，我也只是根据五道劝进书的内容差别来推测而已。虽说这种推测并不十分可靠，但有一点可以肯定，那就是第五次劝进书的作者们的确花费了不少心机，才总结和编造出了更有说服力的劝进理由。

实际上，即使没有其他因素，当时的皇位也只能由太子朱高炽来继承，别人根本做不成，但太子在劝进的问题上一再谦让"作秀"，反复折腾几个来回，无非是借此向外界显示，我朱高炽即位的理由是非常充足的，完全是合理合法的。同时，似乎也有点考验群臣的用意。君臣双方好像一个长期合作的团队，太子几次推辞，就已经向群臣暗示，我到底需要什么你们还不知道吗？

群臣开始似乎没弄明白，后来终于明白了，闹了半天是我们做得不到位，太子最需要的原来是这些东西啊，那就赶紧补上吧，从而通过了太子的考验。双方毕竟磨合了二十多年，尤其是蹇义、杨士奇这些人，长期辅佐太子监国，对太子非常了解，所以第五次劝进最终能成功，也表明在这个团队里，君臣双方的合作还是比较默契的。

说到这里，不禁让人想起太子朱高炽的身体状况和命运。此人太胖，腿又不好，据说不能骑马，连走路都费事。当年参拜朱元璋的孝陵时，两个太监左右搀扶他，上下台阶时还总是跌跟头，惹得二弟朱高煦在后面看笑话。可是他命运不错，上天似乎有意眷顾这个腿不好的人，走路有人扶，当皇帝更有人扶，而且是一大批人前赴后继地扶他登上皇位。

（三）新旧势力首轮较量，仁宗支持老部下

1. 夏原吉等人被释放，仁宗加强了辅政集团

仁宗即位之初，首要的活动就是任用自己非常信任，又有才干的大臣，帮他处理政务。当时朝中的政治势力大体上有两批人：一批是朱棣的旧臣，包括随从北征的杨荣、金幼孜和尚在监狱中的夏原吉等人；另一批是仁宗做太子时的监国辅臣，包括杨士奇、蹇义和尚在监狱中的黄淮、杨溥等人。

显然，仁宗同监国辅臣的关系最好，感情最深。这批人不仅有很高的政治才干，长期围绕在太子身边，多年辅佐太子监国，并且还多次遭到朱棣、朱高煦等人的诬陷、打击，曾为力保仁宗的太子地位吃过不少苦头，仁宗同他们之间早就形成了一种共患难的关系，他们是仁宗的坚定支持者和可靠的同盟。因此，仁宗在接到朱棣去世消息的当天，立即对杨士奇表示，从今往后朝廷的事就靠蹇义和你了，你要尽心尽力，你们两个人我都会重用的。到这个时候看出来了，皇帝还是要重用跟随自己多年的老部下，尤其是像杨士奇、蹇义这样的铁杆老部下。

明仁宗像

好在杨士奇还算清醒，他立即提醒仁宗说，殿下您即位以后，朝廷大小事情都要处理公道，这样才能服人心；您要赐恩于大臣部下，请先从跟随先帝北征的那些人开始，这么做才显出你的公道。我和蹇义两个人每天都在您身边，有什么好事您肯定不会忘了我们俩，只是这个时候是非常时期，有恩有赏别先落到我俩身上，这是陛下刚即位要收服人心的好机会（《明史纪事本末·仁宣致治》）。也许是受了杨士奇的提醒，仁宗接到朱棣去世消息的两三天后，就亲自跑到监狱里放出了夏原吉。夏原吉并不是长期跟随太子监国的辅臣，与仁宗本人也没有更深的交往，仁宗为什么要首先释放他呢？

从当时的情况看，第一，夏原吉是朝中的重臣，人缘好、地位高、影响大；第二，在大臣之中，他同皇太孙朱瞻基的关系最好；第三，他在永乐后期，也曾为维护太子的地位付出过努力；第四，他还是反对朱棣开创政策最坚决，对关注民生的守成事业开启最早、贡献最大的人，同仁宗重视民生、追求稳定的治国理念非常接近，而这一点正是仁宗最需要的。况且当时夏原吉还因为反对朱棣连续北征，被关押在监狱里。前面讲过，朱棣临终前曾说过"夏原吉爱我"，仁宗首先放了他,既表示自己是按照先帝的遗命行事,又可以借此笼络那些监国辅臣以外的官员,应该说是一举两得。

此后不久,被朱棣关押十年的太子辅臣黄淮、杨溥等人,也都被太子陆续释放,并且品级和职务都得到了提升,加上老臣杨荣和金幼孜,这些人基本上构成了仁宗新的辅政集团。

2. 首轮较量:丧服问题上的冲突

此外还有朱棣的一些旧臣,如礼部尚书吕震、兵部尚书李庆等人。他们虽然不是太子的监国辅臣,与太子也没什么特殊关系,但在永乐朝地位不低,又是正二品的六部尚书之一,因此权势自然不小。看到过去级别和地位都不如自己的杨士奇等人,现在却很受重用,他们自然是心有不甘,因此同杨士奇等人在许多问题上便产生了不小的分歧。实际上,也包含着新旧两种势力的较量,这种分歧和较量是怎样进行的呢?

第一轮较量是在永乐二十二年九月。仁宗为朱棣守孝已超过二十七天了,礼部尚书吕震为了显示自己认真负责和位高权重,奏请仁宗按照洪武时期仿照汉朝的制度,把丧服换成吉服,表示守孝期已满,不必再穿丧服了。类似今天的父母去世,要在胳膊上带一个月的黑纱,守孝期满可以摘掉了。但是仁宗没回话。

尽管仁宗没有明确表态,但没回话实际上等于表了态。可是吕震不甘心,上奏完了回到朝中,跟大臣挨个说,二十七天到了,你们都该把丧服换成吉服了,我可是上奏给皇上了,你们都得听我的,好像他不仅给大臣发令,并且还在给皇帝发令。吕震曾是朱棣宠幸的老臣,在朝中地位很高,同时这个人心狠手辣,当初得罪他的人他都要设法往死里整,再说如今皇帝也没表态,因此,大臣们也就准备按吕震说的做了。

可是有一个人不买账,谁呀?杨士奇。杨士奇仗着自己是仁宗的监国旧臣,同仁宗关系极好,可能也有些看不惯吕震摆老资格、一手遮天的做派,更觉得吕震其实是想借太祖来压仁宗,抬高、显示自己。因此杨士奇站出来说:太祖当年虽然有遗诏,但今天不一定非当成先例来遵守,况且后来太宗的徐皇后去世时,太宗穿了一个多月的白衣白帽、麻布绖带丧服,这也不是先例吗?今天难道就可以忙着换成吉服吗?我看明天上朝,君臣的衣着都应该是白衣白帽黑角带(《明史纪事本末·仁宣致治》)。大伙一听,这话也有道理啊,况且大伙也都知道杨士奇同仁宗的关系,可是两个人意见不一致,该听谁的呢?

当时黄淮也同意杨士奇的看法,因为他也是仁宗监国时的老部下,但他有些害怕吕震的权势,不敢公开站出来支持杨士奇,顶撞吕震。这样杨士奇在众臣中就显得较为孤单了。吕震一看,便厉声对杨士奇喝道:朝廷的事几乎都被你煽动百官搅乱了!这时候蹇义在一旁劝解说,杨士奇讲得有道理,国家大事谁也不应偏执己见,我看还是这样吧,把你们二位的主张折中一下,明天君臣都是白衣白帽黑角带,这样总可以吧。于是蹇义就同其他官员报告给了仁宗,仁宗批准了。

蹇义主张的白衣白帽黑角带,也是一种丧服打扮,但比杨士奇说的白衣白帽麻布绖带要低一个等级。"绖"是一种粗麻布带子,表示悼念的等级较高。中国古代礼制中的悼念服饰是有等级的,也是凶礼的一部分,吕震是礼部尚书,自然熟悉这一套,蹇义和杨士奇等人也熟悉。蹇义的主张虽然不像吕震说的脱了丧服换吉服,把凶礼改成吉礼,但毕竟比杨士奇的丧服主张更接近吉礼,实际上是在吉礼和凶礼之间找折中,搞平衡,当然也是在杨、吕之间和稀泥,因此这个方案仁宗同意了,文武官员也接受了。

3. 仁宗穿了高等级丧服,用行动支持杨士奇

但是第二天早晨一上朝,仁宗头戴白帽子,穿的是白麻衣,扎的是粗麻布带子,正是杨士奇说的那种丧服。文臣里只有杨士奇那帮翰林学士以及武将张辅同仁宗的打扮一样;而其他大臣的丧服都按蹇义提出的折中方案,白衣白帽黑角带。这个场面就比较有意思了,只见朝堂里边按服饰分成两伙人,白衣白帽黑角带的人数自然很多,在朝堂是一大片;麻衣白帽麻绖带的人数较少,总共不过十几个人,在朝堂里只是一小撮。但是各位要知道,这一小撮人可是皇帝和他的高级秘书班子,这些人的打扮,表明他们悼念先帝的丧服级别很高,也表明杨士奇这些学士是与仁宗完全保持一致的,忠心不二。

另外那些大臣的丧服打扮可就比仁宗等人矮了一个级别。在那个年代里，这可就是对先帝的态度问题了，虽然不能说是对先帝不孝，对当今皇帝不忠，但忠孝的程度可是要打点折扣了，至少不能说是同仁宗完全保持一致吧。虽说多数大臣的丧服打扮是经仁宗同意的，仁宗当场也没说什么，但大家心里都明白，吕震在仁宗心里的地位可是不怎么高啊，而杨士奇不愧是长期跟随仁宗的老部下，尽管职务、级别不如吕震，但现在说话办事可比吕震强多了。

果然，退朝之后仁宗就对蹇义、杨士奇等人说，吕震昨天上奏，要把丧服换成吉服，还说是已经和你们商量好了，我当时就怀疑他撒谎，但我什么都没说，只是想让你们换去吧。先帝的丧期还没完，我哪里忍心这么快就换吉服呢？后来听说杨士奇的意见，才知道吕震果然是在撒谎。在当时的情况下，我看还是杨士奇坚持得对。仁宗回头又对蹇义说，你所提出的折中方案也未必妥当，但是不必再提了，群臣换不换都行，随便就是了（杨士奇《东里别集》卷二）。仁宗还特意表扬了英国公张辅虽然是武将，但却比那些六部的部长更懂礼节（《明史纪事本末·仁宣致治》），显然是指张辅穿了同仁宗一样的麻衣白帽麻经带。有了皇帝撑腰，这轮冲突的结果显然是杨士奇得分，吕震丢分。

4. 丧服争议的背后：监国辅臣对先帝旧臣不买账

这件事发生在朱高炽即位不到一个月，至少说明几点：第一，杨士奇为代表的监国辅臣派和吕震为代表的朱棣旧臣派之间，存在着较深的矛盾。吕震等人原来是朱棣的宠臣，当初吕震得势时，总是有皇帝撑腰来收拾别人。同时吕震是礼部尚书，正二品的部级高官，地位要比五品的内阁学士杨士奇等人高多了，因此，他觉得仁宗即位后同样应该有他从前的地位，总想摆老资格，尤其是在丧礼等等他的职权范围内，根本不容杨士奇挑战他的权威，跟他平起平坐。

第二，杨士奇作为新得宠的监国辅臣，仗着有仁宗撑腰，也有点没把吕震放在眼里。你吕震过去在先帝那里受宠、得势，还借着先帝的权势挤兑太子的老部下，相反我们这些人一个接一个倒霉，跟着太子整天提心吊胆过日子，现在先帝不在了，我们的太子当了皇帝，你吕震还想摆老资格、耍威风，事事都压着我们，恐怕没那么容易吧。文武百官都怕你，悼念先帝的细节安排，连皇帝都没有明确表态,你吕震却硬要大伙都听你的,脱了丧服换吉服,你算老几?还想一手遮天?杨士奇可能是这样的心态。并且这样的事可能发生不止一两次了,因为吕震怒斥杨士奇的话是"朝廷每事被尔拗众",朝廷一有事你就煽动大伙乱搅和,也说明二人或两派人之间早有矛盾,今天算是爆发了。

第三,仁宗借这件事给了吕震一个下马威。为什么会这样呢?因为吕震的做法很可能让仁宗非常反感。各位请看,吕震先是抬出太祖朱元璋定的旧制,说是悼念二十七天后就应该结束,脱了丧服换吉服,但他并未征求仁宗的意见,更不是请示,倒是有点拿太祖朱元璋压仁宗的意思。当年解缙就是因为拿朱元璋不许轻易征讨安南的祖制来劝朱棣,引起了朱棣的强烈不满,结果倒了大霉。如今吕震也这么干,仁宗能高兴吗?

接下来吕震用了两面派的手法来欺骗仁宗和群臣,这边对仁宗说,我是跟大臣商量好的,他们都同意,言下之意是皇帝你也不能违反众议;转过身来又跟群臣说,我向皇帝请示过,皇帝同意了,你们都得按我说的做。吕震跟仁宗玩这套把戏,仁宗能不反感吗?这不成了你吕震一手遮天了吗?你大概是没搞清自己的位置吧,你和我到底谁是皇帝啊?所以仁宗才出人意料地换上了白衣白帽麻经带,就是杨士奇讲的丧服,意思很明显,你吕震不是要拿太祖来压我吗?我偏不听。你不是当堂大骂杨士奇吗?我偏要穿一身杨士奇讲的丧服,我坚决支持他!杨士奇是跟随我患难与共二十多年的老部下,你吕震打狗也得看主人吧,你敢对他不尊重,那我就让你看看他背后是谁吧。仁宗很可能是这种心态。

第四,蹇义对这件事的处理方式值得推敲。各位请看,吕震向仁宗讲的是悼念先帝超过二十七天了,就应该脱了丧服换吉服,这是当年太祖朱元璋的规定,并且我和其他人都商议好了,这种方式根本不是在向仁宗请示,倒像是有些强迫对方接受。不要说是下级对上级说话,即使是平级之间,恐怕也不太适于使用这种方式。相反蹇义的处理完全不同,他既没有像杨士奇那样坚决反对吕震,坚持自己的主张,也没有像吕震那样玩两面派手法,一面压皇帝,一面压群臣,而是综合二人的主张汇报给皇帝,让皇帝来决定。

实际上他是有些倾向于杨士奇的,但做得比较含蓄,不那么直接。结果他的折中方案被仁宗批准,也为多数大臣所接受,从中可见蹇义的做法是一种成熟、稳妥的处理方式。尽管后来仁宗对他的折中略有不满,但是这种折中却是一种避免和调节冲突的有效手段,也使蹇义在朝中得罪人较少,树敌不多,能够起到吕震和杨士奇都起不到的特殊作用。蹇义在永乐、洪熙和宣德三朝都很受重用,作为吏部尚书和太子辅臣,他的地位一直很高并且很稳固,可能同他本人这种折中平和的处事之道很有关系。

此后又经过了几轮较量,蹇义、杨士奇、夏原吉、杨荣等人组成的仁宗辅政集团,在政治上占据了明显的优势。而吕震、李庆等人为代表的先帝旧臣一派,则逐渐失去了仁宗的信任和支持,虽然仍身在高位,是部长级官员,但政治上已不占优势了。用仁宗的话说,我是看在他们为先帝服务多年的分上,才不忍心很快就把他们赶回家。

(四)仁宗即位后的报恩报仇

虽说洪熙时期在国家事务中,上层官僚集团的作用相对突出,不过在其他事务上皇帝还是拥有至高无上的权力。朱高炽做了皇帝,当年跟着他倒霉、遭罪的那些人,他基本上都给予相当优厚的报答,有的升官,有的赏钱,死去的官员也都设法厚待其家属。可是对那些曾经得罪过他的人,仁宗还算大度,并没有立即秋后算账。但有些人不太知趣,仁宗就不客气了,新账老账一起算。

1. 新账老账一齐算,仁宗报了当年的私仇

皇家伙食机构光禄寺的负责人井泉,可能是想显示自己的才干和忠心,向仁宗建议:应该按照往年的惯例,派人到南京去采购玉面狸。那是一种较为珍贵的动物,据说可以制成醒酒的汤。不料仁宗大怒,骂道,你这个小人不达政体,朕刚刚下了诏书,不急之务全部停止,让百姓喘口气,你却想要拿这点小事让我失信于民吗?喝令井泉滚下去。这时有人乘机上奏:井泉及其部下在大赦令发布之后,曾经偷了内府的法物,应该杀头,勾起了仁宗的旧恨。

原来当初仁宗做太子时,从南京来到新都北京,带了典膳局的二十名厨子

为自己做饭,结果忽然有一天,老皇帝朱棣从宫中批出个条子,把太子的厨子都给裁光了,还要司法部门追查此事。从此以后,典膳局就撤掉了专给太子做饭的项目,光禄寺每天三顿饭之外,连一碗茶都不给,据说是奉了老皇帝朱棣的命令。太子没办法,也不敢问。后来太子朱高炽当了皇帝,有机会翻阅以前的奏疏,这才发现原来是井泉等人向朱棣告发了自己带厨子的事,惹得朱棣要把这二十人抓起来;并且朱棣根本没有下令,一碗茶也不给太子,完全是井泉等人编造的谎言。仁宗看到这些,尽管很气愤,但也没有立即追究。

现在御史上奏井泉等人偷了内府的法物,仁宗觉得是时候了,新账老账可以一齐算了。于是他把井泉找来,拿出当年他呈给朱棣的奏疏给他看,这是你写的吧,主谋胁从都有谁?井泉只好承认自己死罪。仁宗说,像你这种小人居然敢假传圣旨,欺骗先帝,离间我们父子,还想把我的二十个厨子送进监狱,你们几个还有什么事干不出来呢?

不过仁宗还算讲理,因为这件事是在大赦令之前,于是按大赦令的期限未加处理。但这几个人偷盗内府法物,时间却是在大赦令之后,不在赦免之列,因此仁宗按当时的法律判了几个人死刑,不过还念井泉多年为父皇朱棣做事,饶他一命,罢官为民,也算是报了当年的私仇(《明仁宗实录》卷二)。

2. 仁宗报复过分,可能和长期受压抑有关

同时,仁宗把当年对自己有恩的郝郁等人,提升为光禄寺的官员,报答他们的恩德(《明仁宗实录》卷五)。其实,当初光禄寺的官员汇报太子的二十名厨子一事,完全是他们的职责,并非有意跟太子过不去,况且还有老皇帝朱棣的因素;至于说后来御史上告这几个人偷盗内府东西,是否真有其事,还是为了迎合仁宗,不得而知,但仁宗却借此事杀了当年慢待他的人。

这件事还算说得过去,不过另一件报复行动就有些过分了。当初赵王朱高燧的护卫军官孟贤,在永乐末年参与发动了一场宫廷政变,事后被杀。孟贤有个弟弟叫孟瑛,是远征漠北和安南的参将,当时已被封为保定侯。孟贤被杀后,朱棣并没有株连孟瑛,因为当时孟瑛正准备参加北征,可能不知道其兄的政变企图。但朱高炽上台没几个月,就因为孟瑛的哥哥曾经参与过宫廷政

变,突然下令削掉了孟瑛的爵位,还把他发配到了边远的云南地区(《国榷》卷一八)。可见仁宗是个报复心很强的人。

另外还有一个大理寺的官员弋谦,上书给仁宗提意见,因为言辞激烈、刺耳,仁宗很不高兴,每次见到他总是没个好脸色,后来干脆下令免了他上朝的资格,相当于级别、职务都没动,但不能出席重要仪式了,实际上还是给了一个惩罚。可见仁宗虽然不是个睚眦必报的人,但在永乐一朝长期压抑、紧张,可能使他变得非常敏感,对那些曾经伤害过自己的人记得很清楚,现在终于可以痛痛快快地抒发自己的爱憎情感了。那么,仁宗都干了什么呢?他为什么要停止下西洋呢?

十六　停下西洋

大明帝国前期有那么五十年，京城官员们领到的不少工资，都是积压在国库中的西洋香料。

《郑和航海图》（局部）

（一）仁宗诏书的中心内容：减轻百姓负担

仁宗即位后在杨士奇等人的辅佐下，发布了几份影响较大的诏书，涉及的内容较为庞杂，最为突出的特点是，全面减免了永乐时期百姓的许多社会负担，缩减或停止了前朝大部分的消耗性活动，是明朝建国以来影响深远、具有转折意义的重要诏书之一。这方面的内容大致分为以下几点：

其一，大力减免拖欠。永乐末期包括诏书发布的当年，即永乐二十二年，全国拖欠的大部分征收物品，都被仁宗宣布给予不同程度地减免。这些物品包括：粮食、草料、豆、盐、柴炭、农桑丝、因故死亡未能赔补的马匹、驴骡、牛羊、铜铁、颜料、竹木席麻、珍珠、缎匹、军器等。有些是从永乐十九年十二月以前全部蠲免；大部分是从永乐二十二年八月十五日，即登极诏书发布之日起全部蠲免。就是说，只有少量拖欠部分是永乐二十年以后仍旧征收，永乐二十年以前全部蠲免；其余绝大部分征收品，都是只从诏书发布之日起开始征收，而此

明仁宗即位诏书书影

前拖欠的部分几乎全部蠲免。

对百姓来讲,这可是减少了一大负担,因为只要明政府没有宣布减免拖欠,那么老百姓在交纳各种赋税时,除了当年的以外,还必须补交以前拖欠的部分。并且永乐一朝整个国家的活动多,规模大,征收的赋税额较高,加上当时朝廷很少发布减免诏令,因此百姓这些年来的欠额肯定是相当高的,远远超过当年的新征,所谓"旧欠未了,新债又增"。因此在这种情况下,仁宗下令减免了绝大部分欠额,实在是减轻了百姓的一大负担,深得民心。他们从此以后只需交当年的赋税,不用再补交从前的巨额拖欠了。

同时,百姓拖欠的部分不仅仅是粮食和钱钞,还有一大部分是钢铁、柴炭、颜料、竹木、麻类、缎匹、珍珠、军器等等。这些东西是国家建设和宫廷消费所需的,明代统称为"物料"。粮食和钱钞的欠额补交起来相对好办,只要丰收了,多打粮食多卖几个钱就能补上;但是颜料、钢铁、缎匹、珍珠这类东西,就不太好补交了。因为这些东西不是地里产的,比如颜料、钢铁等甚至不是多花点钱就能买到的,而必须经过复杂、艰辛的劳动才能得到,有的需要从远方购买,有的需要从产地采办,还有的需要进一步加工制作。一句话,这类东西超出了百姓农业和家庭手工业的出产范围,根本不像粮食和钱钞那样容易获取,不要说拖欠和补交,即使是少量交纳也要花费相当大的代价。

拖欠的马匹、牛羊、驴骡等也很难补交。原因很简单,当时的百姓不可能让马牛羊一下子多生多少倍的马驹、牛犊和羊羔,没有克隆技术,更没有钱去买。因此,仁宗下令减免了这部分欠额,某种程度上甚至比减免粮食欠额更使百姓受益。

其二,停止大部分奢侈品的制造和采买活动。这部分内容包括:各地买办各种纻丝、纱罗、缎匹、宝石等奢侈品,苏州、杭州等地"织造缎匹、抄造纸扎、烧造瓷器",采办几种木板、制作各种海味、果品等,前往安南等地采买珍珠、香料以及诏书未列的采办项目,各地为营建工程而进行的采办木材活动,除了军需以外的一切不急之务,一律停止。

前往西部撒马尔罕、哈密等地购买马匹同样取消,将带去准备贸易的瓷器、缎匹等收入官库;同时规定派去的官员一律限期回京,不许无故稽留以及巧立名目坑害百姓，并且特别强调，今后各地"非奉朝廷明文，敢有一毫擅自科敛军民者罪之"，官吏中如果有人胆敢以催办征收为由，随便下令科敛盘剥平民，允许受害者上告官府，"即便拿问解京"。从这些内容可以看出，永乐时期尤其是永乐后期，整个国家征收、购买、制造、采办奢侈品的活动是相当多的，种类同样不少，包括纺织品、瓷器、海味、果品、香料、珠宝、贵金属及工艺品等等，这种活动已成为当时社会的一大弊端。

前面讲过，这些东西不像粮食那样是地里长的，而是要经过特殊的开采、加工、制作才能得到，并且这些活动的负担，最终都要落在每个百姓身上，比如买办不是政府出钱买，而是政府强令地方，地方强令百姓出钱买，百姓没办法，只好几家合伙出钱，到外地去高价购买政府要的东西。因此，这类负担对于普通百姓来讲，也是相当沉重的。仁宗在诏书中减少或取消了这类活动，同样是在很大程度上，减轻了百姓的劳役负担。

其三，降低部分赋役的征收标准。这部分内容包括：天下税收一律按照永乐二十年以前的旧额标准征收，禁止以钞法不通为借口增加税收的数额。这一点说明永乐二十年以后的税收标准被提高了，因此仁宗才下令恢复旧额，降低标准。具体内容有：（1）民间的荒地可以雇人另行承租耕种，但要三年后再征收税粮，并且如果是高地租的官田，必须一律按低地租的民田标准来征收税粮。

（2）工部每年指定下派给各地购置各种军事器材的任务，大部分都没完成，除永乐十九年以前的部分全部免征外，永乐二十至二十二年三年的部分免征一半。

（3）各地每年交纳的芦柴除了以前的欠额全免外，从今以后以十分为比值，减征十分之三，每年只征七分，并且这七分里只有七分之二是交实物，其余七分之五可以交纳钞贯。

（4）各地养马的旧例是，每年必须交纳一匹马驹，交不出来或马死了，官府就逼迫养马户出钱赔补。许多穷人被迫将儿女妻妾典卖换钱，赔补马匹，或是逃走流离。现在规定，典卖的家属官府出钱赎回来，并且养马户的马死了，只按洪武朝的旧例赔补，其赔补数额少于永乐时期；同时又规定，今后每两年交纳一匹马驹，"永为定制"，如果两年中交纳两匹马驹，官府适当给予奖励（洪熙元年正月十五日《南郊诏》）。

后三种情况之中，即购置军事器材、交纳芦柴和赔补马匹标准的降低，实际上等于大大降低了当事人的劳役负担，因为养马、打柴和购置器材几件事，是既有一定的技术含量，又要付出较大体力的劳役负担。

仁宗诏书的这部分内容，是降低部分赋役的征收标准，同前两部分相比，更具有特殊的作用和意义，为什么呢？各位请看，第一部分是减免欠额，以前拖欠的绝大部分，现在不用再补交了；第二部分是减免许多材料采办制作很难的一些采办活动，现在不用了，或是少了许多；但如果征收赋役的标准定得高，那么即使是减免欠额、减少许多难度大的采办活动，百姓的负担仍然是相当重的。因此，仅仅减了欠额和一些难办的差事，对百姓来讲恐怕是远远不够的，而降低征收赋役的标准，往往比前者更能减轻百姓的负担。

这里顺便说一下，看一份诏书的减免力度，必须看它减免的品种和数量，要分析这种减免本身对谁更有利。某些皇帝即位之后的诏书，只减欠额不降标准，很显然减免的力度相当有限，对百姓的好处不大。用这个标准来衡量，仁宗的即位诏书既减了欠额，又减了难办的劳役，还降低了征收的标准，应该说是明代即位诏书中减免力度较大的一份。

（二）仁宗为什么要停止下西洋

仁宗诏书的另一个重要内容就是停止下西洋。为什么一定要停止下西洋呢？这里有必要把下西洋的相关情况介绍一下。每一次下西洋之前，明朝都要准备大量的钱财、货物，作为远航贸易的资本，其中包括高级纺织品、瓷器和其他手工艺品等，再从民间和周边地区采办和搜刮一些珍宝特产运到国外，一部分同当地进行国际贸易，另一部分则是半为交易半为赏赐；换回来一些国外的奢侈品，也获得了外国首脑的朝贡品、回赠品，包括珠宝、珍禽异兽，如长颈鹿（当时的美称是麒麟）、狮子、豹、鸵鸟等等。

因此，郑和下西洋并非一个孤立的活动，而是和明朝在周边国家和内地搜取奢侈品的活动连在一起的，目的是增加皇室的财富，并非为了寻找建文帝，并且这种活动的规模是很大的。每次远航西洋究竟是赚得多还是赔得多,由于没有确切的统计数字,加上许多交换物品都是实物,无法准确地估计。关于这一点学术界至今争议比较大,有人主张还是赚得多,否则,如果每次都赔得稀里哗啦,一塌糊涂,朱棣绝不会连续六次下西洋,谁都不是傻子。

但也有人认为还是赔得多,因为明朝遵循"厚往薄来"的原则,每次都带去国外许多好东西,目的是向外国人炫耀明帝国的富强,就是给得多、赏得多,收得少、要得少。据说郑和每次从明朝内库提取的丝绸动不动就有几十万匹,派给景德镇烧制的瓷器一次就有数十万件,其他的珍宝特产也数量惊人。这样做的目的不仅是为了显示明朝的富强和气势,也有"以重利诱诸藩"的原因,就是拿大量财宝来引诱各个藩国,换取他们和明朝的友好交往。

外国人需要的东西如茶叶、丝绸、瓷器等,以及一些宫廷工艺品,中国几乎都是无偿或低价奉送;而中国需要的东西如香料等,则是高价收购,同时还给当地首脑和贵族大把地撒钱,要求他们承认明朝"老大"的地位。实际上等于用这种方式,买来了明朝需要的尊重和面子。

同时,郑和在海外也不惜巨资采购大批的宫廷奢侈品。据说郑和下西洋"赍银七百余万,费十载,尚剩百余万归"(王士性《广志绎》卷一),十年之间花掉了六百多万两白银,还剩一百多万两,这笔钱在当时是个天文数字。跟随郑和下西洋的费信在《瀛涯胜览》中有诗写道:"归到京华觐紫宸,龙墀献纳皆奇珍",讲的是郑和从海外回到南京朝见皇帝时,献上的奇珍异宝摆满了宫廷台阶的空地。这些东西除了海外的国王、首领进贡之外,恐怕更多的是郑和花了大把的钱采购来的。就像《明史·郑和传》中讲的那样:"所取无名宝物,不可胜计,而中国耗废亦不赀",虽然采购了数不清的奇珍异宝,但是到底花了多少钱同样数不清。

当时外国的贵族和商人往往搭乘郑

郑和铸铜钟

和的船队，成批组团来到中国做买卖，照例得到明政府的优惠政策，于是每次都能赚够钱财，满载而归。这样一来，下西洋之举一次赔得可能不多，但时间长了只能是越赔越多。两种看法针锋相对，究竟那个对，目前尚无定论。那么宣宗为什么要停止下西洋呢？

第一，每次下西洋不管赔赚，吃亏倒霉的总是百姓和社会，占便宜的总是宫廷。为什么这样讲呢？因为每次下西洋之前，明政府都要筹集大量的奢侈品和民间特产。其中奢侈品都是明政府强行指令各地手工业机构制造出来的，丝绸是南方省份纺织出来的，瓷器则是景德镇等地烧制出来的，而民间特产只有少部分是由政府出钱，向周边国家和少数民族地区购买的，当时没有发票，购买时宦官会贪污大量的钱财；另一部分则是从民间采办的，当时称为"买办"或采办，不是由政府出钱，而是政府指定当地官府办理，当地官府再从民间搜刮、白拿，即使给钱也都是低价收购。因此每一次下西洋之前，明朝的百姓都要为筹集这些东西，付出相当大的代价。那么如果下西洋回来之后赚了又会怎样呢？

即使是赚了，赚回来的好东西也都归宫廷享用，从来没有也不可能回馈给社会和百姓。再加上当时是实物财政体制，也就是收入和支出的主要手段不是货币，而是实物，即使是明朝得到了大量的海外珍宝，也不能换成货币投入市场，从而也就不可能作为营建北京和南征北讨的费用，购买相关的建筑材料和军需品，为劳作的百姓和出征的军人支付足够的工资，而只能供应宫廷享用和挥霍。

因此，每次下西洋不管赔赚，占便宜的总是宫廷，而吃亏倒霉的总是百姓。同时，营建北京、南北开战、兴建陵墓等消耗的主要是实物和劳役，下西洋赚回来的海外珍宝根本无法换成货币，来弥补营建和战争等活动造成的实物和劳役消耗。永乐后期在这种情况下，主管财政的户部尚书夏原吉指出，百姓的劳役负担达到了顶点，整个民间对实物的征收承受力同样达到了顶点，也就是国力超负荷状态。

有人认为永乐时期的几大活动，并未造成国力超负荷状态，但那是在永乐初期，到了中后期，尤其是朱棣晚年，财政状况已经糟糕多了，所以夏原吉才说

"民力竭矣"。当时一方面是郑和等人不断下西洋,不惜高额重赏当地的首脑,同时又高价收购各种外国的珠宝,另一方面则是全国尤其是北方军民,忍受着北征、营建等消耗空前的活动带来的穷困。永乐中后期,两种现象同时存在,可以说是国内的军民不断地勒紧裤腰带,间接地支撑了下西洋的壮举。但是这种状态不可能长期持续下去,况且一次又一次地下西洋,间隔时间不长,总有一些物资的筹集会维持不下去的,怎么办呢?只好停止。

第二,维持远航船队的代价相当大。上述情况仅仅是筹备下西洋的货物带来的影响,还没有涉及远航船队人员、物资的不同损失,更没有涉及维持这支庞大船队的代价。各位知道,两三万人上百艘,甚至几百艘远航船只,要做到补给充足、维修到位,代价也是相当大的。不要说几万人的粮食、军器补给——因为郑和下西洋的船员绝大部分都是军人,因此,这支船队的补给实际上包括大量的火器装备——仅仅是整个船队的维修,就是一笔相当大的开销。

据我所知,维修船队至少需要相关工种的一大批工匠,在沿海的港口和船厂中,负责维修航海船只,同时还要有大量的特殊木材和各种材料,如生漆、桐油等等防水材料,事先备好或从全国各地,运送到沿海的船只维修地点。其中的特殊木材是从云南、贵州和湖广的大森林中采伐的,采伐和运输的过程相当艰辛。因此,不仅每次下西洋之前,百姓和社会要为筹集物资付出代价,即使是船队回国之后,整个船队的维修、补给,也同样需要再付出一笔代价。

第三,综合国力消耗太大。各位可能会问,永乐一朝号称明代的盛世,综合国力应该较强,为什么仁宗一上台,就停止了战争和营建等活动呢?为什么不再下西洋呢?这里顺便说明一下,所谓综合国力较强的盛世,只是某一时期各种储备相对充足一些,因而国家对某些项目投入的人力、物力和财力较多,才使这些事成效显著,影响较大,而不可能是整个盛世任何时候、任何事,都有极为充足的人、财、物力投入。

尤其是这一盛世的晚期,国家已无力再有充足的投入了。清代的康乾盛世是这样,明代的永乐至洪熙时期也是这样,如果当时只有下西洋一项活动,走前筹集点物资,回来以后维修、补给一番,以大明帝国洪武末至永乐初期的综合国力,还是可以应付的,至少折腾得起。但问题是整个永乐时期大约有六百万人,先后参加了南征北讨、建都建陵、营建武当山、开通大运河等八项工程,这些活动同时举行,明朝还应付得了吗?还折腾得起吗?恐怕再强盛的综合国力也折腾不起!俗话说,好虎不敌一群狼,永乐朝这么折腾,家底几乎空了,到了仁宗即位时,还剩什么综合国力能让他继续折腾吗?没有了。这样的消耗简直就像个无底洞,永远也填不满。

外国学者主编的《剑桥中国明代史》中,估计永乐时期所有活动的消耗,几乎是整个国家财政收入的三倍左右,但是明政府却以无偿征用劳力和物资的方式,弥补了这些活动造成的巨大亏空(牟复礼、崔瑞德编《剑桥中国明代史》)。说白了,就是百姓白白出力出东西,政府少给甚至不给钱。这个分析虽然不是十分确切,但却是很有道理的。其实这些活动很大程度上,都属于当时的政绩工程和形象工程,代价和弊端都非常明显,在朱棣生前就已经维持不下去了,遭到了大臣们越来越强烈的反对。

因此仁宗一上台,立即顺应当时的局势,停止了这些规模空前、消耗巨大的活动,尤其是远航西洋之举,连同维修、补给等一系列活动,一律取消。换句话说,可能仁宗也想继续永乐盛世的辉煌业绩,也不完全是因为他同父亲朱棣曾有矛盾和恩怨,实在是因为这些活动的规模和消耗太大,因此只能取消。其实仁宗这么干,主要是改变了朱棣开拓式的、不断折腾的政策,是继洪武后期和建文时期,让社会重新回到了和平、安定的轨道上。这就是具有转折意义的"仁宣之治",也是一种务实稳定的"守成"政治。

(三)停止下西洋的特殊原因:香料当做工资发

1. 下西洋运回的香料,被当成工资发给京城百官

停止下西洋还有个特殊的原因,就是文武百官还有军队的反对。那么文武百官和军队,为什么要反对下西洋呢?原因很简单,明政府长期把下西洋换回来的胡椒和苏木当工资,发给在京的文武百官和部分军队。胡椒和苏木都是一种香料,产于东南亚一带,郑和第一次下西洋时,这些东西还是作为稀有香料,被贩运回中国的,据说明朝当时的市场价格是外国的二十倍,当然这是

官方定的价格。"物以稀为贵",胡椒和苏木既然是高价的稀有香料,那么当年就可以作为一种赏赐品,赏给一些高级官员和贵族人等。

但是后来不同了,这些东西的数量越来越多,多到什么程度呢?我估计至少有上千万甚至几千万斤,因为仁宗在位时,多次从南京往北京调运胡椒和苏木,一次就高达几百万斤,可见这些东西的库存量相当惊人。当初是"物以稀为贵",现在太多了,变成了"物以多为贱",在市场上更是急速贬值,一点都不值钱,存在库里又没用,于是不知是谁出了个馊主意,让朝廷把胡椒和苏木当成工资,强行发给文武官员和部分军队。

可能有人会问,明政府为什么不多印点钱呢?即使没钱了多印一点不就有了吗?为什么非要拿胡椒当工资呢?原来当时明朝的货币是一种纸钞,即所谓宝钞,发行量也不小,但流通不畅,市场也不认。市场有自己的规律,它不会服从于专制权力。你皇帝下令让它流通它就流通,没那回事。因此宝钞发行多了,只能造成通货膨胀和严重贬值,这个道理皇帝和官员还是懂的。

况且上千万斤胡椒和苏木堆在库里,当初花钱了,现在又销不出去,实际上已经造成了一定程度的财政危机,怎么办?于是朝廷就采纳了这个馊主意,把胡椒、苏木当工资发给在京的官员。这有点类似今天某些倒闭的企业,发不出工资怎么办,只好有什么发什么,做袜子的企业只好发袜子当工资。

2. 五十年里,在京官员工资一半是没用的香料

这样一来,明朝政府等于把自己的部分财政危机,转嫁给了在京官员,当然会引起这些人的强烈不满。各位可以想象,几十斤胡椒、苏木发到手里,卖吧,不值钱,也根本卖不出去,没人买;留在家里吧也没用,谁家做饭做菜也不会需要那么多的香料。更要命的是,官员和军人为国家干了半辈子,挣回来的工资有一半是这些香料,不要说养家,就连自己糊口吃饱饭都成问题了,难怪这些人强烈不满。虽然胡椒、苏木都是政府强行发给官员的,但它的根源却是郑和下西洋,是政府多次花高价从外国买来的,因此文武官员都强烈反对再下西洋,反对政府拿不值钱的香料当工资,这是出于自身利益的现实考虑,非常有道理。

当然,明政府并不是任何时候给在京的官员都发这种香料工资,而是有时

多发一些,有时少发一些,有的官员多发点,有的少发点,工资的另一部分是米和钞贯,或是其他实物。但即使是这样,由于胡椒、苏木的库存量大,多少年不停地发都发不完。最早拿它们当工资发,大约是永乐二十年前后(《明宣宗实录》卷九),一直发到成化七年,库存完全耗尽,香料工资才算发完。永乐二十年是1422年,成化七年是1471年,中间整整五十年,半个世纪,就是说大明帝国前期有那么五十年,在京官员的工资居然有一部分是胡椒和苏木。这就是事实,绝非天方夜谭。

3. 成化时期刘大夏反对下西洋,受到上级的称赞

这里顺便说一下,成化七年,也就是明政府给官员发香料工资的半个世纪之后,不仅胡椒、苏木的库存耗尽了,就连当年郑和贩运回来的大批金银珠宝也被几任皇帝和太监、后妃们挥霍光了。于是有太监就鼓动成化帝朱见深说,永乐、宣德时期曾经屡次下西洋,收买黄金、珠宝,现在停了三十多年,仓库里几乎空了,皇爷您应该学当年的永乐帝,再下西洋去贩运珠宝。

据说贪财的朱见深也动了心,就派宦官去找大臣索取当年的航海文件。

刘大夏像

没想到兵部车驾司郎中刘大夏坚决反对,不仅把当年下西洋的所有文件都给藏起来,后来还当着一些人的面愤怒指出:"三宝(郑和)下西洋,费钱粮数十万,军民死且万计,纵得奇宝而回,于国家何益!此特一时弊政,大臣所当切谏者。旧案虽有,亦当毁之以拔其根,尚足追究其有无邪?"

刘大夏的这番话说得很明白,下西洋只对宫廷有一定的收益,而对整个社会和百姓几乎没什么好处,就应该彻底取消;相关的文件应该销毁,断了当局者再下西洋的念头。这话说得够厉害,

可见刘大夏的见识不凡,胆量不小。据说当时坐在办公座位上的兵部尚书项忠听了刘大夏的这番话之后,吃惊得赶紧从座位上走过来,一边对刘大夏拱手拜谢,一边说:"你老兄为国为民积了不少阴德,我这个兵部尚书的位子不久就是你的了。"后来刘大夏果然做到了兵部尚书的官位。

由此可见,当时的许多官员都认识到了下西洋的负面影响,因而不可能像宦官和皇帝那样赞同继续下西洋。后来有人指责刘大夏,说他是摧毁和阻挠继续下西洋的罪人,恐怕是不公正的,因为没有从当时的情况出发,去分析和评价刘大夏的看法。其实刘大夏讲的是实话,是一句有良心的话,说出了仁宗取消下西洋的根本原因。

当然,郑和下西洋本身是人类海航史上的壮举,显示出永乐时期的赫赫国威,对中外文化的交流和中国航海技术的发展,对中国在世界领域内国际地位的提高和巩固,都具有不可低估的作用和意义。这是事情的另一方面,前人早有详论,这里不必多谈。

(四)相同之举:释放建文忠臣亲属,准备回迁南京

仁宗还有一个与停止下西洋类似的举措,就是追认先朝忠臣,释放这些人的亲属,并且准备把首都从北京迁回南京。这两件事似乎不是一回事,但是据说仁宗当年同建文帝关系不错,自己又在南京监国多年,因此对父皇朱棣大肆杀戮迫害建文忠臣及其家属、劳民伤财迁都北京,内心肯定是不愿意接受的。现在父皇朱棣死了,仁宗有了至高无上的皇权,当然想把这两件事都翻过来。

1. 释放建文忠臣亲属,平反先朝罪臣

仁宗即位后曾多次称方孝孺是忠臣,等于公开为建文忠臣恢复名誉。朱棣出于政治目的曾追废建文帝的皇位,革除了建文的年号,称建文四年为洪武三十五年,企图将建文一朝从历史上抹掉。他以一个胜利者的姿态,按照自己的需要来随意篡改历史。仁宗即位后否定了朱棣的做法,他在为父皇朱棣撰写的"长陵神功圣德碑文"中,仍然称被追废皇位的朱允炆为建文君,将其死

按皇帝的尊号称为"崩",称其在位期间为朝廷,客观公正地承认了建文一朝的合法地位。这时社会上才有人敢于谈论建文忠臣之事,可见仁宗此举在社会上产生的巨大反响,体现出仁宗作为一个帝王政治家,敢于正视历史、不为亲者讳的可贵态度。

从前朱棣出于巩固地位的需要和专制的心态,对那些忠于建文帝的大臣大肆屠杀。仁宗深感父亲的做法过于残忍、野蛮,登基不久就下令:"建文诸臣家属,在教坊司、锦衣卫、浣衣局及习匠功臣家为奴者,悉宥为民,还其田土。"(《明通鉴》卷一八)这里需要说明一下,朱棣当年杀掉一大批建文忠臣,将其家属关押、拘禁在教坊司、锦衣卫、浣衣局以及功臣之家做苦力,其地位极其低下,生存条件恶劣,甚至连奴婢都不如。

其中,教坊司等地虽说是一种宫廷演艺机构,但实际上类似于明朝的官方妓院,建文忠臣家属尤其是女性,受到男性看守的凌辱和摧残,其野蛮的程度可想而知。并且这些活动有许多是出自朱棣本人的指令和授意,按照朱棣的想法,这些建文忠臣的女性家属及其后人,世世代代都要遭受这种野蛮的待遇。因此仁宗下令将这些人宽宥为民,等于解放了他们,使建文忠臣家属,尤其是女性,避免了男性看守的野蛮凌辱和摧残,恢复平民的自由,大大改善了生存环境。

此后不久仁宗又下令:"建文诸臣外亲全家戍边者,留一人在戍所,余悉放还。"(《明通鉴》卷一八)外亲不是直系亲属,而是远亲,相当于八竿子打不着的亲属。而建文忠臣的直系亲属和近亲,基本上早在永乐初年就都被朱棣杀光了,剩下的远亲被发配到偏远地区戍边,可见当年朱棣镇压建文帝势力,扩大化相当严重,八竿子打不着的亲属都要戍边。而戍边之地大都是距离较为偏远、环境较为恶劣的地方,并且是在军队的看管之下,因此,戍边实际上是一种惩罚性的流放。再加上戍边之后家里的土地大量荒废,因此,将他们释放回到故里,一来大大改善了他们的生活环境和待遇,使他们脱离了被流放的在押犯人处境,二来也使家里多年荒废的土地重新得到耕种。

2. 仁宗准备放弃北京,把首都迁回南京

与此同时,仁宗还准备还都南京。自从朱棣迁都北京后,明朝的财政负担

加重了。因为自唐宋以来,中国的经济重心已经南移,南方成为中国的主要物资生产基地。朱棣将首都从南京迁到北京,使首都远离了南方的物资供应基地,经济中心和政治中心相脱离。为了保证北京庞大官僚机构和皇家宫廷的消费,以及大量京军、边军的消费,明朝每年不得不将大量的物资由南方运至北京,单是运输的费用就相当巨大。

为了节省这笔开支,避免物资消费舍近求远,仁宗决定将首都从北京迁回南京。他让太子瞻基出守南京,据说已有这样的含义。而且当时虽然首都迁到了北京,但许多措施并未完全随之落实,例如百官的月俸,就是工资,有一部分是发米的,另一部分是发钱钞,其中米的部分要到南京去领取,只有极少数贵族可以在北京领取米俸,还得有仁宗的特批(《明仁宗实录》卷四)。而首都迁回南京,就可以省去许多麻烦。

仁宗对南京是很有感情的,他在那里当太子并多次监国,担任大明帝国的常务负责人,前后将近二十年,对那里的一草一木都非常熟悉,不可能舍弃南京而留恋北京,他对北京似乎没什么感情的。因此,仁宗在位期间已经做了还都南京的准备,他下令在北京行政机构名称的前面,都加上"行在"二字,带有流动和临时的意思(《国榷》卷一八),目的是还都南京以后再恢复正式的机构。只是由于不到一年仁宗就去世了,还都之事才未能完成。

实际上还都南京并非仁宗个人的决定,许多大臣都有此意,就连那个当年受命暗中调查仁宗的胡濙,这时也积极上疏力劝仁宗还都南京。于是仁宗即命一些太监前往南京,为他收拾几处可以居住的宫殿(《明仁宗实录》卷九),以便来年春天回到南京时居住。据说仁宗找个理由派遣太子前去镇守南京,就含有让太子为还都南京打前站的用意。

(五)停止下西洋后,仁宗以增加待遇来稳住两个亲王

1. 善待二弟朱高煦,但也有防备

朱高炽即位后局势稳定了,朝中有人提起收拾朱高煦。各位可以想象,仁宗即位前受了二十多年的窝囊气,除了先帝朱棣外,主要是他这个兄弟造成

的。如今朱棣死了,仁宗大权在握,还会容得这个兄弟吗?有人建议乘朱高煦未反先发兵擒住他,仁宗不听,只是发信召二弟来京。

朱高煦可能是做贼心虚,以为新即位的大哥要收拾他,在见到仁宗时,居然上告他的儿子朱瞻圻在先帝北征期间,连发了几十封信刺探朝廷的情报,还说朝廷商议要发兵乐安。各位听了可能会纳闷:这些事肯定是朱高煦指使其子所为,他为什么要推在儿子身上呢?原来在朱棣生前,朱高煦可能是为一些小事而杀了朱瞻圻的母亲,瞻圻一怒之下将高煦的所作所为全部上告朝廷,但朱棣未加处理,在他看来可能这事不算什么。所以高煦为了洗刷自己,报复瞻圻,便反咬一口。

仁宗特意召来了朱瞻圻,当面对他说:"你连我们兄弟都敢凭空离间,何况别人。"这话实际上是说给高煦听的,只是不等瞻圻辩解,高煦便抢过来对仁宗说:"我是他父亲,这小子竟敢在老皇帝面前诬陷我,何况陛下。应该把他斩首!"仁宗对高煦的这番表演可能不感兴趣,只是冷冷地说:"小孩子不懂事,不值得杀头。让他到凤阳为太祖守陵吧!"随后大大增加了高煦等藩王的禄米,并给予大量的赏赐,然后命高煦回乐安(《明史纪事本末·高煦之叛》)。朱高煦讨了个没趣,又看到暂时没有机会起兵夺位,也只好先回去,等待时机。

不过,仁宗对二弟朱高煦也不是一味赏赐,毫无防备。除了即位之初召他来朝之外,后来朱高煦曾多次请求进京朝见,但仁宗却一次都不批准,可见仁宗对他还是有防备的。

2. 重赏之下,两个兄弟暂时被稳住了

可能是为了稳住两位兄弟,同时也是为了显示皇帝兄长的慷慨大方,仁宗给予汉、赵二王相当优厚的赏赐。这里需要说明一下,仁宗究竟给两个兄弟增了多少,赏了多少呢?按照明朝的规定,诸王的禄米每年为一万石(《明史·食货志》),而仁宗却将汉、赵二王的禄米增加到了三万石;赏给周王朱橚这样比仁宗高一辈的亲王,是黄金一百两、白金一千两、纻丝四十表里;而赏给两个亲兄弟,是黄金五百两、白金五千两、纻丝二百表里,是长辈周王的五倍!还有其他高级消费品(《明仁宗实录》卷二)。仁宗这招还算管用,暂时把二弟喂饱了。

后来朱高煦也承认,大哥仁宗"徒以金帛饵我",意思是就会拿点钱财堵我的嘴。可见仁宗确实是把他们稳住了。

仁宗增加藩王的禄米和赏赐,相当于提高他们的"年薪",既是皇帝登基后的惯例,也是一种笼络藩王的做法。不仅如此,仁宗还把朱棣生前的部分遗物分别赏给两个兄弟,包括:毡帽、犀带、穿花龙条环、象牙花把铁刀、纻丝罗纱衣等等。仁宗在给两个兄弟的信中说:"大行皇帝所遗冠服诸物,气泽存焉,启阅甚痛……送贤弟朝夕瞻奉,以慰哀慕。"(《国榷》卷一八)这件事表面的用意很明显,不过是为满足两兄弟怀念先帝的感情需要,睹物思人,追思父皇,但是仁宗此举是否还有其他用意呢?

其实仁宗可能还有一层用意,即那就是提醒或暗示两位兄弟,先帝已经不在了,现在我是皇帝,两位需要认清形势面对现实,别再做以前的梦了,还是老老实实地当你们的亲王吧。两个兄弟对此可能也是有所领悟,整个洪熙朝,朱高煦和朱高燧二人的表现都很稳定,不仅没有进一步的夺位之举,反而积极地拥护、配合朝中的活动,说明仁宗为他们加禄米、赏遗物这几招还是有效的,至少暂时稳住了他们。

面对兄长仁宗的丰厚赏赐,有"前科"的赵王朱高燧就算别人不说什么,以他的精明和历练,肯定也会想到如何报答兄长。朱高燧可能会想,光是上疏谢恩是空的,总该来点实的,让兄长放心。怎么办呢?各位别忘了,赵王的三支护卫在未遂政变后还在北京啊,并且最近得了几倍于其他亲王的禄米和赏赐,实力可是相当突出,如果自己不主动"消肿减肥",恐非早晚会被朝廷收拾。

大概是出于这种考虑,朱高燧在受重赏不到两个月,就派他的王府长史向仁宗说,我现在有三支护卫但没什么用,白白浪费国家的粮饷,因此请求辞掉两支,只留一支作为仪仗队及日常生活之用。仁宗当然会客气一番,开始不同意,后来三弟一再坚持,仁宗只好同意,但在保留一支护卫之外,又给三弟添加了一个群牧千户所(《明仁宗实录》卷四),增加了一千多人的编制。

可见仁宗这个人非常会办事,三弟你不是辞了两支护卫吗?我再给你补充一点实力,不让你吃亏,还让你觉得,只要你做事对朝廷、对我有利,我就会给你相当的好处。果然,几个月后赵王从京师搬到受封的藩国河南彰德。仁宗又给了三弟一大笔财物，包括黄金一百两，白金五百两，"彩币九十表里，钞二万锭，良马十四匹"（《明仁宗实录》卷八）。这笔赏赐恐怕既是搬迁费，又是对他献出两支护卫的褒奖。在稳住两个兄弟的同时，仁宗着手发布诏书，准备解决社会问题。那么除了停止下西洋之外，仁宗的新政还有哪些内容呢？仁宗接受直言为什么是有限的呢？

明朝的拐点

永乐皇帝和他的子孙（下）

赵中男 著

中华书局

十七 开启新政

仁宗转而采取务实、稳定的守成政策，虽然广开言路，但接受有限，加上身体有病，最后被李时勉揭短气死了。

师、傅、保等一品仙鹤补子

（一）恢复公孤之制，仁宗提高辅政集团的级别

1. 仁宗恢复公孤之制，荣誉头衔赏给辅政老臣

仁宗在即位后，一面支持他的监国辅臣，使之逐渐占据了政治上的优势，一面在半年之后逐步提升他的东宫辅臣及其他宠臣，使这些人的级别和地位大都超过了吕震等先帝旧臣。

吕震是礼部尚书，级别为正二品，相当于今天的部长。蹇义、夏原吉等人也是尚书、部长，而杨士奇等人只是内阁大学士。明制规定，内阁大学士最高级别才是正五品，因此单靠内阁和六部的官职，级别最高只能是二品。那么仁宗想了什么办法呢？他的办法是上台不久，就恢复了三公三孤和太子三师之制。

三公是太师、太傅、太保，三孤是少师、少傅、少保，太子三师是太子太师、太子太傅、太子太保和太子少师、太子少傅、太子少保。三公比三孤的地位略高一点，都是明朝的一种荣誉头衔，没什么实际职务和权力，但地位和级别却是相当高，三公都是正一品，三孤是从一品，太子三师是正二品（《明史·职官志》）。

太祖朱元璋时期曾经设置过这种官衔，当时太师是由开国第一文臣李善长担任的，其他文武大臣也有类似的头衔。建文、永乐时期废除了这种官制，仁宗即位后又恢复了。仁宗不断地把三公三孤

寿山石"亲贤保国"玺

和尚书的虚衔,赏给他的老部下和其他宠臣,也就是辅政集团的那些人,使他们至少拥有相当于今天的正部级待遇。这样一来,杨士奇等人的官衔往往有三个:公孤官、尚书加上内阁大学士,工资待遇也是跟官衔相对应,同时领取三份。

整个洪熙时期,被授予公孤级别的官员有四人:蹇义、杨士奇、夏原吉和黄淮,分别是少师、少傅和少保,都是从一品,就是说,不管这几个人原来级别高低,反正现在都是一品大员了。并且他们虽然都在六部和内阁任职,但级别和地位都高于六部和内阁,超过了其他人,因此成为一个特殊的政治群体。

2. 仁宗调整品级和座次,吕震被排在夏原吉之后

在这一过程中,开始吕震也被提了级,被授予太子少师。当时夏原吉是太子少傅,按照师在傅前的排列顺序,吕震的地位稍稍高于夏原吉,因此在上朝等活动中,吕震往往排在夏原吉的前面。可能是仁宗看吕震有些不顺眼,而对夏原吉是相当器重的,因此仁宗下令主管朝堂礼仪"排座次"的鸿胪寺,把吕震的位置排在夏原吉之后。

但是这样一来,就违反了师排在傅前的固定顺序,师傅师傅,先师后傅,现在成了"傅师"了,吕震和鸿胪寺的官员都会感到别扭。不过仁宗自有办法,没过几天他就提升夏原吉为少保,级别是属于公孤系列的从一品。而吕震呢?太子少师的级别只是正二品,比夏原吉矮一级,当然要排在夏原吉之后了。其他的吴中、杨荣、李庆、金幼孜等人,最多不过是太子三师系列的正二品官员。

在被授予公孤级别的四位官员中,蹇义、杨士奇和黄淮都是仁宗的监国辅臣,但夏原吉不是,他甚至都没有兼任过太子和太孙辅政机构的官员,可是仁宗为什么仍然授予他从一品的少保之衔呢?原因可能有三条:其一是夏原吉具有出众的才干和较高的威望,永乐时期曾经多次兼管其他部门的政务,对朱棣的各项事业做出了较为突出的贡献;其二是夏原吉同仁宗的长子朱瞻基关系极好,奉命长期培养朱瞻基的政务才干,这一点是其他大臣不具备的;其三是夏原吉在永乐后期,曾多次反对朱棣晚年的冒险北征之举,同仁宗的政治理念非常接近,并且也曾力求维护太子的地位。因此夏原吉虽然不是仁宗早年的

监国辅臣,但是仍然受到仁宗的特别器重,得到了同杨士奇等人一样的一品荣誉头衔。

从上述情况看,仁宗恢复公孤和太子三师制度的目的,就是要把这种高级头衔专门授予他所器重的辅政集团人员,使这些人的级别和地位都超过其他人,从而为自己推行新政做好准备。这件事充分显示出仁宗的政治才干和过人的魄力,同时也反映出,仁宗明显地偏向他的监国旧臣。因此,恢复公孤和太子三师制度以及加衔之事,其实也是仁宗公私兼顾之举。

(二)稳定为主的多项措施

1. 即位初期,仁宗全面提高文武官员的待遇

永乐一朝二十二年,朱高炽当太子当了二十年,其间多次监国,或是担任常务负责人,前后差不多也有十五年,朱高炽即位前的从政记录,在明朝简直是空前绝后。因此对于朱高炽来讲,这个皇位得来可是太不容易了,既然这么不容易,也就格外珍惜。即位之后,他听从了杨士奇等人的建议,想方设法笼络部下,安抚人心,争取更多势力的支持。

当初北征大军回师途中,仁宗就派人准备颁赏事宜,首先保证了军队的稳定,争取到了军队的支持。即位后不久,仁宗就下令从那些当年跟随朱棣起兵的中下级将领中,挑选一部分级别较低、年纪较大的军官,提升级别和职务,还为每个人都选了个好地方任职(《明仁宗实录》卷二)。主要目的是优待这些老军官,从而加强对中下级武将的笼络。

那么对文臣呢?仁宗即位不久就发现,朝廷平时举行的一些宴会,个别大臣因为种种原因不能参加。仁宗感到这件事应该有个说法,于是就下令:从今以后凡是逢年过节未能参加宴会的现任官员,公、侯、伯、都督、尚书一级的,每人赏给一千贯;侍郎,也就是副部级官员,每人五百贯(《明仁宗实录》卷四)。

过了一个多月,就是洪熙元年的正月,仁宗又对吕震说,任职时间较长的朝臣,现在我都让他们回到家乡去探亲。这些人受到的各种奖励也是家乡的光荣,可以回家炫耀一番了。可是这些人到家以后往往需要各种费用,比如要

给亲戚一点钱,请客要花钱,祭祀祖先也要花点钱,往来还要有差旅费,算起来那点工资除了日常花销之外,没几个人还能攒下钱。因此仁宗决定,从今以后,凡是回家探亲的官员都赏给一定数量的钱钞,并形成定制(《明仁宗实录》卷六)。这是仁宗对朝中官员主要是文官的笼络和安抚。

按理说仁宗一上台,短短几个月内,就给京城里的文武官员分别提高待遇,安排好位置,设法给予各种补助,对这些人算是很够意思了。但这还不算完,永乐二十二年十月,仁宗又给在京文武官员普遍提高待遇。怎么提高的呢?有一天仁宗对大臣说,当年跟着父皇来北京的文武百官和各级官员,大部分是光棍一条,每月口粮五斗,差不多够吃了。可是过了二十几年后,在这里建都了,这些人大部分也都拖家带口,每月的口粮还是五斗,哪够吃啊?有的军官把家安在军营里,老婆孩子都养不起,哪能没有怨言呢?应该像洪武时期的惯例,每人每月给口粮一石,也就是要再加五斗,那些拖家带口的文武官员可能才够养家糊口。于是在京的文武官员的口粮都增加了五斗(《明仁宗实录》卷三)。

当初太祖朱元璋建都南京时,由于距离南方的产粮区比较近,粮食供应较为充足,每人口粮可以达到一石。可是朱棣迁都北京后,距离南方的产粮区比较远,粮食供应不足,每人只有五斗口粮,相差一倍。为了解决粮食供应问题,朱棣不得不在营建北京的同时开通大运河,花费几十万人十几年的代价,也只能是暂时保证了北京较低标准的粮食供应量。现在仁宗要把北京的粮食供应量加大一倍,势必要增加运河的运输量和江南百姓的社会负担,这是一个非常难办的问题。因此,这件事可能加强了仁宗把首都迁回南京的决心。首都迁回去,至少粮食供应就不会舍近求远,就不成问题了。

2. 对外休战,对内调整政策

永乐时期的南征北讨,使国家的消耗较大。仁宗即位后决定改变这种不利的局面:

第一,停止北征,选将守边。即对北方蒙古军队采取守势,选派北征的将领守卫边镇。过去是朱棣北征,"天子守边",现在是北征的将领守边,实际上等于恢复了洪武后期的边防政策。

第二,安南休战,准备撤军。永乐时期几次大规模出兵安南,打败了当地的反抗势力,将安南并入大明版图,但后果和代价是相当沉重的,"前后用兵数十万,馈饷至百万余",还要大量供应驻扎安南的明军,因此仁宗决定逐渐从安南撤军。

第三,恢复经济,减免负担。仁宗注意恢复经济,并且及时有效地赈济各地的灾荒,甚至有时不同主管此事的户部打招呼,就直接下令赈灾。于是有人建议,各地受灾的情况可能不一样,没必要这样滥施恩典,一律减免。可是仁宗却非常坚定地说:"救济百姓宁肯过滥、过厚,作为为全天下的领导人,哪能跟老百姓斤斤计较呢?"(《明史纪事本末·仁宣致治》)仁宗的话虽有夸张的成分,但也显示出他赈灾的决心。

第四项,调整政策,方便百姓。仁宗比较注意百姓的利益。当时朝廷每年都要购买大量的祭祀用品,但却始终按明初洪武时期的价格来收购,于是仁宗批评有关部门"不达大体",因为物价会涨落,现在民间各种商品的价格已经比洪武时期上涨了数十倍,而朝廷购买祭祀用品还是老价钱,等于低价强买,招致民怨的祭祀品,诸神怎么能安心享用呢?

可见永乐时期朝廷是用以前的低价,来强行购买这些早已大涨价的祭祀用品,朝廷倒是少花钱多办事,但地方和百姓却吃了大亏。因此仁宗下令:今后祭祀祖宗的用品,都要按首都的市场价格购买,如果产地价格比北京还高,那就用赃罚钞以外的费用来补足,从而减轻了地方和百姓的负担(《明仁宗宝训》卷一)。

类似的情况还有不少。总之,仁宗上台后的稳定政策非常明显,采取了多项措施来稳定当时的局势,巩固自己的统治地位。

(三)仁宗新政反映的问题

第一,仁宗为首的统治集团,明显地改变了永乐时期的政策。许多规定直接针对永乐后期的社会弊端,基本倾向是休养生息,保持社会安定。与永乐时期的开创、消耗政策相比,仁宗的政策具有转折的意义。这一点既反映出新上台的仁宗统治集团与其父政策的重大分歧,同时也反映出永乐时期开创与守成的矛盾,与仁宗当太子时父子间的矛盾交织在一起。

一般情况下,新皇帝的即位诏书,只对老皇帝的错误做出部分改正,还有一部分是在诏书以外的小范围内改正,因为新、老皇帝毕竟是父子关系,总要留点面子。而仁宗的即位诏书却不同,几乎是毫不留情,全面改正了朱棣留下的弊端。明代所有的即位诏书中,类似的还有世宗嘉靖帝的即位诏书。但世宗与前朝的武宗不是父子,只是远房兄弟,武宗朝的弊端也确实相当明显,因此世宗在即位诏书中,没有给武宗留面子,也并不奇怪。

但朱棣与朱高炽毕竟是父子,后者的即位诏书中,改正先帝弊端的规模和力度都非常大,在整个明代也是较为少见的。这也反映出,仁宗君臣在反对和扭转前朝弊端的问题上,早已达成了高度的一致,并且对此已有较为充分的准备,其迫切的程度几乎是刻不容缓。

仁宗这些活动的目的,是要改变和调整朱棣的开创性国策,转而实行务实、稳定的国策,缓解永乐后期国力的超负荷状态,使明代社会走向稳定发展,从而实现历史的转折。这些活动后来又为宣宗继承并完成,因此后人将之合称为"仁宣之治"。在中国古代,某段时间被称为"××之治",往往指其使整个社会结束动荡、恢复稳定,例如周代的"成康之治"和汉代的"文景之治"。明代的"仁宣之治"也不例外,由仁宗开始的上述活动,同样使整个社会减少折腾,恢复稳定。

第二,仁宗的许多做法明显地带有反对父皇朱棣的色彩。一是仁宗恢复了被朱棣废掉的三公三孤制度。他曾说这个制度是皇祖朱元璋留下来,父皇圣明天纵,可以不设此官,可是我历事不多,没那个本事,还需要师、保、傅一类的官员来辅佐。各位听明白了吧,这番话表面上是自谦,但言外之意很明显,你朱棣难道还能比太祖朱元璋更厉害吗?太祖立下的制度,你也敢随便废掉?

二是仁宗多次号召大家直言,多提意见。还顺便跟大家说,我见过有的前代君主,一旦登上皇位就妄自尊大,不愿意听真话、听意见,左右亲信也都害怕他,只会顺情说好话,那些贤良之臣说了真话都没用,只好闭上嘴以求自保

(《典故纪闻》卷八)。仁宗见过的前代君主,恐怕就包括朱棣,因为朱棣在许多问题上根本不听大臣的意见。

三是仁宗禁止以诽谤的罪名判案,并公开指责永乐时把正常提意见的人打成诽谤犯的做法。

四是仁宗明确宣布方孝孺等人是忠臣,释放了大批建文忠臣的家属,公开承认了被朱棣追废的建文帝的合法地位等等。

这些事较为明显地反映出,仁宗的许多做法带有反对父皇朱棣的色彩,这一点并不奇怪,因为朱棣生前与仁宗朱高炽曾有较深的积怨。

第三,仁宗深受朱元璋《祖训》的影响。仁宗自己曾对大臣讲过,守成之主就应该按照祖宗的先例办事,这样就能少犯错误。后来的继任者往往自作聪明,乱改先王的章法,结果导致衰败,不可收拾,现在应当引以为戒。他回忆自己十几岁时,整天跟在皇爷朱元璋身边,亲眼看见朱元璋制定《祖训》,一遍一遍地反复修改后才写成全书;当时皇爷一有空,就给我们这些人一条一条地分析讲解《祖训》,都是一些修身、治理天下的道理。这件事到今天,就是睡着了我都不会忘记。如果做每件事都能遵守皇爷的《祖训》,那就可以永远享福了。

洪武刻本《皇明祖训》

各位请看,仁宗在这里没有一个字提到朱棣,只讲了从前有人不按祖训办事,自作聪明乱改成法导致衰败,而朱元璋的祖训又是如何费事写成的,如何有用,这不是明显地指责朱棣不按朱元璋的祖训办事吗?并且也在暗示,这样做的结果是使国家走向衰败。可见仁宗对《祖训》的印象是非常深刻的,现在他要严格遵照《祖训》办事,把朱棣那套导致国家衰败的东西改过来。

第四，仁宗的诏书及其新政内容，更多地反映了上层统治集团的主张。虽然开启新政的诏书是以明仁宗的名义发布的，仁宗是专制时代的帝王，是代表统治阶级来统治人民的，这一点毫无疑义，但上述诏书的内容却是大力减免百姓的负担，缓解当时的社会矛盾，并且还有许多对百姓生活有利的具体规定。由此可见，专制时代的帝王并非完全代表统治阶级的利益，有时也往往代表被统治阶级的利益，或者说二者的利益具有相对的一致性。

同时，上述诏书及其新政内容也并非完全是仁宗本人的意愿，户部尚书夏原吉等人早在永乐中后期，就曾多次向朱棣提出，减少或取消北征、下西洋等活动，采取措施减轻百姓的沉重负担，缓解国家的超负荷状态。仁宗即位诏书的类似内容，虽然是出自杨士奇的手笔，但来源却是夏原吉等人的一贯主张。仁宗即位前，曾向出狱后的夏原吉咨询即位诏书的内容，因为他长期主管大明帝国的财政，对永乐时期的财政问题是最有发言权的。夏原吉"对以赈饥、省赋役、罢西洋取宝船及云南、交阯采办诸道金银课"，仁宗完全采纳了他的建议（《明史·夏原吉传》）。

仁宗还向刚从北征途中回到北京的杨荣咨询。杨荣则"首条民间不便二十余事"，仁宗也欣然接受，并写进了即位诏书里，向全天下颁布（杨荣《文敏集》附录）。可见仁宗的即位诏书里，集中了朱棣死后几位当朝重臣的意愿，内容主要是拨乱反正，减轻负担。因此可以说，上述诏书更多地反映了永乐后期和洪熙初期上层官僚集团的主张，这一集团在当时的国家事务中发挥了主导作用。

（四）仁宗号召大臣直言，但实际上接受有限

1. 虞谦响应号召直言后，先被降职又复职

与此同时，仁宗又多次号召大臣直言，对政府提出意见和建议，因此许多人也就响应号召，纷纷上奏。其中有个负责司法的大理寺卿叫虞谦，相当于今天的司法部长，就在上朝时当众将对朝政的意见一股脑地讲出来，可能是言辞不太客气，当时就惹得仁宗不满。有些大臣看出了苗头，于是你一言我一语地

数落虞谦。这个说,这样的奏疏应该通过保密渠道,直接送到皇上的屏风前秘密请旨,不应该当众陈述,简直是哗众取宠;那个说,我听说他有个部下杨时习就不同意,事先已经劝他应该密奏,可是虞谦不听。

于是仁宗一怒之下,想都没想就当场下令:将大理寺卿虞谦贬为大理寺少卿,降级使用;而将那个建议密奏的少卿杨时习提升为大理寺卿,等于把两个人的职务颠倒了一下。这个结果让所有的人都感到吃惊,大理寺的一把手就因为公开上疏,被降职降级,成了靠边站的三把手;而原来的三把手,就因为劝了一句而升官升级,转眼当上了一把手。响应皇上公开直言的号召,反而被贬受罚,这样的结果对于即位不久的仁宗的声誉来讲,实在不是什么好事。

过了几天,杨士奇单独晋见仁宗,奏事完毕后还不走。仁宗就问他:"该不是为了虞谦的事吧。"杨士奇回答说:"正是这件事,其实杨时习并没有劝阻虞谦公开上奏,他和我都是江西同乡,他曾亲口告诉我,本来就没说过那样的话,现在等于是冒名占据了一把手的位置,心里非常惭愧不安。"杨士奇先把误传的情况澄清了,然后又说,虞谦这个人历事三朝,地位较高,做事很有大臣的风度,今天这件事不过是个小失误。仁宗听了有些后悔,就问杨士奇:"杨时习这个人怎么样?"

杨士奇就为这个老乡说了句公道话:"这个人虽说是办事员出身,不是经科举当的官,但对法律业务还算精通。"言外之意,一个办事员出身的人,居然能干到司法部副部长的位置,还是较有才干的。仁宗听了这番介绍很高兴:我知道该怎样处理了。

这时正好吏部说安南缺一个按察使,仁宗就说,把虞谦贬官降职是我的错,现在恢复他的大理寺一把手的职务,把杨时习改任为安南的按察使(杨士奇《东里别集》卷二)。应该说,仁宗的处理还是较为得当的,杨时习原来的工作是大理寺少卿,相当于司法部副部长,改任按察使,相当于地方主管司法事务的副省长,平调中级别有提升,实际上也是对他为人朴实的一种奖励。

2. 弋谦直言较为偏激,受到仁宗的变相惩罚

没过几个月,大理寺又冒出一个敢于公开直言的官员。这个人叫弋谦,职

十七 开启新政

务也是少卿,副部长,可能是前几个月接替杨时习的那个人。大概是新官上任三把火,这个弋谦也给仁宗上了一封公开的奏疏,内容比较空泛、偏激,仁宗看了当然很不高兴。这时礼部尚书吕震等人一哄而起,指责弋谦的奏疏是一派胡言,目的是贬低朝廷、抬高自己。曾因为公开直言被降职的大理寺卿虞谦,现在也站出来凑热闹,并且还指责弋谦在永乐朝的一些过失。

杨士奇很怕仁宗一时生气,又像上次一样对虞谦降级降职,造成不好的影响,于是就赶紧劝仁宗不可贸然处分,并说弋谦是因为一心想报答皇上的提拔,所以才直言不讳,只有皇上圣明,大臣才敢于直言,因此恳请皇上宽容他;否则将会使大家都知道弋谦的名声和遭遇,而朝廷也会背上不容直言的骂名(《明史纪事本末·仁宣致治》)。这次仁宗倒是听了杨士奇的劝告,没有处罚弋谦,但心中的怒气总要发泄一下,因此每次见到弋谦总是训斥有加,没个好脸色,后来看他实在不顺眼,于是干脆下令免了他上朝的资格,相当于级别、职务都没动,但不再出席重要的仪式了,还是给了弋谦一个惩罚。

这样一来,谁都知道仁宗对直言的大臣怀恨在心并且总会有所惩罚,因此,别说是公开的直言,就连正常的上书言事也一天比一天少了。仁宗知道自己对弋谦的处理有些不妥,于是又找来了杨士奇说:"不是我讨厌群臣提意见,而是因为弋谦的上书实在是太偏激了,言过其实。这件事固然是我当时有点不容人,但也是因为吕震这帮家伙迎合我,加重了我的错误。现在可倒好,弄得朝臣一个多月没有几封上书,士奇啊,你去跟大臣们讲明白我的这番用意。"杨士奇并没有答应,而是说:"我这样替您向大臣们解释,等于空口无凭,还请皇上您亲自下发一道说明书,盖上宝玺,这样才能让群臣信服。"于是仁宗就让杨士奇在他的屏风前,起草了一篇检讨,大概说明自己处理弋谦的过程和失误,希望群臣不要因此而放弃直言,对于国家利弊和政令不当之处还是要直言不讳。最后还下令,恢复了弋谦上朝的资格。

不久,有人上告前往四川采木的官员贪婪横暴,扰害百姓。仁宗就把弋谦提升为副都御史,命令他前去处理这件事,并且嘱咐他:"你这个人一向是清正刚直,现在你去为我管好这件事,不用怕,放手大胆地干。"同时传令,停止了采木之役(《明通鉴》卷一八)。表面上看,仁宗是提升了弋谦的级别和职务,还给了他一个专门的差事,但实际上却是变相地把他赶出了朝廷。

3. 专制时代的直言是有限度的

从上述几个人的经历可以看出,对于仁宗这样的专制皇帝来讲,直言一般都有几个限度:第一,并非什么事都可以讲,什么意见都可以提,只有皇帝需要的问题可以讲、可以提。如果超过了这个限度,皇帝不但不接受,还可能设法收拾你、惩罚你。在这一点上,朱棣和朱高炽并没有什么本质的差别。对国事提意见没问题,但如果指责皇帝个人的行为,尤其是戳到了皇帝个人的痛处,就会犯忌,皇帝是要报复的。

第二,给皇帝提的意见,有些适合于公开场合讲,有些则可能适于私下里讲。私下讲并非都是打小报告,因为一来许多皇帝都好面子、爱虚荣,不想公开接受一些意见,二来有些事确实是无需经过公开讨论的,只在皇帝与少数大臣的小范围内,即可以商量解决。因此,专制时代的皇帝,几乎总是保留着公开和秘密上奏的两种渠道。其实,通过不公开的渠道密奏一些事,反倒是可以解决一些特殊的问题。那些通过秘密渠道上书的人,几乎没有一个倒霉的,可见仁宗这类皇帝,还是比较乐于接受这种密奏的方式。

第三,有些问题和意见并非什么人都可以讲,而是只有与皇帝关系密切的大臣才可以讲,其他人讲出来,很可能引起皇帝的不满和报复。杨士奇和杨溥曾多次密奏,虽然不能断定他们的意见是否都是批评朝政,但结果都是仁宗欣然接受,并且还赏给二人不少钱财。这就说明同样的事情,有时要由不同的人讲出来,皇帝才乐于接受。可见与皇帝关系不同,上书提意见的结果也不同。杨荣和蹇义等人很少讲或不讲,估计他们很清楚,自己同仁宗的关系不如杨士奇和杨溥那样密切,讲了意见未必合适,因此未讲。

仁宗当政时期,几个响应号召直言说真话的人,虽然下场不同,但其中李时勉最惨,为什么呢?各位请看,仁宗可以接受的三条他都没有,仁宗讨厌的、忌讳的三条李时勉都占上了:讲的内容是仁宗反感的,也不是密奏的,又不是从亲近大臣嘴里说出来的,所以他肯定要倒霉。

总之,专制时代的任何直言和真话都是有限度的,并非任何意见和建议都可以随便提。有些皇帝一时接受直言,可能仅仅是做个样子;稍好一点的皇帝,也不过是迫于形势和需要,接受一部分意见和建议。就连号称最能接受意见的唐太宗李世民,据说也不是每次都能容忍魏徵提意见,曾经多次被气得够呛,有几次甚至对魏徵动了杀心,为什么呢?

因为魏徵最初是太子李建成集团的人,也就是李世民不共戴天的政敌。之所以没杀魏徵并且容忍他提意见,是因为李世民权衡利弊之后认为,像魏徵这样的人不杀比杀掉更有利于自己的统治。因此,专制时代统治者的宽容、大度都是相对的,都是有限度、有条件的。相比之下,仁宗就算不错了。

(五)李时勉直言上奏,让仁宗猝死

洪熙元年(1425)四月,太子朱瞻基奉命居守南京。当时南京地震的次数较多,有人建议派一位亲王前去镇守,但仁宗却说:"镇守南京非皇太子不可。"当时朱瞻基作为皇太子,已开始处理一些政务,但现在父亲突然要调他去南京,使他感到意外和不解。因为按照明朝的制度,皇太子一般情况下不能远离皇帝居守他方,而是要在皇帝的左右辅佐皇帝治理国家。

当年明太祖朱元璋曾派太子朱标临时出巡西安,而从未调他外出居守;后来朱棣派太子监国南京,但南京当时是首都,而朱棣北征回京后仍与太子同理朝政,也未曾调太子外出;迁都北京后,更令太子前来,南京作为陪都,另外派人居守。如今仁宗竟调太子去南京,显然有违祖制。但父亲的命令当然要听,因此他只好含泪前往南京(《明通鉴》卷一八)。

1. 仁宗突然病死,与即位前后的遭遇有关

洪熙元年(1425)五月,仁宗朱高炽突然病死于钦安殿,在位只有大约九个月,还不足一年。钦安殿位于今天故宫博物院的北部,靠近神武门,是当时宫中著名的道教宫殿。据说朱棣认为是北方的真武大帝保佑他成功夺位,为了供奉真武大帝才在皇宫里修建了钦安殿。关于仁宗的死传说颇多,正史大都记载他是病死的,但未记死于何病;其他一些史书则记载,仁宗是被争风吃

醋的嫔妃下错了毒酒而毒死的（吕毖《明朝小史·疑饮条》）；还有传说仁宗是被可怕的雷电劈死的。但无论如何，仁宗之死都与他纵欲过度有关。

从当时的情况看，永乐一朝二十二年，朱高炽从二十六岁至四十七岁，在宝贵的青年、壮年、中年时期，几乎一直处于朱棣的打击与压抑之下，心中充满了痛苦与忧愤，身心都受到了严重的磨难和摧残。朱高炽本来就患有肥胖病，血压肯定高，长期的磨难和摧残很可能加重他的病情，当年朱棣曾经一面让他代替自己监国，一面又给他来个秋后算账，当时就把他吓病了。在这种情况下，强烈的逆反心理，必定会使朱高炽急切地要求反抗和挣脱这种处境。

朱棣去世，朱高炽的囚笼消失了，他立即成为握有至高无上权力的皇帝，自然要利用权力充分尽情地追求享乐、发泄情欲。据当时出使明朝的朝鲜外交人员透露，仁宗即位后，又是不断派宦官到朝鲜，向当地大量索取一种猎鹰，又是在宫中纵酒欢宴，观看各种表演，几乎整天"沉于酒色，听政无时，百官莫知早暮"（《朝鲜李朝实录中的中国史料》），没有固定的时间处理政务。百官当然也就不知道，皇帝早晚什么时候才有空办公。

李时勉像

由此可见，仁宗为了追求享乐，饮食起居毫无规律，身体的病态必然会加重。即位前的极度压抑和即位后的过度放纵，很可能使仁宗素有痼疾的身体受到了进一步的损害，以至于重病身亡。这种情况不仅发生在仁宗身上，明光宗朱常洛也有类似的经历，只是下场比仁宗更惨，即位仅一个月就病死了。而导致仁宗猝死的原因，恐怕和他受刺激动怒有关，那么他是怎样动怒的呢？

2. 李时勉上奏揭短，导致仁宗动怒猝死

仁宗人虽笨拙肥胖，但他在为父皇朱棣守孝期间，仍然要到嫔妃那里去寻欢作乐。尽管传统的禁例有规定，皇帝在一年的守孝期间要禁绝男女之事，但是许多皇帝并不严格遵守，旁人更不可能严加监督，因此这类事在专制时代根本算不了什么。可是偏偏仁宗在守孝期间幸嫔妃之事，被一个叫李时勉的翰林官员知道了，这个人性格古板、耿直，当时太子朱瞻基已被调至南京，仁宗又多次号召大臣直言，于是李时勉便借此事上奏，提了一些行政建议，反对太子调离开北京，还将仁宗守孝期间"不宜近嫔妃"一句顺便带出来。

仁宗可能是做贼心虚，一看李时勉的上奏内容便知其意。他的自尊心和虚荣心很强，深知这种有违君德之事一旦流传出去，对自己的声誉是极为不利的。为了妥善处理此事，仁宗采取不事声张、低调的办法，不在正殿，而是将李时勉召至旁边的便殿，可能是打着官腔责备时勉不该如此，并劝他承认错误。实际上是想让李时勉认个错，服个软，有点"私了"的意思。不料李时勉不但不会见风使舵，反而将君德看得极重，毫无顾忌地将事情抖出来，还劝仁宗知过必改，不可掩饰，弄得仁宗下不来台。于是仁宗暴怒，命令武士抡起金瓜痛打李时勉，当场就将他的肋骨打断了好几根，然后命人将他拖入监狱，这时李时勉几乎已经昏死过去了。

其实仁宗受了二十多年的窝囊气，好不容易当了皇帝，现在就想喘口气，好好享受一下，估计当时其他大臣也能理解，可是李时勉偏偏不答应，非要按照儒家的圣贤标准来要求仁宗。但问题是谁都不是圣贤，仁宗当然更不是了，而是个七情六欲哪样都不少的专制君主，并且刚刚摆脱了受限制、受压抑的外部环境，因此他对李时勉的上书要求肯定会相当反感，情绪暴怒也是完全正常的。仁宗本来还想继续收拾李时勉，但受到这番刺激之后怒气攻心，急速病危，临终前仍然余怒未息，对夏原吉等人说："李时勉廷辱我！"李时勉竟敢在朝廷上污辱我！然后很快就病死了。

那么李时勉的命运又将如何呢？他入狱时伤势很重，原已生望不多。碰巧有个查狱的锦衣卫千户，从前受过时勉的恩典，总想报答，正愁没有机会。此刻相见，急忙细心照料，又秘密召来了医生，用海外一种特效药为时勉治疗。据说这种药可能是郑和几次下西洋时从海外带回来的，时勉得到医生和特效药的救治，居然活了下来。

3. 导致仁宗猝死的罪臣,后来居然被宣宗放了

这里先介绍一下李时勉后来的下场。宣宗朱瞻基即位后,有人将李时勉得罪先帝一事告诉了他。宣宗一听勃然大怒,立即传令:"把他绑来,我要亲自审问他,非杀了他不可!"父亲的猝死肯定和李时勉的激怒有关,必须为父亲报仇。估计宣宗当时越想越气,已不想再看到这个人,于是又派了一个姓王的指挥赶赴狱中,要他将李时勉直接绑赴市曹杀头,不必带来审讯。王指挥立即领命而去。得罪先帝的人必须受到惩治,而先帝的临终遗命同样必须执行,因此在场的人都以为,这次李时勉肯定难逃一死,说不定一会儿就要人头落地。

可是偏偏李时勉命不该绝,又一次躲过了杀身之祸。怎么回事呢?原来从宫廷大殿走到关押李时勉的诏狱有两条路,先头派去的那个人走的是端西旁门,后来派去的王指挥走的是端东旁门,两人正好走岔了路。于是王指挥刚从东门走出去,李时勉被人从西门绑着押上殿来。宣宗老远看见,知道是李时勉,不由得怒骂:"你一个小臣,竟胆敢触犯先帝,你在奏章里讲了些什么,还不快招!"李时勉赶紧下跪叩头说:"臣是说皇上在守孝期间不应该幸嫔妃,也不应将太子调到南京,远离皇上身边。"

李时勉的话有如惊雷,肯定引起了宣宗的共鸣,原来他对这两件事也很敏感。守孝期间亲幸嫔妃,估计在当时不是什么大事;不过将他调离北京、居守南京,不但违反祖制,而且也降低了太子的地位,是否是为了支开他而独自行乐呢?宣宗当时即对父亲的安排感到不解和不满,想不到下面跪着的这个人竟和自己想的一样,这样的忠臣怎能加罪呢?

于是宣宗的怒气全消,立即命人给李时勉松绑,鼓励他说下去。时勉断断续续说了几件事,忽然不说了。宣宗让他说完,时勉说由于紧张恐惧,别的内容记不住了。宣宗听得很有兴致,就问他:"是不是有些话难以说出口呢?你的草疏还有么?"时勉回答:"草疏在上疏时已经烧了。"原来上疏时焚毁草疏,是为臣的惯例。这样做既能保密,又能避免宣扬自己。

宣宗听罢,不觉叹息,你可真是个忠臣啊!他问清李时勉原来的官职,当即为他官复原职,并命人取来官服,当场为他换上。这时那个奉命绑人杀头的王指挥,到诏狱空跑一趟赶回来了,惊奇地发现刚才还是死刑犯的李时勉,现在

十七 开启新政

已经衣冠整齐地站在殿阶上了(《明史·李时勉传》)。

回过头来讲,仁宗临终前派人召回在南京的太子朱瞻基,但是这个消息很快就被身在乐安的朱高煦探听到了,于是他立即派出了一支人马,赶往从南京回北京的必经之路,去截杀回京的大侄朱瞻基。那么,这次截杀是否会成功呢?太子朱瞻基又是怎样应付的呢?

十八　叔侄较量

朱瞻基轻骑回京，躲开二叔的劫杀，顺利即位。汉王朱高煦不服，试探朝廷，准备起兵，宣宗决定亲征。

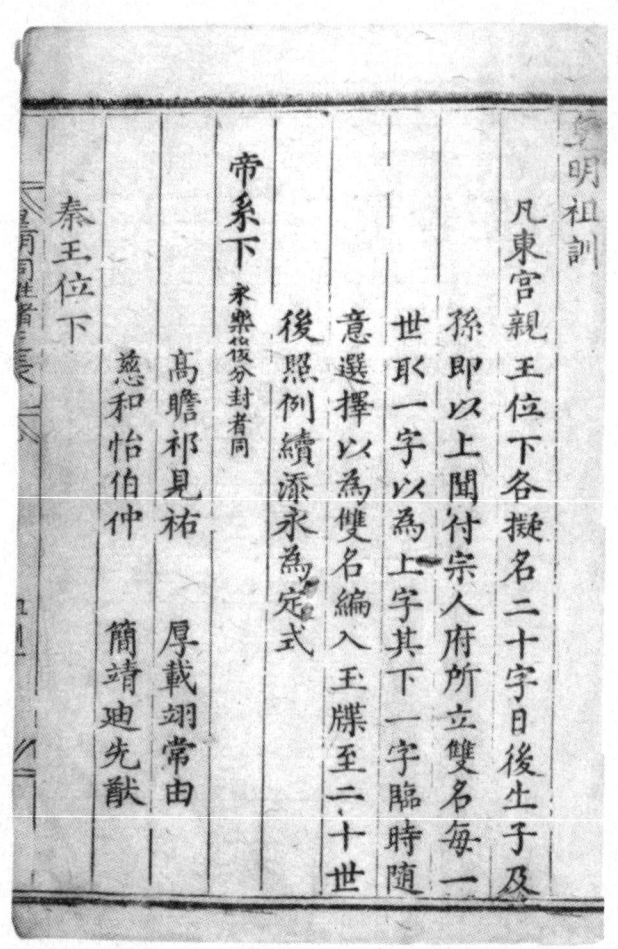

《皇明同姓诸王表》（万历刊本）

仁宗临终前,遗命传位于太子朱瞻基。明廷立即派仁宗的机要人员、宦官海寿赶赴南京,召回几个月前才到南京的太子。当年朱棣在北征途中病死时,就是这个海寿和杨荣一起回京给太子报信的,当时他是朱棣身边的重要宦官,现在又是他奉命去南京召回太子,可见这个宦官地位很高,受到了朱家几代皇帝的特殊信任。

汉王朱高煦在京师中有很多密探,因而很快便得知消息:仁宗去世后,太子朱瞻基正从南京赶来继位,现在是没有皇帝的空位期,于是高煦随即准备派人在中途截杀太子,从此拉开了叔侄二人较量的序幕。朱高煦所在的乐安州在山东的东北部,就是今天山东的惠民,正好位于南、北二京通路的东侧,太子北上回京要经过山东境内,朱高煦如果派人前去截杀,从乐安自东向西到南北两京通路,两伙人的交汇地点大约是在山东的德州,因此截杀起来还算方便。那么朱高煦会成功截杀太子朱瞻基吗?

(一)太子躲过了汉王的截杀,顺利回京

1. 朱高煦准备截杀太子,但是没成功

朱高煦以为势在必成,因而稳坐乐安,只等部下送来朱瞻基的人头。这是朱高煦第一次和大侄朱瞻基斗法较量,不料出师不利,势在必成之事竟然失败了。原来,太子朱瞻基正在南京拜谒太祖的陵墓,接到父亲的消息后,没有一点耽误,当日即率领轻骑,从传驿车道马不停蹄地飞驰回京。朱高煦派出的截杀部队竟晚了一步,没能及时赶上他。按理说高煦是有条件截住太子的,为什么呢?

第一,知道消息早。仁宗病死的消息朱高煦知道得早,太子知道得晚。从当时的记载看,从阴历五月庚辰海寿出发(《明仁宗实录》卷一〇),到六月辛丑太子回京(《明宣宗实录》卷一),前后共二十二天,以一半时间算,海寿到南京至少要用十天。这时南京已有仁宗病死的传言,可见朝廷并未有效地封锁

这一消息,事实上也封锁不住。而乐安距离北京很近,朱高煦在北京又有不少密探,因此,送信的海寿等人还在路上时,朱高煦很可能就已经得到仁宗病死的消息了。

第二,截杀距离近。刚才说过,太子北上回京和高煦派人截杀他的交汇地点是在山东的德州,太子是从传驿车道飞驰回京的,就是当时快速传递信息和公文的小型通道,从南京到德州的驿路距离大约有一千六百里,就算太子等人一天能走三百里,加上休息,至少需要七天。而乐安到德州的直线距离要比南京到德州更近,就驿路而言,大约只有三百里,这个距离是明代驿站马匹一天的路程。因此,如果太子和高煦同时得到消息,同时出发,那么高煦在时间和距离上是占优势的,完全有可能截住太子。

第三,人马数量多。刚才讲过,太子只率领一小队轻骑人马回京。临走之前,有人担心朱高煦会伏兵在半路截杀,所以劝太子应率重兵护卫,但太子不听,估计太子率领的人马数量有限。而朱高煦呢?永乐十五年也就是1417年被遣送到乐安,到洪熙元年也就是1425年,在乐安起码经营了八年,他去的时候就带了一批部队,那么现在要想拉出一支像样的人马,至少在数量上完全超过太子的一小股轻骑,恐怕不是什么难事。

从上述情况看,朱高煦是有条件截住太子的,但为什么没截住呢?我估计可能是朱高煦没想到事情来得这么快,没有来得及充分准备,谋划不足,犹豫不决,因而没有立即行动,贻误了战机。可以想象,在接到仁宗病死的消息后,就算朱高煦很快确定了截杀太子的方案,但具体需要多少人马,怎样动手,在哪儿设点埋伏等等,也必须准备一番,因此肯定要耽误几天,不可能是当天就出发。并且太子的具体行踪,比如走哪条道,什么时候走到哪儿,朱高煦这些人未必都能掌握,这样更会影响截杀方案的落实。

2. 太子轻骑快速回京,躲开了二叔的截杀

相反太子在接到凶信的当天就出发了。临走之前,有人担心朱高煦伏兵截杀,劝太子率重兵护卫而行,或是从小道走。但朱瞻基却毫不畏惧,胸有成竹地说,"君父在上,天下归心",不必多虑。再说别人也不会料到我刚到南京

又很快返回北京,况且"父皇有令,岂可稍违"!毅然率队出发,并且是轻骑"驿道驰还",就是带着一支轻骑部队快速回京。

太子是个极为精敏之人,平时即常备不懈,加上跟随皇祖朱棣历练多年,行动起来机敏迅速,因而甩开了朱高煦的截杀,直奔北京。相比之下,朱高煦开始虽然占有一定的优势,知道消息早,距离又近,人马也多,但终因行动迟缓,丧失了优势,截杀计划流产了。

从后来的情况看,太子朱瞻基快速回京之举是非常明智的。当时北京是首都,南京只是陪都,如果太子被朱高煦堵在半路,局面就不好控制了,就会陷入被动。因此太子快速回京,说明他对局势有着清醒的认识。从南京出发时,太子曾对部下说,别人不会料到我是这么快就返回北京的,可见他估计到了二叔可能会在中途下手,警惕性很高,因此一点儿都没犹豫,没耽误,当天即动身,因而躲开了截杀。从叔侄二人这段较量来看,双方虽然都有各自的套路,但太子还是技高一筹,没让二叔得逞。

仁宗病死时的情况同当年朱棣的情况不全一样。朱棣是病死在北征途中,随行人员严密封锁消息,同时火速传信给太子。前边讲过,即使是身在乐安的朱高煦及时得到了消息,甚至立即动手夺位,恐怕也会陷入太子和北征大军的夹击之中,成功的可能性极小,因此太子虽然没有随军北征,但自身还是安全的。而仁宗在北京病死时,太子在南京,北京朝廷并没有严密封锁这一消息,事实上也封锁不住,因而很快为朱高煦得知,才有机会截杀太子,可见当时太子不在北京,不在皇帝身边,处境就相当危险。好在太子应付得当,走得快,躲过了二叔的半路截杀。

3. 况钟赴南京迎接太子,两人有点患难交情

回过头来说,按照有关制度规定,皇太子回京,礼部还必须派遣一位官员前往南京迎驾。但礼部的许多官员都不敢担此使命,因为他们知道,身在乐安的朱高煦早已广布密探、磨刀霍霍准备谋反,这个时候由北京出使南京,必定凶多吉少,说不定就会途中丧命。但朝廷总得有人出使才行,礼部尚书吕震没办法,只好指名令仪制司主事况钟担此重任。况钟从人群中挺身而出,豪迈地

说:"这件事本来就是非我去不可!"

况钟像

于是他身乘驿站之马,一路上换马不换人,向南京飞驰几昼夜,迎接皇太子朱瞻基北上赴京。仪制司是礼部掌管仪式颁布、科举教育的部门,主事况钟才是个六品的小官,上面还有郎中和员外郎,但吕震却指名让况钟前去迎接太子,可见况钟平时是个比较有担当、有胆识的官员。

这个况钟大家也很熟悉,就是后来当了苏州知府、在江南一带影响不小的况钟,今天的一些传统戏剧里也提到他。况钟后来能在苏州知府的位置上坐得很稳,级别也一再升高,同他当年冒险前去迎接太子的经历有关。据说况钟对太子非常恭谨,几乎一直是步行推扶着太子的辇车,太子看他不辞辛劳,于是下令让他骑马随行(《国朝献征录·吴中故语》)。每到一处,况钟总是安排好一切,然后再恭请太子走下辇车,接待工作做得令太子非常满意,因此深得太子的赏识和器重,并且二人还有那么一点患难之交的情谊,所以他后来才能官运亨通,一升再升。

(二)太后主持政务,度过了一个月的空位期

1. 空位期奉太后之命,夏原吉秘密辅佐亲王监国

太子朱瞻基一行人马来到了卢沟桥,明廷已派人在那里摆好了香案,搭上了帐幕,布置好了悼念先帝的场地。太子在那里接到了父皇的遗诏,十分悲痛,怎么也想不到自己一去南京,竟与父亲永别了。到了北京后,左右侍从搀扶着痛哭的太子来到宫中,拜见了母后和一帮兄弟(《明宣宗实录》卷一)。在众臣

和兄弟的帮助下,太子开始处理父皇的丧事和日常政务。

这里还有一个插曲,据说太子到了北京以后,迎接他的大臣中竟然没有夏原吉,这让他感到有些意外和失望。为什么呢?因为早年夏原吉曾多次陪同他往来于南北两京,并辅佐他处理北京的政务,当然也是朱棣有意让夏原吉培养朱瞻基,因此一老一小二人结下了很深的友谊,配合起来也比较默契。这次太子回京这么重要的场合,夏原吉居然不来迎接,太子很纳闷,就问另一些老臣蹇义等人,夏原吉在哪儿?结果谁也不知道,太子难免有些不快。

随后他按照惯例先去拜见了母亲张太后,可能顺便谈起了夏原吉不在之事。母亲告诉他,是我让夏原吉在宫中辅佐几个亲王的,这个关键时刻,只有老臣夏原吉和我这几个儿子最靠得住。太子这才明白了夏原吉没来迎接他的原因,原来是母亲认为夏原吉是太子朱瞻基的重要辅臣,于是暗中密令夏原吉留下来辅佐另一位亲王暂时主持政务。太子不禁对母亲非常佩服,他后来还特意对原吉说,"朕以卿非他人可比"(夏原吉《忠靖集》附录),因而对原吉更加敬重。

当时的情况是,京城里传言汉王朱高煦早就在乐安磨刀霍霍,准备夺位,而太子在途中音信全无。当时根本没有电话和电报,谁知道会发生什么事呢?太子未到北京之前,许多老臣对当时的局势充满了忧虑,尤其是曾经多年辅佐仁宗监国的那些老臣,更是忧心忡忡。其中黄淮的身体本来就有病,加上整天担忧,最后竟吐了血(《明史·黄淮传》)。

从洪熙元年(1425)五月仁宗去世,到六月太子回京即位的一个月中,北京实际上处于一个没有皇帝的空位期。这一时期由仁宗的张皇后主持政务,她让宣宗的兄弟、襄王朱瞻墡作为代理皇帝临时监国,同时密令老臣夏原吉辅佐他,实际上,夏原吉已成为最高掌权者之一,并且这件事从未公开,以至于太子回京时,蹇义等人竟然不知道夏原吉在哪儿。

张皇后、襄王、夏原吉等极少数人,组成了临时最高权力机构,负责空位期的一切政务,从中可见张皇后在空位期发挥了非常重要的作用,她是当时皇族中的长辈,虽然她让襄王朱瞻墡临时监国,但实际上张皇后才是空位期决策机构的核心人物。而夏原吉作为先朝老臣,又是深得朱家皇族信任的特殊人物,在这方面,其他几位老臣都不如他具有优势,为什么呢?

各位请看,当时杨士奇只是洪熙时期的后起之秀,在朝中的地位、威望尤其是同朱瞻基的关系都不如夏原吉;蹇义为人忠谨,谋略有余,但决策才干不足;杨荣的才干虽高,但他同朱高炽、朱瞻基父子的关系不如夏原吉,与同僚的关系也不太好,因此,空位期最高决策集团的外朝成员,非夏原吉莫属。

2. 太子受到保护安全回京,解除戒严

为了保证太子的安全,张皇后等人还派出了高级宦官刘顺,率领一支皇家精锐骑兵部队,在固城一带(今保定市东北部)接应太子(《北京图书馆藏中国历代石刻拓本汇编》第51册)。顺便说一下,这个刘顺是多年跟随朱棣北征的亲信宦官,很能打仗。当年丘福率领十万大军北征时,他也在场,其他将领被俘的被俘,被杀的被杀,而刘顺仗着自己勇猛强健,居然率领一支部队硬是从敌人的重围中冲了出来。

张太后像

因此,这次张皇后派他前来接应儿子朱瞻基,既说明这个人深受朱家的信任,在宦官中的地位很高,同时也说明朱棣早年起兵夺位以及后来多次北征,培养和锻炼出了一批能征善战的宦官将领,其中也包括郑和,实际上他是下西洋的舰队统帅,因为远航舰队的主力是军人。当时不仅有刘顺,夏原吉等人也估计到朱高煦可能会采取行动,于是派人赶到北京附近的良乡迎候太子。这样使朱高煦更找不到下手的机会了,为此他恨透了夏原吉。

当时京城内外的气氛十分紧张，人们普遍认为朱高煦很可能乘机举兵夺位，大街小巷，飞短流长，弄得人心惶惶。守卫部队严阵以待，京师戒严。太子朱瞻基回到北京以后，人心才开始安定下来，但戒严仍未解除。于是太子对军界重臣英国公张辅等人说：安葬父皇还有一段时间，眼下天气炎热，长期戒严，将士劳苦，戒严部队全部撤掉。张辅却对局势放心不下，仍然担心京师会受到威胁，他委婉地说："殿下您还未继承皇位，军卫不能撤掉。"

太子却不以为然地说："皇位可不是只靠动脑筋、玩心眼就能到手的，况且那是祖宗明确传给我的，我看谁敢有夺位的邪念！"于是下令解除了戒严。这一举动不仅感动和激励了京师将士，也给太子自己树立了一个英勇无畏的形象。本来将士们戒严，就是担心二十七岁的皇太子是否能应付朝中的危局，现在看到这位青年太子成竹在胸，可能会肃然起敬。

（三）叔侄二人的和平较量

1. 后发制人，叔侄玩起了太极拳

朱高煦与太子的决斗是不可避免的，只是时间早晚的问题，太子对此一直有着清醒的认识。事实上，朱高煦派人在回京途中劫杀他，双方就已经拉开了决斗的帷幕，但太子并不急于迎击，看来是想后发制人。那么太子安全回到北京后，朱高煦会有什么反应呢？他劫杀太子未成，心中不免有些慌乱，深知这个侄子不那么好对付，于是一面加紧军事上的谋反准备，一面设法试探太子，以便寻找下手的机会。

太子朱瞻基十分从容，他和父亲几乎与朱高煦明争暗斗了二十多年，对高煦更是了如指掌。朱瞻基打定了后发制人的主意，二叔高煦不先动手，他也决不采取措施；同时，他从各方面对高煦给予优待，让高煦找不到任何借口谋反夺位。即位之后，宣宗朱瞻基赐予汉、赵二王的优厚封赏，已经远高于其他王府。

本来洪熙帝在位时，就将两个兄弟的禄米从一万石加至三万石，并给予大量赏赐，这已经算是相当优厚的封赏了。而宣宗对二位叔叔的封赏居然比他父亲还要丰厚，在赏赐各位亲王的基础上，又额外加赐汉、赵二王黄金各五百

两(《弇山堂别集》卷六七),这在当时可是一笔相当可观的数目。因此,宣宗的慷慨赏赐实在是让两位叔叔发不出什么怨言来。

但朱高煦为了探查朝中的动静,仍然不时提出一些请求。他还上了一份奏疏,陈述了四件有关国计民生之事,借以试探宣宗这位新天子的见识和态度。宣宗一见便知高煦的用意,便批令有关部门,将高煦陈述之事付诸实施,还特意回信向二叔致谢。叔侄二人你来我往,似乎玩起了和平太极拳。

2. 宣宗先做舆论准备,汉王趁机试探朝廷

宣宗还与群臣谈起当年朱棣处理朱高煦的往事,颇为恳切地说:"皇祖从前曾对父亲和我说过,二叔怀有夺位之心,应该注意防备。但是父亲待他极为宽厚。现在从汉王所上的奏疏来看,如果真是出于诚意,便是已经改过从善,不能不顺从他。"(《明史纪事本末·高煦之叛》)因而每当朱高煦有所请求,宣宗都设法给予满足。

宣宗对群臣说的这番话其实是大有深意的,为什么呢?宣宗其实是在借祖父之口宣布高煦有夺位之心,将来无事便罢,一旦高煦有个风吹草动,宣宗采取行动便是师出有据、名正言顺了。同时也暗示高煦,只要他能改过从善,朝廷便始终会优待他,这也是继承了仁宗厚待兄弟的政策。看来宣宗不愧是朱棣调教出来的得意门生,先从舆论上做了准备。

宣德元年(1426)正月,朱高煦派人向宣宗进献元宵灯,以表示对新天子的祝贺。宣宗照例复书致谢,并请求二叔逢年过节只要赐言教诲即可,不必烦劳献灯了。为了表达自己的诚意,可能也是为了掩饰侦

白石"天子"玺

察朝中动静的本意,朱高煦常常派出颇具规模的亲王使团,较为隆重地向朝廷献上各类花灯。宣宗对待二叔也很慷慨,有时朝廷赏给汉府献灯官军的钱钞和高级服饰,一次就高达三百六十九人(《明宣宗实录》卷一三),这在朝廷与藩王的关系史上是很少见的。二叔你那边来的人多、献的灯多,朝廷我这边赏的钱就多,给的高级衣料也多,双方"作秀"都很到位。

朝中有人看透了朱高煦派人来是以献灯为由,目的是窥探朝廷的动静,劝宣宗加以防备。宣宗不以为然地说,"我对二叔只有推诚相待"(《明史纪事本末·高煦之叛》),对臣下的劝告和来自汉府贼眉鼠眼的密探使者,只当不闻不见。宣宗的这一手倒把朱高煦迷惑住了,他见宣宗对自己的请求无不批准,自己居然成为青年皇帝颇为敬重之人,不禁有些忘乎所以了。

他得寸进尺地向宣宗要骆驼,宣宗立即派人送来四十匹骆驼;要马,又给他一百二十匹马;还要袍服,宣宗就派人带了袍服给他。这下更使朱高煦胆壮起来,他甚至以为,这位新皇帝毕竟是年轻手嫩,并不像他从前想象的那样机敏可怕。他可能是将宣宗的欲擒故纵当成了软弱可欺,于是更加肆无忌惮地准备夺位。

(四)汉王准备起兵,宣宗欲擒故纵

1. 汉王组建军队和筹备军资,准备起兵

宣德元年(1426)八月,朱高煦的护卫部队四出劫掠,乐安及周围百姓惊惧动乱,四下逃避。出使乐安的使者向宣宗报告说,汉王已经谋反了,乐安附近已经乱作一团。宣宗听罢,故作惊讶地说,"朝廷待他可算无微不至,照理说他不应该这么快就谋反啊"(《明宣宗实录》卷二〇)!不久,许多军民百姓陆续从乐安附近逃来,纷纷讲述了乐安的情况。前往乐安送驼送马的使者,也被吓得从半路逃回北京。宣宗也真沉得住气,对此仍然表现出半信半疑:"高煦果真谋反了吗?"

原来朱高煦在到达乐安的几年之中,与护卫军指挥和乐安知州朱恒等人,长期谋划起兵之事,有时竟夜以继日,通宵达旦。他们组织人力制造兵器、火器;将乐安的民众丁壮登记造册,编为行伍;砸开州县监狱,放出里面的死囚罪犯,给这些人以优厚的生活待遇,训练他们习武打仗;召集附近州县的无赖强壮子弟和逃亡流窜人员,发给每人一笔钱,将这些人编入军队,颁发旗帜,习武练兵;派人将兵器发给附近的卫所,作为起兵的信物;将乐安周围的官民畜马全部抢光,并且积攒了许多军用物资;朱高煦还联络了握有山东一省兵权的都指挥靳荣,在济南府起兵接应,附近也有许多部门表示愿意归附汉王高煦。

实际上这些人未必会完全真心归附高煦,很大程度上是在观望,表面同意归附也不过是一时的敷衍。为什么呢?因为朱高煦毕竟是当今皇帝的亲叔叔,"下天子一等"的亲王,同时也是战功显赫的"靖难"名将,是否能像当年朱棣一样夺位成功,这时谁也说不准。所以这些人为了保险起见,只好脚踩两只船,朝廷和朱高煦哪一方谁也不得罪。其实二十多年前朱棣起兵夺位时,就有一些州县和地方军队采取观望态度,对前来要求结盟的朱棣说,还是等你进了南京再说吧。这样的态度,交战哪一方的胜败都对他们影响不大。现在乐安附近也是这样,这些人的做法其实是一种很现实的选择。

至此,朱高煦组建军队和筹备军资的工作已大体完成,尽管整个过程有些杂乱无章,但他毕竟拼凑了一支为数可观、可以调动的部队。接着,朱高煦将部队分为五队,设立五军都督府,让几个儿子各监一军,自己则监领中军,其中世子朱瞻垣居守乐安。部署完毕,朱高煦又授予王斌、朱煊等人太师、都督之职,这种建制完全是仿照当时朝廷的做法。为什么要这样做呢?因为这是朱高煦向外界表明,自己一方是与朝廷分庭抗礼的独立政权,明显有点"另立中央"的意思。他们的战略计划是首先攻取济南,然后进军北京。

2. 汉王联络朝中武将,名将张辅根本不买账

与此同时,朱高煦还派人至北京,与那些当年"靖难"之役中同他共过事的武将进行联络,争取他们作为内应。高煦自负勇武,为人狂傲,绝大部分"靖难"老将他都不放在眼里,但是对于几次率军平定安南的名将张辅,倒是不敢小看,况且张辅掌管北京的中军都督府,是个手握军权的重要人物。

于是朱高煦派亲信枚青潜至张辅家中,企图说服张辅帮他夺位。不料张辅根本不听枚青的劝说,当场将他拿下,并且连夜派人押送枚青向朝廷报告(《明史纪事本末·高煦之叛》),可见张辅从一开始就坚定站在宣宗一边。当然张辅这样做,也是为了避免受到不必要的怀疑。但是高煦的说客与其他武臣联络的情况却无人知晓,看来宣宗对高煦的迁就态度和高煦咄咄逼人的气势,很可能使一些朝臣暂时采取了观望态度。不错,这场叔侄之间争夺皇位的斗争不仅未见分晓,而且一开始似乎是朱高煦占了上风。

宣宗亲自审问了张辅押来的枚青,得知乐安城里朱高煦的部署情况。这时山东三司和所属州县都陆续上奏高煦的谋反情况,希望朝廷能早做安排。身在乐安的监察御史李浚弃家改名,抄近道赶赴京师,详细汇报了汉王朱高煦的谋反情况。宣宗立即提升李浚为行在都察院的左佥都御史(《明宣宗实录》卷二〇),职务和级别都连升三级,算是对他及时报信的奖励。朱高煦发觉后连忙派人追捕李浚,来人未追上,还报高煦,气得高煦将此人大卸八块,残酷杀掉(《罪惟录·汉王高煦》)。

3. 宣宗修书二叔,措辞软中带硬

这时朱高煦的谋反活动已大白于天下了,宣宗这才下令军队做好准备,但他仍然不想立即出兵征讨高煦,而是坚持要把欲擒故纵、后发制人这出戏唱到底。朱高煦夺位心切,激情外露,热血沸腾;相比之下,宣宗则显得冷静从容,不动声色。他心中明白,尽管高煦已举兵谋反,但目前只是在乐安原地踏步,并未进攻周边城池,也未发表反叛朝廷的公开宣言。因此,目前还没到出兵平叛的最佳时机。待高煦有了进一步明显的谋反行动后,再出兵也不为迟。可能是出于这种考虑,宣宗修书一封,派人送给二叔高煦。

这封信用白话翻译过来,大致是这样的:听说叔叔您有责备朝廷过错的举动,我的确不相信。但是考虑到这是小人离间我们叔侄的关系,因而不得不向您通报。现在父皇的至亲只有二位叔叔了,我所依赖的人也只有你们。即位以来,天地神明鉴临在上,我的言行哪有一丝一毫违背叔叔的心愿呢?但是无耻小人居然无中生有,造谣惑众,挑拨离间,弄得我现在不得不向叔叔您表明

明宣宗御用黑漆管笔

心迹,以揭露造谣者的虚妄。

况且我考虑到军民之中流言四起、惊疑不定,可能会另有小人乘机作乱,这也是不得不加以提防的,请叔叔您明鉴。昔日皇祖去世之时,也有小人造谣生事,企图离间我们。只是全仗父皇和叔叔您兄弟至亲,同心同德,彼此不疑,小人的奸计才未能得逞。现在这些家伙又想离间我们叔侄二人,如果叔叔您能够明察此事,那真是国家的福分,也是宗室的福分(《明宣宗实录》卷二〇)。

各位看到了吧,这封信很有水平,满纸的外交辞令,明明是二叔要起兵夺位,却偏说是小人造谣,挑拨离间,并且话说得十分客气,十分委婉,但却句句占理,软中带硬。估计是翰林院的那些笔杆子根据宣宗的意思合作起草的。宣宗明知二叔不可能接受他的这番诚意,但为什么偏要这么写呢?除了表达晚辈应有的礼节之外,一个重要的目的就是宣宗要将自己宽容、忍让的情意发挥尽致,以便从道义上和舆论上,激起人们对他的支持和对高煦的公愤。相比之下,朱高煦实在不是大侄宣宗的对手。

(五)汉王起兵声势不小

1. 汉王模仿朱棣当年"靖难"起兵的做法

这边宣宗的信使刚走,朱高煦的信使便到了北京。他在信中指责仁宗不该违反先帝的旧制,颁给文臣诰敕和封赠;指责宣宗不该修理南巡席殿,并将此事归罪于朝廷;还指斥朝中几位大臣为奸臣,为首人物便是夏原吉,要求朝廷交出这些人杀掉。同时又将内容相同的信件分送朝中公侯大臣,痛骂当时的朝政,并扬言已分兵把守交通要道,防止奸臣逃跑。

朱高煦采用父亲朱棣当年的老办法，也在侄儿刚即位时起兵夺位，因此表面局势大体相同；但二人的对手却大不一样，朱棣的对手是文弱无能的建文帝朱允炆，而朱高煦的对手却是文武双全的宣宗朱瞻基。宣宗看罢高煦的来信说：闹了半天汉王就想拿这点事当成起兵的借口啊！言外之意，这点事也能当借口吗？明显地流露出轻蔑的口气。

　　宣宗这么讲是有道理的，当年朱棣起兵的借口虽然有些讲歪理，但毕竟还算理直气壮，并且抓住了朱元璋的祖训作为依据；而朱高煦的借口几乎不成立，明眼人一看便知，朱高煦的这一套做法，不过是对朱棣当年"靖难"起兵的拙劣模仿，理由牵强，令人发笑。于是宣宗一边把来信交给群臣传阅，一边叹着气说：高煦的叛逆行为，天地祖宗都看见了。这实在是我大明帝国的不幸啊！哪能这样下去呢。他下令兵部将朱高煦的反状张榜传示中外。

2. 宦官和锦衣卫人员出使乐安，但态度不同

　　话分两头，朱高煦对待宣宗的信使则是另一番景象。朝廷送信的宦官侯泰到达乐安后，高煦整兵列队"欢迎"他，却不向宣宗的敕令行礼，以此来表示不承认宣宗是皇帝，他自己也不是宣宗的臣民。看完宣宗的来信，高煦问侯泰：朝廷知道我举兵吗？侯泰回答：朝中尽管有许多人提到此事，但皇上以为殿下您是至亲，根本不信。高煦又说：你是旧人，应该知道我举兵的原因。侯泰不敢说实话，只好说不知道（《明宣宗实录》卷二〇）。

　　高煦咬牙切齿地说：我有什么地方对不起朝廷！靖难夺位之役，要不是我拼死作战，燕军的下场还不知道会是什么样子。太宗皇帝听信谗言，削夺了我的护卫，把我迁到乐安（《明史纪事本末·高煦之叛》）；"仁宗皇帝不复我护卫，不与大城池"，还让我屈居乐安这个小地方，就会拿点钱财来堵我的嘴；现在皇上又张口闭口谈什么祖宗旧制，我怎么能在这小小的乐安窝囊一辈子呢（《明宣宗实录》卷二〇）？

　　然后高煦指着眼前一大片排列严整的军马兵器，厉声对侯泰说："你到各营去看看我汉王的军队，难道就不能横行天下吗？你赶快回去告诉皇上，把奸臣给我绑来，然后再慢慢考虑我的条件。"吓得侯泰连说"是，是"。这时旁边

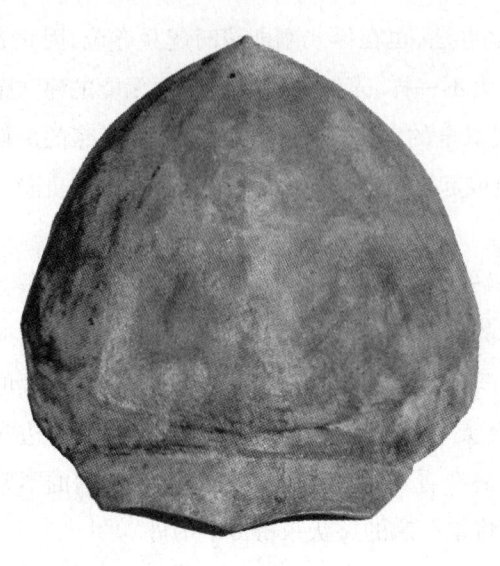

明军铁头盔

有人讨好地说:听说朝廷派来送驼马送袍服的人,半路上就给吓跑了。朱高煦不禁哈哈大笑,得意地说,我就知道他们都是胆小鬼,现在朝中的那些人肯定都吓破胆了。看来侯泰的恐惧加谨慎态度以及部下的讨好之举,已经使朱高煦更加得意忘形了。

侯泰狼狈地逃回北京,宣宗问他高煦说了些什么?你看到乐安的军备如何?侯泰竟一问三不知。聪明的宣宗立刻明白了侯泰的心理,回头对左右侍从说:"看来侯泰这小子是怀有二心啊!"不久,与侯泰同去乐安的锦衣卫军官详细讲述了出使的见闻,宣宗发怒说道:"办完了事一定要收拾侯泰,不能饶了他!"(《明史纪事本末·高煦之叛》)

这里有个问题,奉命出使的宦官和锦衣卫人员,在整个活动中各自的态度、作用不一样。皇帝问情况,宦官侯泰什么都不说;锦衣卫军官不仅讲了朱高煦的情况,同时也汇报了侯泰的表现,为什么两人会有这种差别呢?简单地讲,两人属于不同的系统,宦官来自宫中的服务机构,是皇帝的家奴,有权也是皇帝给的;而锦衣卫是皇帝的警卫部队,是亲兵卫中的一卫,是皇帝直辖的武装力量,其职责就包括为皇帝控制、防范宦官,只要锦衣卫归皇帝控制,就可以防止宦官造反、违规,因此宣宗派锦衣卫的人与宦官一同出使乐安,实际上也是让他来监视宦官,看来这个目的达到了。

3. 平叛会议讨论的结果:宣宗决定亲征

回过头来再看宣宗的处理,他从侯泰的表现中敏锐地觉察到,有人对朱高煦持观望态度,在等待事情进一步发展、分出高下,然后再决定自己的立场。这是个危险的苗头,弄不好便会削弱自己的力量,而使高煦得势,因此必须迅速采取行动,平定高煦的反叛。

宣宗随即与人商议,准备派遣能征惯战的阳武侯薛禄率兵平叛。不料,这位名将接到命令后居然脸色大变,甚至流泪。他为什么会这样呢?我估计当年薛禄曾在"靖难"之役中与高煦并肩作战,二人可能有同生共死的患难交情,加上高煦勇猛凶悍、战功显赫,在军界素有威名,因而薛禄受命与他交战,内心极其为难与胆怯并不奇怪。其实不仅是薛禄,那些当年同朱高煦并肩作战的部分将领,现在都不免有些首鼠两端,持观望态度。

宣宗派薛禄平叛一事,在朝臣中引起了争议。宣宗连夜召集军政要员,商议平叛之事。大家坐定之后,为人恭谨的夏原吉首先起身脱帽,向宣宗请罪:"小臣不才,激变宗藩亲王,有罪该死。"宣宗立即安慰夏原吉:"你有什么错?高煦不过是拿你当个起兵的借口,是福是祸朕与你一起分担。"原吉这才重新落座。

紧接着杨荣发话了:"不能派薛禄率兵平叛,皇上您难道忘记了当年李景隆的教训吗?眼下对付高煦这帮人,非得皇上您御驾亲征不可!他们以为陛下您是刚即位,肯定不可能率军亲征;如果陛下能出其不意,御驾亲征,这些人肯定会被吓破了胆,打败他们就没问题了。"(《明史·杨荣传》)

杨荣的话引起了宣宗的震动,原来二十多年前,宣宗的祖父燕王朱棣起兵夺位,当时的建文帝派功臣之后李景隆率领大军出击燕军,结果被燕军杀得惨败,建文帝也最终失掉了皇位。这段往事宣宗当然记得,但是杨荣劝他亲征,宣宗可能有些犹豫,他转而征求夏原吉的意见。

原吉说道:要接受以往的教训,不能重蹈覆辙。我昨天看见薛禄受命之后变了脸色,还流了眼泪,就知道这个人是惧怕高煦,不足以任事。现在是兵贵神速,加上师出有名,皇上您应该亲率精锐出征,一鼓作气平定叛乱。这就是所谓先声夺人,如果选派其他将领出征,恐怕不一定成功。杨荣说得对(《明史纪事本末·高煦之叛》)。听罢夏原吉的分析和劝告,宣宗消除了心中的疑虑,可能还有一种高贵的使命感油然而生,于是他决定亲征高煦。

实际上,宣宗已经从当时情况里看出了一些不利因素,尤其是朱高煦联络旧人的做法,除了张辅之外,其他将领并未明确表态,显然是在观望,这里就可能隐含一种不分胜负的前兆。如果派别人去打朱高煦,很可能被他的地位和气势所慑服,未必能取胜。因此,出征的武装力量必须由最高权威来驾驭和统帅。加上老臣,尤其是夏原吉的分析和鼓励,宣宗这才下决心亲征,事实也证明这一决定是正确的。他随即召来了英国公张辅,向他传达了自己的决定,不料张辅却反对宣宗亲征,那么宣宗将会怎样处理这件事呢?朱高煦的命运又会如何呢?

十九　宣宗亲征

　　宣宗亲征，兵围乐安，兵不血刃地逼迫汉王出城投降，最后杀了二叔全家。

明宣宗像

（一）宣宗出兵亲征，汉王举棋不定

仁宗死后，太子从南京赶回北京即位，朱高煦派人在半路劫杀未成。宣宗即位后采取后发制人的策略，使朱高煦找不到借口，只好公开宣布起兵"靖难"。这时，朝中已经有人采取观望的态度，于是宣宗决定亲自出马，平定叛乱。他随即向张辅传达了自己的决定，可是张辅觉得皇帝亲征，未免有点小题大做了。

1. 宣宗做了亲征的部署和准备

张辅不仅曾多次跟随朱棣北征，还几次率领十几万大军出征安南，平定了当地几十万军队的反抗，他的军事才能和战功远高于薛禄，因此根本不把朱高煦放在眼里。他对宣宗说："朱高煦这个人只是空有夺位之心，外表上看好像是凶猛强悍，但实际上内心恐惧，也没什么谋略，他那里没有几个多谋善战之人，军队也没什么战斗力，请皇上给我两万人马，我保证为您活捉高煦，用不着皇上您亲自出马。"

宣宗尽管赞赏张辅的胆气和忠诚，但心里另有打算，他对张辅说："我知道派你出征足可以制伏高煦，但是考虑到我这个皇帝即位不久，脚跟还没站稳，有人可能会对我怀有二心，我必须以实际行动慑服这些人才行，因此我决定亲征。"（《明史纪事本末·高煦之叛》）事实证明，杨荣、夏原吉等人的担心并非多余，宣宗出征前，一些将领对他是否有把握取胜，就已经产生了怀疑，因此不免首鼠两端，有人甚至传言朱高煦机变不测，用兵如神。可见"靖难"之役中朱高煦英勇善战的威名，在二十多年后的军中仍有较大的影响。

为迅速平叛，宣宗做了必要的部署：

（1）告诫诸将加强守备，并下令全城缉拿高煦的奸细。

（2）召还了镇守大同的武安侯郑亨等将领，以备调遣。

（3）派人协助陈瑄镇守淮安，严防叛军南逃。

（4）下令司法部门赦免了一大批有罪的军徒，让他们从征高煦。各位请看，两边都释放囚犯来补充军队，不同的是朱高煦那边是砸开监狱释放所有的囚犯，还把亡命之徒、流窜人员都网罗进来，可见他是需要这批人，原来的护卫只剩一支了，因此必须大量补充军员；可是宣宗这边有十几万军队，不需要那么多人，因此仅仅释放了监狱里有战斗力的军人从征。

（5）仍然任命阳武侯薛禄为先锋，与宦官将领刘顺率兵两万，作为先头部队直抵乐安，宣宗自己亲率大军随后出发（《明宣宗实录》卷二〇）。

2. 行军途中，宣宗对局势发表高见

宣德元年（1426）阴历八月十日这一天，宣宗按照亲征的仪式，将朱高煦的谋反罪行奉告天地、宗庙、社稷诸神，然后亲率大军，浩浩荡荡地出了北京向乐安进发。这是宣宗即位以来采取的最大规模的军事行动，十几万将士随从东征，阵容极为庞大。除了步兵和骑兵之外，可能还有皇帝的仪仗队和护卫部队、火器铳炮部队；军中的各种旗帜和花样繁多的皇家旗帜混杂在一起；刀、枪、戟、矛、剑、斧、锤、钩，长短轻重各种兵器也随同官兵们一起行进，大军所过之处，庄稼全被践踏一空。

一路之上，宣宗时而传令督饷人员提防敌人的埋伏，时而告诫将领们要爱护士卒，并派相当于通信兵的五百哨骑给先锋薛禄，以便有事联系。这一切都展示了宣宗早年跟随祖父北征时所练就的军事才干。

行军途中，宣宗在马背上不停与侍臣谈论朱高煦。他说：汉高帝刘邦当初封吴王刘濞时，说他面有反相，后来到了汉景帝时，刘濞果然谋反了；永乐中期，皇祖说过高煦有夺位的野心，不宜安置在大的封国中，因此才将他迁至乐安，现在高煦果然谋反了，皇祖和刘邦为什么都预料得如此准确呢？

不过，当年汉景帝杀了吴王的太子，又推行了晁错削夺藩国的政策，所以刘濞才起兵谋反。如今我待诸位亲王都不薄，至于汉王朱高煦，因为他是父皇的至亲兄弟，所以我尤其厚待他，可他为什么还要谋反呢？难道宣宗真的不知道其中的原因吗？聪明的侍臣可能猜透了宣宗的用意，赶紧回答："高煦谋反之心蓄谋已久，并非皇上的大恩大德所能感化。"（《明宣宗实录》卷二〇）宣宗要

听的大概正是这句话。

接着宣宗问侍臣,如今朱高煦将如何行事。侍臣们七嘴八舌地发表意见,有人说,乐安城小,高煦肯定会先攻取济南作为巢穴;有人说,高煦早年不肯离开南京,如今一定会引兵南下,首先攻取南京。宣宗却说:"依我看都不一定,济南虽然离乐安很近,但城池坚固,不易攻克,更何况朝廷大军就要开到了,高煦哪还有空顾得上攻城呢!他所聚集的当地土民和护卫军的家属都在乐安,这些人怎么会弃家南下,攻取南京呢?况且高煦这个人事到临头,狐疑不决,外表看起来浮夸吹牛,不可一世,实际上没什么胆量。如今朱高煦之所以敢于如此猖狂地举兵谋反,一则看我年轻,即位不久,人心未必归附;二则料定我不可能率师亲征,一定会遣将前来征讨,那样他就可以威胁利诱来将,凭侥幸取胜。如今我御驾亲征,他那些征集不久的乌合之众早已吓破胆了,还敢出来同我们交战吗?况且普天之下无故兴兵涂炭生灵的人,天地难容!大军一到,高煦只能束手就擒。"群臣觉得宣宗的话虽然理直气壮,也有道理,但还是将信将疑,等待事态的进一步发展。

3. 汉王举棋不定,陷入被动

面对大侄朱瞻基的亲征,朱高煦又是如何应付的呢?就在宣宗向乐安进军的途中,逃离乐安的护卫军官前来报告了乐安的情况。原来朱高煦约定山东的都指挥使靳荣发兵接应他,但他们的联络为人察觉,掌管行政和司法大权的布政使和按察使设法控制了靳荣,使他不能发兵。高煦又听说朝廷的大军快要到了,于是就没敢出兵。

朱高煦任命的兵部尚书朱恒是南京人,力劝高煦率领精兵直趋南京,他主张攻下了南京就大功告成了,起码也可以划江而守。这个建议是完全正确的,当年朱元璋就是这么干的,才推翻了元朝,建立了大明。朱高煦在南京经营多年,至少情况比较熟悉,那里的军事力量也不如北京,打起来还有一点取胜的把握。即使把握不大,但至少比困守乐安这个弹丸之地、被动挨打要好多了。但朱高煦的众多将领都是乐安当地人,只想守在家门口,他们乱哄哄地冲着朱恒嚷道:"你是南方人家在南京,你想让汉王发兵护送你回家吗?我们这些人怎么办呢?"高煦望着争吵不休的将领,一时没了主意。

当初听说朝廷将派薛禄率兵前来,朱高煦不禁喜形于色,挽着袖子对众人说,这个人好对付。薛禄当年曾经和朱高煦一起跟着朱棣起兵夺位,是高煦手下的一名中下级军官,高煦有些看不上他。可是后来又听说是宣宗亲征,这才有些害怕。他回想起从前与这位皇侄打过的交道,从保护父亲到避开他的劫杀,宣宗的锋锐机敏他是着实领教过的。如今刚一听说亲征,宣宗竟说到就到,高煦不由得害怕起来(《明史纪事本末·高煦之叛》)。主帅脸上的惧色,自然瞒不过军中将士,他们便也产生了动摇。有些人开了小差,偷偷逃往宣宗军中。举棋不定和军心不稳,使高煦一开始就陷入了被动的境地。

4. 宣宗下令加速前进,信心十足

群臣听了归降之人的讲述,不禁对宣宗的分析和推断极为佩服,纷纷下跪叩头说:"皇上精于料敌,反贼不足平矣!"不过宣宗对高煦动向的分析,有可能是后人加入《明实录》的,为什么这样说呢?各位请看,宣宗预料得太准了,可能吗?不是没有可能,但不可能完全不差,所以我才说是后人加进去的,至少是后人对此进行了加工和美化。

宣宗看到敌情果然不出自己所料,还进一步赢得了臣下的佩服与支持,当然十分得意。但他不愧是朱棣调教出来的高材生,十分清醒地说:"高煦肯定会做垂死挣扎,不可轻视,你们都要谨慎从事。"然后重赏了前来归降的军官,仍将他放回乐安劝降。随后再次给二叔写信,表示自己出征乐安是迫不得已,只要高煦将主谋擒住献出来,即可平息此事。同时宣宗也威胁说:"如果你还是执迷不悟与朝廷对抗,那就是以卵击石。况且乐安也有人想抓到你献出来,到那个时候你堂堂的汉王可就太丢面子了,我朱瞻基就是想保你也保不了了。"(《明宣宗实录》卷二〇)

这时阳武侯薛禄派人驰奏,前锋已达乐安城下,朱高煦约定明日出战。宣宗立即下令全军加速前进,边吃边行,务必于第二天拂晓赶到乐安。随军的蹇义等人担心急速冒进会遇到不测,名将张辅、柳升等人也赶来劝道:"高煦知道您率大军前来,说不定会在林间设下埋伏,乘我不备出兵伏击。况且百里趋利是兵家大忌,请皇上停止前进,派哨兵侦察一下再做决定。"

宣宗却认为这种担心简直多余,他说:"兵贵神速,我军直抵乐安城下,高煦就成了陷阱中的老虎,虽有爪牙却无法施展。再说高煦反叛朝廷,他手下的乌合之众大都怀有二心,听说大军将至,肯定会乱作一团,自顾不暇,根本顾不上设伏袭击我们,你们不必过虑。"众人只好服从(《明宣宗实录》卷二〇)。看来宣宗是相当自信的,并有祖父的军人遗风。

(二)宣宗兵围乐安城,朱高煦被迫出降

1. 宣宗兵围乐安,仍然先礼后兵

经过一夜的急行军,第二天拂晓宣宗率大军抵达乐安,驻扎在城北。诸将按照他的指示,分别让开了乐安的四面城门,准备交战。这时高煦在其太师王斌等人的簇拥下登上乐安城墙,命人于城上架起火炮,摆开了发射的架势。不料没等架完,城下明军的神机铳炮便一排排地朝空鸣射,声如炸雷,据说城里房顶上的瓦片都被震掉了,城里的人可能没见过这种场面,非常害怕,腿都软了(《明史纪事本末·高煦之叛》)。围城的明军显然是想炫耀一下自己在火器上的优势,实际上也是在明确告诉城中的人,就凭你们那点可怜的火器,还想跟朝廷的炮兵较量吗?用现在的话说,你们简直不配跟朝廷PK。

因为朝廷拥有当时最先进的火器,而边镇以外的亲王和地方拥有的火器,按规定是较为低劣的,与朝廷相比几乎不堪一击。因此城上的军卒三三两两地聚集在城堞边,可能双脚都在打战,但是迫于高煦的威虐,又不敢退下城堞。有几个军卒显然是被逼向城下的明军喊话,要他们把所谓的"奸臣"夏原吉交出来。估计当时铳炮发射完的硝烟还未散尽,所以城上的人喊话声不大,可能还夹杂着硝烟呛嗓子的咳嗽声(《国朝献征录》卷二八)。

明代四眼铁火铳

十九 宣宗亲征

城下的明军将士看到乐安军卒的这番表演，可能觉得好笑，益发感到高煦实在是黔驴技穷，没什么可怕的。于是纷纷向宣宗请求出战，一举攻克乐安。但宣宗考虑到攻城难免伤及无辜百姓，加上仍然想迫使高煦先动手，于是严令将士不许攻城，并再次致信高煦，毫不客气地说："你的谋反罪行已十分明显，我为国家生民亲率问罪之师前来乐安，你不出来朝见，也不派护卫和王府官员前来朝见，不仅是无礼之举，而且是负隅顽抗。你能战则战，不能战就到我的军门来当面请罪。否则城破之日，你后悔也来不及了。"

2. 收到"最后通牒"，汉王出城投降

到了中午，乐安城里还是没动静，宣宗终于不耐烦了，他派人转告高煦："前一封信该讲的都讲了，我不想再跟你废话！你要怎样决断，自己合计吧。"双方都清楚，这番话无异于宣宗给高煦的最后通牒。与此同时，宣宗命人将一些劝降叛军的敕书系在箭上射入城中。接到敕书后，很多城中士兵交头接耳、议论纷纷，大意是说，要捉高煦就得赶快下手，晚了一步大军攻城，咱们可是连命都保不住了。

朱高煦收到大侄朱瞻基的"最后通牒"，又听到士兵的议论，估计是感到处境狼狈，没什么指望了，于是赶紧派人到宣宗的营帐，请求宽限一个晚上，与妻妾诸子告别后，明天一早就来谢罪，宣宗答应了。当天夜里，朱高煦将几年来所造的兵器和谋反往来的信件全部烧毁，以便销赃灭迹，减轻自己的罪责。只是这类东西实在太多了，搞得城中整晚都火光冲天（《明史纪事本末·高煦之叛》）。估计兵器的木柄和一些仪仗燃烧力较强，因此火势可能很高很旺。围城的明军本来是来打仗的，没想到却隔着城墙看了一场几乎通宵的"篝火晚会"。与此同时，据说朱高煦还在城中与妻妾子女举行了告别宴会，酒席之上大家边哭边唱，气氛悲凉（《国榷》卷一九）。

第二天，高煦准备出城投降，迎面遇上了新封的太师王斌等人。王斌拦住他劝道："宁可一战而死，不可为人活捉，那样可就丢人了，你为什么要去投降呢？"高煦不说不愿意战死，而是欺骗王斌等人说：我没想去投降啊，只想出去巡视一下军情。说完转身回到自己的寝室中，然后从另一条小道溜出乐安城。

3. 年轻的于谦"宣判"朱高煦

朱高煦一露面,就被一拥而上的明军连架带推地送到了宣宗面前。两旁站立着文武群臣,其中就有他指为奸臣的夏原吉和他所惧怕的英国公张辅,周围全是一身铠甲、按剑持刃的皇帝卫队。文武群臣一个个上前列奏高煦的罪行,请宣宗按刑法将他斩首。但是宣宗却以胜利者的姿态说道:"高煦固然有罪,但是祖训对于这样的亲王自有成法。"群臣都知道宣宗恨透了高煦,但表面上又不得不做出宽容的姿态,于是大家一齐站出来奏道:"春秋之法,大义灭亲。"宣宗摆手挥退了群臣,只命侍从将群臣弹劾高煦的奏章扔给高煦看。他不想杀死高煦,一来显示自己的宽容大度,二来也想从精神上折磨这位桀骜不驯的亲王。

朱高煦拣起地上的奏章翻了翻,上面都是群臣请求"彻底消灭"他的内容,估计是精神垮了,两腿一软,下跪向宣宗连连叩头:"小臣罪该万死,罪该万死,生死全听皇上的盼咐。"(《明史纪事本末·高煦之叛》)宣宗毫不理睬磕头像捣蒜的朱高煦,扭头传令于谦出列宣布高煦的罪行。人们只见一个年轻的御史走出行列,开口历数高煦的罪行。此人口齿伶俐、声音洪亮,讲起话来抑扬顿挫、出口成章,等于替宣宗"宣判"了朱高煦。宣宗听了于谦的"宣判"之后,应该是很满意的,高煦则很可能为于谦的义正词严吓得全身哆嗦。

众人心知于谦已经立了大功,果然,回京之后,于谦得到了与从征大臣相同的赏赐。各位知道,从征的大臣级别可都是一二品,而于谦只是一个小小的御史,级别才六七品,地位悬殊,但受到的赏赐却是一样的,可见宣宗是

于谦像

非常器重他的,此后也一再破格提拔他(《明史·于谦传》)。这个于谦就是后来土木之变后北京保卫战的主帅,著名的民族英雄。看来在那个时代要想立功成名,没有皇帝的赏识和支持是不行的。当然,本人还必须有才干,否则就是皇帝给你个好差事,你也干不了。跟随皇帝亲征和受到极高的奖赏,使年轻的于谦终生难忘,这些事一直激励和鼓舞着他,使他舍生忘死尽忠为国,终于成为名垂青史的民族英雄。这是后话。

(三) 朱高煦最后的下场:被囚禁致死

1. 宣宗得胜班师,修筑"逍遥城"囚禁汉王

乐安城中很快便知道了主帅投降的消息,于是人心涣散,停止了抵抗。宣宗让高煦写信劝谕、招降他的子女妻妾,下令只罪主谋,不问胁从,从而使人心浮动、混乱不堪的乐安城暂时安定下来。接着,宣宗命阳武侯薛禄和兵部尚书张本,留在乐安处理善后事宜,自己则率领大军,押着朱高煦和同谋王斌、韦达、朱恒等人班师回朝。当时是八月份,大军回师途中天上下起了秋雨,道路极为泥泞。估计宣宗见士兵们在泥泞的道路上,连推带拉辎重车辆很吃力,便下令休息,等天晴地干了再走。

山东和北直隶的百姓听到宣宗顺利平叛的消息,都从远近各地赶来,夹道欢迎回师的队伍。道路两旁一片欢腾,许多人跳起了质朴的民间舞蹈。宣宗所过之处,"万岁"之声此起彼伏。本来就已十分狭窄的道路,此时更加拥挤不堪,道路两旁的庄稼经过大军一来一去两次践踏,几乎被碾压成了碎末,因此宣宗回京后就下令,免除了大军所过地区的全部田赋(《明宣宗实录》卷二三)。

宣宗随后命人在西华门内修筑了一座囚室,将朱高煦全家关在里面,还特意为这座囚室起了个具有讽刺意义的名字:逍遥城。估计地点就是在今天故宫的西华门以东,第一历史档案馆附近。从此,被废为庶人的原汉王朱高煦带着木制的镣铐,在这座"逍遥城"中度过了将近四年的高级囚徒生活。

伙同高煦谋反夺位的王斌、朱恒等人,经审讯后被朝廷处死;那些与高

煦相约起兵接应,或是献城相助的卫所军官们,也被一一查出,相继被杀者达六百四十余人。因放走或是隐藏罪犯而被判刑或是戍边者,计有一千五百余人,被送往边地编为土民者达七百二十余人(《明史·诸王传》)。这场战斗的规模不大,据说被处理的人员只有四千六百人,而朝鲜方面的记录是四万六千人,相差十倍,可能有些夸大,但陆续受到处理的人超过五千则是有可能的。宣宗还就此事给三叔朱高燧写了一封信,名义上是按惯例通报情况,实际上是警告他,只要老实就没事。

2. 平叛虽然兵不血刃,但宣宗情绪有些低落

宣宗在不到一个月的时间内,几乎是兵不血刃地平定了朱高煦的叛乱,一下子消除了大明帝国内部多年的隐患,事情处理得也算干净利落,他自己颇为得意,便写了一篇记述这番经过的《东征记》,刻印出来,给群臣传看。但是得意之余,宣宗的情绪有些低落。回京之后文武群臣上表,祝贺这次凯旋,宣宗却说:"这是国家的不幸,有什么值得祝贺的?"不久,鲁王朱肇辉等亲王纷纷请求进京,以便当面向宣宗祝贺平叛之事。宣宗又叹着气说:"这真是我们家的不幸啊!"我心中惭愧,没什么值得庆贺的,传令亲王不许前来致贺(《明宣宗实录》卷二一)。

宣宗为什么会这样呢?各位请看,宣宗尽管平定了朱高煦的谋反活动,但高煦毕竟是他的亲叔叔,他与高煦为争夺皇位而同室操戈,最后竟是侄儿囚禁了叔叔,这在长幼尊卑等级森严的社会里,的确不是什么荣耀之事。如果这件事发生在前两朝,那么道德意义就会不同。朱棣对高煦,是父亲对儿子;高炽对高煦,是兄长对兄弟,这样的结局是传统道德所能允许的。而宣宗对高煦,是晚辈战胜了长辈,这样的结局是传统道德所不提倡,甚至是反对的。

尽管平定高煦之叛,客观上有利于大明帝国的和平与稳定,但是传统道德的说教与政治斗争的残酷现实毕竟是两码事,这使宣宗在无形中背上了一个道德的包袱。平定高煦的胜利,也因此而蒙上了一层阴影。终宣德一朝,宣宗也很少向人炫耀此事。也许是在这种心理的作用下,当有关部门追查和惩治高煦余党时,宣宗特意指示不要穷追不舍,更不要株连过多的无辜之人。

值得注意的是,宣宗并没有立即杀掉朱高煦,而是关了他几年,最后杀掉他也有些被迫的成分,为什么会是这样呢?各位可以回忆一下,当初"靖难之役"时建文帝曾下令,禁止政府军杀掉甚至伤及他的四叔朱棣,原因是他不想背上杀掉亲叔叔的罪名。这与当时的社会文化和流行风气有关。当时的人们非常重视并提倡孝道,晚辈不论出于什么原因伤害长辈,都是非常被人看不起的,并且是大逆不道。《大明律》明确规定,晚辈伤害了长辈是要被从重治罪的。由此可见,宣宗只是囚禁二叔而没有立即杀掉他,是有其复杂的社会文化背景的。这与他后来善待三叔朱高燧,具有同样的原因。

3. 汉王被扣在铜缸里烧死,家人全被杀光

宣德四年(1429)四月的一天,宣宗忽然想起去西华门内看望他的囚徒二叔朱高煦。左右侍从劝不住,只好跟他同往。长期的囚禁生活已使桀骜不驯的朱高煦难以忍受,宣宗一到,估计高煦眼里射出了凶光。两位老对手相互对视了一会儿,朱高煦猛然抬起脚上的木铐向宣宗扫去。宣宗没提防,摔倒在地。

宣宗勃然大怒,立即命几个力大之人抬来一口铜缸扣住了高煦。朱高煦力气大,几百斤重的铜缸,他居然挺着脖子顶了起来,以示不屈。宣宗有些气急败坏,竟残酷地下令用一堆木炭埋住铜缸,然后点燃木炭。熊熊燃烧的火焰烧坏了铜缸,朱高煦被活活烧死(《明史纪事本末·高煦之叛》)。宣宗心里也可能出了一口恶气。朱高煦为父亲、为自己争夺皇位,几乎苦斗了一生,临死还为这场闹剧添了个不寻常的尾声。

今天北京故宫博物院太和殿后面的空地上,有几个巨大的铜缸,直径将近两米,半人多高,重量至少也有两吨,据说是用来装水防火的。这些铜缸以前叫做吉祥缸,外面

太和殿旁大铜缸

鎏金,是当年乾隆帝下令制作的,象征五行中金生水,水克火之意。据说当年乾隆帝本想用纯金来打造吉祥缸,但却被大贪官和珅用黄铜掉了包。

另一个说法是,乾隆帝下令制作铜缸,但又觉得摆在太和殿后面不好看,于是又下令,每一口铜缸上镀金一百两,自诩为"金瓯无缺"之意。后来八国联军打进北京,曾用随身的佩刀刮走了铜缸上的鎏金片,因此缸身上留下了一些刮痕。据说明朝也有类似的铜缸,但比清朝的要小一些,重量也轻了不少,其中的一个铜缸没装水,而是用来扣朱高煦的。

朱高煦被杀这件事,《明史纪事本末》没记年月,《明通鉴》记的是宣德四年四月戊寅,而《国榷》记的是宣德元年十二月冬天。三个记录虽然不一样,但是可以肯定的是,朱高煦遭到囚禁不久就被杀了,并且当时没有公布。朱高煦死后,他的几个儿子也同时被杀,汉王一支等于绝后了。这是一种斩草除根的做法。当年朱棣夺位之后,尽管也杀掉了建文帝的部分家人,但毕竟还是留了几个,一直囚禁不放,还算没有赶尽杀绝。

可是宣宗却将对自己完全没有威胁的叔父后人赶尽杀绝,未免过于残酷。唐朝"玄武门之变"后,李世民把他大哥李建成的全家都杀光了,据说引起了高祖李渊的不满,觉得李世民过于残酷了。但是皇位之争本身就相当残酷,唐太宗李世民和明宣宗朱瞻基虽然是胜利者,按理说应该有点胜利者的风度,但他们没有,因为他们根本不必在乎别人是否满意。

(四)朱高煦问题出现的深层次原因

朱高煦失败的经过,史籍记载较为清楚,但有一点值得说明,那就是当年的史籍大都将他写成一个狂傲无礼、勇武凶悍的武夫。那么朱高煦是否就是这样呢?据有些学者考证,朱高煦的书法和诗歌作品都不错,曾经为一些地方建筑题写过匾额,字迹有功力,也有气势。他的书法没有流传下来,今天看不到了,但诗歌倒是留传下来几首。

清人《明诗纪事》中辑有朱高煦的《拟古》五言诗一首,是写汉武帝的,其中有这样几句:"……不守清净化,开边政多门。四方屡游幸,万里驰三军。……

外虚仁义名,奈兹多欲身。神仙何处在?茂陵今几春。"(陈田《明诗纪事》甲签·卷二)诗中批判汉武帝贪图虚名、追求长生享乐,到处巡幸游玩,写得合辙押韵,通俗直白,见识也不错,说明朱高煦受过一定的宫廷文化教育,也有一定的文化修养,并非史书所记那样,完全是个狂傲的武夫。只不过由于他战败被俘,加上修实录者的政治用意,因而对他有所歪曲或丑化罢了。

1. 高煦夺位失败,实在是遇到了强劲的对手

朱高煦之叛被彻底平定,困扰明帝国二十多年的难题,至此为宣宗成功地解决了。高煦最终败于宣宗之手,原因复杂。一方面,永乐时期的夺位活动过于急躁,过于露骨,反而受到打击,未能抓住朱棣和朱高炽去世的两次机会发兵夺位,最后困守乐安这块弹丸之地,军事实力的相对薄弱等等,综合起来导致了朱高煦的失败;另一方面则有朱棣、朱高炽、朱瞻基祖孙三人的联合行动,使朱高煦逐渐走向失败,尤其是宣宗后来欲擒故纵、后发制人的策略,几乎是迫使高煦先动手,然后迅速亲征,一举平定。

如果宣宗不亲征而是派别人去,武将们就会首鼠两端,心怀观望,高煦或许还有取胜的机会,宣宗就要面临极大的风险。但宣宗没有给高煦这样的机会,而是果断亲征。他身边的杨荣等人也看出了亲征的重要性,这些人可比当年齐泰、黄子澄等人厉害多了,因而高煦实在是遇到了强劲的对手。虽然他是当年"靖难"之战的猛将,又主持过一段北方的防务,具有一定的军事才能,但是他缺乏朱棣和朱瞻基身上的战略眼光,性格急躁,容易冲动,缺乏耐心。由于战功和朱棣的纵容,朱高煦的顺境大大多于逆境,经受不住逆境和挫折的考验,关键时刻举棋不定,被动挨打,终于被擒。

2. 当年朱棣敢于夺位,手中有武力资本

但是,朱高煦的失败还有没有更为深刻和复杂的社会政治原因呢?恐怕是有的。高煦的叛乱同朱棣发动的"靖难"之役,以及后来宁王后人发动的"宸濠之变"性质一样,目的都是为了争夺皇位。这在当时的明朝已不是孤立的现象,反映了皇族皇子这一社会集团中许多人的意识。尽管传统的礼法规定,只

有嫡长子才能继承皇位,但反抗礼法、谋取皇位的勇士历代都不乏其人。

朱棣可算其中的成功代表,那么他有什么资本起兵呢?他是在洪武年间实行分封制的条件下,凭借军权也就是军事实力才得以起兵夺位的。洪武初年的政治体制中,很大一部分兵权是掌握在徐达、傅友德这些军事贵族手中。后来朱元璋杀戮功臣,逐渐将这部分兵权转移到了自己的儿子,也就是藩王手中,就连冯胜、傅友德这样具有开国资历的公、侯将领也受晋、燕等藩王的节制。此后边塞诸王多次奉命出塞,并有权节制部分卫所和布政司都司,形成了一个拥有强大的军事力量和相应政治势力的藩王集团。

因此,洪武末年,一方面是功臣军事贵族集团不断被翦灭,血案不断;另一方面则是藩王贵族集团被扶植起来,藩王势力坐大,大到什么程度呢?大到足以同中央皇权抗衡。朱元璋生前,已经有个别藩王做起了当太子的美梦。而朱元璋临终时,又将皇位隔代传给了孙子,未传给儿子,那么他的儿子们能甘心吗?

因此,朱元璋死后,他的儿子们一定会凭借手中的实力,来争夺他孙子的皇位。以朱棣"靖难"为标志,当时在皇族亲王之中,涌动着一股谋反夺位的欲望和意识。朱棣的好几个兄弟也都想争夺皇位,并且有所行动,当年有人也同朱高煦一样,提前坐起了皇帝的专车(《明史·诸王传》)。

3. 汉王实力太差,夺位失败有必然性

朱棣称帝后,虽然一开始还曾优待被建文帝收拾的几个藩王,但很快就采取了强有力的措施,削夺藩王的权势,使之无力举兵反抗中央。他为什么要这么干呢?理由很简单:正因为我朱棣是靠军权起兵夺位的皇帝,所以我不能再让你们也靠军权夺了我的皇位。这和当年宋太祖"杯酒释兵权"的做法是一样的。不过朱棣并没有从制度上废除亲王典兵之制,他对兄弟们典兵担心,但对儿子们典兵倒是放心的。因此他仍按朱元璋的"祖训",为次子朱高煦和三子朱高燧设置了护卫部队,结果导致了仁宗朱高炽死后,朱高煦学习父亲的榜样,起兵争夺侄儿朱瞻基的皇位,企图重温当年燕王"靖难"的旧梦。

很显然,"高煦之叛"是明太祖朱元璋搞分封制的"后遗症"。但是朱高煦举兵夺位时,藩王的实力几乎与洪武末期无法相比,那时的藩王拥有强大的军事和政治势力;而此时的藩王只有王府城内的"封地",花销用度全由国家拨给,数量有限,军队只有少量护卫,并受到许多规定的严格限制。在这种条件下诸王要举兵夺位,谈何容易,成功的可能性极小。朱高煦正是在这样的条件下起兵的,加上他本人的一些不利因素,所以,他的失败带有一定的必然性。

此外,朱高煦的政治理念和做事风格同朱棣非常类似,一开始就遭到了文臣集团的排斥。从永乐初期到宣德初期,为了防止朱高煦夺位,文臣集团中的解缙等人几乎是全力以赴(《明史·解缙传》),尤其是朱棣死后的非常时期。这实际上也是对朱棣开创性政治的一种抵触和排斥。因此,朱高煦的失败除了实力之外,还有他与文臣集团之间特殊矛盾的因素。那么除了朱高煦之外,赵王朱高燧和那些大大小小的藩王会有什么样的下场呢?他们还会威胁皇权吗?

二十　釜底抽薪

臣下建议剿灭赵王，但宣宗保全了三叔，同时削弱藩王的力量，解除了对皇权的威胁。

寿山石"天潢演派"玺

（一）回师途中，关于处理赵王的一场争论

1. 朱高煦举兵夺位，说明藩王对皇权仍有威胁

宣宗虽然很快就平定了汉王的夺位之举，但这件事的根源不在宣宗，而在于朱元璋施行的诸王分封制。这个制度给他的继承者留下了一个棘手的局面，那就是藩王势力较大，以至于可以威胁中央政权。那么朱元璋是否会想到这个"后遗症"呢？据说当年洪武时期血案不断时，太子朱标曾埋怨朱元璋杀人太滥，朱元璋就故意拿一根带刺的棘条，让朱标拣起来，朱标嫌扎手，朱元璋就说："去掉了刺的棘条就不扎手了。"

其实朱元璋是拿这件事来启示太子：我杀那些人就是为了减少威胁，留给你一个容易治理的国家。这话对不对呢？事实上朱元璋生前和死后直到明末，没有一个文臣武将起兵夺位，倒是总有几个藩王不断地这么干，这说明当时中央皇权的主要威胁根本不是文武权臣，而是那些手握重兵、觊觎皇位的各地藩王。朱元璋杀戮功臣，封立藩王，结果是一面除"刺"，一面留了更多更大的"刺"，使得子孙几代都"扎手"。可见朱元璋当时只想到防外人，很少想到防内部藩王，因此他的认识不全对。

当年虽然叶伯巨提醒过朱元璋，藩王势大会抗衡、威胁到中央皇权，但朱元璋却认为这是在离间朱家的骨肉，一怒之下杀了叶伯巨。尽管到了晚年，朱元璋也对藩王的威胁有所了解，但已经没有机会改正了。本来朱元璋分封藩王，是想让他们来拱卫中央政权，但是这个初衷根本没有实现，藩王集团的膨胀对于皇权不仅没起到稳定和巩固的作用，反而构成了威胁，正好弄反了。朱棣、朱高煦以及后来的安化王朱寘鐇、宁王朱宸濠的造反，就是分封制的恶果，这表明朱元璋搞的分封制实际上是失败了。

因此，朱元璋之后国家政治、中央集权的一个重要任务就是削藩，消除不稳定因素，建文帝做的是这件事，他还为此付出了巨大的代价。朱棣、朱瞻基做的也是这件事。朱棣尽管也削夺了一些藩王的权势，但未能从根本上彻底

废除藩王典兵之制,尤其是未能在生前妥善处理朱高煦之事,导致了后来的高煦之叛,不能不说是他的一大失误。

其实在朱棣和朱高炽病死的时候,朱高煦如果起兵夺位,可能还有一线微弱的希望。但宣宗朱瞻基即位以后,高煦几乎完全没有希望了,皇帝那个位置根本不可能是你的,在这种情况下,你朱高煦就安心当你的亲王,宣宗轻易也不会把你怎么样。但朱高煦不甘心,非要跟大侄皇帝较量一番,这个做法已经完全不现实,因此失败的结果可想而知。

不过也有人认为,朱高煦只是同朝廷谈判,军队也是原地踏步,并没有起兵造反,他的行为顶多是个不安分的亲王,宣宗不过是找个借口除掉隐患罢了。这话不全对,因为高煦至少已拥有相对独立的政权,军队和机构建制已有"另立中央"的迹象。高煦也曾率军在乐安同明朝政府军对峙,双方是敌对关系,因此,高煦的行为对明朝已经构成反叛。

朱高煦举兵夺位时,经过朱棣削弱后的实力已相当有限,比如只有王府城内的"封地",花销用度全由国家拨给,数量有限,军队只有少量护卫,并受到严格的限制。在这种条件下要举兵夺位,成功的可能性极小,但是朱高煦毕竟可以起兵夺位,这说明什么?说明藩王典兵对中央皇权仍有威胁,因此平定高煦之后,明宣宗朱瞻基立即着手继续削夺藩王的权势。当年朱元璋分封的二十几个藩王中,除了被废和自然死亡的之外,宣德时期还有十几位。各个王府还拥有数千到一万多人的护卫部队,对于中央皇权仍然是个不大不小的威胁。除了朱高煦之外,最引人注目、最有地位的亲王当属宣宗的三叔、赵王朱高燧。

2. 赵王曾参与夺位,有人建议乘胜袭击

当年朱高燧曾多次伙同二哥朱高煦,阴谋倾陷太子。永乐二十一年(1423)朱棣病重时,据说朱高燧的部下发动宫廷政变未遂,高燧免受处置,从此几乎完全没有了夺位行为,尽力忠于朱高炽和朱瞻基父子。但他毕竟有过一段与宣宗父子为敌的经历,又与二哥高煦关系密切,高煦后来也承认,他在起兵前曾与高燧联络过,因此,在许多人看来,如今做了皇帝的朱瞻基,迟早会报复三叔朱高燧。

那么朱高燧本人是怎么想的呢？他当然明白这一点，因此精神压力很大。尽管宣宗即位以来对他极为优待，但他仍然表现得极为谦恭，极为谨慎。高燧比二哥聪明，他似乎看透了侄儿那套欲擒故纵、后发制人的策略，深知在宣宗的优待下，自己稍有失误就会被人抓住把柄，甚至会招来杀身之祸。因此，他根本不像二哥那样厚颜贪婪地向朝廷索要物品，而是奉公守法，安居乐业。王府内凡是能引起别人非议的事，朱高燧一律上报朝廷，决不擅自处理，借以换取朝廷的信任和自己的安宁。

仁宗在位时，大大提高了朱高燧的待遇，于是他主动辞去了两支护卫。仁宗去世后，朱高燧除了首请大侄即位和册立皇后之外，还说自己已经离开北京前往河南彰德王府，因此将自己存于北京一仓库内的八百余石禄米上交朝廷。宣宗闻讯，立即下令给平江伯陈瑄，"以所运粮米数送往彰德偿之"（《明宣宗实录》卷一九），等于就近调拨补足了三叔的王府禄米。

其实双方都看透了对方的用意，表面上是相互尊敬，实际上则是谁都不想礼数有亏，都想赢得道义上的优势。有个小有妖术的男子潜入高燧的王府进行活动，朱高燧作为亲王本来可以赶走了事，但为了避嫌，他还是将这一寻常小事上报朝廷。宣宗见三叔如此谦恭谨慎，颇为得意地说："赵叔不得不言。"（《明宣宗实录》卷一八）这类事三叔不得不说，否则肯定会有人诬告。

尽管如此，仍有许多朝臣认为朱高燧与朱高煦一样，当年都曾积极参与夺位，是朝廷的一大隐患，应该设法蒯除。在平定朱高煦后回师途中，从北京前来迎驾的户部尚书陈山就劝宣宗，应该乘胜率军袭击彰德，逮捕曾经图谋夺位的朱高燧，如此朝廷就可以永保平安了。陈山是宣宗当太子时的老师，宣宗即位后便破格提拔他为户部尚书，并进入内阁成为皇帝的高级秘书和顾问。

据说陈山从北京赶来迎驾前，肯定是要先去晋见宣宗的母亲张太后，因此他讲的逮捕赵王之事，并非他自己的想法，而是来自北京的张太后。原因很简单，赵王朱高燧，也就是张太后的小叔子，当年伙同朱高煦多次打击、诬陷太子，让太子夫妇吃了不少苦头，因此今天才派陈山等人传话，让儿子在平定朱高煦的回师途中，顺便拐个弯去河南彰德收拾赵王。陈山还怕宣宗犹豫，回头又向蹇义、夏原吉讲了这个想法,请他们帮着说话。

3. 杨士奇反对袭击赵王,并拒绝起草诏书

那么宣宗是怎样想的呢?他当然赞同陈山的想法,况且还有母亲的因素,于是召来杨荣计议。杨荣对此完全赞成,并为宣宗具体谋划。他建议先派人写信给高燧,责问他与高煦勾结谋反的罪行,然后大军忽然杀到,擒住赵王。宣宗同意杨荣的计划。当年这个三叔也曾参与二叔的夺位活动,让宣宗父母受了不少的窝囊气,今天收拾完了二叔,宣宗的确很想再收拾三叔,为父母出气,因此,杨荣的建议正中他的下怀。蹇义、夏原吉二人虽然对此有不同的想法,但看到宣宗主意已定,只好表示服从。杨荣见参与决策的多数人都同意他的意见,便传令杨士奇起草逮捕朱高燧的诏令。

不料杨士奇竟拒绝起草。他一字一板地对杨荣说:"此事必须要有真凭实据,难道天地鬼神是可以欺骗的吗!更何况令旨以什么名义来逮捕赵王呢?"杨荣见士奇竟敢反对他和皇帝定下的方案,不禁大为光火,对士奇厉声喝道:"这是国家大事,难道你想阻拦吗!让锦衣卫审讯汉王府的人,就说汉王举兵是与赵王合谋的,还愁没有逮捕赵王的名义吗?"杨士奇冷笑着说:"锦衣卫的审讯结果,怎么能服人心呢!"

杨士奇为什么会这样呢?很显然,他不仅对处理赵王之事有自己的想法,而且对杨荣和宣宗没有找他商议,将他排斥在此事的决策范围之外感到不满。杨士奇曾长期辅佐朱高炽监国,在仁宗朝更成为首席文臣,地位很高,排在杨荣之前。而杨荣虽说在永乐朝很受宠,超过士奇,但在仁宗朝地位下降,现在他可能是想借此事重新提高自己的地位,因此才在宣宗的同意之下替皇帝传令,这当然是杨士奇难以接受的。估计他可能会想,皇帝向我传令还差不多,你有什么资格传令?你以为这还是在永乐朝吗?因此,士奇的不满和拒绝,含有二人间的地位之争,也就是谁说了算的问题。

杨士奇随后找到蹇义、夏原吉,希望二人能站在自己一边,阻止宣宗发兵袭赵。蹇、夏二人明哲保身,当然不想为士奇而开罪宣宗和受宣宗宠信的杨荣。蹇义为难地劝道:"皇上主意已定,大家差不多也都同意,你哪能拦得住

呢?"不等杨士奇回答,夏原吉又问道:"万一皇上听了你的话,放过高燧,日后有个风吹草动,出了像永乐朝孟指挥谋害先帝那样的事,谁能负责呢?"

4. 杨士奇力排众议,袭击赵王之事暂缓

杨士奇对此有自己的想法,他回答说:"现在的局势和永乐时期不一样了,当时赵王拥有三支护卫,如今已经辞掉了两支,只剩一支。况且当时孟指挥的谋反行为,赵王的确事先不知道,不然赵王能有今天吗?"蹇义觉得士奇的话有理,便问现在该怎么办。士奇认为还应该照旧优待赵王,如果有疑虑,就加以防范,这样才有利于整个国家。蹇、夏二人又说:"你讲的固然有理,可是如今皇上非常听信杨荣的话,根本不考虑我们的意见。"(《明史纪事本末·高煦之叛》)

士奇只好又找到杨荣,对他说:"当年赵府的小人伪造诏书发动政变,证据确凿,先帝仁宗尚且为赵王一再辩护救了他,太宗皇帝(朱棣)只有三个儿子,现在皇上只有亲叔二人,一人有罪不可饶恕,另一人无罪就该优待,这样才能告慰皇祖的在天之灵。"士奇抬出朱棣的在天之灵也未能说服杨荣。这时,另一位重臣杨溥在一旁对杨士奇说:"我也同意你的想法,咱们一起去见皇上,请他不要发兵袭击赵王。"

杨荣一听,又多了一个反对者,惟恐夜长梦多事情有变,赶紧快步去见宣宗。杨士奇和杨溥也跟着往里走,却被门卫挡在外面。门卫也知道杨荣是皇上的宠臣,不敢阻拦,只是拦住了皇上并未下令召见的士奇二人。不一会儿,宣宗传令召见蹇、夏二人。二人可能讲了士奇的想法,宣宗听罢自然是一脸不高兴,据说在回师途中还感叹,没有利用这个机会收拾二叔,担心回去会受到母亲的申斥,但是也没有再提移兵袭击赵王之事。

(二)宣宗对付三叔:削弱实力,保全地位

1. 给予出路,宣宗保全了三叔

回到北京之后,赵王高燧就成为人们的众矢之的,有人建议宣宗削掉他的护卫,还有人建议将他同高煦一样关起来。宣宗肯定了这些人为朝廷着想、忠

于皇室是好心,却认为他们不识大体。他觉得还是杨士奇的话有理,便特意召来杨士奇问道:现在议论赵王的人越来越多,你看该怎么办呢?士奇见宣宗改了主意,立即诚恳地答道:"现在的宗室之中,惟有赵王最亲,应当设法保全他,不要为众人的议论所迷惑。"(《明史·杨士奇传》)宣宗说:"我也是这样想,父皇对赵王这个兄弟最友爱。况且我现在也只有一位叔叔了,怎么能不爱呢?只是要想出一个保全三叔的办法。"

宣宗认为朝中议论赵王之事,赵王肯定有所耳闻,并且心怀疑虑。不如开诚布公地挑明此事,消除赵王的疑虑。于是他派驸马都尉、广平侯袁容和左都御史刘观,将审讯高煦的供词和大臣们弹劾高燧的奏章送给高燧,并听从了杨士奇的建议,亲自修书一封带给三叔。什么意思呢?这是当时一种让人自己认罪又给予出路的做法。各位请看,袁容和刘观一个是宣宗的姑父,一个是政府的部长,是皇帝派来的皇家和政府的高级特使,他们来干什么?他们是向赵王说明:高煦供出你参与谋反,大臣们建议收拾你,但皇帝都不听,反而把这些材料交给你,还写信让你自己看着办。

那么赵王是什么态度呢?赵王朱高燧早已听到过对他的议论,估计自己很可能像二哥一样被囚禁起来。后来看到高级特使送来奏章和宣宗的信,就明白了宣宗的用意,当场激动地说:"我得救了。"然后立即复信宣宗,一面感谢他的宽大恩德,一面请求辞掉仅有的一支护卫和群牧千户所仪卫司,于是朝廷里对赵王的议论也就逐渐平息了(《明通鉴》卷一九)。

2. 赵王交出护卫部队,换取平安无事

宣宗看了朱高燧的复信,心中自然高兴,但表面上却不无虚伪地对侍臣说:"我本来没有这个意思,既然是赵王要求交出护卫部队,以杜绝别人的议论,那就应该顺从他的意愿。"顺水推舟同意了高燧的请求,但并未全部收回他的护卫部队,而是将人数不多、负责侍卫仪仗的仪卫司留了下来(《明宣宗实录》卷二五)。这样的处理固然保全了朱高燧的亲王封号和地位,但实际上也大大削弱了他的实力。但是不管怎么说,这是使双方都能相安无事的办法。

宣宗与朱高煦和朱高燧二位叔叔打过多年交道,颇为了解二人的禀性区别,他知道三叔高燧虽比二叔高煦聪明狡诈,但胆小。如果他和高煦勾结一气,或许还能搞出点什么名堂,如今高煦被擒,高燧已是孤掌难鸣,干不出什么像样的事,实在是不足为虑。况且朱高燧在永乐后期那次未遂政变之后,的确是洗心革面、痛改前非了。宣宗收回了他的护卫,也就等于惩治了他从前陷害仁宗的罪过,为父皇出气了。

这样处理,还可以显示出他本人和父皇对朱高燧的一贯宽厚仁爱,一举多得。明朝当时非常讲究孝道,宣宗一直尽量不杀二叔,一再优待三叔,都是遵循当时的文化传统,并非本人天性多么仁厚。但宣宗宽待三叔一事,却为许多人称道,他本人也对此颇为自得,后来曾对士奇说:赵王之所以获得保全,是你的功劳啊!并由此更加器重杨士奇(《明史·杨士奇传》)。

赵王朱高燧失去了往日的权势和地位,自然会受到人们的轻视和慢待。宣德三年(1428)二月的

彰德府(今安阳)文峰塔

一天,掌管彰德卫的军官、都指挥王友,在朱高燧的彰德王府城外拣到了一封系在箭上的信,内容是祥符王朱有爋要与赵王商议谋反,为朱高煦报仇。王友如获至宝,很想借此立个平定宗藩叛乱的大功,于是既未弄清真伪,也未上报朝廷,便擅自发兵包围了赵王府,禁止出入,弄得朱高燧相当紧张。

后来查明,系在箭上的信原来是朱有勳和朱有熺兄弟二人,为陷害朱有爋而伪造的(《明史·诸王传》)。宣宗处置了王友等人,写信安慰三叔。事情虽然平息了,但一些晚辈亲王居然敢诬陷当今皇帝的亲叔叔,卫所中下级军官敢于擅自发兵包围赵王府,足以说明赵王的地位是如何低下了。

（三）军事上削弱藩王，解除了对皇权的威胁

从朱高煦和朱高燧二人的经历可以看出，他们同朝廷抗衡的资本是王府护卫，也就是军队。那么朝廷只要设法把亲王的军队撤掉，就是釜底抽薪，亲王也就无法威胁中央皇权了。因此宣宗在处理完两位叔叔之后，随即着手削弱亲王的军事力量，那么他是怎么干的呢？

第一，鼓励拥有三支护卫的藩王主动献出两支，同时纵容，甚至是暗示各地官员，提供削减王府护卫的借口。宣德四年（1429）二月，秦府护卫军官张嵩等人，背着秦王向宣宗报告了秦府中的一些情况。秦王听说后，赶紧上疏表示要辞去秦府的三支护卫。宣宗复书秦王，一再表示下人的报告不可信，表扬了秦王嗣封以来安分守己，没什么过错，却又顺水推舟表示同意秦王辞去护卫的请求，保留一支护卫，供王府日常使用，将另外两支护卫调往他处（《明宣宗实录》卷六〇）。

后来四川总兵官陈怀上奏，告发当地都司私自将火炮送给蜀王府，用于警夜，违反了国家的有关制度。原来明朝对火器的管理极严，不经皇帝批准，边镇不许增加火器。宣宗得知此事后，下诏逮捕了四川当地都司首领官。蜀王一看，立即察觉到这件事是冲着他来的，不禁害怕起来，便于第二年赶紧知趣地请求辞掉两支护卫。宣宗表扬了他，同样批准了他的请求。

这两件事让许多人都看明白了，原来皇上是想让我们提供借口，他好乘机削掉藩王的护卫，于是这些人就动起了脑筋。宣德五年，负责漕运的军官陈瑄派儿子陈仪给宣宗上了一封密奏，说楚王府兵强马壮，不妨借口北京缺粮，让楚王府护卫的精锐部队押运漕粮到北京，然后乘机扣留这支部队，从而削弱楚王的军事实力。

宣宗心里可能很欣赏陈瑄的建议，但表面上却对侍臣们说："楚王从来没什么过失，皇祖和皇父都曾给予厚待，我更要加意优待。陈瑄也太多虑了，将王府的护卫部队调出来运粮，只不过是一时的权宜之计，运粮完毕就要遣归，如果将这些人拘留在外地操备，就会上失宗亲之心，下失军士之心，哪能按陈瑄说的话办呢？陈瑄这个人，太差劲了。"（《明宣宗实录》卷六四）尽管宣宗拒绝

了陈瑄的建议,但侍臣们听出了弦外之音——这么做太直接、太露骨,理由也不充分。大家都清楚,还有比调军运粮更好的办法,那就是楚王自己请求辞掉护卫。

果然,楚王朱孟烷听到这一消息后非常害怕,很快就派人来京,向宣宗明确表示要献出三支护卫中的两支。但宣宗却故作惊讶地说:"楚王一向安分守礼,我是了解他的,所以待他极为优厚。近来不断有小人告发他,我看都是瞎说,因而对他总是置之不问,如今楚王是不是有了什么疑虑,才请求把护卫归还朝廷呢?"

侍臣当然明白宣宗的用意,就顺着他往下说:"楚王请求归还护卫,大概是想表示自己没有异心,以此来杜绝谗言。这是楚王深谋远虑,也是不得已之举,请陛下同意他的请求,这样就可以保全他了。"宣宗十分感慨,楚王人言可畏的处境令他感到同情,而楚王知趣地主动辞掉护卫又令他高兴,于是批准了楚王的请求,为了表示对楚王这种舍己为国的精神的奖励,就让楚王任意留足一卫,并重赏了楚王府的来使(《明宣宗实录》卷七二)。

其他藩王一看,咱们也别等人家找借口了,还是自己主动点吧。于是也都知趣地请求辞掉两支护卫,宣宗一面表扬他们,一面批准了他们的请求。宣德七年(1432)七月,仅有两支护卫部队的肃王上奏,声言护卫部队闲着没什么用,请求辞掉一支,只留一支。宣宗复书肃王,还是老办法,一面表扬他能够为国着想,一面批准了他的请求。

第二,鼓励和纵容边镇军官,多次大量地征调王府的护卫部队备边或服役,借以削弱王府的军事力量。其实永乐、洪熙时期都曾用过这个办法,只不过宣宗用得最多,力度最大。比如晋王府操办婚事,人手不够,向朝廷请求将备御大同的数百名护卫官军抽回来。可宣宗说:"大同正秋防之时",又是敌虏出没的要冲之地,况且这件事是皇祖太宗皇帝所命,今天我怎么敢轻易改动呢(《明宣宗实录》卷九)?堂而皇之地拒绝了晋王府的请求。这样一来,许多王府的护卫军队都被边镇长期征调。

第三,将原来曾归属附近王府管辖的卫所部队,重新划归地方军事机构管辖,也是对各地藩王军事力量的一种削弱。由于长期没有战争,再加上各地藩王地位的下降，原来归王府管辖的一些卫所部队，认为继续这样下去已毫无意义，于是请求重归地方军事机构。宣宗也认为这部分军队在王府"必不得其用"，因而同意了。

更有甚者，这些部队出征后阵亡的缺额都要求王府护卫出人补足，或干脆抽调王府护卫出征。广西靖江王朱佐敬的护卫部队多次被征调已所剩无几，但镇守广西的山云将军仍然要求王府出人，以补足地方部队的阵亡人数，靖江王只好向朝廷请求免补，宣宗同意了。

上述三项措施极大削弱了宣德时期藩王的军事力量，藩王再也无法构成对中央皇权的威胁了。同时，王府也处于地方卫所的包围和监视之中，更谈不到在军事上与国家抗衡了。明太祖朱元璋有二十六子，明太宗朱棣有三子，除去朱标、朱棣、朱高炽三人为太子、当皇帝外，受封的亲王共有二十六人。其中因无嗣、早夭和自杀而除国者五人，永乐时削去护卫和被废为庶人者六人，宣德时辞掉护卫或被废为庶人者七人（晋王后人因罪绝封），共计十八人。因此，只剩下八位亲王留有护卫。其中，庆王、宁王、韩王等亲王又是从外地迁至封地的。各位知道，搬迁来回一折腾，实力肯定会受到很大的消耗。再加上不断的征调和服役，这些王府的护卫部队已大为减少，对中央皇权的军事威胁自然就解除了。开始于永乐朝的削藩活动，在宣宗当政时期总算较为彻底地完成了。

（四）藩王受到更多的限制，沦为出路狭窄的寄生集团

1. 宣宗从多方面限制王府的特权

除了军事之外，宣宗还从经济等方面限制王府的特权。从洪武至宣德初年，已有六十余年，朱元璋当年分封的亲王，如今大都和宣宗一样，是第二代第三代亲王了。人口的繁衍，势必造成用度的增加，尤其是许多亲王的后代已婚或到了婚龄，但没有居室，只好请求朝廷设法修建新居。尽管宣宗下令为他们解决住房问题，但毕竟人数不少，加之必须农闲时方可建造房屋，因此这些人的住房条件已比洪武时期大为下降。他们结婚选用的仆人和使女，本想于民间选取，宣宗却下令或由朝廷赐给宫女、火者，或由王府护卫家属中选用。这样既避免了骚扰民间,又限制了王府任意选取仆婢的特权。

按照明制的规定,王府后代的婚姻要由朝廷来包办,选出配偶,授予冠服、册诰、仪物等,并登记造册,以示王府后代都是天潢贵胄,与一般老百姓不同。但是到了宣德时期,王府人口繁衍得太多了,有关部门不可能及时了解和掌握王府广大适龄青年的情况,为他们匹配成婚。因而有些王府后人不等朝廷选授,便自行婚配,还有些人则过了婚龄仍未结婚。鉴于这种情况,宣宗下令,王府的婚姻嫁娶如朝廷不能及时选配,可由王府自行选配,然后上报朝廷,再由朝廷授予冠服、册诰、仪物等。

这是明代宗藩制度的一次变革,大大方便了王府广大适龄青年的婚姻生活。同时,王府后代的婚姻也因此而逐渐"开放"起来,打破了原来由朝廷严格挑选配偶的限制。朱元璋后代的血统,已不再是纯洁高贵的了。另一些亲王的过分请求,也受到了宣宗的限制。有些亲王请求拨给子弟田产,有些亲王则请求迁回原来的封地或增加禄米,都为宣宗拒绝。

2. 有的藩王联络汉王,为害地方,受到惩治

当初朱高煦的夺位活动紧锣密鼓,几个藩王也想从中"分一杯羹",同朱高煦暗送秋波,企图联手推翻宣宗。事后宣宗也想借机收拾一下那些不太安分、小有麻烦的藩王。除了亲兄弟之外,他与这些旁系远房亲戚没什么交情,况且这些人日益成为朝廷的累赘和负担,因此宣宗不可能对他们太客气。那些为害地方,或是为害于王府内部的藩王,宣宗予以惩治,或致书劝诫;那些行为越轨的不法藩王,宣宗则从严惩治,废为庶人。

继朱高煦之后,又一个被废为庶人的是晋王朱济熿。此人是晋王朱㭎之子,为非作歹,迫害其兄朱济熺及其侍从,毒死生母。后来又与汉王高煦勾结,擅取官粮十万余石积于王府,操练护卫部队,私造兵器,并藏匿逃犯罪人,阴养死士,准备与高煦共同起兵。不料高煦败得太快,并供出了朱济熿。宣宗不想株连过多,暂时未做处理。但济熿仍继续进行谋反活动,并以妖术诅咒宣宗。晋府内外的许多人告发了他的活动。宣宗按"祖训"将朱济熿废为庶人,囚禁于皇陵凤阳,还杀了一批同谋者(《明宣宗实录》卷二七)。

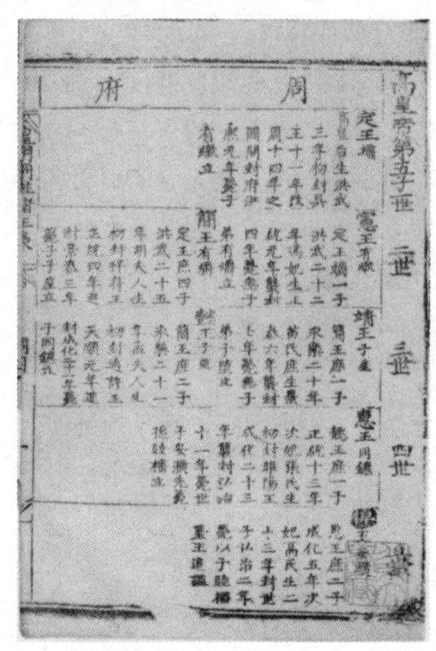

《皇明同姓诸王表》之"周府"

另外两个被废为庶人的藩王,是周府的汝南王朱有勋和新安王朱有熹。二人曾伪造谋反书信,诬陷祥符王朱有爝。宣宗将他们召至京师,当面对质。二人虽然承认诬陷之事,但又都往对方身上推。有熹说:这都是有勋出的主意。有勋说:伪造的印件都在你那里,哪能说都是我的主意呢?有熹揭发了有勋谋害朱有爝的一些事。有勋不甘示弱,立即揭发有熹杀人吃肉的行径。两人相互对骂,狗咬狗。侍从们随即承认诬陷祥符王和赵王一事,完全是二人逼迫干的。大臣们请求按《大明律》处死二人,宣宗不同意,他依照"祖训"将他们废为庶人,囚禁于北京。

当年朱元璋曾将朱有勋、朱有熹、朱高炽、朱高煦、朱济熿等一批皇孙召至京师,集中培训。济熿、高煦、有勋三人心术不正,顽皮轻佻,很不讨皇爷的喜欢。朱有勋长大后颇有些诡道主意,朱有熹则天性狠毒,经常杀人取乐。二人取长补短、狼狈为奸,干了许多违法害人之事。朱有熹后来喜欢生吃人脑和肝胆,经常在天色将晚时,诱杀门前的过路行人,然后吃掉,成为当地的一大祸害。时间一长,周府门前下午三时左右即行人绝迹。这样一个灭绝人性的野兽,终于为朝廷逮捕囚禁,为当地除了一大害,河南开封的百姓们都拍手称快(《明宣宗实录》卷四三)。

3. 宣宗禁止藩王朝见天子,剥夺了他们的特权

除此之外,宣宗几乎一律禁止藩王进京朝见天子,甚至一些藩王想进京致贺谢恩,或是面诉委屈之事,也都为宣宗制止,他为什么要这样做呢?我估计由于当时的藩王绝大部分都是宣宗的长辈,宣宗作为皇帝接见他们,按照当时的

礼教，一方面必须保持君主对臣下的关系，另一方面则要表现出晚辈对于长辈应有的礼数，这样无形之中有损宣宗皇帝的尊严。而解决这一矛盾的最好办法，就是禁止长辈藩王来朝，避免与他们同朝共室，宣宗就可以在朝臣面前，永远保持自己的皇帝权威与尊严了。

不仅如此，宣宗谢绝藩王来朝，还有更为深刻的政治原因。在明代社会中，进京朝见天子本身即是一种特权，是一种高贵地位的象征和标志。平民百姓和大部分中下级官员，根本没有这种特权；而可以朝见天子的藩王其政治地位便大大高于平民百姓和中下级官吏，也高于同级的藩王。禁止藩王来朝，则在无形中剥夺了他们的这一特权，降低了他们的政治地位。藩王尽管都是皇帝的旁系远支亲属，却被切断了与天子的联系，在政治上就与平民百姓和一般官员差别不大了。

从洪武到宣德时期，藩王受到的限制越来越多，不许干涉地方政务，不许随便出城进京，护卫部队越来越少。朝廷又规定皇室成员不许做官，不许经商，只能靠国家发给的禄米和薪俸生活。因此这些人在政治、经济上几乎没什么前途和出路，在宣德时期就已经显示出了没落、空虚的趋向。

4. 藩王成为寄生集团，既空虚又贪婪

藩王们做官、经商都不行，那么这些人干什么呢？代王朱桂的儿子们游手好闲，不务正业，不惜花费重金购鹰玩鸟；老代王则经常身着短衣，头戴秃帽，领着两个儿子招摇过市，手持棍棒，袖藏斧锤，随意抡击伤人。有些亲王还与当地军民赌博取乐，豪饮闹事（《明史·诸王传》）。凡此种种，都显示出这一寄生集团的特点，既空虚无聊，又贪婪凶残。

值得一提的是，在明初商品经济的冲击和刺激下，有些宗藩亲王不顾明廷的限制，设法干起了发财致富的买卖。广西的靖江王曾要求当地官府，将发给他的禄米折成现钞，贩运私盐获利。就藩建昌的荆王朱瞻堈，纵容王府官属占据城壕养鱼，占据操练的教场种菜，并在城门两旁官厅的旧址上盖起店房做买卖（《明宣宗实录》卷一一〇）。朝廷不是给我的"年薪"有限吗？我在自己的城壕里养点鱼，在操场上种点菜总可以吧；你朝廷不是不许我们外出经商吗？

我在城门空闲的办公室、收发室里,卖点自己种的菜、养的鱼总不犯法吧,可谓因地制宜,生财有道。

这些人的作为的确令宣宗头疼,尽管他对宗藩亲王一再削弱和限制,但并不彻底,也不持久。有些事是睁一眼闭一眼,有些事则略为纵容,总之,不过是中央皇权在贵族集团内部对另一部分贵族势力的管制,但这种管制很有限,对整个贵族集团基本上不可能有所损伤。为什么呢?因为包括宗藩亲王在内的贵族阶级,毕竟是宣宗政权的统治基础。他要维护和调节这个基础,而不是削弱它。宣宗削弱和限制宗藩亲王,不过是为了加强中央集权,减少威胁到皇权统治的不利因素,更好地维护和巩固他的政权基础。从这一点来说,宣宗与亲王们的根本利益并无本质冲突。

只可惜明朝的宗藩亲王,在某种程度上不能像正常人一样生活,许多人甚至成为专制制度的牺牲品。许多亲王及其后人因此而做出种种怪诞反常的行为,空虚贪婪,甚至放荡凶残……其实是一种没有出路的出路,一种可悲的出路,这些人的悲剧完全是专制制度人为造成的。

开始于洪武后期的皇位继承权之争,经过朱家几代人的不懈努力,终于大体上解决了。宣宗最终平定了朱高煦的夺位之举,消除藩王对中央皇权的威胁,也是整个"仁宣之治"的一部分。那么"仁宣之治"还有哪些内容呢?在祖父和父亲的政策矛盾之间,宣宗又是如何选择的呢?

二十一　折中求稳

客观条件不允许，宣宗只得遵循父亲仁宗的思路，继续守成，撤军安南、稳定首都、缩小陵墓规模。

明仁宗的献陵

（一）安南战事的困境，宣宗打算先战后和

1. 祖父和父亲的政策严重对立，宣宗避免走极端

按理说宣宗直接继承的东西，应该是他父亲仁宗朱高炽的守成政策。这一点宣宗在他的即位诏书里讲得非常明确："凡宽恤恩典及合行政务，其有开列未尽者，悉尊去年八月十五日以后诏旨施行。"（洪熙元年六月十二日《登极诏书》）就是说宣宗在即位诏书里，对父皇的措施几乎没什么大的改动。但宣宗在实际活动中，并没有完全按仁宗的政策办事，原因是朱高炽和朱棣一个是父亲，一个是祖父，两人的政策都是祖宗定下的规矩，宣宗朱瞻基都需要遵守。

可问题是这两个人的政策差别较大。仁宗朱高炽的许多政策几乎是同朱棣对着干，朱棣派郑和六下西洋，仁宗却下令取消远航；朱棣四次打安南，对外扩张，仁宗却想从安南撤军，让安南恢复独立；朱棣六次出兵蒙古，仁宗却下令边将只要坚守防线即可；朱棣迁都北京，仁宗却准备还都南京；朱棣大肆屠杀建文势力，还流放这些人的家属，仁宗却宣布方孝孺等人是忠臣，下令这些家属从流放地回家……

总之，在一系列的问题上，祖父和父亲的政策严重对立，宣宗如果只学父亲，就等于否定了祖父；可是如果只学祖父的做法，又等于否定了父亲。况且当时的条件和形势，也不允许他再搞朱棣那一套消耗空前的开创大业了，因此宣宗有点两头为难，只能在祖父和父亲之间找到折中点，避免走极端。

2. 宣宗对安南战事有些犹豫不决

当初永乐时期安南出现内乱，明朝应安南政府的邀请出兵平乱，后来干脆将安南并入了明朝的版图。这样一来，明朝出兵的结果就变成了武力扩张，加上派往安南某些的官员包括宦官素质不高，欺压、勒索当地百姓，终于导致了安南军民的强烈反抗。永乐时期四次大规模的出兵安南，每次都耗费了大量的军资和粮饷，但只要明朝大军一撤走，安南军民就会卷土重来，抗击并围攻

驻扎在当地的少量明军。

明朝当时是南北两面用兵,军力、财力都很有限,逐渐经不起这种大规模的消耗了。尤其是永乐后期由于北征的需要,明朝已无法同时支撑南北两线作战,在安南只能勉强维持,无力进行大兵团的进剿行动。因此仁宗一上台,出于全面战略的考虑,就主张尽快从安南撤军,甩掉这个大包袱。但宣宗即位后,并没有完全按照仁宗的政策办。当时驻扎在安南的两个明军将领矛盾重重,打起仗来自然不能齐心协力,加上明朝派往安南的宦官山寿一贯主张招抚,这样一来等于三个人三条心,不可能有效地镇压当地的武力反抗。是继续打下去,还是设法撤兵,宣宗有些犹豫不决。

继续打下去吧,虽然有可能取胜,但消耗肯定会相当大;撤兵休战吧,不仅大明帝国丢面子,同时也会招来非议和指责:这是放弃祖宗基业,或者说是败家子行为。战、和的后果都很严重,因此宣宗才犹豫不决。对明朝比较有利的方案是:迅速取胜,让对方求和,然后撤兵,这样既可以避免更大的消耗,又可以保全面子。

3. 援军出征前朝臣分成两派,宣宗打算先战后和

可能是出于这种考虑,宣宗即位不久就跟杨士奇、杨荣两人先吹风,讲了十几年前还是在南京,仁宗看到从安南押解来的战俘,就曾私下跟他说过,吞并安南只是暂时的,将来还是应该按太祖的意图让安南独立,这样对双方都有好处。杨士奇二人当然明白宣宗的用意,立即表示响应,并且称颂宣宗的想法具有"兴灭继绝"的美意。宣宗得到两位重臣的支持,进而表示要在两三年内放弃安南,并嘱咐二人不要外传(《明宣宗实录》卷一一)。

宣德元年(1426)四月,宣宗任命成山侯王通为总兵官,相当于总司令,率领一支援军前往安南,任务是同当地的明军一道打败安南军队。王通出发时,宣宗召开了一次征求意见的御前会议,宣布了自己希望安南独立、撤回明军的主张,还搬出了朱元璋的祖训,说明自己的主张是符合祖训的。蹇义和夏原吉事先未和宣宗通气,因而不同意宣宗的主张。宣宗显然已经估计到了这一点,因此转头问杨士奇和杨荣:"你们两位怎么看?"

二杨事先已和宣宗通了气,但又不能当众说破,便假装引经据典地说:"安南这个地方过于偏远,甚至不在统治边缘的范围内,汉唐以来虽为郡县,经常叛变或是归附中原王朝,一直没个准儿。为此而损失的兵力和钱财不计其数,但是没有得到一钱一兵的好处。汉元帝时有人建议放弃它,得到史家的肯定。汉元帝不过是个中等的君主,尚且能够布行仁义,何况陛下您是天下人的父母,还能和这些猪狗豺狼之辈计较得失吗?"

宣宗听了自然比较满意。夏原吉可能没有看透,宣宗与二杨的一唱一和是事先准备好的,又或许对二杨如此奉承皇帝有些不满,于是委婉地说:"请皇上容臣等四人再考虑一下。"宣宗给这位老臣留了点面子:"好吧,不过我一向主张和平解决安南问题,与用兵情况没什么关系。"(《明宣宗实录》卷一六)

由此可见,高层领导人内部已经分成了两派。关于安南问题的争论,也逐渐传到了外廷。王通出征时,可能已经得知了宣宗的主和态度,因此,无论是朝中的决策人物还是挂帅出征的主将,一开始就缺乏打赢这场战争的决心。

(二)明军在安南接连战败,宣宗被迫撤军

1. 宣宗增援战败之军,想要取胜的体面和资本

宣德元年十一月,王通率明军在宁桥与安南军队打了一仗,中伏损失了二三万人,并被包围。一个月后消息传到了北京,宣宗大惊,又选派了安远侯柳升等人挂帅,率领七万明军赴援安南。同时命令黔国公沐晟率领另一支明军,从云南出发支援王通。有人可能会问,宣宗不是想让安南独立吗?为什么还要不断增兵呢?其实,宣宗事后讲得明白:先要打败安南的反抗势力,有了取胜的体面和资本,然后再让安南独立(《明通鉴》卷一九)。为此他未同大臣商议,就连续派兵出征安南。但结果怎样呢?

两支大军出发以后半年多,安南军队逐步攻克了明军据守的一些重镇。王通非常害怕,便在援军到达之前私自与敌军议和。直到九月,安远侯柳升率领七万明军才到达安南。有人会问,柳升是宣德二年(1427)年初从北京出发的,怎么走了九个月才到呢?原因很简单,明朝不可能从北京调集部队开往安

南，一来路途遥远，二来北方军人也不习惯在南方作战。因此，只能就近于湖广、四川、浙江、广东、福建等南方各省调集部队，时间当然不会太短。

2. 援军全军覆没，宣宗只好同意安南独立的请求

这个柳升是跟随张辅出征安南的将领，有一定的实战经验。当年张辅曾多次打败安南的军队，据说后来安南一听说张辅的名字就害怕。现在张辅手下的大将来了，并且还带来了七万明军，安南的统帅黎利有些害怕了，赶紧派人送信，想与柳升讲和。柳升一向看不起黎利，又接连取胜，况且也没有得到议和授权，所以黎利的来信他连信封都没拆，就直接派人转送朝廷。

但柳升这个人有勇无谋，打了几个胜仗后便轻敌冒进。在倒马坡战役中，他竟然轻率地只带一百多个骑兵驰过小桥，结果中了埋伏。他刚一过桥，桥就断了，一百多个骑兵陷进泥潭里。这时对面的树林里突然一阵标枪、箭雨射过来，柳升当场中枪而死。这时埋伏在周围的安南军队全部杀出来，并且出动象阵来冲击明军。什么是象阵呢？就是用许多头大象排成的阵势，对付骑兵和步兵威力非常大。加上明军失去了统帅陷于混乱，最后七万人马竟全军覆没。另一支由沐晟率领的明军，也遭到安南军队的截击，被迫退回云南。

王通见柳升败亡，便不等朝廷命令就与黎利讲和，当年十月订了盟约准备退兵。十一月，朝廷得到了安南统帅黎利请求独立的上书，当然还有柳升败亡和王通议和的消息。宣宗征求大臣的意见，张辅坚决反对议和，他对宣宗说，将士们劳苦多年换来的收获，不能白白丢掉，应该调发更多部队出征安南。他还请求宣宗批准自己再次出马。张辅的言外之意是，先帝支持我费了好大力气才打下来的版图，不能在你手里就这么丢了。蹇义和夏原吉也认为，没必要，也没理由同意安南独立，那样做会向天下人表示，明朝向敌人服软了，认输了。

但杨士奇和杨荣却摸透了宣宗的心理，他俩说："虽然永乐时期数万将士的生命，换来了安南并入明朝的版图，但现在明朝是大病刚好，根本经不起再次出兵的折腾，因此应该同意安南独立，这样双方都可以息兵养民。况且汉朝就有这样的先例，还受到后世的肯定，哪能说是认输、服软呢？"(《明通鉴》卷一九)宣宗也表示，只要能达到安民的目的，我是不在乎别人怎么说的(《明史

纪事本末·安南叛服》)。于是宣宗派出使者,勉强同意了安南独立的请求,从而结束了这场消耗空前的战争。

(三)宣宗放弃安南的原因与失误

当初朱棣武力征服安南,将其变为中国的一个行省,是外交上的重大失误。明太祖朱元璋定下的外交国策是,重点防御北方的蒙古势力,而在东南亚一带则保持稳定,这是符合明初整个亚洲实际情况的,尤其是符合明初中国的现实。朱棣北征,力图解除蒙古的威胁,符合朱元璋的外交国策;但征服安南,却违反了这一国策和当时的现实。为什么这样说呢?

因为当时明朝的防御重点仍在北方,对安南已无力进行有效的控制,只能勉强维持,每一次武力征服后维持相对稳定的时间都很短,却消耗了明朝大量的人力和物力。并且当时的安南并不是个富庶的地区,明朝每年从那里拿走的东西大致为:绢一千多匹,漆两千余斤,苏木约五千多斤,翠羽也就是高级鸟类的羽毛两千多根,扇子约一万把。这些都不是明朝必需之物,因此,即使明朝吞并了安南,实际上也没捞到什么好处。

相反,由于连年战争,明朝损失了十几万军队,粮饷军费达到几百万,征调运输的费用尚未计算在内(《明史·王通传》)。不仅如此,明朝每年还要从南方各省调运大批粮食,来供应驻防安南的明军和官员,所有这些消耗的数量较为庞大,仅次于当时的南、北二京(《明太宗实录》卷二五〇),安南已成为一个极为沉重的包袱。况且明朝到安南的交通极为不便,往来只有云南和广西两条道,都是高山峡谷相当难走,明军的往来、粮饷的运送,也都非常艰难。再加上当时打蒙古、下西洋、建北京的巨额费用,明帝国的支出已大大超过了收入。因此,明朝兼并安南实在是得不偿失,更不可能有效地控制安南,这就是宣宗最终放弃安南的根本原因。

今天可能有人对明朝撤军感到非常惋惜,觉得还应该继续打下去,兼并整个安南,甚至每次下西洋都应该多占一些南方岛国,不然两万多人、二百艘船只的庞大贸易舰队,每次的收获实在是太少了。这种想法不仅仅是贪心不足蛇吞象，而且根本不了解这些活动背后的惊人代价。

回过头来看，宣宗在处理安南问题的具体过程中也有几个失误：首先，本来已经决定放弃安南，也明知安南给明朝造成的巨大消耗，就应该尽早派人与安南和谈，安排撤军。但宣宗为了大明帝国的声誉，更为了他本人的虚荣，当然也是为了应付张辅、蹇义这些反对派，因而未同大臣商议，就先后派出三支大军远征安南，力求先在军事上取胜后，再从外交途径体面地放弃安南，这是胜利和体面两头都想得。

结果适得其反，明军遭受了更大的失败，消耗了更多的人力、财力后，被迫放弃安南。宣宗的虚荣和贪心，使他想要的胜利和体面都没了，两头哪一头也没得到。由此可见，不论什么人，尤其是一个决策者，应该权衡利弊，力求得到最有用、最重要的东西，不能什么都想要。如果什么都想得到，最后往往什么也得不到。宣宗在这件事上就没想明白，结果输掉了整个安南之战。

安南之败不仅使明朝的声誉受到影响，也断了宣宗的退路，使他本人在处理败将王通时，显得颇为尴尬和被动。出兵安南的两个将领，王通几乎是没怎么打就要讲和；而柳升则是有了讲和的机会和优势，却非要放弃这些而坚持进攻，结果遭到失败。他们都没有清楚地看到，安南之战根本不是单纯的军事行动，还有外交因素在里边。但令人奇怪的是，宣宗并没有把自己的战略意图明确地告诉他们，加上北京到安南的距离太远，无法有效地遥控，军事与外交活动脱节，明朝最终丧失了取胜和谈的优势。

其次，在选任远征军队统帅的问题上，宣宗用人不当。虽然王通、柳升都曾跟随朱棣北征，柳升还曾跟随张辅几次远征安南，但两人都不是可以独当一面的将才。王通的胆量和谋略都不行，一次战败，即灰心丧气，一蹶不振；柳升则有勇无谋，容易被眼前的胜利冲昏头脑，只顾冒进，最后中伏身亡。

值得一提的是，这次远征安南宣宗没有用名将张辅为统帅。永乐时期，张辅曾四次率军平定安南，当时这位三十几岁的青年统帅以其卓越的军事才能，指挥明军打败了数量上占优势的安南军队，尤其是打败了威力极大的象阵，使安南军队一听到张辅的名字即闻风丧胆。但张辅是朱棣颇为器重的军事主帅，在安南问题上和朱棣一样是强硬的主战派，他不想看到明朝用于安南的军队和军饷白白浪费,因而坚决反对放弃安南。

很明显,张辅的想法同宣宗放弃安南的主张存在着严重的分歧。宣宗可能会担心,张辅不可能忠实地贯彻他的和平意图,况且张辅是朱棣时期的军事主帅,自己有些难于驾驭,因此他未用张辅为远征统帅,也是不难理解的。但宣宗任用王通和柳升之前,未同张辅商议,未能审慎地选用更为合适的将领,则是一大失误。事实上永乐时期多次南征北战,培养和锻炼出了一大批能征惯战的将领,王通、柳升之外,并非没有更为合适的统帅人选。

第三,宣宗对整个安南之役缺乏必要的战略指导,或者说明军没有一位主帅来指挥全局。除了原来明朝在安南的驻军外,王通、柳升、沐晟三路大军各行其是,未能很好地协调配合。许多重镇的明朝驻军也未能同三支大军相互配合,基本上处于各自为战的混乱状态。这样的局面使安南军队得以集中优势兵力,对分散的明军各个击破。

事实上,昌江等军事重镇城池坚固、粮储丰足,是明军在安南经营多年、易守难攻的军事堡垒。安南军队为了攻克这些重镇,付出了相当大的代价,数月以来曾经几次屯兵于坚城之下。明军若能及时赴援,内外夹击,便可以取胜,至少可以守住一些重镇。但王通等人畏敌如虎,敛兵不出,致使一座又一座的重镇接连被安南军队攻克,并逐渐对明军形成了包围的态势。

双方的力量对比也发生了重大变化:交战初期,明军人数虽然不多,但很集中,占据许多军事重镇,训练有素,装备精良;安南军队则较为零散,缺少装备。交战后期明军损失巨大,被压缩在一些狭窄的城池、地区内,士气低落,丧失了优势和主动权;安南则全民皆兵,占领了大部分地区,士气高昂,可以较为灵活主动地打击明军,最终取得了胜利。从这一点来看,军人出身的黎利的确具有较为出色的军事才能,逐渐把握住了对明战争的全局,指挥安南军队打败了明军。宣宗尽管早年曾跟随朱棣北征,但并未从中学到更多的军事才干,尤其是指挥全局的战略才干,因此在安南问题上只画了一个不甚圆满的句号。

第四,明朝对安南的统治政策有严重失误,派驻的官员大多政治素质不高,宦官肆虐逞威。朝中大部分获罪的官员和犯人被发往安南,安南简直成了罪犯和官员的流放地。那些被降职派往安南的中下级官吏,根本不可能尽职尽责地管理当地政务,有些人甚至以征服者的姿态来对待当地百姓,造成了安南百姓与明朝官员之间的严重对立。黄福在安南做了许多卓有成效的安抚工作,为当地百姓所拥戴,甚至在多年之后,出使明朝的安南使者还称赞黄福"南交草木,亦知公名"(《明史·黄福传》)。但在洪熙时期,这位能臣却被调离安南,安南很快便陷入了明朝的恶劣统治之中。

黄福像

宣宗继位,未能及时调整对安南的统治政策,王通兵败后,才召回黄福再赴安南,安抚当地百姓,但为时已晚。政治安抚与军事行动更未能很好地配合,导致安南反抗的危局益发不可收拾,明朝最终被迫放弃了安南。黄福被俘后受到优待,安南军民给了他不少好东西,把他礼送出境,甚至黎利也说:"如果明朝派来的人都像黄福这样,我们哪能起兵造反呢?"(《明通鉴》卷一九)话虽如此,可实际上安南的反抗和独立是不可避免的,即使是黄福不走,也改变不了这个趋势。

从上述四点情况来看,宣宗在统帅人选、战役指导和外交政策等方面,都有较为严重的失误,但是尽管如此,宣宗最后毕竟从安南撤军,为明朝甩掉了一个相当沉重的包袱。

(四)第七次下西洋及其恢复的原因

1. 宣宗派人第七次下西洋,航行范围最广

宣宗即位后一直没提再下西洋的事,但到了宣德六年(1431),他觉得条件差不多了,于是派遣郑和、王景弘等人第七次下西洋,也是明代官方最后一

次远航西洋,前六次都在永乐朝。当时这支远航船队的大综(或称主力船队)沿着主要的、熟悉的航道航行,小综(或称辅助船队)则沿着一些次要的、不太熟悉的航道航行,为什么这样呢?因为有些较为狭窄的航道大船进不去,只能由小型船队往来,造访一些从前未到的小邦国。两者分别完成不同的外交和贸易活动,相互配合,编织了一个覆盖面较大的海上外交和贸易网络。

同前六次远航相比,宣德时期第七次下西洋的成就毫不逊色。从现存资料来看,这次远航是小综船队和分支航线最多的一次,因此覆盖面最大,航行的范围最广。这一点同样是航海成就的重要标志之一。就是说,在分析郑和下西洋的成就时,只讲船队最远到达什么地方是不够的,还要加上航行的范围和覆盖面,因为这一点同样反映出人类对海洋的探索和征服程度。

这次远航结束前,伟大的航海家郑和病逝于印度的古里,主力船队载有郑和的遗体,不便继续航行或于途中停留,因此只好提前返航;其他小综船队则陆续聚集于满剌加,就是今天的马六甲,于1433年,即宣德八年结队返航。但整个船队在失去主帅的情况下,竟能非常有序地顺利返航,同样说明航海水平是相当高的。同时,这次远航的外交效果也是较为突出的。宣德八年后,北京曾经出现了又一个海外使团来访的高潮,其中许多使团来自南洋、波斯湾和东北非洲(《明史·宣宗本纪》)。就是说,郑和第七次下西洋之后,来访北京的外国使团之多、距离之远同样是不多见的。

2. 宣德六年以后恢复下西洋的原因

为什么宣德六年以前宣宗没有再下西洋,而非要等到宣德六年以后呢?从当时的情况看,我认为有三个原因:第一,宣德六年以前整个社会经济尤其是综合国力,经过永乐时期的折腾、消耗之后,尚未恢复到永乐初年较为强盛的程度。仁宗即位之初,杨士奇曾对当时的局势有个估计:"还有许多流浪的百姓没有找到归宿,国家的过分消耗还有恢复元气,各地几乎都有吃不饱的贫困群体,起码还需要再有两三年的休养生息,差不多才可以使百姓达到温饱线以上的生活水平。"(杨士奇《东里别集》卷二)

宣德初年老臣夏原吉也说过,"今天社会虽然稳定,但是百姓贫困的局势并未得到缓解和改变"(夏原吉《忠靖集》附录)。夏原吉长期主管财政,对当时的情况肯定较为了解。因此,明朝综合国力尚未恢复元气,使宣宗在宣德六年以前不可能贸然恢复远航西洋之举。

第二,仁宗即位时明确宣布了停止下西洋,宣宗不可能在短期内贸然违背。当初朱棣在永乐末年下令暂时停止下西洋,仁宗在登极诏书里则非常明确、非常坚决地宣布全面停止下西洋,同时也取消了与此相关的一系列活动,这项决定无疑得到了当时统治阶层乃至整个社会的拥护和支持。而宣宗在他即位时曾明确表示,即位诏书中未写明未开列的相关问题,完全依照其父仁宗登极后诏书中的规定执行,因此,如果宣宗在即位的前几年就恢复下西洋,就会使人感到他已经很快抛弃了仁宗的政策,也违背了自己即位时的方针。

福建长乐显应宫出土郑和像

第三,老臣夏原吉在世,也是宣宗不能很快恢复下西洋的重要因素。各位知道,永乐后期整个明朝的国力消耗极大,身为主管财政的户部尚书,夏原吉非常坚定地反对下西洋、北征等一系列开创性活动。仁宗即位后,他的主张得到了实现,仁宗登极诏书中的相关内容,几乎完全出自夏原吉的主张。宣宗上台后,实际上继续执行了夏原吉的一贯主张,并且宣宗和夏原吉的私人关系极好,宣德前几年的许多政务几乎都要征求夏的意见,他在整个辅政集团中差不多占据了首席的地位,因此,只要夏原吉不同意,宣宗是不会轻易恢复下西洋的。

但是宣德六年后,上述情况发生了变化,社会经济尤其是综合国力有了一定的恢复,仁宗登极诏书的影响也逐渐淡化,宣德五年老臣夏原吉也去世了,反对下西洋的阻力大为减少。在这种情况下,宣宗才敢于恢复下西洋之举。

（五）稳定局势的重要措施：稳定首都、缩小陵墓

宣宗还采取了两项稳定局势的重要措施：第一，稳定首都，避免折腾。各位知道，当年仁宗为了避免政治中心和南方的经济中心分离，决定把首都从北京迁回南京，还特意派出身边的一些太监去收拾南京的宫殿，甚至还让太子朱瞻基先回南京打前站，自己要等到初夏就回南京，只是还没来得及办就去世了。宣宗在北京即位后，既不说回南京，也不提定都北京，两京机构几乎完全保留下来。为什么呢？因为如果宣宗宣布还都南京，就等于否定了祖父朱棣的迁都之举；可是如果他宣布定都北京，又等于否定了父亲还都之举，左右都不好办，所以最好还是一字不提。

宣宗虽然未将首都迁回南京，但结果是避免了又一场折腾。各位可以想象，仁宗上台后，大明王朝刚刚经历了永乐时期的迁都、北征、远航等活动，好不容易才从这些消耗巨大的折腾中安定下来，百姓刚刚喘了一口气，如果宣宗再把首都迁回南京，再折腾一次，虽然宫殿建筑是现成的，不用重建，但搬迁的规模也是相当大的，国家和百姓就得再折腾一次，至少是再挨一次累，再耗一遍财。所以宣宗没有回迁首都，对于社会和百姓的稳定都是非常有利的。

那么宣宗本人是否想要迁回南京呢？恐怕他也不想迁回去，因为如果他真想迁回去，总是可以找到理由的，并且也用不着下很大的力气，弄那么多花鸟鱼虫、铜炉瓷器来装修北京了。后来正统时期正式确立了北京的地位，恐怕也受到了宣宗的影响，否则当时那些大臣也不会鼓动小皇帝下令定都北京。因此，宣宗其实也不太想迁回南京，也正因为这一点，大明王朝才避免了又一次大折腾。

第二，陵墓缩小，营建从简。各位知道，北京的十三陵有三个陵墓的规模最大，分别是长陵、永陵和定陵，因为这三个陵的主人是太宗、世宗和神宗，在明代皇帝中在位时间都很长，并且由于政治上的原因，三个陵墓不仅规模大，装修也最讲究、最豪华。为什么呢？简单地讲，太宗朱棣是个夺位的皇帝，他总要显示自己的正统，树立自己的形象，甚至还有点想和南京的太祖孝陵媲美的意图，因此朱棣的长陵带有政治工程和形象工程的性质。世宗朱厚熜是以藩

王的身份当了皇帝，情况与朱棣有些类似，就连他没当过皇帝的父亲，都被想尽办法追认成了皇帝，因此他的陵墓当然要向最好的陵墓看齐了。神宗朱翊钧倒是没有这些因素，但是他后来处处跟大臣对着干。大臣建议他修一个普通的陵墓，他却非要跟祖宗里最好的陵墓一样。因此，十三陵里才有了这么三座规模庞大的陵墓。

同规模宏大、装饰豪华的长陵相比，排在后面的仁宗朱高炽的献陵，不仅规模小得多，装饰也很简朴，根本不是一个级别。长陵的祾恩殿是建筑在汉白玉雕刻成的三层台基上，金砖铺地。殿面阔九间，进深五间，象征着皇帝"九五"之位。整个祾恩殿用了六十根十几米高的金丝楠木大柱，每一根都有一米多直径，两个人才能合抱过来，据说都是非常罕见的、上千年的珍贵木料。献陵祾恩殿的装饰可就差多了，方城和明楼也不像长陵那样雄伟、高大；长陵陵宫的建筑面积超过十二万平方米，献陵却只有4.2万平方米，仅仅是长陵的三分之一；长陵前面的神道上还有许多石人和石兽，而献陵的神道上根本就没有石人、石兽。

朱棣和朱高炽都是明朝的皇帝，而且还是父子俩，可是为什么陵墓的差别会有这么大呢？仁宗朱高炽在位不到九个月就去世了，他的献陵是宣宗修建的，缩小了陵墓的规格。在宣宗处理的一系列政务中，这件事曾被后人高度评价，至少是大大节省了修建陵墓的人力、物力。那么宣宗为什么不按祖父长陵的标准，来为父亲修建一座同样高大豪华的陵墓呢？

据估算，当时这种规格的陵墓，至少要花掉八百万两白银，换成今天的人民币，不知道是八个亿还是八十个亿，反正是相当奢侈的。问题是永陵和定陵都是在明后期修成的，那时国家的综合国力要相对雄厚一些，并且世宗和神宗都是在位四十多年，就算是从中期开始修建，用了大约三十年，那么平均每年修陵的白银不会超过三十万两。而朱棣的长陵是在明初修成的，国家的财力还不像后期那么雄厚。朱棣在位才二十二年，据说是长陵从永乐七年才开始修建的，大约修了十五年，那么八百万两的修陵费，每年平均至少要超过五十万两，这笔工程费用和劳役负担，对于一个同时举行营建首都、南北开战、远航西洋的国家来讲，实在是一个相当沉重的压力。并且朱棣的长陵开了头，按照惯例,后边的陵墓规模就要一代一代地跟着学,不能缩小,不能掉价。

估计仁宗很可能也想按照长陵的规模,来安排和规划自己的陵墓工程。好在他命短,在位约九个月,还没来得及安排这件事就死了。当时明朝刚刚结束了永乐时期的大折腾,尚未恢复元气,如果按照长陵的惯例,再修一个八百万两的超级陵墓,恐怕百姓还要累吐血。并且即使是给仁宗修成了八百万两的陵墓,宣宗自己呢?还要再拿八百万两再给自己修一个吗?这么干不仅国家财力无法承受,时间上也办不到啊!

各位知道,要修建一座像长陵那样规模较大的陵墓,在当时至少需要十年以上,可是这样一来,先帝的丧事就无法在短期内办完,先帝也就不能入土为安,不知道要拖到何年何月。这是继位的皇帝必须考虑、必须解决的。怎么办?正好仁宗的遗诏里有丧事从简的内容,于是宣宗就顺水推舟地做了一个决定:按照从简的原则来修建仁宗的献陵。这件事首先得到了蹇义和夏原吉的赞成,二人都说还是皇上的圣见高瞻远瞩,既体现了至孝之心,又节省了开支,为后世带来了好处。

宣宗可能是受到了鼓励,于是就亲自动手规划设计献陵,结果仅用了三个月,就修成了,气势和奢侈的程度当然比不上朱棣的长陵,但确实是省钱又省工,并且后来明代帝王的陵墓,绝大部分都按献陵的规模来修建,同样省钱省工(《明史·蹇义传》)。因此可以说,宣宗缩小规划献陵,为后来的陵墓工程开了个好头。当然,这件事本身并不能说明宣宗一概反对奢侈,拒绝豪华,他只是限于当时的条件,在修陵这件事上打破了朱棣的先例,为后代做出了榜样。

(六)守成政治并不等于保守

在打安南和下西洋等问题上,宣宗的祖父和父亲几乎都有截然对立的政策,而宣宗采取的则是与二人不同的折中政策。西洋只下了一次,安南先增兵再准备和谈独立,对蒙古则是以巡视边境为主,不再出击。至于对建文遗案的处理和还都南京两件事,宣宗则采取了另外一种态度,一字不提,或不置可否。由此可见,他似乎更倾向于祖父的政策,骨子里也想追慕祖父的霸业,但是现实的条件已经不允许他再像朱棣一样了,因此他别无选择,只能以父亲的思路为主,继续守成,也就是继续以稳定务实为指导方针。缩小仁宗的献陵规模,营建从简,就是一个例证。

1. 朱棣的外向型活动未必都有正面效果

同永乐时期相比,仁、宣二帝更注重内政,更注重民生,关注统治政策和体制的调整和经济的发展,是一种内向型的守成政治。朱棣的关注重点,显然不在内政和民生,他是一个外向型的君主,折腾较多,消耗空前,国家和百姓付出的代价大,虽然南北出击、迁都远航等活动的积极意义不容否认,但具体做法是否完全有必要,是否有些过分之处,则应该具体分析。如六次北征(包括朱棣之前丘福的北征),第三次已经和敌方进行了决战,并重创了敌方主力,敌方的威胁已有所减轻,是否还有必要连年出击,并且是在人马、粮饷大量消耗,甚至无法保证供应的情况下。

六下西洋,除了国际贸易和外交活动之外,郑和率领的庞大舰队,很大程度上是维持所到之处的和平,解决国际间的纠纷,用现在的话说相当于"国际警察",并接受各国的朝拜,在当时似乎完全取得了外交上的胜利,获得了大国的面子和尊严。但郑和舰队一走,各国又恢复了原样,有些国家甚至记载,当年郑和是代表明朝皇帝前来朝拜他们的。由此可见这种远航外交活动,并未都像明人当时看到的那样,都是胜利和荣耀的一面。

同时,郑和的舰队除了为朝廷"取宝"之外,还有一个重要的使命,那就是将以前从明帝国逃到海外的人抓回来治罪,这种事反映出当时统治者的一种心态和理念,即逃出帝国的人必须受到惩治。这是一种传统,至少明初是这样,当时朱元璋曾定了一条有名的法律,即"士大夫不为君用"是有罪的,甚至该杀,理由是你不来当官就是看不起我,是看不起我的朝廷,就应该除掉。这是专制帝王一种自卑加自负的狭隘心态。朱棣虽然没有完全继承这条法律和政策,但抓捕离境者的做法,同朱元璋的心态是一样的。

再看打安南,明朝虽然是应安南的请求,为平定安南的内乱而出兵,但安南发动内乱的一方虽然没有获得明朝支持,却也早已明确表示不敢得罪明王朝,这一方人马在截杀明朝护送的陈氏时,非常注意不伤害明朝的护送军人。在这种情况下,明朝有必要大军长途跋涉、多次出击吗?况且明朝残酷的武力征服之后,又实行了高压混乱的民族统治,多次激起了安南军民的反抗。明朝不从改善统治入手,反而一再出动大军征服安南,结果和几次北征一样,人马粮饷同样不断地大量消耗,是否有必要呢?

总之,朱棣是关注外部世界的外向型君主,在位期间的主要活动消耗太大,超过了当时明帝国的负荷能力,虽然其中的积极意义不容忽视,但他给人的感觉是一个篡位者,有急于改变人们的看法、树立自己光辉形象的心态。这些活动带有炫耀、卖弄的成分,说到底是个武夫的做法。

2. 守成政治不折腾,也是一种进取

相比之下,仁、宣二帝与朱棣心态不同,更加注重内政和民生。鉴于朱棣大折腾之后的状态,及时调整了国策,改正了许多弊端,使明朝恢复了稳定,获得了进一步的发展。有人认为朱棣气魄大,是一种开拓型的君主,仁、宣二帝则过于保守,虽然有一定道理,但是各位要知道,仁、宣二帝的守成政治并不等于保守。对民生内政的关注,往往比朱棣那样大折腾更能使社会获得发展,同样需要一定的气魄和才干,也同样是一种进取。

因此,不能完全以外交和军事活动,作为衡量君主气魄、功业的唯一标准。况且永乐一朝实际上是从内战加大屠杀开始的,虽然后来进行了南征北讨、远航迁都等一系列空前之举,但同当年汉武帝好大喜功的做法一样,结果是劳民伤财,消耗极大,当时那些巨大的功业,没有也不可能掩盖相应的弊端。对于这一点,多次监国的太子朱高炽,尤其是朱棣的那些老臣是有清醒认识的。

这些老臣在永乐后期尤其是仁宣时期,逐步认识并改变了永乐时期外向、折腾的做法,恢复了洪武后期形成的稳定局面,实在是完成了一项了不起的转折。后人把仁、宣十年的功业称为"仁宣之治",而不是称为"永宣之治",就是指仁、宣二帝为首的统治集团,从理念到做法都和朱棣永乐时期不同,"永""宣"不是一回事。虽然永乐到宣德经历了三个皇帝,但从永乐到仁宣的转折却是同一代人完成的,即辅政集团的夏原吉、蹇义、三杨这些人;同时,仁、宣二帝,尤其是仁宗开启并主持了这项转折,同样功不可没。除了"仁宣之治"的上述内容之外,宣德时期的司法出现了哪些转折呢?宣宗又是怎样实现转折的呢?

二十二 司法转折

宣宗开启了明朝的司法转折,确立了较为公正、合理的司法体系和司法制度,但却纵容武官的贪腐。

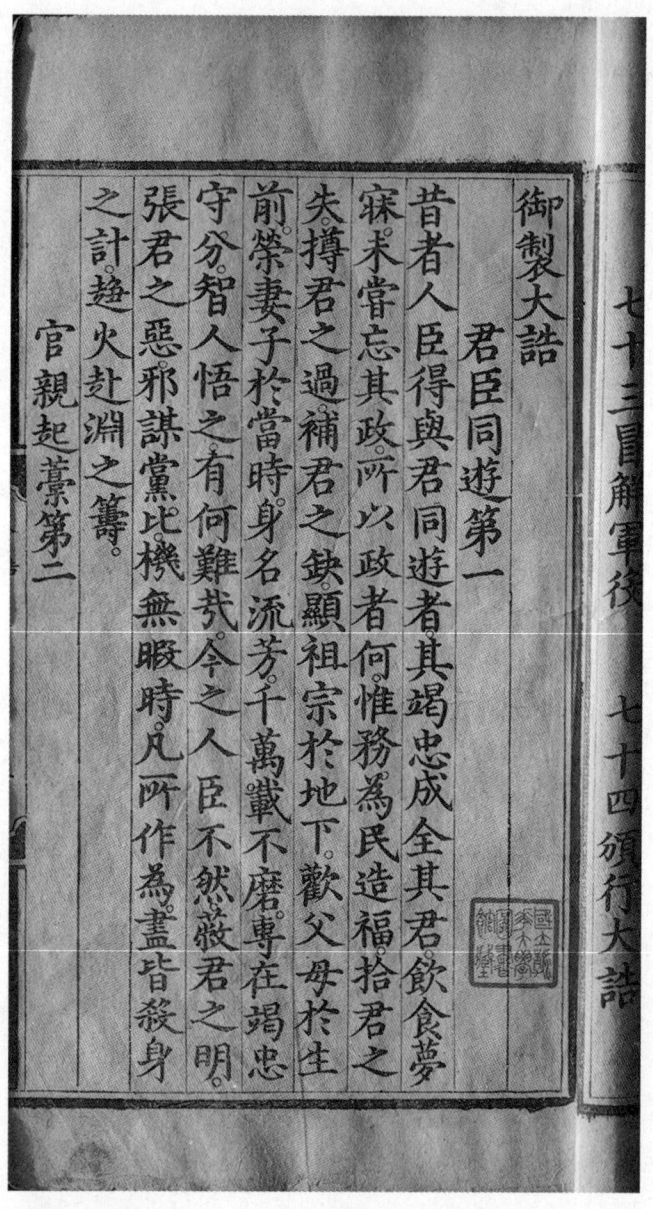

《大诰》书影

（一）洪武到洪熙朝的司法转折

1. 洪武、永乐时期的司法状况

要讲清明宣宗整顿司法、裁决案例，就必须先讲一下从洪武到仁宗的大转折。各位知道，从洪武到永乐朝，朱元璋和朱棣差不多都实行一种恐怖政治，屡兴大狱，司法机构和制度在很大程度上，成为他们二人制造冤案、诛除异己的工具。从政治背景来看，洪武时期皇帝朱元璋与文武大臣之间，存在着不易调和的权力冲突，嗜杀成性的朱元璋不惜连续制造大血案，诛杀大量文武权臣，以调节他与臣下的权力冲突。

朱棣是从侄儿手里夺位的，他上台后把建文忠臣都当做奸党来对待，采取了极其残暴的手段来镇压这些人，比如全族杀掉，挖祖坟，妻女发配到浣衣局、教坊司这类备受屈辱的机构，远亲发配到边远地区，甚至到了一百多年后的隆庆、万历年间，还要不断从远亲的后代中挑出人来戍边。朱棣对待建文忠臣，基本上是一种赶尽杀绝的做法。那么对待那些提意见或是不合作者，朱棣又是用什么办法呢？虽然不是赶尽杀绝，但也是猜忌加镇压。

各位知道，朱棣是个夺位的皇帝，虚荣心和猜忌心都极强，就怕别人背地里议论他，因此特别重视诽谤罪。朱棣重用的陈瑛、吕震、纪纲等人，也都摸清了朱棣的特殊喜好，想方设法用这一条来迫害朝中大臣，解缙、周新、萧仪等大臣都是无罪而死，或者说都是死在朱棣的猜忌之下。至于太子监国的辅臣更是朱棣猜忌的对象，几乎每一次监国都会有太子的部下被关押、被杀掉。最后竟连德高望重的老臣夏原吉等人，由于反对朱棣的冒进都差点被杀掉。

2. 洪熙朝开启的司法转折

由于朱棣的这套做法非常不得人心，太子朱高炽更是严重受害者，因此他即位后，非常坚决、迅速地改变了朱棣的做法，针对永乐时期用法尚严、株连过多、法外用刑、枉法立案等不正常的情况，仁宗下令司法部门用刑尚宽，不许轻易判处极刑；不要株连过多，除谋反一类的大罪之外，其余罪犯只罪本人；禁止用法外鞭背等刑罚手段对待罪犯；断案必须公正，不许枉法害人等等。

前面讲过，仁宗在即位初期几次对大臣说过，"永乐时期的司法情况很糟糕，司法部门上报的大逆不道的理由往往是编造出来的"。仁宗还指出，有些人以诬陷别人作为政绩，有人只要一两句话涉及国事，就被定为诽谤罪，本人和家庭都遭难，谁也无法为其申辩。因而仁宗下令："今后但有告诽谤者，一切勿治。"(《典故纪闻》卷八)

这道诏书是洪熙初期有名的《恤刑诏》，其中最后一条内容，明显是针对永乐后期的《禁谤讪敕》。各位还记得吧，当时朱棣发布这道敕令，目的就是给那些提意见的人扣上攻击朝廷、诽谤政府的违法帽子，使他们根本没有辩解的余地。现在仁宗不仅把这顶帽子给摘了，并且下令不许再以这种借口治人之罪，给人乱扣帽子。

洪熙元年三月，仁宗对司法官员说，往年司法机关根本不讲什么公正、宽厚，喜欢罗列罪名，现在治理国家最急需的就是让大家畅所欲言，最糟糕的就是不让大家讲实话，为什么非要用诽谤的罪名不让人讲话呢(《明史·刑法志》)？

当初朱高炽作为太子在南京监国的时候，负责监察的都御使陈瑛等人，不断揣摩朱棣的心思，整天都想着挑别人的毛病，或是诬陷他人，朝中大臣被他灭族的就有几十家，许多人都是无辜受到株连。太子恨透了这种人，但他们背后都有朱棣撑腰，因此太子对他们无可奈何。

这些人里有个叫赵纬的，后来升官外调，当了浙江省的副使，相当于今天的副省长。仁宗即位后有一天赵纬来朝，仁宗一见到他的名字立即对人说："这个人还活着呐！他可是跟毒蛇毒蝎子没什么两样啊！"然后下令把他贬为嘉兴县的典史(《明史·奸臣传》)。可见仁宗对这种人的印象太深了，几乎是恨之入骨，所以事隔多年，一见到名字就把他贬为县里最基层的官员，大致相当于从副省长贬为县里的科长。

宣德时期政治形势发生了很大的变化，几乎不存在威胁皇权统治的政治派别，社会形势较为稳定，朝野上下都希望能结束洪、永时期那种不得人心的恐怖政治。适应这种变化，洪熙、宣德时期司法活动的重心也发生了改变，从制造血案、打击和镇压反对派，转变为以审理日常案件为主。仁宗在位不足一年，即因病去世，他那些具有转折意义的司法政策，基本上为宣宗所继承。

（二）几项重要的司法转折措施

现在的电视剧里常有这样的镜头，古代罪犯的家人在衙门外或是宫门外，抡锤击鼓诉冤。那种鼓叫做登闻鼓，是专为诉冤或其他急事而设立的。不过明代的登闻鼓不在皇宫门外，本来是在长安右门外，就是今天中山公园南门前的西长安门，但是当时的许多犯人或家属几乎无法赶到那里，只能赶到都察院和通政使司，敲击那里的登闻鼓诉冤。明代的都察院以及刑部和大理寺，都在今天北京的民族饭店以北，当时合称三法司；通政使司大概位于现在的前门大栅栏以西，当年这里和都察院都有登闻鼓。宣宗审核的一批案件中，有些就来自犯人或家属敲击登闻鼓的上诉。

在明代的司法审判体系中，皇帝不同于一般的法官，而是具有特殊的地位和作用，主要负责法律的制定和死刑等重要案件的复核。当然，每个皇帝的情况不同，参与司法活动的情况也不同。宣宗在这方面的特点之一，就是并没有完全按照《大明律》来判案，而是另有自己的一套。宣宗负责复核重要案件，有时甚至还亲自审问罪犯，进一步复查司法部门的裁决结果。在这一过程中，宣宗力求宽仁、公正处理案件，纠正了一批冤案、错案，注意安抚民心、改正前朝的弊端。更为重要的是，宣宗实现了明代司法的转折。

1. 开启并促进了"律例"司法体系的形成

洪武时期的司法活动虽然有《大明律》作为法律依据，但同时也有《大诰》三编作为补充和辅助的司法依据。朱棣上台后的即位诏书中，虽然明确宣称断案要依据《大明律》，但却废除了建文时期的司法政策，在很大程度上继承了洪武时期那种严猛治国的司法政策。仁宗的即位诏书明确否定了永乐时期断案需要罗织罪名的司法政策，也等于变相否定了洪武时期《大诰》三编，否定了这本书作为法律补充条款的特殊地位（《明仁宗实录》卷一）。

宣宗的即位诏书中，虽然没有明确重复仁宗的上述规定，但在诏书的末尾重复并强调了仁宗的司法政策，同样是变相废除了前朝《大诰》这类的补充法律，也就是否定了洪武、永乐时期严打高压的司法政策。

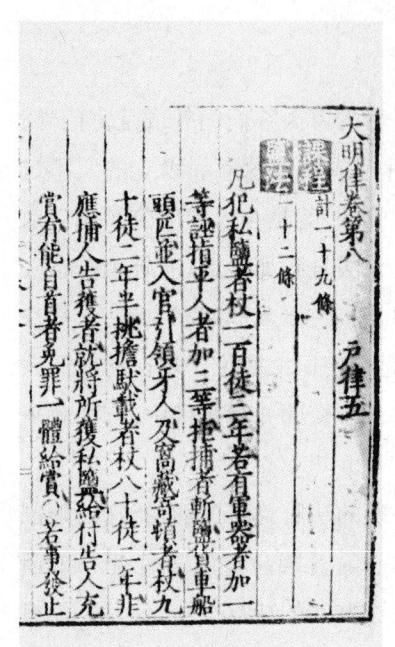

《大明律》（明刊本）

《大诰》三编其实是"例"的一种，法律和《大诰》并用，是朱元璋在明初特殊条件下实行的一种司法体系。而宣宗变相废除《大诰》三编，等于废除了前朝特殊条件下实行的"例"。他在司法活动中既根据《大明律》，又根据具体情况对不同的案件做出不同的处理，形成了本朝的"例"，下一朝皇帝判案同样可以在保留《大明律》的基础上废除前朝的"例"，处理具体情况另当别论。这是一种正常条件下的"律例"司法体系，这样做的意义在于保持和维护了"律"的稳定性和权威性，既有利于控制判案的随意性，又保持了一定的灵活性，同时也保持了法律制度设计与实际操作之间的相对平衡。

宣宗以后英宗、景帝、宪宗诸帝也都按照宣宗的做法，在即位诏书中宣布司法活动完全以《大明律》为依据，并废除了前朝断案的先例。但由于案情和判案的方式具有一定的相似性和连续性，因此《大明律》以外的某些案例，也被作为法律的补充依据而逐渐保留下来。到了弘治时期，明代这种"律例"并行的司法体系已基本形成，因此，孝宗的即位诏书中已经没有"断案一依《大明律》"之类的条款了，而只有一些判案的具体规定。

从上述情况看，明代前期到中期逐渐形成了"律例"并行的司法体系，宣德时期是这个体系开始构建和形成的重要时期。宣宗废除前朝之"例"、"一依《大明律》科断"的做法，为后来的几朝皇帝所继承，并且最终形成了"律例"并行的司法体系,从而有效地保持了法律制度设计与实际操作之间的相对平衡,显示出宣宗司法活动的特殊意义。

2. 进一步确立了大理寺的地位,案件极少送交锦衣卫诏狱

在明代的司法审判体系中,复审、复核案件虽然是大理寺的职责,但是在洪武和永乐时期大理寺的这种职责和地位并不突出,许多案件并没有经过大理寺的复审、复核,而是由皇帝直接插手审理和判决,或是大理寺仅仅走个过场,因此大理寺的作用和地位并不明显,甚至可有可无。

但是宣宗审理的案件中,绝大部分都是大理寺复审时有争议的案件,因此宣宗等于替大理寺进一步复审并裁决案件。对于那些司法部门审理完毕,交他最后裁决的案件,他往往会令大理寺详加复审,或是亲自复审。这样做的结果无疑是使大理寺复审的职责和地位,在司法机构中进一步得到了确立和加强,并且这种做法多少改变了以前皇帝个人滥用专制权力、直接插手案件的审理和判决的局面,同时对于提高法律判决的公正程度,也具有一定的意义。

当年朱元璋虽然迭兴大狱,杀人如麻,但后来却焚毁了锦衣卫的刑具,下令囚犯一律送到刑部审理。洪武二十六年(1393)朱元璋更是强调这条禁令,明确下诏无论是宫廷内外的大小案件,都不得送交锦衣卫诏狱,而是一律由司法部门来审理。这里顺便说一下,锦衣卫是皇帝几十个亲兵卫中的一个,但是地位特殊,里边有个特别的监狱,可以不经过外面的司法系统来审理案件,处治犯人,是皇帝直接控制的一个司法机构,后人称为诏狱系统。锦衣卫诏狱关押、处治犯人,往往都是皇帝出于政治目的而收拾的人。

由此可见,锦衣卫诏狱完全是专制皇权的产物,洪武时期已经给社会造成了很大的危害,朱元璋对此也有一定的认识,因此才下令不再启用。但朱棣夺了皇位之后,为了镇压反对势力,重新恢复了锦衣卫的诏狱,任用并纵容纪纲等人推行恐怖的特务政治,结果民愤太大,不利于巩固统治,朱棣不得不拿纪纲、陈瑛当替罪羊而杀了他们,但由锦衣卫掌管诏狱却照旧不改(《明史·刑法志》)。因此朱元璋当年那道各种案件都不许送交锦衣卫的诏令,实际上等于被朱棣作废了。

并且永乐朝的许多重大案件,朱棣几乎都是先定有罪,然后再让司法官员寻找法律条文判决,尤其是朱棣迫害太子的部下、镇压提出不同意见的大臣。而宣宗则很少这么干,相反几乎都是对有罪者或罪犯依法定罪,依情、依理具体审理,并且极少将案件送交锦衣卫诏狱。这一点既反映出明代司法的进步,也反映出宣宗朱瞻基与朱棣在治国理念上的某些差别。

3. 榜文劝谕,"辟以止辟"

明代法规体系中除了《大明律》之外,皇帝的大诰、诏令、榜文、则例同样具有法律效力,相当于今天的各类红头文件。洪武时期的《教民榜文》是非常有名的。这类榜文分为两种,一种是"榜示",一种是"榜谕"。二者的简单区别在于:"榜示"的法律效力比较强,具有雷厉风行的效用和先兵后礼的寓意,一般都是在宣告罪犯罪行时颁布处罚情况,并对同类罪犯进行警告;"榜谕"则偏重于劝谕,具有惩恶扬善的效用和先礼后兵的寓意,一般都是先公布某些禁约和相关的犯罪现象,然后公布处罚标准,并宣告再有违约犯罪者则按处罚标准处治。因此,二者的作用不尽相同。

据不完全统计,宣宗在位的近十年中,虽然在《大明律》之外也颁布了大量的榜文,用以弥补明代法律的缺欠和漏洞,但以"榜谕"居多,就是说对于许多犯罪行为,较多地采取劝谕为主、先礼后兵的方式。比如对于各卫所逃亡的军士,对于胁从汉王朱高煦叛乱的军民,以及某些地方出现的小规模动乱,宣宗的处理方式几乎都是颁布"榜谕",劝谕罪犯弃恶从善,有时还给予一定的期限和立功的条件。总之,宣德时期"榜谕"的应用范围较先朝有所扩大,一定程度上改变了洪武、永乐时期"榜示"较多、严打高压的局面。这一点也是宣德时期司法转折活动的重要标志。

不仅如此,宣宗还在司法活动中,力图体现他自己提倡的一种司法精神,即"明刑弼教,辟以止辟"。这是《尚书》中的一句话,"弼"是辅助,"辟"是古代死刑的代称,意思是判案还有宣传刑法、辅助教育的功能,判人死刑的目的是为了防止别人再犯死罪。朱元璋在位期间虽然也注重司法活动的教化作用,并且同样较为注重调节法律与道德、赦令的矛盾,但他的政策毕竟长期伴随着一种严打高压的恐怖政治。相比之下,宣宗在司法活动中发挥教化作用,体现"明刑弼教,辟以止辟"的司法精神更为明显。由此可见,明宣宗作为一个政治家,他的司法活动不仅仅是为判案而判案,而且是寓教化于判案之中,将司法和宣教活动结合起来,并且取得了一定的成就,这些成就也是"仁宣之治"的重要组成部分。

此外,从宣宗复核、审理案件的情况看,当时的司法情况与洪武、永乐时期相比已有了变化,明初制订的《大明律》已满足不了现实判案的需要,缺欠较多,也有一些弊端。永乐时期朱棣办案较少情与理的融合,比如下令用酷刑杀掉提出合理化建议的耿通,专制成分较多较重,甚至完全不依法、不讲理。宣宗根据实际需要,突破了完全依靠法律判案的限制,从情、理、法三方面结合来审理案件,"原情、依法、循理",补充了司法方面的一些缺欠,也做出了有益的探讨和尝试,因而断案较为公正,并非凌驾于法律之上的一味专制。

(三)注重调节法律与道德、赦令的矛盾

1. 宣宗维护孝道,长辈诬告晚辈几乎不受惩罚

行在大理寺复审一起案件,是锦衣卫军匠苏惟善之女苏氏,嫁给办事官何俭。四年后何俭病死,苏惟善就卖了自己的房子住到女儿家里。女儿苏氏将要送夫归葬家乡,苏惟善不但不同意,还想占有何俭的全部遗产。女儿苏氏不从,苏惟善就动手打了她,并诬告她辱骂自己。司法机关按照晚辈辱骂长辈的法律,判处苏氏绞刑。复审这个案件时,行在大理寺觉得不妥,于是上奏宣宗。

宣宗说,这个女人送夫归葬家乡合乎情理,而她父亲的行为可是不合情理,并且也没听说这个女人有什么不合情理的言论,为什么要判处绞刑呢?此女释放,让她送夫归葬就是了(《明宣宗实录》卷一〇六)。这个案件中,宣宗分析情理的成分较多,但苏惟善殴打和诬告子女的行为,却未受任何处罚,可见明朝提倡孝道,都是以法律强行维持长辈的地位为前提的。

还有个案件与此类似。一个青年人痛恨他的伯祖把家里该承担的徭役都压在自己的身上,并且常用棍子打他,于是就诬告伯祖拿妖书来诽谤朝廷。有

关部门按晚辈诬告长辈的有关法律，判处这个青年人应该斩首。行在大理寺复审案件时觉得这个判决有些不合理，于是重新上奏。

宣宗说：正家应该先正身，那个老人身为家长，一定是自己的行为有什么不妥之处，才导致不肖子孙造谣诬告他。现在却要只判晚辈死刑，未免有些过分了，只判他杖刑一百发戍辽东也就算了，这样可以使子孙晚辈有所警示，让那些做家长的也能反思自己的行为（《明宣宗实录》卷八二）。这个案件中，宣宗只是根据情理放宽了对晚辈诬告长辈的处分，同样没有对虐待晚辈的家长做任何处罚。

上元县人王拜住，年仅十四岁做了陈氏的养子。他的生父死得早，生母王氏贫穷无靠，只好沿街要饭。这天正好王拜住遇到生母王氏在路上乞讨，两人抱头痛哭，于是没同养母陈氏打招呼，王拜住就直接到官府去请求回到王氏身边奉养生母。养母陈氏听说后很生气，就诬告王拜住辱骂自己，于是刑部根据晚辈辱骂长辈的罪名，准备给王拜住判死刑。宣宗觉得不妥，他认为，王拜住十四岁才跟着陈氏做养子，养母之恩哪能超过生母呢？后妈哪能超过亲妈呢？如果他遇到亲生母亲讨饭而不动心，那不成了禽兽了吗？因此应该批准他归养生母，但他没同养母打招呼是有责任的，可以判他杖刑，生母和养母都让他奉养（《明宣宗实录》卷七六）。

明代县衙

这个案子同样体现出明朝的法律传统，以司法强力来维护孝道。王拜住只因未同养母打招呼，开始差点被司法部门判死刑，后来因为皇帝改判，仍然受了杖刑；而诬告王拜住辱骂自己的养母陈氏，却未受到任何惩罚。不过宣宗裁决这个案件时还算注重情理,并不完全依靠法律,但同时也反映出明代这类法律的不健全。

2. 法律往往与赦令有矛盾,宣宗只好折中处理

此外,法律与皇帝赦令之间往往也有冲突。皇帝是国家的最高立法者,他的任何言论都具有法律效力。赦令则是国家有登极、立太子等事件时,皇帝特别颁布的诏令,同样是一种法律,其内容往往是对一些罪犯进行减罪或赦免,这样便给司法部门带来了极大的不便。按法律和按赦令,对同一案件可能会有不同的裁决结果,究竟怎样才算公正合理,司法部门也只有送交皇帝裁决,因为只有皇帝才拥有最高审判权。

一群乡民相互控告,官军急于围捕,乡民拒捕并聚众持械杀伤官军,后来这些人被捕后,官府依法判处死刑,妻子为奴,家产抄没。都察院也认定案情为聚众抗拒官军,准备以谋叛的罪名处置,《大明律》中"谋叛"的法律规定是"首从皆斩,妻子为奴,家产没官"。但是乡民不服,认为自己不过是相互控告,因此才拒捕并聚众持械打伤了官军。并且这些人的罪行是在大赦前,司法部门只好请宣宗审核裁决。

宣宗说:这些人当然可以判处死刑,但是已经有了赦令,就不必了。再说分析这件案情,当初这些乡民是因为相互控告、畏惧逮捕才打伤了官军,判死刑有些过分,可是赦免这些人则又等于废除了法律,两头为难。宣宗采取了折中的办法,判处这些人免死发戍边卫(《明宣宗实录》卷一〇)。这一判决结果既与有关法律较相符合,又与赦令的规定相差不远。

此外还有一些民事纠纷案件,有关部门似乎是有意上报给宣宗,目的是溜须拍马。一家婆媳小姑三人,婆婆喝醉了酒,让媳妇上茶,媳妇一时找不到茶,就端上热汤。婆婆使酒作气不满意,小姑居然捶打媳妇,媳妇边躲边逃。于是婆婆向官府诬告媳妇咒骂她,刑部就以子女咒骂父母的罪名,加重判处媳妇死刑。媳妇一再喊冤,并找来邻里为其作证。这时婆婆酒也醒了大半,小姑也感到惭愧,便来到官府改口说明自己实属妄告。刑部官员哭笑不得,大概是想溜须拍马,于是就将此案上报,实际上是把改判错案、显示英明的机会留

给了宣宗。

果然,宣宗看了案情后,立即下令释放了媳妇,并且对这家人说:"要茶没喝到,不过是喝了汤,又有什么不行的呢,哪能因此就赶快要杀人呢?做一个媳妇也够为难的了,难道官府是为你们解恨的吗?"宣宗的话好像在埋怨这家人,琐碎的家庭纠纷也来麻烦官府,但并没有因此而批评上报此案的刑部官员(《明宣宗实录》卷五七),看来这次马屁是拍对了。

从宣宗复核、审理案件的情况看,他根据实际需要突破了完全依靠法律判案的限制,从情、理、法三方面结合来处理案件,补充了司法方面的一些缺欠,因而断案较为公正,并不完全是凌驾于法律之上的一味专制。

3. 专制制度下宣宗无法避免出现冤案

尽管宣宗努力做到详审案情,力求公正断案,但在当时专制制度的条件下,仍然不可避免地出现了一些冤假错案,并且不可能有任何人、任何机构给予平反和纠正。与明朝相邻的朝鲜李朝外交人员出使中国,在皇宫之中看到宣宗独自断案,六部的官员虽然站了一圈,但是几乎没有发言权,完全是皇帝一人说了算(《朝鲜李朝实录中的中国史料》)。朝鲜使臣认为,肯定会有一些人无辜受害,并且宣宗也并没有始终坚持认真断案。当时的社会制度无法避免这样的错误,宣宗本人更无法防止这样的悲剧。

实际上宣德时期法律的不健全还不止这些,有一个冤案可以说明这类弊端。有个都御史叫夏迪,奉命去常州催办税粮,可能是得罪了一些人,下面的御史诬告他收受贿赂,于是被捕。有关部门明知他是冤枉的,但是不敢为他辩白,原因是明代有重惩结党的法律传统。结果夏迪作为监察部门的中级官员,竟然被贬为驿夫,相当于今天的邮递员,气愤而死。《明史》的作者为此指出:"以帝之宽仁,而大臣有冤死者,此立法之弊也。"宣德中期,名臣杨士奇曾经说过:"年来刑狱冤滥者多,感召旱涝恐由于此。"(杨士奇《东里别集》卷二)可见这一时期发生过不少冤案错案。

宣宗当皇太孙时的两位教师戴纶和林长懋,因屡次向朱棣告发他弃学贪玩之事,受到他的忌恨。后来宣宗即位,二人仍然反对宣宗游玩打猎,结果一个被当场打死,一个被关进监狱。有个叫陈祚的青年御史,见宣宗整天出去跑马射猎,便上疏劝皇帝读一读《大学衍义》一书。不料激怒了宣宗,他看完上疏气得破口大骂:"这个书呆子竟敢说我没读过《大学》,如此小瞧我,不可不杀!"旁人劝道:"偏远之人,不知道皇上您无书不读。"宣宗这才稍稍消了气,先将陈祚全家下狱。出现这类事毫不奇怪,因为在当时的专制制度下,司法的作用较为有限,惹怒皇帝的人不会有什么好下场,但这类事在宣德时期并不多。

此外,宣宗还对中央司法部门进行了整顿,将玩忽职守的刑部尚书金纯等人撤职,任命具有司法才干的大理寺卿胡概兼理刑部,从而加强了对司法活动的管理。宣宗还根据实际情况修改了越诉制度;修改了关押被告制度,惩治诬陷者;修改了以罚代法的制度,严惩贪官;改善了对犯人及其家属的待遇。经过宣宗和司法官员的共同努力,明代的司法制度得到了改善和加强,基本上完成了永乐到洪熙、宣德时期的司法转折。

(四)宣宗的宽纵使武官犯罪严重

在宣宗复审的案件中,武官犯罪占有很大的比重,但宣宗对武官的处罚相对较轻,甚至有些宽纵,这也是明朝的法律传统。因为《大明律》中即有相关规定,武官犯罪的处罚与文官不同。

1. 宁夏天高皇帝远,镇守武将大肆贪污

当时军界最大的贪污犯,就是镇守宁夏的宁阳侯陈懋。宁夏是明朝西北的一大重镇,陈懋又是多次跟随朱棣北征的老将,因此派他去镇守宁夏,可见仁、宣二帝对他是相当信任的。只是宁夏天高皇帝远,陈懋又是老资格的侯爵,因此贪污起来几乎无人敢管。陈懋私自派了二百多人,分别乘坐三十多条船,违法出境捕鱼采木,被敌人俘虏了十几个;还擅自派遣几十名军人带上白银作本钱,每人发给两匹马——当时没有火车,两匹马就相当于现在的高级轿车了——前往杭州做买卖,等于让军人离职经商;与手下军官盗卖军粮,还让掌管粮仓的人员做假账,侵盗大批粮食,从宣德二年至宣德五年,侵吞的粮食

宁夏边墙

高达二十四万余石;私自役使手下的军人,耕种了三千多顷田地,占夺当地百姓的灌溉资源,将收获的粮食卖给商人,供商人贩盐获利;还与其他军官私自派遣一批军人,出动了九百多辆车装载池盐,前往西安、平凉等地贩卖获利。

到了宣德六年,有人揭发了陈懋的贪污罪行,但宣宗仅仅是让人抄录了告状信带给陈懋,让他自己说明是否属实(《明宣宗实录》卷七六)。后来中央的一位侍郎罗汝敬奉命巡抚西北,发现了陈懋大量的不法行为。监察部门的御史奉命前往当地,经过核查之后上报给宣宗:陈懋的罪行不仅完全属实,而且远比控告内容严重得多。

2. 陈懋贪污的三大笔财产:军粮、赃罚和盐引收入

陈懋贪污的东西至少有三大笔:第一笔是仓库里的粮食,包括军粮以及做假账、盗卖粮食的收入。粮食是国家财产,是用于打仗和救灾的备用粮,陈懋身为高级军官,敢于贪污这批军粮,可见胆子太大、贪心太重,但同时也反映出宣德时期皇帝对武将的过分纵容。

第二笔:"赃罚金珠、纻罗、蓄产"。赃罚就是对贪污犯的罚款和没收的赃物,包括金银珠宝、高级衣料和骡马牛羊等。这些东西往往是国家和地方的额外收入之一,其中的金银珠宝等贵重物品,通常是要运到北京上缴国库,或是作为宫廷的财政收入,直接输入皇帝的私人库房——内承运库。换句话说,只有国家和皇帝才有权支配和使用这笔赃罚收入。

但是陈懋把没收贪污犯的赃款、赃物都贪污了,不仅如此,还专挑里边的金银珠宝、纻丝纱罗这些贵重的东西和马匹牛羊,因为这些东西既有用又值钱。剩下的可能是一些破旧的日常用品和其他东西,没什么用也不值钱,陈懋没拿。就

是说,有用和值钱的东西贪污了,没用和不值钱的破烂却留给国家和皇上。

第三笔:"私中盐六千七百余引"。什么是盐引?这里需要说明一下明代的盐业制度。明代的盐业是归国家控制的,盐商要拿着钱到产盐区,去购买国家发放的贩盐许可证,称为"盐引",凭这个支取食盐,然后运往各地销售获利。一张"盐引"的盐量大约为二百斤,当时的销售利润大约为十两白银。陈懋"私中盐六千七百余引",即免费获取了六千七百多张贩盐许可证,私自贩盐约为一万三千四百多斤,获利至少高达六万七千多两白银。陈懋私自贩盐的行为不仅扰乱了国家的盐业市场,截取了国家的盐业收入,同时也瓦解和削弱了国家对社会经济的控制能力。

宣宗意识到必须处理此人,于是将宁阳侯陈懋召至京师,让他看看下边上奏的揭发材料。人们都请求严惩陈懋,但宣宗却念此人是高级武将,只令司法部门追还赃物。陈懋知道宣宗有意庇护他,益发胆壮起来,对前来追赃的官员谎称赃物全部花光了,骡马牛羊也没了,身上已一无所有。官员也知道这位侯爷不好惹,只好如实回报。宣宗知道陈懋说谎,但考虑到他跟随祖父北征,几十年镇守边关的功劳,特别下令对他免除追究,不予处罚(《国榷》卷二二)。宣德时期军界最大的贪污犯,就这样平安无事了。

3. 中都留守司都督罪行严重,只被免死戍边

还有一个武将名叫陈恭,是中都留守司的都督。中都就是今天的安徽凤阳,明太祖朱元璋的老家。中都留守司大致相当于中都警备司令部,陈恭作为留守司都督自然相当于警备司令。各位知道,朱元璋建国后曾经一度想在他的家乡安徽凤阳营建首都,称为中都,派了李善长这样的开国重臣去主持营建工作,还隆重修建了自己父母的陵墓,称为皇陵。干了几年,什么宫殿、祭祀工程等等都有了一定的规模,但是遭到刘基等人的坚决反对,理由是凤阳根本不适于定都,如果适合,历代帝王早就选中凤阳了,还能选别的地方吗?朱元璋觉得有道理,最终放弃了建都凤阳的计划。

但凤阳毕竟是朱元璋的老家,又有了一定规模的皇家建筑群,因此虽然没当上首都,但行政级别仍然提高了一大块,成了中都,设立了留守司,相当于今

明中都皇城城墙遗址

天的一个警备区。主管官员是都督,全称为"掌中都留守司都督",正一品。各位知道,明朝统辖全国武装力量的部门称为五军都督府,每府的左、右都督才是正一品,而陈恭作为中都留守司的都督,级别也是正一品,可见级别之高,估计是带有一点荣誉头衔的意思。

回过头来说,中都凤阳在洪武前期就停建了,后来首都又从南京迁到了北京,因此中都的许多宫殿建筑等于废弃不用了。陈恭当了中都警备区的司令,地位高,权力大,远离北京,自然是天高皇帝远,于是就打起了"废都"的主意,把皇陵和方丘等祭祀神位的高级树木移植到自己家里。陈恭之举不仅破坏了皇陵的景观环境,而且是自己享受了帝王的待遇。

同时,陈恭还"盗取旧内千步廊材造楼居"。"旧内"是指过去在凤阳营建的宫殿;"千步廊"是指皇宫南部两侧的迴廊,过去北京天安门两侧直到正阳门那一带,也就是今天大致人民大会堂和国家博物馆的位置,有两排千步廊,建筑形式与今天颐和园的长廊差不多,长度大约有一千步,所以称为千步廊。当年中都凤阳已经建了千步廊,大概是没建完,剩下的一大批木料都被陈恭取回家中,为自己建造豪华别墅;占用的军人六百多名,有点手艺的工匠七十多人,轮流为自己干私活。陈恭还擅自驱使军人平了皇陵前一座马鞍形的小山顶,并强娶部下女子为妾和奴婢。此外,他还剋扣军人口粮、强占军人的屯田等。

早有部下想上告陈恭的罪行,但结果反被陈恭捏造罪名,逮捕后毒打致死。陈恭还伪造了上告者的案情,最后侵吞了此人的财产。

这些罪行如果是平民所犯,足可以累计判处两次死刑。但此人是军界的一品都督,其父为靖难功臣,本人也曾屡次从征,宣宗虽然也承认陈恭犯罪至重,法不可容,但还是有意从轻发落,免去死罪,杖一百发成边卫(《明宣宗实录》卷八五)。但这一判决在当时的武将罪犯中,已算是从重处罚了。

4. 宣宗宽纵武官的几个原因

整个宣德一朝,被逮捕入狱的公侯一级将领,只有镇守广西的镇远侯顾兴祖一人。当初广西有个下级军官的小妾,控告镇远侯顾兴祖贪财好色,奴役军卒,大修私宅,占夺其夫的故居和次妾,欺寡凌弱,请求朝廷治罪。宣宗接到控告后,不以为然地说,不能轻易听信一个普通妇女的控告,而影响了高级将领"靖寇安民",这样做才是"存大体",因此只令顾兴祖自己检讨,未治其罪(《明宣宗实录》卷九)。后来安南军队进攻广西南部的温丘时,顾兴祖在南宁拥兵不救,致使温丘失守。这件事民愤太大,宣宗才下令逮捕顾兴祖,有点军法从事的意思,但入狱不久即赦免。

宣宗为什么要如此宽纵武官呢?他自己讲了三点原因:第一,宣宗认为边将只要能严守边镇,就算是尽职了,不用拿法律的标准来严格约束他们。许多犯罪的将领都是一些重要边镇的负责人,宣宗要依靠这些人的力量来严守边镇,因此对他们的贪污、走私等罪行不加追究,意在稳定军心,巩固边防。这一用意听起来似乎有一定的合理成分。

第二,宣宗认为"武人得官甚难",如果用正常的标准来要求他们,武官的社会地位就会进一步降低,也会影响军队的士气,因此才对犯罪的武官较为宽纵。

第三,宣宗受祖父朱棣的影响,始终认为让那些有罪的武官戴罪立功,往往比那些无罪功高的武官更有效,更容易驾驭(《明宣宗实录》卷八二)。

在这些思想意识的作用下,宣宗在裁决武官犯罪的案件时,往往依据法律和政治需要的双重标准来断案,赦免了许多武官的罪行。宣宗这样做虽然保持了一个较为稳定的军事集团,但却纵容和助长了军队内部的贪污腐败之风。军队之中军屯受破坏,管理不善,士气低落,给养缺乏,战斗力下降等问题,也因宣宗宽纵犯罪的武官而有所加剧。但是不管怎么说,宣宗判案等司法活动取得了一定的成就,也是"仁宣之治"整体成就的重要组成部分。那么这个成就是哪些人辅佐宣宗完成的呢?这些人又是怎样从下层升入上层核心集团的呢?

二十三 脱颖而出

仁、宣二帝的辅政核心集团俱是德才兼备、久经考验的人才,且各有所长。

夏原吉石刻像

宣宗在位的十年间取得了一定的成就，史称"仁宣之治"。这个成就不是宣宗一个人完成的，而是有一批才干超群的大臣辅佐他，并且这些大臣也不是一开始就位高权重，而是由下层一步步升上来的，最后进入皇帝的辅政核心集团。俗话说，一朝天子一朝臣，明代的帝王也不例外。朱元璋的政权班底中，多年跟随他南征北战的"淮西帮"占据相当重要的地位；朱棣夺位称帝后，"靖难"功臣和燕府旧人，在新的统治集团中占优势；朱高炽和朱瞻基父子二人的亲信近臣与朱棣时期已有所不同，但仍有一定的连续性。从仁宗当太子监国直到宣德十年宣宗去世，两代帝王都有个比较稳定的辅政集团，核心人物是杨士奇、夏原吉、蹇义和杨荣。这四人从永乐朝开始，很快就从群臣中脱颖而出，逐渐上升为辅政集团中的核心人物。

各位知道，永乐时期和明朝其他时期不一样，有什么不一样呢？至少有夺位内战后的镇压活动，有南征北讨、远航西洋、迁都北京等一系列的开创活动，还有朱棣跟太子的复杂政治斗争，包括辅佐太子监国、辅导皇太孙、兼管两京其他部门政务等等。这些因素对永乐朝的人才显然会有更高、更特殊的要求，行政、国防、财政、人事甚至文学方面，都需要有一批特殊的人才。

更因为朱棣本人雄猜多疑、晚年病态严重，因此接近他、接近权力中心的人，更需要具备特殊的品德和才干。适应这种需要，永乐初期六部、内阁已有一大批才干不错的官员，从事各项特殊活动。但这批人并没有全部成为朱棣辅政集团的核心人物，只有杨荣等人脱颖而出，成为接近权力中心的辅政核心人物。那么这些人是怎样脱颖而出的呢？先看杨荣。

（一）杨荣：综合才干，尤其是军事才干突出

杨荣在永乐至宣德时期的朝臣中，是最为机敏、最有才干和最有谋略的一位。杨荣是建文二年（1400）的进士，朱棣夺位成功、骑马入南京城时，杨荣在路旁迎着朱棣的马头说："殿下您是先去谒陵呢，还是先即位呢？"原来按古

杨荣像

代的礼法制度,即皇帝位的人应该先去太庙、奉先殿祭祖谒告,拜谒朱元璋的陵墓,俗称告庙,才算名正言顺,否则就是忘了祖宗,将被视为无道的行为。杨荣的话其实是提醒朱棣,你是刚到南京,如果不去拜谒父皇朱元璋的陵墓就先忙着即位,好像有点不孝,最好是先给人一个尽孝道的印象,然后才好做皇帝。

朱棣可能是夺位内战刚打完,登基心切,忘了这道手续。不过杨荣的一句话提醒了他,他立即回马前去谒陵,然后才安排即位之事。从此朱棣特别器重这个警敏聪慧的青年官员,提升杨荣为翰林学士、文渊阁大学士等职,许多重要政务都要征求杨荣的意见。各位请看,杨荣的一句话,使他得到了朱棣的器重,地位很快就超过了其他官员,但光凭这句话,没有过人的才干和见识,杨荣能保住自己的地位吗?显然不能。

1. 既有军事韬略又有文学才干

有件事可以看出杨荣的才干和见识。有一天晚上朝廷接到奏报,西北重镇宁夏被围,朱棣有些担心,就传令内阁成员前来商议,结果其他人都出去了,只有年纪最小的杨荣奉命前来。朱棣将奏报给杨荣,杨荣看后十分肯定地说:"我以前去过那里,宁夏城防坚固,人人善战,这份奏报传到朝廷已经十几天了,宁夏肯定解围了。"朱棣听了,半信半疑。这天半夜,朝廷果然接到了宁夏解围的奏报。朱棣不禁对杨荣说:"你怎么预料得那么准呢?"由此更加器重他了(《明史·杨荣传》)。

由此可见,杨荣熟悉明帝国的边务,是诸臣之中较为难得的国防专家,后来逐渐成为朱棣的军事顾问。杨荣为什么会有这种才干呢?原来他曾多次奉命前往甘肃、宁夏"规划军务",主持受降;同时遍览山川形势,"察军民,阅城堡",逐渐培养了自己的国防才干。这种才干不同于单纯的带兵打仗,而是需要对敌我双方的各种情况,尤其是战略形势进行全面的了解,然后对我方的战略做出判断,做出得当的部署。

因此每次事毕回奏,杨荣都能有分析有见解地反映重要情况,提出相应的措施,深受朱棣的赞许,甚至亲手为杨荣切西瓜解渴。杨荣的特长是能谋善断,往往在事件的萌发阶段或演变的过程中,即能较为准确地判断出其发展的趋向及其利弊影响,从而提出相应的部署和决策。这是杨荣优于其他同僚的地方,也是他在永乐时期地位不断提高的原因。

尽管朱棣本人就是军事家,但仍十分赏识杨荣的军事韬略。在前后五次北征之中,他都命杨荣扈从,永乐八年的北征途中,朱棣专门挑选了三百名勇士,为杨荣的警卫队,并且下令这三百人都归杨荣统辖,不归其他将领控制。有时还特别赏给杨荣一些东西,别的公侯大臣都不一定有份,可见杨荣作为朱棣的首席顾问,待遇已逐渐超过其他公侯大臣。

最后几次北征时,朱棣几乎将所有的军务都委托给杨荣处理。军中的主要政务,如军中的诏书、军令的发布、往来调军的凭证手续等等,都必须经过杨荣的奏请才能办理,有时甚至被朱棣不分昼夜随时召见。杨荣在历次北征之中,确实起到了参谋机要、协助决策的作用,他的地位举足轻重,有时甚至超过当时的军事主帅张辅,实际上已相当于朱棣的军委秘书长。

有一次北征途中,朱棣率杨荣等人登上一座山顶,一时高兴,就命杨荣、胡广这些随军的内阁大学士,在马上当场创作亲征诗,杨荣的诗中有一句:"圣主尊居四海安,天教戎敌自相残。"朱棣看了大加赞赏,认为写得好。没几天,明军侦察到敌军首领布尼雅失里和阿鲁台之间相互仇杀,两败俱伤各奔东西。朱棣赶紧找来杨荣对他说:"这些敌寇果然自相残杀,你前几天写的诗就像预言,不是应验了吗?"杨荣下马叩头说:"陛下您德威广布,这伙敌寇即使不逃散,随后也会被消灭,他们哪敢抗拒天兵呢?"一席话说得朱棣非常开心,于是重赏了杨荣(杨荣《文敏集》附录)。

从这件事可以看出,作为皇帝的朱棣之所以器重杨荣,除了特殊的军事才干之外，还因为他有较高的文学才干，并且这种才干同他的军事才干相结合，满足了朱棣的特殊需要。因为内阁成员本身是替皇帝起草各种文件的秘书，文字水平高、诗文写得好，并不算什么特殊的本事，完全是本职工作；但杨荣能把他掌握的军事情况写进诗里，很可能是早就了解到敌方因争权而相互仇杀的情报，因而写出了"天教戎敌自相残"的诗句，使得一心想平定边患的朱棣大为叹赏。能哄得皇帝高兴，这是杨荣作为内阁秘书的过人之处。

2. 受到群臣的嫉妒，也受到朱棣的保护

杨荣由于才干突出，因此虽然性格有点张扬，但并没有动摇他在朱棣心中的特殊地位。随着地位的上升和朱棣的器重，杨荣不免有些傲慢，对同僚有时不太客气，因此遭到了同僚的嫉妒。于是大家想了个办法，向朱棣推荐杨荣担任国子监的祭酒，即明代国家最高学府的校长，目的是把他挤出辅政核心集团。但朱棣非常明白这里的关系，他对大臣们说："我当然知道他可以担任这个校长，可是你们有谁能代替他呢？"言外之意是你们比他差多了，大臣们这才不再说了（《明史·杨荣传》）。

不久，杨荣了解到五府六部三法司的一些弊端，就写出来交给朱棣。朱棣看了表扬了他，但同时又私下里对他说：你写的这些内容都是切中时弊的，但你是我的心腹之臣，如果公开上奏，恐怕群臣就会相互猜疑，我们中间的秘事到底是谁给捅出去的呢？那样对你可就不利了，因此，不如让一个御史来上奏（杨荣《文敏集》附录）。于是朱棣另外找了个监察御史来上奏，群臣吓得连连请罪。这样一来杨荣就置身事外，没有引起群臣的怀疑和排挤。

从上述情况看，杨荣一方面受到群臣的嫉妒和排挤，自己有些不知深浅，另一方面，朱棣为了保护杨荣，有时也适当控制他的一些活动。在平时的政治生活中，杨荣既能坚持自己的立场，实施自己的主张，又能绕过政治上的惊涛暗礁，保住自己的地位。永乐时期在朱棣、高炽、高煦父子三人极为复杂的三角矛盾中，只有杨荣一人始终未曾参与，但却仍然受到朱棣父子的器重。

永乐十九年（1421）迁都北京后，一场大火突然烧毁了新建成的三大殿。那天正赶上杨荣在内阁值班，别人都干瞪眼看着冲天火势，只有杨荣反应快，趁着几大殿还未全被烧毁,指挥一批宫廷卫士从中抢出了一部分图书、典籍和诰命文件,抬到东华门外护城河边。这件事得到了朱棣的特别嘉奖,他称赞杨荣是"岁寒松柏",意思是完全经得起大事的考验。

这场大火之后,朱棣下令群臣直言朝政的各种问题和弊端,但当群臣真的畅所欲言,朱棣又翻脸不认账,说他们诽谤政府,并杀掉了其中言辞激烈的萧仪。杨荣尽管也上疏提了不少意见和建议,并且还请求朱棣放过上疏激烈的李时勉等人,但朱棣不但没有开罪杨荣,还把他的一些建议写入后来的诏书中,可见杨荣在朱棣心中的地位是相当高的,和其他大臣不一样。

3. 为太子即位做出过巨大贡献

除了多次跟随朱棣北征外,杨荣也在詹事府任职,就是兼任太子和太孙的辅导官员。太子当然知道杨荣的才干和地位,因此杨荣平时在南京,太子就让他辅导朱棣的孙子们读书,并且特意嘱咐这些皇家子弟:"这个人可是皇帝的近臣,你们这帮人可要对他有礼貌!"言外之意是,别以为你们都是皇孙,高人一等,对他可别像对待一般人那样无礼。

既然太子说话了,这帮皇孙们还是听的,所以跟着杨荣学了几课之后,还算有所收获。同时,太子有什么事咨询,杨荣也能尽心尽力直言相告,因而受到太子及其部下的赞誉。从这些事可以看出:第一,杨荣跟太子和太孙们的关系也不错;第二,他是太子和太孙辅佐机构中都很有地位的兼职官员,并且颇有影响;第三,皇太子对他很尊敬,因为他是父皇的近臣,但两人并没有像杨士奇那样的亲密关系。

平时的朝廷活动中,杨荣有两个特点:一是虽然议论政务有时不能容人,但如果遇到有人触怒了皇帝,往往能够几句话就使皇帝回心转意,从而救人;二是平时喜好交游,与官员宾客往来较多,虽然权位很高,但没什么大架子,有时还不拘小节,因此朝中官员都和他关系不错,杨荣本人在朝中也颇有势力。有人评价杨荣就像唐朝的名相姚崇,善处国家大事,而不拘小节这一点也像姚崇。这个评价还是较为恰当的。

永乐二十二年(1424)七月,朱棣突然病死于北征途中。在大军失去统帅、太子毫不知情、汉王准备夺位的凶险情况下,杨荣作为北征集团的决策人物之一,和朱棣身边的宦官海寿等人齐心协力,采取了秘不发丧、照常进膳等一系列措施,自己和海寿飞驰回京,率先给太子报信,使在京的太子势力赢得了时间,并和在外的北征大军两支力量合为一体,迅速稳定了局势。这样杨荣就为太子顺利继位创造了条件,及时、有效地堵住了朱高煦乘乱夺位的一切机会,显示了杨荣处理和应付危局的卓越才干,事后受到太子即仁宗的高度赞扬和特别奖励。凭借这些功绩,杨荣自然进入了仁宗的辅政集团。

(二)夏原吉:财政才干突出,与皇太孙关系极好

1. 明代前期著名的财政专家

夏原吉也是位来自民间的官员,在洪武后期即显示出了理财方面的才干,受到朱元璋的器重,洪武末年,夏原吉已升任户部右侍郎,相当于今天的财政部副部长。朱棣即位后不久,就提升夏原吉为户部尚书,从此夏原吉长期主持大明帝国的财政后勤工作。永乐时期的五次北征、郑和率大型船队几次远航、大规模地营建北京、数十万大军几次出兵安南的后勤供应工作,都是在夏原吉的主持之下进行的。"供亿转输以巨万万计",每一项工作都是极为庞杂繁剧的。夏原吉以他非凡的才干精心安排,既保证了这些活动的后勤供应,又保证了大明帝国的正常开销,是明代前期著名的财政专家。

当时浙江一带水灾严重,影响到了明朝的财政收入,因此朱棣派夏原吉前去治理水患。夏原吉在较短的时间内平息了水患,赢得了朝野上下的称赞。他还主持了江南的大型水利工程处理南方灾区的救灾工作,深得朱棣的器重。原吉虽然主管财政工作,却是永乐时期参与决策的重要人物。朱棣几次出巡,都让夏原吉兼理北京的其他政务,财政以外的重大问题几乎都要征求他的意见。永乐八年,朱棣率大军北征,命夏原吉辅导当时的皇太孙朱瞻基留守北京,夏原吉"总行在九卿事",成为北京的政务总管。后来朱棣对此非常满意,隆重表扬了夏原吉,并重赏了许多高级消费品和钱财。

永乐初年平定安南后,将士的封赏问题成了朱棣的难题。他就问夏原吉:

你说对这些有功的将领,升官和奖赏哪个更好一些?夏原吉回答:"赏费于一时,有限;升费于日后,无穷。臣愚,多升不如重赏。"这话讲得非常明确,也非常有道理,可见夏原吉的长远考虑,因此朱棣采纳了他的建议,只将那些战功突出的少数将领升了官,其他人都给予奖赏。这样一来,节省了一大半军中预留的官职,也为日后省了钱。

2. 同皇太孙朱瞻基私人关系极好

自从永乐九年(1411)朱瞻基被立为皇太孙后,祖父朱棣就非常卖力地全面培养他,对这个长孙的关注和器重,可比当年对长子朱高炽强多了。朱棣让夏原吉专门陪同皇太孙朱瞻基,也是有意让经验丰富的夏原吉培养太孙的行政才干,将来做个合格的皇帝。夏原吉当然尽力尽心,他很清楚,这件差事不仅是对太孙的培训,更是朱棣给他本人的特殊待遇,因为如果不是朱棣相当信任和器重他,根本就不会让他一面陪同皇太孙周游各处,一面又让他全面主持帝国的财政事务。甚至连皇太孙在郊外检阅部队、举行军事演习和成人的冠礼,朱棣都让夏原吉前去辅佐或主持,可见对他的特殊信任。

此后,夏原吉又多次受命陪同皇太孙朱瞻基,往来于南北二京之间,引导瞻基走访路经的村落,观察和体验民间的疾苦。当然,皇太孙周游村落绝不仅仅是见识民俗,而在很大程度上也是旅游射猎之举。夏原吉一方面是陪他玩乐,另一方面也奉命负责他的安全。有时一只兔子从道旁窜出来,瞻基立刻要纵马弯弓追上去射它,夏原吉就劝道:"你看路边的草有半人高,里边有不少狐狸洞和老鼠窝,就算你骑的马再厉害,谁能保证它哪脚不踩空,把你摔下来呢?"皇太孙觉得有理,也就没往草里追。

也正是在这一时期,瞻基和原吉建立起了良好的私人感情,以至于朱棣晚年发怒想要囚杀原吉时,别人不敢阻拦,只有瞻基敢于出面保护。夏原吉不仅与皇太孙朱瞻基关系极好,与太子朱高炽关系也相当不错。当太子奉命来北京时,夏原吉还设法缓和了他和父皇朱棣的矛盾,实际上等于站在太子一边,减少并阻止了朱棣对太子的猜忌和打击。

3. 奉行宽仁的原则,力图减免百姓的负担

夏原吉是对明朝的国家建设立有大功的人,尤其是对朱棣推行的迁都、远航、北征等开创性事业贡献极大,同时对培养皇太孙朱瞻基有突出的贡献,因此朱棣也曾对夏原吉非常信任,非常优待。有一次京师上元节,宫中推出了许多千姿百态的花灯,朝廷按照惯例,特许一些大臣百姓带着家属前来赏灯,夏原吉就陪着老母亲进宫观赏。这件事有人报告了朱棣,朱棣就在灯山下宴请文武群臣,当晚特地问夏原吉,我听说刚才你母亲来赏灯了,她老人家还在这里吗?原吉说已经回去了。朱棣就说,你是个贤才,为国所用,都是你母亲善良贤惠培养的结果,然后下令把自己的佳肴连同高级御桌,以及一大笔宝钞都赏给了原吉的母亲(夏原吉《忠靖集》附录)。

平时的政务活动中,夏原吉非常注意宽仁的原则,一方面处理财政事务时,尽量留出余地。他自己曾说,别让后边的项目供应不上,苦了百姓,并且在永乐后期国力消耗增大、百姓负担极重的情况下,多次请求朱棣减免百姓的负担。另一方面,对于一些案件的处理也尊奉宽仁的原则,并强调依法办案。山东唐赛儿和长沙谷王的案件,夏原吉都劝朱棣从宽处理,避免扩大化。他多次奉命兼管刑部、都察院等司法部门。据说有一次两个军官冒领了粮饷,朱棣要杀掉。夏原吉劝道:"以前这类案子都是依法处理,现在只是冒支粮饷,陛下您就要杀了他们,可如果真有人偷盗粮饷该怎么办呢?"朱棣一听有道理,只好按法律处理。

永乐十八年底到十九年(1421)迁都北京前后,夏原吉多次请求朱棣减免百姓的沉重赋役。三殿失火之后,朱棣发布了一份永乐朝减免力度较大的诏书,其中的主要内容都是夏原吉的主张,包括暂停下西洋之举。永乐十九年的秋天,夏原吉由于劝阻朱棣冒险北征之举,被朱棣关进了监狱。朱棣虽然动了杀心,但听了杨荣和太孙朱瞻基的劝解,又碍于夏原吉的功绩和威望,最终没有杀他,据说临终前还特意表扬了他(《明史·夏原吉传》)。

从上述情况看,夏原吉在永乐时期的活动有几个特点:第一是财政方面的才干和政绩都非常突出,深受朱棣的器重和信任;第二是同皇太孙朱瞻基关系极好,这一点其他人无法相比,并且曾在朱棣父子的矛盾中设法保护了太子;

第三是永乐后期逐渐同朱棣有了矛盾。这种矛盾属于政见不同，朱棣要开创，要折腾，夏原吉要稳定，要关注民生；第四，夏原吉一直是参与决策的核心人物之一，除了永乐后期被关押期间外，其余时间从未间断参与决策。甚至在押期间，也曾接受朱棣的国事咨询。由于上述原因，朱棣去世后仁宗第一个释放了夏原吉，让他进入了自己的辅政集团。

（三）蹇义：行政才干突出，同时受到朱棣父子的器重

1. 选拔和任用官员，是称职的吏部尚书

蹇义是洪武十八年的进士，每次奏事都让朱元璋很满意。本来三年考满之后按惯例应该调任其他职务，可是朱元璋却特意指示吏部，不必调任，让他一直陪侍左右，并且凡是重要的机密文件，朱元璋都交给他来处理。而蹇义也一直非常小心谨慎，谦恭细致，几乎从来未出错，没让朱元璋失望，因此受到朱元璋的器重，当时就放出话来：我将要重用蹇义。

建文帝上台后，根据朱元璋生前的意见和蹇义的表现，破格提拔他为吏部右侍郎，相当于组织部的副部长。朱棣夺位后，蹇义迎附，朱棣提拔他为左侍郎，相当于第一副部长，几个月后又晋升为吏部尚书。这样一来，蹇义就成为旧臣中被重用的地位最高的一个官员。当时朝中有一种风气，即大肆推翻建文时的政策，朱棣甚至下令，凡是建文时改正的东西全都改回来，用以标榜永乐朝的"新气象"。当时蹇义就从容对朱棣建议："修改政策重要的是适合实际需要，建文

蹇义像

时期的修改固然不妥,但是现在一定要什么事都全部推翻,也未必都合适。"

然后蹇义举出一些具体实例加以说明,朱棣觉得很有道理,因而采纳了他的建议,并且认为蹇义这个人忠诚、老实。有人说,这是蹇义不忘建文时期的旧情,但朱棣作为一个政治家还算清醒,一概不加理会。蹇义作为吏部尚书,负责官员的考核、选拔和任用及相关政务,为朝廷安排了一大批较为合格、称职的官员。他在这方面显示出来的突出才干,受到了朱棣和朝野上下的高度评价。

2. 高级联络员,同时受到朱棣父子的器重

永乐二年(1404),朱棣册立朱高炽为太子,从大臣中挑选了一批人,兼任太子的辅导官。蹇义是吏部尚书兼任詹事府的詹事,相当于组织部长兼太子辅导委员会的主任。后来太子监国时,蹇义一直是朱棣指定的监国辅政大臣。蹇义熟悉典故,练达政体,辅佐太子处理了许多军国大事。并且朱棣有什么话要去告诉太子朱高炽,总是先告诉蹇义,然后让他传达给太子。而蹇义呢?作为朱棣和太子之间的高级联络员,他也总是设法非常周到、全面地传达朱棣的意思,从没有出过错,这一点使朱棣和皇太子都喜欢他、尊重他(《明史·蹇义传》)。这个本事可能是蹇义早年在朱元璋身边历练的结果,是个非常重要的特长。

因为各位知道,朱棣和太子之间本来就有矛盾、有分歧,而蹇义夹在二人中间,如果传话稍有不慎,就会造成二人的矛盾冲突,甚至可能是两面不讨好。但蹇义做得非常到位,从来没有出错,在永乐一朝非常复杂、险恶的政治风浪中,始终受到朱棣父子的尊重和信任。而太子朱高炽更是非常敬重蹇义,因为蹇义的传话来自父皇朱棣,对于地位不稳的太子来讲实在是太重要了,凡是蹇义的话,太子都一概相信并认真照办。

从这件事上可以看出,蹇义这个人具有非凡的政治才干和良好的人品,并且在朝中具有相当特殊的地位。为什么这么说呢?各位请看,当时朱棣最为器重、最为宠信的大臣是杨荣,但杨荣跟太子没什么关系。而太子最为信任和依靠的大臣是杨士奇,但杨士奇同朱棣没什么密切的关系。而蹇义恰恰是同

时受到朱棣和太子敬重和信任的大臣,这一点是杨荣和杨士奇所不具备的,因此,早在永乐初年,蹇义就确立了自己在朝中的特殊地位。

当朱棣去世的消息刚一传到北京时,还未即位的太子朱高炽就对杨士奇说,从今天起,朝廷的事就靠蹇义和你了,可见蹇义在朱高炽心中的分量是相当重要的。太子即位后,蹇义受到了特别倚重,他是参与议政的几个大臣之一,并且居于首位。仁宗恢复三公三孤制度,第一个晋升蹇义为少保,不久又连续晋升他为少傅、少师,基本上成为仁宗朝地位最高的文臣。

3. 考虑多、决断少,蹇义的做法自有合理之处

蹇义的才干非常突出,为人又老实厚道,这一点与夏原吉有些类似。但仁宗和杨士奇都认为蹇义遇事总有些过于谨慎、周密。有一次杨士奇曾当着仁宗的面责问蹇义:你为什么总是考虑过多呢?差不多就应该决断。蹇义回答:我是怕鲁莽行事留下隐患。仁宗虽然觉得杨士奇的提问和蹇义的回答都有道理,但也希望蹇义能够加强决断能力。

这件事表面看起来,似乎是蹇义的决断能力不如杨士奇,但是如果换个角度看,这一点可能恰恰是蹇义的过人之处。为什么这样说呢?各位想想,蹇义遇事是把所有的问题都想到,力求做到谨慎、周密,不留隐患,虽然自己较少决断,而实际上是把决断权交给太子、皇帝或其他大臣,这样做既为决断提供了方便,又为自己减轻了责任,还能避免树敌较多。

因此,"多思少断"的特点与其说是蹇义为人厚道、决断力差,倒不如说是其人深谙为臣之道,善于处理与皇帝、与同僚的关系。就像军队里的参谋和政府里的顾问,他们的职责不是决断,而是根据情况和上级的需要,提供不同的方案供上级选择和决断,而不是完全由自己来决断。相比之下,杨士奇倒是不怕得罪皇帝,遇事敢于直言,但这样做的效果是常常惹起仁宗不高兴,或是得罪别人。由此可见,蹇义的"厚重小心,多思少断",自有他的合理优势。

蹇义担任吏部尚书,长期负责内政、行政工作,还多次奉命兼管其他部门的工作,他都能应付裕如,因此与主管财政工作的夏原吉齐名,中外并称"蹇、夏"。永乐后期,蹇义也曾因太子高炽的牵连,被朱棣关进监狱,但不久即被释

放。仁宗和宣宗时期,蹇义以元老重臣的身份继续受到重用,平定高煦、放弃安南等重大问题,他都曾参与决策。

(四)杨士奇:行政才干尤其是文才突出,深受太子器重

杨士奇出身贫寒,青年时期曾度过一段颠沛漂泊的流浪生活,做过私塾教师,熟悉下层社会的动态和民间疾苦,具有较为丰富的社会阅历。他是位来自民间、自学成才的官员,生活上较为廉洁,政治上较为成熟,处理问题能从大局和长远考虑,在复杂变化的事务面前能够保持清醒和冷静。他的特点是擅长行政工作,朱棣让他辅佐太子监国,处理日常政务。士奇是太子最早的东宫部下之一,同时也是颇受朱棣信任、最早入阁参与机务的大臣之一。士奇在朱棣面前善于应对,对许多问题的见解都曾得到朱棣的肯定。

永乐一朝二十多年,士奇一直尽心尽力地辅佐太子监国,甘冒风险坚决维护朱高炽的太子地位,为此受到牵连,曾多次被朱棣关进监狱(《明史·杨士奇传》)。同时,士奇也曾抓住机会,斗胆向朱棣据实揭发朱高煦的不法行为,对于巩固太子的地位、打击和制止朱高煦的夺位活动起到了很大的作用。

1. 文学才能突出,完成了一项政治任务

自永乐朝以来,杨士奇就是内阁中的第一大手笔,以皇帝名义发出的重要敕、旨、诏、谕多出其手,许多文告都写得既有文采,又有政治感染力。这一特长,尽管同僚中其他人也多少具备,但都不如士奇突出。永乐中期有一天,朱棣在北京准备迁都,据说有人献上一只白喜鹊,这件事在当时是一种祥瑞的象征。各位知道,喜鹊一般都是黑的或其他颜色,很少有白的,因此白喜鹊很吉利。按照明朝的制度,有关机构的人都要写表进贺,其实就是一种借白喜鹊来为最高元首歌功颂德的贺词。太子在南京的辅政机构当时称为詹事府,手下有一帮文人为他干这些事。

当时杨士奇病了,请假在家没上班,太子的贺表是詹事府其他官员撰写的。太子看了很不满意,找来吏部尚书蹇义,特意让他把贺表拿给杨士奇看,

并且说:这份贺表写得太平淡了,水平一般,并且有些文不对题,要是拿去庆贺什么白龟、白鹿还算勉强,好像写得不是庆贺白喜鹊。因此,太子让杨士奇修改一下。

杨士奇知道这件事关系重大,可不仅仅是贺表撰写的水平问题,不但是写作任务,而且更是太子一方对父皇朱棣的态度问题,是政治任务,因此杨士奇强撑病体,为贺表加了两句:"与凤同类,跄跄于帝舜之廷;如玉其辉,嚣嚣在文王之囿。"这当然是堆砌辞藻,卖弄文才,什么意思呢?意思是这只白喜鹊是与凤凰同类的罕见吉祥物,走路都是彬彬有礼的仪态,并且行

杨士奇像

走在舜帝的宫廷里;白喜鹊像白玉一样生辉,羽毛非常洁白,并且现身在文王的苑囿中。很显然,杨士奇充分美化了这只白喜鹊。但是各位应该看懂了吧,表面上是美化白喜鹊,实际上是在吹捧朱棣!怎样吹捧的呢?

各位请看,杨士奇说这只羽毛洁白的喜鹊行走在帝舜之廷,文王之囿。帝舜是谁?他是中国远古时代有名的帝王之一,尧、舜、禹三帝之一;文王呢?指西周的周文王,也是中国古代有名的帝王,既然现在这只白喜鹊是走在周文王和舜帝的宫廷、苑囿之中,那么朱棣的宫廷和苑囿就与周文王与舜帝一样。既然宫廷、苑囿都一样,那么朱棣当然就是同文王、舜帝一样的伟大帝王了。这种吹捧逻辑非常有意思,当然会令太子非常满意了。因此,当塞义把杨士奇修改后的贺表递给太子时,太子非常高兴地说,这样写才是帝王家的白喜鹊!言外之意,这样的措辞才能让父皇满意。

2. 险象环生,太子需要杨士奇的才干和忠心

当时正赶上太子的厨师送来了太子专门享用的小灶伙食,太子便下令让内臣端回去赐给杨士奇,作为对他这份优秀贺表的奖励,并派人告诉杨士奇:

"你要好好养病好好吃药,早日康复出来上班,我不仅仅需要你的文学才华,还因为好久没听到你的直言劝告了,恐怕还有什么过失我自己不知道,所以非常急切地想见到你。"(杨士奇《东里别集》卷二)

从这件事至少可以看出几点:第一,当时的专制体制下,贺表这类文章需要有专人来撰写,作者不仅要有文才,更要有吹捧的高度和质量,否则过于平淡,就达不到统治者需要的效果,因此这种吹捧往往带有政治含义。翰林院和詹事府里的一帮人是专门干这件事的,杨士奇无疑是他们中的突出代表。

第二,太子之所以器重和依靠杨士奇,一个相当重要的原因是杨士奇既有政治才干,又对太子忠心耿耿,敢于说真话,敢于直言相劝,而这一点对于监国的太子来说是非常重要的。因为只有这样,太子在面对朱棣和朱高煦的遥控和监视时,才能少犯错误、不犯错误,当好常务负责人,让朱棣满意、放心,从而保住和巩固自己的太子地位。

第三,朱棣和太子这时的矛盾和积怨已较深。朱棣对太子不满,常常找借口收拾太子的部下;朱高煦要夺位,也是不断找机会诬陷、打击太子。太子在父亲和兄弟的双重夹击下,不得不极其小心谨慎,唯恐自己做错事又不知道,从而使自己备受打击,部下又倒霉,因此太子非常迫切地需要杨士奇等人及时的指点和帮助。这种迫切和及时的程度各位可以想象,就连杨士奇得了几天病没上班,太子都觉得受不了,可见太子当时的处境实在是险象环生。

杨士奇丰富的社会阅历和政治才干,尤其是长期辅佐太子的经历和对太子的耿耿忠心,使他在朱棣去世、仁宗即位后,自然而然地进入了仁宗的辅政集团,并且在这个集团中名列前茅。

(五)杨溥:操守极好,深受仁宗的信任和感念

从上述四人的情况可以看出,他们每个人都有一些特殊的才干和过人之处,因此才能在永乐时期的政治舞台上迅速脱颖而出,长期拥有很高的地位。此外,仁宗父子的辅政集团中还有一个较为特殊的人物,他就是杨溥。此人性格内向,谦退淡泊,对权势和地位并无强烈的追求欲望,但他的才学和见识都

为常人所不及，并且有超人的意志。杨溥与杨荣同中进士，也是仁宗最早的部下之一。太子读《汉书》，称赞汉代的张释之是位贤良之人，杨溥对太子说："张释之固然贤良，但如果没有汉文帝的宽仁，他就不可能施展自己的才志。"杨溥的见识博得了太子的赞许。太子监国，杨溥一直尽心辅佐。

杨溥像

永乐十二年，杨溥受太子的牵连被朱棣逮捕下狱，一关就是十年。这十年中，朱棣喜怒无常，太子的许多部下被杀，家人供给的饮食曾几次断绝，杨溥处境险恶，性命难保。但是在如此险恶的条件下，杨溥竟凭着顽强的意志发愤学习，狱中十年，居然把诸子百家、经史著作通读了几遍，终于渡过了这段极其难熬的岁月。仁宗继位后，立即释放了杨溥。"绳愆纠缪"的密奏印章并没有赐给杨溥，似乎表明他的地位低于蹇义、杨士奇等人，受仁宗信任的程度要差一些，但仁宗却专门为他在思善门左侧建了一个弘文阁，配备了一班人马，命他掌管阁中政务。

仁宗不仅亲自把弘文阁的大印交到杨溥手中，并且还特别对他说："我给你建了个弘文阁，让你在我身边，可不仅仅是让你只搞什么学术研究啊，而是要广泛了解民情，帮助我治理国家。有什么建议和要说的话，就盖上弘文阁的印章，密封呈送上来。"（《明通鉴》卷一八）杨溥的地位因此大为提高，立即成为与杨士奇等人并驾齐驱的政界要人，进入了辅政集团。

表面上看杨溥未进入内阁，但实际上仁宗夫妇对杨溥的信任和感念，某种程度上要超过其他近臣。仁宗夫妇曾不止一次感慨地回忆起永乐时期的坎坷遭遇，深感杨溥是为他们而含冤入狱的，因而始终对杨溥怀有一种特殊的怜悯之情。宣宗对此自然十分了解，他即位后根据杨溥本人的提议，撤销了弘文阁，召杨溥入阁，与杨荣、杨士奇等人共同参与机务，决策大事。

杨溥在政治上尽管不如杨士奇等人有作为，但由于他操守极好，平心处事，受到了群臣的敬佩。宣德后期，夏原吉、金幼孜等人相继去世，绝大部分政务都由内阁的"三杨"(杨士奇、杨荣、杨溥三人的总称)来处理。作为"三杨"之一的杨溥虽然最后入阁,却与杨士奇和杨荣"德望相亚",直至宣德末年,杨溥始终是内阁中的第三号人物(《明史·杨溥传》)。

上述情况可以看出,杨士奇等人都具有较为突出的学识和才干,又经过长期丰富的政治磨炼,是被事实证明既能绝对忠于朱棣祖孙,又能胜任各项重要职务的人,这是他们得以成为仁宗辅政核心人物的重要原因。那么除了这个原因之外,还有哪些因素使他们进入辅政集团呢?除了上述这些人之外,还有哪些大臣没有进入辅政核心集团,甚至离开了上层政治集团呢?

二十四 谁主沉浮

仁、宣二帝均重用品德修养超群的守成派,这个范围以外的永乐旧臣只被留用,而未获重用。

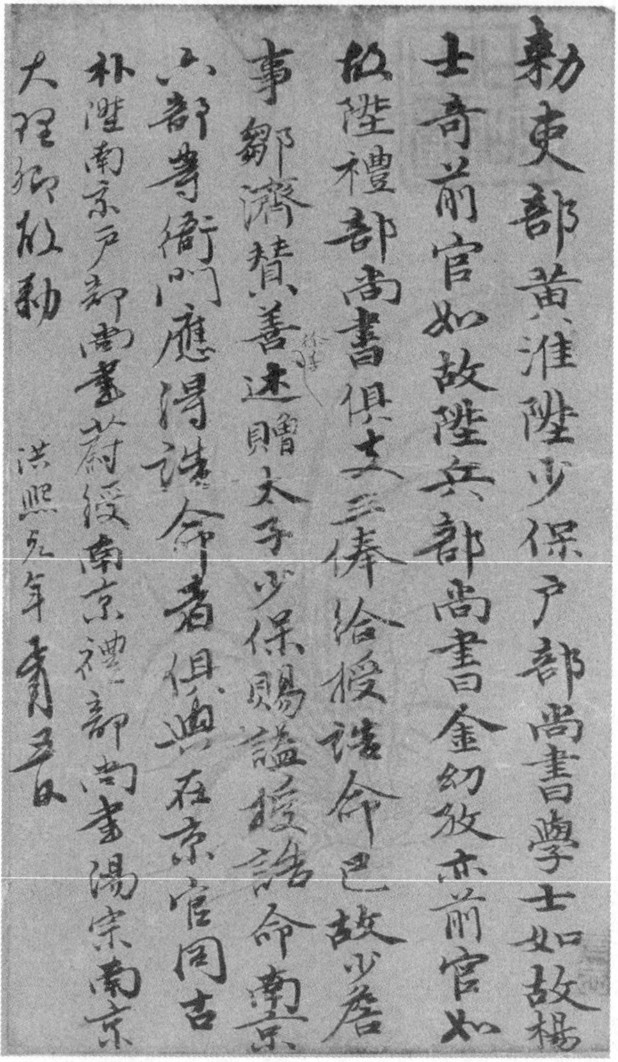

勅吏部黃淮陞少保戶部尚書學士如故楊士奇前官如故陞兵部尚書金幼孜亦前官如故陞禮部尚書俱支二俸給授誥命已故少詹事鄒濟贈善述贈太子少保賜諡授誥命六部寺衛門應得誥命者俱與在京官同吉朴陞南京戶部尚書蔚綬南京禮部尚書湯宗南京大理卿故勅

洪熙元年青玉日

明仁宗行書勅諭

杨士奇等人都具有较为突出的学识和才干,也经过长期丰富的政治磨炼又适应了永乐至宣德数十年间,社会的发展和政局的变化对人才的客观需求。他们是被事实证明既能绝对忠诚于朱明皇朝(或朱棣祖孙),又能胜任各项重要职务的人。他们每个人都有一些特殊的才干和过人之处,换句话说,都有别人暂时无法替代的综合本领,因此才能在永乐时期的政治舞台上迅速脱颖而出,长期拥有很高的政治地位,后来又成为仁宗辅政集团的核心人物。

这些人绝大部分既是朝中重臣,又是当年太子朱高炽的兼职部下、太孙朱瞻基的辅导老师,其中的杨溥、蹇义、杨士奇等人还曾因太子的缘故受过朱棣的关押和惩治,为保住和巩固朱高炽的太子地位做出过巨大的努力,也付出过沉重的代价。因此,这些人与仁宗父子有着一种患难与共的亲密关系,这种关系是他们得以成为仁宗辅政核心人物的重要原因。除了这个原因之外,还有哪些因素使他们进入辅政集团呢?

(一)进入辅政集团的条件之一:守成派的政治理念

1. 杨士奇等人与仁宗的政治理念一致

除了杨士奇等人与仁宗的特殊关系之外,这些人进入辅政核心集团的重要条件是守成派的政治理念,也就是与仁宗在政治上保持一致。杨士奇等人在永乐时期就对朱棣的政策不满,属于反对开创、反对折腾的守成派。关于这一点,身在第一线工作的户部尚书夏原吉感受最深,他在永乐后期多次建议朱棣减免百姓的沉重赋役,最后在是否北征的问题上,更是同朱棣激烈冲突;杨士奇长期辅佐太子监国,多次起草了减免各地赋役的诏书,对于永乐后期的国力严重消耗状况非常清楚。因此,他和夏原吉一样是较早的守成派。

杨荣虽然直接协助朱棣多次北征,但他并不是同朱棣一样的开创派,他在回答朱棣对夏原吉等人的调查时,明确指出这些人只是担心北征的粮饷供应不上,并没有其他的邪恶阴险之处,目的恐怕也是提醒朱棣的冒险之举。朱棣晚年北征时,曾想调集外省的部分民众参军,杨荣劝道,陛下原来答应他们不再从征,这样做会失信于民,从而使朱棣作罢。最后一次北征时,杨荣和金幼孜曾建议朱棣早日班师,并先提出派人让敌方认错求和,我方则顺势表示赦免敌方的罪责,从而尽快结束北征(《明史·杨荣传》)。由此看来,杨荣同样也是个守成派。

四人中的蹇义虽然没有和其他三人一样的建议,但在永乐中期一次上书中,也曾明确建议朱棣:京卫造海船材料的费用如有缺额,应该官方出钱来补足,不应该从军民那里征收,工部买办不急之务应该停止;百姓交不起官府的欠额,那些相当穷困的人家应该免于追赔;那些迫于重役而逃走的军人、罪犯,应该允许他们自首免罪等等(《国榷》卷一五)。从这些建议来看,蹇义同样不是一个与朱棣相同的开创派,而是与夏原吉等人相同的守成派。

蹇义等四人守成派的特点与政治理念,构成了他们与朱高炽合作的政治基础,用现在的话说,这是和最高领导人在政治上保持一致。而这种力主守成、避免折腾的政治理念,除了对永乐中后期社会现实的全面了解之外,还有传统儒家注重国计民生的思想因素。再加上杨士奇等人原来就是太子的部下,因此,具有守成理念的大臣和太子的部下两批人,已经自然而然地聚集到了太子的周围,朱棣一死,这两批人就合为一伙,同样自然地进入仁宗的辅政核心集团中,为"仁宣之治"做出了贡献。

2. 夏原吉是最早和最坚定的守成派

这些人之中,夏原吉的情况比较特殊。就在接到朱棣去世消息的第三天,仁宗就亲自跑到监狱里放了夏原吉。当时通讯极不发达,夏原吉听说太子亲自来到狱中接见他,不知道是怎么回事,就赶紧跑过来行礼。不料太子告诉他,杨荣刚从北边回来说,父皇已经病逝了,临终前说过一句话,还是夏原吉爱我。夏原吉一听,可能是悲痛加感动一起涌上心头,当时就趴在地上大哭起来。

估计太子可能劝他,现在是非常时期,先别哭了,赶紧出来做事吧,恢复职务去办公。可是夏原吉却说:"我是先帝的罪人啊,没有先帝的遗诏,我哪敢随便出来恢复职务啊?"一边说一边哭,趴在地上半天不起来。太子一看也没法劝他,就命人按自己的伙食标准,做了一桌高级饭菜赏给夏原吉,算是给他"接风"了。

夏原吉被放出来后,首先向太子建议全面改变朱棣的政策。他说:"现在东南地区的百姓已经竭尽全力,来供应北京朝廷的一切;大量的军队同样竭尽全力,从运河等渠道来运输北京的各种必需品,因此应该再把首都迁回南京,这样才能稍微缓解一下朝廷和地方的困境。"(夏原吉《忠靖集》附录)

各位请看,把首都迁回南京的话,夏原吉在朱棣生前从来没说过,而朱棣一死太子一即位,马上讲出来,可见他也是反对迁都的。而这些想法又恰恰是仁宗最需要的,因此仁宗极为器重夏原吉,觉得大明帝国的政务离不开他。当时原吉正赶上母亲去世,他向仁宗请假,要回到家乡为母亲守丧。仁宗不批准,原吉几次坚持要回去尽孝,仁宗恳切地说:"你是老臣,应该与朕共济艰难。你有丧事,朕就没有丧事了吗?"

于是仁宗赏给原吉一大笔钱,让有关部门协助原吉家人治办丧事。原吉不敢再说什么了,全心全意地辅佐仁宗采取赈饥省役的措施,全面缓解永乐时期国民负担过重的局势。洪熙元年(1425)四月,仁宗为杨士奇、蹇义和夏原吉三人制作了三枚精致的印章,他对蹇义说:"尔与士奇,吾监国旧辅,原吉贤良,皆吾所倚任,各与图书(印章),自吾本心。"可见在仁宗心里,夏原吉和他的两位监国辅臣是并列排在一起的。因此,夏原吉虽然不像杨士奇和蹇义那样同仁宗关系密切,但却凭着最早和最坚定的守成派资格,以及与朱瞻基的密切关系,同样进入了仁宗的辅政核心集团。

(二)进入辅政集团的条件之二:品德修养超群

1. 廉洁、宽容、有底线

可能有人会问,就凭才干超群以及与皇帝关系特殊这两点,杨士奇等人就能始终占据辅政集团的核心地位吗?换句话说,三代皇帝对杨士奇等人非常器重和信任,除了上述两点之外,这些人是否还有其他优势呢?我认为还有品德方面的优势,就是说这些人的品德修养同样超群,大致表现为三点:

第一，廉洁不贪。杨士奇在仁宗时已被晋升为少傅、华盖殿大学士兼兵部尚书，三个职务就有三份工资，于是他坚决请求辞去兵部尚书一职的工资，因为这个职务在三个职务中的工资最高，结果开了一个先例：在兼任的三个职务中，只领工资较少的两份。夏原吉也有类似的特点，有一次夏原吉的弟弟夏原启来京，朱棣破例召见了他，还赏给一桌酒席。临走时，朱棣派人送到船上，那人回去后告诉朱棣，夏原启的行李非常少，他哥哥送给他只有两石麦子。朱棣感到非常奇怪，为什么呢？

各位知道，夏原吉长期担户部尚书，还多次兼管其他部门的政务，相当于今天的国务院副总理兼财政部长。堂堂的一个中央领导人，弟弟来京，连皇帝都要亲自接见，并且赏桌酒席宴请一次。弟弟走了，当大官的哥哥只送了两石麦子，这也太说不过去了吧。就凭原吉长期担任户部尚书一职，就有许多机会贪污腐败，但他给亲兄弟的东西竟如此寒酸，究竟是作秀给人看呢，还是真的廉洁奉公呢？让人不得不生疑。

因此朱棣才会非常奇怪，于是有一天他就问原吉：我听说你兄弟的行李几乎是空的，你给他的东西为什么那么少呢？原吉回答，我攒下的工资已经先寄回家里了，也没什么可给的了，所以就没送他什么。朱棣一听很高兴，因为他的财政部长的确比较廉洁，还算没给他丢脸，于是对原吉说："你怎么不告诉我呢？我能帮你。"随后下令赏给原吉几匹不同颜色的高级布料（夏原吉《忠靖集》附录）。蹇义、杨荣等人虽然没有这类经历，但同样是当时较为廉洁的大臣。

第二，待人宽厚，善于包容。其中杨士奇不仅能够容人之过，还能荐人之长，并能注意平息由于皇帝和臣下的个人原因而引起的政治风波。永乐时，广东布政使徐琦带来岭南的土特产品，分赠群臣，朱棣从特务那儿弄到了受赠人员的名单，见上面竟没有杨士奇的名字，便召来士奇询问。

士奇说：徐琦赴广东之前，群臣曾写诗作文为他送行，我那天正赶上有病未能参加，因此名单上才没有我。现在还不知道这些人是否会接受送来的特产，再说一点土特产不起眼，徐琦并无他意。猜忌多疑的朱棣听了士奇的话，立即命人烧掉了那份名单，未加追究（《明史·杨士奇传》）。对于同僚杨荣等人的缺点和过失，士奇更是以大局为重，努力团结这些人一道为朝廷效力。杨士奇的这些特长和作风,使他在辅政集团中逐渐处于领班的地位,一直到死都未改变。

夏原吉平时待部下不仅较为宽厚,并且只要部下"所言虽寸长片善有益于政者,皆采用不遗,每量其才而使之",因此同部下的关系相对和谐。尤其是对待那些从前与自己关系不好的同僚,夏原吉能够从大局出发,不计前嫌,从而逐渐化解了彼此之间的矛盾。当年吕震为自己的儿子要官,宣宗问原吉,该不该给他个职位,原吉回答:吕震当年曾帮助仁宗坚守北平城,就凭这个资格,就该给他儿子一官半职。有人对夏原吉说,这个人过去总是告你的状,难道你忘了吗?原吉回答:"那都是因为我本身有错误,哪能怪人家呢?"

平江伯陈瑄在朱棣夺位后,早就想杀掉夏原吉,但后来原吉推荐陈瑄总督漕运,就是担任漕运部队的总司令兼漕运总指挥,又多次在朱棣面前力赞陈瑄的请求和建议,等于帮他完成了利国利民的一大功业。吕震和陈瑄经过这些事之后,都从心眼里敬服夏原吉。据我所知,当时的高级官员中,吕震与人不易相处,冲突较多,杨士奇、蹇义几乎都和他处不来,但原吉却凭借自己的行事风格,以实际行动赢得了吕震的诚心敬重(《明史·夏原吉传》)。

当年夏原吉出差,有人偷了他的几套高级餐具被抓,原吉不仅放了那个人,还把一套餐具特意送给了他。部下不慎用墨汁弄脏了皇帝批的文件,原吉不但没有批评部下说:你是怎么搞的,没长眼睛吗?!相反自己去向皇帝请罪,皇帝只好重批了一张。新考上的进士年轻好奇,坐上了原吉的高级轿子,原吉不但没有责备他:这是你该坐的吗?滚下来!反而称赞进士有志气。夏原吉的这些行事风格,使他成为永、洪、宣三朝中,唯一一位与皇帝和同僚相处最好的元老大臣,这是夏原吉的过人之处。

杨荣身上也有类似的特点,朱棣晚年病态严重,脾气暴躁,动不动就发怒,但是不管朱棣如何震怒,只要杨荣一到,几句话就能缓

明代上奏用的笏板

和气氛,使朱棣转怒为喜。尽管杨荣有时不能容人之过,但却从来没有对任何人落井下石,并且总是凭着自己特殊的本领,解救了许多激怒朱棣的大臣,因而在朝中颇有威望。平时与官员宾客往来较多,虽然位高权重但没什么架子,因此朝中官员都和他关系不错,本人也颇有势力。

第三,勇于负责,有原则有底线。这一点在杨士奇身上最为突出。宣宗的母亲张太后曾对宣宗说过,先帝(高炽)当年在东宫时,只有杨士奇敢于直言,不怕触怒他,尽管几次引起先帝的不快,但先帝最后总是采纳士奇的意见,因而处事不败。夏原吉对朱棣不顾民生的过分之举,更是不惜冒险加以劝阻,在被囚禁甚至在生命受到威胁的情况下,仍然不改口。蹇义虽然是朝中有名的"老好人",轻易不反对皇帝,但对朱棣早年全面否定建文帝、晚年消耗较大的政策,同样敢于提出反对意见。

相比之下,杨荣做事较为圆滑、颇有心计。他有个特长,那就是十分谙熟专制政治的诀窍,善于揣摩皇帝的心理,无论是上言还是行事,从未丝毫触怒过皇帝。他曾对人讲过自己的经验和体会:"为君主办事要得体,提意见更要讲究策略,由于自己的怨恨和刚直而得罪君主,惹祸倒霉,实在令人惋惜,我是从来不干这种事的。"

他还举例说明:比如你陪着皇帝读《千字文》,第一句是"天地玄黄",皇帝却读成了"天地玄红",你不要马上反驳,为什么呢?因为你怎么知道皇帝不是有意这样读错,来考验你呢?你又怎么知道"玄黄"不能读作"玄红"呢?如果你马上反驳,就有可能惹怒皇帝,那样对你没什么好处。等皇帝读了第二遍甚至第三遍,向你询问时你才可以回答说:"臣小时候读过《千字文》,见书上写的是'天地玄黄',不知道对不对?"这样回答才能避免招祸。杨荣的例子十分精彩,简直令人拍案叫绝(叶盛《水东日记》卷五)。

杨荣的意思是说,即使你明知道皇帝错了,也不能说出来;即使是皇帝问你,你也不能说是皇帝错了,而是要反过来请教皇帝,让皇帝来裁决我说的是否正确。哪能说皇帝错了呢?那不是给自己找麻烦吗?因此,同皇帝合理、有效的说话方式,是让自己避免惹祸的重要前提。从永乐到宣德三朝,杨荣始终受到皇帝的恩宠和器重,与他这种成功的事君之道是相当有关的。

有人可能以为杨荣这样做有些过于世故、圆滑,不如夏原吉等人敢于直言、坚持原则,实际上杨荣同样是有底线的。朱棣晚年不顾民穷国困的局面,顽固坚持北征,杨荣虽然没有像夏原吉等人那样极力反对,但却多次力劝朱棣早日班师、结束北征,还曾设法阻止朱棣扩大北征规模,避免造成的消极影响,同样显示出杨荣忧国忧民的责任心和使命感。

　　虽然平日里由于专制制度的需要,杨荣等人难免对皇帝歌功颂德、溜须拍马,现在看来有些内容甚至比较肉麻,但这样做并不等于完全丧失原则和底线,相反在朱棣晚年一些事关国家前途命运的重大问题上,这些人基本上都是积极反对弊政、关注民生的,都是勇于负责、有原则有底线的人,并非一群毫无是非、只会溜须拍马的庸俗官员。

2. 三位帝王德才并重的价值取向,君臣并非势利之交

　　由此可见,永乐到宣德时期辅政集团的几位核心人物,不仅有过人的才干,还有超群的品德修养。那么皇帝为什么要始终重用这些人呢?只用那些既会溜须拍马、又有才干的大臣,不是更省事、更顺手吗?看来朱棣祖孙三代皇帝并非都是完全的实用主义者,只看重关系与才干,根本不顾品德和原则,甚至完全以是否有用为标准,只凭个人好恶,谁有用就用谁;而是德才并重,并且基本上是把品德超群这一条排在首位。那些品行不端、缺乏原则底线的大臣,如吕震、陈瑛、张瑛等人,最多只是受到暂时的重用或者说是利用,最终仍然受到贬斥。其中吕震虽然地位较高,但由于人品较差,一开始诬陷尹昌隆,后来又对夏原吉等人落井下石,受到仁宗的疏远、贬斥,仁宗后来授权夏原吉兼管礼部,很明显是把礼部尚书吕震放在夏原吉的管辖之下。

　　由此也可以看出,当时明代的君臣并非全是势利之交,虽然高层官员的升降沉浮是掌握在皇帝手里,但皇帝用人并没有完全按照个人的需要,而是充分兼顾大臣的德、才以及政治追求,这一点也反映出当时的专制统治中,多少带有一些儒家传统政治的合理因素。有的学者指出,吕震和夏原吉等人的不同经历,尤其是当时作为辅政集团的核心人物,四位品德超群的大臣几乎始终受到重用,说明三位帝王的用人原则具有较为特殊的价值取向,心目中或骨子

里,多少带有一种政治文化上的道德理念。

虽然在用人标准、道德理念这些方面,成祖、仁宗、宣宗三位帝王表现的程度不同,但他们都有自己的政治原则,尤其是仁、宣二帝,较为倾向于传统的民生和仁政,因而他们对于始终站得住的几位大臣的政治品德,有一种高度的认同;并且是出于政治上的长远而非短期的考虑,较为明显地营造一种雍容、宽和的立朝气度,有意识地培养和树立一种廉洁、宽容、负责的风气和榜样,在政治导向上不鼓励,更不纵容那些奸邪之道。

因此,从永乐到宣德时期,杨士奇等人能够始终占据辅政集团的核心地位,除了与皇帝的特殊关系和才干超群之外,还有出众的品德修养,包括廉洁、宽容、勇于负责的作风,更有三位帝王德才并重的价值取向与长远考虑,以及由此而形成的特殊的政治文化氛围。我认为这个看法是颇有道理的,明代从永乐到宣德的三十多年里,君臣之间并非完全是势利之交。

(三)永乐以后杨荣地位的下降及其原因

1. 洪宣时期较重文治,这点并非杨荣所长

虽然杨士奇等四人从永乐朝开始,差不多很快就从群臣中脱颖而出,上升为辅政集团中的核心人物,但这些人与仁宗父子的渊源关系不同,使他们在洪熙朝辅政集团中的地位顺序有了变化,其中最明显的变化是杨荣从永乐朝的首席宠臣,几乎下降到了洪熙时期辅政集团中的最后一位。为什么会这样呢?简单地说,杨士奇和蹇义因是太子的旧臣,自然进入了辅政核心并且名列前茅;夏原吉虽非太子旧臣,但德高望重,才干非凡,并且与朱高炽的政治理念相同,又与太子朱瞻基关系极好,因此也进入了辅政核心。

杨荣虽然为朱高炽即位立了大功,但由于与仁宗父子先前没什么更深的渊源关系,又对自己的地位有不满,因此地位排在四人的最后,永乐时期首席宠臣的地位,此时已被杨士奇取代了。但杨荣仍然受到仁宗的器重,据说有时仁宗回到宫里,遇到什么需要商议的政务,就亲笔写上杨荣的名字,再盖上宝玺,或是用皇帝专用的押印封好要咨询的信件,派人交给杨荣。杨荣总是认

真对待,非常详细地回复仁宗的问题,结果令仁宗非常满意(杨荣《文敏集》附录)。

从客观上看,永乐时期尚武功,军事活动比较多,而这一点正是杨荣所长,因而他受宠的程度高于士奇;洪宣时期重文治,和平建设活动较多,这一点正是士奇所长,因而士奇受宠的程度高于他。从主观上看,宣宗与杨荣之间没有与士奇那样的亲密关系,加上杨荣曾于宣宗面前排挤过士奇,竟为士奇所原谅,因而宣宗对杨荣不像对士奇那样器重。

2. 杨荣和边将往来较多,引起宣宗的敏感和不满

那么杨荣地位下降,是否还有其他原因呢?有,那就是杨荣曾经和边将走得比较近,这是让皇帝不放心的事。宣德五年的一天,宣宗在文华殿单独召见了杨士奇,对他说:"我听说杨荣在家里养马,发财赚了不少,一开始我还不太相信;现在派人一了解才知道,原来都是从边镇将领那里得到的!可见杨荣私下与边将们往来密切,实在是辜负了我!哪能把他安排在内阁里任职呢?这个地方可是决策的要害部门啊!"

杨士奇听了宣宗的意见后解释说:"杨荣与各位将领有来往,主要是因为永乐时期多次跟随先帝北征,先帝命他掌管兵马之数,因此才和各位边将混得很熟。"杨士奇这么讲,其实是先为杨荣和边将的关系辩解,因为他从宣宗的话里听明白了,宣宗对内阁文臣和军队将领往来密切,是非常敏感的,那些边将不给别人送

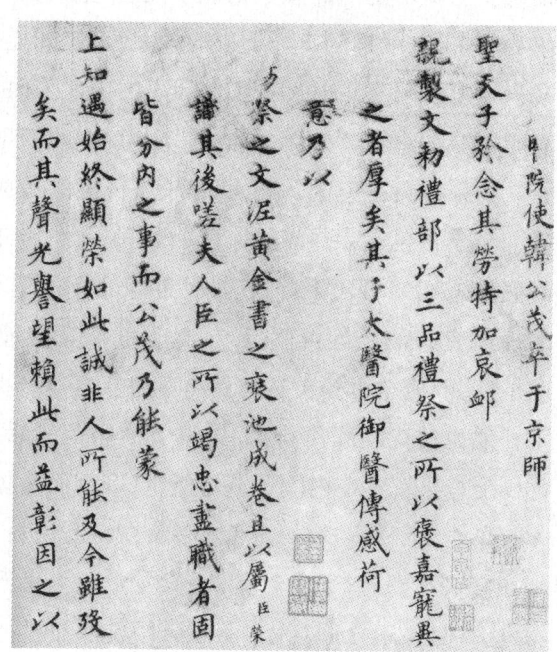

杨荣手迹

礼,而是只给杨荣送好马,这样下去,枪杆子也就是军权不就要旁落了吗?宣宗能不担心吗?所以他才想把杨荣调出内阁。

杨士奇要为杨荣辩护,光讲他和边将混熟的原因是不够的,士奇还讲到杨荣的特长,他说现在内阁几个大臣中,关于边将才干的优劣特点、边镇的远近险易,以及边疆各少数民族对明朝的顺逆情况,只有杨荣一人知道得最为详尽,我们几个人都赶不上他。现在正是用人之际,我建议还是别把杨荣轻易调出内阁;并且他本人尽管处于决策的要害部门,但起草各种诏书命令时,如何定夺如何决策,都要听皇上您的意见,再加上还有我们这些人一同商议然后再办理,杨荣怎么会一手遮天,一个人把持权力呢?况且我和他同朝为官,我也去他家看过,他的马圈不太大,只能养个三五匹马,多了就养不了,因为马草马料不太容易筹集。

杨士奇显然在为杨荣辩护,并且顾全大局,尤其是考虑到杨荣的特长,也说明了当时的决策机制中,除了皇帝以外没人能在内阁中专权,不必专门防着杨荣。但即使是这样宣宗仍然不满意,他对杨士奇说:"你还不知道吧,杨荣家里养马多了,就拿到市场上去卖掉,我可是知道得非常清楚!而且这个家伙,好几次请求恢复永乐时期的旧制,调动边镇卫所的军官。我问过兵部,兵部说只有犯了罪的军官才能调动,这种事早就是洪武时期的旧制了,根本没理由再恢复。杨荣居然还想这么干,我本来就怀疑他是别有用心!"

杨士奇见宣宗越说越来气,只好心平气和地劝解说:"皇上听到的这件事,到底是怎么回事还不好说,估计杨荣也不会有什么特殊的用意。不过这个人的确还有其他长处可用,希望皇上能够宽容他。"杨士奇这么一劝,宣宗倒是消了气,但他觉得杨士奇可能有些过于迁就杨荣,所以转而对杨士奇有点不满了。他说:"我刚即位时,如果只听信杨荣的话,而不听蹇义和夏原吉的劝告,你杨士奇早就不在内阁了,你现在怎么反而替杨荣说话呢?"

杨士奇一听,这才知道杨荣曾在背后说自己的坏话,想把自己挤出内阁,好在宣宗不同意,于是赶紧谢恩,并且好人做到底,他说:"陛下能够委屈包容我,这真是天地之恩!我也希望陛下能够推广天地之恩包容杨荣,使他改正缺点,为陛下效力。"宣宗的气全消了,不再同杨士奇计较这些事,而杨荣本人后来也听到了上述谈话内容,深感惭愧,从此与士奇等人和睦相处,同心辅政(杨士奇《东里别集》卷二)。

3. 控制武将和军队的需要,使宣宗对杨荣有了成见

这件事过后,宣宗更加器重杨士奇等人,但对杨荣的信任也有所减少,不像以前那样了。既然宣宗对杨荣有了成见,别人再说什么也很难改变,况且宣宗对杨荣的成见是专制帝王的心态,根本不是养几匹马、卖几个钱的问题。如果不是文臣和武将走得太近、不利于皇权专制,宣宗还会在乎杨荣养了几匹马、卖了多少钱吗?肯定不会的。当然,宣宗对杨荣的成见并不深,加上杨荣才干突出,又善于处理同皇帝的关系,因此杨荣受到宣宗器重的程度与其他人差别不大,在辅政集团核心中的地位仍然是非常稳固的。

有人可能会问,杨荣和武将关系密切,为什么当年朱棣不在意呢?同样是皇帝,为什么宣宗朱瞻基会对此比较敏感呢?我认为,朱棣的军事才能较高,又有靖难夺位和五次北征的经历,完全可以控制手下的武将,因此根本用不着担心杨荣和武将关系密切,况且朱棣对杨荣和边将也非常了解和信任,相信他们不会对自己构成威胁,所以才对边将赠送杨荣好马,基本上不闻不问。

但宣宗朱瞻基不一样,他没有祖父朱棣那样的特殊经历和军事才干,不可能像朱棣那样可以牢牢地控制武将和军队,但是作为一个帝王,宣宗却又非常希望能够控制军队和武将,因此他自然会担心杨荣和武将关系密切,会削弱他对军队和武将的控制。换句话说,此举已有威胁皇权之嫌,所以宣宗才会对杨荣接受边将马匹、请求调动边军之举非常不满。

这件事说明什么呢?至少说明皇帝尤其是那些控制欲很强的专制帝王,对于自己能够控制的领域,往往不担心、有自信;相反对于自己不能控制或控制把握不大的领域,往往是非常在意和缺乏自信的。各位还记得吧,当年朱棣北征,对监国南京的太子不放心,解缙只是偶尔单独觐见太子,朱棣就听信了朱高煦的诬陷,怀疑解缙和太子有什么不利于自己的活动,于是不仅下狠手逼死了解缙,还杀掉了太子的一大批部下,同样说明朱棣对于是否能够控制太子、避免太子监国对自己造成威胁,是缺乏自信、没有充分把握的。如

此看来，杨荣和武将关系密切，朱棣和朱瞻基态度不同，正说明他们有共同之处。

除了上述这些人之外，还有哪些地位较高、才干较强的大臣，他们为什么没有进入辅政核心集团，有人甚至还离开了上层政治集团呢？

（四）未能进入辅政集团的官僚群体及原因

除了三杨、蹇、夏之外，还有礼部尚书吕震、胡濙、工部尚书吴中、兵部尚书李庆等六部官员，这些人可以说是宣宗辅政集团的外围人员。从朱棣去世到仁宗即位，这个集团发生了一些人事变动，仁宗的东宫旧臣在集团中占有明显的优势。宣宗即位后尽管基本上继承了仁宗的辅政群体，但也做了相应的调整。宣德初年这一群体中大体上有三部分人：第一部分是朱棣的旧臣，如杨荣、吕震、金幼孜、夏原吉、蹇义等，这些人基本上是负责实际工作的各部尚书，是实权派，与宣宗本人的关系远近不同；第二部分是仁宗的东宫旧臣，如黄淮、杨溥、杨士奇等人，这些人在永乐时期遭受过关押、打击，此时刚为仁宗所重用，属于新贵，手中的实权不多，但与宣宗父子的关系显然较实权派略为亲密；第三部分是宣宗本人当太孙和太子时的专职教师，如陈山、张瑛等人，这些人手中无权，但与宣宗本人关系好，是宣宗准备重用、准备授予实权的人。

宣宗要依靠这些人来开动国家机器，就必须根据需要来对这三部分人的人事职位做出安排，对政治权力再分配。除了宣宗之外，每个人都面临着新皇帝和政治形势的考验和筛选。三杨和蹇、夏的情况已如前所述，这里需要叙述的是那些接近辅政集团核心，但最终并未进入甚至远离这一核心的那些人。

1. 朱棣部分旧臣只被留用，但未获重用

礼部尚书吕震、工部尚书吴中、兵部尚书李庆都是朱棣的旧臣，但与宣宗父子没有更深的私人关系，才识也在杨士奇、杨荣等人之下，所负责的部门也不像蹇义的吏部和夏原吉的户部那样重要，因而只是保住了在上层群体中的地位，但未能进入新的辅政集团核心。其中，吕震这个人一心只顾自己的得失，

为了这个目的,欺骗上级压制下级,一点都不在乎;并且为人阴险,既好阿谀奉承,又善倾陷他人。

当初朱棣离开南京巡视北京时,吕震建议各地的奏章分别收存于南京六科,等朱棣回到南京时再一并上报,朱棣批准了这一规定。永乐十七年,朱棣在北京因事索取奏章,侍臣告诉他收在南京了。可朱棣忘了当初的规定,说了句:"奏

明代官员的乌纱帽

章应该送到我所在的地方啊,为什么在南京呢?难道是礼部另有安排吗?"吕震害怕获罪,就顺着朱棣的话说:"礼部没别的安排,奏章本来就该送到陛下所在地。"朱棣还怕自己记得不准,再三询问吕震,可吕震根本没有说明以前的规定,于是朱棣就以擅自扣留奏章的罪名,杀掉了南京右给事中李能。

大家都知道李能是冤枉的,但是都怕吕震,因此没人敢说话。尹昌隆被害,也是出自吕震的陷害。时间一长,大家都对吕震的为人非常清楚,仁宗等人虽然讨厌他,但念他当年参与靖难时,曾有帮助仁宗守城的功劳,才没让他退休回家(《明宣宗实录》卷一六)。加上吕震与杨士奇等人政见不合,总是抓住一些小事做文章,被人视为不识大体,因而受到宣宗父子的疏远。

不过此人有个特殊的本事,那就是精力旺盛,记忆力极强,别的尚书上朝奏事都要备个副本提示,记性不好的还要同左右侍郎也就是两个副部长轮流上奏,只有吕震上奏时总是独自一人,根本不用副本提示,也不用副部长帮忙,甚至在兼理户部、兵部政务时也是如此,不论事情千头万绪、多么庞杂,吕震上奏时总是倒背如流,从未有误(《明史·吕震传》)。也许吕震的这一特长别人无法代替,因而才保住了他在宣宗上层僚属中的地位。

工部尚书吴中倒是勤奋精明,长期负责大型工程建设,北京和长陵、献陵的营建工作都是他主持进行的,规划井然,成绩显著。只是不恤工匠,又耽于声色,名誉不太好。宣德三年(1428)他以公家的木料和石料送给宦官杨庆建

私房,为宣宗逮捕下狱,随后释放复职(《明史·吴中传》)。吴中在工程建设方面的特长使他继续留任工部尚书,但操守方面的问题又使他不受宣宗的器重,未能进入辅政核心集团。

李庆是兵部尚书,从前是位执法如山的官员,受到朱棣的重用,但性格有些古板,曾经谏止宣宗出游打猎(《明史·李庆传》),也与杨士奇等人政见不合。宣宗即位后只是让李庆留任兵部尚书,并未进一步重用。

2. 黄淮不善处理人事关系,受到排挤退休了

另几位永乐旧臣金幼孜、黄淮则为宣宗安排在内阁之中,让他们作为皇帝的顾问,参与决策大事。其中金幼孜一直留在内阁,此人才学极高,永乐时朱棣在行军途中,需要记录山川要害和起草文告,幼孜就在马鞍上起草,很快便可完成,是朱棣的一个高级秘书,洪熙时期也受到仁宗的礼敬。金幼孜性格沉静,谦虚豁达(《明史·金幼孜传》),政治才干不及杨士奇等人,与宣宗又没什么特殊的关系,因此他在宣德时期虽然地位较高,颇受优待,但并未进入辅政核心集团。

黄淮也是一个非常有才干、有见识的官员,《明史》上说他"性明果,达于治体",即聪明而果断,善于从大局考虑问题。由于这一特长,朱棣任命他为太子监国的四大辅臣之一,可见黄淮的地位较高。永乐初年有人重提洪武时期"胡蓝之狱"的往事,黄淮对朱棣说:那件事在洪武末年已有禁令,不必再追查了。还有人要追查"靖难"起兵时,南方人在北方做官,没有迅速投靠朱棣,应该发配到边远地区。黄淮建议,如果那么干,就显得新朝太没有肚量了,不容人。这些建议显示了黄淮的见识,都被朱棣采纳。

这些还是内政问题,在外交和边疆民族问题上,黄淮同样有建树。明朝当时同北方蒙古势力打交道,鞑靼部首领阿鲁台向明朝投诚,并请求明廷刻好金印,让他统辖吐蕃各部。其他人都想答应,只有黄淮不同意,他说:"这类人的势力分散了才容易控制,可要是联合起来就不好对付了。"朱棣听后称赞他:"黄淮论事,如立高岗,无远不见。"类似的情况还有许多,可见黄淮的才干和见识都有过人之处。

后来受太子牵连,他被朱棣关进监狱蹲了十年。仁宗即位后,提升他为少保、户部尚书(虚衔)、武英殿大学士,与杨荣、杨士奇等人共同参与机务。宣宗亲征高煦时,曾命黄淮负责居守北京,对他可算重用。无论从个人才识还是从与宣宗的私人关系上看,黄淮都颇有希望进入辅政集团的核心,但他气量狭隘,不能容人,别人略有小过他便上告,因而不为他人所容。

黄淮如此不善处理人事关系,弄得自己与同僚关系紧张。加上杨荣借口黄淮身患痨病,估计是当时的一种结核病,可能传染他人,以此来排挤黄淮,宣宗也了解其中的情况,有些疏远黄淮。黄淮在内阁中待不下去,只好于宣德二年(1427)请求离休养病,获得批准(《明史·黄淮传》)。黄淮就这样因自己的性格特点和人事关系,未能进入宣宗辅政集团的核心,并离开了上层政治集团,退休回家了。

3. 陈山、张瑛贪婪受贿,被调离了上层政治集团

陈山、张瑛二人都是宣宗青少年时期的老师,宣宗一即位,便将二人选入内阁之中,让他们参与重大政务的决策。宣宗的这一做法后来便形成了一个不成文的惯例,即天子从前的教官(尤其是首席教官)要随着新皇帝的即位而进入内阁,并在内阁之中名列前茅。尽管朝臣都清楚宣宗的用意,无奈陈、张二人才识不足,入阁之后未能很好地担当起天子顾问的职责,提不出什么像样的政治建议,只会秉承皇帝的旨意说话办事,并且倚仗与宣宗的师生关系向各部门索贿不已,贪婪成性,使宣宗对二人由失望而逐渐转为厌恶。有一天宣宗与杨士奇老远看见陈山正快步上朝,便问士奇:"陈山的为人如何?"

士奇答道:"陈山虽然长期为陛下效劳,但这个人不学无术,比较贪婪,并且不能顾全大局,不是个正人君子。"宣宗想起陈山劝他袭击赵王之事,仍然耿耿于怀:"你说得对,赵王之事差点被他坏了大事。最近我听说他竟然向一些部门索求贿赂,还贪得无厌,不能让这样的人玷污了内阁。"

于是在杨士奇的建议下,宣宗将陈山和与之行为相同的张瑛调出内阁。陈山在内书堂,专门教授小宦官们读书识字,发挥了他作为教官的特长,同时也为培养得力的辅政宦官做准备;张瑛则被调往陪都南京,任礼部尚书养老

(《明通鉴》卷二〇）。二人不但未进入宣宗辅政集团的核心，而且还远离了当时的上层政治群体。这件事也说明杨士奇地位很高，是宣宗的高级人事顾问。

从杨士奇、杨荣到陈山、张瑛，这些人在仁宣时期的不同际遇说明了一个问题，在进入辅政核心集团之前，是要经过一番严格的筛选和考验的；而已经进入或接近这个核心的人员，也存在着不断的甄别和淘汰，只有那些最符合最高统治者需要的人，才能被保留在核心集团中，并获得发展。从杨士奇、陈山等人的情况可以看出，至少出众的才识和与皇帝的亲密关系，是进入辅政集团核心的必备条件。既然仁宗和他们关系非常密切，那么这些辅政集团的核心人物都有哪些权力呢？他们为什么不是明初的丞相呢？

二十五 变"相"辅政

仁宣时期，辅政核心集团的权力虽大，但已不是洪武时期的丞相；夏原吉地位特殊，因此"政在三杨"一说也不准确。

杨士奇草书《镜心诗》

（一）杨士奇辞掉优惠待遇及其原因

1. 同时拿三份工资，杨士奇辞掉最多的一份

前面讲过，杨士奇是仁宗监国时最为器重的辅臣，因此即位后不仅提升了杨士奇等人的职务和地位，还让他们兼支三俸，就是同时拿三份工资。杨士奇当时已被晋升为少傅、华盖殿大学士兼兵部尚书，于是他请求辞去尚书的工资，向仁宗表示自己当了少傅和大学士就已经相当过分了，尚书一职实在是不敢当。想不到仁宗厉声喝道："黄淮、杨荣和金幼孜都接受了三个职务，你却只接两个职务，外界会怎么议论我这个皇帝呢？那不是待你太不公平了吗？你一定不要推辞！"杨士奇一看仁宗动了怒，赶紧下跪磕头，那我就不辞去尚书的职务了，但是请求辞去这个职务的工资。

仁宗一听杨士奇接受了，口气也有缓和，他说："你辅助我非常辛苦，二十年始终如一，从不懈怠，所以我才拿这几份工资来酬谢你，你为什么偏要坚决推辞呢？"士奇回答："尚书的月俸是六十石米，国家可以养活六十个军人，我领受两份工资都怕过分，哪还敢想再加一份呢？"仁宗又说："你不要俸米，可以改成折合的钱钞。"士奇说："折合的钱钞也是工资啊，它和米不过是两个名称。"意思是我如果要了钱钞，那不还一样是三份工资嘛。

这时吏部尚书蹇义在一旁对仁宗说："陛下，您就批准他辞掉大学士一职的工资吧，这样不也行吗？"可是杨士奇依旧不同意，他说，要辞就该辞掉最多的尚书那份工资，还用得着博取虚名吗？仁宗一看杨士奇的决心挺大，也有些懒得和他争了，于是就批准了士奇的请求，然后又表扬了杨士奇的不贪之举（《明史·杨士奇传》）。其实杨士奇非要辞掉一份工资，并非他开的头。据我所知，最早辞掉一份工资的应该是夏原吉。永乐二十二年十一月时，仁宗晋升夏原吉为少保兼太子少傅，原来他还兼任户部尚书，拿了三份工资，于是夏原吉向仁宗坚决要求辞去一份，仁宗批准他辞去了太子少傅一职的工资（《明通鉴》卷一八）。

太子少傅的级别是从二品,这份工资是夏原吉三个职务中最少的,可能由于这个原因,所以蹇义才向仁宗建议,批准杨士奇辞去他三个职务中工资最少的大学士一份。但杨士奇坚决不同意,看来他是不想让外人感到,自己同仁宗关系特殊,工资待遇太高太显眼,况且已有夏原吉三俸辞一俸的先例,因此才坚决要求辞去最多的那份工资。这件事之后,三俸兼支的黄淮也要求辞掉户部尚书一职的工资,得到了仁宗的批准。

2. 杨士奇辞掉两顷好地,准备退休养老

洪熙元年(1425)以后,仁宗又让太监在附近选了两顷好地,赐给杨士奇。在此之前仁宗已经赏给蹇义和夏原吉了,并且洪熙一朝赏给大臣土地只有他们三人,可见三人在仁宗心中的地位,可是杨士奇听说后又向仁宗恳请辞掉。仁宗就问他:"你对我向来是表里如一,既没有遇事犹豫不决,也没有首鼠两端,我受益非常多,一直记在心里,总是不忘。可是你前几天辞掉一份工资,现在又要辞掉这份赏田,为什么你总是顽固坚持呢?"

杨士奇恳切地回答说:"我出身寒微,只是机遇不错,有幸遇到了圣上您,我才有了今天的一切,这一切已经超过我该得到的几万倍了,我怎么还能不知足呢?人的欲望总该有个止境吧,幸得陛下的大恩大德,没让我的欲望过分膨胀,差不多我还能苟延残喘,再服侍陛下两三年,然后我就在有生之年全身退休,这些福分都是陛下您赐给我的。"

各位请注意,杨士奇在这里并没有说,既然皇上待我这么好,又是给了我三份工资,又是赏我一块好地,我一定更加倍努力报答皇上,"鞠躬尽瘁,死而后已";而是相反,除了感谢之外,非常委婉又非常明确地表示,我对现在的一切已经非常满足了,再多的东西不想要了,更别说是一份工资一块好地了,并且我也干不了几年了,到时候请陛下放我回家养老。

仁宗听了杨士奇的这番表述,果然放宽了对他的要求,不再像以前那样要求他如何如何努力,而是反过来安慰他:你不用担心退休养老之事,我会给你送终的,身后之事一切包在我身上,并且批准了他辞去那块好地的请求(杨士奇《东里别集》卷二)。这样一来,杨士奇就没有那么多的负担了。当然,这件事也反映出,杨士奇和仁宗二人相知甚深,在二十多年的监国生涯中,建立起了一种患难与共的感情,彼此信任,否则不会是这样。这种情况也没有发生在第二个人身上。

3. 杨士奇婉拒多收好地和工资的原因

那么杨士奇为什么婉拒呢?他为什么不顺着仁宗的意图,多收钱、多收地呢?我个人以为可能有三个原因:第一,杨士奇本人性格就是这样,他讲的大体上也是实话。对他来讲,从一个没有学历的下层普通人,一直做到了仁宗的首席顾问,受到特殊的器重和信任,这样的地位和权势的确让他非常满足,再多几份工资、几块好地,的确无所谓了。

第二,他要考虑同僚的因素,为什么呢?各位要知道,在仁宗的辅政集团里,杨士奇原来的资历和地位是最低的。因为永乐时期杨士奇只是翰林院的中级官员,兼任太子詹事府的辅佐官员,级别才五品,而夏原吉、蹇义、吕震这些人都是各部尚书,正二品的部长,杨荣、金幼孜、胡濙等人则是朱棣非常信任和器重的心腹大臣,地位也大大超过杨士奇。

仁宗上台后,杨士奇是凭着多年辅佐仁宗的特殊关系,才一跃超过其他人,成为仁宗的首席顾问。单凭这一点,他就已经惹起了杨荣等人的不满和嫉妒,如果他不顾一切,三份工资照拿、好地照收,是否会成为众矢之的,受到更多势力的嫉妒和排挤,可就不一定了。因此杨士奇讲的自己已经很满足,不想多干多占,可能也是一种自我保护。

第三,他要考虑仁宗的想法和感受。仁宗给他钱米,给他好地,固然是信任他、器重他,但如果杨士奇总是什么都照收不误,却未能一如既往地做到仁宗所希望的程度,那么仁宗对他的信任和器重就会改变,就会打折扣,这是肯定的。那些只对好处和地位来者不拒,才干逐渐平庸的官员,一般情况下皇帝或是上级肯定是看不起的,甚至会逐渐产生反感。

杨士奇不敢保证自己是否会那样,所以他来个以退为进,不让仁宗对自己有很高的期望值,先辞掉一些好处,该干什么还干什么,这样即使有了失误,仁宗也不会怪罪他。否则,你工资加土地好处得了一大堆,事情干得却是毫无起色,甚至越来越糟,仁宗怎样对待你,那可就不一定了,因此杨士奇这样做实际上是给自己留了一条后路。换句话说,杨士奇的目的,是让他和仁宗对双方的期望值都别太高,都留有余地,这样做事反而更有主动权。这是杨士奇的过人之处,也是他多年官场活动的宝贵经验。

可能有人会问,既然仁宗非常器重杨士奇,那么对于辅政集团这些人他都给了哪些权力呢?仁宗为什么不直接任命他们当丞相呢?

(二)辅政核心集团虽然权力较大,但不是丞相

1. 仁宣时期辅政核心集团权力较大

杨士奇等人不同的才干和特长,使他们在辅政集团中拥有各自不同的地位和作用,永乐至宣德前期,大致形成一种习惯性的分工。也就是说,四个人最有发言权、最能影响皇帝决策的领域分别是:蹇义,人事安排;杨荣,国防军事;杨士奇,礼仪制度;夏原吉,民生财政。或者说,他们在上述四个领域内,是最有发言权、最有影响力的四个人。

整个仁宣时期,蹇、夏、二杨组成的辅政核心集团权力是较大的。大体来说,四人都有权对奏章或其他政务提出处理意见,这是一种议政权;蹇、夏分别担任吏、户部尚书,自身有一部分执行权,后来二杨直接主持了朝中部分官员的任免,兼有了部分人事权,同样是拥有了一部分执行权;夏原吉受命兼管礼部,杨士奇等人对某些部门的执行情况提出意见,相当于拥有一部分监督权;至于仁、宣二帝授权夏原吉直接处理一些政务,则使他拥有了一部分决策权。

当初宣宗觉得吏部尚书蹇义年纪大了,不适合整天忙于吏部的具体事务,于是就免去了蹇义的职务,让他和夏原吉等几位老臣一起作为顾问,不再过问吏部的具体事务。吏部尚书一职缺人,宣宗就让吏部侍郎即副部长郭琎担任,同时告诉他,要像前代吕蒙正等人那样,留意培养和储备人才,以便必要时任命并使用这些人才。

但当时这类政务几乎由内阁负责,掌握这种权力的人,是内阁的杨士奇和杨荣。各省各府的官员缺人,由三品以上的京官举荐,后来御史和县官,也都

由五品以上的京官推荐。这样一来，凡是重要任职的选授和升迁，几乎都不经过吏部，郭琎虽然是吏部尚书，相当于今天的中央组织部长，但资历和威望都太浅，因此别人怎么定他就怎么办，手里没什么实权（《明通鉴》卷二〇）。

由此可见，即使是宣宗后来解除了四人的具体政务，让他们专门负责起草对奏章的处理意见，但并没有减少他们的辅政力度，他们仍然兼任皇帝的顾问班子、智囊团。同时，这些人仍然拥有一部分决策权。因此，仁宣时期是辅政集团权力和作用最大、最受皇帝信任的时期，这些人拥有特殊的权力和地位，某种程度上超过了其他六部尚书和内阁大臣，是个特殊的政治群体。说到这里，可能有人会问，既然他们地位高、权力大，超过六部和内阁，是不是相当于过去的丞相呢？仁宗为什么不直接恢复丞相制度呢？

2. 辅政集团和过去的丞相有很大差别

当年朱元璋废除了丞相制度后，定了个非常严格的制度，从今以后谁也不许恢复丞相制度，谁敢提议恢复此制，就灭了他的全家。因此明朝直到灭亡那一天，也没人再敢恢复丞相制度，仁宗就更不敢了。那么辅政集团的几个核心人物是不是丞相，恐怕需要看一看他们与丞相的差别。

第一，丞相有制度规定的议政权，可以行使这个权力帮助皇帝完成决策。可杨士奇等人并没有法定的议政权，皇帝可以让你议政，也可以不让你议政；许多政务可以让你参与，听从你的意见，但同样可以不让你参与，不听你的意见。这些人拥有的部分议政权，不过是因为仁、宣二帝同他们关系特殊，才使他们参与议政，并非像丞相那样，按规定必须议政。

第二，丞相有权处理一些不甚重要的日常政务，可以不必经过皇帝而直接决策，不用事事都经皇帝拍板。丞相与皇帝的权力划分是较为明确的，有自己的权力范围。但杨士奇等人没这个权力，他们之所以有权处理一部分日常政务，是由于皇帝的特殊授权，同样不是制度规定的权力，并非像丞相那样，不用皇帝授权即有权处理一些政务。

第三，丞相拥有对六部政务的监督权，也就是丞相有责任有义务，监督六部政务的执行情况。但杨士奇等人没有这个权力和职责，仅仅是出于皇帝的特殊信任,才可能通过皇帝来对某些部门实施监督,如杨士奇在宣德后期对户部政务的监督等等。他没有权力像丞相那样直接监督户部,找到户部官员责问,你们对皇帝的命令为什么不执行,为什么贯彻不到位?他没这个权力,只有通过皇帝才能过问户部的问题,并且皇帝不问他就不能说。宣德五年的减免诏令,到宣德七年宣宗问杨士奇执行情况,杨士奇才说执行力度不够,可见他没权监督户部的执行情况。但丞相有这个权力,可以直接监督六部、都察院的官员。

"广运之宝"玉玺

第四,丞相是专职官员,他们高于六部的职务、地位、权力是制度规定的,是法定的最高行政长官。而辅政集团的人员并非专职辅政官员,杨士奇和杨荣是以高级秘书的身份进入辅政集团,蹇义、夏原吉则是以六部部长的身份进入这个集团,前提是皇帝的特殊信任和临时授权,才使他们兼有了高于所任职务的权力和地位,并不像丞相那样,不靠皇帝的特殊信任和授权,不由其他职务兼任,而是按制度规定担任专职丞相。

第五,丞相是一级独立的行政官员,拥有自己的一套直属机构,一批僚属部下,也就是中书省,明初连六部都是丞相的法定下属机构。但辅政集团下边可没有任何机构,更没有什么直属部下,不像现在有个某某委员会,即可下设办公室。当时的辅政集团仅仅是个非正式的松散团体,连人员都不是专职的,更谈不上专设直属机构了。

3. 辅政集团虽有特殊权力，但不是制度规定的丞相

从上述五点来看，仁宣时期的辅政集团成员根本不是丞相，虽然这个集团的主要成员权力较大，地位较高，尤其是宣德后期，夏原吉去世，蹇义老病，三杨以内阁成员身份，占据了辅政集团的核心位置，取得了凌驾于六部之上的权力和地位，甚至一度主持政务。但这种权力和地位并非制度规定的丞相之权，仅仅是接近从前的丞相，在本质上不同于真正意义上的丞相。

他们拥有的那些议政权、行政权和监督权，其他部门和官员也多少拥有一些，比如言官有一定的监督权，六部有行政权或执行权，其他大臣几乎都有一定的议政权，不同的是，辅政集团核心成员拥有这些权力，更多、更集中一些；而作为专制权力核心的决策权，却始终掌握在皇帝手里，并未让他们过多染指。辅政集团的核心成员如夏原吉等人，在一定时期某些政务上拥有决策权，并非制度规定，而完全是出于皇帝的临时授权，因此，这些人拥有的决策权其实很有限。其他权力也一样，有些权力还是出于皇帝一时高兴，才临时授予心腹大臣的，比如宣德前期授予杨荣等人的人事权，授予夏原吉的死刑判决终审权，但宣宗后来逐渐收回了这些权力。

可是丞相不一样，除了决策权之外，一切庶务都由他来处理，不管皇帝是否高兴，这是制度规定的丞相的职责，皇帝无权收回这些权力。而辅政集团核心成员，包括后来地位显赫的内阁首辅，根本没有制度规定的丞相的权力。因此，在这种情况下，明代辅政集团不论拥有多少权力，都只是皇帝的秘书和顾问，而不是制度上的丞相，内阁大臣更不是，虽然有人习惯称其为相，但只是一种误解，这些人不过是得到特殊授权的一个政治群体。

（三）夏原吉权力和地位较特殊，但同样不是丞相

在这个群体中，夏原吉的权力和地位比较特殊。早在永乐八年（1410），朱棣率军北征，夏原吉奉命辅佐皇太孙全面主持北京的政务，"凡铨选文武，经理财赋、修明礼乐、调遣军马、详审刑罚、兴止营造、激扬风纪，所以北奏行在，南启东宫，下令于天下者，皇太孙端拱惟公言是从"（夏原吉《忠靖集》附录）。这里提到的七件事，应该分别是吏部、户部、礼部、兵部、刑部、工部、都察院的政务，其中"调遣军马，详审刑罚"两项活动，并不完全归属于兵部、刑部，还涉及五军都督府和大理寺的政务。

因此，夏原吉是以户部尚书的身份兼管其他部门，辅佐皇太孙全面负责北京的政务，处于皇太孙之下与国家其他机构之上，虽然只有几个月，但是的确位高权重。有人认为，皇太孙主持北京政务时，被称为"留守"而不是"监国"，显然权力色彩要淡一些，他充当的是朱棣代理人的角色，其任务是以沟通南、北两京为主，完全处于朱棣的军政管理体系之下。并且皇太孙的那些权力，来自于祖父朱棣的放权和移交，局限性比皇太子更大，除了有权裁决一些常务之外，重大政务的处置权仍在朱棣和太子手中。在这种情况下，夏原吉权力范围自然更有限，仅仅负责辅佐皇太孙，处理与北京行在有关的政务，还要受到"北奏行在，南启东宫"的制约。

这个说法看起来有一定的道理，但事实却并不一定如此。第一，皇太孙朱瞻基具有较高的政治地位。朱棣离开南京后，带走了一大批各部门的文武高级官员，新成立了行在五府六部等十四个部门，并为此铸造了十四颗大印。这些机构和官员是跟随朱棣北上的行政班子，差不多使整个决策中心都跟随他一起北移。南京作为明朝的首都，虽然仍有一大堆日常政务需要处理，但是政治中心的地位却已逐渐转移到了北京，因此，皇太孙作为朱棣的代理人暂时主政北京，其政治地位未必低于太子。

第二，夏原吉辅佐皇太孙主政北京，负责的政务范围较大，并非仅仅是以沟通南、北两京为主，因为朱棣率军北征，北京实行一种军政管理体系，至少包括营建首都、调发粮草、财政收支、任免官员、审理案件等多方面的政务，因此，北京的政务范围和南京不尽相同，即使是仅仅与北京行在有关，军政管理体系之下的政务范围也是较大的。至于"留守"和"监国"只是名称不同，并不能完全代表权力和地位的差别。当时北京不是首都，不可能再设"监国"之职，但这并不等于说，"留守"在各方面都低于"监国"。

第三，皇太孙的权虽然来自于祖父朱棣的放权和移交，但局限性未必比皇太子更大，常务之外重大政务的处置权，也未必都在朱棣和太子手中，尤其是不在太子手中。因为太子监国朱棣不放心，所以太子每一次监国，都会受到朱棣的遥控和打击，处理结果被更改，部下被关杀；但是朱棣对皇太孙完全不同，明显地有所偏爱，他对夏原吉辅佐皇太孙主政北京的活动非常满意，事后隆重表扬并重赏了夏原吉。由此可见，皇太孙和夏原吉的权力范围虽然有限，但却很可能临时拥有一些重大政务的处置权，而这项权力监国的太子未必拥有。

第四，夏原吉的职责虽然是辅佐皇太孙，但是并没有证据表明，他在处理政务时受到"北奏行在，南启东宫"的制约。实际上北京的大部分政务，皇太孙和夏原吉是有权直接处理的，"北奏行在，南启东宫"的记载其实指的是处理之后，把处理的情况汇报给北征的朱棣和监国的太子，而并非事事都要请示之后才做处理。"奏"和"启"虽然也包括请示的含义，但在当时朱棣北征，暂时无法取得联系的情况下，除了不太紧急的政务之外，其余政务必须及时得到处理，因此，皇太孙和夏原吉只能这样做，这也是朱棣临时授予他们的特殊权力。

至于事后向朱棣和太子汇报，不过是按照礼节和惯例，表明权力的归属，表达对他们的尊重，或者说只是适当听取他们的意见，但是并没有制度规定，北京的政务必须请示北征的皇帝监国的和太子。事实上就连朱棣都对二人的处理不加干涉，更不要说太子了，况且太子本人处于朱棣的遥控和打击之下，监国南京时已格外小心、谨慎，怎么可能再去干涉北京的政务，给自己找麻烦呢？因此，虽然北京政务的一部分"南启东宫"，就是形式上向太子汇报兼请示，但是实际上太子从来不过问。

再加上虽然朱棣让夏原吉辅佐皇太孙，但是皇太孙朱瞻基只是个十二三岁的孩子，根本没有政治经验，实际上一切政务几乎都是夏原吉说了算，"皇太孙端拱惟公言是从"。因此，虽然皇太孙是朱棣的代理人，但他背后真正临时主持北京政务的人，其实是经验丰富、才干超群的老臣夏原吉。换句话说，某种意义上是夏原吉替朱棣"留守"北京。朱棣非常器重夏原吉，前面讲过，后来朱棣又让夏原吉长期培养皇太孙的政治才干，因此，夏原吉在永乐时期，拥有的权力和地位是较为特殊的，并非像有人讲的那样，他的权力受到较多的制约。

虽然夏原吉曾经拥有相当高的权力和地位，后人也曾评价夏原吉"实名宰相也"（夏原吉《忠靖集》附录），不免有些夸张，但夏原吉的特殊权力来自于朱棣的临时授权，并且时间不长，因此同样不是明初制度上的丞相。

（四）洪熙、宣德时期并非完全"政在三杨"

1. 仁、宣二帝让夏原吉拥有特殊的权力和地位

夏原吉虽然不是制度上的丞相，但他的确拥有一些特殊的权力和地位。洪熙时期，凡是内外各衙门呈上来的奏章，有一部分仁宗是让夏原吉先起草一份处理意见呈上来，然后再由仁宗从宫里批示下发。当时下边就有人问夏原吉，您老人家替皇上起草的处理意见，多数情况下只写某某部门知道，却不写明该怎么办，这是为什么呢？

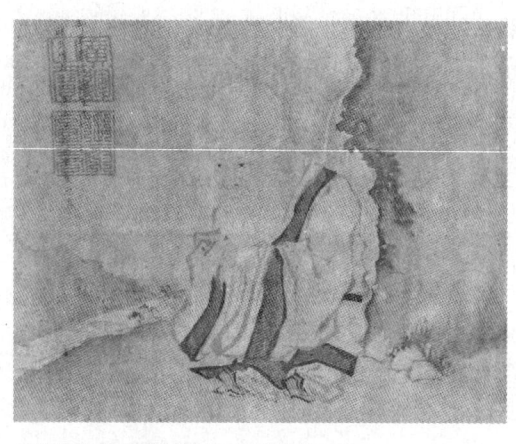

（传）朱瞻基赐夏原吉《寿星图》

夏原吉回答："决策大权可不是臣下敢于独占的，那可是皇上的专利，因此先要交给六部商议方案，然后让皇上裁决，这样一来，差不多就能做到事情各有分工，而决策大权不至于落到臣下手里了。"夏原吉的这个做法，后来形成了一个惯例，就是内阁成员起草奏疏的处理意见时，基本上都为六部的商议和皇上的裁决留出余地。夏原吉的票拟权即起草诏旨的权力，或称高级文案处理权，最初是皇帝专有的权力，后来成为内阁的一项主要职责，但是在洪熙、宣德时期，这项权力并非专属内阁，有一部分被皇帝授予夏原吉，而夏原吉始终都不是内阁成员。

后来宣宗刚一即位，就明确对夏原吉说，你对我来讲非他人可比，你应该拿出当年效忠我爷爷的干劲来效忠我，说完还赏了夏原吉一条宝带。由于夏原吉一直同宣宗的关系非常好，加上宣宗许多事都要先征求他的意见，因此宣

德前期夏原吉在世的五年中,基本上成为辅政集团的首席大臣,这同杨士奇跟仁宗关系最好,因此洪熙朝成为首席大臣一样。

当时宣宗下个命令、发个文件,几乎都要先听夏原吉的意见,有时还把夏原吉等人召到便殿商议国事。明朝皇帝同大臣议事,皇帝坐着,大臣们都站着,可是宣宗朝几个老臣年纪都大了,估计都过了六十岁,站久了肯定受不了,于是宣宗就让他们坐下来,每人赏一杯茶水润润嗓子,或是先到殿外的走廊里歇一会儿,然后再接着商议,有时甚至还要直接到皇帝起居内廷的屏风前,来参与决策一些重大事件。

这里顺便说一下,皇帝内廷的屏风称为"扆",应该是皇帝生活的内廷与办公的外廷之间的隔离板,过了这道屏风是皇帝的内廷生活区,外廷大臣根本进不去;屏风前面虽说是皇帝的办公区,但一般的大臣也到不了这个地方。夏原吉等人能经常到这里来同宣宗议政,可见同宣宗的关系是非常密切的,整个辅政集团的地位也是相当高的。

宣德前期,夏原吉在辅政集团中的地位相当突出,宣宗即位后,据说总是经常单独召见他,同他密谈许久,有时还从袖子里拿出一沓小帖子,亲手交给夏原吉。而夏原吉有什么事,也写在这种小帖子上呈给宣宗。当初仁宗曾经发给杨士奇等人上百张"小素揭帖",据说都是皇帝专用的空白批示用笺,让他们有事写在上面,直接呈给仁宗;现在宣宗发夏原吉"小帖子",不知两种东西是否一样。如果一样,那就说明皇帝非常信任这些人,并且授权他们参与议政甚至决策。但仁宗将这种东西给了一批人,宣宗却只给了夏原吉一人(夏原吉《忠靖集》附录)。

不仅如此,各地进呈上来的奏疏,宣宗几乎是专门授权让夏原吉代批,有些未来得及批答的奏疏,还让原吉带回家去起草处理意见,并用小一点的纸张写好后,贴在各个奏疏的封面呈上来,自己从宫中用红笔批示,下发出来。有的奏疏没有批示,就让夏原吉传旨处理,可见宣宗对夏原吉的特殊器重和信任。而原吉本人也尽心尽力,非常谦虚谨慎,每一次同宣宗谈话后,从未向外人泄露一句,并且凡是别人提出的有益建议,他都全力赞成并帮助别人干成,自己从来不独占功劳,也不向外人炫耀。

2. 宣德前期夏原吉受宠，并非完全"政在三杨"

与此同时，某些只有皇帝才有的权力，宣宗也曾一度授予夏原吉。据说宣宗曾说过，天下的事交给你们这些人，我就高枕无忧了。话虽有些夸张，但司法方面的部分决策权，宣宗确实曾交给夏原吉。有一天，原吉在家里拍桌子叹息，几次要下笔又停止了，夫人就问他为什么。原吉说："我正要批的是年终的死刑案判决书，我这一下笔，罪犯的生死就定了；如果有不判死刑的可能，我未尝不想让他活下来，如果我判错了，那他就得咽下去无穷之冤，我也会抱恨终身，所以我总是不忍心下笔。"（《明史·夏原吉传》）

从这一情况看，至少宣宗是曾把司法判决的大权交给了夏原吉。夏原吉在永乐时期就曾多次兼管司法机构，具有这方面的才干和经验，所以宣宗才把年终死刑判决的终审权交给他，而这一权力宣宗从未交给其他人。宣德初年的许多重大政务，宣宗都是最后征求了夏原吉的意见，然后才做出决策，包括亲征朱高煦这样的大事。他对夏原吉力主亲征之举非常赞赏，事后专门拨给了原吉三个服务员，其中的职责之一是搀扶夏原吉上朝参拜和出入家门。原吉坚持不接受这种奖励，他对宣宗说：过去这制度是"非勋臣不敢用"，不是功勋卓著的老臣不敢享受这种待遇。可宣宗却说："你辅佐我们祖孙三代人，忠心耿耿，勤勤恳恳，不是功勋卓著又是什么呢？"原吉这才不推辞了，只好拜谢领受。

由于宣宗对原吉非常倚重，好多事都要找他商议，有时每天都要派十几个使者，多次往来于朝廷和夏府之间。据说原吉家里有一匹皇上赐给他的名马，很有灵性，每当有使者前来，这匹马就一定会跑出来，用蹄子刨或用嘴咬看门的人，意思是让他赶紧通报夏原吉，穿好衣服戴好帽子出来，这时身穿锦衣公服的使者就到门口了（夏原吉《忠靖集》附录）。因此，夏原吉在宣德五年去世以前地位很高，几乎一直是宣宗的首席大臣。

《明史》的《职官志》里说："而宣宗内柄无大小，悉下大学士杨士奇等参可否。虽吏部蹇义、户部夏原吉时召见，得预各部事，然希阔不敌士奇等亲。自是，内阁权日重，即有一二吏、兵之长与执持是非，辄以败。"好像是说宣德时期，夏原吉虽然经常受到召见，还兼管其他部门的政务，但是毕竟不如杨士奇那样受到宣宗的器重,与宣宗关系密切。不过从上述情况看,这一点仅仅是当年清朝那些《明史》纂修者的看法,未必准确。

宣德三年至四年(1428—1429),宣宗先后撤销了杨士奇、杨荣、蹇义、夏原吉等人兼任的各部门实职,不让他们负责实际工作,而成为朝夕随侍宣宗的专职顾问,但这些人参与决策的权力和辅政的作用,并未因此而削弱,尤其是许多重大问题的决策,宣宗都征求这些人的意见,而这些人(主要是三杨)的意见又基本上被采纳。更由于蹇义的政治地位后来逐渐低于三杨,夏原吉则于宣德五年(1430)去世,三杨在宣宗辅政集团中的地位非常突出,因而宣德后期才有"政在三杨"之说。

说到这里有人会问,既然是"政在三杨",夏原吉又替皇帝干了不少事,那么皇帝还有什么可干的呢?不是可以闲起来了吗?

今天北京故宫博物院文华殿的北面,就是当年的文渊阁,不过这个文渊阁是清朝后建的,不是明朝的文渊阁;明朝的文渊阁在文华殿的西南角,后来俗称内阁大堂。那些替皇帝起草诏书的内阁大学士,就在这个文渊阁里办公。除

明代文渊阁旧址

了在文渊阁起草诏书以外,皇帝还准许个别大臣回家起草,这样一来皇帝的公务就减少了,可问题是洪武时期没有这类事,那么后来为什么会有这种变化呢?

现在故宫博物院武英殿的东南角,当年是六科廊,就是六科给事中的办公地点,六科是干什么的呢?它的责任之一就是审核皇帝的诏书是否稳妥、合法,如果有什么欠妥、不合法之处,六科有权驳回诏书,让皇帝及其内阁秘书重新起草。虽然六科不可能完全限制皇帝的专制权力,但是对于改正皇帝决策的部分失误,还是比较有效的。

各位请看,内阁在文华殿的西南角,六科廊在武英殿的东南角,基本上是在皇宫内午门的左右两边,两个机构一个负责替皇帝起草诏书,另一个负责审核诏书是否稳妥、是否合法,在明代决策方式的转变的过程中,这两个机构发挥了相当大的作用。那么明代的决策方式是怎样转变的呢?仁宗、宣宗自己的工作量不如前代皇帝多,有些事为什么还要让别人替他们处理呢?

二十六　决策转型

仁、宣二帝改变并确定了此后二百多年大明帝国的决策方式，但决策权仍然紧紧地掌握在皇帝及其家奴——宦官的手中。

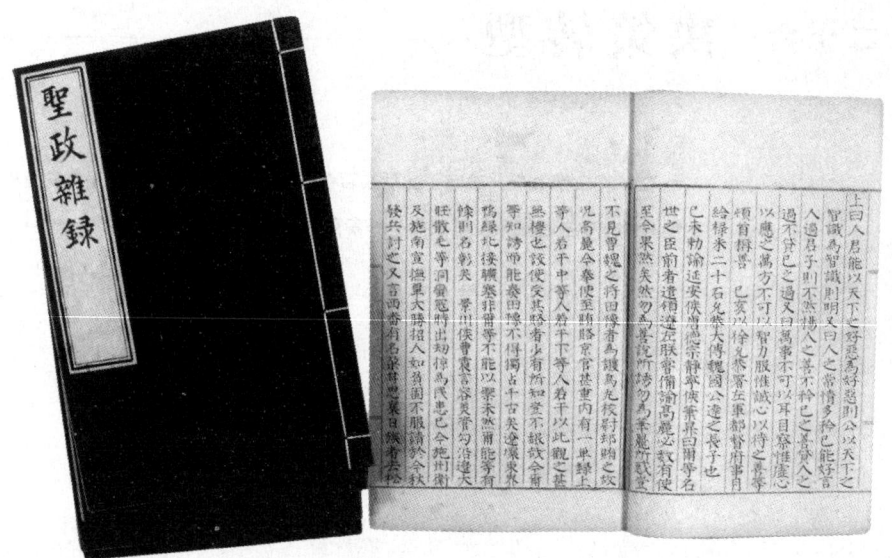

记录朱元璋军政活动的《圣政杂录》（明抄本）

如果拿朱元璋和他的重孙、宣宗朱瞻基相比，后者玩乐的时间超过朱元璋，除了必须处理的政务之外，总体工作量可比朱元璋少多了，不仅一些事让别人替他处理，甚至还准许个别大臣回家起草圣旨。为什么会有这种变化呢？

（一）皇帝兼丞相：洪武中后期的决策方式

1. 朱元璋当场裁决政务，有关机构多人记录结果

先看朱元璋时期的决策情况。各位知道朱元璋是个精力过人、经验丰富的皇帝，决策的事一般情况下都是他亲自干，很少委托别人，下边呈上来的各种奏疏，也都是由他自己处理，顶多是将部分内容拿出来，在朝堂之上让大家讨论出个结果提出意见，然后由朱元璋亲自拍板决策。决策之后怎样执行呢？哪个部门请示的、哪个部门上的奏章，就由这个部门的当事人，在奏章和请示件的后面记下朱元璋的裁决结果，就是圣旨，再写上自己的名字，表示这是当事人记录的圣旨，然后下发相关部门执行。

可能有人会问，如果当事人记错了，或是故意记错欺骗皇上怎么办呢？当然有办法，针对这种情况朱元璋规定，与吏、户、礼、兵、刑、工六个部的业务相对，专门设立了六科给事中，六科对六部，凡是皇帝当场裁决的圣旨，涉及哪个部门，就由与此相对应的那个科的两名给事中，在朝堂左右两边执笔记录圣旨。这样一来，至少有三个人记录皇帝裁决的结果，两名给事中和一名当事人，目的是防止皇帝的圣旨受到阻碍，无法传达，防止有人欺骗和蒙蔽皇帝，进而破坏政令的执行。

这还不算，朱元璋还定下制度，规定宦官机构中司礼监的有关人员，要和六科给事中一样"随朝录旨"，就是同样当场记录皇帝裁决的结果，以及拍板后的文件是否下发。这是为什么呢？因为朱元璋认为，如果外朝官员和六科给事中联合起来欺骗皇帝，我还有内府的宦官记录圣旨。这些人是我的家奴，不可能同外朝官员一道欺骗我，因此，有了当事人和六科给事中的记录，再加上

内府司礼监的记录,等于圣旨准确性有了三重保险,哪个外朝官员也不太可能轻易蒙骗我朱元璋了。

同时朱元璋还规定,记录皇帝圣旨的文件一共备了五份,第一份由当时的中书省相当于今天国务院的文官抄录,第二份由大都督府相当于今天军委系统的武官抄录,第三份由御史台相当于今天中纪委和监察部的官员抄录,第四份和第五份,分别由六科和内府宦官各存一份。这样一来,各个主要政务系统之间就可以相互监督、核查,朱元璋的圣旨也就不可能被扣押、被篡改了,政令的执行也就更不可能受到阻止了。

2. 皇帝兼丞相,朱元璋是国家元首兼政府首脑

从政治学理论上讲,国家元首和政府首脑,其实是两个角色。国家元首主要是负责国家大政方针的,政府首脑则是负责平时政务的,通常情况下,这两个角色被设立成两个职务,分别由不同的人来担任。就像今天一些国家的总统和总理,都是分别由两个人来担任的。即使是在某些特殊的情况下,国家元首和政府首脑几乎由一人担任或暂时由一人兼任,但其实仍然是两个角色,完全由一人兼任的情况极少。

比如有些保留君主制的国家如英国、日本,国家元首是女王或天皇,政府首脑是首相,虽然首相的权力相当大,天皇、女王几乎没有什么权力,但首相几乎没有超过国王的法定权力。即使是像美国那样只有总统没有总理的国家,下面也还有副总统、国务卿一整套机构和职务来辅佐总统,因此美国的总统也不是国家元首和政府首脑完全合二为一,完全由一人兼任。况且这些国家的国会握有相当大的决策权,总统和首相最多拥有一些行政权。

现代社会是这样,古代也是这样,皇帝相当于国家元首,丞相相当于政府首脑,至少从秦始皇开始,两千年来都是由两个人分别担任的。从上述情况可以看出,无论是理论上还是在实际运作中,国家元首和政府首脑这两个角色和职务,其实是很难由一个人来兼任的,因为两副担子压在一个人身上,通常很难挑起来,更不要说长期挑起了。

但是有一个人做到了,至少在一定时期内在某些政务方面,这个人是一人

兼任国家元首和政府首脑,皇帝和丞相两副担子一起挑,并且一直坚持到死。这个人是谁呢?他就是朱元璋,明朝的开国皇帝。洪武十三年朱元璋废了丞相之后,自己做起了大明帝国的皇帝兼丞相,这一下工作量大大增加了,原来归丞相管的事他现在都要管,并且许多具体的事务他都要一一亲自过问,大政方针和鸡毛蒜皮的小事都要管。这样一来,明朝的皇帝如果都像朱元璋一样,那就活得很累,成了天下第一大忙人,相当辛苦了。

3. 朱元璋的工作量相当大,常人很难持续下去

洪武十三年废掉丞相以前,有些常务小事不必请示皇帝,丞相就有权直接处理,可是洪武十三年以后就不行了,丞相没有了,大事小情都必须请示皇帝,朱元璋的政务一下子增加了不少。当时他的工作量多到什么程度呢?据有人统计,从洪武十七年(1384)九月十四至二十一日,八天之内各部门的奏札共一千六百六十件,涉及的政务有三千二百九十一件事(《明太祖实录》卷一六五)。平均算起来,朱元璋每天要审批的公文多达二百零七份,处理的政务超过四百一十一件。

尽管朱元璋是一位雄才大略、非常勤政的皇帝,天不亮就上朝办公,太阳落山了还没吃饭,经常夜以继日地批答奏章,但他毕竟无法超越人的自然局限。当时朱元璋已是五六十岁的老头子了,不可能每天都有旺盛的精力,一直维持这么大的工作量。

实际上早在废相之前,朱元璋就做出规定,许多事都要直接向他本人请示,不必经过中书省,不要向丞相请示,那时他的工作量就够大的了,现在更大,年纪和工作量成正比。虽然一些日常政务由太子来帮忙处理,但朱元璋常常不满意,加上洪武二十五年太子朱标病死了,因此朱元璋的负担越来越重,不得不想法找人帮忙。朝中的人他都不信任,于是到民间找了四个略有名望的文人,指望他们能帮忙自己处理一些政务。

可是这几个文人没什么行政经验,只有一些文学才干,根本帮不上忙,因此让朱元璋很失望,不久就把他们打发回家了,自己咬着牙拼命坚持,直到临终前还在办公。更要命的是,朱元璋规定他的子孙也要像他一样,世世代代都

做皇帝兼丞相,不许再设丞相来帮皇帝的忙,只许后代子孙都像个工作狂,整天为帝国的繁杂政务忙得要死。

从朱元璋的决策情况看,大致有几个特点:第一是绝大部分政务都由自己亲自决策,废掉丞相前有些日常政务归丞相处理,废相后这部分政务也归朱元璋处理了,他成了大明帝国的皇帝兼丞相;第二,决策的主要方式是朝会,就是在朝堂之上公开讨论政务,最后由朱元璋拍板决策,然后由相关部门执行;第三,朱元璋建立了比较严格、完备的政令记录和传达制度,当事人、给事中和宦官三部分人同时记录圣旨,最后付诸实施;第四,宦官只负责记录圣旨,收、转章奏,并未参与政务的决策,虽然宦官机构还在不断发展和完善,但尚未发展到可与外朝对接、合作的程度。

4. 辅政集团的出现,填补了废相后的政治需要

自从朱元璋废除丞相之后,辅政核心集团的出现,某种程度上填补了废相后的政治需要。原因很简单,以前皇帝和六部中间有丞相,丞相还有副手,这些人至少可以帮着皇帝处理朝中的各种政务,皇帝只需要面对几个丞相就行了,比较省事;废除丞相之后皇帝兼任丞相,直接管六部,六部也直接向皇帝负责,中间没有丞相,好像省事了,但实际上哪个皇帝也不可能同时兼管六摊事,加上司法、监察以及通政使司等部门的政务,总共可能超过十摊事,一个皇帝能同时管得过来吗?他再有能耐也根本管不过来。

管不过来怎么办?皇帝只好设法在自己和六部之间,逐渐安排一些人来帮他处理庞杂的政务。他们之中有人替皇帝处理公文奏章,起草诏旨,相当于秘书;有人替皇帝出主意、提建议,相当于顾问;还有人奉命临时兼管其他部门,相当于现在的副总理。这些人长期受到皇帝的信任,被皇帝授予一些特殊的权力和地位,久而久之,就成为皇帝和六部之间的一个特殊群体,一个临时拥有特殊权力和地位的辅政集团。

同时,朱元璋废除丞相之前,是皇帝与丞相代表的士大夫共同治天下;废除丞相之后,等于皇帝一人治天下,独裁的成分大为加强。但是皇帝完全离开士大夫的支持,根本不可能一人独裁治天下,因此,辅政集团的出现和形成,其

实也是皇帝与士大夫共同治天下的政治需要。

（二）朱棣决策方式的变化：放权与借助辅政集团

1. 南北两京各有政务，朱棣只能向臣下分权

到了朱棣当政的永乐时期，这种情况发生了变化。各位都知道，朱棣在位期间前后有两个首都，前十八年南京是首都，后四年迁都北京，并且不管是在南京还是在北京，朱棣常常离开首都北征蒙古，这样一来，北京和南京都要有人代理皇帝处理日常政务。迁都北京以前，几次在南京代理皇帝也就是监国的人，是皇太子朱高炽；朱棣北征离开北京时，在北京处理政务的是皇太孙朱瞻基，辅佐他的首席官员是老臣夏原吉。迁都北京以后，凡是朱棣北征，代替他主持政务的人都是皇太子朱高炽。

根据这种情况，朱棣临时授予太子、太孙及夏原吉等人一部分决策权，即代替自己处理日常政务的权力，权力的内容和范围前面已讲过，而常务以外军国重务的决策权，仍然牢牢掌握在朱棣本人手中。虽然朱棣晚年的最后几次北征途中，曾有过将来放权给太子的口头表示，但在他生前并未真正落实过。事实上每当朱棣外出回到首都后，他的临时授权即自动收回，夏原吉更是每次都把自己临时兼职的大印主动还给朱棣（《明史·夏原吉传》）。

与此同时，为了应付上述情况和决策的需要，朱棣上台后，组建了自己的秘书班子——内阁，主要职责是替皇帝起草各种重要的诏书、文件。这项工作相当于过去翰林院工作的放大和延伸，因为翰林院的重要职责之一，就是替皇帝起草各种文件，撰写皇帝需要的一些应景诗文。实际上内阁的成员都在翰林院里兼职，说明二者的性质相同，内阁成员不过是皇帝的高级秘书。

2. 朱棣有了自己的辅政集团，内部还有分工

那么朱棣遇有大事都找什么人商议呢？主要是六部尚书中经验丰富的几个人，如夏原吉、蹇义等人。这些人加上前面讲过的内阁中有才干有谋略的杨荣等人，共同组成了朱棣的辅政集团。由于朱棣多次离开首都南京和北京，流

明代内阁大堂

动性较大，许多决策都是在外出途中完成的，不像当年朱元璋，主要是在朝会上决策，因此，经常跟随朱棣的辅政人员如杨荣、夏原吉等人，就自然成为参与议政和决策较多的人。

同时，朱棣出于决策的需要，往往会适当征求内阁秘书的意见，尤其是在一些具体问题上，比如北征、立太子等问题。原因很简单，一来朱棣夺位前毕竟没当过皇帝，没有统治全国的丰富经验；二来他上台后从事的许多活动，如下西洋、迁都、南北出击等，带有一定的开拓和创新性质；三来他不像那些年纪小就当太子当皇帝的人，周围暂时没有一批可用的辅政大臣，因此，朱棣做事尤其是一些重大决策，必须适当征求那些士大夫官僚的意见，其中就包括内阁的高级秘书。而内阁成员中如杨荣、杨士奇等人，又是较有才干、有韬略的人物，尤其是杨荣，因此，这些人就逐渐成为朱棣的参谋和顾问人员。

比如杨荣，朱棣不管到哪，不管是在北京还是北征，都要带上杨荣，因此杨荣后来逐渐成为朱棣的首席顾问，而起草诏令的本职工作反而不那么突出了。但另一些谋略、才干都一般的内阁成员，如金幼孜、胡广等人，基本上还是照样当秘书，本职工作还是起草诏书等文件。内阁成员的这种分化和分工，加上永乐朝朱棣、朱高炽等人的活动特点，使朱棣把他们分成两批人，一批人是杨荣、金幼孜和胡广等人，基本上跟随朱棣行动，北巡、北征都有他们；另一批人如杨士奇、黄淮、杨溥等人，主要是辅佐太子监国。其中杨士奇较有才干和谋略，因此他就成为当时太子的首席顾问和秘书。

那么朱棣有事经常征求内阁成员的意见，这一点是否意味着内阁拥有议政权呢？以往的研究肯定这一点，理由是朱棣在内阁设立之初曾讲过："这个机构是替皇帝写东西的部门，并且事关机要政务。你们从早到晚都在我身边，发挥的作用不比六部尚书差。"后来又说："如果能做到提意见的人无所畏惧，

听意见的人无所忌讳,还愁天下管不好吗?我朱棣愿意和你们共同为此而努力!"(《明通鉴》卷一四)

虽然话是这么说,但这不过是朱棣的一个愿望,实际上呢?并不是所有的决策朱棣都去征求内阁成员的意见,他觉得需要就顾问一下,不需要就不顾问;内阁成员也没有遇事都要提建议的权力,相反如果朱棣没问,你自己提了皇帝不想听的意见,很可能倒霉,甚至受到惩罚。解缙当年就因为反对朱棣打安南,加上不同意朱棣过分纵容朱高煦,不仅被赶出了内阁赶出了朝廷,最后还送了命。因此,内阁成员并不像朱棣说的那样,可以无所畏惧地提意见,更没有制度规定的议政权,仅仅是"备顾问"的高级秘书。

3. 朱棣的决策方式已与朱元璋不同,放权较多

从永乐朝的情况看,朱棣的决策方式与朱元璋略有不同。哪些不同呢?第一是有个较为稳定的辅政集团参与决策。这个集团的核心人物有杨荣、夏原吉、蹇义、杨士奇等人,朱棣在位二十二年从事的开创性活动,咨询的对象大部分是这些人。当然,朱棣后期与这些人有矛盾,分歧较大。相比之下,朱元璋几乎没有一个较为稳定的辅政集团,前后人员的变化较大,尽管事情也同朝臣商量,但自己裁决的成分多。

第二,临时授权决策的情况较多。朱棣多次离开首都,迁都前三次离开南京,迁都后三次离开北京,授权太子临时监国,处理日常政务;北征期间还多次授权夏原吉等人,兼管北京的各部政务,后来夏原吉被捕入狱,朱棣又授权吕震兼管其他几个部。这种情况在洪武朝是相当少见的,朱元璋很少授权他人处理常务,顶多是同太子朱标一起处理。

第三,朱棣逐渐拥有一个行政秘书班子,帮助他处理政务,有时还起到顾问和参谋的作用。这个秘书班子包括一部分内阁成员,但只有少数才干、谋略较为突出的内阁成员,才有资格成为朱棣的高级秘书兼顾问,并且进入了辅政集团的核心。相比之下,朱元璋虽然有一套决策机制,但并没有自己的秘书班子,尤其是废掉中书省之后,虽然也做过尝试,请了四个民间高龄文人来帮忙,但最终还是不成功。

第四,尽管由于迁都、北征的需要,朱棣不得不放权、授权给太子,临时监国处理常务,但从来都不放心。朱棣挑选和任命的监国辅臣,一方面是辅佐监国的,另一方面是监督太子的,金忠等人还曾奉命调查太子,至于太子周围的宦官向朱棣打小报告的人更多,朱棣还曾一度推翻了太子监国期间的决定,说明朱棣的雄猜专断非常突出,始终企图牢牢控制全部决策权,这与朱元璋也不全一样。尽管朱元璋同太子朱标也有分歧,但至少两人在一起时,朱元璋是同意太子的部分决定,并规定太子有权处理一些日常政务。

虽然同样有一批宦官跟随朱棣,但这些人已不可能像洪武朝那样,随时随地记录朱棣的决策圣旨,因而也就没有参与朱棣的决策活动。不过永乐一朝宦官的地位大为提高,郑和作为宦官外交家六下西洋,和他一样的侯显多次万里出使西域,锦衣卫和东厂的特务活动有宦官参与,有些特务宦官还作监军,即皇帝的代表在军中任职,但他们都没在决策中发挥作用,同明代中后期干涉政务甚至专权的宦官是两回事。

从永乐朝的情况看,朱棣的决策方式已与朱元璋有所不同,虽然朱棣始终牢牢控制决策大权,但在离京、北征和重病期间,许多政务只能放权、授权他人来处理,而不可能像朱元璋那样,始终是一人兼任皇帝和丞相。这种情况到仁宗、宣宗时有了较大变化,怎样变的呢?

(三)仁宗的决策方式开始转变

1. 太子在南京监国时,决策受到监视和遥控

当年太子朱高炽在南京监国时,决策方式与朱元璋和朱棣基本一样,都是在上朝时听取大臣的奏事和意见,然后当场拍板决策。这里还有一个情况值得说明,永乐七年二月礼部拟定的太子监国事宜中规定,"常朝于午门左门视事,其左右侍卫在京各衙门官员人等各启事务如常仪;如若皇太子御文华殿,官员人等承旨召入者方许入"(《明太宗实录》卷一八)。这里的午门左门和文华殿,即成为太子上朝处理政务的办公地点,而各地奏疏则不归皇太子处理,要等朱棣回京后再一并处理。太子监国时除了上朝的仪式与皇帝不同,以显

示太子与皇帝有等级差别之外,决策方式与朱元璋和朱棣基本一样。

但是各位别忘了,太子监国是受到朱棣遥控的,加上汉王朱高煦一直企图争夺皇位,设计诬陷太子及其部下,因此,太子在朝会上处理政务时,下边的官员和宦官之中说不定有多少双眼睛在盯着太子。这些人有的是受朱高煦收买和指使,想挑太子的毛病和失误;有的可能是朱棣有意安插在太子身边的眼线,奉命监督太子的。别人不说,就说金忠吧,兵部尚书兼太子詹事府的詹事,相当于国防部长兼太子辅导委员会主任,永乐七年太子监国时,朱棣指令金忠担任留辅太子监国的四大辅臣之一。此后朱棣曾几次密令金忠调查太子监国的过失,搞得金忠非常为难,又是痛哭又是磕头,还拿全家性命来担保太子没什么失误(《明通鉴》卷一六)。

由此可见,金忠就是朱棣派到太子身边的一个特殊官员,既要辅佐他,又奉命监督他。至于被朱高煦收买的、受到朱棣纵容的宦官们,随时随地监督、汇报太子的失误,还不知道有多少人、多少次。因此,太子监国时决策政务,是公开受到一些内外官员监督的。不仅如此,朱棣还时常遥控和干涉太子的决策,并且找茬儿关押、杀掉太子的部下。永乐十五年之后,更是缩小和剥夺了太子监国的一部分权力,加强了对太子的防范和限制。在这种情况下,太子监国会是一种什么样的心态呢?

朱高炽是太子,名义上是监国,暂时代替皇帝处理常务,每天也坐在朝堂上办公,但实际上呢?他决策的事往往不算数,不好使,并且权力范围越来越小;更不要说周围的官员和往来的宦官,指不定有谁就是奉命来监视他的,只要他稍一出错甚至还没出错,就会有人上告父皇,他的部下就会跟着倒霉。因此,太子上朝决策政务时非常小心谨慎,在一定程度上被迫做得很像样,是有意给那些监督他的人,当然也是有意给父皇朱棣看的。

因此,朱高炽作为太子监国时,虽然决策方式同朱元璋、朱棣几乎一样,但处境、权力大不相同,心态更是不一样,在权力受遥控、言行受监督的情况下,朱高炽上朝决策时,是否会觉得总有几双眼睛从不同的角落来监视他,是否会有脖子后冒凉风的感觉,他对上朝决策的方式是否会有排斥和反感,没有史料记载,不好说,但后来朱高炽即位后,不是跟几个亲信大臣在便殿商议政务,就是干脆让这些人去直接处理,自己很少再上朝去当场拍板决策。由此可见,朱高炽本人并不喜欢这种决策方式,他在即位前和即位后决策方式的转变,很可能同他早年监国时的坎坷经历有关。

2. 总体工作量的增加,是仁宗转变决策方式的原因

以往人们看待皇帝不上朝,大都认为是从宣宗开始的,而实际上真正起头这么干的人,是宣宗的父亲——明仁宗朱高炽。那么为什么仁宗一当上皇帝就变了呢?仅仅是因为仁宗缺乏先辈的干劲、责任心,享乐的欲望太强了吗?还是有什么其他原因呢?从仁宗本人的经历和当时的情况来看,我认为至少还有几个原因:第一,仁宗监国时曾经多次受到朱棣的遥控和监督,决策带有勉强甚至是被迫的成分,因此他本人对这种方式未必完全接受。即位后受监督、受遥控的因素消失了,仁宗自然想喘口气、歇一歇,好好享乐一下。

第二,仁宗从监国到去世,始终拥有一个较为成熟、稳定的辅政集团,辅佐他完成了许多重要的政务。他本人同这个集团的关系极为密切,并且治国的理念几乎一致,因此仁宗朱高炽对其中的杨士奇等人是非常信任的,他可以授权、放权让这些人来为他分担、决策部分政务。加上仁宗本人性格不像朱棣、朱元璋那样雄毅专断,政治经验也不是特别丰富,对于许多临机处置的政务,没有太多的主见,因此必须充分依靠辅政集团,来帮助自己决策,而不可能像朱棣、朱元璋那样,主要是上朝当场商议、拍板。

其实朱元璋和朱棣也不可能在上朝时,当场商议、拍板处理全部政务,许多奏章也要在上朝以外的时间来处理,不过是上朝的时间和处理的政务,肯定要比仁宗以后的皇帝多一些,并且是以亲自决策为主,很少授权、放权给部下,尤其是朱元璋。而且,朱棣与他的辅政集团治国的理念也不一致,因此,双方不可能始终密切合作。

第三,各地、各部门奏章的增加,是仁宗决策方式转变的原因之一。奏章增加的原因有三个:其一是永乐时期凡是朱棣北巡期间,各地的奏章都送到首都南京收存,要等朱棣回到南京后再做处理,监国的太子无权处理。后来迁都北京后,虽然朱棣病重和北征期间,"中外事悉启皇太子处分"(《明史纪事

本末·太子监国》），但可能并不包括全部奏章。朱高炽当了皇帝后，这些奏章一律都要由他来随时处理；其二，朱高炽即位后，除了正常的奏章之外，他还特别鼓励臣下多上奏章，尤其是提倡密奏，这样一来，上奏的自然就多了。而从史料来看，仁宗对密奏是亲自处理批阅的，其余的则分给杨士奇、夏原吉等人处理；其三，四方水旱消息的奏章，不再积存于通政司，而是直接上报御前。仁宗以前，各地水旱消息的奏章，都是由通政司统一收存，再向上报告。但通政司往往会积压一段，通报不及时，甚至是走过场。仁宗即位后，通政司请求转归给事中收存，仁宗不同意。他说："祖宗令天下奏雨泽，欲前知水旱以施赈恤。积之通政司，已失之矣；今又令收贮，是欲上之人终不知也，自今奏至即以闻。"（《明通鉴》卷一八）明确指出，这些奏章放在通政司和六科，都不利于及时赈济灾害，要求一旦奏章到了就送御前上报灾情，这样也使奏章的数量比以前有所增加。

从上述三点可以看出，仁宗时期奏章的来源和数量都比前朝增多了，这一点应是仁宗放权让杨士奇等人处理奏章，从而减轻自己负担的原因之一。当然也是决策方式从朝会为主转变为批答奏章为主的重要原因。

第四，仁宗以批答奏章为主的决策方式，某种程度上也是继承和效仿其父朱棣的做法，为什么这样说呢？朱棣当年总不在首都，迁都前三次离开南京，迁都后三次离开北京，只好让太子监国，或是让夏原吉辅佐皇太孙，临时主管北京的行政，同时又设立内阁作为秘书和顾问班子，帮助自己处理政务，以便自己能够抽身出来去做另外一些事。

当时仁宗只是父皇的助手之一，如今当了皇帝，就学着父皇的办法，让别人给自己当助手，自己腾出手来享乐或处理其他政务。南京派太子朱瞻基去镇守，当然是为回迁首都做准备；政务包括奏章则授权夏原吉、杨士奇等人帮他处理，这套办法同朱棣几乎一样。不同的是，当年朱棣一回到首都，他出门时下放的权力就一律收回，太子也不监国了，夏原吉等人也不再临时兼管其他部门了，大印交回；而仁宗朱高炽则一直让辅政集团替他分担政务，放权、授权也比朱棣更多。

当然，仁宗决策方式从朝会为主转变为批答奏章为主，除了奏疏数量增

二十六　决策转型

加、辅政集团得力等原因外,最主要的原因恐怕还是朱元璋废除丞相后,皇帝的工作量迅速加大,所以后来的皇帝不得不想方设法,多找一些助手来帮自己处理政务。仁宗虽然比朱棣更多地放权、授权给辅政集团,但是许多奏疏尤其是密奏,他还是亲自处理的,也从未听说仁宗让哪个宦官,替他用红笔抄录别人起草的圣旨,至少目前没有这类史料。

(四)宣宗逐步完成决策方式的转变

1. 宣宗让两批助手分别替自己起草和抄录诏书

到了宣德时期,宣宗正值青春年少,玩心很盛,即使是用红笔抄录夏原吉起草的诏书草稿,他都觉得费事,但这个批红权是皇帝专有的,是决策权,不能轻易给别人的,更不能给大臣,怎么办?据说宣宗把这个权力临时分给了几个高级太监,每一批奏章都由夏原吉等人事先起草好了处理意见,宣宗只是象征性地亲自批示几本,其他那些就让秉笔太监抄录起草的意见,然后下发给各部门执行。这样一来,宣宗又省了一个批文件的负担,工作量有所减轻,于是就可以腾出更多的时间和精力,去从事他更感兴趣的游乐活动了。

目前现存的可以证实是宣宗本人的绘画作品有近十幅,文学作品有《大明宣宗皇帝御制集》数十卷,除了一些官样文章外,还有近两千首诗词,其中许多内容反映出这位青年皇帝丰富多彩的宫廷游乐生活。宣德时期还有大量的民间演艺团体来宫中演出,加上宣宗巡边打猎等活动,正是由于有了两批助手分别替宣宗起草和抄录诏书,因此他才有更多的时间和精力,去从事游乐活动。宣宗很聪明,这么干的结果,是政务和享乐两不耽误。

从上述情况可以看出,仁宣时期与洪武、永乐时期的决策特点已明显不同,大致特点有:第一,皇帝处理政务不再以朝会决策为主,而是以批答奏章为主,这一点当然和仁、宣二帝不常上朝、逐渐怠政有关,但也是洪武、永乐以来决策机制的发展趋势;第二,即使是对奏章的处理意见,仁、宣二帝也逐渐让辅政集团代为起草,称为票拟,因而将这些人的议政作用纳入决策机制;第三,除了起草对奏章的处理意见之外,有些政务还授权辅政集团的人直接处理,从而减少了自己的政务负担;第四,仁、宣二帝甚至还授权辅政集团的人兼管其他部门,因此这些人的权力和地位都较高,一定程度上超过了内阁大臣和六部尚书。

在这个决策形式中,最为关键的环节是什么呢?是起草谕旨,或者说是对上奏问题的处理意见,因为只要这个意见起草得合适,那么无论谁按照这个意见批示执行,恐怕都不会有问题。洪宣时期,诏书的主要起草人是夏原吉,前面讲过,这个人行政才干非常高,经验也非常丰富,又深受宣宗父子二人的信任,因此替皇帝起草处理意见是非常合适的。不仅如此,宣宗几乎是专门授权夏原吉代批各地的奏疏,有些奏疏来不及处理,还让原吉带回家去起草意见。有的奏疏没有批示,宣宗就让夏原吉直接传旨处理,等于临时代替皇帝行使权力,可见宣宗对夏原吉的特殊器重和信任。

替皇帝起草处理意见之后,接下来的环节就是批红,也就是按起草的意见抄成红字下发执行,皇帝本人没问题,因为批红权本来就是皇权,是皇帝的法定决策权之一,但如果皇帝授权给司礼监的秉笔太监,代替他本人批红、行使决策权,那么这个人就必须具备两个条件,一个是皇帝非常信任这个人,另一个是这个人要有一定的文化水平和行政经验,否则看不懂起草意见,而这一点是要经过特殊培训的。那么宣宗是怎么办的呢?

2. 教小太监学文化,并不违反祖训

为了培养少数太监的文化水平和行政经验,宣宗想了个办法,从翰林院的那些秀才里抽调一些人,专门来教小太监学文化,学习行政经验,负责人是大学士陈山,也就是宣宗当太子时的老师之一。小太监们学文化,实际上包括行政经验,因为翰林先生们教他们,识字之后就是阅读文章,文章的内容除了一些传统文化之外,估计还会涉及一些行政经验,因为只有这些东西,才是替皇帝批红的太监所必须掌握的。

从上述情况来看,宣宗任用有经验、有才干的老臣为自己起草意见,任用有文化、受信任的太监替自己批红,再让翰林先生教小太监学文化,这是个相互衔接、相互配套的政治工程,几个因素缺一不可。宣宗正是把这几个因素较好地组合在一起,才使明朝的决策方式从皇帝一人决策,转变为元老重臣更多地参与决策,并且少数宦官也可以替皇帝抄录决策,行使权力。更进一步说,即使是像宣宗这样精力旺盛、经验丰富并且颇有责任心的帝王,也不可能完全像当年朱元璋那样,一人兼任皇帝和丞相。

这里有一个问题,当年朱元璋曾立下祖训,禁止宦官识字,他担心的是一旦宦官识字,就有可能勾结外朝官员,把持朝政甚至篡权。而宣宗却改了这条规矩,不但找人专门教小太监学文化,还让他们替自己抄写批示文件,这不是明摆着违背了朱元璋的祖训了吗?不错,宣宗是违反了这条祖训,可是各位别忘了,朱元璋的祖训里还有一条更重要的内容,那就是严防大臣专权干政,不许颂扬大臣的功德,更不许大臣拥有哪怕是接近决策的权力。

因此,宣宗让宦官代替自己批红,但很少让大臣替自己批红,也就是把决策权牢牢掌握在自己和家奴的手中,这么做并未超越祖训的规定。至于让一些宦官学文化,虽然局部违反了朱元璋的祖训,但整体上却仍然体现出祖训里防止大臣专权干政的精神,从这一点来讲,宣宗不愧是朱元璋的优秀子孙。并且在决策方式转变之后,尽管宣宗分给了宦官一部分权力,让他们参与政务,但是并没有把重要的决策权交给这些人,因此,宣德时期也没有出现刘瑾、魏忠贤那样乱政的宦官。虽然宣宗把抄录内阁意见的权力交给宦官,但是后来的宦官单凭这个批红权,就一定能够专权乱政吗?

二十七 宦官分权

新的决策方式有其合理性,但需要内外朝人员协同配合,于是宦官被授予批红权,替皇帝行使权力。

故宫养心殿前明代太监掌印秉笔值房

（一）决策方式的转变结果：皇帝不必总上朝

1. 决策方式转变后，上朝和理政不是一回事了

在决策方式转变的情况下，皇帝上朝主要是一种仪式，而不是办公或决策，到了明代中后期尤其是这样。万历时期一个内阁大学士沈鲤就曾说过："章奏即政事，停章奏即停政事，缓章奏即缓政事。"(《明神宗实录》卷三八九）从这句话也可以看出，办公理政的标志已不是上朝不上朝了，而是批答章奏。那种认为只要皇帝不上朝就是不理政的看法，恐怕是站不住脚的。

这种决策形式的后果之一，是皇帝已经不用再像朱元璋那样，每天都要上朝处理政务了，上朝也就成为一种单纯的仪式，没什么实际意义了。皇帝可以在朝堂以外的地方，在不上朝的时间内处理政务，明代中后期的皇帝几乎都是这样，包括世宗在西苑、武宗在豹房，参玄修道和贪图玩乐的同时，都没有放弃对政务的处理，世宗甚至很少用宦官帮忙。即使是长期不上朝的万历皇帝，也不是什么政务都不管，除了对那些无法处理或干脆不想处理的奏疏，采取扔在一边的"留中"方式之外，也还是处理了不少。

有人认为清朝的皇帝既上朝又勤政，明朝的皇帝不上朝也不勤政，这话恐怕不全对，为什么呢？就是因为明代中后期决策方式转变之后，皇帝已经不用非要上朝处理政务了。况且清朝的皇帝虽然勤政，但是在哪儿勤政呢？据说自康熙以后，清朝皇帝大部分时间都在避暑山庄、圆明园等地处理政务，这和明朝皇帝在豹房、西苑性质差不多，至少都有理政的同时追求享乐的成分。

因此，明清两朝皇帝在勤政方面虽然有差别，但并不等于说，清朝的皇帝只勤政不享乐，而明朝的皇帝只享乐不勤政，两者的差别没那么大。况且明朝虽然皇帝不太勤政，但是具有儒家民本主义精神的士大夫群体，在明朝政治舞台上占有突出的地位，可以适当而有限地削弱专制皇权的某些弊端，使国家权力的运行比较接近整个社会的公共性及合理性诉求；清代虽然皇帝比较勤政，但士大夫群体在政治舞台上的地位不如明朝突出，专制皇权加上贵族政治的

某些弊端超过明朝，因此，国家权力的运行，与整个社会的公共性、合理性诉求也并不完全接近。在这种情况下，皇帝的勤政恐怕未必都是好事，对社会的发展和进步也未必都有利。当然，这种看法是否正确，还要请大家来评判。

有些人只看到皇帝上朝，可以当场拍板解决问题，其实当场拍板的许多问题，可能是较为简单的政务，复杂的政务是必须经过反复商议才能决策的。事实上朱元璋和朱棣实行朝会决策时，许多问题也是经过反复商议，成熟之后才拍板，并非所有的事都是经皇帝决策，一人说了算，大臣插不上嘴。道理很简单，任何专制都是相对的，没有绝对的专制，什么事、任何时候都是皇帝专制，不可能，哪个皇帝也做不到。只是相比之下，朱元璋、朱棣的专制多一些，程度重一些，朱高炽和朱瞻基则相对少一些，轻一些。

2. 新的决策方式虽然合理，但需要内外官员帮忙

辅政集团议政、皇帝决策、部院执行的机制形成后，议政被纳入决策程序中，决策之前的议政部分是被加强的，显然有利于决策的合理性。内阁的票拟也就是起草圣旨和六部的商议，使皇帝的决策更多地吸收了大臣的意见和建议，虽然内阁的票拟没有皇帝和宦官的批红，就不能形成决策，但没有票拟，仅凭皇帝和宦官传达的圣旨，同样被视为不合程序，至少要受到六科的封驳。

因此，议政、决策、执行三个环节衔接方式的形成，可以对皇帝的随意决策形成一定的制约，当然，同时也可以防止权臣专权，尤其是皇帝年幼或贪玩怠政时，国家机器可以照常运作。从这个意义上讲，宣德时期出现的辅政集团议政、皇帝决策、六部执行的机制，同传统政治体制即朝会决策制度相比，是一种变革和进步，虽然这一机制还有许多问题，执行过程中也出现弊端，但仍然具有较为民主、合理的一面。

朱元璋废了丞相后，自己不得不兼任丞相，但后代不可能像他那样一人兼任皇帝和丞相，说明这种独揽皇权的极权体制难以维持，只好逐步调整。明代中期大臣议政、内阁票拟、皇帝（或宦官）批红、六部执行的体制逐步确立，并且趋于稳定，说明这种体制大体上满足了前一时期废相后的政治需求，具有内在的合理性。

平心而论,国家元首兼政府首脑,在明朝时是皇帝兼丞相,朱元璋的确做到了,并且做得还算不错,因为朱元璋本人毕竟是开国皇帝,具有相当丰富的政治经验和能力,崇高的威望和地位,充沛的精力和充足的干劲,这四点是朱元璋的过人之处,其实也是一个皇帝可以兼任丞相的必备条件。光有经验、有地位,精力、干劲不够肯定不行;有精力有干劲,但经验、威望都不够更是不行,因此,要想做一个皇帝兼丞相,四个条件缺一不可。但问题是朱元璋的子孙里,是否有人完全具备这四个条件呢?事实证明几乎一个都没有。宪宗、穆宗比较懒惰,干劲不行;代宗和孝宗经验和能力很一般;宣宗和武宗的能力不错,精力也够用,但玩心较重,干劲不足;英宗和武宗即位时还是小孩子,几乎谈不上威望和经验。

就是说朱元璋的子孙没有一个人能够像他一样具备四个条件,因此这些人也就不可能一个人担当起皇帝兼丞相的两副重担。但是大明帝国的庞杂政务必须有人来处理,你朱元璋又不许恢复丞相制,不许大臣帮忙,怎样办?因此朱元璋的子孙们只好把这些政务逐渐分散给部下来处理,让内阁起草处理奏章的谕旨,让宦官代替皇帝批红,都是皇帝分权的方式和结果。

(二)转变后的决策体制无法避免宦官分权

1. 宦官拥有的部分决策权并不都是偷来、抢来的

如果国家元首和政府首脑分别由不同的人来担任,这种格局有一定的弹性,同样具有稳定性;但如果这两个职务由一人承担则弊端较大,一旦这个人出了问题,对国家政治造成的影响和损失是相当大的。明代帝王尤其是那些放任宦官专权乱政的帝王的作为可以充分地说明这一点。

朱元璋废除丞相以前,大政方针的决策权在皇帝手里,一般常务的执行权大部分都在丞相手里,所以轮不到宦官来替皇帝决策政务。但是废了丞相之后,所有的决策权和执行权都归到了皇帝手里,皇帝年幼、懒惰、贪玩或干脆不作为,外廷大臣按规定又无法替皇帝决策,在这种情况下,皇帝的一部分决策权,就会自然落到了内廷宦官的手中。

这里说的是宦官分权,而不是宦官窃权或侵权,就是因为在废除丞相后的决策体制中,宦官除了原有的宫廷权力之外,还会从皇帝手中自然获得一些外廷官员的权力,或者说这些权力是自然分散、分配到了宦官手中,而不是宦官有意窃取或侵夺而来。至于说明朝中期以后的个别大宦官权力很大,甚至拥有皇帝专有的决策权,已有窃取和滥用之嫌,但是在很大程度上还是出于皇帝的授权,至少一开始是这样。

比如英宗八岁即位,宦官王振替他处理部分政务;武宗和熹宗都贪玩,分别让刘瑾和魏忠贤等人替他们处理政务。就是说,这几朝一开始都是皇帝明确授权给宦官,让他们替自己处理政务,并不是在皇帝不需要或没授权的情况下,几个宦官就有了大权。只是这些人在处理政务的过程中逐渐越轨,较多地干预了外廷政务,甚至威胁到了皇权。因此,即使是那些大宦官拥有的决策权力,也是出于某种政治需要或皇帝的临时授权,并不都是有意偷来的或抢来的。

2. 转变后的决策体制无法避免宦官分权

从性质上讲,宦官的批红权与内阁的票拟权是不同的,内阁票拟权是向皇帝提供意见和建议,辅助皇帝发挥决策职能,阁臣可以在票拟中,表达自己的倾向和见解;宦官批红则完全是代替皇帝行事,只能表达皇帝的意见和决定,而不能掺杂个人的私意。换句话说,内阁票拟权具有一定程度的独立性,而宦官批红权则完全从属于皇权。当然,有时内阁起草的圣旨草稿,既要考虑到国家、官员的需要,又要照顾到皇帝的意图,调和二者的矛盾。这就不仅需要经验和文字技巧,还需要与了解皇帝的宦官进行沟通、商议,因此皇帝身边的那些大宦官,自然具有特殊的优势;并且这些人有资格得到皇帝的授权,对内阁的票拟批红,等于代表皇帝行使决策权,这个权力显然高于内阁。

在这种情况下,阁臣与宦官加强接触甚至结成同盟,很大程度上是工作上的需求,并非都是道德上堕落和无耻的行为。明中叶以后,内阁首辅多为皇帝的老师,内府司礼监的首脑多为皇帝少年时的伙伴,就是因为彼此合作的条件较好,并非偶然。事实上某些宦官作为皇帝的代表,拥有特殊的权力和身份,许多官员办事时为了减少阻力、加强办事力度,往往主动邀请皇帝器重的宦官共同参与,原因就在这里。

内阁的票拟权皇帝同样可以不给内阁,而是转身授予其他宦官。明宪宗和明孝宗在上台的初期,都曾经把各地的奏章交给左右宦官处理,根本不让内阁的成员起草处理意见(《明宪宗实录》卷九九)。当然,这种事在明朝并不普遍,时间也非常短,因为皇帝要治理天下,不可能抛开政治经验丰富的官僚士大夫,只依靠一批政治经验不足的宦官,但至少说明皇帝权力最大,有权让任何人独立决策。

明代中后期,宦官系统已与外廷官僚系统差不多完全对等了,例如工程建设归工部负责,但工程预算都归太监负责,监察部门的官员负责审核。久而久之,内廷的内官监,就变成了一个同外朝工部合作的机构。这说明,废除丞相之后,皇帝一人根本无法处理大量政务,只好由内廷和外朝的官员合作分担,宦官系统的外廷化、官僚化,也正是因为这个原因。

在仁宗时期形成的辅政集团议政、皇帝决策、六部执行的机制,虽然是一种变革、一种进步,具有合理、有效甚至较为民主的一面,但同样有其局限。局限在哪里呢?这个机制里防止权臣的因素被加强了,权臣专权的可能性大为减少;但防止权阉的因素却被减弱了,批红权虽然不是法定的制度,仅仅为皇帝的临时授权,但毕竟是一种惯例,使那些有批红资格的宦官,拥有一种高于内阁的权力和地位,因此这一体制中出现权阉的可能性增加了。

决策形式转变之后,宦官的权力有所增加,但并非任何一朝、任何一位皇帝当政时宦官的权力都非常大。大体上讲,皇帝揽权和宦官专权基本上成反比,即皇帝的权力越大,控制的范围越大,宦官的权力就越小、越少,因为皇帝拥有的权力总体上就那么多。而批红不过是皇帝的决策权力之一,宦官代替皇帝批红,并非专权,因为宦官专权的条件和形式都不是批红,而是拥有相当一部分决策权。因此,分析宦官专权的问题必须全面了解宦官拥有的皇权,以及在何种情况下才能拥有更多的皇权。

二十七 宦官分权

3. 宦官替皇帝行使权力，并不全是因为朱元璋废了丞相

这里有一点必须说明，那就是明代出现宦官代替皇帝掌权决策的现象，并不完全是因为朱元璋废了丞相，皇帝要管的事太多了，只好分出一部分权力给宦官。为什么呢？汉代、唐代都有丞相，但是宦官、外戚专权的程度远远高于明朝，为什么有丞相还会出现宦官和外戚专权呢？可见原因并不在于是否有丞相辅佐皇帝，而在于只要是君主专制的政治体制，就必然会产生年幼、贪玩、懒惰、厌政，甚至是愚昧弱智的皇帝，比如就像熹宗那样对政务没兴趣，只想干木匠活的皇帝。在这种情况下，就必然出现由别人来代替皇帝行使职权的现象。

至于由什么人、由哪些势力来代行皇权，则是由历朝历代当时的政治生态和各种势力的力量对比来决定的，可能是权臣和宦官，也可能是外戚和宗室——就是皇帝母亲、皇后的家人，或是皇帝的兄弟们。汉代有一个时期就是外戚和宦官轮流专权，明代的外戚、宗室和权臣都没有专权的条件和机会，但是宦官有，因为废相后的体制，几乎完全堵死了大臣专权的通道，因此明朝代替皇帝行使职权的人只能是宦官，这是君主专制体制的必然结果，并非仅仅因为皇帝无能。

朱元璋设计的政治体制是想控制宦官，不让他们干政专权，但是他的子孙做不到这一点，只好放手让宦官替他们决策。各位可以想象，连丞相配备齐全的汉、唐时期，皇帝都需要有人替他们行使权力，那么废除了丞相的明朝，皇帝不就更需要别人替他们掌权决策了吗？宣宗那样号称"英主"的皇帝都放手分权给宦官，宪宗、穆宗那样的懒皇帝，武宗、熹宗那样贪玩、厌政的皇帝不是更需要吗？因此，明代宦官的专权几乎是不可避免的。

可能有人会问，既然皇帝有时给了大臣或宦官那么大的权力，他就不怕这种权力会威胁皇权吗？当然怕，但各位别担心，当初朱元璋设计和不断修改的政治体制中，已经有了防止权臣和宦官威胁皇权的办法。简单地讲，皇帝既然可以临时授权给大臣和宦官，同样可以随时收回这种权力；并且一旦大宦官的权力和作为威胁到了皇权，皇帝还有包括锦衣卫在内的直辖武装力量，收拾他们也是易如反掌。刘瑾和魏忠贤的权势那么大，武宗和崇祯帝收拾他们也不过是一句话，因此，明代的皇帝敢于向大臣尤其是向宦官放权、授权，前提是他

们可以较为轻易地收拾和控制这些人，不用担心这些人会像汉、唐的宦官那样反了天，有关原因前人已讲得很多了，这里不再重复。

（三）批红未必导致宦官专权

拥有批红权的宦官是否可以凭借这个权力专权干政呢？这里顺便说一下，宦官干政、专权和乱政并不全是一码事。干政主要是指参与政务，比如宣宗时的宦官替皇帝批红，抄录圣旨草稿，传达皇帝的旨意等；专权基本上是指替皇帝行使政务决策权，比如英宗时的王振、宪宗时的怀恩等人。所以专权不等于净干坏事；乱政则是指扰乱政局、危害天下，比如天启时的魏忠贤。因此，批红仅仅是宦官参与政务的一种形式。

1. 批红是用红字抄录臣下替皇帝起草的圣旨

"批红"就是决策，是把大臣的建议变为皇帝的决定，因此批红是皇帝行使皇权；宦官替皇帝批红同样是行使皇权，但批红仅仅是宦官替皇帝行使皇权的一种形式，还有许多政务也是宦官们代替皇帝处理，并未采用批红的形式。一般情况下，皇帝对政务较为关注并且可以操控局势，宦官是无法凭借批红的机会专权乱政的，例如宣德时期宣宗就曾让少数宦官批红，但始终掌握局势。但是如果皇帝本人在处理政务方面不作为，甚至沉溺于享乐之中，那么不仅批红，就连其他更多的决策权也都会落入宦官之手，并且这些人的活动同皇帝本人的胡作非为几乎没什么两样，因此，宦官利用皇帝的权力乱政专权，其实也是皇权行使的一种形式。

有人认为宣宗把部分批红权交给了宦官，这是后来宦官专权乱政的重要开端。这话是否正确姑且不论，首先要搞清楚的是批红批的是什么，批红是怎么来的。其实，批红只是后来形成的通俗叫法，最早和正式的说法不叫批红，而是批答，意思是针对某项政务，把皇帝的圣旨用红笔抄录于奏章之上，完成一件政务从上奏到裁决的全过程。

"批"和"答"的意义不同。"答"是指皇帝的裁决，一般有两种形式，一种是红笔做出批示,不一定是皇帝本人亲笔,但一定是经皇帝认可的,又称御批、内批,然后发出执行;一种是在上朝理政时,皇帝亲口回答下边的奏事,由当事官员于奏本上,记录皇帝的裁决圣旨,然后下发实施。后一种是明初批答的主要形式,有着严密的制度规定。

从明初的情况看,"答"是决策、裁决,"批"是奉旨记录,因此皇帝的权力在于"答",而不在"批"。很显然,在这个"批答"的程序中,重要的是"答"的内容,也就是皇帝的裁决,而不是其他人的记录活动。

从这些情况来看,宣宗时宦官的批红就比较清楚了。明初的批答,是当事官员把皇帝的裁决圣旨记录在奏本上;宣宗时的批红,是臣下替皇帝起草裁决意见后,再由宦官替皇帝抄写这个意见。因此,这个变化不是宦官窃取了权力,更没有形成干政、乱政的局面。一方面从宦官来讲,不过是皇帝临时授权这些人,代表自己抄录裁决意见,并没有规定这些人有权替皇帝批示,就是说宦官批红并非制度,也并非所有的皇帝都让宦官批红。

另一方面,不论宦官批红还是皇帝批红,批的都是那些经验丰富的辅政大臣起草的裁决意见,起草本身是皇帝授权的,裁决意见当然也是经过皇帝认可的。在这个前提下,谁来批红已经不重要了,就像前边讲的批答,"答"的内容只要没问题,那么由谁"批"、由谁记录就都一样了。

2. 宦官有了批红权,不一定就能专权乱政

即使宦官有了批红权,这些人是否就一定能专权乱政呢?恐怕也不一定,为什么这样说呢?有几个原因:第一,宦官必须按照内阁的草稿批红,也就是要将外臣替皇帝起草的处理意见,用红笔抄录。这里的"批"字不是现在意义上的简单批示、批复,而是抄录的意思。换句话说,宦官只是被授权临时替皇帝抄写外臣起草的圣旨,是皇帝的另一只手,与圣旨起草人一样,也是皇帝的秘书,决策大权在皇帝手里。

其实这件事本来是皇帝一个人的事,他自己写个决策意见就完了,朱元璋、朱棣都是这样,但文件奏章太多,自己处理不过来,只好让阁臣代为处理。但如果阁臣起草的意见直接下发各部门执行,等于这些大臣有了决策权,肯定

不行；可是如果只让宦官替皇帝处理这些事，宦官又没那本事和经验。因此皇帝只好把自己一个人干的事分成两半，让内阁用黑字起草意见，再让宦官把内阁的意见用红笔抄成皇帝的批示，批红就是这么回事。有些人有误解，以为批红是像现在的领导人批示一样，用红笔写出批示意见，其实不是。

既然宦官的批红只是皇帝临时授权抄录内阁的圣旨草稿，并且皇帝只授权这些人批红，没让这些人改红、修改，因此，负责批红的宦官必须完全按照内阁的草稿一字不落地抄录，只有一些字的偏旁错了可以改动，其余内容宦官是无权随意改动的。

第二，内阁起草的圣旨草稿每份都留有底稿，并且是登记造册的，称为"丝纶簿"，存留于内阁中。无论是皇帝亲批还是宦官代批的圣旨草稿，都要再经内阁核实后才能下发。如有哪个批红的宦官擅自做了改动，内阁很容易就会发现，并且会向皇帝报告澄清。其实不要说是宦官，就连皇帝改动都不行，你可以要求内阁重新起草圣旨，但不能随意改动内容。因此，负责批红的宦官几乎没有权力，也没有机会篡改内阁起草的圣旨草稿。明中期曾有一段时间，内阁的底稿册"丝纶簿"被收归内府，但几年后在阁臣的奏请下，"丝纶簿"又重新交还内阁。由此可见，内阁圣旨草稿的底稿册对宦官的批红，是有一定的约束作用的。

第三，皇帝批复或宦官批红的奏章，并不能立即发生法律效力，还必须经过六科的核查认可，然后才能下发到各部门去执行。如果六科查出有什么不妥之处，有权封还皇帝的诏旨。在这种情况下，皇帝往往要根据六科的意见修改诏旨（《明史·骆问礼传》）。

如果六科认为皇帝或宦官的批复尽管有不妥之处，但又没有必要再封还给皇帝重新起草，就可以直接指出不妥之处，让相关部门执行时予以改正，叫"科参"。科参的权力和效力都很大，六部的官员，包括部长这类的高官，几乎没人敢于抗拒六科的意见而自行其是（顾炎武《日知录》卷九）。这说明内阁的草稿经皇帝和宦官批红之后，还有一道六科核查认可的手续在起作用。

第四，皇帝临时有事或是需要处理奏章以外的政务，在不能或不会召来阁臣当面讲述旨意的情况下，往往会让司礼监人员大致确定一下几件事，然后派宦官到内阁去传达皇帝的旨意，让内阁按照这个旨意起草意见。有时皇帝不经过内阁起草圣旨，直接向各部门发布诏旨，如正德时这类事不少，都是"以旨意批红"，就是由宦官按照皇帝的意见，直接用红笔替皇帝写诏书，再经由内府的司礼监向外朝传达发布（《明武宗实录》卷一六八）。

前一种情况是宦官向内阁传达皇帝的旨意，让内阁照此起草圣旨，那么即使这类圣旨由宦官批红，也只是书面复述了皇帝的意见；后一种情况，其实是宦官直接替皇帝写诏书，同样复述了皇帝的意见。由此可见，在上述两种情况下，宦官只是皇帝的传声筒、录音机，只有传达的义务，没有更改的权力。

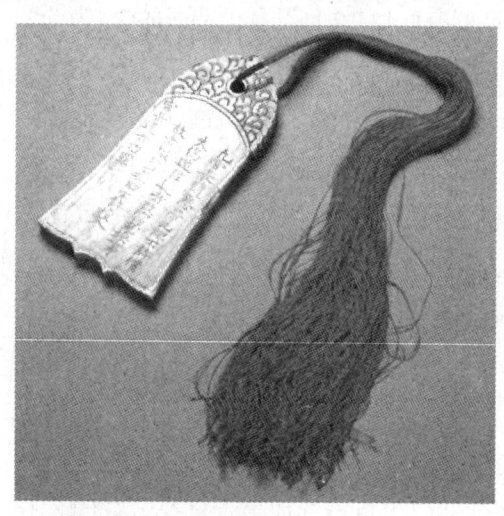

明代长随奉御出入宫禁牙牌

第五，并不是所有的皇帝都将所有的政务意见，让宦官代为批红，有些皇帝始终是自己批红，即使那些让宦官替自己批红的皇帝，也并非任由宦官全权批红。比如孝宗弘治帝，天下奏章送来以后，由司礼监先分拣一下，其中重要的大事由弘治帝自己批，一般的"庶事"也就是不太重要的常务，先发给内阁"调帖"，起草好处理意见，才由司礼监的几个宦官分别批红。批的格式也不一样，皇帝批的意见在封面正中间，司礼监批的内阁起草意见在封面的旁边，外廷大臣一看就知道是怎么回事，一目了然。并且如果司礼监未经内阁调帖，自己先对奏章批红，六科有权封还。

从宦官与皇帝批红的差别可以看出，一是宦官批的主要是"庶事"，也就是一般的政务；二是批前要经过内阁"调帖"，就是起草处理意见；三是司礼监的几名宦官分别批，并非由一人批；四是批文写于封面的旁边，不同于皇帝写在中间。另外，还有许多奏章的政务涉及六部，内阁起草的意见仅仅是让有关部门商议一下如何处理，该部门要按皇帝的指示将商议的结果回奏给皇帝，称为"议复"。皇帝对议复结果做出批示，交六科审核后再发六部执行，这个过程中宦官的批红，仅仅是代表皇帝履行一下审批的手续，决策权仍在皇帝手里。

从上述五点来看，宦官批红最多只是具备了专权乱政的条件，并不像有人所讲的那样，是窃取了皇帝的决策权。如果说宦官批红是窃取，那么内阁起草诏书不也是窃取吗？因此只能说，决策权在行使过程中被分为两部分，内阁与宦官分别担任起草与批红的工作，二者分工合作，都是皇权行使的一种形式，并不是对皇权的分割和窃取。并且宦官批红还受到了很多限制，因此仅有批红权，宦官是不太容易做到专权乱政的（《明代政治史》）。

3. 宦官专权的渠道较多，不全在于批红

不过从制度设计上看，永乐之后形成的大臣议政、内阁票拟、皇帝（或宦官）批红、六部执行的体制中，包括了对宦官限制的内容，尤其是六科的封驳权，不仅防范宦官，同时也是为了防范和减少皇帝的失误和滥用职权。但在实际运行中，这种防范本身具有较大的缺欠，因为宦官代替皇帝行使皇权的渠道较多，并且大都以口传圣旨为主，甚至根本不经过六科核查、封驳的手续；即使是内阁票拟的内容，有许多也是先由宦官到内阁传达皇帝的旨意，然后再由宦官抄录内阁票拟的意见，因此，六科仅仅防范批红的渠道，根本不可能防止宦官专权。或者说，明代的政治体制中，几乎没有防止宦官代行皇权时专权乱政的机制，这种体制下出现宦官专权，也就不奇怪了。

（四）宦官和皇帝乱政，其实是因为皇权很少受限制

1. 武宗贪玩，授权让刘瑾替他处理政务

那么明朝后来的宦官是怎样专权的呢？正德初年大宦官刘瑾是这样干的：他先是弄来许多戏班子，在宫中上演各种戏剧，又搞了好多游艺活动，供武宗娱乐，反正是好看的、好玩的一起端上来。当时武宗是个十几岁的年轻人，这些东西对他来讲是非常有吸引力的。正当武宗玩得来劲的时候，刘瑾就抱着一大摞子奏章来对武宗说："皇上啊，这些可都要等您处理呐，您看怎么办呢？"

武宗玩得正起劲，哪有心思去处理这些啊，于是就挥手对刘瑾说："没看我这儿忙着吗？我用你们这些人是干什么的？这点破事也来麻烦我！"这话等于皇帝公开授权给刘瑾，这些政务先由你来处理，不用再找我。刘瑾得到了皇帝的授权，于是朝中政务就由他处理了。

一开始，刘瑾还把各地的奏章拿到内阁去，因为按制度规定，要先由内阁替皇帝起草处理意见，但这时连皇帝都授权刘瑾主持政务，内阁当然被刘瑾控制了。于是阁臣就设法探听刘瑾的意图，然后再下笔起草。遇到有大事，内阁就专门派人到刘瑾那里去请示："刘公公，你看这事怎么处理才好呢？"等刘瑾有了明确回话，内阁再下笔。如果李东阳等人没有完全按刘瑾的意图起草，刘瑾就会把草稿退回去，让他们重写，或是在草稿上改个一塌糊涂。李东阳没办法，只好按刘瑾的意图重新起草（《明史·李东阳传》）。

内阁中有个人叫焦芳，是当年刘瑾和外朝官员决战时的告密者，由于他的告密，刘瑾争取了时间和主动权，暂时打败了外朝官员。后来刘瑾提升焦芳等人进入内阁，这样一来，名义上李东阳是内阁的首辅，但实际上焦芳有了刘瑾做靠山，已经成为凌驾于李东阳之上的首辅，当然这个首辅"辅"的是刘瑾。由于焦芳在内阁主持起草活动，更是凡事都按刘瑾的意见办，因此内阁就成了刘瑾的私人内阁，成了"刘瑾办公厅"。

2. 刘瑾是"立地皇帝"，内阁起草的诏书只是走过场

后来刘瑾还嫌这么干太麻烦，有什么事还要先同内阁讲明白，他们才能按我的意图办，不如我自己办顺利。于是刘瑾干脆把奏章都拿回家里去批，可他自己没文化，不识几个字，没法起草意见，于是就找来自己的妹夫、礼部官员孙聪，还有一个松江华亭的流窜犯张文冕共同商量起草。这两个人倒是有点文化，也能出主意写个诏令草稿，但文化水平毕竟有限，不是科班出身，起草的东西文辞太差劲，粗俗不堪，又臭又长，根本拿不出手，怎么办？不是有焦芳吗？这个人卖身投靠刘瑾，是科班出身，文化水平当然不错，于是焦芳就为刘瑾、张文冕的草稿修改润色，好歹像点样，可以拿得出手。内阁首辅李东阳呢？只能在一旁干瞅着，根本插不上手（《明史·宦官传》）。

李东阳事后回忆说,当时的奏章都是刘瑾拿出去,让自己人先起草一份草稿,然后再让李东阳等人按这份草稿拟出诏书,分不清是谁起草的,哪份是真哪份是假(《明史·李东阳传》)。并且刘瑾还命人先用红皮纸,把各地的奏章订成册送给自己,号称"红本";然后换成白皮纸再送给通政司,号称"白本"(《万历野获编》卷二〇)。这样一来,刘瑾的"红本"已决策在前,通政司的"白本"不过是走个过场,也就是决策后例行的手续而已(李洵《正德皇帝大传》)。

这说明刘瑾拥有的不是批红权,而是只有皇帝才拥有的部分决策权。当时五府六部各个衙门都是怎样办公的呢?他们每天都要去刘瑾家门口排队等着,实际上刘瑾此时已成为武宗的化身,成了"立地皇帝",就是站着的皇帝,而武宗只是坐着的皇帝,两个人只差半个身位,几乎是平起平坐了。这说明除了皇帝以外,天下就数刘瑾权力最大。

3. 宦官专权乱政,是因为皇权很少受到限制

那么刘瑾专权的情况说明什么呢?至少说明三点:第一,宦官专权的渠道不在于批红。一旦连内阁起草诏书都要按刘瑾的意图,那么宦官替皇帝批红,出不出错还有什么用呢?至于内阁票拟是否留底,六科封驳是否有效,恐怕都没用了,所以,皇帝只授权宦官批红,宦官几乎无法专权乱政;但如果皇帝把决策权都交给了宦官,宦官就用不着再拿批红来做文章了。

第二,由于大前提是宦官成了代理皇帝,宦官的话就是皇帝的话、就是圣旨,宦官专权行使的权力是皇权,这个权力在专制时代是皇帝专有的权力,因此,宦官专权只有皇帝才能管,别人根本管不了。前面提到的正德初期内阁大臣李东阳不是不想管,而是管不了,只好干瞪眼。他的两个前任刘健、谢迁想管,结果都被撵回家了。这些事实证明,只要皇帝不管,宦官就可以胡作非为。况且内阁是起草诏书的部门,连怎样起草都要全听刘瑾的,其他部门就可想而知了。因此,明代废除丞相后的政治体制,根本不可能防止宦官专权。

第三,由于皇权几乎很少受到限制,是一种特权,因此,无论是皇帝本人还是宦官代替皇帝行使皇权,干好事还是干坏事,推行善政还是专权乱政,别人都管不了,根本无法利用现有的体制,来约束和控制那些拥有特权的皇帝和宦

官。况且宦官乱政时皇帝不管，其实等于皇帝乱政。再加上宦官是以皇帝家奴的身份专权，并没有制度上的合法性。因此在这种情况下，有些大臣不敢直接骂皇帝，只好痛骂那些行使皇权乱政的宦官，有点指桑骂槐，给人的印象是乱政的宦官可比皇帝坏多了，只要皇帝不让宦官专权，政局就不会变坏，但事实是这样吗？朱元璋屠杀开国功臣，朱棣屠杀建文忠臣，英宗杀民族英雄于谦等等，都没有授权宦官，都是皇帝自己干的。由此可见，由于皇权几乎很少受到限制，因此，那些残暴乱政的皇帝和乱政的宦官其实没什么两样。

4. 后来的皇帝纵容宦官专权，并不都是因为学宣宗

后来天启初期也和正德初期差不多。各位都知道木匠皇帝，也就是明熹宗朱由校，他喜欢干木匠活，制作各种高级家具和木工作品，有时还派小太监拿到市场上去拍卖，天热时脱了衣服光着膀子干。魏忠贤也是趁熹宗干得最起劲的时候，拿了一大堆文件和要办的公务去找他处理。结果熹宗和武宗一样，没等这些人说完就不耐烦了，摆摆手说："行了行了，朕都知道了，你们用心看着办吧！"同样等于公开授权给魏忠贤一伙人，有权代替皇帝决策政务。后来的结果各位都知道，魏忠贤干什么都以皇帝的名义，专权乱政，大杀东林党人，制造了明朝历史上最黑暗的时代。

各位可以想象，当武宗和熹宗玩得正起劲，分别对刘瑾和魏忠贤授权，让他们暂时决策政务时，两个皇帝可没说，我这是按老祖宗宣宗的先例办的，宣宗当年让宦官替他批红，我现在也让宦官替我办公。当然他们也不可能这么说，两个十几岁的孩子玩得正起劲，哪能想到这些呢？况且当年宣宗只是让宦官代替他批红，并未授权他们决策，因此，出现这种情况完全是明代政治体制的缺陷和弊端，是皇权专制的结果，不能把后来刘瑾等人专权乱政的原因，全都推到宣宗一人身上。

不过，宣宗确实因为决策方式的转变，有了一批内外官员替他处理部分政务，因此才有了更多的时间和精力，去追求奢华腐朽的宫廷生活，去从事丰富的宫廷艺术活动。那么宣宗的追求实现了吗？

二十八　书画群峰

宣宗书画俱佳，有若干幅传世作品，颇受后世追捧。而且，明代宫廷画家竟然挂名在锦衣卫。

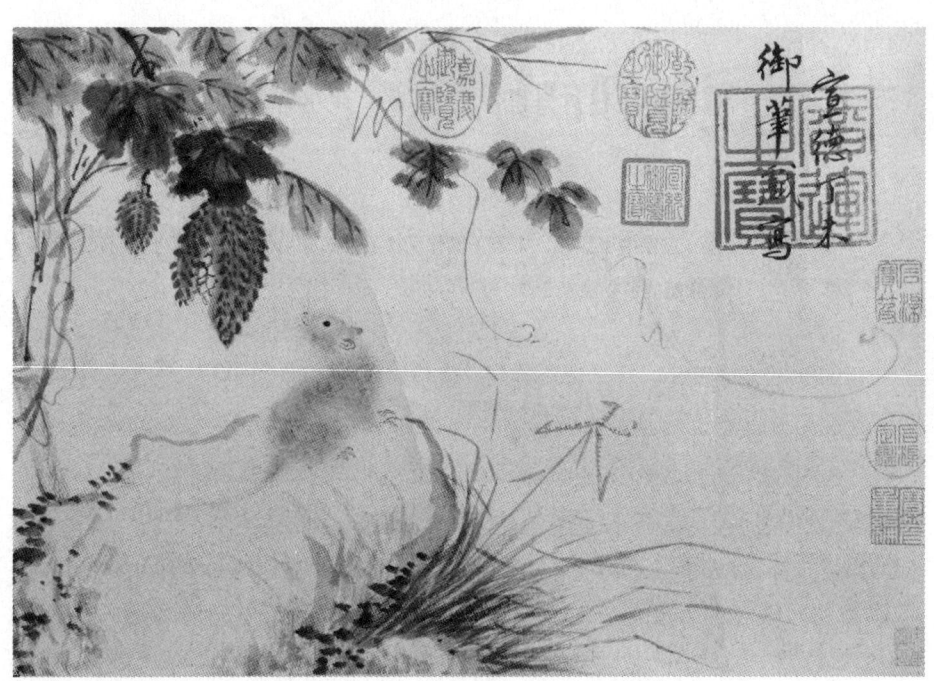

明宣宗《瓜鼠图》

其实仁、宣二帝的决策方式，从洪武、永乐时期的上朝当场决策，转变为批答奏章决策为主之后，皇帝因此而减轻了工作量，宣宗有更多的时间和精力，去追求宫廷文化活动和腐朽的宫廷生活。各位知道，宣德一朝的宫廷文化是比较发达的，宫廷文学、书画、工艺等方面的艺术成就比较高。这一点同宣宗本人的娱乐追求有着直接的密切的关系，可以说是宣宗的爱好和提倡，推动了这一时期宫廷文化的发展。

（一）宣宗的绘画活动及其艺术成就

各种艺术活动中，宣宗最为喜好的是书画，尤其是绘画，现存中外多个博物院中宣宗的绘画作品有二十多幅，其中被确定为真迹的只有不到十幅，这里试举若干幅，同各位共赏。

第一幅，《瓜鼠图》（卷，纸本，淡设色，28.2×38.5厘米，北京故宫博物院藏），图的右上方署有款识："宣德丁未御笔戏写"，并有钤御玺"广运之宝"。宣德丁未是宣德二年，即1427年，当时宣宗朱瞻基二十九岁。《瓜鼠图》画的是一只老鼠站在野草丛生的石头上，转身昂头望着头顶枝上结果垂挂的苦瓜，苦瓜含籽开口，似乎同下边仰头半张嘴的老鼠有所呼应；石旁有藤丝缠绕、攀缘竹枝而上，茂叶硕果累累压枝。那么这幅画有什么寓意呢？中国古代瓜是代表多子，鼠是子神，因此有的学者认为这幅画是祈求多子多孙，后代繁盛。由此可见，明代的皇帝非常推崇这种带有富贵、祥和寓意的题材，并且这也是民间推崇的。

据专家研究，这幅画的画法有些草书的笔法，流利而生动。依傍于苦瓜旁的竹枝以及坡石、石旁的野草，都有书法线条的笔趣，在墨法的浓淡处理上，也有较为独到之处，整个画面写意生动，富有野趣之美。瓜叶、果实采用没骨法，小鼠毛不用细笔勾绘，而是用浓墨加淡墨涂擦而成，于简单之中又见生动秀逸的效果。

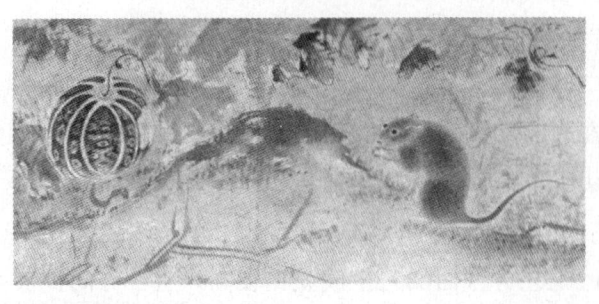

孙隆《花鸟草虫图》（局部）

那么，宣宗的《瓜鼠图》为什么是这种风格？它和同时代画师的其他作品有什么关系呢？吉林省博物馆藏有一幅孙隆的《花鸟草虫图》（洒金纸本，设色，23.3×53.1厘米）。孙隆是明朝开国名臣之后，宣德时期著名的宫廷画家，这幅《花鸟草虫图》画的是大自然中的花卉、禽兽、果实，图中的老鼠茸毛是以墨赭石细心擦染而成，造型准确，笔墨生动，石块、瓜叶、苦瓜、野草水墨写意的画法，在前人的基础上有创新。孙隆善于创作不多勾勒而以水墨彩色渲染的"设色没骨花鸟"作品，是明代前期宫廷画家中的写生高手。

如果将孙隆的《花鸟草虫图》与宣宗的《瓜鼠图》放在一起比较，可以看出两幅作品在水墨写意、设色没骨的画法和风格上有些相近之处，尤其是野草、枝叶的画法和老鼠茸毛的渲染，大体相同。就是说，宣宗的作品明显地带有孙隆的影子，有可能是受了孙隆的影响。据说孙隆以自己贵族加上宫廷画师的特殊身份，经常出入宫中陪同宣宗作画，也可能以自己擅长的手法帮助并指导宣宗完成作品。

不过有的学者也指出，两个人的绘画手法有所不同。孙隆是墨色浓淡加色彩渲染都用；宣宗则以用墨为主，色彩的渲染只是作为辅助手段，并且笔法比较弱，显得犹豫，不像孙隆那样大胆而肯定。为什么会有这种差别呢？可能与宣宗的帝王身份和绘画态度有关。宣宗作为皇帝，绘画只是业余随兴之举，并非功课和任务，他自己也称为"御笔戏写"，就是随意画着玩的，因此不可能像孙隆那样专业、地道。

第二幅《戏猿图》（纸本，设色，162.3×127.7厘米，台北"故宫博物院"藏），左上方署有"宣德丁未御笔戏写"款识，钤有"广运之宝"和"御府图书"两方御玺。图中描绘一只母猴紧抱小猴，蹲在小溪旁的石头上，右边有一只公猴攀附于斜枝上，折摘枇杷枝逗弄下边伸臂的小猴，树下坡上的小竹细草、芦苇荆棘丛生,坡下石边还有小溪流过。整个画面形象生动,极富自然之趣。

画中可见猿猴一家其乐融融的温馨之情,也含有崇尚人伦的寓意。在这幅《戏猿图》中,宣宗准确地把握了猿猴的外形,将猿毛柔软蓬松的质感细腻地表现出来,并以墨色浓淡来表现母猿与怀中小猿的区别,虚实相映。至于猿猴耳目、手脚掌,则以晕染法画龙点睛地加以处理,描绘山石、溪流、竹苇、枇杷的线条则自然流利,显示出宣宗画技的熟练与精到。

明宣宗《戏猿图》

如果只看这幅画,人们不禁要感叹宣宗捕捉大自然的写实功力,安排动物活动的构图技巧。但如果看了传世的宋人《枇杷戏猿图》(轴,绢本,设色,165×107.9厘米,台北"故宫博物院"藏),就会发现两幅作品的构图布局、树木的结构以及猿猴的画法多有相近之处。《枇杷戏猿图》画的是右上方一只猿猴似于垂枝间荡秋千,并回头劝诱下方的幼猿;幼猿则悠闲坐于老树横垂的枝干上,旁观上方的猿猴垂荡于充满了弹性的树枝间。整个画面极为生动,富有动物情趣,可见作者构图技巧之高。画中树干和磐石都显得很有质感,墨色浓淡的层次变化显示出作者精湛的画技。有的学者怀疑这幅作品为北宋画家易元吉所作,因为易元吉在北宋画家中以画

宋人《枇杷戏猿图》

猿著称，据说曾深入百里山中，长期悉心观察猴、獐、鹿等动物的活动形态，又曾在自己居住的院中开辟园圃，挖了个水池，置以乱石花木，在里边蓄养水禽山兽，常年观察研究，因此他描绘动植物非常出色，在当时几乎无人可比。

宋人的这幅作品在宣德时期收藏于皇宫中，宣宗作为爱好书画的皇帝，自然会有条件、有机会接触到、观赏到这幅图，因此他的创作在构图、技法等方面受到宋人的影响，也是可以理解的。虽说宣宗的画技不如宋人精湛，但对于一个二十几岁的非专业皇帝画家来讲，已经是相当不易了。

明宣宗《武侯高卧图》

第三幅《武侯高卧图》（纸本，墨笔，27.7×40.5厘米，北京故宫博物院藏），左上方署有"宣德戊申御笔戏写赐平江伯陈瑄"字样，并钤有"广运之宝"御玺。陈瑄是永乐、宣德时期的武臣，因经营漕运有功，被封为平江伯。《武侯高卧图》是宣德三年（戊申为1428年）的作品，后来赐给了陈瑄。因为画上题字"赐平江伯陈瑄"六字，与上方的笔迹略有不同，显然是后来加上去的，可见原画创作完成后，过了一段时间才挑选出来并加上题字赐给陈瑄。

此图所绘为三国时代的诸葛亮，画中之人半侧卧于竹林中，一只手托着下巴，神态闲静又若有所思，后颈枕着整齐的书册。人物身上的衣纹采用"钉头鼠尾描"，笔法转折简洁有力，流畅而舒朗。背景有竹林一片，竹叶枝干多而不繁，潇洒流畅。但整片竹林看上去画得却有些缺乏章法，用笔也比较软弱，可见同样是宣宗即兴"戏写"的作品。

宣宗将《武侯高卧图》赏给平江伯陈瑄的用意，无非是鼓励他学习三国时期的名臣诸葛亮，为君主竭诚尽忠，为国家建功立业，同时也表达了自己作为君王渴求贤才的心情和愿望。实际上，三国历史故事画作具有宣传教化功能，在当时的宫中颇为盛行。宣德时期著名的宫廷画家商喜有一幅《关羽擒将图》。这些三国人物故事画，虽然作者不同，但却反映出当时宫廷绘画的一大特点，即以绘画艺术为政治服务的特殊功能。

明宣宗《万年松图》

第四幅《万年松图》（卷，纸本，设色，33.1×453.1厘米，辽宁省博物馆藏），图上有引首款识："宣德六年四月初一日，长子皇帝瞻基敬写万年松图，奉仁寿宫清玩。"这是目前传世的宣宗尺幅最大的作品。宣德六年为1431年，宣宗时年三十三岁，仁寿宫为宣宗之母张太后居住的宫殿，此图为宣宗作为长子为其母亲所绘的祝寿之作。题款中间钤有"皇帝尊亲之宝"一印，明代为太后上尊号时皆用此印，图前后隔水及画幅骑缝处都钤有"武英殿宝"的御玺。

此图以松树为主题，画出老松枝干如铁，柯枝樛曲，表现出古松历岁耐寒的特性，具有象征长寿的深层涵义，画中屈如龙蟠、矫如腾蛟的老松，正是帝王的化身。这幅画卷松树枝干弯曲有如凌霜之势,所绘枝干遒劲粗放,松皮苔藓鳞皴又颇似龙鳞,松针则簇簇攒成,细腻中又富有变化,并以花青渲染,极富生趣而又明秀端庄。

那么,宣宗这幅《万年松图》与同时代的其他作品有什么关系呢?永乐、宣德时期的宫廷画家夏昶,曾在永乐二十二年创作了一幅《上林春雨图》,与宣宗的《万年松图》在用笔上有相通之处。夏昶还有一幅《湘江风雨图》(卷,纸本,水墨,35×1206厘米,北京故宫博物院藏),构图形式是延续性的长卷式,用来描绘松、竹等植物的各种姿态。这种长卷的墨竹或墨松,是明初颇为流行的构图方式。

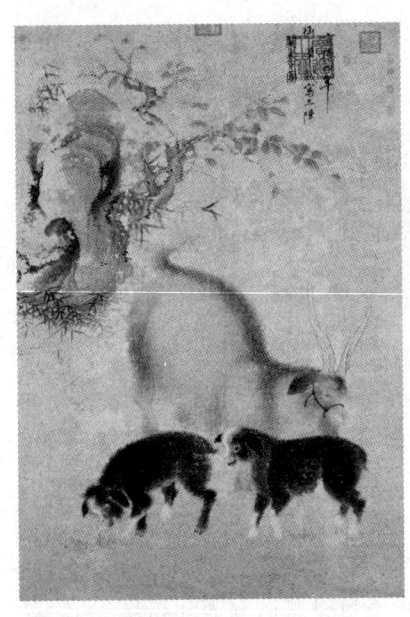

明宣宗《三阳开泰》

这一时期另一位重要画家戴进有一幅《墨松图》,从其图中所钤他在北京的书斋名"竹雪书房"之印来看,应作于居于北京时期,即宣德年间。图中所绘松树扭转延伸,富有动态之美,而枝干表皮肆意挥洒的皴纹以及具有草书笔意的藤枝画法,自由又富于变化,随意而不拘一格,与宣宗《万年松图》的笔墨技法极为相近。

第五幅《三阳开泰》(轴,纸本,设色,211.6×142.5厘米,台北"故宫博物院"藏),图的右上方写有款识:"宣德四年御笔戏写三阳开泰图",中间钤有"广运之宝"御玺。图中一只老山羊前有两只黑色小山羊,背景有太湖石及竹枝、茶花。三只羊以细笔淡墨描绘,在眼鼻处以简笔绘成,老山羊的两只棱角劲健有力,并富有质感。山羊毛色的画法与宣宗前几幅作品中老鼠和猿猴的画法相似,而竹叶、茶花的画法也与前几幅背景中的竹木相近。

从宣宗传世的几幅绘画作品中可见,他对绘画主题与背景的处理等方面有几个特点:第一,构图较为简单明朗,基本上是用一物(鼠、猿、羊)搭配一景

（石、树、竹等）。画面布局较多采用南宋马远、夏圭的边角构图法，以描绘近景为主，主体多安排于画面的中央，以细笔绘出，中、远景则采用简明笔法，或以留白居多。

第二，笔法、墨法活泼多变，不拘一格。宣宗的绘画笔法简逸豪放，不拘泥于古法；墨法明暗深浅极具变化，用墨较多，不以色彩为主，即使用彩色也多以淡色敷染。动物都是以细笔绘出，背景部分则以写意法处理，避免了一般宫廷绘画太过精工细腻的缺点。

第三，状物写生，真实生动。宣宗的绘画题材多为日常生活中的平凡小景物，画面随意自由，情趣盎然，善于捕捉大自然中富有情趣的事物以及富有生命力的美好对象。同时，宣宗擅长书法，写字的笔法对其绘画技法也有一定的影响。总之，明宣宗是继宋徽宗等人之后的又一位非凡的帝王艺术家，由于他本人的追求和提倡，宣德一朝成为明史上宫廷绘画最为兴盛的时期。

（二）宣宗画风略为简逸豪放，因受追捧而赝品迭出

1. 宣宗作品具有民间色彩，画风略偏于简逸豪放

宣德时期的宫廷绘画还带有一定的平民化色彩。朱元璋御容像的背景中，宝座、地毯画满繁复、细密的装饰纹样，这种细致的装饰手法，当来自宋、元的民间职业画师传统，而非南宋院画精致而简练的画风，从中可见朱元璋本人的平民品味。朱棣所喜爱的书法、绘画，其共同特点是活泼、茂密和大气。这种意趣既反映了朱棣以武功坐天下的君王气度，也反映出他偏爱民间艺术中活泼、生动、繁密的装饰性因素，即平民的品味。

明宣宗时期的宫廷绘画达到了鼎盛，平民化的帝王品味获得了全面的拓展，还取得了前所未有的成就。宣宗本人的画风最具典型性，他的花鸟作品如《戏猿图》《三阳开泰》，风格均比较朴实，以水墨为主的画法工中带拙，简逸而不离规矩，描绘技法与南宋民间禅画家牧溪的水墨简率花鸟颇为接近，而与宋代"院体"花鸟富丽精工的纯粹贵族品味不尽相同。另一幅《瓜鼠图》中，所用没骨法挥洒如草书，物象简逸传神，其中随兴而至、自由点染的技法，也源自

民间艺术。人物画《武侯高卧图》，画法亦洗练放逸，尤其是流畅而舒朗的衣纹线条，极似南宋牧溪的《白衣观音图》，其平民品味同样很明显。

宣宗的绘画作品以人物花鸟题材居多，构图布景简洁明朗，笔法较为多样，整体风格清润淡雅，注重生趣，广泛吸收了前人和当代名家的笔墨技法，作小景有宋人遗韵，画墨竹受明初画竹名家王绂、夏昶的影响。同时，宣宗作画除了自娱自乐外，还有一个政治目的，那就是以亲赐御笔的形式表示对臣下的恩宠和信任，作品上御赐的款识就说明了这一点。

不过从宣宗传世的作品来看，其画风与同时代宫廷画家不尽相同，后者富丽精工的画风较为明显，追求精准的造型，严谨的法度；而宣宗的画风则略偏于清润淡雅、简逸豪放。由此可见，宣宗的宫廷绘画教师可能另有其人，而不一定是同时代的那些宫廷画家。但是这也只是一种猜测，因为目前尚未见到有关宣宗绘画教师的记载。

其实，即使有个别宫廷画师的画风与宣宗相近，也不能证明是宣宗的绘画教师，因为一个画家的绘画风格，是在长期绘画实践中逐渐形成的，而不是，也不可能是在初学绘画时就形成的。因此，虽然宣宗的画风与当朝孙隆相近，但应该是宣宗跟随不同的宫廷画师学习之后，在多年的绘画活动中逐渐形成的，而不一定是完全师从于孙隆。

况且宣宗首先是皇帝，处理政务是他的主要活动，绘画不过是他众多的业余爱好之一，所以他作画不像专业画师那样认真、在行，而是视为一种游戏，常常在作品中题称自己是"戏写"，因此与同时代的画家相比，其绘画作品虽然较有才气，也取得了一定的艺术成就，但并没有明显的风格流派。从这些情况看，宣宗很可能是根据自己的兴趣，在长期的绘画创作活动中，逐渐形成了略偏于清润淡雅、简逸豪放的画风。

2. 宣宗的绘画受到追捧，因此后来赝品迭出

前面举出的五幅绘画作品，从风格、款识、宝玺印文来看，可以断定都是真迹。现存于北京故宫博物院、台北"故宫博物院"和世界其他博物馆的宣宗作品，总数约有二十几幅，仅仅是台北"故宫博物院"定于宣宗名下的作品就有

十七幅之多,但绝大多数都是伪作,风格与上述五幅真迹相差较大,应该是宣德以后至清代一些宫廷画师的假托之作。此外,宣宗传世作品中钤盖的玺印有三件:"广运之宝"、"钦文之玺"和"御府图书",都有固定的字体和尺寸,均为阳文,篆书体,字体严整丰润。因此,如果其他作品中的玺印图纹与上述特点不符,恐怕至少不能轻易断定为宣宗的真迹。

比较典型的是台北"故宫博物院"藏《花下狸奴图》,纸本,设色,41.5×39.3厘米。此图上方有"宣德丙午制"款识,还有"御府图书"的宝玺方印。画面上是两只狸猫嬉戏于太湖石之下,背后有穿孔怪石及菊花枝叶。画猫先填染底色,再钩描皴擦毛发与斑纹,细腻之中又有生趣盎然的效果。画石则先以笔钩勒轮廓,再以干笔皴擦石面,画菊则以细笔勾勒敷彩着色。整个画面富有清新优雅的气息,与宣宗的画风、画法虽略有相近之处,但题款和玺印图纹与前面举出的五幅作品差别较大。两相对比可以清楚地看出,《戏猿图》中"御府图书"的玺印图纹与《花下狸奴图》中的印纹明显不一样,题款书法风格也不同,可见并非宣宗亲笔所题。

美国哈佛大学赛克勒博物馆藏《萱花双犬图》,纸本,水墨设色,26×34.6厘米。画面上方有题识:"宣德丁未御笔戏写",还有一些收藏者及清内府的几方收藏印。此画描绘两只阿富汗犬行走于草旁空地,一只昂首前视,一只低首俯视,二犬身后配有弯茎开花的萱草及贴在地面的车前草。同宣宗的几幅真迹相比,绘画笔力明显较弱,动物画法也较为呆板,楷书用笔稍劣,与宣宗书法不同。

此外,如北京故宫博物院藏册页《瓜鼠图》,美国西雅图艺术馆藏画轴《桃花鹦鹉图》,台北"故宫博物院"藏《画金盘鹁鸽》、《子母鸡图》、《花鸟》长卷、《壶中富贵》、《画寿星图》,纳尔逊艺术陈列馆藏画轴《一笑图》等等,都是托名宣宗,但无论是题款、钤印,还是画风,都与上述宣宗的真迹差别较大,因此不能轻易断定为宣宗本人的作品。随着时间的推移和研究的深入,鉴定宣宗作品的真伪可能还会有新的突破,这也是大家共同期待的目标。但是不管怎么说,宣宗的绘画作品有一定的艺术成就,有较大的社会影响,惹得后人追捧之余不断地模仿,因而赝品迭出,也是一种正常的社会现象。

（三）宣德时期宫廷绘画达到了鼎盛，花鸟画尤其突出

可能有人会问,为什么洪武、永乐这两朝没这种局面呢？除了宣宗本人的追求和提倡与太祖、太宗不同之外,还有前两个帝王的特殊原因。太祖朱元璋虽然承袭宋代的制度,征召了许多画师进入内廷,但给他们的绘画任务比较单纯,其中之一是为自己画像,画得不像或太像的都被杀掉。据说只有一人画的轮廓很像,又加上了一点和善慈祥的"穆穆之容",赢得了朱元璋的满意,才没被杀掉,因此,洪武时期的宫廷绘画不发达。

永乐时期朱棣倒是企图建立类似宋代的翰林书画院,也征召了大批画家入宫,但同样过于注重绘画在政治上歌功颂德的作用,画师们的自由创作仍然受到一定的限制,因此宫廷绘画同样没有起色。其实主要原因还是因为朱元璋和朱棣对艺术并不在行,以政治方式对待艺术创作,并且主要精力从未用在文化艺术上,因此造成前两朝的宫廷绘画不发达。

计盛《货郎图》

1. 宣宗周围出现了一个宫廷画家群体

宣宗不同,他自小受过较为完备的宫廷艺术教育,同时能够看到和研究内府收藏的前代艺术作品,自己又勤奋,加上有一定的艺术天分,宣德时期的社会环境相对稳定,因此不仅自己的绘画有较高的成就,也带动了一批宫廷画家的创作活动,使这一时期的宫廷绘画达到了鼎盛。明代"院体"画派的艺术风格,最后是在宣德时期形成的,特点为继承两宋的画风,花鸟画精工

富丽,自创新格;山水画大气磅礴,水墨淋漓;人物画细致严谨,题材丰富。

宣德时期出现了一个宫廷画家群体,其中戴进、谢环、商喜、石锐、倪端、李在、孙隆、周文靖等人,都是当时声名显赫的一流画家,谢环的《杏园雅集图》,商喜的《明宣宗行乐图》《关羽擒将图》,孙隆的《花鸟草虫图》《芙蓉游鹅图》,倪端的《捕鱼图》,李在的《归去来兮图卷》,周文靖的《古木寒鸦》,戴进的《墨松图》等等,都是这一时期突出的绘画作品。

还有一些画家,如安政文、缪辅、刘俊、王臣、周全、计盛、黄济、胡聪、纪镇、殷偕、朱佐等人,虽然没有确切的活动年限可考,但根据其绘画风格和带有职衔的款识来分析,也应在宣德前后。其中计盛的《货郎图》和缪辅的《鱼藻图》等,同样是这一时期较为出色的绘画作品。

宣德时期,大部分宫廷画家以继承宋代"院体"为主流,人物、花鸟和山水画,融合了黄筌父子和两宋工笔重彩的画法,又继承了南宋李、刘、马、夏的传统,形成了具有一定特征的时代风格。其中许多画家来自江浙、福建等地,这一地区尤其是杭州一带,过去曾是南宋王朝的文化中心,从元到明,宋代画院的流风余韵持续不绝,对明代的宫廷绘画影响较大。而明代前期,新王朝建立不久,正需要积极向上、令人奋发的力量,元人冷寂消沉的画风显然已不合时宜,两宋"院体"富丽堂皇的风格和激奋刚拔的气势,才是新王朝所需要的。因此,明代"院体"画派的艺术风格在宣德时期形成,并非偶然。

宣德时期重要宫廷画家谢环的《杏园雅集图》,描绘当时几个内阁重臣杨士奇等人,在杨荣的杏园中聚会的情景,虽然不是直接为皇家所作,却是当时上层官员生活的真实写照。这幅画卷的人物、树石画法,取自李唐、刘松年演变而来,用笔稍加放纵而有所变化,描写细致,色调浓艳,代表了宣德时期宫廷人物画的面貌。

倪端是宣德时期待诏仁智殿的重要画家。《聘庞图》是他仅有的两件传世作品之一,描写的是三国时期刘表聘请隐士庞德公的故事,构图以人物为中心,背景有高山丛林,情节细致生动,学南宋"院体",兼有北宋郭熙的笔意。

商喜是宣德时期的又一重要画家,曾被封为锦衣卫指挥的高级职衔。他擅长人物、山水、走兽,是个多面能手,创作丰富,很多宫廷壁画、轴幅都出自他

商喜《关羽擒将图》

的手笔。历史人物大轴《关羽擒将图》(轴,绢本,设色,200×237厘米,北京故宫博物院藏),内容传为描写关羽水淹七军的故事。画中关羽赤面长髯,形象魁伟,和正史、小说中描述的形象十分接近。人物衣纹线条刚劲有力,笔势飞动,神情逼真。山石的大斧劈皴师法马、夏,而笔墨变得更加挺健豪放,画面色调鲜明,宏伟壮观,具有壁画的风格。

宣德时期另一画家刘俊的《雪夜访普图》,描写的是宋太祖赵匡胤在雪夜拜访功臣赵普,商议统一国家大计的故事。人物、界画描法工细,树石用笔潇洒放纵,也是以描写历史故事为题材的人物画杰作。

反映宣德时期皇帝宫廷生活的作品,主要是商喜的《明宣宗行乐图》大轴,共六段,描写的是明宣宗朱瞻基乘马出游,宦官内侍大队人马携带乐器、弓手随行在后,主要人物的形象是以肖像的面貌出现,服饰、装备也着意写实。画面结构繁复,山路迂回,丛林茂密,场面十分浩大。周围花草缤纷,禽鸟飞鸣,景物绚丽优美。此图画法精工,色彩艳丽,是明代宫廷"院体"绘画中不可多得的代表性巨制,反映了宣德时期豪华的宫廷生活。

2. 宫廷花鸟画的兴盛,符合皇家的生活意趣

明代宫廷绘画中,花鸟画的成就较为突出,特别是宣德到成化、弘治时期,名手辈出,如孙隆、吕纪、林良、朱佐、缪辅等人。孙隆的没骨法具有独创的风格,但传世作品不多,《芙蓉游鹅图》和《雪禽梅竹图》两幅作品,都是以没骨法表现出来的。他的另一幅《花鸟草虫图》(上海博物馆藏),寥寥数笔就将各种草虫禽鸟刻画得惟妙惟肖,各种花卉草木生动活泼,看来似乎零乱的笔法以及秾丽的色彩,使人感到秋日灿烂的阳光和秋郊热烈的活跃气氛。

从当时宫廷绘画的总体成就来看,题材和内容较为丰富,画法在继承前代

的基础上也有所变化,风格更加宏伟富丽,但有些方面过于追求"形"的刻画,缺乏神韵。许多作品功力深厚却偏于工谨,画法多样却少见新意,艺术成就远不如宋代。

宣德时期宫廷花鸟画的兴盛和风格的多样化,也与皇室的需求和帝王的爱好密切相关。花卉翎毛所具备的丰富色彩变化和强烈的装饰性,十分适合装点宫室,尤其可能适合永乐建都后的宫廷装饰,并与雕梁画栋的宫廷建筑相协调。同时,花鸟题材富含象征意义,尤其是富贵、吉祥、喜庆的比兴,也非常符合皇家的生活意趣。因此,花鸟画在宫廷院画中总是成就斐然。

明宣宗本人较为推崇那些带有富贵气和寓意性的花鸟画,他的《瓜鼠图》画意即祈求多子多孙;《万年松图》是为其母祝寿之作,富含长寿之意;《三阳开泰》更是明显的吉祥题材。皇帝的旨趣对于宫廷绘画的发展方向,往往起着决定性的作用,因此宣德时期宫廷花鸟画的兴盛也就成为必然的趋势。

(四)宫廷画家挂名锦衣卫及其原因

1. 宫廷画家挂名锦衣卫,但并非加入特务机构

明初宫廷画家没有自己的任职机构,不像宫廷书法家那样,有类似中书舍人之类的职衔和位置。虽然宫廷画家的创作活动主要是在武英、仁智和文华三殿进行,但挂名的机构却是锦衣卫,职衔都是锦衣卫都指挥、千户、百户、镇抚等等,但仅仅是领取俸禄工资,不管事。有人可能会问,锦衣卫不是明朝的特务机构吗?专管抓捕要犯、拷掠囚徒的,宫廷画家怎么会在这么一个臭名昭著的机构挂名呢?是不是这些人还负责为特务抓人画像呢?

其实这是一种误解,只要看一看明代的职官设置就可以弄明白了,原来明

锦衣卫木印

朝的锦衣卫里有个镇抚司,除了掌管本卫的司法之外,还兼管各种宫廷工匠,其中就包括宫廷画师。永乐时期,在镇抚司里专门增设了一个北镇抚司,这个部门的确像人们熟知的那样,是个臭名昭著的特务机构,专管抓捕审讯钦定要犯。

后来成化时期,可能是为了区别两个镇抚司的不同职能,把原来设立的镇抚司改为南镇抚司,成为专门管理内府工匠的部门(《明史·职官志》)。宫廷画师是内府各种工匠的一类,正好挂名在这个机构中,从事绘画创作并领取工资。因此,宣德时期乃至前后的画师们挂名锦衣卫,并且被授予多种职衔,其实是在管理内府工匠的部门——南镇抚司任职,并非加入特务机构。

2. 宫廷画家挂名锦衣卫的几个原因

至于宫廷画家为什么没有挂名在其他部门,而是挂名在锦衣卫这一特殊机构,可能有几个原因:

第一,锦衣卫是内廷机构,其官员拥有锦衣卫都指挥、千户、百户、镇抚等职衔,宫廷画家挂名锦衣卫,其实等于有了可以自由出入宫廷的通行证,可以在武英、仁智和文华内廷三殿进行创作活动。相反如果拥有六部等政府部门的职衔,只能在外朝地点办公,没有皇帝的特殊许可根本无法自由出入宫廷。

第二,锦衣卫又是皇帝的特殊警卫部队,拥有锦衣卫职衔的画家,可以随时随地陪侍皇帝作画赏画,甚至可以一同查阅和观赏宫廷收藏的作品。而这样的特殊需要和条件,是拥有六部等政府部门职衔的人所无法做到的。

第三,六部等政府部门人员的升降、调动等,虽然皇帝拥有最终决定权,但一般情况下必须经过外朝吏部,也就是人事部门来提供意见,皇帝无法也不可能完全越过吏部,来直接安排政府部门的人员。但锦衣卫不同,这个机构是皇帝直接控制的内廷警卫机构,前面介绍过,担任锦衣卫职衔的人员,其职务、级别、待遇、权力和责任等等,几乎完全是由皇帝个人决定的,外朝人事部门几乎无法干预。因此,宫廷画家挂名在锦衣卫,皇帝就可以直接安排他们的级别和待遇了。

第四,六部等政府部门人员的职衔,都有较为严格的定额,相关的职责也有较为严格的范围，比如某个部设有几个郎中、员外郎，各有哪些职责、负责哪些政务，都有严格的规定，因此，皇帝不可能把宫廷画家安排到政府部门任职。但是锦衣卫不一样，它的各级官员和职责设置不像政府部门那样，并没有严格的定额和范围，再加上锦衣卫里的南镇抚司，是个专门管理内廷工匠的机构，因此让宫廷画家挂名在锦衣卫，皇帝就可以按照自己的意愿，来安排他们的级别、职务和待遇。

当然，宫廷画家也不可能在军队之中任职。宦官机构在官员和职责的设置方面，虽然与锦衣卫具有相同之处，尤其是司礼监、内官监等部门，但宫廷画家从事的艺术活动毕竟不同于宦官，因此也不可能挂名在宦官机构。从上述情况来看，虽然部分宫廷画家受到皇帝的恩宠，实际地位较高，颇为荣耀，但他们的整体身份并不高，跟其他工匠、役人差不多。为了调节这一矛盾，朝廷才给予他们在锦衣卫挂职的待遇，目的是方便其绘画及相关活动。

3. 宣宗欣赏画师作品的标准：政治第一，艺术第二

虽然宫廷画家从事的是艺术活动，不过宣宗并非完全从艺术的角度出发，去欣赏画师的作品和征召有名的画师，而是有其政治标准。据说永乐、宣德时期著名画师戴进是浙江钱塘人，永乐末年曾经跟随父亲戴景祥受征召来京师，后来回到家乡发奋绘画，技艺大增，名声日大。当时镇守当地一个姓福的太监，向宣宗进献了戴进的四幅画，并向宣宗推荐戴进。戴进未到之前，宣宗召来宫廷画院的谢环来评价戴进的作品。

戴进的作品是春夏秋冬四季的景色，开始展开春夏两季作品，谢环非常佩服，向宣宗说："我赶不上他。"可是展开秋季景色时，谢环起了嫉妒之心，一言不发。宣宗回头问他的看法，谢环回答："屈原是遇到楚怀王那样的昏君，才会投江自尽的，现在戴进画的是屈原和江边的渔夫相见，似乎含有对陛下不恭敬之意。"宣宗听了，没说什么。最后展开的是冬季的景色，谢环又对宣宗说："这里画的是古代贤士过关的故事，可这类事都是乱世才会有的。"言外之意，此画的内容是乱世的题材，并未歌颂陛下您的太平盛世。宣宗听了勃然大怒：这个福太监真是该杀！太没有政治头脑，居然推荐这类"反动"画家。这件事在明

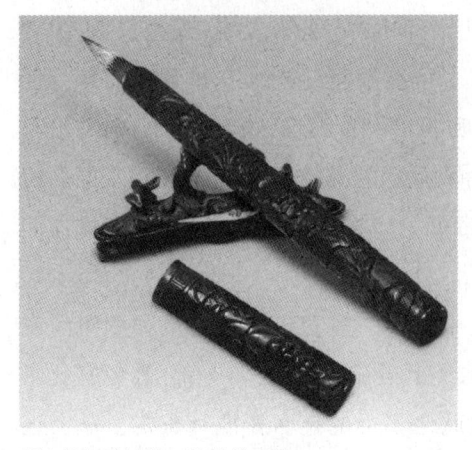

明宣德红雕漆牡丹纹管兼毫笔

代几种笔记史料中都有记载（郎瑛《七修类稿·戴进传》），内容大同小异，虽说不一定完全属实，但也未必都是空穴来风。

这件事至少说明以下几点：其一，由于宣宗本人喜欢绘画，被派往各地的宦官可能负有为宣宗推荐民间画家的职责，因此那个姓福的太监才推荐了戴进，推荐的凭据就是戴进本人的作品；其二，进入宫廷之中的画家地位不同，这种差别往往取决于皇帝对画家作品内容和技法的态度，因此宫廷画家之间存在着攀比与竞争；其三，宫廷之中的艺术创作，从来都是政治标准第一，艺术标准第二，加上宣宗本人也是精通绘画的，所以谢环不以画技而是以绘画的内容来贬斥戴进，手法是相当高明的。谢环的目的当然是为了保住自己在宫廷画院中的地位，当时他显然已是宫廷的首席画师了。

（五）宣宗的书法造诣

宣宗虽然书法造诣较高，但常常被他的绘画成就所掩盖。明代的王世贞对此有个评价："宣宗书出沈氏兄弟，而能于圆熟之外以遒劲发之。"沈氏兄弟是指永乐时期的沈度和沈粲，其中沈度是明初著名的宫廷书法家，松江华亭人，被永乐帝朱棣称为"我朝王羲之"。沈度的书法婉丽端庄，用笔工整匀称，尤精楷书。这种平正流畅的字体，中规中矩，非常适合于撰写公文诏书，当时的重要文告和诏书多为沈度书写，因此上至君主下至文人学士纷纷效仿沈度的书体，逐渐形成了著名的"台阁体"。

宣宗的书法同样受到沈度的影响，笔法圆熟秀丽，温和飘逸，颇有雍容大度之气概，又自成一格。传世的《上林冬暖诗》和《御制雪意歌》，前者书体虽多行草，但有正楷书法深厚的基础，落笔精熟矫健，字体秀劲之中带有英武刚俊之气,是永乐、宣德时期流行书体的典型风貌。《御制雪意歌》为楷书兼有行意,工稳之中又有潇洒俊秀之趣,用笔自然流畅。行书《新春诗翰卷》,是一件七米多的长卷,书法行笔稳健,从头至尾笔笔到位,笔画结构清晰,较为圆熟而遒劲,明显受到台阁体书法的影响,显示出宣宗深厚的书法功底。

宣宗的书法虽然出自当时宫廷书法家的传承,但据专家研究,多少有些元代大书法家赵孟頫的影子。故宫博物院藏朱瞻基《御制新春诗》(纸本,行书)和台北"故宫博物院"藏《御笔戏作一枝花》(26.5×14.7厘米),为其代表作,行楷之间有些近于草书,笔迹洒脱,显得有风致,有精神,既有些放纵,又有棱角。

有人拿宣宗朱瞻基的书法同清代的乾隆皇帝作比较,可见乾隆皇帝书法功力较为深厚,是另一种宫廷书法风格,但有时字写得有些疲软,显得精神不足,略欠风致。当然这种看法未必完全准确,也是仁者见仁,智者见智。其实只要看一看永乐、宣德时期那些大臣,尤其是内阁官员的书法作品,就会看出具有沈度风格的书法作品还有不少。这类书法家其实是一个群体,包括杨荣、杨士奇等人,他们的书法首先是一种实用书法,是撰写公文诏书必备的书法形

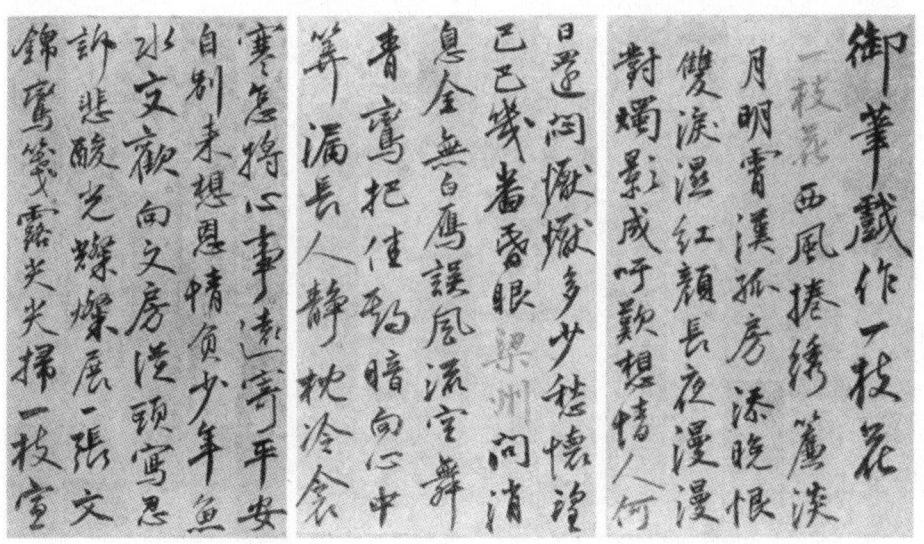

明宣宗《御笔戏作一枝花》(局部)

式,不同于可以随意发挥的艺术手法。

除了书画之外,宣宗还创作了大量文学作品,虽说都是当时流行的台阁体风格,但仍有一定的艺术价值,也是永乐以后宫廷文学的一部分。此外,宣宗还有更为腐朽、放纵的追求,那么他的追求实现了吗?他为什么要改立皇后,又是怎样做到的呢?

二十九　改立皇后

宣宗挖空心思执意改立皇后，得了个"风流天子"的称号，并给大明王朝开了个恶例。

明代皇后的凤冠

（一）改立皇后的原因及准备

除了皇帝之外，明代的后妃也是有宝印的，但皇后的金册和金宝都是用黄金制成的，其他妃子的金册是用白银制成的，银册是镀金的，并且皇后有金册和金宝，其他妃子只有金册和金印而没有金宝，"印"比"宝"要矮一个级别，以此来显示皇后与其他妃子的等级差别。不过到了宣德时期有变化，宣宗非常宠爱孙贵妃，把她的贵妃前面加了个"皇"字，不仅提高了孙贵妃的地位，还等于在皇后和贵妃之间加上了"皇贵妃"这一级别。

与此同时，宣宗还请皇太后批准，为原来没有金宝的孙贵妃特意制作了一枚金宝，改变了以前贵妃只有金册和金印而没有金宝的惯例。这样一来，孙贵妃同其他贵妃相比，名分和地位就高出一大块，更接近皇后了。宣宗这样做其实是在为换皇后做准备，目的是废掉原来的胡皇后，改立孙贵妃当皇后。那么为什么宣宗一定要换皇后呢？

1. 孙贵妃总比皇后胡氏矮一级，她在寻找机会

宣宗朱瞻基即位时，先后娶了十几个女子做后妃，其中皇后胡氏是山东济宁人，贵妃孙氏是山东邹平人，两人还是老乡。孙贵妃的父亲孙忠是山东永城县的主簿，相当于今天县政府的秘书长，碰巧仁宗张皇后的母亲也是永城人，也就是宣宗的姥姥，她知道孙家有个十几岁的小姑娘，长得好看又聪明伶俐，就把她领到宫里来了，于是宣宗的母亲张皇后就一直把她养在宫中。当年明成祖朱棣为皇太孙朱瞻基筹办婚事时，下诏选了济宁人胡善祥为皇太孙妃，选邹平人孙氏为皇太孙嫔，嫔比妃矮一级。朱瞻基后来从皇太孙做到皇帝，孙氏也沾光受到册封，从嫔做到皇贵妃，但总比皇后胡氏矮一级。

其实孙氏从一个小县城主簿的女儿，居然当上了皇贵妃，已经够出人头地的了，但她仍不满足，水涨船高，逐渐有了当皇后的想法。她是个不甘屈居人下的女人，可能会觉得，我怎么总是比那个姓胡的矮一级呢？我凭什么就不能

当皇后呢？但朱棣和仁宗在世时，她不得不暂时收敛自己的野心，否则便会因此被赶走。后来朱棣和仁宗相继去世，对她极为宠爱的朱瞻基当了皇帝，孙氏便以她特有的精明，设法挤开胡氏。表面上她对胡氏十分恭顺，做得像心甘情愿地低人一等，暗地里却在积极活动，寻找机会。

　　孙氏不仅姿色迷人，而且工于心计，很讨宣宗的喜欢。起初宣宗对两位夫人并没有什么偏爱，但随着时间和年龄的增长，他对第二夫人孙氏的宠爱逐渐超过了第一夫人胡氏。青年皇帝朱瞻基颇好巡游玩乐，今天出去逛一大圈，明天玩个花鸟鱼虫，胡皇后觉得有些不妥，便多次规劝宣宗不可过分，引起了宣宗的不满和厌烦。他经常在母亲面前发牢骚，嫌胡皇后多事（《罪惟录》列传卷二）。孙氏却从未劝过宣宗，为了巩固宣宗对她的宠爱，她从来不做使宣宗扫兴之事。

2. 孙氏赢了第一局，有了象征地位的金印

　　宣宗自然明白孙氏的心理，他也想将美丽聪慧、令他着迷的孙氏立为皇后，无奈胡氏在他即位时已被立为皇后，如果没有充分合适的理由，是不能随意改立皇后的。好在宣宗比孙氏更为精明，与孙氏密切配合，一步一步地实现目的。二人都明白，要想改立孙氏为皇后，既不能操之过急，又不能搞得太露骨，首先必须得到宣宗的母亲、皇太后张氏的许可。于是二人想了个办法，首先试探一下皇太后的态度。

　　按照明代的制度，皇后既有金册（即册立皇后的金册），又有金宝（即皇后的金印）；而贵妃以下则只有金册，没有金宝，以此来区别等级。宣德元年（1426）五月，宣宗和贵妃孙氏可能是经过一番密谋，由宣宗出面向太后请示：当初胡、孙二人同时为皇祖选为妃、嫔，名位上相差不多；如今一个是皇后，一个是贵妃，一个有册有宝，一个有册无宝，相差得太多了，能不能也赐给孙妃一个金宝，让她与胡氏的名位差不多，希望母后您老人家来决定。

　　张太后早年跟随朱高炽长期监国，颇有历练，养成了一些善处大事的才干。宣宗和孙氏的那套把戏，她如何不知？尤其是宣宗平日张口闭口敬守祖制，如今却为点小事作借口，想改变祖制，太后早已看透了二人的用心。当初她在

宫中养育孙氏时,可能就对这个善伺人意、过于灵慧的小女子不太喜欢,倒是胡氏沉默大方、颇能容人的大家风范,或许更让她喜欢。

但张太后更了解儿子的禀性,宣宗是个胆大敢为、不达目的决不罢休的青年人,如果不答应,他还会想出更多更大的借口来力争。同时张太后也十分喜欢自己的儿子,认为即使孙贵妃有了金宝,也还是贵妃,名位稍高一点,但并未超过皇后,赏予金宝也未尝不可。因此太后勉强答应了宣宗的请求,派人特地为孙妃铸造了一颗金印(《明史·后妃传》)。

白石"皇贵妃图书"玺

3. 孙氏又赢了第二局,抢先"生"出了皇长子

宣宗和孙氏赢了第一局,又为下一步做打算。胡后多年不育,未给皇上留下子嗣,如果能让孙氏在胡后之前生出孩子,那么改立皇后就更有把握了,因为不能为皇帝传宗接代的女人是不配做皇后的。朱瞻基毕竟是朱瞻基,他是帝国最有权势的人,宫中又有那么多足智多谋、机敏干练的宫人替他做事,又有什么事能难倒他呢?虽然胡后和孙妃都未曾生育,但在当时皇宫里,与宣宗有过性关系的宫女很多,她们之中有人怀了皇上的孩子。宫女替皇帝生了皇子,就会得到皇帝的宠爱,待遇和地位都会随之大为提高。未生皇子的宫女出于嫉妒之心,往往暗中设法杀掉皇子,甚至同时怀孕的宫女之间也相互倾轧,谋害对方。

这种古老而残酷的宫廷斗争,在明代颇为盛行,以至于像宣宗那样的风流天子,十几年中只有二子二女活下来(《朝鲜李朝实录中的中国史料》)。就像电视剧《甄嬛传》里面的情节,有权势的后妃会控制其他嫔妃的生育,以此来保住自己的地位。起初孙妃极有可能参与这样的"竞争",如今不同了,她需要一个皇子。于是在一些心腹宦官、宫女的参与下,将别人生下的皇子据为己有,终于抢在胡后之前"生"出了皇长子朱祁镇。这些人真可谓神通广大、身手不凡,他们将此事做得干净利落,以至于别人顶多只能怀疑,皇子并非孙妃亲生,而这位皇子的生母是谁,又是怎样被人夺走皇子之后销声匿迹的,则无从考查了(《明史·后妃传》)。"立嫡以长"和"母以子贵",是当时社会中十分重要的法规,孙妃生的皇长子要立为皇太子,而孙妃作为太子的母亲也应该被立为皇后。外廷群臣当然明白这一点,他们对宣宗亲孙妃、疏胡后之事早有耳闻,如今孙妃先生了皇长子,皇上又是那般高兴,其中的缘故谁人不知?于是一些眼明手快的侍臣,在皇子出生八天之后便纷纷上疏,有的请求立皇长子为太子,有的请求改立孙妃为皇后。其实对于孙妃来讲,立太子和改立皇后是一回事。

胡皇后像

身为皇后的胡氏听到孙妃生子的消息,知道自己在这件事上被人占了先,即使以后再生皇子,也永远赶不上孙妃了,加上宫内外已经刮起了早立太子、改立皇后的风潮,眼见得宣宗一天天地疏远自己,便知趣地请求立皇长子为太子,改立孙妃为皇后,自己有病,愿意辞位。宣宗见胡后自己提出了这种想法,心里自然高兴,可谓正中下怀,但表面上仍装出不以为然的样子,对胡后的提议未置可否。孙妃更会演戏,听到胡后的辞位提议,居然假惺惺地逢人就讲:"皇后病好了自会生育孩子,我的孩子怎么能抢在皇后的孩子之前呢?"

宣宗和孙妃虽然赢了第二局,但改立皇后的条件尚未十分成熟。眼前最为棘手的问题有三:一是道德舆论。以封建社会的道德标准而言,"宠艳妃而废元后",是君主一种极大的失德(或称缺德)行为,弄不好会被列为荒淫无道之君,遭到正人君子的歧视和唾骂;二是张太后并未同意改立皇后。尽管宣宗已经屡次将长子抱给太后看,老太后也十分喜爱这个长孙,但对废胡后立孙妃的舆论好像没听见,对此事始终未做任何表示;第三是多数文武重臣对此事也未明确表态。杨荣倒是一马当先地表示应该废胡立孙,但并未得到其他人的响应,杨荣见提议在高层人士中反应冷淡,便也有些泄气。

(二) 重大进展与中途搁浅

1. 老太后勉强同意宣宗换皇后

宣宗朱瞻基不得不亲自出马了。他权衡了一下形势作出了决定:一是要设法避开"废后"的举动,免得给自己造成不好的名声;二是必须获得太后的同意和支持;三是必须争取文武重臣的支持和帮助。宣宗是个颇有才略的人,做事一向有板有眼,从不乱来。他采取了如下的步骤,先争取太后的同意,再用太后这顶大帽子来压迫群臣同意,然后再让群臣替他出主意,想办法,圆满完成改立皇后的活动。主意打定,宣宗先找太后请示:孙妃生了皇长子,群臣和胡后都请求早立太子,改立皇后,母亲您看这事怎么办?张太后知道儿子打定主意要做的事,谁也拦不住。况且事实和外界舆论都对孙妃有利,儿子请示她,不过是做个样子。没办法,张太后只好同意了宣宗的请求。

为什么老太后会改变主意,同意宣宗废掉胡皇后,改立孙贵妃呢?原因很简单,虽然老太后喜欢胡皇后,不喜欢孙贵妃,但各位别忘了,老太后和宣宗是母子关系,改立皇后对老太后来讲,不过是两个儿媳的顺序颠倒了一下,对自己并没有实质性的影响,儿子还是皇帝,自己还是太后,儿子非要换个皇后,没必要因此同儿子闹翻,所以她才不太情愿地同意了宣宗的请求。

2. 杨士奇反对换皇后,并且态度强硬

母亲这关一过,宣宗立即召来群臣商议此事。几位核心人物到来后,宣宗开门见山说道:"我三十岁还没有儿子,如今幸亏孙贵妃生了儿子,历来的规矩都是母以子贵,过去也有这样的先例。只是这样一来,中宫皇后应该如何安排呢？"见无人搭话，宣宗又顺嘴编了几件皇后的过失。

杨荣最善于领会皇上的用意，立即抢先答道："有这几条过错就可以废掉她。"前面讲过，自从袭取赵王的建议未被采纳，杨荣总觉得自己在皇上面前，讲话不如杨士奇等人有分量，因此这次想抓住机会，讨得皇上的欢心，重新提高自己的地位。或许宣宗觉得杨荣讲话太露骨，就转头问别人："废掉皇后这类事，前朝有先例吗？"蹇义回答："宋朝的仁宗曾将郭皇后降为仙妃。"蹇义这话算是给宣宗找了个先例，帮了他一把。

宣宗很希望别人也同意蹇义讲的例子，不料半天也没人附和，他只好问张辅、杨士奇和夏原吉三人："你们几个怎么不说话？"杨士奇这才一板一眼地答道："臣下我对皇上和皇后，就如同孩子对待父母，如今中宫皇后就是母亲，我等群臣就是孩子，孩子们哪有资格商议废掉母亲呢！"宣宗一听，不禁暗暗吃惊，估计会瞪大眼睛瞅着士奇，这哪里是什么母子之论，分明是对他的变相抗议！宣宗没想到，他的首席近臣竟让他如此难堪，大概气得脸色都变了。但士奇的话在封建道义上句句占理，宣宗无法反驳，只好暂且忍住。

他又问张辅和夏原吉，你们是怎么想的？二人支支吾吾说了半天也没说明白，最后只好说："这件事关系重大，请容臣等详细计议，再向皇上禀报。"其实二人可能很想同意宣宗的主张，但士奇讲的子不得议母之说，等于把这条道堵死了，二人也就不好表态了。这时宣宗将他所担心的舆论问题说出来："这件事将来不会落个受到外界的评议吧？"看来他还想劝导近臣为他出主意。蹇义为人忠厚谨慎，马上迎合宣宗说："过去也有这种事，外界哪能评议呢！"

不料杨士奇立即反驳："宋仁宗废掉郭皇后，孔道辅和范仲淹率领十几个谏官请愿反对，结果全被罢官，这件事至今还遭到史书的贬斥，当时就不怎么光彩，哪能说外界没有评议呢！"蹇义受了抢白，一时语塞，没词了。士奇此话明为反驳蹇义，其实真正的含义却是在声明，皇上废掉皇后一事，日后必遭史书的贬斥。在场的人都听明白了，可是连皇帝都对士奇的强硬态度感到无奈，别人就更不用说了。因此讨论改立皇后的第一次御前会议，就这样不欢而散。

3. 杨荣献计无效，换皇后一事搁浅

出宫的途中，杨荣和蹇义对杨士奇说："皇上早就有此意，我们几个臣下是拦不住的。"意思是，你又何必那么认真呢？士奇没言语，他对杨荣和蹇义处处围着皇帝转，不敢直言进谏或许有些瞧不起。夏原吉倒觉得杨荣的话在理，但他认为事情应该做得更圆满、更稳妥，因此提议，应该商量一下怎样安排中宫皇后。可是杨士奇仍然坚持自己的立场，他说："今天讲到皇后的过错，没有一条是应该废掉的罪名。"看来几个人的分歧挺大，也没有说服杨士奇，所以出宫途中的议论还是没有结果。

但杨士奇说的最后一句话，却很可能被杨荣记住了，于是他可能会想到，没有应该废掉的罪名，皇后当然不容易废掉；可是如果皇后有了更合适的罪名，不就可以被废掉了吗？于是回到家里，杨荣连夜琢磨和编造了一些皇后的"严重"罪名，写在纸上，揣进怀里，准备有机会递上去。只要皇上愿意，臣下就应该顺从，何必与皇帝作对呢？这是杨荣一贯的政治哲学。

第二天一早，宣宗只将杨士奇和杨荣召到皇宫西侧的西角门。他很清楚，群臣之中士奇和杨荣最有谋略，也最有影响，只要他们二人同意，群臣这一关就不难过了。于是宣宗问二人："你们商议得怎么样了？"杨荣早有准备，伸手从怀中摸出一张纸递给宣宗，上面居然列了皇后大约二十条罪状，但几乎全是诬蔑诋毁之词。杨荣自以为有功，颇为得意地说："就凭这些罪名，就可以废掉皇后！"不料宣宗才看了二三条，就突然变了脸色说："皇后什么时候做过这些恶事，难道宫中没有神灵照鉴吗？"言外之意，你怎么会给皇后编出这么多罪名呢！

杨荣好像挨了一闷棍，吓得赶忙低头请罪。他可能为自己的失算感到懊悔，同时又大感不解：皇帝要找皇后的过失，杨士奇昨天还说那些过失根本不顶用；今天我编造了这些颇有分量的罪名，皇上反而申斥我，我有什么不对的呢？他不明白，宣宗虽然想废掉胡后，但毕竟还念二人的夫妻之情，当然不能容忍杨荣过分诬陷胡后，他对杨荣过分露骨的提议显然有些不满。宣宗又问杨士奇："你说怎么办？"士奇还是老观点，举出汉光武帝和宋仁宗废了皇后，晚年后悔的例子，劝宣宗慎重从事。宣宗没得到自己想要的结果，估计还是拉长了脸，一声不吭。于是第二次小型御前会议，结果又是不欢而散。

（三）改立成功，但胡氏仍受太后优待

1. 杨士奇献计有效，胡皇后被迫主动"辞职"

宣宗下决心要使杨士奇转变态度，他颇有耐心地再次召见杨士奇，征求意见。士奇也深知，宣宗是个不达目的决不罢休的青年皇帝，这样硬顶着也没用，于是他对宣宗说："皇太后必有主张。"他抬出太后的招牌来与宣宗周旋，以为太后肯定不会同意此事。不料宣宗告诉他，跟你们说实话吧，废胡皇后立孙贵妃正是太后的意思。

士奇知道，宣宗肯定设法说服了太后，他也就没有更为可靠的同盟者了，杨荣说得对，皇上早已铁了心要废胡立孙，谁也拦不住。宣宗同样深知士奇和杨荣的为人性格，杨荣总是顺从皇帝，但不计后果，对一些私事不能拿出令人满意的建议。杨士奇则从不轻易顺从或反对皇帝，但做事顾全大局，一旦顺从皇帝，就会为之筹划出较为完善可行的方案。因此宣宗在改立皇后这件事上，必须依靠杨士奇来出主意、拿方案。

过了几天，宣宗挥退左右人员，将士奇单独召至文华殿，再次问他如何处理此事。杨士奇还是摇头，宣宗询问再三，士奇半天才勉强问宣宗："胡后与孙妃关系如何？"宣宗明白士奇态度已有所改变，于是便说："二人关系和睦，相亲相爱。但是我看中的是皇长子，有位算命的人说，皇后命中注定无子，因此我才想改立皇子的母亲为皇后。皇后如今病了一个多月，孙妃每天都去探望，十分殷勤。"士奇这才讲出了自己的打算："那就可以乘皇后有病的机会，设法开导她辞让皇后的名位，这样一来，二人一升一降都合乎礼法，皇上的恩眷也不受影响。"宣宗听罢，不禁点头称是，觉得还是杨士奇有办法，又忠诚可靠。

过了几天，宣宗又召见士奇，告诉他："你前面的主意非常不错，皇后果然欣然辞位，孙贵妃坚持不受，皇太后也没有同意皇后辞位。但是皇后还是坚决辞让。"士奇知道，宣宗肯定是按他的办法跟皇后摊牌了，因此皇后只能表示坚决辞位，用现在的话说，是被迫递交了辞职报告。

2. 胡氏虽然不当皇后了，但仍受老太后的优待

宣宗的话里别的都是假的，都没用，只有皇后辞位这个内容是真的，也是宣宗最需要的。事已至此，已经无法挽回了，因此老臣杨士奇怀着对无辜皇后的同情，郑重地对宣宗说："如果真是这样，就请陛下您平等对待两位皇后。过去宋仁宗虽然废掉了郭氏，但待她待遇不减，恩意加厚。"宣宗见士奇说得较为郑重，知道他为皇后不平，大概是受了感动，便也同样郑重地对士奇说："好吧，我说话算数，不会食言。"到此为止，改立皇后之事才算定下来，宣宗为此还煞有介事地下了道诏书。

前皇后胡氏被迁出了正宫，退居长安宫中，就是后来的景仁宫（长安宫在嘉靖时期改名为景仁宫），被赐号为静慈仙师；孙贵妃则堂而皇之地登上了皇后的宝座。虽然上述诏书里讲的皇后力辞，贵妃谦让，最后贵妃是迫不得已才同意当皇后的，但是许多人都知道，皇后辞位并非自愿，而是被迫的，宣宗的诏书真是欲盖弥彰。史书上记载，皇后"无过被废，天下闻而怜之"（《明史·后妃传》），得到了广泛的同情。太后更是如此，她非常怜惜胡氏，常把胡氏召入清宁宫和自己同住。内廷举行宴会，太后也总是把胡氏的座位安排在孙后之上。这种安排倒常常使现任皇后孙氏怏怏不乐，但碍于太后的情面和地位，也不敢有什么动作。

虽然张太后与胡氏结为不太坚定的同盟，但由于张太后在皇族中辈分高，又是宣宗的生母，因此孙氏心里虽然可能想要得寸进尺，但仍不敢大闹，况且她已得到了皇后的位置，宣宗也并未支持她进一步与太后、胡氏作对。谁都清楚，只要有老太后在，孙氏就不敢把胡氏怎么样；你争当皇后我没拦你，就已经是很给你面子了，你还想什么都有，一手遮天，那可办不到，况且我儿子也不会容你这么干！老太后的心态可能是这样的。

因此，老太后生前，胡皇后几乎一直受到善待，没有受到孙皇后的排挤。由此可见，皇族中长辈的身份和权力有时还是起作用的，实际上这个权力也是整个皇权的一部分。并且这个老太后很厉害，虽然孙氏是她母亲带进宫的，是她一手带大的，但她并没有因此而纵容孙氏，没有让她在宫中进一步提高地位，从而稳定了宫中的局势。

3. 胡皇后葬礼降格，但受到后人的纪念

正统七年张太后去世了，被废的胡皇后日夜思念老太后，又痛惜自己的处境，身体越来越不好，一年以后也去世了。这时孙皇后才敢凭借权势报复胡皇后，她下令以嫔妃之礼安葬胡氏，不用皇后礼仪，等于给胡氏这个前皇后降了一大格。孙皇后可能是觉得，你生前我夺了你皇后的位置，现在你死了，并且早就不是皇后了，因此我也不让你享受皇后的待遇。当时宣宗朱瞻基已死，孙氏抢来的儿子英宗朱祁镇即位，还不满十岁，孙氏已是太后，因此人们只好按她的意见办。虽然个别人有所不满，但也只是敢怒不敢言。当然，后来孙皇后对于巩固明朝的江山，稳定土木之变后的局势还是做了贡献的，这是后话。

孙太后像

宣宗改立皇后一事，虽然表面上做得很像样，但当时即有人认为这是他的失德之举。宣宗自己也知道"宠艳妃而废元后"的丑名，是脱不掉的，也是因为这件事，他获得了"风流天子"的称号。他是个自尊心和虚荣心都很强的人，也感到改立皇后这件事，的确有损于他作为一个英明君主的形象，后来对此事也有悔意，曾经自我辩解："这都是朕年轻时干的事。"尽管这个辩解很乏力，倒也说明这位"风流天子"还有点良心。

也许因为有了宣宗这句话，同时更因为胡皇后尽到了皇后的职责，但却受到不公正的待遇，因而胡皇后在后人心目中声誉大增，根据英宗以后的《明实录》记载，皇帝下令纪念最多的一些人中就有胡皇后。其实这件事本身也从一个侧面显示了宣宗非凡的政治才能，事情做得有板有眼，先是设法让孙贵妃生出孩子，造成既成事实，再设法通过太后母亲这一关；然后再让大臣替他想办法，最后迫使胡皇后主动提出退位，结果还算比较顺利，没惹什么大麻烦，也没有造成宫中局势的动荡。

4. 反对宣宗游乐的胡皇后等人，没一个有好下场

这里还有一点值得说明，那就是胡皇后被废，在很大程度上是因为她曾经多次规劝宣宗，不可过分玩乐，惹起了宣宗的不满。实际上凡是这样劝过宣宗的人，基本上都和胡皇后一样，没有一个人有好下场。宣宗当皇太孙时两位教师戴纶和林长懋，因屡次向朱棣告发他弃学贪玩，受到他的忌恨。后来宣宗即位，二人仍然反对宣宗游玩打猎，结果一个被当场打死，一个被关进监狱。那些对宣宗颇为了解的老臣，从未进言反对此事。可是有个叫陈祚的青年御史却无所顾忌，他见宣宗整天出去跑马射猎，便上疏劝皇帝读一读《大学衍义》。

不料这次激怒了宣宗，他看完上疏气得破口大骂："这个书呆子竟敢说我没读过《大学》，如此小瞧我，不可不杀！"旁人劝道："偏远之人，不知道皇上您无书不读。"宣宗这才稍稍消了气，先将陈祚下狱。当时的刑部主事郭循，上疏反对宣宗大兴土木、拓开西内皇城修筑离宫。宣宗将此人带到大殿之上亲自审问，很想以天子的威势来慑服他，不料郭循竟抗辩不屈，拒不认错，宣宗只好将他和陈祚一样关入监狱（《明史·郭循传》）。由此可见，宣德时期由于反对宣宗游玩享乐而受到惩罚的人，根本不止胡皇后一人。

（四）太祖到宣宗对皇后的差别及其原因

1. 宣宗以前的皇帝没换皇后的原因

可能有人会问，为什么宣宗以前的几任皇帝都没有换过皇后，怎么到了他这儿就非要换呢？要回答这个问题，首先需要了解前几位皇帝和皇后的关系。明太祖朱元璋的皇后马氏，是跟着朱元璋一起打天下打出来的，经常组织其他将领的夫人为前线做事，抚育朱元璋的一些养子，如沐英等。明朝建国后她也非常简朴、谨慎，为人善良，尤其是对待朱元璋的那些妃子们非常好，这样才使朱元璋一连生了四十多个皇子、公主；并且还曾经阻止朱元璋对功臣的杀戮，因而在朝野中很有威望，是朱元璋开国和治国的贤内助，两人感情不错（《明史·后妃传》）。

成祖朱棣的夫人是开国功臣徐达的长女，曾帮助朱棣起兵夺位，尤其是辅

佐长子朱高炽,率领北平军民多次打退了政府军。朱棣即位后大杀建文忠臣,重用自己的北平亲信,徐皇后曾为此几次劝过朱棣,说那些人都是太祖朱元璋留下来的人才,陛下用人不应该喜新厌旧;并且坚决反对加封自己的兄弟,在后宫之中威望和地位都很高。永乐五年她就去世了,朱棣从此没有再立皇后(《明史·后妃传》)。

仁宗朱高炽的皇后张氏,永乐初期自从被册立为太子妃之后,就同丈夫一直生活在朱棣的阴影之下。前面讲过,夫妻二人为保住太子之位,几乎一直是苦心经营,张氏用自己的恭顺、孝敬,博得了朱棣夫妇的喜欢。因此朱棣曾对长子朱高炽说过,如果不是这个儿媳好,我早就把你这个太子废掉了。由此可见,太子和张氏是患难夫妇。朱高炽即位后,张氏积极支持丈夫的改革之举,还曾帮助丈夫尽力发挥老臣的作用,赢得了满朝文武大臣的敬重(《明史·后妃传》)。

从朱元璋、朱棣、朱高炽及其皇后的经历来看,马氏、徐氏和张氏至少有一个共同的特点,那就是她们都是丈夫争夺和巩固皇位的有力支持者,她们和丈夫的关系,已不仅仅是单纯的夫妻关系,并且还有着更为牢固的政治合作关系。或者说他们不仅仅是生活夫妻,更重要的是政治夫妻,因此三位皇后的地位是历史形成的,不是哪一个同皇帝亲近的其他女人可以代替的。在这种情况下,朱元璋、朱棣和朱高炽对三位皇后的需要,就已不仅是单纯的异性配偶,而是具有一定政治地位和威望的支持者。

因此,不管是在争夺天下、争夺皇位的过程中,还是夺了天下、夺了皇位之后的治国活动中,三位皇帝都不可能,也没必要同三位皇后决裂分手。况且朱棣的皇后徐氏的背后,是开国元勋徐达的家族,当年朱棣同徐达长女的结合,就是朱元璋一手操办的政治婚姻,即让自己的儿女和手下武将的儿女联姻,借此巩固朱家的江山。在这种背景下,徐氏及其家族都成为朱棣争取和利用的势力,因此,没有特殊原因,朱棣更是不可能同徐氏分手。

2. 宣宗即位前后情况变了,后妃家族已无势力

可是到了宣宗朱瞻基即位前后,情况完全变了。宣宗的皇位不是靠武力

夺来的,而是从祖父和父亲那里直接继承来的,平定叔父朱高煦也没太费力,既不需要同胡皇后共同争夺,保住皇位,也不需要借助胡皇后的家族势力,来巩固自己的权力和地位。就是说宣宗和胡皇后关系中,已不存在前三位帝后所具有的政治因素。更近一步说,胡皇后对于宣宗来讲,更多是个单纯的异性配偶,并不具备他人不可替代的身份和地位。同时,永乐以后皇子的配偶们不像洪武时代,都是来自公、侯一级的军事贵族,没有也不可能再从公、侯将领的子女中挑选,而基本上都是来自中下级军官的普通家族,没有什么显赫的家族背景。

因此,在这个前提下,只要宣宗本人愿意,谁都可以当这个皇后,不一定非胡氏不可,这才是宣宗敢于废掉胡氏的根本原因。这件事也反映出,明代前期皇位争夺有了一大变化,那就是仁宗之后皇位争夺基本上结束了,至少皇后们不必参与皇位的争夺了。同时,她们的出身也不再是高级军事贵族了,因此,政治地位自然会有下降。

3. 宣宗开了换皇后的先例,后代就有皇帝接着干

宣宗改立皇后这件事,在明史上的影响是比较恶劣的,后来的景帝、宪宗和世宗都曾改立皇后,虽然不能说完全是学宣宗的榜样,但是这个恶例却是宣宗开的。并且明朝有个不成文的规定,凡是前面的皇帝做过的事,有了先例,后面的皇帝就可以援引先例接着干,基本上不管理由如何。宣宗改立皇后,前后还费了一番周折,可后来的景帝、宪宗等人可省事多了,换个皇后基本上都是一句话就换了,根本没费那么多周折。

景帝是宣宗朱瞻基的次子,他的哥哥英宗在王振的怂恿下亲征,结果在土木之变中当了俘虏,景帝白捡了一个皇位。可是这个人贪心太大,还想把当时的太子、自己的侄子废掉,改立自己的儿子当太子。景帝的皇后汪氏就因为劝他,本来你的皇位就是白捡来的,如果不是你哥哥当了俘虏,你能当上皇帝吗?可是你还要把人家的太子废掉,换上你的儿子,这么干也太过分了。结果惹恼了景帝,就被景帝一句话给废了(《明史·后妃传》)。

到了成化时期,刚当皇后没几天的吴皇后,因为顶撞了宪宗宠爱的万贵

妃,也被宪宗一句话给废掉了(《明史·后妃传》)。这里顺便说一下,万贵妃比宪宗年长约十八岁,是从小看着宪宗长大的,一生大部分时间里都是宪宗的保姆、启蒙老师、情人兼保镖。尤其是在宪宗最郁闷、最难受的日子里,就是宪宗第一次当太子后被他的叔叔景帝废掉的时候,当时正是这位比他大十八岁的女人,始终在他身边照顾他、陪伴他,从而使两人在男女姐弟之情以外,还有一种比较可贵的患难之情。因此,当吴皇后敢于挑战万贵妃时,宪宗便毫不犹豫地废掉了吴皇后。

再后来的嘉靖时期,世宗想严惩张太后的两个兄弟,也就是自己的两个远房舅舅——张鹤龄、张延龄。世宗的皇后张氏就因为趁着世宗高兴给他们讲情,结果惹怒了世宗,也被世宗一句话给废了(《明史·后妃传》)。总之,后来的皇帝只要对皇后不满,认为皇后碍事,就可以一句话废了皇后。他们的祖先宣宗开的恶例,影响到几个继承人跟着干,好的不学,坏的倒是学得快,某种程度上令宫中生活更加混乱、更加腐败。

不过同景帝、宪宗、世宗这几个人相比,宣宗至少还顾忌到舆论的压力、大臣的阻力,改立皇后的几步棋走得还算有章法,不那么直接不那么露骨,后来这几个皇帝就根本不顾这些东西。胡皇后还算尽职,至少对宣宗的游乐之举有所劝诫,后来的皇后几乎很少这么干了。当然,遇到武宗那样总要周游天下的皇帝,恐怕谁劝也没用。因此,宣宗那个时候宫廷内外还算有规矩,皇帝、皇后也还算比较守规矩,可是以后的子孙就不那么守规矩了,宫里的规矩也就乱了。

那么除了改立皇后,宣宗怎样去尝试、折腾一些玩乐的项目呢?他又是怎样得到那个"促织天子"的绰号呢?

三十 "促织天子"

宣宗追求生活享乐,因为喜欢斗蛐蛐,得了个"促织天子"的外号。

《朱瞻基行乐图》之"蹴鞠"

大量丰富的娱乐活动使宣宗在明代帝王中的知名度很高,讲到明代的"风流天子",恐怕第一人非宣宗莫属。在中国古代的帝王中,宋徽宗和李后主的艺术及文学成就很高,但也是有名的亡国之君。明宣宗的艺术成就不亚于宋徽宗和李后主,文学成就也不错,但由于所处的内外环境不同,他不仅不是亡国之君,享乐游玩之举更是大大超过了宋徽宗等人。那么宣宗的游乐活动都有哪些内容呢?宣宗有个外号叫"促织天子",就是蛐蛐皇帝,他又是怎样得了这个外号呢?

(一)丰富多彩的观赏活动

从宣宗的诗文集中,可见他的各种活动还是较为丰富的。现存《大明宣宗皇帝御制集》数十卷,宣宗在诗中记叙了自己宫廷内外的部分活动,大致分为几类:

第一类为观景,即观赏各种景物。其一为四季景物,春夏秋冬都有,其中又以春秋最多;其二为自然现象,包括赏雪、赏霜露、赏雨、感受清风、观赏流云,还有赏月。

第二类为观赏动物。其一为赏鱼,有时在太液池看鱼,有时在一些小池塘看鱼,还有夏日的萤火虫、林间的蝉鸣、宫中的驯鹿和瑞兔等;其二为观赏鸟类,听雨后的鸟鸣、月夜的鹤声,看苍鹰,观赏进贡的白鸟、柳色中的新莺与乌鸦、秋草中的麻雀、长腿的鹳、天空的归雁、出谷的黄莺、水中小岛上起飞的沙鸥……

第三类为观察植物,包括各种树木和花卉,有风中的竹林、倚石的苍松、堤坝上柳丝盘绕的新柳、池中的莲花、罕见的双头牡丹花等。

第四类,游览山川河湖。宣宗到访过南京的长江、玉泉山下的西湖,还到卢沟桥一带去观看暴涨的水势,在夏日水中的小亭子里乘凉。

宣宗去得最多的湖泊,是宫廷西部的太液池,就是今天的中南海加北海。

当时这三处水域是一个整体,后来加了中间的桥,才分为中南海和北海。宣宗有时去看太液池中的秋荷、晚霞,有时去池中的小阁一坐,或是和太监在池边捕鱼,更多的是在池中泛舟,还曾几次邀请朝中大臣,一道乘船游览。

至于山岭,宣宗似乎去过的不多。从诗中可见,他在南京时曾经远望钟山,多次登临皇城中的小山。此外就是多次登上万岁山,即今天北京的景山。

第五类,其他活动,如,欣赏宫中藏画并为许多画作题词等。当年朱元璋接受了南方夏国等地进贡来的宝马,朱棣几次北征时曾骑过多匹良种骏马,二位皇帝都让宫廷画家把这些骏马画下来,保存于宫中。宣宗闲时拿出来,写了多篇赞颂这些骏马的文章,如《五明马赞》《紫骝马赞》等。

(二)宣宗的几种宫廷游戏

北京故宫博物院藏有一幅《斗鹌鹑图》,画的是一个皇帝模样的人居中端坐,面前有个方桌,桌上有一圈围栏,围栏中有两只小鹌鹑相对而立,伸长了脖子,绷直了身体,正准备扑过去啄咬对方。周围是一群太监、童仆,有的提着笼子,有的捧着备用的鹌鹑。桌旁的两名太监,显然是在逗弄两只鹌鹑互斗,给皇帝观赏取乐。据说刚抓到的野鹌鹑是不会斗的,需要耐心调养,训练它的暴躁性格,然后才能设法挑逗两只鹌鹑互斗,整个过程相当不易。有记载讲到唐玄宗时,西凉人进献的鹌鹑能随着金鼓的节奏相互争斗,宫中就多养鹌鹑取乐,后来流行于民间。

看来明朝皇帝斗鹌鹑的传统,很可能来自唐朝的宫廷。那么这幅《斗鹌鹑图》中的皇帝是谁呢?据专家考证,他的相貌与其他画作中"风流太子"朱瞻基

《斗鹌鹑图》

非常接近,因此很可能是宣宗朱瞻基。但也只是推测,并没有进一步的证据。不过多数人只知道这位明宣宗好斗蟋蟀,并不知道他还有斗鹌鹑的雅兴。清初查继佐的《罪惟录》中说,宣宗"斗鸡走马……往往涉略,尤爱促织,亦豢驯鸽",可见宣宗是在宫中饲养过鸽子一类的小型鸟类,那么《斗鹌鹑图》中的皇帝就更有可能是宣宗了。

在故宫博物院收藏的《朱瞻基行乐图》中描绘了当时的五种宫中游戏,生动而真实地反映出明宣宗的游戏活动。第一幅为射箭。画中的明宣宗头戴尖顶圆帽,身穿便服,抄手端坐在亭中,观看别人射箭。旁边的太监抱着弓箭,看来是准备宣宗上场的。亭子周围还有一些侍从的太监。亭外是射箭场地,前方远处有三个旗杆,中间一个旗杆上悬挂着箭靶,靶心有个"勇"字,一侧有人捧壶拾箭,可能是计算成绩的。宣宗的前面有一人似乎正在请示宣宗发令,靶场上一名弓箭手弯弓搭箭,瞄准了远处的靶子。

第二幅是投壶。一座小亭里摆着宴席,宣宗在亭前台阶下,手里拿着一支箭,往不远处的壶中投去,三支箭已贯入壶中,另有三支散落在地上,显然是没投中的。周围有几个小太监,捧着箭杆和酒食侍立一旁。

投壶据说是起源于古代士大夫宴饮时的一种投掷游戏,即宾主双方以去掉箭头的箭投于壶中,多者为胜,少者罚酒。这种游戏源于射礼,但宴饮时不可能预先留出射箭之地,或是饮酒途中半醉半醒,已不适于射箭,于是人们就想出了以投壶代替射箭的办法,后来成了一种游戏。其实现在一些公园和游乐场所也有这种投壶游戏,但主要是给小孩玩的。

第三幅为击球。画面中,朱瞻基双手扶膝,坐在半开的围帐中观看比赛,两旁侍从环列。球场上一名裁判驰马举着小旗跑过球门,似乎在回头向选手发出击球的号令。不远处有人飞驰而来,挥动球杆正要将落下的红球打入前面的球门。他身后还有四名球员立马持杆,准备依次上场。有趣的是,球门是一个屏风式的木板墙,算是一件宫廷家具,上面描绘的也是六位选手比赛马球的六个场景,中间也有一个半圆球门。由此可见,宣宗的游戏不仅设施齐全,并且装饰讲究,极具娱乐性和观赏性。

明代的击球其实是一种相当于马球的游戏。具体玩法是,分为两队,骑在马上用球杆击球,以打入对方球门的次数来判定胜负。球门是在一个木板墙下开一个半椭圆形的孔洞,约一尺见方,并加上网囊。游戏分为单球门和双球门两种,双球门是球场两边各设一门;单球门则是只设一门。球杆多为木制,首端称为"杖头",形状像半月形的勺子。比赛用的球很小,质地较硬而富有弹性,外面涂上红色以便引人注目,因此古人又称马球为彩球、画球。

从文献及出土壁画、陶俑中可以看出,唐代的马球运动颇为盛行,宫廷中更是极为常见。在辽金元时代的北方地区,游牧民族文化流行,马球也是端午节的重要风俗之一。明代继承了这种传统,宫中同样流行马球。朱棣就曾多次主持这项活动。朱瞻基还是皇太孙时,就已经是一位马球高手了。当时的许多大臣都有诗文记述这项游戏。

第四幅为蹴鞠。宣宗身着便服,坐在一个四柱支撑的顶篷下面,相当于现在的遮阳看台,观看蹴鞠表演赛。台阶前一人左脚抬起正欲踢球,对面一人则为防守姿态,似乎做好接球准备。后面人怀里还抱着一个球,可能是作为备用球来参加比赛的。

"蹴"是用脚踢;"鞠"是指缝制成圆形的动物皮囊,里边填充富有弹性的毛发,"蹴鞠"就是古代的足球游戏。据说唐朝已发明了充气的鞠,又有了不同形式的球门、球网,两队比赛的观赏性、娱乐性大为增强,因此在宫中和民间都很流行。到了宋代,这种游戏更增加了个人技术和花样,甚至向杂耍的方向发展。《水浒传》里的高俅就是因为踢球技巧过人,善踢一种"鸳鸯拐"的花样,被同样爱踢球的宋徽宗看中,后来一路得到提拔,最后居然高升做到了太尉,大致相当于今天的军委副主席。

明初的宫廷曾一度禁止蹴鞠,但在王府中比较流行。朱瞻基即位后,很快就将这种游戏在宫中推广,并且还曾把一些球技不错的士兵,从王府和军队中抽调进宫,阉割成宦官后加入他的皇家球队,为他表演或是陪他踢球(陆蓉《菽园杂记》卷一)。可见,宣宗不仅是个超级"球迷",而且还善于发掘和培养"球星"。

第五幅为捶丸。丸是一种小球,捶丸类似于今天的高尔夫球,是用球杆把球打入球窝,可能是杆数少、打得准才算赢。长卷中描绘的场景似乎是一个专门的捶丸球场,平坦的地面上设有十个球窝,每个球窝旁都插有不同颜色的彩旗以示区别。球场上共有十多个太监,有的举着小旗似为裁判,有的在击球,前方似为拾球者,还有的扛着马扎,可能是供宣宗随时坐下来休息。宣宗本人则手持球杆,目视小球,右手抡起球杆正在击打。

现在的高尔夫球场地势起伏不平,基本上是草地,并且面积很大,一杆球能打出去好远,有时捡球都要开车去。但是明朝的这类活动,不仅场地面积小、地势平,并且只有宣宗等少数高级人物才有资格上场玩。五百多年前宣宗的捶丸活动,也许是后来高尔夫球的前身。这种活动据说来自唐朝,当时直接对抗的步打,发展成今天的草地曲棍球;间接对抗的步打,在宋代发展成捶丸,类似于今天的高尔夫球。不过,这些只是宣宗在宫中的游戏,那么宫廷以外呢?

(三)打猎与豢养猛禽

1. 宣宗喜欢捕猎,向朝鲜索要了大批猎鹰

除了宫中游戏之外,宣宗还喜欢放鹰捕猎。台北"故宫博物院"藏有一幅《明宣宗马上图》,描绘的是宣宗一身猎装,手提缰绳,骑着一匹棕色骏马,在河边的旷野飞驰,左肩上就架着一只猎鹰。当时邻国朝鲜盛产猎鹰,而明朝是朝鲜的宗主国,于是便借朝贡来要求朝鲜进献猎鹰。宣宗的爷爷和爸爸等人,都曾向朝鲜索要过猎鹰;宣宗即位之后也这么干,而且他打猎的兴趣远远超过了前辈。

这里顺便说一下,打猎除了骑马、射箭之外,还需要猎犬和猎鹰。猎犬是在地上追赶或捕捉猎物的;猎鹰则是在空中捕杀飞禽的,当然也可以在地面上捕捉一些小兽。因此,古代的猎人除了养犬之外,往往还要蓄养和训练猎鹰。宣宗更是如此,当时皇家饲养了许多受过训练的猎鹰,宣宗每次出猎都带上几只,以便猎捕那些坐骑不便追逐的小兽。这些猎鹰大部分是邻国朝鲜进贡来的,有皂鹰、笼黄鹰、罗黄鹰、儿子黄鹰等品种。

其中最有名的是海东青,过去称为"鹘",就是学名为"隼"的小型猛禽。据说海东青是当时的空中捕猎高手,飞得又高又快,号称"万鹰之神",虽然体

型较小，但天性凶猛，可以捕杀天鹅一类的大型飞禽以及狐狸一类的小兽。不过，海东青的捕捉和驯服极不容易，当时民间有一种说法，"九死一生，难得一名鹰"，即指驯养海东青。但宣宗不管这些，每年不断派人前往朝鲜，索要大量猎鹰。

面对宗主国明朝皇帝的要求，朝鲜方面不得不满足，不惜骚扰民间，摊派捕取猎鹰。朝鲜常年向明朝进贡海东青，每次进献的数量都有数十只，乃至上百只，并有专门的护鹰使负责护送之事。限于当时的运送条件，有些海东青和其他猎鹰死于途中，宣宗却并没有怪罪，反而安慰进献之人："死了没关系，人能说话又能吃药，尚且好不了或病死，何况野兽呢？你们不必担心，只管多捕一些佳鹰献来。"(《朝鲜李朝实录中的中国史料》)

明朝宫中还专门有驯养鸟兽的宦官，时常外出为宣宗调教猎鹰。宣宗本人的诗词作品中，也有相关的内容，如《放鹰》《驯鹰行》等诗篇，记述了当时猎鹰及其参与打猎的活动。朝鲜的猎犬和其他鸟兽，也为宣宗所喜爱，每年都有贡献。宣宗则以大量的金钱、御用宝物作为回赏。

2. 传世作品说明，宣宗对猎鹰有特殊的喜好

宣德五年（1430），宣宗派遣使者去朝鲜，告诉朝鲜国王："你送来的白角鹰非常好，过去和现在都没有这类品种，很少有人见过白角鹰，仅仅在宋徽宗流传下来的画册里，有一幅这类鹰的图像。"言下之意，宋徽宗时画的珍稀飞禽，后来几乎绝迹了，现在你居然还能弄到手，送给我，而我呢又是一个非常喜欢打猎，并且酷爱绘画的人，所有我那个高兴劲儿就别提了！怎么回报你呢？宣宗的诏书里接着说："我把自己经常佩戴的一副带环解下来，装在盒里特意赏给你。"(《朝鲜李朝实录中的中国史料》)

各位知道，皇帝佩戴的带环，不是金制的至少也是玉制的，不仅非常精致，更为重要的是只有皇帝才能佩戴。而宣宗把它赏给了比自己矮一级的朝鲜国王，拿一件特制的高级艺术品，来回报一只稀有的飞禽，可见宣宗对朝鲜送来的白角鹰是非常满意的。其实白角鹰尽管是一种稀有的飞禽，但在当时的自然界和艺术界，并没有完全断档、绝迹，除了朝鲜之外，元朝或是明朝的北方民间可能也有。元朝画家王渊还有一幅《竹石集禽图》（现藏上海博物馆），画面

上就有白角鹰,只不过宣宗没有看过罢了。

传世的明代玉器中,有一件故宫博物院藏海东青啄雁图案的玉雕,半月形的玉器中,镂空雕饰一只向下俯冲的猎鹰,鹰的尖勾嘴,正有力地啄住了大雁的头颈,应该是当时海东青在空中捕杀大雁的真实写照。这件玉器全称为:

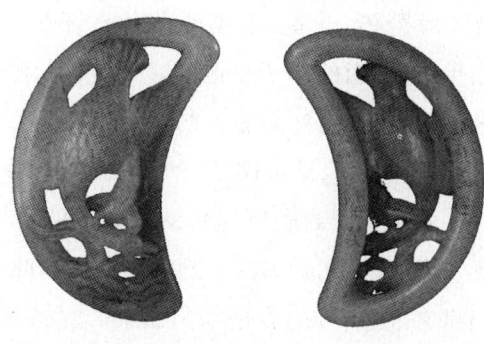

明代"御用监造"玉海东青啄雁饰,故宫博物院藏

"御用监造玉海东青啄雁饰",是一件用于佩带的饰物,但背面两边各有一行字,一边是"御用监造",另一边是"大明宣德年制",可以证明这件玉器是在宣德时期,由内府御用监制作的,从一个侧面反映出宣宗时常带着猎鹰出猎的情况。此外,在湖北梁庄王墓中,也出土了几件宣德时期同样题材的玉雕。

3. 宣宗对异国的猛兽和美食也很感兴趣

除此之外,宣宗还喜欢与猛虎相搏。当时宫廷驯养了许多珍禽猛兽,永乐时期郑和下西洋,带回来一批外国禽兽,各国也进贡了一批,宣宗搏虎的爱好恐怕与此有关。宣宗的周围也逐渐聚集了一批善于搏虎、驯兽的人,听说哪里有这种人,他就设法调到自己身边。宣德初年,宣宗曾下令把一个善于捕虎的军官,从山西调到北京任职(《明宣宗实录》卷一九)。

宣宗的游乐是出了名的。据朝鲜当时的外交人员透露,宣宗似乎是继承了仁宗的一些习气和做法。当年仁宗"沉于酒色,听政无时,百官莫知早暮",宣宗则经常"燕于宫中,长作杂戏"。杂戏的内容今天已无从考查,可能是一些宫中及民间戏班子的共同表演,歌舞、戏剧混在一起,台下则是宣宗及其皇族、大臣作观众,畅饮作乐。宣宗去世后,明廷至少从宫中清除了近四千名演艺人员,由此可见,当年宣宗"长作杂戏",可能规模较大。

宣宗有时还指挥宦官举行打猎活动,颇扰民。据说有个御史劝宣宗:"人主不食野兽,请陛下不要让宦官随便打猎,防止他们骄纵。"宣宗发怒说:"你让我不吃野兽,看来是野兽给你什么好处了吧。"于是下令把这名御史扔到野兽圈里,让凶猛的豹子咬他,结果没咬死,就杀了他。这件事来自朝鲜外交人员的回忆,可能有些夸张,但宣宗经常打猎,并且豢养猛兽确是不假。他有时玩起来没完没了,甚至连续一个多月不去朝拜母亲张太后。

宣宗还喜欢朝鲜风味的菜肴,每年要从朝鲜索取一些海味、鱼酱、各种酒类,尤其爱吃朝鲜厨师烹制的豆腐。为此,他传谕朝鲜选派一些善于烹饪的女厨师来北京,专门为他掌勺做菜。宣德九年(1434),宣宗曾在一封给朝鲜李朝国王的敕书中指出,第二批送来的朝鲜女厨师做的豆腐,不如第一批做得好吃;并要求朝鲜国王按照第一批的标准,再培训一些人送来(《朝鲜李朝实录中的中国史料》)。看来宣宗的舌尖功夫非常好,用现在的话说,是个高级美食家,口味也比较刁。从玩的到吃的,他可是把当时的朝鲜折腾得够呛。

(四)"促织天子"——蛐蛐皇帝

在各种游戏中,宣宗最喜欢的是斗蟋蟀。蟋蟀古名促织,就是蛐蛐,据说是因为它入秋而鸣,正当预制冬衣之际,似有催人织作之意,所以才称之为"促织"。宣宗对斗蛐蛐极为上瘾,让宦官和其他人到处搜寻上好的蛐蛐,带到宫中来角斗。在皇帝的带领下,斗蛐蛐一时成为国内颇为流行的游戏。

1. 宣宗密令况钟为他采贡一千只蛐蛐

宣宗觉得光在北京附近找蛐蛐不过瘾,北方没什么好品种,于是派出许多宦官到全国各地去采办购置;并传旨敕令地方官员协助宦官采办,弄得多方扰乱,宇内骚然。江南一带是出蛐蛐的地方,过去也有过民间斗蛐蛐的风气,宣宗便命人前去采办,还敕令当时的苏州知府况钟协助。为了掩人耳目,宣宗给况钟下了道密旨,命他协助采贡一千只蛐蛐。这事不仅今天听起来可笑,即使在当时也是够荒唐的了。不过宣宗是个胆大敢为之人,做事颇有干劲,喜欢什么便一定要做成,况且正值三十几岁的盛年,对着迷之事也顾不上什么荒唐不荒唐了。皇帝向知府要蛐蛐,知府就得向小民摊派,一千只不是小数,江南百姓都挖空心思去捕捉,去抢购。

据说逮蛐蛐一般要在天黑以后,听听哪里有叫声,再轻手轻脚地接近,锁定准确位置。下手捕捉时,不仅要挖墙脚、掏地洞,用一根细小的树枝把洞里的蛐蛐搅出来,有时还要往洞里吹气、灌水,才能把蛐蛐"轰"出来。尽管蛐蛐出了洞,但是黑灯瞎火,蛐蛐乱窜,外面的人未必就一定能捉到手。现代人有手电筒照明,也不是每次都能捉到;明朝没有手电筒,只靠月光、蜡烛或是萤火虫那点光亮,成功的几率更小。况且即使捉到了几只,也未必都合格,估计多数还是宣宗不满意的那种"细小不堪的"蛐蛐。

因此,朝廷要一千只蛐蛐,地方起码要准备几倍,也就是几千只才能凑够。一时间蛐蛐的价格猛涨十倍,上好的要十几两黄金才能买到。枫桥有个粮长,遇上一只上好的蛐蛐,为了完成上方摊派的任务,竟用自己的乘马(相当于今天的轿车),换了个蛐蛐带回家中。妻妾们认为如此宝物与骏马同价,肯定好玩,便偷偷打开笼子观赏,一不留神蛐蛐跳了出去,捉不到了。妻妾们自知闯下大祸,只好上吊自杀了。粮长失去了皇帝的贡物和夫人,已很伤心,再买一只上好的蛐蛐,简直比登天还难。更怕上司怪罪下来,自己作为负责皇帝贡物的最基层官员,根本担待不起,只好也跟着自杀了(《皇明纪略》)。

大明天子朱瞻基的个人爱好,竟然给江南百姓带来如此惨祸,实在令人扼腕叹息。但这种"一虫杀三人"的恶性事件,丝毫也没能减弱宣宗斗玩蛐蛐的兴致,他仍然乐此不疲,照玩不误,因此而获得了"促织天子"的外号,就是蛐蛐皇帝。清人蒲松龄根据这段史事写成小说《促织》,前边的情节与史事大体相合,只是结局不一样:小孩因偷看而弄死了进献的蛐蛐,跳井之后,竟自己变成一只威猛的蛐蛐,被送进宫中,打败了同类和禽鸟,受到奖赏,给家里带来了许多好处。蒲松龄写得生动而深刻,充分揭示出了专制时代"苛政猛于虎",百姓深受其害的情境。

2. 一千只蛐蛐没等捕完,宣宗就去世了

宣宗让宦官和地方官大肆收取蛐蛐的行动,在江南一带引起了很大的震动,尽管他本人为了皇帝的体面和尊严,给苏州知府况钟的敕令是密诏,不让外人知晓,但此事还是在江南一带广为传布。当时苏州人传言:"促织瞿瞿叫,宣德皇帝要。"好像在说,蛐蛐的叫声就是宣宗催捕蛐蛐的信号。卫所之中甚至有人传言,捕到蟋蟀献上去,可比杀虏立功之事。这种传言虽然不免夸张,但是从上述骏马、黄金换蛐蛐的情况看,捕蛐蛐的奖赏很可能高于杀虏的战功,因为军人杀一个普通的敌虏,恐怕不一定会得到一匹骏马、十两黄金的重赏。

逮蛐蛐不容易,把一千只蛐蛐运送到北京,恐怕也不是一件容易的事。首先为了避免蛐蛐打架,每个蛐蛐都要有单间,要有单独的笼子,笼子还要结实,不能叠压过多,否则容易压坏挤扁,蛐蛐难保;其次是运送途中,既要保持通风、湿润、凉爽,又要防止雨淋、日晒、风吹;再次是当时没有火车,运送蛐蛐最快的船只,恐怕也要十天半个月才能到达北京,因此蛐蛐在途中需要喂养,饲料既不能太干太硬,也不能腐烂变质,每天都需要调制。

这样一来,为了保证一千只蛐蛐能够活蹦乱跳运送到北京,不仅上述措施需要一一落实,恐怕苏州还需要多准备几千只蛐蛐,作为备用品。因此,宣宗下达的一千只蛐蛐的指标,无论对当地百姓还是官府来讲,都是一场空前的折腾。不过幸运的是,宣宗下达密旨的时间是在宣德九年(1434),而他在宣德十年(1435)的正月初三去世了,估计那一千只蛐蛐还没捕完。辅政大臣杨士奇等人借新皇帝即位之机,废除了捕蛐蛐的劳役,于是苏州百姓和运河沿途的军民才避免了一场灾祸。

3. 景德镇出土的蛐蛐罐,是宣宗斗蛐蛐的用具

皇帝喜好的蛐蛐值钱,盛斗蛐蛐的笼盒也随之提高档次,越制越精巧,苏州当地的蛐蛐盆就有浮雕的人物。至于宣宗本人所用的蛐蛐盆,则是戗金黑红混漆的高级漆器,盆底铺的是带有锦香气息的褥垫,更为高级。蛐蛐的伙食待遇则是皇家宫廷内的高级食品,"玉粒琼浆",常人难以想象。此外,景德镇出土了大量蛐蛐罐,据说主要是宣宗玩蛐蛐用的。

各位知道,斗蛐蛐和平时养蛐蛐用的不是一种器皿,那么出土的蛐蛐罐究竟是"养盆"还是"斗盆"呢?据养虫专家介绍,凡是分子结构致密的材料,如金、玉、瓷器等,都不能用作养蛐蛐的罐子,为什么呢?因为蛐蛐尽管喜欢较为

阴暗的环境,但暗必须透气,阴不能积水,瓷胎的罐虽然可保阴暗,但不透气,不渗水,罐中的蛐蛐饲料容易腐烂,蛐蛐也会因缺氧容易窒息而死。因此我国饲养蛐蛐的用具都是陶器,绝无用瓷罐饲养的实例。

由此可见,出土的瓷质蛐蛐罐都是"斗盆",就是用来斗蛐蛐的。有经验的养虫专家认为,"斗盆"的底部不能太光滑,但又不宜粗硬,因为两只蛐蛐相斗时用力极猛,盆底光滑,极易滑倒;而盆底粗硬,又会把蛐蛐的足锋磨伤。因此,"斗盆"的底部,最好是既不光滑又不粗硬。而出土的瓷罐具有"斗盆"的特征,有的底部不挂釉,瓷胎裸露,显然是为了防止蛐蛐打斗时滑倒而设计的;有的底部挂有一层极为稀薄的釉层,而且有意刷得不平、不满,不少地方还有落胎的痕迹,显然是为了避免粗硬的瓷胎磨伤斗虫的足锋。

还有一种蛐蛐罐底部用的是五色砖片,就像铺了方砖一样。这种斗盆有涩而不粗、细而不滑的特点,蛐蛐在上面搏斗,不会有打滑或磨损足锋的危险。这类蛐蛐罐的内壁无挂釉,可能是因为糙面才便于用胶粘紧砖片,而铺砖的环节,可能是运到北京之后完成的。由此可见,这类蛐蛐罐才是最佳的斗盆。同时也可以推断,所谓"宣宗好促织之戏"的"好",指的是好斗蛐蛐,而非好养蛐蛐,因为传世的一些养蛐蛐的器皿,远不像斗蛐蛐的那样胎釉精良,纹饰、年款俱佳。

宣宗经常与宦官、宫女在一起斗蟋蟀,在装饰精巧、锦香扑鼻的圆盆中,两只蟋蟀振翅相斗,上下搏击,直斗得一只败阵逃走,另一只得胜穷追。估计当时旁边的宦官、宫女也跟着不住地鼓掌起哄,宣宗像个顽童一样开心(沈琼莲《明宫词》)。

(五)宣德朝蛐蛐罐的纹饰新颖、自然

宣宗斗蛐蛐的那些瓷罐上,往往绘制有一些非常精美的青花图案,比如龙凤、花卉、瓜果、海兽之类。这些纹样,有些是永乐时期的官窑瓷器上就有的,有些却是以往少见或没有的。后者大致有几种:

第一种,鹰犬纹。景德镇出土的蛐蛐罐中,有一件的外壁绘有一只鹰追

逐两只天鹅的纹样，两只天鹅一只向下惊飞，另一只向左上方逃窜，都是长颈直喙，而后面的鹰则是略带钩喙。这类题材在前面提到的玉器中，也曾多次出现过，可见鹰捕飞禽在当时的宫廷狩猎活动中，是较为普遍的场面。外壁的另一面画的是一个土坡，坡上的芦苇和枯草在风中摇曳，渲染出一种惊恐的气氛，枯草间的两只小鸟一只向下飞去，另一只站在芦苇上正惊惶欲飞。外壁上芦苇和枯草的枝叶都刻画得比较准确，整个画面也显得舒朗、开阔，生动自然。

另一件蟋蟀罐上画的是一只巨鹰站在一棵树的枝干上，歪头向下，注视下面土坡杂草中的一只小犬；小犬抬头望着树枝上的鹰，两只耳朵还竖起来，似乎在聆听上面那只大鹰的呼唤，尾巴上好像还有几根羽毛。虽然宣宗时，皇家捕猎广泛使用鹰和犬，但把鹰和犬画在一起，且鹰大犬小，上鹰下犬相呼应的图案在宣德时期的其他器物上很少见到。

元明之际的一些人，曾记录了鹰、犬的特殊故事。其中，陶宗仪在《南村辍耕录》中说：北方皂雕的巢中如果有三枚卵，官府发现后就派人守护，每天观察孵卵的进度，最后，孵出来的除了雏雕外，还有一只小狗。狗养大以后进献给朝廷。这种狗的外形和一般的狗没什么两样，只是耳朵后面和尾巴上多长了几根羽毛而已。打猎的时候，猛雕在空中追捕，小狗则在地上追逐，一禽一兽，同时攻击猎物，当时称之为鹰背狗。陶宗仪是元末明初人，而元朝又是草原游猎民族建立的政权，因此所记之事应属不虚。

有的学者称陶宗仪所记之事，不过是一则传闻，并非事实，但从行文来看，倒更像是别人讲述的亲身经历，或者是真实的见闻。因而宣宗蟋蟀罐上的"鹰背狗"图案，不过是此事的艺术再现罢了。至于说圆盖上鹰大犬小、上鹰下犬相呼应的图案，除了艺术夸张外，还反映出鹰与狗可能是母子，或是一窝所生的同胞，狗在配合鹰，准备随鹰出击，追逐猎物，并且还反映出鹰在当时的打猎活动中，占有比较突出的地位。总之，不论是圆盖上"鹰背狗"的图案，还是外壁上鹰追天鹅的纹样，蟋蟀罐上的图样都反映出宣宗打猎的爱好以及打猎时的场面，而且这类东西在宣德时期的其他器物上是很少见到的。

第二种，怪兽纹。出土的蟋蟀罐中，有的外壁绘有怪兽纹样，头部有些像犬，两肋间有一对肉翅，腿部、腋下及尾部似有卷毛，四足有爪，形象狰狞而凶猛,奔腾于草树、坡石之间。圆盖上绘有同类怪兽,并无草石背景,只有少量云朵作为点缀。有关学者考证,这种怪兽纹样不见于前代瓷器。日本研究者定为应龙,但与应龙的相关文献记载不符,倒是与传说中的天马有些相近。

宣德青花天马纹虫罐

《山海经》中记载的天马其形如犬,头部为黑色,也有一对翅膀。明后期的王圻在《三才图会》中,曾经绘制了天马的形象,虽然和蛐蛐罐上的怪兽风格、画法不一样,但特征却并无重大差别,都是尖头四足、浑身披毛、两胁有翅。据此可以推测,蛐蛐罐上的怪兽不是应龙,而是宣德时期艺术家想象的天马。

至于为什么要在蛐蛐罐上绘制天马图案,《三才图会》中的说明或许可以提供答案。据学者考证,《三才图会》的记载与《山海经》出入不大,只多了"见则丰穰"一句。"穰"是丰收的意思。这就是说,明代的天马已不再是从前的怪兽,而是象征丰收的瑞兽了,绘制在蛐蛐罐上,至少是对丰年的预兆和期盼。

宣宗以这种方式告诉别人:别看我在斗蛐蛐,但罐上的天马却是一种可以预兆丰收的祥瑞之兽,我在斗蛐蛐的同时,也没有忘记为臣民百姓祈祷丰收,"玩物而不丧志"。宣宗的心中,既有美好的祝福,也有虚荣的成分。

第三种,与绘画相关的纹样。宣德时期蛐蛐罐上还有一些构图新颖、题材丰富的纹样,多以飞禽草树为对象。如一件蛐蛐罐的外壁上画的是两只起飞的白鹭,还有两只站在草间,似乎也在准备起飞,后面还有一片芦苇及矮花。还有一个蛐蛐罐的外壁上,绘有落在柳枝上的两只鸟,一只略为向下探头,另一只则扭头相呼应;圆盖上则绘有一只鸟站在较粗的柳枝上,另一只鸟正飞向这棵柳树。它们显然是在表现唐代诗人杜甫的诗意:"两个黄鹂鸣翠柳,一行白鹭上青天。"

如果把这组瓷器的纹样展开,效果就类似绘画中的横披或长卷中的若干段落,其构图形式和前代常用的不同,但却与绘画艺术有着相当密切的关系。

明人王士性在《广志绎》中,谈到宣德、成化时期的瓷器时曾说,这两朝的瓷器,都是由宫廷画家提供的画样"粉本"。宣德时期宫廷画家边景昭、周文靖、石锐、商喜等人都善画花鸟。那么,蛐蛐罐的纹样"粉本",可能就是这些人的手笔。

根据《大明会典》的记载,宣德时期烧制的器物其造型色彩和纹饰图案,要先由宫廷画家设计好之后,再由内府的有关部门下达给景德镇,按设计方案烧制。这一情况也表明,宣德时期蛐蛐罐的独特纹样同宫廷画家的创作是分不开的,同时也反映出宣宗本人对绘画艺术的偏好。也就是说,蛐蛐罐上与绘画相近的图案,很可能是出自宣宗本人的指令(刘新园《明宣德官窑蟋蟀罐》)。

宣宗以后,明代开始进入守成时期,政治、社会较为稳定,经济也在恢复,因此从总体上讲,皇帝有条件更多地追求自己的喜好。虽然这些活动对于繁荣宫廷文化有好处,从个人来说也无可厚非,但作为皇帝的追求,就需要社会和国家付出很大的代价,有很多负面作用。因此王朝守成时期的一个重要问题,就是皇帝如何在个人爱好和国政之间保持平衡,这是历史发展到一定阶段的必然。虽然宣宗热衷玩鸟放鹰,喜欢斗蛐蛐,但是"促织天子"是否因为玩乐而耽误了正事呢?国家政务是否因为宣宗的游乐而没有得到妥善处理呢?

三十一　不废正业

宣宗虽然玩乐不停,但并未耽误政事,仍是个干正事、务正业的皇帝。

《明宣宗射猎图》

当年查继佐在《罪惟录》中指出：宣宗虽然喜欢斗蛐蛐等活动，"万姓颇为风俗，稍渐华靡，然此其余才，性明断，不废政事"。这个评价还是较为公正的，斗蛐蛐不过是宣宗的副业，他在位期间虽然享乐、巡游不断，但很少因此而影响处理政务。事实上宣德十年之中，宣宗的一些游乐之举和政务活动几乎是同时进行的，有些游乐还涉及政务的内容，宣宗都能较为妥善地处理，基本上做到了政务、游乐两不误。

明宣宗一生中曾多次巡游，有时在近郊，有时去边镇，其中的一些还带有自己的政治目的，并非为了巡游而巡游。当时的皇城内他至少有五个活动空间：

（1）东苑，大致相当于今天故宫东部、沙滩以南的地区；

（2）西苑，大致位于今天中南海两岸；

（3）太液池，大致相当于今天的中南海和北海，当时是三海连在一起的；

（4）万岁山，即今天故宫北面的景山；

（5）上林，上林是古代对禁苑的一种称呼。明代的具体位置已不甚清楚，大致相当于今天故宫中轴线两侧的皇家园林，当时的宫殿房间没有那么多，空间比较大，植被也比今天茂盛。

此外还有西湖，不是今天杭州的西湖，而是当时北京西部、接近玉泉山的一个湖泊，据说是昆明湖的前身。东苑和西苑都是宣宗经常去的地方，至于万岁山和太液池，更是宣宗巡游的必经之地，宣宗的《御制集》中这类诗作非常多。此外，宣宗还多次到北京北部的清河一带游览。除了上述地方外，他还去过东郊、南海子，但这两个地方的具体位置今天已经弄不清了。

（一）游园聚会及其政治意义

1. 宣宗有意模仿前贤，邀请十八大臣游园

除了逢年过节之外，宣宗平时常与大臣们一道饮酒赋诗，在皇家园林内游览观赏。宣德三年三月的一天，宣宗召蹇义、夏原吉、杨士奇、杨荣等十八位大

臣,同游万岁山和太液池。之所以凑够十八人之数,并非为图吉利,而是有意模仿唐太宗时房玄龄等十八位大臣受宠的故事,以此来与先朝的名君媲美。其实这个故事流传很广,直至明代后期,还有人创作这类题材的绘画作品。

大臣们各带仆人,来到万岁山前的园林门口,几名宦官前来传旨,每人可以乘马带两名仆人进入。大家遵旨乘马而入,走了不远,便看到宣宗乘坐八抬大轿,悠然而行。仆人们平时根本没有机会进入皇家园林,这时看到衣着华丽的宦官和侍卫人员,极为谦恭地引队而行,不禁有些紧张。距离宣宗大轿最近的是夏原吉及其两名仆人。原吉平时待人宽厚,仆人们也较为随便。今天两人见一行队伍跟着前边那个坐轿的大人物,便私下谈论:"前面那个穿龙袍、长胡须的人就是圣上吧。""差不多。"

宣宗可能听到了两个仆人的谈话,无意中回头看了看。骑在马上的夏原吉一看惊扰了皇上,慌忙滚鞍下马,屈身拱手请罪:"皇上近在咫尺,微臣不能管束下人,有罪,有罪!"两名仆人可能也吓得目瞪口呆,两腿打战。宣宗看到这个场面却开心地大笑起来,一边摆手一边安慰原吉:"没关系,没关系,你的仆人可真够实在的了。"不但没有怪罪,反而传令每人赐钞十五贯。游园的气氛顿时活跃起来,仆人们可能也不那么拘束、紧张了。

到了山前,大家下马步行,越过一座小桥,登上万岁山。山上可以尽览京城的景物,山下西边便是太液池,就是今天的北海和中南海。人们在山上稍事休息,即下山来到太液池边,宣宗让众人登上自己的龙舟,游览太液池。大臣能够坐上皇帝的龙舟,已经是相当高级的待遇了。

宣宗早已命人在舟中摆好了茗茶及十余种高级美食,与众臣一边欣赏周边的景色,一边品尝美味佳肴。划船的宦官们一边摇桨,一边吟唱着渔歌。宣宗看看眼前的群臣,再看看徐徐行进的龙舟,说了一句颇有含义的话:"驾船摇桨,全赖众位爱卿的努力啊!"众人一听,连忙起身致谢,并说,太平盛世全仗皇上的圣明。宣宗听得顺耳,心情自然不错。

龙舟抵岸后,宣宗先下了船,几名高级宦官引导大家游览了一座新建的殿阁,金碧辉煌的建筑,使人恍如置身仙境。不久,宣宗乘马而来,问大家:"众位爱卿,玩得痛快吧。"众人一齐叩首高呼:"感谢皇上圣恩,皇上万岁万万岁!"宣宗说:"现今天下无事,咱们虽说不能流于安逸,但政务闲暇时,让众位爱卿一同来此松弛休息一下,也未尝不可。古人游乐的享受,是不该废除的。"士奇等人再次叩首称谢。

2. 游园的节目:宣宗不忘和夏原吉开玩笑

这些人跟随宣宗多年,对他的个性颇为了解。宣宗是个极好游乐的青年人,不仅自己爱玩,还想让大臣们陪他一起玩,今天的游览活动经他一说,还带上了君臣和睦、天下太平的政治色彩。不过皇帝与大臣们共同游园之事,明代的确少见,所以后人把这件事当做明初盛世的标志之一。杨士奇等人事后还赋诗记述了当时的情景,大意是说,雕饰着彩色华丽图案的龙舟,在碧绿的太液池中行驶,池水清澈透明,从船上就能看见水中的水草随波摇曳;行船时睡莲的影子在林间移动,宫中御制器皿里飘出茗茶的香味;池边西岸的凉亭里,还有宫廷乐队在演奏悠扬的乐曲。

接下来,宣宗又安排了几个游乐节目。他让群臣一边休息,一边在太液池边观看宦官捕鱼。宦官们每人牵着一只小船,船后拖着一张网,岸上的人拉船带网,不一会就网到了一些活蹦乱跳的鲜鱼。宣宗又将自己亲手调制,未经滤过的酒赏给大臣们,士奇等人都感到莫大的荣幸。

这时水面上有一群水鸟飞过,射艺娴熟的宣宗摘弓搭箭,一箭射落了一只飞鸟,然后命厨师将飞鸟烹制成一道菜呈上。不一会儿,宦官将烹熟的飞鸟端来,宣宗又亲手剖割,分赐夏原吉等人。原吉等人一边称谢,盛赞皇上的英武,一边品尝皇家厨师的杰作。前面讲过,宣宗一直与老臣夏原吉关系极好,这时连连劝他多喝,又亲自为他斟酒,并说:"卿于朕启沃良多,而今老矣,不可不尽欢",虽然有点灌酒的嫌疑,但是皇帝敬酒,臣下不敢不喝,于是老态龙钟的夏原吉勉强喝下去,微微有些醉眼蒙眬。

宴饮之后,宣宗又命宦官带领一行人游览太液池边、万岁山下的一些小山。据同行的一些大臣记载,山中设有许多奇妙的人造景观,如二狮戏球、金龙喷水、曲水流觞等等,雕琢奇异,设计精巧,观者无不赞叹。同来的仆人们也被赐予酒食钱钞,一同游览。清澈的小溪在山间花丛中宛转流过,人工建成的山石落差,使小溪形成了雨帘瀑布。皇家彩旗仪仗队在溪旁林间穿行,水鸟好像受过训练一样,追逐仪仗队飞舞。宣宗又派人各赐一只鹦鹉,以供群臣赏玩。群臣一面称谢,一面为自己有幸作为宣宗的臣下感到自豪。

游园快结束时,宣宗为了显示自己对夏原吉待遇最为优厚,同时也想和这位恭谨的老臣开个玩笑,于是传令宦官,带着原吉去园中挑选一些奇形怪状的天然巨石,运回家去,并特意嘱咐,原吉要多少就给他多少。原吉也知道皇上待他极厚,并且也是想给他出个难题,开开玩笑,看看他怎样把这些巨石运回去。但越是这样,他就越发恭谨清廉,可能会有这样的心态:就算你是皇上器重的老臣,皇上让你随便拿,你就敢随便拿吗?

于是夏原吉在园林中走了一圈,只是拣了一两块很小的石头,让仆人带走。随行的宦官很奇怪,就问他:"这么大的园林里,像样的巨石就有几万块,老先生难道不想要吗?再说皇上不是让你随便挑、随便拿吗?"原吉答道:"我对这些东西不太喜好,只是皇上的恩意不敢推辞,又怎么能多贪多占呢?"宣宗听说后,一再叹息原吉的清廉。蹇义等十八人入园时是早晨,游览了一整天,出园时太阳已经落山,有人到家时已是初更天了(夏原吉《忠靖集》附录)。

3. 宣宗颇有旅游规划才能,偶尔喜欢恶作剧

宣宗和大臣的游园聚会,大致有几个特点,一是每次游览的地点不同,三次大规模游览的地点,分别是万岁山和太液池、东苑、西苑。二是游览的项目不同,第一次主要是乘坐皇帝的龙舟,品尝皇家野味佳肴;第二次是游览东苑的园林,参观皇帝的高级书房,品尝鲜鱼宴;第三次是游览西苑新建的园林殿阁和万岁山的景色,品尝皇帝专享的盛宴。三是每次游览的景观,几乎都是新建成的园林殿阁,并不重复。

由此可见,宣宗对这些游览活动事先是做过一番安排、设计的,并且较为合理,虽然可能还有他人参与,但宣宗本人还是具有一定的旅游规划才能。当然,这种才能的背后是宣宗的政治才能在起作用。宣宗的目的恐怕并非简单地追求君臣同乐的太平景象,而是还有密切君臣关系的用意。因此他不仅费心安排游园活动,就连人员的选择也不是随意的,有时连退休的重臣黄淮也被

邀请参加，于是这些大臣的相关诗文里充满了特殊的荣耀和感激之情。

除了上述三次大规模的游览活动外，宣宗平时与少数大臣宴饮游乐，赏物赐钞，已为常事。有时还换大杯为人斟酒，喜欢看到臣下的醉态，老臣蹇义等人都受过这种"恩典"。宣德时期君臣关系相对融洽，上层宦官很少与主要大臣发生矛盾，虽然是因为这时宦官权力有限，并未像明中后期那样专权，但宣宗经常举行游园活动，有效地密切了君臣以及大臣同宦官的关系，应该是非常重要的原因。看来安排游园的心思也没有白费。

（二）出巡狩猎加实战演习

1. 传世作品显示，宣宗出巡多为射猎活动

明宣宗喜好出巡射猎，这一点在明朝皇帝中是出了名的。据不完全统计，现存描绘明代前期皇帝出巡射猎的作品极少，但宣宗本人就占了三幅，并且都是当时景象的真实写照。有一幅明代画家商喜的作品——《明宣宗行乐图》，描绘的是明宣宗率领大队人马，在御苑中围猎的场景。从远处的红墙及汉白

商喜《明宣宗行乐图》

三十一 不废正业

玉拱桥来看，地点可能是距离宫城不远的太液池一带，即今中南海以南一带。画面上宣宗骑着高头大白马，走在队伍的最前面，身材魁梧，仪态雍容，头戴黑色尖顶帽，身着红色窄袖衣，外罩黄色长褂。

据文献记载，明初帝王在日常生活中，尤其是出行骑射时，其冠服仍保留有金元等游牧民族的遗风。这幅《明宣宗行乐图》中宣宗的服饰打扮，确实具有"胡服"的特色，也证实了上述文献的记载。尖顶圆帽源自元代的"笠子帽"，无领无袖的大褂在元代称为"比甲"，都是射猎服。宣宗的身后跟随着几名侍从宦官，替他背着雕弓和箭袋。后面的群臣也是多带僮仆和侍从，林间还有鸟兽出没，黑白相间的鹿群显然是皇家御苑中蓄养的。

另一幅故宫博物院收藏的《明宣宗射猎图》，表现了宣宗收获猎物的场景。画面里的宣宗同样是射猎的装束，头戴尖顶黑帽，身着宽袖红衣，外罩黄褂，身背弓箭，正下马提起被射杀的小鹿，但却回头张望不远处一只惊慌狂奔的小鹿，似乎还想再射一只。身边的黑色骏马在低头吃草，马背上的马鞍饰有精美的兽皮。画的右下方帖有一条黄色小标，上题"明宣德御容行乐"字样，可见这是一幅生动反映明宣宗射猎活动的写实作品。

第三幅台北"故宫博物院"藏《明宣宗马上图》，描绘的是宣宗一身猎装，手提缰绳，骑着一匹棕色骏马，箭筒里装满弓箭，左肩架着一只猎鹰，在河边的旷野飞驰。河面上的几只野鸭似乎被马蹄声惊起，慌忙拍打着翅膀陆续飞离水面，沿河两岸的草树，似乎也被宣宗的气势所震动，都向一边歪倒。整个画面极富动感，人物以外的背景有力地衬托出了宣宗驰马射猎的形象。此外，宣宗本人也写了大量有关出行射猎的诗词作品，从中可见纵马射猎是宣宗娱乐生活的重要组成部分，并且这类活动不仅是简单的围猎巡游，还包含有军事演习的色彩。

2. 宣宗巡边，偶遇侵扰敌军打了一仗

宣宗三次巡边都是在秋后的九十月份，也正是北方鸟兽秋膘正肥之时，加上明朝当时北边的生态条件好，正是行围打猎的好时节，因此宣宗率领的巡边部队，几乎是一路巡边，一路打猎。巡边的去处成了天然猎场，骑马射箭本来就是宣宗的强项,他的部队里多数人也是跟他一样精于骑射的军人,因此,巡边途中的围猎活动,同时也是一种军事演习。宣宗还派人把射中的野鹿、野兔等猎物送给北京的母亲张太后,一来表示孝敬,二来也是以此来向京城百官传达信息,当朝天子武功不凡。

随行的军人也是射猎高手,所以猎物颇丰。有一次在长城喜峰口附近,宣宗还同将士一道射伤了一只经常害人的猛虎。他的父亲朱高炽曾在前往北京的途中,派人捣毁了虎穴,杀了几只老虎;他的后代明武宗曾在豹房里同猛虎搏斗,还受了轻伤,据说一个多月没上朝,可见明朝有几个皇帝好像跟猛虎有缘,不是杀虎就是玩虎,当然也经常养虎。

这时长城东北关隘喜峰口的守将派人飞马来报:兀良哈敌寇一万多人侵扰边地,已经越过大宁,经会州将要进入宽河一带。宣宗听罢说道:"这真是老天让这些虏寇来送死啊!"他下令大军驻扎在石门驿,召问诸将应如何行事。诸将都请求出击,也有人主张再增加一些兵力。

宣宗说:这些敌虏没什么了不起的,他们以为我方无防备,才敢来扰边的,如果知道有朕在此,早就吓跑了。现在要活捉这些人,不能放走他们。只是由此前出喜峰口,道路狭窄而且险峻,只有骑兵可以通过,如果等诸将一齐进发,恐怕会耽误时机。朕想先率铁骑三千进发,出其不意,必能捉住他们。有人说三千兵马未必够用,宣宗信心十足地说:"兵在精与和,不在多"(《明宣宗实录》卷四七),三千精兵足以擒敌,其他部队可以后进。

次日,大军进抵遵化(今河北遵化),诸将为宣宗挑选了精锐骑兵三千人,每人备有两匹马,可以轮流骑乘,这样无论是行军还是冲锋,都可以保持马的体力和速度。每人带足十日的口粮。当天出发的部队,到达长城关隘喜峰口,第二天从这里出发,向东北方向疾驰,越过地势险要的黄崖。险峻雄奇的山势,虽然给这支骑兵部队增加了一些困难,但宣宗勇猛破敌的兴致,并未因此而受到影响。为了避免因说话和甲器碰撞发出声响,宣宗下令骑兵嘴里衔枚小棍,系好衣甲,藏好戈矛,连夜奔袭敌人的驻地。

第二天拂晓,全军驰至宽河,距敌虏营帐约二十里。前面的兀良哈军队发现了明朝的骑兵,以为他们只是一股照例巡逻的边防部队,便倾巢出动,向明军扑来。宣宗指挥部队分成两翼迎击敌人,待对方的骑兵冲入明军的射程之内,宣宗熟练地张弓搭箭,连续将三名前锋射落马下。两翼的明军也向敌人发射箭羽,冲过来的敌人,被雨点般的飞箭射倒了一片。但一万多名敌军仗着人多势众,仍然继续向三千明军冲击。

宣宗命神机铳炮向敌人发射,顿时两翼无数条火舌一排接一排地喷发出去,冲上来的敌人成批地被火舌吞没,人马死伤大半。对方骑兵无法抵挡明军火器和飞箭的攻击,败阵溃逃。宣宗率数百骑兵随后追击。敌人望见追来的骑兵中簇拥着一面黄龙大旗,这才知道是明朝的皇帝亲自出战,许多敌人下马投降。宣宗分遣诸将追击逃散的敌军,并到附近的山林中搜寻敌人的营帐。除了俘虏敌人及其妇孺家属外,还俘获了大量的驼马牛羊、兵器辎重(《明宣宗实录》卷四七)。

3. 宣宗的奔袭不过是击溃了边塞的武装牧民

这次奔袭,明军大获全胜。但是为明军击溃的敌人并不全是军队,而是许多北方的牧民。为什么这样说呢?各位请看,驼马牛羊是这些牧民的财产,适量的武装、辎重是他们用以自卫、劫掠和生活的必备条件,携家带口、随处游牧是他们的正常生活方式,有时也会偶尔侵扰明朝的边镇,从汉族居民那里适当劫掠一些生活必需品。

因而更确切地说,这些人大部分是北方的武装牧民,而不是真正的军队。因为真正的军队为了打仗,不会一路上驼马牛羊、拖家带口,那还怎么打仗?因此宣宗率三千精骑,在对方几乎没有防备的情况下突然出击,凭借火器的优势击溃了边塞的武装牧民,实在没什么值得夸耀的。

不过这次胜利倒也说明,宣宗率军巡边,并不只是简单的旅游打猎活动,更不是摆摆样子,纸上谈兵,而是演习和实战相结合。无事则演习打猎,一旦有事,那就演习变成实战,并且火器、马匹、人员都做了相当充分的准备,真刀真枪上战场。因此,宣宗的巡边活动虽然也带有游乐活动的成分,但军事目的和效果是非常明显的。

虽然有人认为,宣宗的这次奔袭有些冒险,获胜有些侥幸,但从敌我双方的情况来看,并非完全如此。首先,对方几乎没有防备,而明方是经过充分准备的;其次,对方使用的是冷兵器,明方则有火器的优势;第三,对方的人数虽多但战斗力不是很强,而明方的精锐骑兵战斗力很强。因此,宣宗这次长途奔袭,打了个不错的击溃战,并不完全是靠冒险和侥幸来取胜。

丰富的、经常性的游乐活动,并没有使宣宗忘记、放弃巡边,也没有减弱他出征破敌的兴致和勇气。不过三次巡边虽然是重要的军事活动,但同时也带有游乐的成分,因为如果边境没有什么战事,巡边活动主要是在边境以内,没有明确的针对性目标,那么以宣宗的性格、爱好,肯定要顺便搞一些游山玩水、行围打猎之类的活动,所以宣宗的巡边并非只为打仗,而是兼有军事演习和围猎巡游的成分;即使是出境打仗,闲暇时间也同样是围猎巡游。

(三)最后一次巡边,并未贸然出击

1. 宣宗第三次率军巡边,不许诸将越境奔袭

宣德九年(1434)九月末,也就是下密诏给况钟,让他在江南捕捉一千只蛐蛐后不久,宣宗第三次率军巡边。一些将领们很想借此机会建立战功,他们已不满足于白日里的围猎演习,怂恿宣宗出兵百里之外,袭击前来围猎的蒙古武装牧民。宣宗不同意,他对诸将说:"这些人不来侵扰边塞也就算了,还能不让人家行围打猎吗?"诸将说:"这些人都是狼子野心之辈,不可能保证始终不来侵扰,如果现在不去袭击他们,说不定以后会后悔的。"

宣宗严厉地说:朕此行是来整顿边备的,不是来捕获敌虏的。况且朕曾经派人安抚敌虏,告诉他们只要不来扰边,朝廷就不会发兵袭击他们。现在如果袭击他们,是朕不讲信义,怎么能干这种事呢?然后缓了缓语气说:"你们这些人固然是忠心为国,但是朕要树立的是大信啊!"诸将见宣宗决心已定,便纷纷散去。

诸将出关破敌的兴致很高,宣宗给他们泼了冷水,守边休战的主张,是否会得到其他重臣的理解和支持呢?宣宗或许感到心里没底,于是连夜召见了朝中首席军事顾问杨荣,征求他的意见。杨荣是主守休战这一方针的积极支持

者,白天他从宣宗的话中,早已猜透了宣宗的意图,因而当宣宗问他是否应该出关破敌时,他从容答道:"敌虏狡诈,平时总是派人在很远的地方瞭望放哨,如今探知陛下您到此,肯定会事先逃去,即使我们出兵前往,也不会有所收获,反而从此失掉虏人之心。"宣宗听到这里,半是鼓励半是有意地追问杨荣:"这又是为什么呢?"杨荣说:"陛下您屡次派人带着诏书去招抚这些人,让他们打围放牧完全随便,如今这些人是感激陛下的恩德前来游牧的,如果我们顺便出兵袭击他们,那么以前的诏书就等于是诱骗他们前来上当的。"宣宗听罢十分高兴,对杨荣说:"你所讲的深合朕意,可谓君臣同心同德啊!"然后命人端来酒菜,与杨荣喝了个痛快(《明宣宗实录》卷一一二)。

2. 宣宗并未沉溺于斗蛐蛐而不顾敌情贸然出击

为什么宣德三年第一次巡边时,宣宗要主动出击,而宣德九年这一次却坚决反对诸将出击呢?因为宣德三年那一次是宣宗率军出巡东北边镇,已经到达遵化,接近长城关隘喜峰口。当时驻守喜峰口的边军探明来报,有一股蒙古武装牧民企图袭扰明朝边境,正从大宁越过宽河直奔喜峰口而来。宽河位于今天河北省东北部长城以北。敌方根本不知道,长城以南不远处,正好有一支皇帝率领的精锐骑兵部队在等着他们,两军相距不过骑兵半天多的路程,因此宣宗抓住机会果断出击。这一次是短途轻骑奔袭,目标明确,准备充分,敌方措手不及,宣宗打了漂亮的击溃战。

可是宣德九年第三次巡边时情况不同。当时宣宗率领的巡边部队,到达宣府西北的洗马岭,位于今天河北、山西和内蒙古三地交界处的万全以西,长城以内,守军根本没有探报敌虏来袭。如果明军出击,就必须深入敌境至少百里之外,去大范围地寻找敌人作战,目标极不明确,更无充分准备,在这种情况下出去干什么?几乎毫无必要。因此,不出击是完全正确的。

当年朱棣最后三次北征,就犯了相反的错误,敌人小股部队扰边,他就三次亲率十几万大军深入敌境,结果找了几个月也没找到敌人,自己倒是冻死饿死不少。这种教训仁宗朱高炽早就看得一清二楚,因此才下令边将,敌人来犯,赶走就完了,守住边境不必出击,省粮又省事。宣宗当然明白这一点,因此,在没有明确目标的情况下,他也不会贸然出击。

虽然宣宗三次率军巡边,但与祖父朱棣五次亲征有所不同,他遵循的仍是仁宗定下来的以守为主的基本方针。值得说明的是,宣宗第三次巡边是在宣德九年,也正是他密令况钟进贡一千只蛐蛐,自己在宫中大肆斗蛐蛐之时。由此可见,宣宗并未因为斗蛐蛐而昏了头,放弃了巡边之举;也没有因为诸将的热情怂恿,不顾敌情而贸然出击。

(四)宦官借采购贪暴害民,宣宗杀一儆百

宣宗在位的十年,是明朝社会相对稳定的十年,这为他的玩乐创造了良好的条件,他可以比较充分地追求自己喜好的东西,并且这种追求对于当时的宫廷文化,也起到了一定的繁荣作用。但同时这种追求也给社会带来了一定的扰害,那么这种扰害是怎样出现的呢?

宣宗为了满足自己的玩乐欲望,派大批宦官到全国各地,采买花鸟鱼虫以及各种珍奇好玩之物,并传令各级地方官员要派人协助,给予一切方便,在采买、保管、装载、运送等各个环节,几乎都要由地方机构无偿给予支持。许多采买宦官借此名目四处骚扰,各个交通要道上这类宦官往来不绝。这些人所到之处,动不动就绑束官员,敲诈、拷打一通,对地方和百姓的扰害更为深重。

人常说,少年时代的朋友感情最深。朱瞻基从小就有一帮宦官朋友,陪着他一起长大,朝夕相伴,交情颇深。后来宣宗做了皇帝,慷国家之大慨,用极为优厚的待遇来报答他的少年朋友,倒也可以理解。可问题是宣宗经常派遣这些人,到各地去采办花鸟鱼虫,这些人就仗着与皇帝的特殊关系,在外面胡作非为。尽管宣宗曾一再申明,不许外出采买的宦官生事扰民,但这些人依仗权势,气焰熏天,并且已经被上下机构宠坏了,因而经常肆无忌惮地敛财害民。

1. 大宦官贪了不该贪的东西,宣宗只好下令严惩

这种情况从宣德初年即开始泛滥,到了宣德六年(1431)已相当严重,迫使宣宗不得不将其中罪大恶极的宦官杀头法办。这个大宦官名叫袁琦,从小

与宣宗一起长大，宣宗即位后，任命他为内官监太监。内官监是宦官机构中仅次于司礼监的重要部门，权势之大，可想而知。宣宗还曾亲自画了两幅画赐给袁琦，一幅是五花马，一幅是白燕，在上面写有赐给太监袁琦的题字（《戒庵老人漫笔》卷一），可见两人关系非同一般。

袁琦仗着与皇上的特殊关系，擅自派遣宦官阮巨队等十几人赴广东等地，打着为皇家采办的旗号，贪暴肆虐，掠取当地军民的财物，被人告发。宣宗将这些人下狱，没收家产。结果发现家产之中，除了数以万计的金银、珠宝、锦绮之外，还有大量的金玉器皿，其规模和形制都仿制，甚至超过了皇家用品。

按理说这些人连皇帝的画都能得到，还能缺钱吗？未必缺钱，但实在是贪心太重了，胆子也太大了，什么都想贪，什么都敢贪。其实多贪一点金银珠宝也就算了，可那些皇家用品是你该贪的吗？那是只有皇帝才能享用的，就像龙袍、皇冠一样，你一个宦官贪了这些东西，想干什么？想跟皇帝平起平坐？你不是找死吗？难怪宣宗见了要勃然大怒，下令司法部门用分裂肢体的磔刑处死袁琦，并将阮巨队等十人押赴街头斩首。

在此之前，宦官裴可烈在江南富地苏州、松江一带贪暴害民，巡按御史林硕欲将此人依法治罪。裴可烈竟然恶人先告状，诬陷林硕撕毁诏书。林硕因此被捕，宣宗问明了实情，正赶上袁琦事发，便命人将裴可烈戴上刑具押赴京师。大概是狱卒也恨透了这个平日仗势害民的宦官，没几天便将他拷打致死。袁琦的同伙马俊从外地敛取了大量财物回京，走到离北京不远的良乡，听到袁琦的下场后，自知罪孽深重，难逃法网，只好上吊自杀。宣宗得知后，认为这伙人作恶多端，必须严惩，自杀还不算完，又下令把这个人的脑袋砍下来，挂在街上示众，实际上是罪加一等的处罚（《国榷》卷二一）。另一个前往南京的宦官唐受，因纵恣贪暴，残酷害民，也被宣宗下令处死，同样割裂尸体，悬头示众。

2. 宣宗并未因采办花鸟鱼虫而纵容作恶的宦官

那么袁琦为什么有这么大胆呢？宣宗自己讲得明白："因为从小就为皇帝服务，很听话很顺从，因此升为太监里的管事，才敢于仗着皇帝的恩宠，欺瞒胡闹，肆无忌惮。"这些人因为是皇帝身边的人，更因为是"假公务为名"，打着为皇家办事的旗号,因此地方官员和监察官员都不敢管,躲得远远的,甚至连上告都不敢。

同时又因为这类事以前大概从未出现过,地方官和监察官员没有得到明确的授权,不知如何处理。这次宣宗下了决心要刹住这股歪风,因此下令:宦官出差犯罪,地方官要上奏,并给予严惩,知而不报的与犯人同罪(《明宣宗实录》卷八五)。

袁琦等人的罪恶使宣宗颇为吃惊,他知道如此之多的赃物决非少数人所能获取,一定还有很多属下在各地为他搜刮聚敛。于是他派出为官清廉、办事谨慎的宦官刘宁和御史张骏、李灏等人,分别前往福建、直隶、湖广、江西、广东、广西、河南、南京、云南等地,收捕袁琦的余党,没收赃物。不法宦官在外作恶多端,引起了地方官员和百姓的激愤。

宣宗派去收捕宦官的太监刘宁等人回京,路过故城。故城县丞陈铭性格暴烈,又喝醉了酒,听说有宦官到来,以为又是敛财害民的家伙,便不问青红皂白扑上去,揪住刘宁的脖领子左右开弓一顿耳光,因此被捕入狱。有人向宣宗控告此人酗酒伤人,理应治罪,宣宗知道是那些作恶多端的宦官惹起公愤,陈铭不过是发泄怒气,不能冒天下之大不韪加以治罪,便下令释放了陈铭。

同时,宣宗传谕各地宦官停止作恶,改正错误,不得恃宠作威,敛财害民,改邪归正的宦官待遇不变。又令都察院将袁琦等人的罪行榜示天下(《明通鉴》卷二一)。宣宗严惩宦官之时,也是他采办花鸟鱼虫最起劲之时。由此可见,宣宗并没有因为自己的爱好,而过分纵容那些作恶不法的宦官。

3. 重用宦官的同时,宣宗还严格加以防范

宣宗虽然重用一批宦官,但是并没有把更多的权力交给他们,而是适当加以控制和防范。永乐时期,朱棣派身边的宦官马骐前往安南,以征服者的姿态,为安南定了每年上贡给明廷的贡品和定额:扇子一万把,翠羽就是珍贵鸟类的羽毛一万只。这些东西对于连年战乱的安南百姓来讲,恐怕是个不小的负担。不仅如此,因为马骐贪婪而残暴,安南百姓几乎是忍无可忍,三年之中竟然爆发了四五次大规模的反抗事件(《明史纪事本末·安南叛服》)。

当时明朝派往安南的行政负责人是黄福,他对马骐的暴行非常不满,多次加以阻止,但是马骐仗着自己是皇帝身边的人,不但不听劝告,反而向朱棣诬陷黄福要脱离明朝在安南搞独立。朱棣虽然不信,但是并未制止马骐的倒行逆施(《明通鉴》卷一八)。仁宗朱高炽对这些情况颇为了解,所以即位之后,便立即下令从安南召回了马骐。

结果马骐回来没几天,就口头假传圣旨,让内阁起草一份敕令,再次派自己前往安南,为皇家采办金银珠宝。内阁大臣不知真假,立即又向仁宗核实这件事,仁宗正色说道:"我哪会有这样的话呢!马骐那些祸害百姓的罪行,你们就没有听说过吗?自从马骐被召回,安南百姓就像倒吊着被放下来那样,总算是脱离了苦海,这种人我哪能再派他去呢?"不过,对于荼毒平民又假传圣旨的马骐,仁宗居然未做任何处理(《明史纪事本末·仁宣致治》)。

大概是因为这件事在当时影响较大,并且可能有些宦官假借皇帝的名义,让六科直接给各个行政部门下达指令,六科和皇帝都不知道真假。因此宣宗朱瞻基在即位初期,就给六科给事中下达了一道诏令,凡是宦官向各个行政部门传达圣旨,六科给事中都必须记录备案,然后再向皇帝上奏核实,目的是为了防止宦官在传达圣旨时作伪欺诈(《国榷》卷一九)。整个宣德时期,很少出现宦官假传圣旨的事件,这和宣宗的有效防范措施可能很有关系。由此可见,宣宗虽然重用了一批宦官,但是在重要的决策环节中,对那些高级宦官是严格防范的。

(五)同其他帝王相比,宣宗还算是务正业的皇帝

也正是因为宣宗当政十年虽然游乐、巡幸活动很多,但仍然较为关注民生,顺应民意,并没有因为频繁的享乐而忘了正业,还算比那些吃喝玩乐、不务正业的皇帝强一些,因此,后人对宣宗的评价还不错,至少肯定他是个合格的皇帝。作为一个专制帝王,拥有相当巨大的权力和财富,不可能没有享乐的欲望和追求。只有少数开国皇帝和末代的皇帝,由于创业和救亡的特殊需要,不得不压抑和割舍对享乐的追求,比如明太祖朱元璋和崇祯帝朱由检,各种享乐

活动相对少一些。除此之外，一般的守成之君没有创业和救亡的巨大压力，大都将追求享乐的嗜好较为充分地发挥出来。

明代的帝王虽然爱好不同，但是在追求享乐这一点上却是共同的。而在履行职责、处理政务方面，每个皇帝的表现不一样，其中多数皇帝还算能做到兼顾理政和享乐，尽管程度不同。少数几个享乐出名的皇帝，比如明武宗和明熹宗，也不是一门心思只顾享乐，完全不务正业，并且也有差别。

明武宗朱厚照的荒唐享乐很有名，大大超过了宣宗，但他并未因此而完全放弃对政务的处理。尤其是在惩治刘瑾和守卫边防两件事上，武宗同样表现出了负责的和应有的态度。在得知刘瑾的权势威胁到自己时，武宗不顾从前和刘瑾的玩乐交情，几乎是毫不犹豫地下令杀掉了刘瑾。在同来犯的蒙古军队的战斗中，武宗不仅调集几路边镇军队主动出击，英勇作战，并且还亲自上阵杀敌，终于击退了入侵者，取得了自土木之战以来较大的胜利。

明熹宗朱由校几乎是个顽童皇帝，除了木匠活干得好以外，还有一定的科技水平，曾经和一些太监、宫女制作出了几种机械玩具，沉溺玩乐的程度甚至超过了明武宗，但是却没有明武宗那样的政治才干和勇气，对魏忠贤的胡作非为几乎是听之任之。不过就是这样一个皇帝，有时却能够坚决支持辽东的将领抗敌，包括他的老师孙承宗，因而暂时稳定了辽东的战局。熹宗平时别看对什么事都稀里糊涂，但是却唯独非常在意夫妇、兄弟之情，因此凶残的魏忠贤虽然大肆杀戮朝臣，迫害后妃，但却始终不敢对皇后和亲王下狠手（《明史纪事本末·魏忠贤乱政》）。

由此可见，那些善于享乐，甚至是享乐过度的皇帝，未必都是一无是处，或者完全不务正业。明代多数时期政治较为稳定，这固然有制度等方面的复杂原因，但是从皇帝来讲能够做到公私兼顾，既能满足的享乐的追求，又能适当履行皇帝的职责，处理好二者的关系，更是不可缺少的前提条件。相比之下，宣宗对享乐和治国的关系，还算处理得比较好。

宣宗在位的十年中，出现了为后人称颂的"仁宣之治"，虽然这一局面的出现原因较为复杂，但是如果没有宣宗则是不可想象的。尽管宣宗本人对玩乐一直很有兴趣，也曾经拿出一部分精力去追求这类活动，但他确实没有因为这些而更多地影响到治国理政,也说明宣宗是个干正事、务正业的皇帝。除此之外,宣德时期另一个突出的成就是宫廷文化的相对繁荣,而宫廷文化的主要内容是宫廷工艺。那么当时都有哪些成就呢?在宫廷文化繁荣的背后,国家和社会付出了怎样的代价呢?

三十二　繁荣代价

宣德时期形成了明代前期宫廷文化的高潮，但花费太大，造成了一定程度的财政危机。

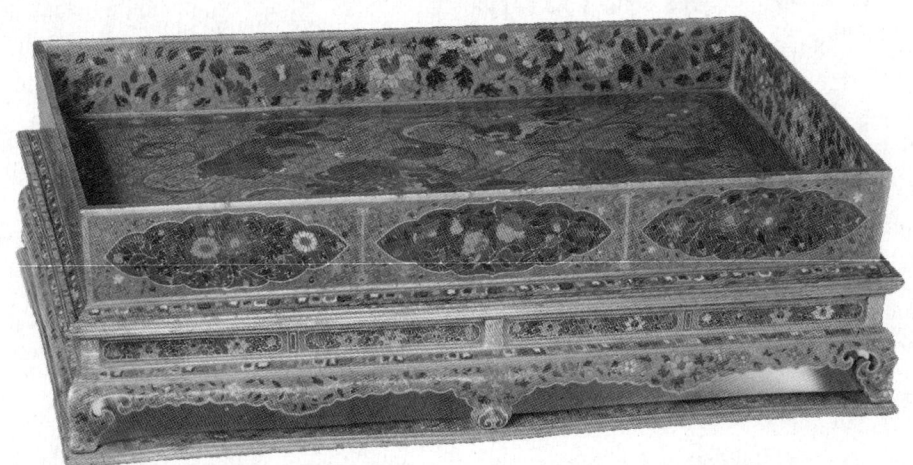

明宣德掐丝珐琅狮戏球纹双陆棋盘

宣德时期的宫廷文化之中,宫廷工艺占有较大的比重,因此,这一时期宫廷文化的相对繁荣,在很大程度上体现为宫廷工艺的繁荣。宫廷文化包括的内容相当庞杂,文物只是其中的一部分,各位看到的故宫收藏的宫廷文物,也只能反映当时宫廷文化的冰山一角。尤其是明代的宫廷文物,据说只占故宫一百八十万件文物的十分之一左右,最多不会超过七分之一,并且有些还不能完全属于宫廷文物。除此之外,至少还包括各地出土的宫廷墓葬品、国内外博物馆的宫廷藏品、文献记载和已经失传了的大量宫廷工艺品,这些加在一起也只能反映当时宫廷文化的部分情况。

宣德时期明代的宫廷文化,在总体上更为精致、生动,更富有宫廷富丽典雅、太平祥和的气息;内容更为丰富,大体上包括宫廷游戏、园林、戏剧、文学、书画、陶瓷、漆器、佛造像、建筑、珐琅器、家具、金银器、玉器、铜器、织绣、图书、宗教以及文房用具等等,共计约有十八个门类,其中至少有十二个门类是宫廷工艺的内容。这些门类的繁荣情况尽管不平衡,但从总体上看,是在传承前朝宫廷文化的基础上,具有一定程度的创新和变化,从而形成了明代前期宫廷文化的一次高潮。

(一)永乐、宣德工艺不分高下:瓷器、佛造像

1. 瓷器:宫廷御用性更为突出

宣德时期的陶瓷几乎完全继承了永乐时期的艺术和工艺水平,品种、釉色略有增加,多达十几种,花纹图案也增加了一些花鸟鱼虫的自然内容。这两个时期的瓷器在艺术成就方面各有千秋,永乐瓷器开创性较为明显;宣德瓷器在继承的基础上宫廷御用性更为突出,且器形更加丰富,品种数量增多,胎釉愈加精细,纹饰更趋精美,并首创皇家商标款识,形成了不仅追求实用性,并且更加注重观赏性和艺术性的时代风格。

(1)宣德时期在传统品种以外,还成功烧制出了一些瓷器新品种。据说

斗彩瓷器就是在宣德时期，而非后来的成化时期出现的。有些品种虽然在永乐时期已经出现，但此时特点更为突出，比如素有宝石红、祭红、积红、鸡血红等不同称谓，但成色略有细微差别的红釉瓷器的成色就比从前更为成熟、稳定。

（2）宣德时期的瓷器造型变化较多，有仿古器物、仿宋名窑瓷器、自然植物，还有仿外国器物等等。仅红釉瓷器就有洗、炉、梅瓶、僧帽壶、卤壶、梨式壶等多种造型。其中僧帽壶就像一个僧人戴了帽子一样，或许是制作者就按僧人戴帽的形象来设计制作的。

（3）瓷器的图案纹饰更为精美，更为生动自然，花果禽兽之纹饰多样，并吸收了绘画等方面的宫廷文化成就。

（4）胎釉更为精细。其中的仿哥窑瓷器釉面光泽度较低且略带油腻感，有人认为是对宋代哥窑瓷器的高水平仿制，也有人认为并非完全是仿制，而是宣德时期制作的略有仿制成分的哥窑作品。又如宣德红釉瓷器的釉色浓艳，往往在器物转折变化

宣德青花海水云龙纹扁瓶

的棱角处隐现胎骨，进而呈现白色的筋脉，增添了视觉的变化，耐人寻味。

（5）宣德时期蟋蟀罐的综合艺术成就（器形、纹饰、花色等），同样是这类宫廷文化发展的标志之一。这一时期的各种奢侈活动也在不断地加剧，尤其是花鸟鱼虫的采办，给南方社会带来了不小的骚扰和危害；并且许多宫廷工艺品的制作和生产，都是和这些奢侈活动联系在一起的。

如果把明朝各代御器厂烧造的以上几类瓷器放在一起进行比较，就会发现宣德时期花鸟鱼虫用器的品种非常多，品种比前后各朝更为丰富，制作也更为考究，数量也相当大。仅从1982年以来景德镇明御器厂旧址出土的瓷器来看，宣德时期的花盆、花钵类就有：白釉折沿平口钵、花口钵，青花红彩花卉纹

花口钵,青花七棱折枝花钵,青釉仰钟式钵,青釉六边六足花盆等八种;腰圆四足水仙盆则有四种,六边形水仙盆有二种,以上各式花器计有十四种。这些东西放在一起,里面不用养花,就已足够使人眼花缭乱的了。

鸟食罐则分单双口、象生与几何等种类,约有十四种,就连鸟笼、花瓶这类不起眼的小型瓷器,也分为四方琮形、贯耳胆形、竹节形、蔗段形与葫芦形等多种类型。看来是民间饲养禽鸟的各类竹木鸟食罐,被御器厂的能工巧匠烧制成了精美的瓷器,来供皇帝使用和玩赏。以上三十多种功能不同、形态各异的花盆、花钵与鸟食罐,充分说明了宣宗不仅爱好斗蟋蟀,并且还热衷于名贵花木和禽鸟的饲养。如果将这一点同宣德时期大量制作宣德炉等其他器物联系起来,其原因很可能同北京初建时期,宫廷装修与装饰的需要有关。

2. 佛造像:复杂工艺的应用范围有所扩大

永宣时期的佛造像在中国佛教艺术史上具有突出的地位,虽然永乐和宣德两朝在佛造像艺术和工艺方面难分高下,但可以肯定的是,宣德时期的佛造像全面继承了永乐时期的艺术成就,题材丰富、造型优美、工艺精湛,线条婉转流畅,丰满圆润,细部雕刻精准,金色明光,将汉藏艺术因素巧妙地结合在一起,形成了独特的艺术风格。

明宣德铜铃、杵

(二)创新的工艺:漆器、珐琅器

宣德时期出现了雕彩漆、戗金彩漆等新的工艺品种。其中戗金彩漆是戗金与彩绘两种工艺相结合的新工艺,即以金线勾勒出物象的轮廓,再以随类附彩的方法绘出物象,较之戗金漆而言,既能更形象地表现主题和物象,又有流光溢彩的工艺效果。

雕彩漆的作品采用七种颜色的漆料反复髹涂,就是一种颜色涂抹一层,需要哪种颜色就雕刻到哪一层,不但分层取色雕刻出圆熟的物象,还用磨显的方法使刀口斜面出现斑斓的花纹。这种特有的工艺和美感,在明代只有宣德漆器才具备。雕彩漆、戗金彩漆等新的工艺品种,反映出宣德时期髹漆工艺的发展和完善。部分漆器较永乐时色泽更鲜艳,漆层变薄,雕刻不求藏锋,官造款识由永乐朝的针划行书小字,改为刀刻填金楷书大字,为后来皇家髹漆工艺所继承。

1. 漆器出现了三种新的工艺品

宣德时期新的漆器工艺品至少有三种:

第一种是造型、装饰、雕工相同但款识不同的三件作品,都是剔红云龙纹大圆盒。虽然大朵莲花和龙纹等造型和装饰,显示出其艺术风格与永乐漆器相近。但也有一些不同之处,其一是这几个大圆盒的红漆色泽较为靓丽,显得鲜艳夺目,正如嘉靖时高濂所说:"宣德时制同永乐,而红则鲜妍过之",可见其红漆色的配制和运用技术有所变化。其二是装饰方法不同,器壁和盖壁的空间采用开光分为多个区域,分别雕以龙纹和花卉,具有明显的对称装饰效果。其三为雕刻手法不同,每一件都追求高浮雕效果,花纹外缘的轮廓线以立刀下刻,刀锋冷峻,打磨较少。

明宣德雕彩漆林檎双鹂捧盒

第二种是独树一帜、写实风格的漆器,即北京故宫博物院收藏的雕彩漆林檎双鹂大捧盒,目前所知世界上传世的仅此一件。此盒盖面的主题图案用写实的手法表现,一株沙果树斜出二枝,花朵果实相间,两只黄鹂各站一枝,相互顾盼,中间还有飞舞的蜻蜓、蝴蝶,整个画面显得自然而富有生气。其铭文刻于盖面图案的上部,在锦地上专门辟出一块长方形空间,上面阴刻"大明宣德年制"六字,并填以金粉。

这件雕彩漆捧盒无论是雕刻特点、装饰风格及落款部位，都与其他宣德雕漆真品差别较大：其一，它是目前所知传世最早的雕漆作品；其二，这件漆器的色漆层多达十三道，其雕刻采用分层取色与磨显并举的手法，使其色彩既丰富多样，又绚丽自然，此后再无超越者；其三，装饰采用写实的花鸟图案，在明代雕漆器物中尚属首例，也是永乐、宣德两朝器物中罕见的写实作品；其四，将铭文刻于盒盖的盖面纹饰图案中，在漆器作品中也属首例，不过这种做法在宣德时期的瓷器、珐琅器中并不少见。

第三种是三件剔红荷叶式盘，造型、漆色、雕工都相同，但纹饰不同。其中北京故宫博物院藏有两件，一件的雕饰纹样为海水双螭，另一件为荷花梵文；第三件在日本山形县蟹仙洞美术馆，与故宫的海水双螭纹饰盘基本一致。三件漆器的内壁和外壁都是锦地上雕有稀疏的纹饰，一为带状云纹，一为莲托八宝纹。三个盘的椭圆足内均髹黑漆，断纹密布如蛇腹状，靠左边刻有"大明宣德年制"六字竖行款，字体与永乐漆器上改刻的宣德款完全相似，并无后刻的痕迹，因此可以断定这种款识完全是宣德原作款识。

这三件漆器还有另一些特点，即漆色红中略微偏紫，较少光泽，显得有些肃穆、深沉；盘心与盘壁的漆层厚度不同，盘心漆厚约为 0.3 厘米，盘壁漆厚约为 0.2 厘米；同时，盘心花纹雕刻得较为精细圆润，而盘壁上的花纹则雕刻得较为粗劣，似乎是由技艺不同的工匠所为，但风格特点是一致的。三件漆盘的造型是以荷叶为原型变化而来，又有一些梵文入图作为装饰，这在漆器制作中属于首创，并为后世所继承。不过，虽然剔红荷叶式漆盘在装饰上带有宫廷风格，但雕刻手法上也有个人的技艺特点，并且其总体工艺水平显然比前两种漆器稍逊一筹。

2. 永乐漆器改刻宣德款识，并非工匠私自所为

今天传世的漆器之中，有一批原为永乐款识，后改刻为宣德款识的漆器。为什么会出现这种情况呢？明末崇祯时期的刘侗、于奕正在《帝京景物略》中说，宣德时期由于漆器产品不如前朝精致，工匠总被怪罪处罚，没办法只好私自购买内府收藏的永乐朝盘、盒等漆器，改刻为宣德朝的款识进献给朝廷，冒

充新制作的工艺品。

这种说法的疑点非常大,首先,从改刻宣德款的字体来看,基本上都是书写的台阁体,仅有工整与不工整的细微区别,说明这种改刻款是统一的行为,并非个别工匠私刻,否则字体不可能如此一致;其次,改刻宣德款的痕迹非常明显,如果工匠以此来冒充"新作"进献宫中,必然败露,不要说皇帝,就连负责收取器物的内外官员都可以上告,因此,谁敢轻易干这种事呢?第三,宫中御用之物不可能随意出卖,明代后期宦官私自出卖的东西,大部分是宫中的原料,工艺品极少,宣德时期更没有出卖宫廷工艺品的记载,今天看到的改款漆器,都是毫无损伤的精品,不可能是宫中出卖之物,况且这些东西是禁止民间买卖的;第四,雕漆这种工艺品,至少需要几个月甚至一年的时间才能制作完成,再加上各种漆料和朱砂等材料,成本较高,价格必定昂贵,就凭宫中工匠那点可怜的饷银,根本买不起。

可见,宣德工匠私自购买宫中的永乐朝漆器,改款后再进献给朝廷的说法是不成立的。至于刘侗等人为什么会这么说,恐怕同嘉靖时期内府管理漏洞较大,宫中的原料及工艺品流入市场有关。据说太监为了交差,曾盗出宫中收藏的宣德家具,冒充"新作"进献给嘉靖帝;还有一些太监利用职务之便,将内府十库中的某些原料偷出来,拿到市场上出售获利,实际上是监守自盗。

刘侗是崇祯七年的进士,生活在17世纪初,上距15世纪初叶的宣德时期已有约二百年,不可能了解当时的宫中情况,倒是对几十年前嘉靖时期的宫中旧事有所耳闻,因此很可能作以此类推的判断,将看到的一些改款漆器与工匠受罚的情况嫁接一处,再加上一些道听途说,因而得出了上述结论。

同时,刘侗等人可能只看到了工匠因技术操作失误而受罚的事,没看到明早期工匠和太监因盗窃内府藏品和原料而被处罚甚至杀头的记载,因此,他的宣德朝工匠私购宫中漆器改款的说法,是不能成立的。至于将漆器上面的永乐款改为宣德款,是由于宣德初年漆器产量不足,还是漆器质量下降,或者还有宣宗虚荣的因素,则需要进一步探讨。

3. 珐琅工艺的创新：錾胎珐琅器的制作

宣德时期在制作精美掐丝珐琅器的同时，还制作出了另一种金属珐琅——錾胎珐琅器。这种珐琅器的成型方法与掐丝珐琅不同，它是以金属錾花技法，在铜胎表面錾刻出花纹，然后在其纹样的下凹处填施各种颜色的珐琅，经过焙烧、镀金和磨光后完成的作品。錾胎珐琅与掐丝珐琅表面效果相似，只是纹样线条较为粗犷，并且看上去无断痕。

明宣德錾胎珐琅缠枝莲纹盒

北京故宫博物院藏有一件錾胎珐琅缠枝莲纹盒，通高5.5厘米，直径11.3厘米，圆形，盖面中心饰有盛开的莲花一朵，周围环以枝蔓，立壁饰以彩色缠枝莲纹数朵，盖面与盒体的花纹和颜色相对应。底部镀金，中心署有"宣德年造"阳文楷书款识。此件錾胎珐琅缠枝莲纹盒，是目前所见唯一一件宣德时期明确署款的錾胎珐琅作品。

（三）多种艺术和工艺的结合：玉器、金银器、珐琅器

1. 白玉、宝石加上黄金，这类工艺品具有独到之处

宣德时期的玉器虽然数量较少，但之前提到的"海东青啄天鹅头"玉雕，艺术价值和镂空雕刻工艺都是非常高超的，而且并非孤品。湖北梁庄王墓也出土了几件以鹘捕鹅为题材的玉器，造型逼真，极具动感，天鹅展翅的浮雕形象尤为生动。白玉鹘捕鹅的形制可能来源于金朝，后来虽经改制，但仍保留了金朝的风格。湖北梁庄王墓的主人梁庄王是永乐二十二年受封的，宣德四年就藩湖北安陆，正统六年去世，因此他的主要随葬品都是宣德时期制作的，可以代表当时的工艺水平。

从目前传世的几件金器来看，宣宗时期的金器日趋华丽、浓艳，器形也趋向雍容华贵，宫廷气息愈来愈浓厚，并且更多地借鉴了其他工艺。于是随驾银

作局制作的金箸、金壶、金勺、金镂空凤纹坠、金云凤纹瓶等,制作更为精巧,錾刻、焊接、镶嵌、镂空等多种工艺结合并用,颇具特色。尤其是镂空及宝石镶嵌的工艺十分具有特色。这种工艺在金器制作中被大量采用,可使较小的金器材料表现出较大的空间体积,并且使镂空后的金器没有空虚之感,从而使整个作品更为精致、醒目,更富于艺术观赏性。

需要说明的是,随驾银作局并非皇帝走到哪里它就跟到哪里,而是朱棣当年准备迁都时,在银作局之外设立的一个临时机构,相当于跟随朱棣到北京的一个"银作分局"。但在朱棣几次往来于南北两京时,这个机构并没有跟着来回折腾。因此,宣德时期的随驾银作局也只是沿用了永乐时期的名称,同样不可能"随驾"。

梁庄王墓出土的器物之中,还有几件玉雕、宝石和金器三者镶嵌在一起的工艺品,包括金累丝镶宝石青玉镂空双鸾鸟牡丹簪等。故宫博物院的专家认为,白玉、宝石加上黄金,这种三结合的工艺品在当时具有独到之处,不仅色彩搭配效果非常独到,工艺手法也是中外交流的结果,既有14世纪中亚、西亚一带的西域风格,也有南洋一带的工艺特点。宝石并非中国所产,而是郑和下西洋带回来的,因为元代虽有类似的工艺品,但没有后来的红、蓝宝石,因此,宣德时期金玉、宝石镶嵌在一起的工艺品,反映了郑和下西洋在宫廷之中的影响。

金镶宝石白玉镂空云龙纹帽顶（梁庄王墓出土）

2. 掐丝珐琅器图案纹饰精美,多为皇权象征

掐丝珐琅器的图案纹饰以缠枝莲花纹为主。莲花纹是中国古代常用的装饰纹样,与佛教有着密切的关系,缠枝纹又名"万寿藤",因其结构连绵不断,

故又具"生生不息"之意，寓意吉庆，反映了人们祈盼吉祥幸福的美好愿望。宣德时期，缠枝莲纹仍然是掐丝珐琅器的主要纹饰，并形成定式，对后世产生了很大的影响。

明宣德掐丝珐琅缠枝莲纹炉

更为重要的是，代表吉祥的狮戏球纹和象征皇权的龙凤纹的出现，对此后明、清两代掐丝珐琅的装饰图案具有重大的影响。狮戏是中国古代一种传统的吉祥纹样，狮为百兽之王，是权力与威严的象征，因此古代中国常用石狮、石刻狮纹来做镇墓或护佛，用以辟邪。

故宫博物院藏明宣德掐丝珐琅狮戏球纹双陆棋盘，高15.7厘米，长54.6厘米，宽34.5厘米，长方形，盘底内中间掐丝填红、黄、蓝、绿等颜色珐琅的狮子共七只，做顽皮戏球状；在狮戏球纹之中，以及上下各横向镶嵌有圆形螺钿，为放置棋子之用。棋盘成形规整，胎壁厚重，狮子形象顽皮可爱，是宣德时期掐丝珐琅的罕见之作；同时也在一定程度上反映出当时古朴典雅、宁静恬适的宫廷生活场景。

这件棋盘的艺术观赏价值非常高，甚至超过了使用价值，因为如果有外臣在这个棋盘上陪皇帝下棋，注意力就会分散，就会观赏精致、生动的狮子戏球纹饰图案，而不会专心下棋，输棋的可能性自然就非常大了。因此，宣德时期宫廷制作的这种相当考究的双陆棋盘，除了显示皇家的气派之外，是否宣宗有意以此来分散对方的注意力，从而导致对方输棋，则让人不得不产生怀疑了。因为据说宣宗曾让大臣黄福陪他下棋，但却遭到了拒绝，弄得宣宗很不高兴，因此，宫廷棋盘类工艺品的制作，可能和宣宗的下棋爱好有关。

象征皇权的龙凤纹，同样出现在宣德时期的各种器物上。故宫博物院收藏的明宣德掐丝珐琅龙凤纹炉，高23.5厘米，口径37.5厘米，底径36厘米，造型奇特，为菱花瓣式，三足为铜镀金象首，象首被当做三只脚来使用；外壁是以花瓣、蓝色珐琅为地,每一花瓣内又有掐丝镀金菱花瓣式开光,开光内装饰彩色云龙和云凤纹,呈相间排列,炉底镀金光素。此炉珐琅色彩纯正,质地晶莹,飞龙、飞凤做翱翔状,体态修长,飞龙异常矫健,飞凤飘逸潇洒,是宣德掐丝珐琅器中的精美之作。

(四)后起之秀:文具、铜器等

1. "龙香御墨"及其特色

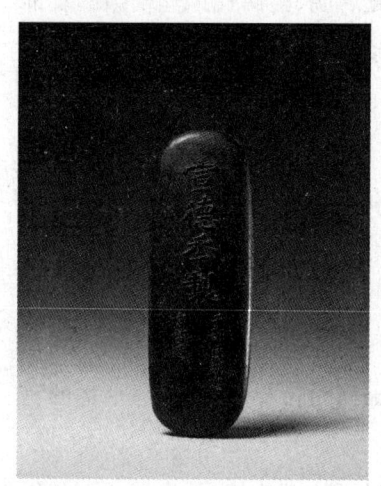

明宣德龙香御墨

文具、铜器等在永乐时期较为少见或不太突出。宣德时期的文具中有一锭牛舌形"龙香"御墨,长8.6厘米,宽2.9厘米,厚0.9厘米,墨面为双螭相抱,中有阳文隶书"龙香御墨"四字,布局紧凑而整齐;另一面上方为阳文楷书"宣德年制"四字,下面有阴文楷书直双行"工部臣胡进言督造"八字。此墨做工精细,装饰图案对称工整,字迹清晰,为明代御墨精品。御墨系中国古代专为皇帝所造,品质上乘。故宫博物院所藏这批明代龙香御墨,制作精良,工艺高超,已处于中国制墨史上的成熟阶段。

宣德时期的另一件御墨为龙香朱墨,即红色墨,故宫博物院藏,长牛舌形,一面镌刻有凸纹火龙戏珠图,背景为云朵缭绕,龙身隐隐有金光闪烁,似乎经过了漱金或洒金的工艺流程。整个墨品色韵沉穆,更显出金龙腾舞云中之势,实为御墨中少见的精品。

2. 宣德炉及其名声越来越大的原因

据旅美学者陆鹏亮的研究,明代有关宣德炉的记载未必完全可信,"宣德炉"的叫法最早大约在万历时期才出现,但我认为类似的铜器应该早就出现过。宣德时期出于宫廷祭祀和玩赏的需要,明宣宗曾命人仿古器物样式制造出一批铜器,其中就有久负盛名的宣德炉,用于充实北京的宫殿和赏赐西藏地区。这类器物用料丰富,质地细腻,色泽莹润,造型精致,既代表了宣德时期的冶炼和铸造工艺水平,又体现了当时统治阶层在宫廷工艺方面的不懈探索和追求。

宣德炉之所以称为"宣德炉",而不叫"正德炉、康熙炉",原因可能有几个:第一,可能是出现这种形制的铜香炉是在宣德时期。关于这一点,故宫古器物部李米佳从宣宗赏赐西藏大慈法王的一幅缂丝唐卡中发现,画面上就有类似后来宣德炉那样的铜器;第二,可能由于宣德朝的宫廷文化发达,宫廷工艺品影

"大明宣德年制"款铜炉

响大,名声大;第三,可能是因为这种铜器当时制作的数量少,成本昂贵,不易仿制。因此,"宣德炉"的名声越来越大,到明后期即成为约定俗成的名称。

至于宣德炉为什么流传极少,可能和当时的烧制工艺、技术有关。如果同珐琅器、瓷器、漆器等相比,宣德炉可能是当时的试制产品,并取得了意想不到的某些效果。但制作并不规范,没有一套完整的、可操作的程序流传下来,成品、精品极少,更没有一种标准器可供参考,因此后来的人仿制时只求大致相近,实际上也是继续试制,追求一种理想状态。同时,这种铜器的烧制不同于瓷器,可能是一种混合多种工艺的技术,尚不清楚是否同中国的科技基础有关。仿制本身也是一种技术和工艺方面的探索,从中也可见宫廷文化对民间的巨大影响,越是缺乏越是虚幻,仿制的就越多越久。

总之,宣德时期的宫廷文化,尤其是宫廷工艺较为繁荣,并且取得了较大的艺术成就。那么,为什么会出现这种繁荣的局面呢?

（五）宫廷文化、工艺繁荣的原因

宣德时期宫廷文化尤其是宫廷工艺繁荣的原因较为复杂，大约有五条：

第一，宣宗本人对宫廷文化的兴趣和对奢华生活的追求。从朱棣夺位成功到永乐十八年底迁都北京，宣宗除少数几次短期跟随祖父朱棣离开南京外，其余大部分时间都是在首都南京，同其父仁宗一起从事各种宫廷文化活动，因此后来宣德时期的宫廷文化活动，很大程度上是继承并发扬了仁宗监国时期首都南京的宫廷文化。当然，仁宗对宣宗这方面的培养和鼓励，一定程度上还有寄希望于长子、巩固自己的太子地位之意。

第二，宫廷文化政策和制度方面的促进作用。作为国家财政一部分的宫廷财政，向宫廷文化以及相关的宫廷生活方面大量投资，也是宫廷文化发展的重要物质基础。宫廷财政无疑是宣德时期宫廷文化活动的重要支柱，其中实物类收入占宫廷财政很大的比重，花鸟鱼虫、瓷器、金器以及其他一些消费品的收入，便成为宫廷文化发展的重要前提。宣德时期的文化政策比永乐时期更为宽松、积极，宣宗本人对宫廷艺术活动的提倡，使当时的宫廷文化政策导向非常有利于整个宫廷文化的大力发展。

第三，上升、和平时期的明朝宫廷对汉族正统宫廷文化的复兴，大力追求并发展当时的精雅高端艺术。当年朱元璋在推翻元朝的《北伐檄文》中，提出要"复汉官之威仪"，已含有复兴汉族正统文化的意思。虽然洪武、永乐两朝制订了一系列代表正统文化的宫廷典制，朱棣在重"武功"的同时，也有"文治"方面的追求，但真正开始大规模复兴汉族正统宫廷文化应在宣德时期。整个宣德时期宫廷文化的成就，在很大程度上是宣宗复兴汉族正统宫廷文化的结果。

由于明朝是从元朝手中夺取政权的，不可避免地要对元朝的一些宫廷文化有所继承，著名的元青花瓷器就是一个例证。同时，处于上升、和平时期的专制帝王，一般都会大力追求并发展整个社会的精雅高端艺术，明朝也不例外。永乐时期宫廷文化的逐渐繁荣表明，朱棣已经开始了这种追求。到了宣德时期各种条件进一步成熟，于是宣宗便力图将当时整个社会的精雅高端艺术统统搬到宫廷之中加以发展。

第四,宫廷工艺的发展、多种艺术的结合,中外宫廷文化的交流及其与民间工艺的交流。没有高度发达的制瓷工艺,就没有这一时期相当精美的瓷器出现;没有相对发达的髹漆工艺,就没有相当完美的髹漆作品问世;没有探索中的铸造和冶炼工艺,就没有久负盛名的宣德炉出现。因此,相对发达的宫廷工艺是当时宫廷文化发展的技术原因之一,但仅有这些工艺条件是不够的,髹漆、珐琅、陶瓷制品往往是雕刻、绘画和烧制等多种艺术和工艺的复杂结合,只有这种结合达到了一定的程度,才能创造出更为精美的工艺品,而宣德时期恰恰具备了多种艺术和工艺完美结合的条件,从而推动了宫廷文化的高度繁荣。

第五,北京建都后装修的需要。根据记载,成祖朱棣在北京建成的新首都仅仅是初具规模,只有三大殿为首的一系列宫廷建筑,后期已无力进行更细致的装修。仁宗上台后决定把首都迁回南京,也没有装修北京宫殿。只有宣宗即位后既不想回迁,自己又喜欢享乐,加上社会条件相对安定,宫廷财政相对宽裕,才有条件对整个宫廷进行大规模的装修活动。因此,宣宗对北京皇宫的进一步装修,一定程度上推动了当时宫廷文化的发展。

从上述几点可以看出,这种繁荣的代价是相当大的。那么在这种情况下,宫廷文化的繁荣势头还会持续下去吗?

(六)宣德朝宫廷文化繁荣的代价较大,已无法持续

1. 宣德以后宫廷文化的迅速沉寂

宣宗死后,除了宫廷文学、书画这类财政消耗较少的项目和一小部分必要的宫廷器物生产之外,大部分工艺品的制作和生产几乎都停止了。著名的蛐蛐罐更是在老太后的直接干预下,从宫中全部扔出去了。现在故宫博物院收藏的蛐蛐罐并不是明宫的旧藏,而是1949年以后从民间征集来的。因此,尽管景德镇有大量的出土蛐蛐罐残片,但是故宫却没有一件蛐蛐罐藏品。

正统至天顺时期,陶瓷、漆器、金银器等宫廷工艺品的制作相对沉寂,质量

和数量都明显下降,有的学者甚至把这一时期戏称为"空白期"。当然,这一时期并非一件宫廷器物也不制作,那些需要量较少、制作工艺较为简单、原料消耗较小、同宫廷财政状况关系不大的东西,仍然在不断制作。只有那些并不完全依靠财政投入和支撑的宫廷文化项目,如文学、书画等项目,才能在改朝换代之际得以持续。

当时的宫廷工艺品中,瓷器、珐琅器、铜器、织绣和金银器等织造、烧造项目,都在停止或减少的范围内,其余的如家具、玉器、文具等项目,宣德时期就不太发达,后来自然更为衰落了。漆器在宣德时已衰落,佛造像则随着宣宗死后僧人的大量遣散,数量和质量也都大为下降了。

虽然宣德中后期,整个明代的宫廷工艺有了较快的发展,瓷器、佛造像、铜器、织绣、珐琅器、金银玉器,甚至还包括园林、游艺等门类,从数量到质量都有一个较大的提高,但同时各种宫廷工艺品中也都存在着质量好坏不一、工艺水平不齐的问题。

造成这种现象的原因虽然较为复杂,比如南京宫廷的高水平工匠没有,也不可能随着永乐迁都全部来到北京。仁宗即位后明确下令准备回迁首都,因此并没有积极地筹建北京的宫廷工艺机构。宣宗即位初期,暂时继承了仁宗的政策,减少了大部分宫廷工艺品的制作,等到宣宗中后期大力恢复和发展宫廷工艺品的制作时,很可能需要重新招募一些工匠,而这些人的技术水平差别较大,因此宣德中后期工艺品的质量和工艺水平不一,也在情理之中。

但是,宣德中后期宫廷财政压力大,工艺品的生产和制作规模趋于膨胀,根本无法保证,也不可能对每一类工艺品,都有平均、充分的人力、财力和物力投入,而只能优先保证那些皇帝喜

明宣德西亚风格的青花瓷器

欢、关注的,这样才导致了宣德中后期工艺品质量和工艺水平不一。从上述情况看,宣德以后的正统时期,宫廷文化和工艺各个门类出现了不同程度的衰落,既有大的共同背景,也有每个门类的具体原因,并且这种衰落在宣德后期就已经开始了。

2. 宫廷工艺品规模较大,百姓负担重

虽然宣德时期的宫廷文化较为繁荣,取得了辉煌的成就,但是这种繁荣的代价却是相当大的,很大程度上是靠专制权力来维持的。国家财政方面人力、物力、财力向奢侈活动以及宫廷文化的投入都很大,已经造成了一定程度上的财政危机,用现在的话说,可持续发展的空间和动力很小,在宣宗生前就已经维持不下去了。更确切地说,即使没有后来的停减活动,宣德中后期宫廷文化和工艺的繁荣势头,也很难继续维持下去。

据不完全统计,宣德时期宫廷工艺的加工制作规模、工艺品的门类和数量可能都超过永乐时期。这虽然是用宫廷财政来维持的,但实际上是国家财政掏钱掏物,来堵宫廷消耗的窟窿,并且宫廷财政不可能始终给予各类工艺品足够的投入和支持。宣宗在娱乐方面的爱好和追求,已经让明朝的国家财政付出了相当大的代价,因此无法长期持续。

宣德朝宫廷文化繁荣的代价,至少有两个方面:

第一,宫廷工艺品、燃料等的制作和征收规模较大。各位知道,各种宫廷工艺品的生产和制作,需要大量的原料材料,比如纻丝、纱罗、缎匹等纺织品,铜、颜料、木板、柴炭等等,都要从民间征收或采买。其实采买跟白拿差不多,并且许多材料是要经过一定的技术加工,加工之后如果不合格还需要返工,因此宣德后期民间实物和劳役的负担非常重,拖欠的现象非常严重,数额非常大。加上宫廷工艺品的生产和制作,需要相当一部分工匠付出高强度的复杂劳动,还需要大量的百姓和军人帮忙。

当时京师的军卫有七十七个,官军总数为二十五万三千八百余人,竟有十一万六千四百余人在内府各监局当"临时工",从事各种宫廷劳役,而真正能够上岗操练的军人才有五万六千多人。就是说,守卫北京的二十多万军人中,有近一半被抽调到内府,作为各种宫廷手工业的临时帮工(《国榷》卷二三),可见当时宫廷手工业的规模之大。

但宣宗不管这些,照样加派各种工艺品的制作任务,仅宣德八年一次就加派生产瓷器四十四万件,算得上是天文数字了(估计只完成了一部分)。这里顺便说明一下,加派是指在原有定额的基础上,再增加新的征收量或制作任务,因此宣德八年四十四万件瓷器的加派,更是给南方百姓造成了沉重的负担。而且许多宫廷工艺品的制作和生产,几乎是和斗蛐蛐等奢侈活动联系在一起的,比如景德镇明御器厂故址出土的花盆、花钵就有十四种,喂鸟用的鸟食罐也有十几种。显然,瓷器制作,很大一部分是为花鸟鱼虫准备的。

第二,百姓的相关负担非常重。宣德时期,各地制作工艺品的负担同样非常重,后来英宗下令,停止了一大批。

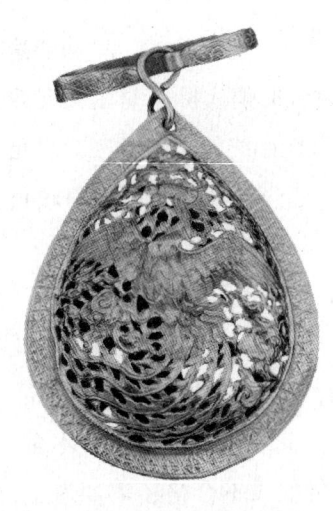

明宣德金镂空凤纹坠

宣宗一死,英宗还是个八岁的小孩子,不可能玩宣宗的那么多花样。王振作为英宗的贴身秘书和代理人,更是有意阻止英宗不要像宣宗那样过分游乐。据说从英宗即位到土木之变的十四年里,几乎很少派人去江南采办花鸟鱼虫。继位皇帝本人享乐追求的减少,使宣德时期大部分宫廷工艺品的生产得以减少或停止。王振如果像武宗少年时的刘瑾那样,想方设法勾引小皇帝贪玩享乐,外廷的大臣是无法阻止的。

所以,别看王振后来干了一些坏事,但是在阻止英宗骚扰社会这一点上,还是有贡献的。后来有人说,不让宫廷聚敛和各种负担四处泛滥,危害百姓,令天下百姓暗地里得到了实惠,也是王振抹杀不了的功绩(陆蓉《菽园杂记》卷七)。这也从另一个角度反映出,宣德时期宫廷文化带给百姓的负担是相当沉重的。

3. 宫廷文化繁荣与奢侈活动相连，难以持续

除了皇帝小、享乐少的原因之外，朝中士大夫集团的传统治国理念同皇帝享乐活动之间也有冲突。三杨等辅政集团的政治理念是传统儒家思想的那一套，他们认为皇帝的享乐虽然有文化上的追求，但更多的是一种奢侈、腐败，本身具有向百姓和社会聚敛的特点和倾向，因此应该设法阻止和改变这种追求，或者是在皇帝追求和国家政治之间保持平衡，避免前者过分膨胀，这也是中国的政治文化传统。因此，宣宗死后，三杨为首的辅政集团主政，他们在老太后的支持下，更是不可能再允许小皇帝继续像宣宗那样折腾。于是这些人便充分利用机会，先后以英宗的名义发布了一系列的诏书，着手改变宣德后期大规模生产宫廷工艺品的状态。

因而，那些主要依靠财政投入才得以维持，消耗较大的宫廷工艺项目，制作的规模和数量都大为下降。虽然正统初期的宫廷新政针对的是宣德时期的各种弊端，并非针对宫廷文化，但因为宫廷文化，尤其是工艺品的生产和制作，并不是一个单纯的文化问题，而是和包括奢侈活动在内的弊端联系在一起的，因此减少或停止奢侈活动，也就减少或停止了相关工艺品的制作和生产，减少了宫廷文化的投入。这就是宣德以后宫廷文化尤其是宫廷工艺相对沉寂的主要原因。

总之，尽管宣宗个人的享乐追求与爱好，一定程度上促进了当时宫廷文化的繁荣，但这种繁荣本身超过了当时的社会承受力，百姓为此付出的代价相当大。而巨大的生产投入也造成宫廷财政开支的沉重负担。

就像宋徽宗搞的"花石纲"，虽然是宫廷园林文化的杰作，但是从征集、运输到制作、完成，社会和百姓受到的折腾相当大，其中水路运输巨大的太湖石，沿途居然不得不拆掉一批低矮的桥梁，最后还在南方引发了一场民间动乱。因此，专制时代宫廷文化的繁荣尤其是宫廷工艺的发达，往往会导致百姓付出很大的代价和宫廷财政的膨胀，并不有利于国计民生，也不是社会发展的正常轨迹。今天从不同的角度，以不同的标准来看待这件事，人们在感叹宣德时期宫廷文化繁荣与短暂的同时，恐怕也应该看到它背后的巨大代价。这些活动对当时的社会和国家来讲，未必都是好事。

虽然在宣德后期宫廷文化已有衰落的苗头,但宣宗生前并没有及时采取措施,停减这些投入和消耗都相当大的文化工程。辅政集团的那些老臣更是没办法,只有到宣宗去世、英宗上台这种改朝换代的时候,他们才有机会着手改变。所以,宣德时期宫廷文化的繁荣势头并没有持续下去,宣宗死后的正统初年即走向了沉寂,"仁宣之治"也很快结束了。那么宫廷文化的繁荣和"仁宣之治"的局面,为什么会如此短暂呢?

三十三 短暂辉煌

十年"仁宣之治"辉煌而短暂,种种矛盾和弊端早已暗流汹涌,专制制度的固有顽疾使其无法持续。

明英宗像

（一）辉煌而短暂的"仁宣之治"

1. 社会经济得到恢复，巨额减免百姓受惠

永乐时期，国家几乎是同时举行了南征北讨、迁都远航等等消耗巨大的活动，不仅花光了洪武三十余年的国库积蓄，而且使国家财政处于严重的超负荷状态，社会经济受到了很大的摧残，百姓的生活十分困苦。

宣宗继承了仁宗轻徭薄赋、休养生息的政策，宣德年间明朝的社会经济得到了一定的恢复和发展，百姓的生活得到了一定的改善。宣德时期减免田赋税粮的数额是相当大的，在十年间十六次大数额的减免活动中，宣德五年减免米麦七十四万余石，宣德七年减免米麦七十九万余石，两次即超过一百五十余万石（《明宣宗实录》）。因此，虽然国库的税粮增加不多，但百姓却得到了实惠。

2. 社会稳定，内外和平，矛盾处于潜伏状态

同前后各个历史时期相比，宣德时期没有重大的对内对外战事，没有大规模的宫廷政治纷争，没有宦官乱政的严重事件，没有重大的自然灾害和超过国家负担能力的活动，在明代历史上是较为少有的稳定时期。此时那些不稳定的社会因素和问题，基本上都被明朝政府暂时化解或消除了：国防局势转攻为守，南北两线暂停战事；高煦之叛被迅速平定，善后工作并未造成大的波动；对少数民族地区的纠纷和武装冲突，基本上采取以抚为主、先礼后兵的政策；严重扰害百姓的宦官基本上得到了惩处；为生计所迫背井离乡的流民，也暂时得到了当地官府的安置。此后发生的宦官干政、军制腐朽、外敌入侵、流民大增等等祸患，此时基本上处于潜伏状态。

因此后人将宣德时期与周代的成康之治、汉代的文景之治相提并论。外国学者则认为宣德时期是明史中一个了不起的时期，"那时没有压倒一切的外来的或内部的危机，没有党派之争，也没有国家政策方面的重大争论。政府有效地进行工作，尽管宦官日益参与了决策过程。及时的制度改革，提高了国家

行使职能的能力和改善了人民的生活,这两者是贤明政治的基本要求"(《剑桥中国明代史》)。后世把宣德时期作为明朝的黄金时代来怀念,是不足为奇的。

3. 较为关注民生,减少劳民伤财之举

宣宗在位十年,较为关注民生。他深知农业生产不能遭受过多的干扰,因此在多种享乐活动的同时,为保证农业生产、减轻农民的压力,尽可能地调节和制止朝中那些干扰农业生产的活动,防止过分劳民伤财。对于那些在京城劳作,极为辛苦的工匠,宣宗也曾多次下令,设法减轻他们的负担。有的工匠兄弟六人供役于京师,四人劳累死亡,只剩二人,家中老母无人奉养。宣宗闻知此事动了恻隐之心,立即令其中一人回家奉养老母,另外一人拜见母亲后再来服役(《明宣宗实录》卷九)。他还多次指示有关部门,不要苛剥和欺压工匠,对于那些因饥寒和压榨被迫逃亡的工匠,不要急于追捕,要加以宽限(《明宣宗实录》卷一二)。

这些指示对于缓解工匠的困境,减轻他们的压力,起到了一定的作用。宣德元年(1426),宣宗根据京师营建工作和工匠们的实际情况,下令工部将半数在京劳作的工匠放回家,以便日后可以更代。匠户只有一丁或老弱病残者,则免除其劳役;同时下令停建一些不甚急需的工程(《明宣宗实录》卷二一)。终宣德之世,宣宗很少进行大规模的营建工作,因此人力和财力的消耗不大,远远低于永乐时期。

4. 顺应民意,批准许多清官重新留任

地方官如果有惠政,为官清廉正直,就会受到当地百姓的拥戴,在调动或离职时,百姓可以向上级官员甚至进京向皇帝请求让他留任。在这种情况下,皇帝基本上都同意继续留任。这种传统并非始于明朝,但在太祖洪武时期,这类事例很多,而且受到了农民出身的朱元璋的鼓励和支持。宣德时期继承了这个传统,几乎每年都有一批离职的地方官为百姓所挽留。著名的苏州知府况钟便有这样的经历。

更有甚者,还有离任二十多年的宁阳知县孔公朝得以复职。孔公朝是在永乐初年任宁阳知县的,为官清廉正直,均平赋役,深受当地百姓的爱戴。只因与同僚酗酒争斗,受罚戍边。当地百姓数十人屡次奏请朝廷留任孔公朝,都未获批准。当宣宗下令全国举荐贤才,当地百姓又看见了希望,便再次上奏请愿。宣宗对吏部尚书蹇义说:此人离开宁阳已经二十多年了,百姓居然多次向朝廷奏请留任,肯定是受了很大的恩惠,应该让他回去。于是宁阳百姓经过二十多年的争取,终于达到了目的(《明宣宗实录》卷三〇)。

从上述情况可以看到,宣宗恢复经济,减免赋税,减少劳民之举,批准清官留任,对于国家和百姓来讲,"仁宣之治"的十年是一个较为辉煌的时代。但是这种辉煌并没有持续下去,只有短暂的十年,并且在这十年之中,许多弊端已经逐渐暴露出来。那么"仁宣之治"是怎样结束的呢?

(二)人亡政息导致了"仁宣之治"的结束

1. 人亡政息,英宗、王振不可能持续"仁宣之治"

"仁宣之治"的出现在很大程度上是社会发展的自然结果,并非完全是仁、宣二帝个人的功绩。朱元璋当政的洪武中后期,明代社会就已经从战争状态逐步转入和平状态,建文帝即位后加强了这种和平发展的势头。朱棣上台后的几个大规模消耗性活动,如北征、远航、迁都等等,虽然暂时打断了这个势头,但并未根本改变明代和平发展的趋势,因此,仁、宣二帝不过是顺应这种趋势,他们的政策和作为或多或少地推动了这种趋势,过去的史书上讲"仁宣致治",即是指二人努力营造和达到社会稳定状态。

因此,仁宣时期社会稳定局面的出现和形成,有其必然性,仁、宣二帝的作用不可夸大。但是仁、宣二帝毕竟是当政的皇帝,"仁宣之治"在很大程度上体现了他们个人的追求和理念,因此,只要宣宗本人在,他的久经考验的辅政集团在,国家和社会的大局就不会出现较大的动乱。而宣宗一死,八岁的小皇帝英宗即位,他最信任和倚重的太监王振自然而然地替他掌权,除了拥有内廷的大权之外,王振还拥有相当大的政务决策权,某种程度上相当于代理皇帝。

但英宗、王振与仁、宣二帝毕竟不一样,他们在政治理念和追求等方面都

王振石刻像

存在着较大的差别，前者几乎没有后者的曲折经历和政治责任心，在政治上是两代人，与辅政集团的几位老臣也没什么特殊的感情。因此，英宗、王振不可能完全继承仁、宣二帝的政策，使"仁宣之治"持续下去。虽然正统初期，三杨和老太后曾一度短暂主政，但由于英宗支持王振，因此三杨等人维持"仁宣之治"的政策和主张就像秋天的扇子，扇了几下很快就被抛弃了。皇家虽然还有一个辈分很高的老太后，但她的权势和地位几乎无法同英宗倚重的王振相抗衡，因此，正统年间的局势就逐渐由王振掌控了。

尽管王振与小皇帝英宗也终结了宣德时期的一些弊端，尤其是制止了采办花鸟鱼虫的扰民活动，但另一方面却带来了更大的弊端。拥有代理皇帝身份和地位的王振，逐渐压制了三杨等人，公开迫害那些不愿屈服于他的朝臣官员；还不顾云南麓川少数民族地区的复杂形势，贸然发动麓川之役，十几万大军远征云南，不仅劳师费财，激化了同当地的民族矛盾，甚至还引起了湖广、贵州等地少数民族的反抗。

更为严重的是，王振集团对蒙古瓦剌势力的崛起竟然不做任何战略防备；在瓦剌发动进攻的情况下，又十分轻率地鼓动英宗亲征，结果大败于土木堡，二十万大军全军覆没，英宗也做了俘虏。就这样，"仁宣之治"随着英宗和王振的上台，在宣宗去世后的十几年内就彻底结束了。这种变化似乎来得太快了，因此，"仁宣之治"的辉煌就显得更为短暂。宣宗在世时，这种辉煌就开始褪色了；宣宗一死，这种辉煌便一去不复返。

2. 宣德中后期各种社会弊端已逐渐加重

宣德中后期，一方面虽然"仁宣之治"的政策仍在继续执行，但执行的力度和范围却越来越有限；另一方面，随着宣宗本人享乐追求范围和力度的增加，各种社会弊端也在逐渐加重。主要表现在以下几方面：

第一,宦官的权力全面提高。一些高级宦官至少有了这几种权力:一是对武将的监督权,即担任边地镇守的太监,实际上有权监督边镇的武将;二是火器部队的控制权,即掌管神铳这种先进的火器部队;三是部分出征和留守部队的领导权,即与武将及部分文臣分享对军队的控制权;四是临时居守京师的部分行政权,即有权和文武重臣共同处理皇帝离京期间的"警急机务"。

实际上,前三种权力都是高级监察官员和武将的,不过是被宣宗从武将手里拿出来,转身交给了他更信任的那些宦官。第四种权力虽然是临时性的,但同前三种权力相比,却是范围最大、级别最高的权力。而宦官权力的增加,至少说明宣宗当政时期设法加强了中央对地方的控制,加强了国家对社会的控制,也就等于加强了宣宗本人对整个明帝国的控制。

第二,朝廷买办和征收消费品大量增加,对民间尤其是富庶的江南地区骚扰较为严重。百姓的赋税、劳役负担很沉重,虽然朝廷不得不多次下令减免,但收效不大(杨士奇《东里别集》卷二)。

第三,沉重的赋税、劳役负担迫使百姓大量逃亡。宣德时期,离开土地逃亡的流民多达数十万人,几乎遍及全国。中下级官吏为了如数上缴赋税,只好将逃亡百姓的份额转嫁于未逃亡的百姓身上,结果形成一种恶性循环。而那些逃到他乡异地的百姓,得不到应有的安置,生活极为困苦,许多官员主张将这些人赶回原地,但根本无法做到。

朝廷虽然多次下令让流民回到原籍,但收获甚微,后来只好放宽政策,多次下令回到原籍复业的人户,除了免除拖欠的全部赋税外,另外再免除一年的差役。可是,这个政策适得其反,不但没有制止逃亡,反而奖励、纵容了逃亡,因为不逃则赋役、欠额全部压在你身上;逃走了就会全部免除,还能得到再免一年甚至两年差役的优待。这样一来,流民越来越多,逃亡的现象更加严重了。

第四,宣德中期的司法活动和刑狱管理一度较为混乱,连宣宗都认为当时"刑罚失当,无辜者衔冤,有罪者幸免"(宣德三年二月十六日《恤刑诏》)。杨士奇更是指出,近年以来冤假错案相当多,似乎连上天都看不下去了,频繁发生水旱之灾。

第五,货币流通已陷入混乱。金银逐渐成为市场通行的货币,但是却不是

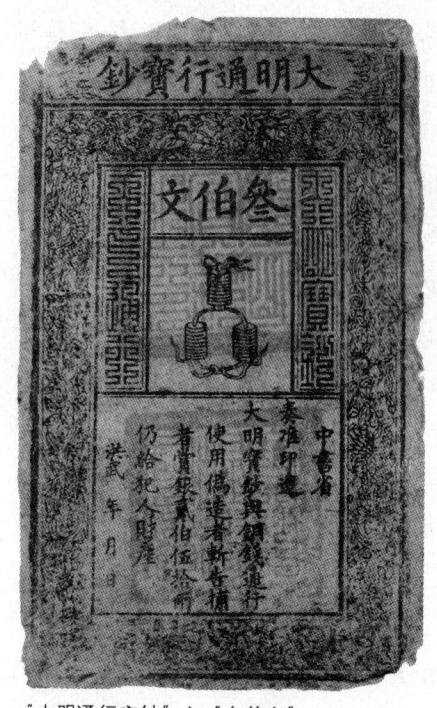

"大明通行宝钞"之"叁伯文"

明朝政府发行的法定货币,因此当时虽然折收金银和收钞两种方式并行,但朝廷仍然试图维护钞法,这种努力反过来又加重了货币流通的混乱。

可见,宣德时期并不像后世传说的那样美好,而是弊端较多。虽说从仁宗即位直到正统帝上台,朝廷多次发布诏令,又是减免百姓负担,又是放宽流民政策,但实际上这些政策并未得到充分的贯彻和落实。宣德后期,整个社会已处在一种较为沉重的压力之下,当时固有的社会问题和宣宗享乐带来的各种弊端,已经越来越明显、越来越严重了。"仁宣之治"作为一项民生工程,不过是人们所期望的一种理想状态,并且这种状态在宣宗生前就已经开始逐渐褪色,逐渐结束了。

(三) 宫廷财政的膨胀破坏了"仁宣之治"的持续

1. 宣德中后期的突出弊端:宫廷财政膨胀

在宣德中后期的各种弊端之中,有一个较为突出的问题,就是宫廷财政的膨胀。其中涉及的内容相当庞杂,许多问题是在宣宗去世后,英宗即位初期的减免活动中暴露出来的,大体上有以下几点:

第一,宫廷消费品的征收和制作的数量相当大。比如,钦天监的历日纸多达五十万九千七百多本,英宗时裁省为十一万九千五百多本,减少近四十万本;太医院药材高达九万九千一百余斤,后来裁省为五万五千四百余斤,减少了四万三千多斤;光禄寺的糖蜜果品数量也相当高,英宗下令只留三分之一。(《明英宗实录》卷二)。

第二，南京消费供应及行在光禄寺的负担较重。宣德时期，由于宣宗始终没有确定是否还都南京，因此南京的宫廷消费供应仍然保留较大的规模和数量，后来英宗下令减省了南京的供应。据不完全统计，减省南京内官监的米、秫、谷、草，供用库的麻、米、茶、蜡，御马监的豆、粟、谷、草，共计高达三万二千多斤（《明英宗实录》卷五）。

宣宗时期，每年供应南京象房的芦根菱草高达十万八千斤，不管有多少头大象，反正这个数字一直未变。直到宣宗死后才有人建议，南京的大象已送往北京，因此应该按照大象的实际数量来采办供应草料，英宗同意（《国榷》卷二三）。由此可见，宣宗生前南京的某些消费供应品种和数量，几乎是毫无用处的虚设。

第三，在京诸寺的番僧至少在千人以上。宣德时期这些人都在光禄寺支领伙食，有的番僧除了一天免费吃一顿或三顿酒饭之外，还另外领取一份食品补助。英宗即位后，经过两次裁减，在京各寺院的番僧人数减少了近千人（《明英宗实录》卷一七）。由此可见，宣德时期在京诸寺的番僧至少在千人以上。

第四，光禄寺的服务人员众多。据说明代历史上厨役最多的一朝就是宣德朝，多达九千余人。厨役就是做饭的伙夫、炊事员，为什么会有这么多厨役呢？洪武时期只有厨役八百名，永乐中期南北两京共三千余名（《明英宗实录》卷八）。永乐时期厨役的增加恐怕和成祖北征、营建北京有关，当时北京已作为第二个都城，很可能为皇帝增设了宫廷伙食机构，准备了大量厨役人员；而永乐后期北京建成迁都后，厨役人员必有增加，甚至可能超过南京的数量，同时南京的伙食机构并未裁撤。仁宗即位后已下令准备还都南京，因此南京的伙食机构和人员可能得以保留。

宣宗登极后，又在北京大大增加了厨役人员的数量，可能还要供应进宫的大量民间演艺团体，因此，九千余名厨役可能是南北两京的最高数字。后来英宗只留了五千人，裁掉的四千七百多人估计大部分应为南京的闲散人员和北京的老疾之人。

第五，内府演艺人等相当多。宣德时期，教坊司的乐工至少将近五千人，都是宣宗从各地征召至京，为宫廷表演戏剧、歌舞的，后来英宗下令放掉了其中的三千八百余人（《明通鉴》卷二一）。将近五千人的服装、道具、伙食、住宿等等，也是一笔不小的费用。宣德时期，宫廷之中各种仓库的管理人员也相当多，英宗上台后一次就裁掉了其中的二千六百多人（《国榷》卷二三），可见原来应高达三千人以上，也从一个侧面反映出宫廷财政的膨胀程度。

2. 宫廷财政膨胀的"小折腾"，破坏了"仁宣之治"的持续

宣德时期宫廷财政的膨胀，已经达到了前所未有的程度，给社会造成了相当大的压力。并且这种状况与"仁宣之治"的正面因素是同时存在的，不过是在英宗即位后的一系列减免活动中，较为全面地暴露出来。减免活动持续的时间较长，从宣德十年正月初三日宣宗去世，直到当年的九月份仍在进行，而且并未限于诏书提到的范围。可以说，这些减免内容之丰富、涉及范围之广、持续时间之长，在明代的历史上也是较为少见的，恰恰从另一侧面反映出宣德时期宫廷财政膨胀的弊端，同时也说明"仁宣之治"早已褪色，难以持续下去了。

以往人们将宣德时期宫廷文化的繁荣，看成"仁宣之治"的一个组成部分，实际上二者既相互促进，又有矛盾，甚至以牺牲对方为代价。各位请看，要想繁荣宫廷文化尤其是宫廷工艺，就要以国家和百姓的人、财、物力投入和消耗为代价，否则制作规模和艺术成就就无法保证；但是反过来，要想让永乐朝大折腾之后的国家和百姓更好地休养生息，保持稳定，就不能过多地消耗国家和百姓的人、财、物力。

如果说永乐时期远航迁都、南征北讨的一系列活动，是消耗空前的"大折腾"，那么宣宗时期的宫廷享乐活动以及各种工艺消费品的征收和制作，就是又一次消耗巨大的"小折腾"。这种"小折腾"的结果是滥用民力，向民间征收大量的实物和劳役，给社会和百姓造成较大的压力甚至是灾难。同时宣宗利用专制权力，把国库大量的人、财、物力投入到宫廷和个人享乐中，时间一长国家和社会都将承受较大的损失，国家财政已面临永乐之后的又一次危机。因此，这一时期宫廷财政的膨胀不仅破坏了"仁宣之治"，使其更加难以持续，而且加速了"仁宣之治"的瓦解。

(四)专制体制决定了"仁宣之治"的短暂

前面提到两个情况,一是宣宗死后即位的英宗年幼,任用宦官王振掌权,十几年内结束了"仁宣之治",还惹出了震惊中外的"土木之变";二是宣宗生前的享乐活动消耗较大,导致宫廷财政膨胀,加重了国家的财政危机和百姓的负担,加速了"仁宣之治"的瓦解。那么,当时是否有办法可以避免或者减轻上述危机?这就需要看看这两种情况为什么会发生,"仁宣之治"为什么无法持续?

1. "仁宣之治"后的危局,是因为宦官行使皇权很少受到制衡

先看第一点,为什么会发生"土木之变"?当年朱棣夺位的"靖难之役",是一场限于中国北方的局部战争,并未波及全国。正统十四年的"土木之变",也只是一场突发事件,范围更小,时间也更短,况且明朝和蒙古双方的军事态势,也并未因此有什么根本的改变。其实,只要明军注意防守,就不会让蒙古军队大举入侵中原,更不会造成皇帝被俘的恶果。

以宣宗的经历和才干,他完全可以做到这一点,可以较为稳妥地控制局势,不至于酿成首都被围的"土木之变"。但事实是宣宗早死,即位的小皇帝当时才八岁,是个未成年的孩子,从生理年龄到政治经验都不成熟,十几年后长进不大,处理边务和政务都越出了常轨,用现在的话说是玩大了,超出了这个二十出头的年轻人能够掌控的范围,因此出事是正常的,不出事反而是不正常的。鼓动小皇帝亲征蒙古的宦官王振,尽管具有一定的政治经验,但军事才能显然很有限,这时又要替小皇帝做主,因此惹出了"土木之变"那样的大事同样是正常的。

这件事给人的印象似乎只是英宗和王振个人的原因,但除此之外,其实还有一些更为重要的因素在起作用,那就是当时的专制集权体制决定了皇帝是总揽一切政务的,皇权很少受到限制。可是即位的英宗年纪太小,无法主政,只好由他信任的宦官王振来代替行使皇权。但朝臣和制度并没有形成有效的制衡机制,加上王振偏偏又是个专权乱政的宦官,因此不论他想干什么,基本

上没人能拦得住,更不用说那些迫害朝臣、惹起边患之事。于是前朝的"仁宣之治",很快就被英宗和王振结束了。

前面讲过,只要是君主专制的政治体制,就必然会产生年幼、贪玩、懒惰,甚至是弱智的皇帝。明代皇帝不是大家选出来的,而是朱家世袭的,不管这个皇子思想作风、才干人品好坏,反正都是他当皇帝,因此,皇帝贪玩、懒惰、年幼是完全正常的。在这种情况下,也就必然出现宦官代替皇帝行使皇权的现象,这是明代宦官专权的主要原因。

皇帝任用的宦官更不是选出来的,而是根据自己的需要来挑选的,加上皇权很少受到限制,因此,专权的宦官做坏事、做蠢事也就无法避免了。其实,当时不是没有人劝诫或提醒英宗和王振,但是有限的经验和智力加上专制的权力和地位,已使他们无法也不可能接受别人的合理建议。因此,宣宗死后十几年发生"土木之变",结束"仁宣之治",虽然客观上有偶然性,但更重要的还是专制体制方面的必然因素。

2. 宣宗后期的享乐和腐败,是因为皇权几乎不受限制

再来看第二点,宣宗生前的享乐活动消耗较大,加上当时长期和平、安定的社会环境,宫廷之中的所有开支几乎都在上涨,导致了宫廷财政的膨胀。前面讲过,宣宗的老师和几个青年官员曾反对宣宗的过分享乐,但是有的被当场打死,有的被关进监狱,就连胡皇后也被变相废掉了。大臣之中几乎没有人敢于站出来,公开反对宣宗的腐败享乐之举,老臣夏原吉倒是与宣宗关系密切,也只是在一定的范围内建议减免过分的征收,并且夏原吉在宣德五年就去世了,此后更是很少有人再来干预宣宗的享乐活动了。

另一方面,宣宗由于较为全面地继承了"仁宣之治",本人的才干、政绩都不错,因而威望较高,加上宫廷财政的膨胀有一个过程,外廷大臣可能无法及时、全面地了解,所以,辅政集团的那些老臣没有公开反对宣宗的享乐活动可能与此有关。但更为重要的原因还是在于,专制体制下皇权很少受到限制,那些老臣的反对恐怕也不会有什么效果。

可能有人会问,宣德时期不是号称"仁宣之治"吗?为什么还会有那么

多弊端呢？皇帝过分享乐、折腾就没人能管吗？道理很简单，任何一个专制王朝，都会有帝王的享乐追求所导致的社会弊端，不过是程度不同而已。"仁宣之治"要持续下去，至少需要皇帝本人能够坚定不移地关注国计民生，并且不能享乐过度。而专制体制下，宣宗本人没有也不可能做到这些，因此"仁宣之治"注定是短暂的，无法持续下去。

前面提到，如果说永乐时期远航迁都、南征北讨的一系列活动，是消耗空前的"大折腾"，那么宣宗时期的宫廷享乐等就是又一次消耗巨大的"小折腾"。正统初期三杨为主体的士大夫集团，利用宣宗死后英宗即位的机会，大量停减了宣德时期的享乐和工艺品制作活动，有效地结束了"小折腾"，实际上是顺应国计民生的需要，也使整个社会发展回到了正常的轨道。

其实皇帝为满足个人享乐的许多活动，尤其是额外、临时加派给社会的那些负担，并不完全见于史书和文献，但是减少或停止这些活动的内容，却大部分见于新皇帝的即位诏书以及即位初期的新政之中。正统初期当政的老臣们大都是宣宗重用的几朝元老，与宣宗本人关系不错，因此没有在英宗的《登极诏书》中，全面宣布减免先朝膨胀的宫廷财政，而是在此之外给予大力削减，等于给宣宗留了面子，因为诏书毕竟是要向全国公布的，而实际的削减活动则可能只是以半公开的方式进行。

宣宗生前虽然有人反对其享乐，但是几乎没什么效果，即使是同宣宗关系较好的老臣夏原吉谏言，效果同样非常有限。此外就没什么方式，可以有效地限制宣宗的享乐活动以及由此带来的宫廷财政的膨胀了。因此只要宣宗还活着，只要他的享乐活动没有引起激烈的社会动乱，乃至威胁统治，就会继续下去。改变这一局面比较有效的方式，只有皇位交替之时的宫廷新政，并且新政只有在新皇帝的认可和支持下才能实施。这一点同样反映出专制体制下皇权的特点，即很少受到其他权力的限制。

3. 宣宗生前死后之事有些共同点，于是"仁宣之治"无法持续

回过头来看，由于专制体制下皇权很少受到限制，宣宗生前的享乐活动造成了宫廷财政的膨胀，破坏、瓦解了"仁宣之治"；由于宦官专权的出现以及很

少受到制衡,因此宣宗死后年幼的英宗任用宦官王振掌权,不仅结束了"仁宣之治",还惹出了"土木之变"的大祸。由此可见,宣宗生前死后之事具有一些共同的根源,"仁宣之治"无法持续的深层原因在于当时的专制体制。

所以,"仁宣之治"的短暂不是偶然的,宣宗死后英宗上台任用王振,仅仅是"仁宣之治"结束的直接原因。宣宗生前的"小折腾"导致宫廷财政的膨胀,也只是"仁宣之治"加速瓦解的基本原因。而皇权太大,几乎没有制衡的机制,拥有皇权的皇帝或宦官要腐败或干坏事,根本没人能拦得住,这种专制体制才是决定"仁宣之治"无法持续的根本原因。因此,即使宣宗的寿命长一些,再多活几年,虽然有可能避免或减轻"土木之变"那样的严重动荡,但另一方面只能带给社会更多、更大的弊端,进一步加速"仁宣之治"的瓦解,不会有第二个结果。这是当时的专制体制决定的,不是哪个人可以改变的。

类似的情况不仅发生在宣宗一人一朝,后来的孝宗也一样。本来孝宗即位初期人们对他寄予厚望,他也做了几件像样的事,但却很快就改变了刚即位时的做法和政策,大力保留先朝弊端,纵容宦官敛财干政,本人沉溺修道,朝政一塌糊涂。虽然孝宗在位时间比宣宗长八年,但其弊端却越来越多、越来越严重。明代中后期有几次先帝去世,新帝即位,士大夫集团趁机大规模地清除和改正先朝弊端的事例,孝宗去世后的正德初期就是著名的一次,"弘治中兴"早已成为人们的一种空想。由此可见,在皇权专制的体制下,每一朝弊端的严重程度往往和皇帝在位时间的长短成正比。

不过,孝宗的声誉还算不错,据说是因为之前的宪宗宠爱比自己大十八岁的万贵妃,又有汪直这种有名的宦官跳出来乱政;之后的武宗不仅自己荒唐、胡闹,一度重用大宦官刘瑾干了不少坏事,并且还惹出了藩王起兵夺位的闹剧,而孝宗正好夹在中间,至少没有弄出这些荒唐事,因此孝宗在位的弘治朝才赢得了不错的声誉。但是同宣德时期相比,弘治朝的成就远远逊色,而弊端却大得多。

人们怀念"仁宣之治",是因为仁、宣二帝当政时期,确实有过一段较为短暂的安定日子,对于百姓来讲,有过一段较为美好的时光,非常难得。仁、宣二帝之前的永乐时期,是在内战加大屠杀中开始的,二十几年的开创与折腾,虽然取得了较大的成就,但是百姓也付出了相当沉重的代价。仁、宣二帝之后的正统时期,虽然结束了宣德时期的一些弊端,但却带来了更大的问题,王振公开迫害朝臣,发动麓川之役,边镇疏于防范,不成熟的小皇帝轻率出师亲征,不仅葬送了二十万明军,皇帝本人做了俘虏,京师也被敌寇包围。

而仁、宣二帝当政的洪宣时期,正好夹在两个较为动荡、较为折腾的时代中间,又是相对稳定、和平的十年,因此才受到后人夸张的赞誉和评价。再加上在当时的专制体制下,出一个好皇帝实在是不容易,好皇帝能带给国家和百姓的辉煌,也实在是非常难得、非常有限的,因此短暂十年的"仁宣之治"才更加受到后人的肯定与怀念。

主要参考书目

基本史料

《明太宗实录》,台湾中研院历史语言研究所1962年校印本。

《明史》,中华书局1974年版。

《明通鉴》,中华书局1959年版。

《明史纪事本末》,中华书局1977年版。

周骏富辑《明人传记丛刊》,台湾明文书局1991年版。

杨士奇《东里别集》,《文渊阁四库全书》1239册,台湾商务印书馆1986年版。

夏原吉《忠靖集》附录,《文渊阁四库全书》1240册。

杨荣《文敏集》附录,《文渊阁四库全书》1240册。

《皇明诏令》,《四库全书存目丛书》史58,齐鲁书社1997年版。

《明宣宗实录》,台湾中研院历史语言研究所1962年校印本。

陆蓉《菽园杂记》,中华书局1958年版。

王世贞《弇山堂别集》,中华书局1958年版。

《典故纪闻》,中华书局1981年版。

《国榷》,中华书局1958年版。

《朝鲜李朝实录中的中国史料》,中华书局1980年版。

《明英宗实录》,台湾中研院历史语言研究所1962年校印本。

《明仁宗实录》,台湾中研院历史语言研究所1962年校印本。

今人论著

王天有《有关明史地位的四个问题》,《明清论丛》第十辑,紫禁城出版社 2010 年版。

胡丹《明司礼监研究》,《明史研究论丛》第九集,紫禁城出版社 2011 年版。

韦庆远《明初的三杨与儒家政治》,《史学集刊》1988 年第一期。

柏桦《榜谕与榜示——明代榜文的法律效力》,《学术评论》2012 年第二期。

赵中男等《明代宫廷典制史》下,紫禁城出版社 2011 年版。

张兆裕《黄淮之狱与朱高炽的太子地位》,《明清史论文集》,天津人民出版社 1990 年版。

许冰彬未刊稿《明代的宫廷娱乐》。

湖北省博物馆编《梁庄王墓——郑和时代的瑰宝》,文物出版社 2007 年版。

王熹《永乐皇帝大传》,中国社会出版社 2008 年版。

崔瑞德等《剑桥中国明代史》上卷,中国社会科学出版社 1992 年版。

张丽《宣德漆器之我见》,《故宫学刊》2012 年总第八期,故宫出版社 2012 年版。

故宫博物院编《永宣时代及其影响》下,故宫出版社 2012 年版。

王毓蔺博士论文《明北京营建物料采办研究——以采木和烧造为中心》。

张显清、林金树主编《明代政治史》,广西师范大学出版社 2009 年版。

后 记

明代永乐到宣德时期,成祖朱棣和宣宗朱瞻基的影响较大,知名度较高,但夹在祖孙二人之间还有一个不容忽视的人物——仁宗朱高炽,朱棣的长子、朱瞻基的父亲。在朱棣五次离开首都北征期间,朱高炽作为皇太子曾多次代替朱棣监国,他是永乐时期一系列开拓活动的重要参与者,同时也是皇位继承权之争的主要受害者。朱高炽与朱棣父子之间的矛盾,与当时开拓和守成的社会矛盾交织在一起,成为后来"仁宣之治"的主要原因。这段历史包含了明代前期非常复杂的一段宫廷政治史,不仅曲折生动,而且还有许多值得今天借鉴的东西,可是从前很少有人深入挖掘和探讨。

宣宗朱瞻基即位后,斗蛐蛐,换皇后,玩鸟放鹰,巡游享乐,这些活动又和宫廷文化活动混在一起,使宣德时期的诗文书画、宫廷工艺都取得了非凡的成就。值得说明的是,宣宗本人并没有因为这些活动而耽误了正业,他在司法、行政、军事、经济等方面都有令人称道的作为,继承并完成了"仁宣之治",是个合格的皇帝。与此同时,经过长期的筛选和考验,杨士奇等一批老臣显示出了非凡的才干和品德,都是勇于负责、有原则有底线的人,并非一群毫无是非、只会溜须拍马的庸俗官员。这些人并没有受到压制,相反还长期受到专制帝王的器重,成为几代皇帝辅政集团中的核心成员。

这几年我埋头从事明代宫廷史的研究,应邀陆续讲述了一些永乐到宣德时期的若干专题,结合并吸收了近年来的研究成果,逐渐完成了部分内容。后来在师长和朋友们的鼓励下,对这一时期的许多问题进行了探讨,在原有的基础上有所扩展,共三十三章,每个部分既相对独立又和前后相呼应,目的是让读者较为全面、深入地了解那个时代。

  撰写过程中,我时常就一些问题请教师兄赵轶峰,老友高寿仙、张兆裕等人,他们热诚的态度和渊博的学识给了我相当大的帮助。其他学者柏桦、赵现海、秦博、李凯、胡汉生等,故宫博物院专家张荣、徐琳、罗文华、聂卉、张丽、王光尧、李燮平、杨新成,港台学者吴美凤、许晓东等人的看法,也给了我很大的启发,因此我在书中多有引用。需要说明的是,老友张兆裕不仅审阅了大部分内容,还一一指出书稿中的各种问题和错误,包括具体写法上的问题也都详细说明,让我获得很大的收益。可惜我的水平和能力有限,无法完全吸收他的意见,提高整部书稿的学术质量。

  老友左远波和师弟许冰彬为我搜集了大量的图片,左远波更是利用他多年编辑工作的经验和对书稿内容的了解,把许多图片直接插入文字之中,达到了图文并茂的效果。老友朱振华对书稿的出版之事慨然相助,为我联系了出版单位;责任编辑余瑾更是尽心尽力,除了提出一些非常难得的建议之外,还根据书稿内容和市场需求,为本书取了现在的书名。没有这些人的指点和帮助,这本书就不可能达到今天这样的效果。感谢所有为本书的出版提供帮助的朋友,但愿将来能有更多的朋友提出意见和建议,让我改正书中错误。